AF173701

Digitalwirtschaft

Lukas Staffler · Bernd Ebersberger ·
Anna Jobin
Hrsg.

Digitalwirtschaft

Technische, wirtschaftliche und
gesellschaftliche Grundlagen

Hrsg.
Lukas Staffler
Rechtswissenschaftliche Fakultät
Universität Zürich
Zürich, Schweiz

Bernd Ebersberger
InnoGreenhouse
Universität Hohenheim
Stuttgart, Deutschland

Anna Jobin
Institut Human-IST
Universität Fribourg
Fribourg, Schweiz

ISBN 978-3-658-45723-5   ISBN 978-3-658-45724-2 (eBook)
https://doi.org/10.1007/978-3-658-45724-2

Die Deutsche Nationalbibliothek verzeichnet diese Publikation in der Deutschen Nationalbibliografie; detaillierte bibliografische Daten sind im Internet über https://portal.dnb.de abrufbar.

© Der/die Herausgeber bzw. der/die Autor(en), exklusiv lizenziert an Springer Fachmedien Wiesbaden GmbH, ein Teil von Springer Nature 2024

Das Werk einschließlich aller seiner Teile ist urheberrechtlich geschützt. Jede Verwertung, die nicht ausdrücklich vom Urheberrechtsgesetz zugelassen ist, bedarf der vorherigen Zustimmung des Verlags. Das gilt insbesondere für Vervielfältigungen, Bearbeitungen, Übersetzungen, Mikroverfilmungen und die Einspeicherung und Verarbeitung in elektronischen Systemen.
Die Wiedergabe von allgemein beschreibenden Bezeichnungen, Marken, Unternehmensnamen etc. in diesem Werk bedeutet nicht, dass diese frei durch jede Person benutzt werden dürfen. Die Berechtigung zur Benutzung unterliegt, auch ohne gesonderten Hinweis hierzu, den Regeln des Markenrechts. Die Rechte des/der jeweiligen Zeicheninhaber*in sind zu beachten.
Der Verlag, die Autor*innen und die Herausgeber*innen gehen davon aus, dass die Angaben und Informationen in diesem Werk zum Zeitpunkt der Veröffentlichung vollständig und korrekt sind. Weder der Verlag noch die Autor*innen oder die Herausgeber*innen übernehmen, ausdrücklich oder implizit, Gewähr für den Inhalt des Werkes, etwaige Fehler oder Äußerungen. Der Verlag bleibt im Hinblick auf geografische Zuordnungen und Gebietsbezeichnungen in veröffentlichten Karten und Institutionsadressen neutral.

Springer Gabler ist ein Imprint der eingetragenen Gesellschaft Springer Fachmedien Wiesbaden GmbH und ist ein Teil von Springer Nature.
Die Anschrift der Gesellschaft ist: Abraham-Lincoln-Str. 46, 65189 Wiesbaden, Germany

Wenn Sie dieses Produkt entsorgen, geben Sie das Papier bitte zum Recycling.

Inhaltsverzeichnis

Digitalwirtschaft

1

Lukas Staffler und Bernd Ebersberger

1.1 Mitgestaltung von Veränderung bedarf Grundlagenwissen

In den vergangenen Jahrzehnten hat die technologische Entwicklung zu einem raschen Rückgang der Kosten für Speicherung, Berechnung und Übertragung von Daten geführt. Dies hat zur Folge, dass wirtschaftliche Akteur:innen zunehmend auf digitale Technologien zurückgreifen und diese in ihre Aktivitäten integrieren. Dadurch haben digitale Technologien **Auswirkungen** in viele, wenn nicht gar die meisten unserer Lebensbereiche (Goldfarb et al., 2015a, b). Sie verändern beispielsweise, wie wir kommunizieren (Kap. 13), wie wir Güter und Dienstleistungen entwickeln und produzieren (Kap. 3), wie wir bauen (Kap. 15), wie wir Geld verdienen (Kap. 4), wie wir einkaufen (Kap. 17), wie wir unsere Freizeit verbringen (Kap. 18), wie wir lehren und lernen (Kap. 14), wie wir uns absichern (Kap. 10), wie wir sparen (Kap. 9), wem wir vertrauen (Kap. 6), wie wir uns gegen Kriminalität schützen (müssen) (Kap. 7), …

L. Staffler (✉)
Universität Zürich, Zürich, Schweiz

MCI I The Entrepreneurial School, Innsbruck, Österreich

AWZ Rechtsanwälte Innsbruck, Innsbruck, Österreich
E-Mail: lukas.staffler@ius.uzh.ch

B. Ebersberger
InnoGreenhouse, Universität Hohenheim, Stuttgart, Deutschland
E-Mail: bernd.ebersberger@uni-hohenheim.de

© Der/die Autor(en), exklusiv lizenziert an Springer Fachmedien Wiesbaden GmbH, ein Teil von Springer Nature 2024
L. Staffler et al. (Hrsg.), *Digitalwirtschaft*, https://doi.org/10.1007/978-3-658-45724-2_1

Wenn wir an dieser Stelle behaupten würden, dass wir diesen fundamentalen Veränderungen lediglich ausgesetzt sind, dann würde das zu kurz greifen. Wir sind den Veränderungen nicht nur ausgeliefert, wir können sie **mitgestalten**. Um die Digitalisierung mitgestalten zu können, ist es nötig, die vielfältigen Grundlagen technischer, wirtschaftlicher und gesellschaftlicher Natur zu verstehen. Dies gilt umso mehr für das Gestalten des wirtschaftlichen Potenzials der Digitalisierung. Die Teilhabe an der sog. Digitalwirtschaft erfordert daher das Durchdringen der entsprechenden Grundlagen. Davon handelt unser Buch.

1.2   Vielfalt der Digitalwirtschaft

Die Definition der Digitalwirtschaft, wie sie von der Organisation für wirtschaftliche Zusammenarbeit und Entwicklung (OECD) (2015, S. 11) vorgeschlagen wird, greift auf die Erkenntnis zurück, mit der wir diesen Abschnitt eingeleitet haben. Die digitale Wirtschaft ist nämlich das Ergebnis der Digitalisierung als **Transformationsprozess**, der durch die Informations- und Kommunikationstechnologie (IKT) ermöglicht wurde. Im Laufe dieses Transformationsprozesses – also Ursache und Ergebnis des Prozesses – wurden die Technologien billiger, leistungsfähiger und weitestgehend standardisiert, mit der Möglichkeit, die Geschäftsprozesse zu verbessern und in vielen Bereichen zu innovieren (OECD, 2015, S. 11).

Unter **Digitalwirtschaft** verstehen wir damit sämtliche wirtschaftlichen Aktivitäten, die auf digitalen Technologien zur Verarbeitung von Informationen und (Echtzeit-)Datenübertragung basieren. Es handelt sich also um einen Bereich der Wirtschaft, der sich auf die Nutzung digitaler Technologien konzentriert, um bestehende Geschäftsprozesse effizienter zu gestalten und neue Geschäftsmodelle mit innovativen Produkten zu entwickeln. In unserem Verständnis umfasst die Digitalwirtschaft damit mehr als die von Pols und Sauer (2019) vorgeschlagene Definition der Digitalwirtschaft, die lediglich die Branchen enthält, die unmittelbar mit der Herstellung von Informations- und Kommunikationstechnologien, deren Handel und der Erbringung von Dienstleistungen der Informationstechnologie und Datenverarbeitung befasst sind.

Die Digitalwirtschaft umfasst eine breite Palette von Unternehmen aus unterschiedlichen Branchen. Viele der sogleich genannten Branchen und Unternehmen genießen eine vergleichsweise hohe Bekanntheit, weil sie sich direkt an den Endkunden (*business-to-customer*) wenden und insofern **B2C-Leistungen** erbringen. Exemplarisch seien hier folgende Bereiche und Unternehmen genannt:

- Onlineshopping-Plattformen (z. B. Amazon, Alibaba);
- digitale Zahlungs- und Finanzdienstleistungen (z. B. Paypal, Square, WeChat mit WeChatPay);
- soziale Netzwerke (z. B. Facebook, LinkedIn, Twitter, Threads);
- digitale Medienstreamingdienste (z. B. Netflix, Spotify, Blinkist, Skoobe);
- Cloud-Computing-Dienste (z. B. Google Cloud, Microsoft Azure);

- Onlinereisebuchungs- und -reservierungsdienste (z. B. Booking.com, AirBnB, hrs);
- E-Learning-Plattformen für Onlinekurse und -Trainings (z. B. Udemy, Skillshare);
- digitale Gesundheitsplattformen (z. B. Kry, Zocdoc);
- On-Demand-Transportdienstleistungen (z. B. Uber, Lyft);
- Digitale Connectivity (z. B. TeamViewer);
- digitale Technologien in der Kunst- und Modebranche (z. B. Rtfkt, 9dcc, DressX);
- ChatBots zur Interaktion mit Künstliche-Intelligenz-Angeboten (z. B. ChatGPT, Bard).

Bisher haben wir Unternehmen genannt, die B2C-Leistungen (*business-to-customer*) erbringen. Falk und Koenen (2022) weisen darauf hin, dass sich die Entwicklung von Business-to-business-Lösungen in Form von **B2B-Leistungen und -Plattformen** noch in der Frühphase der Entwicklung befindet. Wegen des enormen Zukunftspotenzials von ca. 55.000 Mrd. € (siehe European Commission, 2020 mit Bezug auf eine Studie von McKinsey) seien ein paar dieser Unternehmen bzw. Plattformen auch hier genannt:

- Wucato, eine Plattform für digitale Beschaffung;
- CheMondis, eine Plattform für die Beschaffung von Chemikalien;
- Telekom Data Intelligence Hub, mit dem die Deutsche Telekom den Grundstein für eine sichere und vertrauensvolle Datenökonomie legt;
- MindSphere, die von Siemens angebotene Plattform für industrielles Internet of Things (IIoT) as a Service.

Dieser erste Eindruck deutet die vielfältigen Themen und Anwendungsfelder der Digitalwirtschaft an.

1.3 Zwei unterschiedliche Bedeutungen von Digitalisierung

Bevor wir jedoch näher auf die Digitalwirtschaft eingehen, müssen wir einen Schritt zurückgehen und zum Begriff der Digitalisierung näher durchdringen.

Wenn wir uns dem Begriff der Digitalisierung zuwenden, dann werden im Deutschen zwei unterschiedliche Sachverhalte mit dem Begriff Digitalisierung beschrieben. Im Englischen werden für diese beiden Sachverhalte jedoch zwei unterschiedliche Termini verwendet: Digitization und Digitalization. Konzeptionell scheint es uns wichtig, die zwei Sachverhalte zunächst voneinander abzugrenzen, da sie unterschiedliche Auswirkungen auf Unternehmen haben. Wir nehmen die Abgrenzung vor, auch wenn in den folgenden Kapiteln der Begriff „Digitalisierung" für beide Sachverhalte verwendet wird. Im Folgenden werden die Unterschiede zwischen Digitization und Digitalization erläutert (Brennen & Kreiss, 2016):

Digitization bezieht sich auf den Prozess der Umwandlung von analogen Informationen in digitale Formate. Dabei werden analoge Informationen in ein digitales Format umgewandelt, z. B. das Einscannen eines Fotos oder die Umwandlung eines Berichts auf

Papier in eine PDF-Datei. Die Daten selbst werden dabei nicht verändert, sie werden lediglich in ein digitales Format umgewandelt. Schon die Digitization kann Effizienzvorteile bringen, wenn die digitalisierten Daten zur Automatisierung von Prozessen und für eine bessere Zugänglichkeit verwendet werden. Ziel des Prozesses der Digitization ist es nicht, die Prozesse oder Daten zu optimieren (Brennen & Kreiss, 2016).

Beispiel – Digitization der Encyclopedia Britannica

Die Erinnerungen an vielbändige Lexika mögen eine Erinnerung an eine einfachere, manuellere Zeit sein, als die Suche nach Informationen noch bedeutete, ein (oder mehrere) Bücher aus dem Regal zu ziehen und nicht das Internet zu nutzen. Lexika gab es viele, mehrbändige auch, aber im englischsprachigen Sprachraum galt die Encyclopedia Britannica seit 1768 als ein verlässlicher, wenn auch teurer Luxusartikel unter den Nachschlagewerken. Die Qualität ihrer Einträge, die oft von namhaften Wissenschaftlern verfasst wurden, war unübertroffen (Bosman, 2012; Danowitz, 2017). Bereits in den 1970er-Jahren begann der Prozess der Digitization bei der Encyclopedia Britannica. Die Inhalte der Encyclopedia wurden auf einem Mainframe-Computer digital abgespeichert, was letztendlich das Editieren der Texte einfacher machte (Cauz, 2013). ◄

Digitalization bezieht sich auf den Einsatz digitaler Technologien um Prozesse zu verbessern und neue Werte für Kund:innen zu schaffen. Digitalization umfasst die Umwandlung bestehender Prozesse mithilfe digitaler Technologie. Sie konzentriert sich auf die Entwicklung neuer Prozesse und zur Verbesserung bestehender Abläufe zur Verbesserung manueller Systeme. Digitalization nutzt dazu die – eventuell durch Digitization digitalisierten – Daten und digitale Technologien. Ziel dabei ist es, die Prozesse zu optimieren, die Wertschöpfung zu maximieren und/oder Wert für die Kund:innen zu ermöglichen. Digitalization kann zu grundlegenden Veränderungen in Geschäftsprozessen führen, die neue Geschäftsmodelle und einen gesellschaftlichen Wandel zur Folge haben können (Brennen & Kreiss, 2016).

Beispiel – Digitalization der Encyclopedia Britannica

In den späten 1980er-Jahren erreichte sie mit 120.000 verkauften Exemplaren in den USA pro Jahr den Höhepunkt ihrer Verkaufszahlen (Bosman, 2012; Danowitz, 2017). Nach vielen Rückschlägen beispielsweise bei dem Versuch, die Encyclopedia Britannica ab 1994 als CD-ROM zu vermarkten, wurde der Druck der physischen Encyclopedia im Jahr 2012 eingestellt. Die Digitalisierung der Britannica ging langsam, aber schrittweise vor sich. Gleichzeitig mit der CD-ROM wurde eine Version der Britannica als erste Encyclopedia im damals noch jungen World Wide Web (WWW) veröffentlicht. Manche sahen darin eine Möglichkeit, die stagnierende Nutzung der physischen Encyclopedia wieder anzukurbeln (Valauskas, 1995). Ein weiterer Schritt der Digitalization der Britannica war im Jahr 1999 der kostenlose, aber werbefinanzierte Zugriff auf die Inhalte im WWW. Das Erscheinen von Wikipedia im Jahr 2001 hat diesem Geschäftsmodell schnell den Garaus gemacht. Heute – eine weitere Iteration der digitalen Transformation – bietet die Britannica unter www.britannicalearn.com Lehr- und Lernmaterialien für Schüler und Lehrer der Primär- und Sekundärstufe an (Danowitz, 2017). ◄

Digitization ist also der Prozess der Umwandlung von physischen Informationen in digitale Formate, während Digitalization die Nutzung digitaler Technologien ist. Die Digitization befasst sich mit Ereignissen, die bereits stattgefunden haben und in analogen Daten ihren Niederschlag gefunden haben, während sich die Digitalization mit aktuellen oder auch zukünftigen Ereignissen befasst (Abb. 1.1).

Der Begriff der Digitalisierung ist zwar nicht neu, das Interesse an der Diskussion um Digitalisierung ist relativ neu, wie die Google-Trend-Suche zeigt. Seit Mitte 2015 tritt das Schlagwort „Digitalisierung" in Suchmaschinen vermehrt auf, es entwickelte sich vielleicht vom Nischen- oder Spezialthema mit technischem Schwerpunkt zu einem Thema einer breiteren Gesellschaft. Dies ist aus soziologischer Sicht durchaus folgerichtig (Nassehi, 2019, 28 ff., 67 ff.), denn der enge Blick auf den technischen Wandel durch Digitalisierung würde der durch sie angestoßenen tiefgreifenden gesellschaftlichen Veränderung nicht gerecht. Denn gerade die Interaktion von Menschen und Technologie hat das Potenzial, das menschliche Alltagsverhalten grundlegend zu verändern. Baecker (2007) hat dazu seine Thesen zur nächsten Gesellschaft aufgestellt und gesagt, wenn sich Verbreitungsmedien der **Kommunikation in der Gesellschaft** wandeln bzw. neue hinzutreten, wie dies durch digitale Technologien par excellence geschieht, dann ist davon auszu-

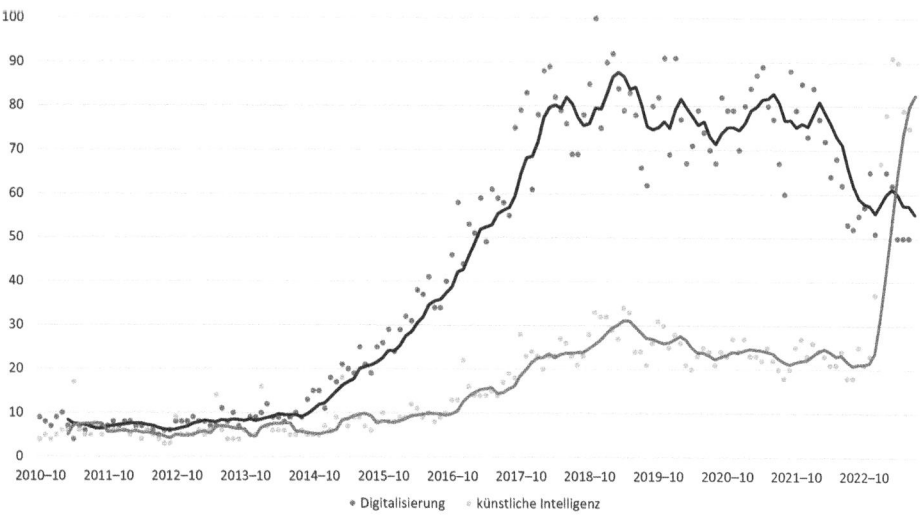

Abb. 1.1 Digitalisierung und künstliche Intelligenz als Suchbegriffe in Google. (Quelle: Google Trends, Grafik: eigene Darstellung)

gehen, dass Gesellschaft auch anders mit Kommunikation und ihrer Erwartung bzw. Gewohnheiten umgeht (Baecker, 2007). Die heutige Kommunikation über unterschiedliche Kanäle mit E-Mails, Instant-Messenger und Video-Calls ist nicht nur schnelllebig, die speditive Kommunikation wird auch von den Kommunikationsteilnehmenden erwartet.

Die Digitalisierung verändert allerdings nicht nur die Kommunikation und Interaktion unserer Gesellschaft, die Anwendung digitaler Geräte und Applikationen hat vielmehr auch Auswirkungen auf viele Dimensionen unseres Fähigkeitsportfolios, beispielsweise zu konsumieren oder zu produzieren (vgl. Sennett, 2006). Das gilt insbesondere durch die Entwicklung von Algorithmen bzw. künstliche Intelligenzen, die vielfältige menschliche Aufgaben übernehmen sollen. Das wohl deutlichste Beispiel aus dem Jahr 2023, in dem dieses Buch fertig gestellt wurde, ist die Anwendung von ChatGPT, einem KI-basierten Sprachmodell (generative KI), das auf Anweisung eines menschlichen Nutzenden entsprechende Texte produziert. Das Beispiel zeigt, dass die Fähigkeitsentwicklung in zwei gegensätzliche Richtungen geht.

- Auf der einen Seite sind **neue Fähigkeiten** für die digitale Interaktion notwendigerweise zu erlernen, wenn Menschen auf innovative Produkte oder Dienstleistungen treffen. Im Fall von ChatGPT geht es insbesondere um die Fähigkeit des sog. *promptings*, also um die Formulierung der zielgenauen Anweisung an die Applikation im Rahmen der Benutzereingabe, anhand dem das System einen konkreten Text erstellt.
- Auf der anderen Seite ist aber auch das sog. **De-Skilling**, also das Verlernen von bestehenden Fähigkeiten, beobachtbar bzw. langfristig zu befürchten. So wie der Einsatz des Taschenrechners im Mathematikunterricht die individuellen Fähigkeiten zum Kopfrechnen nachteilig beeinflussen kann, beeinträchtigen digitale Innovationen menschliche Fähigkeiten – etwa das eigenständige Schreiben von qualitativ hochwertigen Texten, das durch digitale Tools (wie etwa ChatGPT) erstellt wird.

1.4   Alles Disruption? Veränderung durch Digitalwirtschaft

Wie wir oben schon beschrieben haben, kann man die digitale Wirtschaft als das Ergebnis der Digitalisierung als Transformationsprozess sehen. Dieser Transformationsprozess wird vielfach als **disruptiv** bezeichnet, in den Medien (z. B. Wilczek, 2018; Meck & Wiguny, 2015), in Dienstleistungs- bzw. Beratungsversprechen (z. B. EY, 2023) und in Parteiprogrammen (z. B. FDP, 2022). Dabei hat das in der Regel nichts mit dem Begriff der Disruption bzw. der disruptiven Innovation zu tun, wie er in den Wirtschaftswissenschaften, insbesondere in der Innovationsforschung, verstanden wird. Clayton Christensen hat den Begriff der disruptiven Innovation geprägt und sieht Disruption als einen Prozess an. In diesem Prozess ist eine Innovation oder auch eine Technologie zunächst auf den bestehenden Mainstreammärkten nicht wettbewerbsfähig (Christensen et al., 2015; Larson, 2016). Sie reift aber dann in einer Nischenanwendung und wird im Laufe der Zeit immer wettbewerbsfähiger, bis sie es dann tatsächlich mit den bestehenden Technologien in den

Mainstreammärkten aufnehmen kann. Dort wird sie dann die bestehende Technologie verdrängen. Dabei ist für die Disruption der Reifungsprozess in der Nische entscheidend, der letztlich dazu führt, dass etablierte Unternehmen auf den Mainstreammärkten die Gefahr übersehen, die von dieser Technologie ausgeht. Dies wird üblicherweise in der Verwendung des Begriffes Disruption übersehen. Mit Disruption wird oftmals der Vorgang der **schöpferischen Zerstörung** gemeint. Damit wird der „Prozess der industriellen Mutation [gemeint], der die Wirtschaftsstruktur kontinuierlich von innen heraus revolutioniert, indem er unaufhörlich die alte Struktur zerstört und eine neue schafft" (Schumpeter, 1942, 82 f., Übersetzung der Autoren). Erfolgreiche Innovatoren stellen eine Gefahr für bestehende Unternehmen dar, denn Neues macht Altes obsolet. Neue Technologien ersetzen alte Technologien, neue Unternehmen ersetzen alte Unternehmen, neue Branchen lösen alte Branchen ab.

Unabhängig davon, ob der Digitalwirtschaft ein Wandel zugrunde liegt, der im Sinne Clayton Christensens als disruptiv bezeichnet werden kann, oder ob die Veränderung besser mit dem Konzept der schöpferischen Zerstörung beschrieben werden kann, wird hier klar, dass der Prozess nicht nur Gewinner, also Vorteile, kennt sondern auch Nachteile, also Verlierer, hat. Im Folgenden können wir nicht das gesamte Spektrum der Vor- und Nachteile der Digitalisierung adressieren, wir versuchen aber dennoch schlaglichtartig, aus unserer Sicht wichtige Vor- und Nachteile zu thematisieren.

1.4.1 Vorteile

Die Digitalwirtschaft verspricht zunächst eine Vielzahl an **Vorteilen** für die unterschiedlichen Stakeholder der Wirtschaft.

Für **Unternehmen** können digitale Technologien Effizienzgewinne durch Einsparung von Kosten und Zeit darstellen, wenn automatisierte Prozesse menschliche Fehler minimieren und die Produktivität erhöhen. Ferner können digitale Technologien von Unternehmen in innovative Produkte oder Dienstleistungen überführt werden, die auf analoge Weise gar nicht möglich wären. Zudem können Unternehmen ihren Marktanteil erheblich ausbauen, wenn sie ihre Produkte und vor allem Dienstleistungen global vermarkten und einen größeren Kundenstamm erreichen. Gleichzeitig können die Kundenbeziehungen verbessert werden, weil Unternehmen dank Digitalisierung effektiver mit ihren Kunden interagieren und personalisierte Dienstleistungen anbieten können (Thaoharakis et al., 2009; Björkdahl, 2020; Martín-Peña et al., 2019; Kohtamäki et al., 2020).

Für **Verbraucher:innen** bringt die Digitalwirtschaft zunächst den Zugang zu innovativen Produkten und Dienstleistungen, die einen zunehmenden Grad an Personalisierung und Individualisierbarkeit aufweisen. Die Vorteile, die Verbraucher:innen aus den neuen digitalen Produkten ziehen, hängen mit der Innovativität der Verbraucher:innen zusammen (Truong et al., 2014; Li et al., 2015). Zudem haben Verbraucher:innen durch die Digitalisierung ortsunabhängig mehr Auswahl an Produkten und Dienstleistungen insgesamt (Llopis-Albert et al., 2020), da auch Unternehmen mit analogen Dienstleistungen und Produkten durch Onlinehandel oder Onlinewerbung anbieten. Damit einher geht auch die Bequemlichkeit, ortsunabhängig digital zu bestellen oder digitale Dienste (wie etwa Streaming-Plattformen) und sofort – bzw. ohne Zeitverzögerung – zu nutzen. Gleichzeitig können Verbraucher effektiver und einfacher mit Unternehmen kommunizieren, wirtschaftliche Transaktionen durchführen (z. B. Onlinebanking) oder neue wirtschaftliche Möglichkeiten für sich entdecken wie zum Beispiel Share-Economy-Plattformen wie AirBnb (Botsman & Rogers, 2011; Habibi et al., 2017).

Für die **Arbeitnehmenden** bedeutet die Digitalwirtschaft die Möglichkeit, neue und flexiblere Arbeitsmodalitäten nutzen zu können, insbesondere ohne an einen festen Arbeitsplatz gebunden zu sein. Diese Flexibilität hat das Potenzial, bessere Work-Life-Balance zu ermöglichen. Telearbeit, *remote-work*, hybrides Arbeiten sind ebenso neue Phänomene wie digitale Nomaden, die ortsunabhängig ihre Arbeit verrichten (z. B. Amankwah-Amoah et al., 2021).

Zudem schafft die Digitalwirtschaft neue, bisher unbekannte **Arbeitsmöglichkeiten** (z. B. im Bereich von Social Media) und neue Formen der Aus- und Weiterbildung (z. B. durch E-Learning). Durch die digital bedingte Effizienzsteigerung können Arbeitsprozesse automatisiert und Arbeitnehmende dadurch entlastet werden. Schließlich sind die digitalen Kommunikationsformen geeignet, die Zusammenarbeit unter Arbeitnehmenden zu verbessern, insbesondere bei internationalen Teams (Balsmeier & Wörter, 2019).

Für die **Gesellschaft** als Ganze bringt die Digitalwirtschaft nicht nur Steigerung von Produktivität, höheres Wirtschaftswachstum und Förderung von Innovation, sondern auch Verbesserungspotenzial bei Bildungszugang, Durchsetzung auch geringfügiger Rechtsansprüche, Gesundheitsversorgung, Reduzierung der Umweltbelastung und Verbesserung der Lebensqualität.

1.4.2   Nachteile

Trotz all der vielen Vorteile bringt die Digitalwirtschaft jedoch auch gewichtige Nachteile mit sich.

Diese hängen zunächst mit der **Abhängigkeit der Unternehmen von Technologien** ab, die dadurch anfällig für technisches Versagen oder maliziöse Hackangriffe sind. Technische Neuerungen bringen nicht nur Wettbewerbsvorteile, sondern auch Abhängigkeiten und Risiken mit sich. Die Anforderungen an sichere Hard- und Softwaresysteme werden deshalb immer komplexer, aber zunehmend auch wichtiger. Zu beobachten ist der Trend, nicht notwendige digitale Komponenten wieder durch analoge Komponenten zu ersetzen, um Risiken zu minimieren.

Zumal die Digitalwirtschaft große **Mengen an persönlichen Daten** erfordert, um personalisierte Dienstleistungen und Produkte anbieten zu können (z. B. Martin & Palmatier, 2020), können Datenschutzprobleme schwerwiegende Auswirkungen und Akzeptanzprobleme mit sich bringen. Dabei variieren die Akzeptanzprobleme geografisch und über Altersklassen hinweg (Pirhonen et al., 2020).

Die Digitalwirtschaft bringt auch gewichtige **Veränderungen auf dem Arbeitsmarkt** mit sich. Naheliegend ist, dass bestimmte Arbeitsplätze überflüssig werden, weil sie durch Digitalisierung ersetzt werden können. Dies betrifft nicht nur repetitive oder niedrig qualifizierte Tätigkeiten, sondern auch höherqualifizierte Tätigkeiten (z. B. Übersetzungsdienstleistungen). Seit dem Siegeszug von ChatGPT zeigt sich, dass durch künstliche Intelligenz bei der Texterstellung Branchen wie Journalismus, Programmierer, Designer oder Marktforscher digitale Konkurrenz bekommen werden. Gleichzeitig ist das Entstehen einer Schattenindustrie samt Ausbeutung von Billiglohnkräften zu beobachten, die mit dem Siegeszug der Digitalwirtschaft einhergeht. Zur Entwicklung von Algorithmen werden nicht nur Trainingsdaten benötigt, sondern auch Personen, die die Trainingshalte systematisieren, strukturieren und kategorisieren. Solche KI-Trainer, Clickworker oder Content-Moderatoren tragen wesentlich dazu bei, dass die gegenwärtigen KI-Systeme so schnell weiterentwickelt werden können – und arbeiten doch nicht nur zumeist unter miserablen Arbeitsbedingungen, sondern müssen von Nutzer:innen gemeldete illegale oder anstößige Inhalte (z. B. gewalttätiger oder sexueller Art) einzelfallbasiert prüfen und herausfiltern, um die Algorithmen für die breite Masse der Bevölkerung entsprechend sicher zu machen (z. B. Suri & Gray, 2019; Shibata, 2020; Kahancová et al., 2020).

1.4.3 Herausforderungen

Angesichts der Vor- und Nachteile der Digitalwirtschaft gibt es eine Reihe unterschiedlicher Herausforderungen. Zumal die Digitalwirtschaft nicht nur von einer großen Datenmenge profitiert, sondern diese auch selbst erzeugt, sind grundlegende Fragen zu Datenschutz und Privatsphäre zu klären. In jedem Fall müssen Unternehmen sicherstellen, dass sie die Nutzerdaten angemessen schützen und Datenpannen bzw. Datenschutzverletzungen vermeiden. Insofern zählt auch Cybersicherheit zu den großen Herausforderungen der Digitalwirtschaft. Denn die Zunahme digitaler Interaktionen erhöht das Risiko von Cyberangriffen, gegen die sich die Wirschaft schützen muss. Das Innovationspotenzial der Digitalwirtschaft erfordert die Umsetzung durch talentierte Fachkräfte, welche über erforderliche Fähigkeiten und Kenntnisse verfügen. Der Mangel an diesen Fachkräften stellt ein wesentliches Hindernis für das Wachstum der Digitalwirtschaft dar. Gerade weil die Digitalwirtschaft innovative Akzente setzt, muss sie angemessener Regulierung unterworfen werden, die einerseits Innovationen fördert, aber Missbrauch und Marktungleichgewichte verhindern kann. Darüber hinaus stellen sich für Unternehmen drängende Fragen nach Ethik und Verantwortung, nämlich im Zusammenhang mit dem Einsatz von künstlicher Intelligenz und Automatisierung, welche nicht nur Auswirkungen auf die Arbeitswelt haben, sondern letztlich auf die gesamte Gesellschaft (z. B. Politik, Diskriminierung). Hier sind Unternehmen angehalten, Verantwortung zu übernehmen und sicherzustellen, dass die Technologie ethisch und verantwortungsbewusst eingesetzt wird.

1.5   Zu diesem Buch

Unser Buch greift die oben angesprochenen Themen auf und bildet eine Bestandsaufnahme aus den Jahren 2022–2024 ab. Es handelt sich also um eine Bestandsaufnahme ab jenem Jahr, in dem Anwendungsbeispiele der künstlichen Intelligenz (ChatGPT und andere Large-Language-Models) der breiten Gesellschaft bekannt geworden sind. Die Autor:innen haben in ihren Beiträgen zwar versucht, auch die gegenwärtigen Entwicklungen zu berücksichtigen. Sie gehen in den Beiträgen aber vor allem auf die Grundlagen der Digitalwirtschaft ein. Bei der gegenwärtigen Entwicklungsdynamik der Digitalwirtschaft wird der aktuelle Kenntnisstand dieses Buches in naher Zukunft wohl aktualisierungsbedürftig sein. Die Grundlagen werden aber auch langfristig nicht an ihrer Wichtigkeit verlieren.

1.5.1   Aufbau im Überblick

Wir haben den Band in drei Teile gegliedert:

- Im ersten Teil (Kap. 2) nach dieser Einleitung geht es um die **technischen Dimensionen** der Digitalwirtschaft. Wenn Sie sich jemals gefragt haben, wie die grundlegende Technik funktioniert, die eine Digitalwirtschaft erst ermöglicht, wenn Sie sich also beispielsweise gefragt haben, wie E-Mail, das Internet oder eine Cloud funktioniert, was künstliche Intelligenz in aller Kürze eigentlich ist, oder was es mit der Blockchain auf sich hat, dann sollten Sie die Lektüre dieses Buches unbedingt mit Kap. 2 beginnen. Es ist auch als technische Referenz für alle anderen Kapitel konzipiert. Viele der Technologien, auf die in den weiterführenden Kapiteln verwiesen wird, werden in Kap. 2 klar und auch für Nicht-Techniker:innen und Nicht-Informatiker:innen verständlich erklärt.
- Im zweiten Teil (Kap. 3, 4, 5, 6, 7 und 8) vertiefen wir gemeinsam mit den Autor:innen der Beiträge die **ökonomischen und gesellschaftlichen Dimensionen** der Digitalwirtschaft. Auch hier haben die Autor:innen – wie wir meinen erfolgreich – versucht, die Beiträge auch für Leser:innen zugänglich zu schreiben, die keine wirtschafts- oder gesellschaftswissenschaftliche Vorbildung mitbringen. Die zahlreichen Verweise auf die Literatur ermöglichen Ihnen ein gezieltes Weiterlesen und Vertiefen.
- Im dritten Teil (Kap. 9, 10, 11, 12, 13, 14, 15, 16, 17, 18, 19 und 20) widmen sich die Autor:innen der Beiträge **konkreten Anwendungsfeldern** der Digitalwirtschaft. Die Beiträge in diesem Teil haben eine einheitliche Struktur (Beschreibung – Ursprung – Fallvignetten – Diskussion – Ausblick), um Ihnen einen schnellen und gut strukturierten Zugriff auf diese Bereiche der Digitalwirtschaft zu erlauben.

Der Aufbau des Buches ist nicht linear zu sehen. Wir gehen also nicht davon aus, dass Sie die Kapitel der Reihe nach durcharbeiten. Vielmehr haben Sie, wenn Sie das technische Grundverständnis mitbringen oder wenn Sie es sich in Kap. 2 erarbeitet haben, die Freiheit, das Buch als Reader zu verstehen, in dem Sie durch Ihr Interesse und nicht durch die Struktur des Buches getrieben, die Beiträge lesen können.

1.5.2 Aufbau im Detail

1.5.2.1 Teil 1 – Technische Grundlagen

In Kap. 2 bieten Matthias Janetschek und Pascal Schöttle einen umfassenden Überblick über die **technischen Grundlagen**, die die moderne digitale Welt und die Digitalwirtschaft prägen. Sie konzentrieren sich auf Schlüsseltechnologien und Konzepte wie beispielsweise Internettechnologien, Cloud-Computing, künstliche Intelligenz, maschinelles Lernen, Blockchain und IT-Sicherheit. Die Leser:innen erhalten ein fundiertes Verständnis für die Technologien, die die digitale Landschaft prägen. Dieses Wissen dient als Grundlage für ein tieferes Verständnis der Konzepte, die in den folgenden Kapiteln diskutiert werden.

1.5.2.2 Teil 2 – Ökonomische und gesellschaftliche Dimensionen der Digitalwirtschaft

Kap. 3 widmet sich der **Ökonomie digitaler multinationaler Unternehmen.** Bernd Ebersberger und Bernhard Dachs beschäftigen sich mit digitalen multinationalen Unternehmen (MNEs). Sie diskutieren, was digitale MNEs ausmacht und welche Besonderheiten sie aufweisen. Ebersberger und Dachs gehen auf die Geschäftsmodelle dieser Unternehmen ein, erklären die Wirkung zunehmender Skalenerträge, führen das Konzept der Plattformen ein, zeigen was Netzwerkeffekte ausmachen, und diskutieren, warum hier die erfolgreichen Unternehmen oft den gesamten Markt beherrschen (*winner takes it all*). Sie greifen auch die Diskussion darüber auf, dass diese digitalen multinationalen Unternehmen bisweilen als Helden und bisweilen als Bösewichte wahrgenommen werden.

Digitale Geschäftsmodelle stehen im Zentrum des Beitrags von Daniel Degischer und Maria Wallnöfer (Kap. 4). Degischer und Wallnöfer erklären, dass Unternehmen vor der Herausforderung stehen, sich an ein sich wandelndes Geschäftsumfeld anzupassen. Dies erfordert nicht nur eine geringfügige Integration von digitalen Technologien, sondern oft fundamentale Anpassungen von Teilen oder gar von gesamten Geschäftsmodellen. Das Kapitel bietet einen Überblick über digitale Geschäftsmodelle und beleuchtet vier zentrale technologische Veränderungen (Metaverse, IoT, generative AI, Blockchain), die digitale Geschäftsmodelle ermöglichen.

Markus Frischhut wendet sich in Kap. 5 den **ethischen Dimensionen der Digitalwirtschaft** zu, in dem er feststellt, dass das Recht der Technik oft hinterherhinkt, egal ob es sich um verbindliches (*hard-law*) oder unverbindliches Recht (*soft-law*) handelt. Nicht nur die EU stellt daher auf Digitalisierung (insb. künstliche Intelligenz, Robotik) ab, die den Anforderungen der Ethik, der Werte und der Menschenrechte entspricht. Werte und Menschenrechte stellen dabei eine Brücke zwischen dem Recht und der Ethik dar. Im Bereich der Ethik kann neben den bekannten normativen Theorien (Deontologie, Konsequentialismus, Tugendethik) insb. auf ethische Prinzipien (Autonomie, Fürsorge, Gerechtigkeit und Schadensminderung) abgestellt werden, die sich bereits in anderen Bereichen bewährt haben. Darüber hinaus spielen die folgenden ethischen (und zum Teil auch rechtlichen) Prinzipien eine bedeutende Rolle: Transparenz, Fairness, Verantwortung, Privatsphäre, Freiheit und Nachhaltigkeit. Es sollte nicht nur im Interesse der Gesellschaft, sondern auch der Digitalwirtschaft sein, diesen Anforderungen zu genügen.

In Kap. 6 beleuchten Felix Gille, Kimon Papadopoulos, Jana Sedlakova, Frederica Zavattaro und Caroline Brall die Bedeutung von **Vertrauen** für die Entwicklung und den Erfolg der Digitalwirtschaft. Gegenseitiges Vertrauen zwischen Partnern stärkt ihre Beziehung, während Vertrauen in die Digitalisierung für die Akzeptanz digitaler Dienste durch
Nutzer:innen entscheidend ist. Das Kapitel bietet eine semantische und theoretische Einführung in das Thema Vertrauen, diskutiert die Digitalisierung im Gesundheitssystem und
die Datennutzung in der Gesundheitswirtschaft. Es werden Beispiele aus der Kommunikation, elektronischen Patientenakten und der künstlichen Intelligenz herangezogen, um den
Wert von Vertrauen zu veranschaulichen. Die vermittelten Erkenntnisse sind auf andere
digitale Wirtschafts- und Gesellschaftssysteme außerhalb der Gesundheitswirtschaft
übertragbar.

Medienberichte über Cybervorfälle und digitale Raubzüge der letzten Jahre zeigen
deutlich, dass Digitalisierung ohne Cybersicherheit nicht diskutiert werden kann. Tom
F. Hofmann betont in seinem Beitrag (Kap. 7) über die **sichere Digitalwirtschaft** die Bedeutung von Cybersicherheit als grundlegender Bestandteil jeder Organisation. Er weist
darauf hin, dass Technologie allein nicht ausreicht, um die komplexen Herausforderungen
im Bereich Cybersicherheit zu bewältigen. Hofmann befasst sich mit den Grundlagen des
ganzheitlichen Aufbaus einer Cybersicherheit, einschließlich der angemessenen Definition der CISO-Rolle (CISO = Chief Information Security Officer), der Rolle des Menschen in der Sicherheit und alternativen Lösungsansätzen für Organisationen. Er verbindet
Organisationsdesign, Sozialwissenschaft und Human-Centered-Design und bietet den Le-
ser:innen konkrete Beispiele und Vorschläge.

Teil 2 über die ökonomische und gesellschaftliche Dimension der Digitalwirtschaft
schließt mit einem Kapitel über Nachhaltigkeit und Digitalisierung. In ihrem Beitrag in
Kap. 8 geben Sebastian Pribas und Lukas Staffler einen Überblick über die **nachhaltige
Digitalwirtschaft**. Dabei wird der Begriff der Nachhaltigkeit erläutert und seine Verbindungen zu den ESG-Kriterien (Environment, Social, Governance) aufgezeigt. Auch die
positiven und negativen Aspekte der Digitalwirtschaft im Hinblick auf ESG werden diskutiert. Pribas und Staffler betonen, dass langfristig sowohl die Corporate Digital Responsibility als auch neue Regulierungen erforderlich sein werden, um eine nachhaltige Ausrichtung der Digitalwirtschaft zu gewährleisten.

1.5.2.3 Teil 3 – Anwendungsfelder

Teil 3 versammelt die Beiträge über die Anwendungsfelder der Digitalisierung. Viele dieser Anwendungsfelder werden mit einem Neologismus mit dem Muster XXTech
beschrieben. XX steht dabei für ein mehr oder weniger breites Anwendungsgebiet digitaler Technologien. Denken Sie dabei beispielsweise an die mittlerweile gebräuchlichen Begriffe wie FinTech oder MedTech.

In einem bewusst kurz gehaltenen Beitrag in Kap. 9 zum Thema **FinTech** geben Luca
Caramanica und Gerhard A. Schedler der noch unerfahrenen Leser:in einen möglichst präg-
nanten Überblick und Einblick in das Feld der Finanztechnologie (FinTech). Der Begriff
sowie das Phänomen werden definiert, erörtert und in den finanzmarktrechtlichen Kontext

eingeordnet sowie anhand dreier ausgewählter Fallvignetten (Zahlungsverkehr, Vermögensberatung und -verwaltung, Kapitalbeschaffung) praktisch beleuchtet. Zum Abschluss geben Caramanica und Schedler einen Überblick über die aus ihrer Sicht interessantesten aktuellen Entwicklungen.

Sascha Wiederkom widmet sich in seinem Beitrag in Kap. 10 der **InsurTech**. Der Beitrag gibt einen kurzen Überblick über Versicherungstechnologie, dem Sammelbegriff für die Nutzung moderner Technologien in der Versicherungsbranche. Wiederkom legt insbesondere Wertschöpfungsketten, Versicherungsarten und Segmente von InsurTechs dar und gibt damit den Leser:innen einen kursorischen Überblick über das spannende Feld der Versicherungstechnologie.

Innovationen und digitale Technologien haben im Gesundheits- und Medizinbereich eine unverzichtbare Rolle eingenommen. In Kap. 11 widmen sich Airana Aebi, Sina Staudinger und Theo Wilhem der **MedTech** und stellen verschiedene Definitionsansätze vor, um ein besseres Verständnis dieser für MedTech relevanten Konzepte zu ermöglichen. Darüber hinaus werden die historischen Ursprünge medizinischer Fortschritte beleuchtet. Die Entwicklung medizinischer Technologien wurde durch die fortschreitende Digitalisierung begünstigt. Die mit diesen Entwicklungen einhergehenden Chancen und Risiken werden von Aebi, Staudinger und Wilhelm unter Berücksichtigung rechtlicher, ethischer und politischer Aspekte sorgfältig abgewogen. Beispiele und Vignetten helfen in diesem Beitrag, die praktische Anwendung von Technologien in der Medizin zu veranschaulichen. Ein Ausblick auf die zukünftigen Entwicklungen im Gesundheitswesen rundet den Beitrag ab.

Der Begriff **LegalTech** bezieht sich auf den Einsatz von Technologien wie Software und künstliche Intelligenz im juristischen Bereich, um auf diese Weise rechtliche Prozesse zu automatisieren, zu vereinfachen oder zu verbessern. Annika Linder und Lukas Staffler wenden sich in Kap. 12 dieser Anwendung digitaler Technologien zu. Die Anwendung digitaler Technologien soll hier nicht nur Effizienz und Genauigkeit bei juristischer Tätigkeit gesteigert werden, sondern auch die Zugänglichkeit zu Recht bzw. juristischen Dienstleistungen verbessern. Linder und Staffler geben einen Überblick über die Vielfalt des LegalTech-Marktes und diskutieren, welchen fundamentalen Fragestellungen das „Recht" als solches durch LegalTech unterworfen wird.

In Johann Laux' Beitrag in Kap. 13 steht der Begriff **AdTech** für Advertising Technology, also der Technologie hinter der Onlinewerbung. Laux diskutiert in seinem Beitrag, dass, seitdem im Jahr 1994 die weltweit erste Bannerwerbung im Internet erschienen war, sich eine Revolution in Gang gesetzt hat. Diese Veränderung hat die noch junge Internetwirtschaft und die alte Werbeindustrie grundlegend verändert. Heute macht digitale Werbung den Hauptteil aller Werbeausgaben weltweit aus. Sie hat damit die traditionellen Printmedien sowie Fernsehen und Radio hinter sich gelassen. Aufgrund der datenintensiven Personalisierung der Werbeinhalte sowie der hohen Marktmacht einiger weniger Anbieter ist AdTech zuletzt immer stärker in den kritischen Blick von Regulierungs- und Aufsichtsbehörden geraten.

Der Wissens- und Kompetenzerwerbs kann durch den Einsatz von digitalen Technologien im Bildungsbereich unterstützt werden. Durch die fortschreitende Digitalisierung, durch aktuelle Entwicklungen im Bereich künstlicher Intelligenz und durch die Chancen virtueller Realitätstechnologien entstehen neue Bedingungen und Möglichkeiten, die formelles wie auch informelles Lernen revolutionieren und nachhaltig verändern. Claudia Mössenlechner führt in Kap. 14 in die Welt des **EdTech** ein. Der Begriff steht für Educational Technology bzw. Bildungstechnologie und wird – wie wir bereits durch die Covid-19-Pandemie gesehen haben – die Aus- und Weiterbildung nachhaltig verändern.

Bernd Oswald widmet sich in Kap. 15 der Digitalisierung in Immobilien- und Bauwirtschaft zu. Diese Branchen gehören zu den wirtschaftlich bedeutendsten Branchen. Ungeachtet dessen steht dort die digitale Transformation im Branchenvergleich noch am Anfang. Nachdem sich am Bau in den vergangenen Jahrzehnten wenig verändert hat, erzwingen nun der gesellschaftliche, ökologische und ökonomische Wandel weitreichende Veränderungen. Das Mittel zum Zweck stellt dabei die Digitalisierung dar. **Construction-Tech** (Construction Technology) beschreibt die Digitalisierung des Planungs- sowie Bau(ausführungs)segments und umfasst digitale Lösungen und innovative Geschäftsmodelle ebenso wie den veränderten Einsatz von Maschinen sowie Materialien. Greifbar wird das Potenzial von ConstructionTech schon heute im seriellen Holzhybridbau. Hier liefern der Einsatz von Technologie sowie die intelligente Erhebung und Nutzung von Daten Antworten auf mehrere Herausforderungen unserer Zeit. Oswald diskutiert, dass ConstructionTech gleichzeitig eine weitreichende Transformation der Branche einleiten wird.

In Kap. 16 stellt Mareike Schoop digitale Technologien für Verhandlungen (*negotiations*) vor, die wir mit **NegoTech** abkürzen. Mit fortschreitender Digitalisierung ändert sich auch das Medium einer Verhandlung. Während vor zwanzig Jahren noch direkte Verhandlungen im gleichen Raum zur gleichen Zeit vorherrschten, machen digitale Verhandlungen heute den bei weitem größten Teil aller Verhandlungen aus. Dedizierte Verhandlungsunterstützungssysteme wie Negoisst ermöglichen orts- und zeitunabhängige Verhandlungsprozesse. Kommunikations- und Konzessionsprozesse werden ebenso wie Konflikt- und Dokumentenmanagement unterstützt. Künstliche Intelligenz bietet neue Möglichkeiten der Erfolgsvorhersage und automatischen Mustererkennung in laufenden Verhandlungsprozessen.

Die Digitalisierung hat auch im Einzelhandel Einzug gehalten. Stefan Rosanelli wendet sich in Kap. 17 der Digitalisierung des Retails zu. Der Begriff **Retail** bezieht sich auf den Verkauf von Waren oder Dienstleistungen an Endkund:innen. Im Fokus steht das Einzelhandelsunternehmen, das Produkte direkt von Herstellern oder Großhändlern bezieht und sie dann im eigenen Geschäft bzw. Onlineshop zum Verkauf an Verbraucher:innen anbietet. Der Einzelhandel spielt als wesentlicher Bestandteil des Handels zwischen Unternehmen und Verbraucher:innen eine zentrale Rolle in der Wirtschaft. Rosanelli diskutiert das Potenzial des Retails in der Digitalwirtschaft und illustriert seine Ausführungen kenntnisreich mit Beispielen aus der Otto Group und des Singles Day (11.11.).

Claudia Brauer wendet sich in ihrem Beitrag in Kap. 18 dem **eSport** zu. Sie diskutiert, dass eSport jenen Bereich sportlicher Aktivitäten bezeichnet, in dem Menschen unter Nutzung von Informations- und Kommunikationstechnologien geistige oder körperliche Fähigkeiten entwickeln und trainieren. Brauer gibt einen Überblick über eSports und seine Anwendungen. Dabei geht sie insbesondere auf das eSports-Ökosystem und die eSports-Wertschöpfungskette ein.

Yannic Heyer, Anna-Sophie Käferböck und Simon Winkler stellen in ihrem Beitrag in Kap. 19 **Wearables** vor. Sie diskutieren den Begriff der Wearables und zeigen, dass dieser im letzten Jahrzehnt vor allem durch öffentlichkeitswirksame Produkte wie Google Glasses oder Smartwatches im Konsumentenmarkt geprägt wurde. Jetzt bezeichnet der Begriff eine Gruppe von Geräten, die nicht obstruktiv am menschlichen Körper getragen, jederzeit durch die User:innen an- und abgelegt werden können und sich digitaler Sensorik, Datenverarbeitung und Kommunikation bedienen. Heyer, Käferböck und Winkler gehen auch auf die Zukunft der Wearables ein.

Schließlich bieten Marcel Ritter, Matthias Harders und Yeongmi Kim in ihrem Beitrag in Kap. 20 einen Überblick über VR (*virtual reality*), AR (*augmented reality*), bei dem es um virtuelle bzw. digital-erweiterte Realitäten geht.

Wir alle erleben rasante technologische, soziale und ökonomische Entwicklungen. Diesen sind wir aber nicht auf Gedeih und Verderb ausgeliefert, vielmehr können wir sie mitgestalten. Dafür ist es freilich nötig, über technisches, wirtschaftliches und gesellschaftliches Grundwissen zu verfügen. Diesem widmen wir uns mit diesem Band.

Wir hoffen, Ihnen, liebe Leser:innen, einen Band vorgelegt zu haben, der Sie beim Lesen genauso fesselt wie er uns im Rahmen des Herausgebens gefesselt hat.

Wir wünschen Ihnen eine spannende Lektüre.

Im Herbst 2024

Für die Herausgeber:innen

Lukas Staffler & Bernd Ebersberger

Literatur

Amankwah-Amoah, J., Khan, Z., Wood, G., & Knight, G. (2021). COVID-19 and digitalization: The great acceleration. *Journal of Business Research, 136*, 602–611. https://doi.org/10.1016/j.jbusres.2021.08.011

Baecker, D. (2007). *Studien zur nächsten Gesellschaft*. suhrkamp.

Balsmeier, B., & Wörter, M. (2019). Is this time different? How digitalization influences job creation and destruction. *Research Policy*. https://doi.org/10.1016/J.RESPOL.2019.03.010

Björkdahl, J. (2020). Strategies for digitalization in manufacturing firms. *California Management Review, 62*, 17–36. https://doi.org/10.1177/0008125620920349

Bosman, J. (2012). After 244 years, Encyclopaedia Britannica stops the presses. *The New York Times*, 13. http://www.citi.columbia.edu/B8210/read10/After244Years.pdf. Zugegriffen am 06.05.2024.

Botsman, R., & Rogers, R. (2011). *What's mine is yours: The rise of collaborative consumption*. HarperCollins.

Brennen, J. S., & Kreiss, D. (2016). Digitalization. In *The international encyclopedia of communication theory and philosophy* (S. 1–11). Wiley. https://doi.org/10.1002/9781118766804.wbiect111

Cauz, J. (2013). Encyclopaedia Britannica's president on killing off a 244-year-old product. *Harvard Business Review, 91*(3), 39–42.

Christensen, C. M., Raynor, M., & McDonald, R. (2015). What is disruptive innovation? *Harvard Business Review, 93*(12), 44–53. https://hbr.org/2015/12/what-is-disruptive-innovation. Zugegriffen am 06.05.2024.

Danowitz, E. S. (2017). Britannica on the eve of its 250th birthday: An encyclopedia's metamorphosis. *Reference Reviews, 31*(6), 1–6. https://doi.org/10.1108/RR-03-2017-0078

European Commission. (2020). *Advanced technologies for Industry: Monitoring B2B Industrial Digital Platforms in Europe* (Issue April). https://doi.org/10.2826/402904

EY. (2023). *Disruptiver Wandel | EY – Deutschland*. https://www.ey.com/de_de/disruption. Zugegriffen am 06.05.2024.

Falk, O., & Koenen, J. (2022). *Industrial digital economy – B2B Platforms*. https://english.bdi.eu/publication/news/Industrial-digital-economy-B2B-platforms. Zugegriffen am 06.05.2024.

FDP. (2022). *Landtagswahlprogramm der Freien Demokraten NRW*. https://www.fdp.nrw/sites/default/files/2022-02/BeschlussfassungLandtagswahlprogramm.pdf. Zugegriffen am 06.05.2024.

Goldfarb, A., Greenstein, S. M., & Tucker, C. E. (2015a). Introduction. In A. Goldfarb, S. M. Greenstein, & C. E. Tucker (Hrsg.), *Economic analysis of the digital economy*. University of Chicago Press.

Goldfarb, A., Greenstein, S., & Tucker, C. (2015b). *Economic analysis of the digital economy*. https://doi.org/10.7208/CHICAGO/9780226206981.001.0001

Habibi, M., Davidson, A., & Laroche, M. (2017). What managers should know about the sharing economy. *Business Horizons, 60*, 113–121. https://doi.org/10.1016/J.BUSHOR.2016.09.007

Kahancová, M., Meszmann, T., & Sedláková, M. (2020). Precarization via digitalization? Work arrangements in the on-demand platform economy in Hungary and Slovakia. *Frontiers in Sociology, 5*. https://doi.org/10.3389/fsoc.2020.00003

Kohtamäki, M., Parida, V., Patel, P., & Gebauer, H. (2020). The relationship between digitalization and servitization: The role of servitization in capturing the financial potential of digitalization. *Technological Forecasting and Social Change, 151*, 119804. https://doi.org/10.1016/j.techfore.2019.119804

Larson, C. (2016). *4 keys to understanding Clayton Christensen's theory of disruptive innovation*. https://online.hbs.edu/blog/post/4-keys-to-understanding-clayton-christensens-theory-of-disruptive-innovation. Zugegriffen am 06.05.2024.

Li, G., Zhang, R., & Wang, C. (2015). The role of product originality, usefulness and motivated consumer innovativeness in new product adoption intentions. *Journal of Product Innovation Management, 32*, 214–223. https://doi.org/10.1111/JPIM.12169

Llopis-Albert, C., Rubio, F., & Valero, F. (2020). Impact of digital transformation on the automotive industry. *Technological Forecasting and Social Change, 162*, 120343–120343. https://doi.org/10.1016/j.techfore.2020.120343

Martin, K., & Palmatier, R. (2020). Data privacy in retail: Navigating tensions and directing future research. *Journal of Retailing, 96*, 449–457. https://doi.org/10.1016/j.jretai.2020.10.002

Martín-Peña, M., Sánchez-López, J., & Díaz-Garrido, E. (2019). Servitization and digitalization in manufacturing: The influence on firm performance. *Journal of Business & Industrial Marketing*. https://doi.org/10.1108/jbim-12-2018-0400

Meck, G., & Wiguny, B. (2015). *Das Wirtschaftswort des Jahres: Disruption, Baby, Disruption!* F.A.Z Online. https://www.faz.net/aktuell/wirtschaft/wirtschaftswissen/das-wirtschaftswort-des-jahres-disruption-baby-disruption-13985491.html. Zugegriffen am 06.05.2024.

Nassehi, A. (2019). *Muster: Theorie der digitalen Gesellschaft*. C.H. Beck.

OECD. (2015). *Herausforderungen für die Besteuerung der digitalen Wirtschaft*. https://doi.org/10.1787/9789264237100-de

Pirhonen, J., Lolich, L., Tuominen, K., Jolanki, O., & Timonen, V. (2020). "These devices have not been made for older people's needs" – Older adults' perceptions of digital technologies in Finland and Ireland. *Technology in Society, 62*, 101287. https://doi.org/10.1016/j.techsoc.2020.101287

Pols, A., & Sauer, S. (2019). Der Bitkom-ifo-Digitalindex: Ein neuer Indikator für die konjunkturelle Entwicklung der Digitalwirtschaft in Deutschland. *Ifo Schnelldienst, 72*(11), 29–32.

Schumpeter, J. A. (1942). *Capitalism, socialism and democracy*. Routledge.

Sennett, R. (2006). *The culture of the new capitalism*. Yale University Press.

Shibata, S. (2020). Gig work and the discourse of autonomy: Fictitious freedom in Japan's digital economy. *New Political Economy, 25*, 535–551. https://doi.org/10.1080/13563467.2019.1613351

Suri, S., & Gray, M. L. (2019). *Ghost work. How to stop silicon valley from building a new global underclass*. Houghton Mifflin Harcourt.

Theoharakis, V., Sajtos, L., & Hooley, G. (2009). The strategic role of relational capabilities in the business-to-business service profit chain. *Industrial Marketing Management, 38*, 914–924. https://doi.org/10.1016/J.INDMARMAN.2009.04.006

Truong, Y., Klink, R., Fort-Rioche, L., & Athaide, G. (2014). Consumer response to product form in technology-based industries. *Journal of Product Innovation Management, 31*, 867–876. https://doi.org/10.1111/JPIM.12128

Valauskas, E. J. (1995). Britannica online: Redefining encyclopedia for the next century. *Database, 18*(1), 14–20.

Wilczek, M. (2018). *Digitale Transformation: So wird Ihr Unternehmen disruptiv*. https://www.computerwoche.de/a/so-wird-ihr-unternehmen-disruptiv,3544319. Zugegriffen am 06.05.2024.

Teil I

Technische Dimension der Digitalwirtschaft

Technische Grundlagen

2

Matthias Janetschek und Pascal Schöttle

2.1 Einleitung

In diesem Kapitel erläutern wir die technischen Grundlagen, die das Rückgrat unserer modernen digitalen Welt und der Digitalwirtschaft bilden. Es bietet einen umfassenden Überblick über die wichtigsten Technologien und Konzepte, die das Internet, Cloud-Computing, künstliche Intelligenz (KI), maschinelles Lernen (ML), Blockchain und IT-Sicherheit umfassen.

- Wir beginnen mit der Untersuchung der Internettechnologien. Hier befassen wir uns mit grundlegenden Computernetzwerken und Anwendungsprotokollen, welche die essenziellen Bausteine des Internets bilden. Wir werfen auch einen Blick auf die unterschiedlichen Ebenen des Internets – das Surface, Deep und Dark Web – sowie die Peer-to-Peer-Netzwerke, die dezentralisierte Kommunikation und Datenübertragung ermöglichen.
- Anschließend befassen wir uns mit Cloud-Computing, einem Bereich, der unsere Art und Weise, wie wir Daten speichern und Anwendungen ausführen, nachhaltig verändert hat.
- Der nächste Abschnitt widmet sich KI und ML, den aufstrebenden Technologien, die mittlerweile viele Bereiche unseres Lebens beeinflussen. Wir erörtern die grundlegenden Aspekte der KI und die verschiedenen Lernmethoden.

M. Janetschek (✉) · P. Schöttle
MCI, Innsbruck, Österreich
E-Mail: matthias.janetschek@mci.edu; pascal.schoettle@mci.edu

© Der/die Autor(en), exklusiv lizenziert an Springer Fachmedien Wiesbaden
GmbH, ein Teil von Springer Nature 2024
L. Staffler et al. (Hrsg.), *Digitalwirtschaft*, https://doi.org/10.1007/978-3-658-45724-2_2

- Als nächstes betrachten wir die Welt der Blockchain-Technologie, die die Art und Weise, wie Transaktionen durchgeführt und aufgezeichnet werden, verändert hat.
- Schließlich richten wir unseren Blick auf die IT-Sicherheit, ein immer wichtiger werdendes Gebiet in der zunehmend digitalen Welt von heute.

Diese vielfältigen technischen Grundlagen geben ein fundiertes Verständnis für die Schlüsseltechnologien und Konzepte, die die Digitalwirtschaft prägen. Mit diesem Wissen ausgestattet, werden die meisten Konzepte in den folgenden Kapiteln einfacher zu verstehen sein.

Durch die Fülle an verschiedenen Technologien, welche alle wichtig für das Verständnis einzelner Aspekte der Digitalwirtschaft sind, ist es uns leider nicht möglich, auf alle Technologien gebührend einzugehen. Insbesondere sparen wir in diesem Kapitel folgende Technologien aus, was nicht bedeuten soll, dass wir deren Wichtigkeit für die Digitalwirtschaft nicht anerkennen:

- Das „Internet der Dinge" (Internet of Things, IoT) bezeichnet das Netzwerk von physischen Objekten, die mit Sensoren, Software und anderen Technologien ausgestattet sind, um Daten zu sammeln und auszutauschen. „Smart Technologies" bezieht sich auf Systeme oder Geräte, die diese IoT-Daten nutzen können, um automatisierte und kontextbezogene Aktionen auszuführen, wodurch sie effizienter, reaktionsschneller und anpassungsfähiger auf Benutzer:innenbedürfnisse oder Umgebungsbedingungen reagieren können.
- „Big Data" bezeichnet extrem große Datenmengen, die so umfangreich sind, dass herkömmliche Datenverarbeitungswerkzeuge sie nicht effektiv verarbeiten können; sie können aus vielen unterschiedlichen Quellen stammen und sowohl strukturiert als auch unstrukturiert sein. „Datenanalyse" ist der Prozess, diese riesigen Informationsmengen zu inspizieren, zu bereinigen, zu transformieren und zu modellieren, mit dem Ziel, nützliche Erkenntnisse zu gewinnen, informierte Entscheidungen zu treffen und Geschäftsstrategien zu unterstützen.

2.2 Internettechnologien

Der Begriff „Internettechnologie" verbindet die Begriffe Internet und Technologien. Damit beinhaltet er einerseits die verschiedenen Technologien und Protokolle zum Zwecke der Kommunikation und zum Austausch von Informationen über das Internet. Andererseits bezieht er sich auf das Internet, nämlich – wie weiter unten eingängig erklärt wird – ein globales Netzwerk von Computern und Servern, wodurch Menschen Daten, Dienste und Ressourcen weltweit austauschen können.

2.2.1 Computernetzwerke

Unter einem Computernetzwerk versteht man eine Verbindung von autonomen Computern und Geräten, die miteinander über eine gemeinsame Kommunikationsinfrastruktur kommunizieren. Ein Computernetzwerk besteht dabei aus einer **Kombination von Hardware** (wie zum Beispiel Computer, Server, Router und Switches) **und Software** (wie zu Beispiel Protokolle, Betriebssysteme und Anwendungssoftware), die zusammenarbeiten, um die Kommunikation zwischen den Geräten zu ermöglichen. Dies geschieht zum Zweck des Austauschs von Information, Teilen von Ressourcen und Bereitstellung von Diensten.

Es gibt verschiedene Arten von Computernetzwerken, angefangen von kleinen lokalen Netzwerken, die nur wenige Geräte in einem Gebäude miteinander verbinden, den sogenannten Local Area Networks (LAN), über größere Netzwerke, die mehrere LANs innerhalb einer größeren geografischen Region miteinander verbinden, den sogenannten Wide Area Networks (WAN), bis hin zu gigantischen weltumspannenden Netzwerken wie dem Internet.

Das **Internet** selbst ist ein komplexes Netzwerk, das aus mehreren unabhängigen Teilnetzen, sogenannten Autonomen Systemen, besteht. Es hat keine zentrale Kontrolle oder ein einzelnes physisches Netzwerk, sondern es implementiert ein dezentrales und verteiltes System.

Damit sich unterschiedlichste Computer und sonstige Geräte in Computernetzwerken verstehen können, kommen Protokolle zum Einsatz. Ein Protokoll ist eine Reihe von Regeln, Standards und Verfahren, die in verschiedenen Bereichen und Disziplinen verwendet werden, um eine effiziente Kommunikation, den Datenaustausch und die Interaktion zwischen verschiedenen Systemen, Geräten oder Personen zu ermöglichen. Mithilfe von Protokollen wird dafür gesorgt, dass Computer und sonstige Geräte in Computernetzwerken dieselbe Sprache sprechen. Im Internet kommt die TCP/IP-Protokollfamilie zum Einsatz.

2.2.1.1 Paketvermittlung

Es existieren zwei grundlegende Ansätze zur Übertragung von Daten in Netzwerken: einerseits die Leitungsvermittlung und andererseits die Paketvermittlung.

Bei der **Leitungsvermittlung** wird eine dedizierte Verbindung zwischen den beteiligten Kommunikationspartnern aufgebaut, bevor Daten übertragen werden können. Diese Verbindung bleibt während des gesamten Kommunikationsvorgangs bestehen und wird exklusiv für die beteiligten Kommunikationspartner reserviert, sodass niemand anderer während der gesamten Nutzungsdauer die Verbindung nutzen kann. Ein Beispiel für ein leitungsvermittelndes Netzwerk ist das traditionelle Telefonnetz, das eine durchgehende Verbindung aus Kupferkabeln aufbaut.

Heutzutage setzen moderne Kommunikationsnetzwerke aber hauptsächlich auf die **Paketvermittlung**. Die Paketvermittlung teilt die zu übertragenden Daten in kleinere Einheiten, die sogenannten Pakete, auf und überträgt diese unabhängig voneinander über das Netzwerk. Jedes Paket enthält Informationen über die Quelle und das Ziel, um eine korrekte Zustellung zu ermöglichen. Paketvermittlung ermöglicht die gemeinsame Nutzung von Netzwerkressourcen, da mehrere Teilnehmer gleichzeitig Daten über ein und dieselbe Verbindung übertragen können. Das erhöht einerseits die Effizienz im Netzwerk, da die verfügbare Bandbreite je nach Bedarf dynamisch genutzt wird und damit Ressourcenverschwendung weitgehend ausgeschlossen werden kann. Andererseits wird dadurch auch die Skalierbarkeit erhöht, da neue Teilnehmer:innen oder Geräte dem Netzwerk einfach hinzugefügt werden können, ohne dass dedizierte Ressourcen für jede Verbindung reserviert werden müssen. Ein weiterer wichtiger Vorteil der Paketvermittlung ist die verbesserte Flexibilität und Fehlertoleranz, da jedes einzelne Paket als unabhängige Einheit betrachtet wird. Zum selben Kommunikationsvorgang gehörende Pakete können deswegen unterschiedliche Wege im Netzwerk nehmen und dadurch bei Staus oder Ausfällen auf Alternativrouten umgeleitet werden.

2.2.1.2 Verzögerung und Verlust in paketvermittelnden Netzwerken

Grundsätzlich gilt in fast allen größeren Netzwerken, dass eine Datenquelle nicht direkt mit dem Zielknoten verbunden ist, sondern die Datenpakete über Zwischenknoten, die sogenannten **Router**, weitergeleitet werden. Dabei kann es vorkommen, dass ein Paket aufgrund von überlasteten Verbindungen nicht sofort weitergeleitet werden kann. In diesem Fall wird das Paket in einer Warteschlange zwischengespeichert bis wieder genügend Übertragungskapazitäten frei werden. Diese Warteschlangen haben aber nur eine begrenzte Kapazität und wenn nun eine Warteschlange schon voll ist, dann müssen alle weiteren ankommenden Pakete verworfen werden und gehen dadurch unwiederbringlich verloren. In paketvermittelnden Netzwerken ist dies ein alltäglicher Vorgang, da es keine garantierten Leistungszusagen gibt und es immer wieder zu lokalen Überlastungen von Verbindungen kommen kann. Um Paketverluste zu kompensieren, müssen daher an anderer Stelle, je nach Einsatzszenario, entsprechende Gegenmaßnahmen getroffen werden.

Auch wenn keine Pakete verworfen werden müssen, kommt es in Überlastsituationen zu einer Verzögerung in der Paketzustellung, da die Pakete in den Warteschlangen erst warten müssen, die sogenannte Warteschlagenverzögerung, bis sie weitertransportiert werden können.

Paketvermittelnde Netzwerke arbeiten dabei nach dem sogenannten Best-Effort-Prinzip. Das **Best-Effort-Prinzip** ist ein grundlegendes Konzept in der Kommunikationstechnologie. Es beschreibt einen Ansatz, bei dem das Netzwerk keine bestimmten Qualitäts- oder Servicegarantien für den Datenverkehr bietet, sondern sich darauf konzentriert, die übertragenen Daten so gut wie möglich zu liefern, ohne bestimmte Prioritäten zu setzen. Im Rahmen des Best-Effort-Prinzips gibt es keine spezielle Behandlung oder Vorzugsbehandlung für bestimmte Datenpakete oder Dienste. Stattdessen werden Datenpakete nach dem First-Come-First-Serve-Prinzip behandelt. Das bedeutet, dass die Pakete in der Reihenfolge, in der sie im Router eintreffen, weitergeleitet werden.

2.2.1.3 ISO/OSI-Referenzmodell

Der technische Aufbau von Computernetzwerken ist in Schichten eingeteilt. Die **Schichtenarchitektur**, auch als Schichtenmodell bezeichnet, ist ein Konzept in der Informatik, das dazu dient, komplexe Systeme in klar definierte und voneinander unabhängige

Schichten zu unterteilen. Jede Schicht erfüllt spezifische Aufgaben und bietet entsprechende Dienste der direkt darüber liegenden Schicht an. Die darüber liegende Schicht verwendet die Dienste der darunterliegenden Schicht, um die ihr zugewiesenen Aufgaben zu erfüllen und wiederum eigene Dienste für die nächsthöhere Schicht anbieten zu können. Schichtenarchitekturen reduzieren die Komplexität technischer Systeme und machen diese dadurch leichter beherrschbar. Des Weiteren erhöhen sie die Flexibilität und Erweiterbarkeit. Die einzelnen Schichten kapseln bestimmte Funktionalitäten und stellen diese über eindeutig definierte Schnittstellen zur Verfügung. Schichten können dadurch einfach durch andere Schichten ersetzt werden, ohne dass das restliche System angepasst werden muss, solange die neue Schicht genau dieselbe Schnittstelle wie die ausgetauschte Schicht implementiert. Aber auch wenn sich die Schnittstelle ändert, müssen nur die unmittelbar angrenzenden Schichten an die neue Schnittstelle angepasst werden.

Das **ISO/OSI-Referenzmodell** (englisch: Open System Interconnection Model), veröffentlicht von der International Organization for Standardization (ISO), ist ein theoretisches Referenzmodell für Netzwerkprotokolle, das als Schichtenarchitektur konzipiert ist. Es dient als Referenz für die Entwicklung und Standardisierung von Netzwerkprotokollen und -architekturen und ermöglicht eine klare Strukturierung von Netzwerken, eine bessere Fehlerisolation und eine verbesserte Interoperabilität zwischen verschiedenen Systemen und Herstellern. Obwohl es ein rein theoretisches Modell ist, halten sich die meisten praktischen Netzwerkimplementierungen und Modelle, wie z. B. das TCP/IP-Referenzmodell, das die technische Grundlage des Internets bildet, sehr eng an dieses Modell. Das ISO/OSI-Referenzmodell unterteilt die Kommunikation zwischen Computern und Netzwerkgeräten in sieben klar definierte Schichten mit jeweils eng begrenzten Aufgaben, die alle für ein Computernetzwerk notwendigen Bestandteile umfasst.

Die sieben Schichten des ISO/OSI-Referenzmodells von unten nach oben sind (siehe Abb. 2.1):

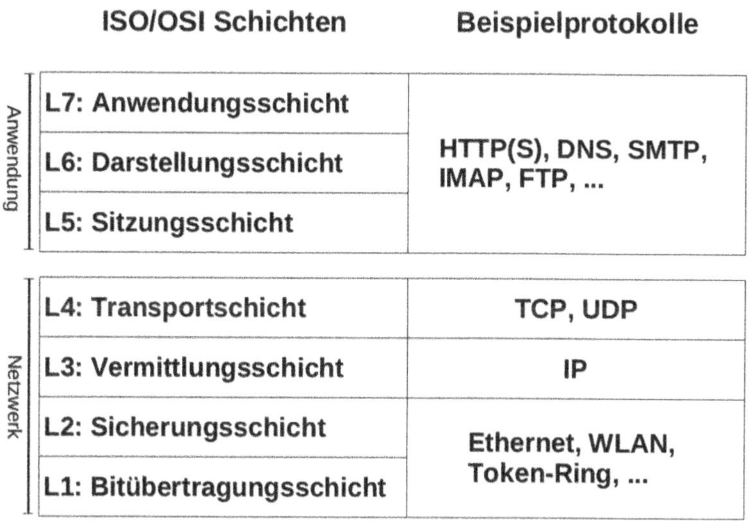

ISO/OSI Schichten	Beispielprotokolle
L7: Anwendungsschicht	
L6: Darstellungsschicht	**HTTP(S), DNS, SMTP, IMAP, FTP, ...**
L5: Sitzungsschicht	
L4: Transportschicht	**TCP, UDP**
L3: Vermittlungsschicht	**IP**
L2: Sicherungsschicht	**Ethernet, WLAN, Token-Ring, ...**
L1: Bitübertragungsschicht	

(Seitlich: Anwendung für L7–L5, Netzwerk für L4–L1)

Abb. 2.1 Das ISO/OSI-Schichtenmodell. (Eigene Darstellung)

- **Bitübertragungsschicht** (Physical Layer): Die unterste Schicht ist für die physische Übertragung von Bits über das Übertragungsmedium verantwortlich. Sie definiert die elektrischen, optischen und mechanischen Eigenschaften der physikalischen Verbindung, die für die Datenübertragung verwendet wird.
- **Sicherungsschicht** (Data Link Layer): Die Sicherungsschicht implementiert die Übertragung von Datenpaketen zwischen direkt verbundenen Netzwerkknoten und ist für die Fehlererkennung und -korrektur auf der Bitübertragungsschicht verantwortlich. Sie organisiert die Daten in Rahmen (Frames) und steuert den Zugriff auf das physische Übertragungsmedium, um sicherzustellen, dass Datenpakete fehlerfrei übertragen werden und sich mehrere Netzwerkteilnehmer:innen nicht in die Quere kommen.
- **Vermittlungsschicht** (Network Layer): Die Vermittlungsschicht ist für das Routing der Datenpakete zwischen den Netzwerken und den Geräten verantwortlich. Sie bestimmt den optimalen Weg für den Datenverkehr über mehrere Netzwerkknoten hinweg und verwendet dazu entsprechende Routing-Algorithmen. In dieser Schicht ist das Internet Protocol (IP) beheimatet. Das Internet Protocol ist eines der fundamentalen Netzwerkprotokolle im Internet und ermöglicht die Routenfindung im Internet.
- **Transportschicht** (Transport Layer): Die Transportschicht ist für die zuverlässige und effiziente Übertragung von Daten zwischen den Anwendungen auf verschiedenen Geräten verantwortlich. Hier werden Dienste wie Flusskontrolle, Fehlerkorrektur und Segmentierung bereitgestellt. In dieser Schicht sind das Transmission Control Protocol (TCP) und das User Datagram Protocol (UDP) zu finden, die neben dem Internet Protocol zu den fundamentalen Protokollen des Internets gehören. TCP und UDP ermöglichen den Austausch von Daten zwischen zwei Geräten im Internet.
- **Sitzungsschicht** (Session Layer): Die Sitzungsschicht verwaltet die Kommunikation und Koordination zwischen den Anwendungen auf verschiedenen Geräten. Sie ermöglicht das Herstellen, Aufrechterhalten und Beenden von Sitzungen zwischen den Geräten.
- **Darstellungsschicht** (Presentation Layer): Die Darstellungsschicht kümmert sich um die Datenformatierung, Kodierung und Dekodierung, um sicherzustellen, dass die Daten zwischen den unterschiedlichen Systemen verstanden werden können.
- **Anwendungsschicht** (Application Layer): Die oberste Schicht ist für die Benutzerschnittstelle und die Bereitstellung von Anwendungen verantwortlich, die mit Netzwerkdiensten interagieren. Hier laufen beispielsweise Anwendungen wie Webbrowser, E-Mail-Clients und Dateiübertragungsprogramme.

2.2.1.4 Adressierung in Computernetzwerken

Damit Geräte in Computernetzwerken und darauf laufende Anwendungen gefunden und eindeutig identifiziert werden können, braucht es entsprechende Adressierungsschemata.

- Für den direkten Transport von Datenpaketen von einem Netzwerkknoten zum nächsten kommt die sogenannte **Media-Access-Control**(MAC)-Adresse zum Einsatz. Diese eindeutige Hardwareadresse ist auf der Netzwerkkarte jedes Geräts eingebettet und dient der Identifizierung von Computern innerhalb eines Netzwerksegments.

- Für eine global eindeutige Adressierung von Computern weist das **Internet Protocol** jedem Gerät eine eindeutige IP-Adresse zu, die auch eine zentrale Rolle bei der Routenfindung im Internet spielt.
- Um unterschiedliche Anwendungen auf einem einzelnen Computer zu identifizieren, kommen sogenannte **Ports** zum Einsatz. Ports sind numerische Kennungen, die es mehreren Anwendungen auf einem Gerät ermöglichen, Daten zu empfangen und zu senden.

Durch die Kombination von MAC-Adressen, IP-Adressen und Ports können Datenpakete effizient geroutet und an die richtigen Ziele in einem Netzwerk oder über das Internet gesendet werden.

2.2.2 Grundlegende Anwendungsprotokolle im Internet

Die allermeisten Anwendungsprotokolle im Internet funktionieren nach dem Client-Server-Modell. Das **Client-Server-Modell** beschreibt, wie prinzipiell Ressourcen und Dienste im Internet verteilt und aufgerufen werden und Netzwerkknoten miteinander kommunizieren können. In diesem Modell gibt es zwei Hauptakteure: den Client und den Server.

- Der Client ist ein Endgerät oder eine Anwendung, die Dienste, Ressourcen oder Informationen von einem Server anfordert. Die Client-Anwendung kann eine Webbrowser-Anwendung sein, die eine Website anzeigt, ein E-Mail-Client, der E-Mails abruft, eine File-Transfer-Anwendung, die Dateien herunterlädt, oder eine Vielzahl anderer Programme, die auf Serverdienste zugreifen möchten.
- Der Server ist ein Computersystem, das Dienste, Ressourcen oder Informationen für die Clients bereitstellt. Ein Server kann eine Webserver-Anwendung sein, die Webseiten und Inhalte an die Browser der Clients sendet, ein E-Mail-Server, der E-Mails empfängt und speichert, ein Dateiserver, der Dateien für den Download bereitstellt, oder ein Datenbankserver, der Datenbankabfragen beantwortet.

Ein Kommunikationsvorgang im Client-Server-Modell läuft prinzipiell wie folgt ab:

- Kommunikationsvorgänge werden immer vom Client gestartet, der eine Anfrage an den Server schickt, um Ressourcen oder Informationen anzufordern. Die Anfrage enthält in der Regel spezifische Details und Parameter, die der Server benötigt, um die Anfrage zu bearbeiten.
- Der Server nimmt die Anfrage entgegen und verarbeitet sie entsprechend den spezifischen Anforderungen der Anfrage. Der Server führt die erforderlichen Operationen aus, um die angeforderten Daten zu sammeln, zu generieren oder zu berechnen.
- Nachdem der Server die Anfrage verarbeitet hat, sendet er die entsprechende Antwort an den Client zurück. Die Antwort enthält die angeforderten Daten, Informationen oder die Statusmeldung, die das Ergebnis der Anfrage wiedergibt.

Komplexere Kommunikationsvorgänge können dabei durch mehrere hintereinander folgende Anfrage-Antwort-Paare abgebildet werden.

2.2.2.1 DNS-Protokoll

DNS steht für „Domain Name System" und ist ein entscheidender Bestandteil des Internets. Es fungiert als globales dezentrales Verzeichnissystem und übersetzt menschenfreundliche Domainnamen, wie z. B. www.beispiel.at, in die zugrunde liegenden numerischen IP-Adressen.

Das DNS-System arbeitet nach dem Prinzip der verteilten Hierarchie. Es besteht aus verschiedenen DNS-Servern, die auf der ganzen Welt verteilt sind und in einer Baumstruktur organisiert sind (siehe Abb. 2.2). In einem **Domainnamen** werden einzelnen Ebenen des DNS-Baums, die sogenannten Labels, durch Punkte getrennt und von rechts nach links gelesen. Je weiter rechts also ein Label steht, desto höher ist es in der Hierarchie des DNS-Baums. Die oberste Ebene, die Root-Domain, wird durch einen leeren Namen repräsentiert und wird daher meist weggelassen. Die nächste Ebene wird Top-Level-Domain genannt, die Ebene darunter ist die Second-Level-Domain, danach kommt die Third-Level-Domain, usw. Generell werden alle Ebenen unter der Second-Level-Domain auch unter dem Begriff Subdomains zusammengefasst.

Beispiel: Name einer Domain

Der Domainname www.beispiel.at besteht z. B. aus:

- der Top-Level Domain „at",
- der Second-Level Domain „beispiel" und
- der Third-Level Domain „www". ◄

Den Vorgang der Zuordnung eines Domainnamens zu einer IP-Adresse nennt man Namensauflösung. Den ersten Schritt in der Namensauflösung stellt der DNS-Resolver dar. Der DNS-Resolver ist normalerweise in das Betriebssystem des Benutzers integriert

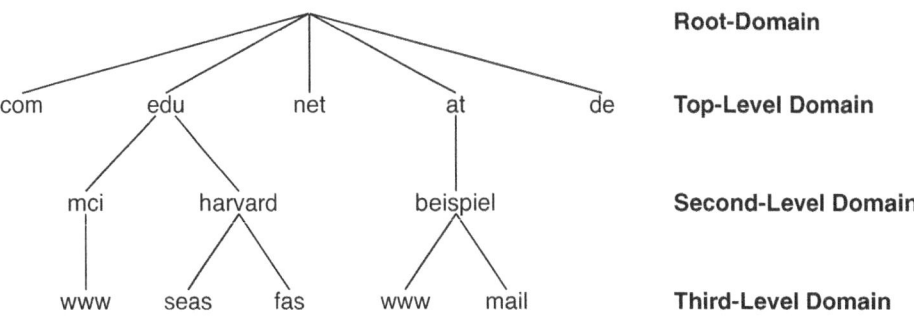

Abb. 2.2 Beispiel eines DNS-Baums. (Eigene Darstellung)

oder wird vom Internetdienstanbieter bereitgestellt. Sobald ein Benutzer einen Domain-namen in seinen Webbrowser eingibt oder eine Anwendung einen bestimmten Hostnamen auflöst, übernimmt der DNS-Resolver die weiteren Schritte in der Namensauflösung. Ausgehend von der Wurzel des DNS-Baums wird Ebene für Ebene durchgegangen, bis der richtige DNS-Eintrag gefunden wurde. Zuständig für die Wurzel sind die **Root-DNS-Server,** von denen es 13 Gruppen weltweit gibt. Wenn der DNS-Resolver eine Anfrage für eine Domain erhält, die er nicht kennt, wird die Anfrage an einen der Root-DNS-Server weitergeleitet. Dieser wird mit der Adresse des zuständigen DNS-Servers der nächsten Ebene antworten. Im Falle der Beispieldomain „www.beispiel.at" wird das der für die Top-Level Domain „.at" zuständige DNS-Server sein. Als nächstes wird der DNS-Resolver eine Anfrage an diesen DNS-Server senden, der dann wiederum mit der Adresse des für die nächste Ebene zuständigen DNS-Servers antwortet. In diesem Fall ist das der DNS-Server, der für die Domain „beispiel.at" zuständig ist. Dies geht so lange so weiter, bis der DNS-Server gefunden wurde, der für „www.beispiel.at" zuständig ist und mit der für diese Domain hinterlegten IP-Adresse antwortet.

Die vollständige Namensauflösung ist ein aufwendiger Prozess, der entsprechend Zeit braucht und Ressourcen beansprucht. Um die Zeit zu verkürzen und Ressourcen zu schonen, werden daher in den DNS-Resolvern schon gemachte Namensauflösungen für eine bestimmte Zeit zwischengespeichert, sodass die DNS-Resolver sofort die entsprechende IP-Adresse zu einem Domainnamen zurückgeben können.

2.2.2.2 HTTP-Protokoll

HTTP steht für „Hypertext Transfer Protocol" und ist ein Anwendungsprotokoll, das im Internet für die Abrufung und Verwaltung von Ressourcen verwendet wird. Es bildet das Grundgerüst der Kommunikation im Internet und ist das Protokoll, das von Webbrowsern und Webservern verwendet wird, um Webseiten, Bilder, Videos, Dateien und andere Ressourcen im Internet zu übertragen.

HTTP ist ein textbasiertes Protokoll, was bedeutet, dass sowohl Anfragen als auch Antworten in menschenlesbarer Form dargestellt werden können. Für die Darstellung von Webseiten wird HTML (Hypertext Markup Language) verwendet, das mit HTTP übertragen und vom Webbrowser interpretiert wird, um die Website visuell darzustellen.

Das Abrufen von Ressourcen mittels HTTP funktioniert folgendermaßen (siehe Abb. 2.3): Ein HTTP-Client (normalerweise ein Webbrowser) sendet eine Anfrage an

Abb. 2.3 Ablauf einer HTTP-Anfrage. (Eigene Darstellung)

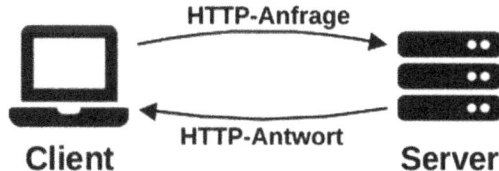

einen Webserver, um eine bestimmte Ressource abzurufen. Die Anfrage besteht aus einer Methode (z. B. GET, POST, PUT, DELETE), die angibt, welche Aktion der Client ausführen möchte, und einem Pfad, der die Adresse der gewünschten Ressource angibt. Der Webserver empfängt die HTTP-Anfrage und verarbeitet sie entsprechend der angegebenen Methode und dem angegebenen Pfad. Je nach Art der Anfrage kann der Server die angeforderte Ressource zurückgeben, eine Datei erstellen oder bearbeiten, Daten aus einer Datenbank abrufen oder andere Aufgaben ausführen. Der Webserver generiert eine HTTP-Antwort, die die angeforderte Ressource enthält oder den Erfolg oder Misserfolg der Anfrage anzeigt. Die Antwort besteht aus einem Statuscode (z. B. 200 für erfolgreiche Anfragen, 404 für nicht gefundene Ressourcen, 500 für Serverfehler usw.) und dem eigentlichen Inhalt der Ressource, der in Form von HTML, Bildern, Videos oder anderen Formaten vorliegen kann. Webseiten binden oft Bilder, Videos oder sonstige Ressourcen ein. Für jede eingebundene Ressource muss eine weitere separate HTTP-Anfrage gestellt werden.

HTTP ist ein zustandsloses Protokoll. Das bedeutet, dass keine Informationen über frühere Anfragen oder Sitzungen zwischen einem Client (Webbrowser) und einem Server speichert werden. Jede einzelne Anfrage eines Clients an den Server wird vom Server als unabhängige, separate Anfrage behandelt, ohne dass eine Verbindung zu vorherigen Anfragen besteht. Das zustandslose Design von HTTP hat den Vorteil, dass es dadurch einfach und leichtgewichtig ist und deshalb relativ simpel umgesetzt werden kann. Es ermöglicht auch eine bessere Skalierbarkeit, da der Server keine Ressourcen für die Verwaltung von Benutzersitzungen aufwenden muss. Es gibt allerdings auch Webanwendungen, die komplexe Interaktionen und Benutzersitzungen erfordern. Wenn z. B. eine Webseite erfordert, dass man sich mittels Benutzer:innenname und Passwort authentifiziert, dann müssen die Informationen über eine erfolgreiche Authentifizierung auch über mehrere HTTP-Anfragen hinweg gespeichert werden. In so einem Fall kommen Cookies zum Einsatz. **Cookies** sind kleine Datenstücke, die dazu dienen, Informationen zwischen Webservern und Clients auszutauschen. Wenn ein Benutzer eine Website besucht, kann der Webserver ein Cookie erstellen und mit der HTTP-Antwort mitschicken. Der Client wird dann dieses Cookie zwischenspeichern und bei jeder folgenden HTTP-Anfrage an denselben Webserver wird das zwischengespeicherte Cookie mitgeschickt. Dies geschieht automatisch, ohne dass der/die Benutzer:in aktiv etwas tun muss. Der Webserver verwendet die empfangenen Cookie-Informationen, um den Zustand und die Aktivitäten der Benutzer:in zu verfolgen oder spezifische Funktionen für den/die Benutzer:in bereitzustellen. Cookies sind ein wichtiges Werkzeug für Website-Betreiber:innen, um personalisierte Dienste bereitzustellen, Benutzer:innenaktivitäten zu verfolgen, statistische Daten zu sammeln und die Benutzer:innenerfahrung zu verbessern. Allerdings haben sie auch Datenschutzaspekte, da sie Informationen über das Verhalten der Benutzer:innen auf einer Website sammeln können.

2.2.2.3 E-Mail-Versand im Internet

Abb. 2.4 zeigt die einzelnen Stationen beim Versand von E-Mails. Die dabei involvierten Akteure sind:

- **Mail User Agent** (MUA): Ein Mail User Agent ist ein E-Mail-Client, den ein Benutzer verwendet, um E-Mails zu verfassen, zu lesen, zu senden und zu empfangen. Der MUA ist die Schnittstelle zwischen dem Benutzer und dem E-Mail-System. Er kann ein lokal installierter E-Mail-Client, wie z. B. Thunderbird oder Outlook, sein, oder auch ein Webmail-System in der Cloud.
- **Mail Transfer Agent** (MTA): Ein Mail Transfer Agent ist ein E-Mail-Server, der für die Weiterleitung von E-Mails von einem E-Mail-Server zum anderen verantwortlich ist. Er sendet E-Mails von einem E-Mail-Server zum nächsten, bis sie den Empfänger-E-Mail-Server erreichen. Die E-Mails werden normalerweise in einer Warteschlange gespeichert, bis sie erfolgreich an den nächsten E-Mail-Server übertragen werden können.
- **Mail Delivery Agent** (MDA): Ein Mail Delivery Agent ist ein E-Mail-Server, der für die Zustellung von E-Mails an die Postfächer der Empfänger zuständig ist. Sobald die E-Mail von einem MTA zum E-Mail-Server des Empfängers weitergeleitet wurde, übernimmt der MDA die Zustellung der E-Mail an das entsprechende Postfach des Empfängers. Dort kann die E-Mail dann vom MUA des Empfängers abgerufen werden.

Der Prozess beginnt, wenn ein Benutzer auf seinem MUA eine E-Mail verfasst und versendet. Der MUA überträgt die E-Mail zuerst an den MTA des Senders. Dieser wird dann zumeist direkt die E-Mail an den MTA des Empfängers übertragen, rein theoretisch wäre

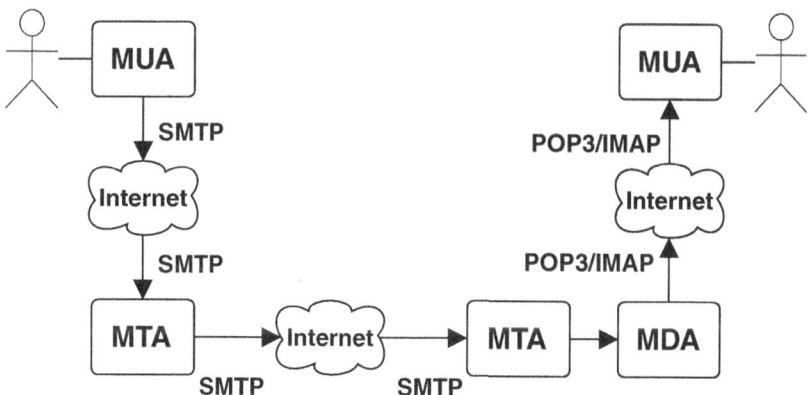

Abb. 2.4 E-Mail-Versand im Internet. (Eigene Darstellung)

aber auch eine E-Mail-Zustellung über mehrere Zwischen-MTAs möglich. Wieso eine
E-Mail zuerst zum MTA des Senders übertragen wird und nicht sofort direkt zum MTA
des Empfängers hat mehrere Gründe:

- Einerseits kann so Spam reduziert werden, weil der MTA des Senders eine Authentifizierung und Autorisierung des Senders vornehmen kann und ein bekannter E-Mail-Server als Absender vertrauenswürdiger ist als ein unbekannter MUA.
- Andererseits kann es vorkommen, dass der MTA des Empfängers vorübergehend nicht
  erreichbar ist oder nicht sofort bereit ist, die E-Mail zu empfangen. Der MTA des Senders versucht dann zu einem späteren Zeitpunkt erneut, die E-Mail zuzustellen, ohne
  dass der Sender selber zwingend online sein muss.

Für die Kommunikation zwischen MUA und MTA bzw. zwischen den MTAs wird das
SMTP-Protokoll verwendet. SMTP steht für „Simple Mail Transfer Protocol" und ist ein
grundlegendes Anwendungsprotokoll, das den Transport von E-Mails über das Internet ermöglicht. SMTP unterscheidet beim E-Mail-Versand zwischen Envelope, Header und
Body einer E-Mail. Der **Envelope** beinhaltet den Sender und Empfänger einer E-Mail und
wird von den MTAs für den Transport der E-Mails ausgewertet. Der **Header** beinhaltet
neben der nochmaligen Angabe von Sender und Empfänger weitere Informationen wie
Betreffzeile, Client-Kennung und Message-IDs und wird vom MUA für die Darstellung
auf der Benutzeroberfläche ausgewertet. Der **Body** beinhaltet den eigentlichen Text der
E-Mail und etwaige Anhänge. Die Angabe des Senders und Empfängers im Envelope und
im Header müssen nicht übereinstimmen und die Angaben im Header werden in der Regel
von den E-Mail-Servern nicht weiter überprüft. Daher kann es unter Umständen vorkommen, dass die im MUA angezeigten Informationen zu Sender und Empfänger nicht
der Wirklichkeit entsprechen.

Für die Kommunikation zwischen MDA und MUA wird zumeist entweder das POP3
(Post Office Protocol Version 3) oder IMAP (Internet Message Access Protocol) verwendet. Neben den Transport von E-Mails bieten diese Protokolle noch zusätzliche Funktionen zur Verwaltung des Benutzerpostfachs an.

2.2.3 World Wide Web

Das World Wide Web (WWW) ist ein Teil des Internets, der aus einer riesigen Sammlung
von miteinander verknüpften Webseiten, Dokumenten und Ressourcen besteht. Das World
Wide Web funktioniert nach dem Prinzip von Hypertext und Hyperlinks, die es ermöglichen, Informationen auf verschiedenen Webseiten miteinander zu verknüpfen. Eine
Webseite kann Hyperlinks enthalten, die zu anderen Webseiten oder Ressourcen führen.
Wenn ein:e Benutzer:in auf einen Hyperlink klickt, wird er/sie zu der verlinkten Webseite
oder Ressource weitergeleitet, und so entsteht eine nahtlose Navigation durch die verschiedenen Inhalte im World Wide Web.

Eine zentrale Hauptkomponente im World Wide Web sind Webseiten, die in einer speziellen Sprache geschrieben wurden, der Hypertext Markup Language (HTML). Sie können Texte, Bilder, Videos, Audiodateien, interaktive Elemente und vieles mehr enthalten.

▶ **WWW – World Wide Web** Das World Wide Web teilt sich in drei Teile:

1. Der öffentlich zugängliche Teil wird auch als Surface Web bezeichnet.
2. Das Deep Web ist der nicht öffentlich zugängliche Teil.
3. Und dann gibt es auch noch einen versteckten Teil, der nur mit spezieller Software zugänglich ist, das Dark Web.

2.2.3.1 Surface Web

Das Surface Web, auch als „oberflächliches Web" oder „sichtbares Web" bezeichnet, ist der Teil des World Wide Web (WWW), der öffentlich zugänglich und über Suchmaschinen wie Google, Bing oder Yahoo auffindbar ist. Es handelt sich um den Teil des Internets, den die meisten Menschen täglich nutzen und auf den sie normalerweise zugreifen, wenn sie im Internet surfen.

Suchmaschinen indizieren normalerweise das Internet, indem sie sogenannte Webcrawler verwenden. Ein **Webcrawler**, auch bekannt als Spider, Bot oder Webroboter, ist ein automatisiertes Computerprogramm, das systematisch das Internet durchsucht, um Webseiten und deren Inhalte zu erfassen und in einer Datenbank zu speichern, um sie später in Suchmaschinenergebnissen zu präsentieren. Dazu bekommt der Webcrawler eine Liste von Adressen von Webseiten, welche er der Reihe nach besucht. Jeder Hyperlink, den er auf einer besuchten Webseite findet und der ihm noch nicht bekannt ist, wird zu dieser Liste hinzugefügt. Auf diese Art und Weise ist der Webcrawler in der Lage, das gesamte bekannte Surface Web zu indizieren und durchsuchbar zu machen.

2.2.3.2 Deep Web

Das Deep Web, auch bekannt als „unsichtbares Web" oder „verborgenes Web", bezieht sich auf den Teil des Internets, der nicht öffentlich zugänglich und von herkömmlichen Suchmaschinen nicht indexiert ist. Es umfasst Websites, Datenbanken und Ressourcen, die nicht direkt über Hyperlinks gefunden werden können und spezielle Zugriffsberechtigungen erfordern, wie zum Beispiel Passwörter, Anmeldungen oder andere Sicherheitsmaßnahmen. Dadurch entziehen sie sich der Indizierung durch Webcrawler, da diese entweder mangels Hyperlinks Webseiten im Deep Web nicht finden und besuchen oder aufgrund von fehlenden Zugriffsberechtigungen den Inhalt von Webseiten nicht abrufen und analysieren können.

Um Inhalte im Deep Web abrufen zu können, müssen diese den Benutzer:innen bekannt sein und sie müssen entsprechende Zugriffsberechtigungen besitzen. Trifft beides aber zu, dann können Webseiten im Deep Web ganz normal mit herkömmlichen Mitteln, wie z. B. Webbrowsern, abgerufen werden.

Im Gegensatz zum Surface Web, das die öffentlich zugänglichen und leicht auffind-
baren Webseiten umfasst, bildet das Deep Web eine erheblich größere und oft schwer ab-
zuschätzende Menge an Inhalten. Es wird geschätzt, dass das Deep Web das Surface Web
um ein Vielfaches übertrifft. Aber naturgemäß sind seriöse und genaue Angaben über das
Deep Web nur schwer möglich.

2.2.3.3 Dark Web

Das Dark Web, auch als „dunkles Web" oder „Darknet" bekannt, ist ein kleiner, abge-
schirmter Teil des Deep Web, der bewusst verborgen ist und spezielle Anonymisierungs-
technologien verwendet, um den Zugriff auf seine Inhalte zu verschleiern. Im Gegensatz
zum Surface Web und sogar zum größeren Deep Web kann das Dark Web nicht über
herkömmliche Webbrowser und Suchmaschinen erreicht werden, sondern nur über spezielle Software.

Diese Zugangsbeschränkung mittels Spezialsoftware (z. B. über sog. TOR-Browser),
die letztlich die Anonymisierung des Nutzenden beim Surfen im Dark Web sicherstellt, ist
die wohl wichtigste Eigenschaft dieses Teils des Internets. Deshalb wird das Dark Web oft
mit illegalen Aktivitäten in Verbindung gebracht, da es ein Ort ist, an dem illegale Waren,
Dienstleistungen und Informationen gehandelt werden. Allerdings ist diese Sicht auf das
Dark Web sehr verkürzt und nur teilweise zutreffend. Es ist wichtig zu verstehen, dass
nicht alles im Dark Web kriminell ist. Anonymität ist auch ein wichtiges Werkzeug für
politische Dissidenten in oppressiven Regimes, die mithilfe des Dark Webs kommunizieren können, ohne entsprechende Unterdrückung zu erfahren.

Der Begriff Dark Web ist dabei ein Sammelbegriff für unterschiedliche Netzwerke. Die
bekanntesten Netzwerke, die das Dark Web ausmachen, sind **TOR** (The Onion Router)
und **I2P** (Invisible Internet Project). Diese Netzwerke setzen aber alle auf dieselben Prinzipien und unterscheiden sich nur in Details.

Neben der Verschlüsselung der Datenübertragungen setzen die Netzwerke im Dark Web
auch auf die Verschleierung der Kommunikation. Dies dient dazu, um Netzwerkanalysen
von Metadaten zu erschweren. Auf dem Weg vom Sender zum Empfänger wird dabei ein
Datenpaket über mehrere Zwischenknoten geleitet, die sogenannten **Mixe**. Ein Mix ist ein
Netzwerkknoten, bei dem Datenpakete aus vielen verschiedenen Kommunikationsvorgängen zusammenkommen. Diese Datenpakete werden gemischt, neu angeordnet und neu
verschlüsselt, um eine Zuordnung von eingehenden zu ausgehenden Paketen unmöglich zu
machen. Die Grundidee ist, dass ein einzelner Kommunikationsvorgang in der Masse aller
Kommunikationsvorgängen untergeht und damit der Weg eines Datenpakets von Sender:in
zu Empfänger:in nicht mehr nachverfolgt werden kann.

2.2.4 Peer-to-Peer-Netzwerke

Peer-to-Peer (P2P) ist ein Netzwerkmodell, das den direkten Austausch von Daten und
Ressourcen zwischen Netzwerkknoten (sogenannten Peers) ermöglicht, ohne dass ein

zentraler Server erforderlich ist. Im P2P-Netzwerk sind alle Teilnehmer:innen gleichberechtigt und können gleichzeitig sowohl als Client (Dienstebenutzer:in) als auch als Server (Diensteanbieter:in) agieren.

Im Vergleich dazu herrscht in traditionellen Netzwerken eine klare Rollenverteilung
vor. Ein Netzwerkknoten ist entweder ein Server, der ausschließlich Dienste anbietet, oder
ein Client, der ausschließlich Dienste in Anspruch nimmt. Ein Kommunikationsvorgang
wird dabei ausschließlich vom Client eingeleitet. Auch in Situationen, wo ein Server einen
anderen Server kontaktiert, z. B. ein Webserver, der eine Verbindung zu einen Datenbankserver aufbaut, um zusätzliche Informationen abzurufen, passiert diese Server-zu-Server-
Kommunikation ausschließlich auf Grundlage einer Client-Anfrage.

In einem Peer-to-Peer-Netzwerk können alle Knoten selbst Dienste anbieten und dadurch eine Server-Rolle annehmen, und zur gleichen Zeit selbstständig mit anderen Knoten
zum Zwecke des Informationsaustauschs kommunizieren und damit neben der Server-Rolle
auch eine Client-Rolle einnehmen.

Im Gegensatz zu zentralisierten Netzwerken, die von einem einzigen Server abhängig
sind, ist ein P2P-Netzwerk dezentralisiert. Das hat mehrere Vorteile. So trägt jeder Computer im Netzwerk zur gemeinsamen Ressourcennutzung bei und kann Daten direkt an andere
Computer übertragen. Dadurch wird das Netzwerk robuster und weniger anfällig für Ausfälle. Es gibt meist keinen Single-Point-of-Failure und damit kann das Netzwerk auch gut
mit Ausfällen von Netzwerkknoten umgehen, ohne dass es seinen Dienst einstellen muss.

P2P-Netzwerke skalieren sehr gut und können dadurch leichter wachsen, da in vielen
Peer-to-Peer-Netzwerken neue Peers auch gleichzeitig neue Dienste und Ressourcen in
das Netzwerk mit einbringen und damit die Ressourcen im Netzwerk automatisch
mitwachsen.

P2P-Netzwerke ermöglichen einen schnelleren Datenaustausch, da Daten direkt von
Peer zu Peer übertragen werden. Es gibt keine Engpässe durch einen zentralen Server, der
alle Anfragen bearbeiten muss.

Neben Vorteilen gibt es aber auch **Nachteile** durch ein Peer-to-Peer-Netzwerk:

- Da die Kommunikation direkt zwischen den Peers stattfindet, können Sicherheitsprobleme entstehen.
- Es ist schwieriger, die Integrität und Authentizität von Daten und Benutzer:innen zu gewährleisten, da es keine zentrale überwachende Instanz gibt.
- Die fehlende zentrale Instanz zur Überwachung fördert auch den Austausch von urheberrechtlich geschützten Inhalten, da es kaum Einflussmöglichkeiten für Urheber-
  rechtsinhaber:innen gibt, ihre Rechte auch durchzusetzen.

Trotz dieser Herausforderungen hat das P2P-Modell einen tiefgreifenden Einfluss auf
die Art und Weise, wie das Internet genutzt wird, und hat dazu beigetragen, die Idee eines
dezentralisierten und offenen Internets zu fördern. Es ermöglicht den Benutzer:innen eine
größere Kontrolle über ihre Daten und Ressourcen und hat Innovationen in vielen Bereichen vorangetrieben.

2.3   Cloud-Computing

Cloud-Computing bezeichnet die Bereitstellung von Ressourcen wie Speicher, Rechenleistung und Anwendungen über ein Computernetzwerk. Die Technologie der Virtualisierung wird dabei verwendet, um die Skalierbarkeit und Flexibilität zu erhöhen und angeforderte Ressourcen innerhalb von Sekunden verfügbar zu machen.

2.3.1   Virtualisierung

Eine wichtige Technologie, die Cloud-Computing überhaupt erst möglich macht, ist Virtualisierung. Unter **Virtualisierung** versteht man die Schaffung virtueller Versionen von physikalischen Ressourcen. Die Ressourcen, von denen virtuelle Abbilder geschaffen werden, können vollständige Hardwareplattformen sein, oder auch einzelne Komponenten wie Netzwerkkomponenten oder Speicherplatz. Software kann diese virtuellen Ressourcen auf dieselbe Art und Weise wie physische Ressourcen verwenden und erkennt im Normalfall auch keinen Unterschied.

Die Vorteile von Virtualisierungslösungen sind mannigfaltig.

Zunächst erlaubt die Virtualisierung eine **effizientere und flexiblere Verwendung** von vorhandenen physischen Ressourcen. So kann beispielsweise ein physischer Computer, auch Host-Computer genannt, mehrere virtuelle Computer ausführen, auch Gast-Computer genannt. Die vorhandenen physischen Ressourcen wie Rechenzeit und Speicherplatz können dabei dynamisch und flexibel auf die virtuellen Maschinen aufgeteilt werden. Auf diese Art und Weise kann der Host-Computer besser ausgelastet werden, und bei einer Änderung des Ressourcenbedarfs der Gast-Computer können die vorhandenen Ressourcen schnell und einfach umverteilt werden. Neben der Verbesserung der Flexibilität bei der Ressourcenverteilung können dadurch auch die Kosten gesenkt werden, da durch die verbesserte Auslastung der physischen Ressourcen weniger Ressourcen vorgehalten werden müssen.

Ein weiterer Vorteil ist eine **Erhöhung der Sicherheit**, da durch Virtualisierung die Isolation von unterschiedlichen Anwendungen bzw. Daten verbessert werden kann. Wenn mehreren verschiedenen Anwendungen bzw. Daten ein und demselben physischen Computer zugewiesen wird, dann muss einiges an Aufwand betrieben werden, um die Anwendungen voneinander abzuschirmen und den Zugriff auf die Daten einzuschränken. Bei der Verwendung von Virtualisierung können den Anwendungen bzw. Daten unterschiedliche virtuelle Ressourcen zugewiesen werden, wodurch prinzipbedingt die Anwendungen automatisch voneinander isoliert werden und der Zugriff auf die Daten eingeschränkt wird. Im Falle eines Angriffs oder einer Malware-Infektion kann Virtualisierung zusätzlich dazu beitragen, die Ausbreitung der Bedrohung auf andere virtuelle Maschinen ohne Mehraufwand zu begrenzen.

Ein anderer wichtiger Vorteil von Virtualisierung ist **administrative Freiheit**. Wenn ein physischer Computer von mehreren verschiedenen Benutzern gleichzeitig verwendet wird, dann müssen diese zuerst bezüglich der installierten Software, inklusive des Betriebssystems, einig werden und dabei auch Kompromisse eingehen. Oft ist es aber auch so, dass die Benutzer:innen gar kein bzw. kaum ein Mitspracherecht bezüglich der installierten Software haben, sondern diese von Administrator:innen vorgegeben werden. Virtualisierung erlaubt die Zuteilung von eigenständigen virtuellen Computern an die einzelnen Benutzer:innen, die dadurch freie Hand bei der Auswahl des Betriebssystem und der verwendeten Software haben.

Der Nachteil von Virtualisierung liegt im erhöhten Ressourcenbedarf. Die Simulation von virtuellen Ressourcen benötigt zusätzlichen Speicherplatz und Rechenzeit und Anwendungen in virtualisierten Umgebungen leiden unter Leistungseinbußen. Es gibt zwar mehrere Ansätze wir Paravirtualisierung (nicht alle Ressourcen werden vollständig virtualisiert) oder Containervirtualisierung (nur die Anwendungssoftware wird in einer virtuellen Umgebung ausgeführt, aber nicht der Betriebssystem-Kernel), aber diese können den erhöhten Ressourcenbedarf nur reduzieren, nicht komplett eliminieren.

2.3.2 Was ist Cloud-Computing

Cloud-Computing bezieht sich auf die Bereitstellung von IT-Ressourcen und -Dienstleistungen wie Rechenleistung, Speicherplatz und Anwendungssoftware über das Internet. Statt dass Unternehmen ihre eigenen Server und Rechenzentren besitzen und warten müssen, können sie auf die Infrastruktur und Anwendungen von Cloud-Anbieter:innen zugreifen und dort jederzeit nach Bedarf entsprechende Ressourcen oder Dienstleistungen in Anspruch nehmen.

Cloud-Computing unterscheidet sich aber in wesentlichen Eigenschaften von anderen Technologien zur Bereitstellung von IT-Ressourcen, auf die im Folgenden näher eingegangen werden soll. Es hat sich bis jetzt noch keine Definition von Cloud-Computing als allgemeingültig durchgesetzt. Meist wird aber die Definition der US-amerikanischen NIST (National Institute of Standards and Technology) (Mell & Grance, 2011) verwendet, die auch von der ENISA (European Network and Information Security Agency) genutzt wird:

▶ **Cloud-Computing** „Cloud Computing ist ein Modell, das es erlaubt bei Bedarf, jederzeit und überall bequem über ein Netz auf einen geteilten Pool von konfigurierbaren Rechnerressourcen (z. B. Netze, Server, Speichersysteme, Anwendungen und Dienste) zuzugreifen, die schnell und mit minimalem Managementaufwand oder geringer Serviceprovider-Interaktion zur Verfügung gestellt werden können" (BSI, 2023).

2.3.3 Eigenschaften von Cloud-Computing

Gemäß NIST-Definition sind folgende fünf Eigenschaften charakteristisch für Cloud-Infrastruktur:

1. **On-demand Self-Service** bedeutet, dass die Benutzer:innen eines/einer Cloud-Anbieter:in jederzeit selbstständig Cloud-Ressourcen und -Dienste anfordern können und diese innerhalb kürzester Zeit automatisiert bereitgestellt werden. Dabei ist keine Interaktion mit menschlichen Mitarbeiter:innen aufseiten des/der Cloud-Anbieter:in notwendig, sondern die Bereitstellung der Ressourcen erfolgt automatisch durch entsprechende Computersysteme im Hintergrund. Auch auf Benutzer:innenseite kann das Anfordern von Cloud-Ressourcen automatisiert werden, sodass eine Anwendung, die Cloud-Ressourcen verwendet, jederzeit nach Bedarf selbstständig neue Cloud-Ressourcen anfordern bzw. existierende Cloud-Ressourcen, die nicht mehr benötigt werden, auch wieder freigeben kann.
2. Unter **Broad Network Access** versteht man, dass der Zugriff auf bereitgestellte Cloud-Ressourcen und -Dienste über Standardmechanismen zu erfolgen hat und nicht an die Verwendung von bestimmten Clients gebunden ist. Unter Standardmechanismen versteht man hier die Verwendung von grundlegenden Internetprotokollen, wie z. B. das HTTP-Protokoll, die jeder internetfähige Client versteht. Dadurch ist es möglich, dass auf Cloud-Ressourcen und -Dienste von verschiedensten Clients aus zugegriffen werden kann, unabhängig von verwendeter Hardware, Betriebssystem und Gerätekonfiguration. Das ermöglicht eine sehr hohe Flexibilität und Mobilität bei der Benutzung von Cloud-Diensten.
3. **Ressource Pooling** bezeichnet die Möglichkeit, dass unterschiedliche Benutzer:innen Cloud-Ressourcen und -Dienste desselben/derselben Cloud-Anbieter:in gleichzeitig nutzen können. Die Cloud-Ressourcen werden dabei in einem Ressourcenpool verwaltet, aus dem sich die Benutzer:innen gleichberechtigt bedienen können. Sobald Cloud-Ressourcen von Benutzer:innen zurückgegeben werden, werden diese in den Ressourcenpool zurückgegeben und stehen anderen Benutzer:innen wieder zur Verfügung. Anwender:innen wissen dabei nicht, wo genau sich die zugeteilten Ressourcen genau befinden. Die meisten Cloud-Anbieter:innen bieten zwar die Möglichkeit, bei der Anforderung von Cloud-Ressourcen eine geografische Region, ein Rechenzentrum oder sogar eine Zone innerhalb eines Rechenzentrums auszuwählen, die Auswahl des Host-Computers selber, der die Cloud-Ressourcen zur Verfügung steht, ist aber in den allermeisten Fällen nicht möglich. Daraus leitet sich auch das Wort „Cloud" in Cloud-Computing ab, da in Diagrammen und Informationsmaterial das Internet gerne in Form einer Wolke dargestellt wird. Der Begriff „Cloud-Computing" repräsentiert daher Ressourcen, die „irgendwo im Internet" beheimatet sind.
4. **Rapid Elasticity** bezieht sich auf die Fähigkeit von Cloud-Infrastrukturen, schnell und dynamisch Ressourcen bereitzustellen und wieder freizugeben, um den sich ändernden

Bedürfnissen der Nutzer:innen gerecht zu werden. Diese Elastizität ermöglicht es Nutzer:innen, schnell auf Schwankungen in der Nachfrage zu reagieren, indem sie zusätzliche Cloud-Ressourcen hinzufügen oder überflüssige Cloud-Ressourcen entfernen, ohne dass dies einen Einfluss auf die Leistung oder Verfügbarkeit der Anwendung hat. Schnell bedeutet in diesem Zusammenhang, dass innerhalb von Minuten, wenn nicht sogar Sekunden, die Cloud-Ressourcen bereitgestellt und wieder zurückgegeben werden können. Diese Eigenschaft gehört zu den wichtigsten Eigenschaften, da sie es den Benutzer:innen erlaubt, schnell, flexibel und kosteneffektiv auf sich ändernde Anforderungen ihrer Anwendungen zu reagieren.

5. Unter **Measured Services** versteht man die genaue und transparente Aufzeichnung und Überwachung der Nutzung von Cloud-Ressourcen. Dies erlaubt auch sogenannte „Pay-per-Use"-Abrechnungsmodelle, bei denen nur die Ressourcen bezahlt werden müssen, die auch tatsächlich in Anspruch genommen wurden. War früher eine stundenweise Abrechnung von Cloud-Ressourcen üblich, so bieten mittlerweile die meisten Cloud-Anbieter:innen eine minutengenaue Abrechnung der verwendeten Cloud-Ressourcen an. Die aktuellen Ressourcennutzungsdaten und die dadurch angefallenen Kosten können von den Benutzer:innen jederzeit zeitnah eingesehen werden, um sich einen Überblick über die zu erwartenden Kosten zu verschaffen und um bei Kostenexplosionen vorgewarnt zu sein.

Die genannten Eigenschaften sind nicht dogmatisch zu sehen, sondern können je nach Kontext natürlich auch aufgeweicht werden. So muss z. B. bei privaten Cloud-Infrastrukturen nicht unbedingt eine genaue und transparente Aufzeichnung der Nutzungsdauer erfolgen, da der/die private Cloud-Betreiber:in sich selber vermutlich keine Kosten in Rechnung stellen wird.

2.3.4 Servicemodelle

Grundsätzlich unterscheidet die NIST-Definition zwischen drei verschiedenen Kategorien von Servicemodellen. Diese Servicemodelle sind stark angelehnt an die übliche Architektur von Cloud-Anwendungen. Die Architektur von vielen Cloud-Anwendungen kann grob in vier aufeinander aufbauende Schichten eingeteilt werden:

1. Anwendung: die eigentliche Anwendung;
2. Middleware: für den Betrieb der eigentlichen Anwendung benötigten Software-Bibliotheken;
3. Betriebssystem: das installierte Betriebssystem;
4. Hardware: die (virtuelle) Hardware.

Die Servicemodelle (siehe Kapitel 1.6: Digitale Geschäftsmodelle) bestimmen, wer die Verantwortung für diese Schichten übernimmt:

- **Software as a Service** (SaaS): Bei diesem Modell bietet der/die Cloud-Anbieter:in eine schon fertige Endanwendung an, d. h. alle vier Schichten liegen in seiner/ihrer Verantwortung. Der/die Cloud-Anbieter:in kümmert sich um die Infrastruktur, Wartung und Upgrades der Anwendung. Der/die Benutzer:in kann die Anwendung über seinen/ihren Browser oder einer entsprechenden App nutzen, ohne sie lokal auf seinem/ihrem Computer installieren zu müssen. SaaS eignet sich besonders für Benutzer:innen, die schnell auf Anwendungen zugreifen möchten, ohne sich um die zugrunde liegende Infrastruktur oder Wartung kümmern zu müssen.
- **Platform as a Service** (PaaS): Bei diesem Modell stellt der/die Cloud-Anbieter:in eine Plattform bereit, die es dem/der Benutzer:in ermöglicht, auf dieser Plattform aufbauend seine/ihre eigenen Anwendungen zu entwickeln und zu betreiben. Der/die Cloud-Anbieter:in übernimmt die Verantwortung für die Hardware-, Betriebssystem- und Middleware-Schicht. d. h. der/die Benutzer:in kann sich nur auf die Entwicklung und den Betrieb seiner/ihrer Anwendung konzentrieren. PaaS eignet sich besonders für Benutzer:innen, die schnell Anwendungen erstellen und bereitstellen möchten, ohne sich um die zugrunde liegende Infrastruktur kümmern zu müssen.
- **Infrastructure as a Service** (IaaS): Bei diesem Modell stellt der/die Cloud-Anbieter:in die „nackte" virtuelle Hardware bereit, auf der der/die Benutzer:in einen eigenen Software-Stack installieren muss. Nur die Hardware-Schicht liegt bei diesem Modell in der Verantwortung des/der Cloud-Anbieter:in, alle darüber liegenden Schichten sind in der Verantwortung des/der Kund:innen. IaaS ist besonders für Benutzer:innen geeignet, die die Kontrolle über ihre Software-Landschaft behalten möchten, ohne selber Hardware-Ressourcen vorhalten zu müssen.

Die NIST-Definition erfasst nicht alle Servicemodelle, da Standardisierungsorganisationen naturgemäß der technischen Entwicklung hinterherhinken und daher nicht die neuesten Modelle berücksichtigen können.

2.3.5   Bereitstellungsmodelle

Die Bereitstellungsmodelle beschreiben die Art und Weise, wie Cloud-Ressourcen bereitgestellt und genutzt werden. Die NIST-Definition nennt insgesamt vier verschiedene Bereitstellungsmodelle.

- **Public Cloud** bezeichnet Cloud-Infrastruktur, die öffentlich zugänglich ist und deren Ressourcen und Dienste daher von der Allgemeinheit in Anspruch genommen werden können. Die Cloud-Infrastruktur wird meist von sehr vielen Benutzer:innen gleichzeitig verwendet und die Abrechnung erfolgt klassischerweise nach dem Pay-per-Use-Modell. Public Clouds eignen sich vor allem für Benutzer:innen, die einen kurz- bis mittelfristigen Bedarf an Cloud-Ressourcen haben und keine strengen Anforderungen an den Schutz ihrer Daten. Des Weiteren zeichnen sich Public Clouds vor allem dadurch aus, dass es sich in der Regel um sehr große Cloud-Infrastrukturen handelt mit einer Vielzahl an verfügbaren Ressourcen, die für eine sehr große Benutzer:innenzahl ausgelegt sind. Aus Sicht einer Benutzer:in sieht es sogar so aus, als wären Ressourcen in unendlicher Anzahl verfügbar. Deswegen ist eine Public Cloud sehr flexibel in der Anwendung und skaliert sehr gut. Beispiele für Public Clouds sind Amazon AWS, Microsoft Azure, Google Cloud, Apple iCloud, Dropbox, usw.

- Eine **Community Cloud** ist eine Cloud-Infrastruktur, die von mehreren Organisationen gemeinsam genutzt wird und dabei ein gemeinsames Interesse und Ziel im Vordergrund steht. Die Cloud-Ressourcen und Dienste werden von den Community-Mitgliedern gemeinsam betrieben und die Kosten werden üblicherweise geteilt. Dieses Bereitstellungsmodell eignet sich sehr gut für Interessengruppen mit speziellen Anforderungen an die Cloud-Infrastruktur, die sich durch den gemeinschaftlichen Betrieb Synergie- und Einsparungseffekte erhoffen. Ein Beispiel für eine Community-Cloud ist BW sync&share, was nur für die Benutzung durch Hochschulen aus Baden-Württemberg vorgesehen ist.
- Unter **Private Cloud** versteht man eine Cloud-Infrastruktur, die von nur einer Organisation für eigene Zwecke betrieben wird. Das heißt nicht zwingend, dass diese Organisation die Cloud-Infrastruktur selbst betreiben muss, die Organisation und der Betrieb kann auch an Dritte ausgelagert werden. Entscheidend für die Klassifizierung als Private Cloud ist nur, dass es eine:n einzige:n Betreiber:in und Benutzer:in der Cloud-Infrastruktur gibt, der/die auch alle Kosten trägt. Dieses Bereitstellungsmodell eignet sich vor allem für Organisationen, die die größtmögliche Kontrolle über ihre Infrastruktur behalten wollen oder für deren Daten sehr hohe Sicherheitseinschränkungen gelten. Des Weiteren können die Kosten für einen langfristigen Betrieb einer großen Anwendung in einer Private Cloud niedriger sein als in anderen Bereitstellungsmodellen. Allerdings haben Private Clouds meist weniger Ressourcen zur Verfügung und sind daher nicht so flexibel in der Anwendung und skalieren weniger gut.
- Die **Hybrid-Cloud** ist ein Mischmodell, welches Private Clouds und Public Clouds in einem Modell vereinigt. Eine Organisation kann in diesem Modell selbst eine Private Cloud betreiben, aber noch zusätzlich Ressourcen und Dienste einer Public Cloud in Anspruch nehmen. So kann z. B. eine Organisation kritische und sensible Anwendungen in einer Private Cloud betreiben, um volle Kontrolle über die Anwendung und Daten zu behalten. Weniger kritische oder nur kurzfristig betriebene Anwendungen können hingegen in eine Public Cloud ausgelagert werden. Dieses Bereitstellungsmodell verknüpft die Vorteile einer Private Cloud, wie volle Kontrolle über die Infrastruktur und Schutz für sensible Daten, mit den Vorteilen einer Public Cloud, die flexibler sind und besser skalieren.

Auch hier gilt, dass die NIST-Definition nicht alle Bereitstellungsmodelle erfasst, da sie der technischen Entwicklung naturgemäß hinterherhinkt. Ein wichtiges Bereitstellungsmodell, das durch die NIST-Definition nicht erfasst wird, ist die Multi-Cloud. Bei der **Multi-Cloud** werden wie bei der Hybrid-Cloud Ressourcen und Dienste von mehr als einer Cloud-Infrastruktur in Anspruch genommen. Im Unterschied zur Hybrid-Cloud wird bei der Multi-Cloud aber für ein und dieselbe Anwendung Ressourcen mehrerer Cloud-Infrastrukturen gleichzeitig verwendet. Dabei kann es sich um mehrere Public-Cloud-Infrastrukturen handeln, oder aus einer Kombination aus Private- und Public-Cloud-Infrastrukturen. Dieses Bereitstellungsmodell bietet eine höhere Flexibilität und Redundanz als andere Modelle, da es nicht von einer einzigen Cloud-Anbieter:in abhängig ist.

2.3.6   Anwendungen von Cloud-Computing

Cloud-Computing zeichnet sich vor allem durch Flexibilität und Skalierbarkeit aus. Unter **Skalierbarkeit** versteht man die Fähigkeit eines Systems zur Größenveränderung. Größenveränderung kann dabei auf verschiedene Art und Weise geschehen. So versteht man beispielsweise darunter, inwiefern eine Anwendung mit steigender Anzahl von Benutzer:innen bzw. steigender Systemlast umgehen kann, ohne dass es dabei zu Leistungsproblemen oder Ausfällen kommt. Genauso versteht man aber auch darunter, wie effizient eine Anwendung zusätzliche Ressourcen für die Verbesserung der Anwendungsperformance verwenden kann.

Ein Typ von Anwendungen, die häufig auf Cloud-Infrastrukturen betrieben werden, sind Webanwendungen bzw -dienste. **Webanwendungen** werden meist von einer größeren Benutzer:innengruppe verwendet, die einer geografischen Verteilung unterworfen ist. Die Benutzer:innen verteilen sich dabei aber nicht gleichmäßig über den Erdball, sondern sind häufig auf gewisse geografische Gebiete konzentriert. So werden beispielsweise die Benutzer:innen eines Wetterdienst, der sich auf Wettervorhersagen aus dem Alpenraum konzentriert, meist selber im Alpenraum beheimatet sein. Dadurch zeichnet sich häufig ein tageszeitabhängiges Muster bei der Verwendung von Webanwendungen ab. Wenn in der geografischen Hauptregion die meisten Benutzer:innen schlafen, dann können diese auch keine Webanwendung verwenden. Untertags hängt es von der Art der Webanwendung ab, wann ein Benutzer:innenhoch erreicht wird. Soziale Netzwerksysteme haben meist zu Mittag oder am späten Nachmittag ein Benutzer:innenhoch, während bei Videostreamingdiensten dieses meist am Abend erreicht wird. Zu diesen täglichen Schwankungen der aktuellen Benutzer:innenzahl kann es auch noch zu wöchentlichen oder saisonalen Schwankungen kommen, da beispielsweise an Wochenenden Benutzer:innen mehr Zeit zur Benutzung einer Webanwendung als unter der Woche haben. Neben diesen regelmäßigen Schwankungen, die meist berechen- und vorhersagbar sind, kann es auch noch zu punktuellen Schwankungen aufgrund von Einzelereignissen kommen. Dies können geplante Ereignisse wie z. B. Marketingaktionen sein, oder auch ungeplante Ereignisse.

Durch virale Inhalte oder Mundpropaganda kann eine Webanwendung einen plötzlichen Benutzer:innenanstieg erleben. Genauso kann aber auch z. B. nach den meisten größeren Naturkatastrophen ein Anstieg der Zugriffszahlen sowohl auf Nachrichtenseiten als auch auf soziale Netzwerksysteme beobachtet werden.

Betreiber:innen von Webanwendungen wollen in der Regel, dass ihre Anwendung auch mit dem größten Benutzer:innensturm zurechtkommt und es zu keinen Störungen kommt. Ansonsten kann es zu einem Reputationsverlust und damit zusammenhängend zu einem Benutzer:innenschwund kommen, der sich dann natürlich auch auf das Kerngeschäft auswirken kann. Wenn z. B. nach einer größeren Marketingaktion aufgrund des dadurch entstandenen Benutzer:innensturms eine Webanwendung nicht mehr korrekt funktioniert, kann es zu einem negativen Werbeeffekt und damit zum genauen Gegenteil der erwünschten Wirkung kommen.

Eine Strategie, mit solchen Benutzer:innenschwankungen umzugehen, ist die Vorhaltung von genügend Hardware-Ressourcen, um auch den Worst-Case abdecken zu können. Dabei werden mehr Ressourcen bereitgestellt, als aktuell benötigt werden. Diese Strategie wird auch als **Overprovisioning** bezeichnet. Durch zusätzliche Ressourcen kann man einen Puffer erzeugen, der auch einen plötzlichen größeren Benutzer:innensturm kompensieren kann. Dies sorgt für zusätzliche Sicherheit beim Betrieb einer Webanwendung und erhöht deren Skalierbarkeit und Flexibilität.

Auf der anderen Seite hat der/die Betreiber:in einer Webanwendung auch meist ein starkes Interesse, die operativen Kosten möglichst gering zu halten. Das generelle Vorhalten von zusätzlichen Ressourcen für den Worst-Case im Rahmen von Overprovisioning hat aber den Nachteil, dass dadurch die Kosten erhöht werden und es zu vermehrter Ineffizienz kommt. Bereitgestellte Ressourcen verursachen nämlich auf alle Fälle Kosten, auch wenn sie nicht verwendet werden, und stehen auch nicht anderen Anwendungen zur Verfügung. Die kosteneffektivste Vorgehensweise ist daher, dass nur so viele Ressourcen ständig vorgehalten werden, wie für das durchschnittliche tägliche Besucher:innentief notwendig ist. Bei steigender Benutzer:innenzahl werden dann zusätzliche Ressourcen nach Bedarf hinzugefügt. Damit die Benutzer:innen davon nichts mitbekommen und die Anwendung ohne Probleme weiter funktionieren kann, muss das Hinzufügen neuer Ressourcen sehr zeitnah erfolgen. Das Kaufen und Mieten von traditionellen Hardware-Ressourcen ist in der Regel mit längeren Vorlaufzeiten verbunden und kann daher für diese Strategie nicht verwendet werden. Cloud-Infrastrukturen eignen sich für diese Strategie hingegen sehr gut, da ja eine definierende Eigenschaft von Cloud-Ressourcen ist, dass diese innerhalb von Minuten bereitgestellt werden können.

Nachdem der Benutzer:innensturm vorbei ist und die Benutzer:innenzahlen wieder sinken, sollten die zusätzlichen Ressourcen schnellstmöglich wieder freigegeben werden, um unnötige Kosten durch nicht benötigte Ressourcen zu vermeiden. Auch hierfür eignen sich Cloud-Infrastrukturen am besten, da deren Ressourcen jederzeit wieder innerhalb von Minuten zurückgegeben werden können.

Das Hinzufügen und wieder Entfernen von Cloud-Ressourcen lassen sich auch durch entsprechende Monitoring-Software automatisieren, sodass dafür keine menschliche

Interaktion notwendig ist. Sobald das Monitoring-System eine Über- bzw. Unterschreitung von vorher festgelegten Metriken feststellt, kann dieses selbstständig Cloud-Ressourcen anfordern und wieder freigeben.

2.4   Künstliche Intelligenz

Unter der künstlichen Intelligenz (KI) kann man ein vielschichtiges und dynamisches Feld innerhalb der Informatik verstehen, welches darauf abzielt, menschenähnliche Intelligenz in Maschinen zu imitieren oder zu simulieren. Dies ist ein komplexes Unterfangen, das die Entwicklung von Maschinen und Algorithmen beinhaltet, die eine Vielzahl von Fähigkeiten und Verhaltensweisen, die wir in der Regel als inhärent menschlich betrachten, replizieren können. Dazu gehören das Lernen aus Erfahrungen, die Fähigkeit, Probleme zu lösen, Muster zu erkennen, auf menschliche Sprache zu reagieren und Entscheidungen auf der Grundlage von Daten zu treffen (Russell & Norvig, 2016).

In praktischen Anwendungen reicht die Fähigkeit heutiger KIs von der Erkennung und Interpretation menschlicher Sprache und Bildern über das Lernen aus und die Verarbeitung von Daten bis hin zur Lösung komplexer Probleme. Ein großes Ziel der KI ist es, Maschinen zu schaffen, die nicht nur spezifische, isolierte Aufgaben ausführen können, sondern auch die Fähigkeit haben, diese Aufgaben zu verstehen, sich an neue Situationen anzupassen und auf die sich ständig ändernden Umgebungen zu reagieren, in denen sie eingesetzt werden (Russell & Norvig, 2016).

Eine gängige Methode zur Definition von KI ist die Unterscheidung zwischen *Narrow* (schwacher) KI und *General* (starker) KI.

- **Narrow KI** bezieht sich auf Systeme, die dazu entwickelt wurden, bestimmte Aufgaben zu erledigen, wie z. B. Spracherkennung oder die Analyse von Daten, um Muster und Trends zu erkennen. Diese Systeme sind oft in der Lage, ihre spezifischen Aufgaben mit einer Genauigkeit auszuführen, die die menschliche Leistung übersteigt, sind aber in ihrem Anwendungsbereich sehr eingeschränkt und können nicht auf Aufgaben außerhalb ihres spezifischen Bereichs angewendet werden (Searle, 1980).
- **General KI** hingegen bezieht sich auf Maschinen, die alle Arten von Aufgaben erledigen können, die normalerweise menschliche Intelligenz erfordern. Solche Maschinen würden nicht nur auf eine spezifische Aufgabe programmiert, für die sie entwickelt wurden, sondern hätten auch die Fähigkeit, sich an neue Aufgaben anzupassen, zu lernen und sich weiterzuentwickeln. Während dies das ultimative Ziel der KI-Forschung ist, bleibt General KI noch immer ein weitgehend theoretisches Konzept und wird noch in vielen Jahren, wenn nicht Jahrzehnten, Forschung und Entwicklung erfordern (Searle, 1980).

Die Forschung und Entwicklung von KI begann in den 1950er-Jahren mit den Arbeiten von Pionieren wie Alan Turing und John McCarthy. Turing stellte die Frage, ob Maschinen denken können, und schuf den „Turing Test" als Methode zur Bewertung der „Intelligenz" einer Maschine. Dieser Test beinhaltete eine menschliche Interaktion mit der Maschine, und wenn der Mensch nicht in der Lage war, zu bestimmen, ob er/sie mit einer Maschine oder einem anderen Menschen interagierte, galt die Maschine als „intelligent" (Turing, 1950).

Seit diesen frühen Anfängen hat sich die KI-Forschung stark weiterentwickelt und umfasst heute eine Vielzahl von Techniken und Ansätzen. Ein wichtiges Konzept, das in der modernen KI-Forschung weit verbreitet ist, ist das maschinelle Lernen, bei dem Algorithmen entwickelt werden, die aus Daten lernen und auf der Grundlage dieser Daten Vorhersagen treffen können. Ein weiterer wichtiger Ansatz sind neuronale Netzwerke, die, vereinfacht gesagt, das menschliche Gehirn nachahmen, um komplexe Muster in Daten zu erkennen und zu interpretieren. Schließlich gibt es Expert:innensysteme, die menschliches Fachwissen in einem bestimmten Bereich nachahmen und dieses Wissen nutzen, um auf spezifische Fragen oder Probleme zu reagieren (Russell & Norvig, 2016).

Beispiel ChatGPT

OpenAI's **ChatGPT** (OpenAI, 2021) ist ein gutes Beispiel für eine Narrow-KI, also keine General-KI. ChatGPT ist darauf spezialisiert, menschenähnliche Texte zu generieren und auf Benutzereingaben zu antworten, aber es versteht den Kontext nicht wirklich und hat auch kein Bewusstsein oder Verständnis außerhalb seiner Trainingsdaten. Eine General-KI würde die Fähigkeit besitzen, jede intellektuelle Aufgabe, die ein menschlicher Benutzer ausführen kann, zu verstehen oder zu lernen. Jedoch existiert momentan keine solche Technologie. ◀

Die Zukunft der KI ist ebenso spannend wie umstritten. Einige Wissenschaftler:innen und Technologieführer:innen glauben, dass KI das Potenzial hat, uns dabei zu helfen, einige der größten Herausforderungen der Menschheit zu bewältigen: von der Bekämpfung des Klimawandels bis zur Verbesserung der medizinischen Versorgung und Behandlung. Andererseits gibt es auch berechtigte Bedenken über die potenziellen negativen Auswirkungen der KI, darunter die Gefahr von Arbeitsplatzverlusten durch Automatisierung, ethische Fragen im Zusammenhang mit der Verwendung von KI und der mögliche Missbrauch von KI-Technologie (Bostrom, 2014).

Insgesamt ist jedoch klar: Künstliche Intelligenz ist ein beeindruckendes und revolutionäres Feld, das das Potenzial hat, unsere Welt auf ungeahnte Weise zu verändern und neu zu gestalten.

2.4.1 Grundlagen des maschinellen Lernens

Maschinelles Lernen (ML) ist ein wichtiger Bestandteil der künstlichen Intelligenz und bezieht sich auf die Entwicklung von Algorithmen, die es Computern ermöglichen, aus Daten zu lernen und zu verbessern, ohne explizit dafür programmiert zu werden (Samuel, 1959).

2.4.1.1 Supervised Learning, Unsupervised Learning und Reinforcement Learning

Es gibt drei Hauptkategorien von ML-Methoden: überwachtes Lernen (Supervised Learning), unüberwachtes Lernen (Unsupervised Learning) und bestärkendes Lernen (Reinforcement Learning).

- **Supervised Learning** ist die häufigste Form des maschinellen Lernens und beinhaltet das Training eines Modells anhand eines gelabelten Datensatzes. Gelabelte Daten sind Informationen, die sowohl die Eingabedaten als auch die korrespondierende korrekte Ausgabe enthalten. Das Ziel besteht darin, ein Modell zu erstellen, das genaue Vorhersagen für neue, zuvor ungesehene Daten trifft, basierend auf den Beziehungen, die es während des Trainingsprozesses gelernt hat. Beispiele für Supervised Learning sind Regressions- und Klassifikationsprobleme (Goodfellow et al., 2016).
- **Unsupervised Learning** hingegen beinhaltet das Training eines Modells mit Daten, die keine Labels enthalten. Das Ziel besteht darin, die zugrunde liegende Struktur der Daten zu entdecken oder Zusammenhänge zwischen verschiedenen Datenpunkten zu finden. Beispiele für Unsupervised Learning sind Clustering (Gruppierung ähnlicher Datenpunkte) und Dimensionsreduktion (Vereinfachung der Datenstruktur) (Goodfellow et al., 2016).
- **Reinforcement Learning** ist eine weitere Methode des maschinellen Lernens, bei der ein Agent in einer Umgebung handelt, um eine Belohnung zu maximieren. Es lernt durch die Interaktion mit seiner Umgebung, indem es Aktionen ausführt, die zu Belohnungen oder Strafen führen. Das Ziel besteht darin, eine Strategie zu finden, die die kumulative Belohnung maximiert. Reinforcement Learning wird häufig in Bereichen wie Spieltheorie, Robotik und Steuerungssysteme verwendet (Sutton & Barto, 2018).

2.4.1.2 Trainings- und Testdaten

Ein wichtiger Aspekt des maschinellen Lernens (ML) ist die Verwendung von Trainings- und Testdaten. Ein ML-Modell wird zunächst auf einem Datensatz trainiert, der als **Trainingsdaten** bezeichnet wird. Während des Trainings lernt das Modell die Beziehungen und Muster in den Daten und passt seine Parameter an, um seine Vorhersagen zu verbessern.

Trainingsdaten können aus verschiedenen Quellen stammen: von Datenbanken, der Sammlung von Benutzer:inneninteraktionen, simulierten Daten, frei zugänglichen Datenquellen (wie öffentlichen Datensätzen) und mehr.

Die Qualität der Trainingsdaten ist sehr wichtig, da sie die Qualität der Ergebnisse des Modells bestimmt. Stellen Sie sich ein Modell des maschinellen Lernens als einen Schüler vor. Wenn die Informationen, die der „Schüler" lernt, ungenau oder unvollständig sind, werden auch sein Verständnis und seine Vorhersagen ungenau sein. Dieses Prinzip wird oft als „Garbage in, Garbage out" bezeichnet (Domingos, 2012).

Beim Bezug von Trainingsdaten ist es wichtig, die Qualität und Relevanz der Daten sicherzustellen. Es gibt keine spezifischen Zertifikate oder Gütekriterien für Trainingsdaten, aber einige allgemeine Empfehlungen: sich auf renommierte Datenquellen zu verlassen, die Daten auf Vollständigkeit und Konsistenz zu überprüfen und sicherzustellen, dass die Daten relevant für die Aufgabe sind, die das Modell lernen soll. Es ist auch wichtig, sich an Datenschutzbestimmungen zu halten.

Die Idee, dass KI selbst Trainingsdaten erzeugen kann, wird als „automatisches maschinelles Lernen" (AutoML) bezeichnet (Hutter et al., 2019). Techniken wie Data Augmentation, in der vorhandene Trainingsdaten modifiziert werden, um neue Daten zu erzeugen, oder generative Modelle, die neue Daten aus den gelernten Mustern erzeugen können, werden oft verwendet. Allerdings ist es wichtig zu beachten, dass auch diese Methoden auf vorhandenen Trainingsdaten aufbauen, und deren Qualität beeinflusst das Ergebnis.

Nach dem Training wird das Modell auf einem separaten Datensatz, den **Testdaten**, getestet. Die Testdaten werden verwendet, um die Leistung des Modells auf zuvor ungesehenen Daten zu bewerten. Es ist wichtig, dass die Testdaten vom Modell während des Trainings nicht gesehen wurden, um eine realistische Einschätzung der Leistung des Modells in der Praxis zu gewährleisten (Hastie et al., 2009). Manche Algorithmen nutzen noch einen dritten Datensatz, die Validierungsdaten, um verschiedene manuell gewählte Parameter miteinander zu vergleichen.

2.4.1.3 Bewertungs- und Gütekriterien für maschinelles Lernen

Die Bewertung der Leistung eines ML-Modells erfolgt durch verschiedene Metriken und Gütekriterien, abhängig von der Art des Lernalgorithmus und der spezifischen Aufgabe. Bei Supervised Learning-Aufgaben, wie der Regression und Klassifikation, sind gängige Metriken der mittlere quadratische Fehler (Mean Squared Error, MSE) und die Genauigkeit (Accuracy). Der MSE misst den durchschnittlichen quadratischen Unterschied zwischen den tatsächlichen und den vorhergesagten Werten, während die Genauigkeit den Prozentsatz der korrekten Vorhersagen angibt.

Für Unsupervised Learning, wie Clustering, werden andere Metriken verwendet, wie der Silhouette-Koeffizient, der den Zusammenhalt und die Trennung der Cluster misst. Bei Reinforcement Learning ist die kumulative Belohnung ein übliches Gütekriterium.

Es ist wichtig zu beachten, dass eine hohe Leistung auf den Trainingsdaten nicht unbedingt eine hohe Leistung auf den Testdaten bedeutet. Ein Modell kann ein Phänomen namens **Overfitting** erfahren, bei dem es zu stark an die Trainingsdaten angepasst wird und nicht gut auf neue Daten generalisiert. Um Overfitting zu erkennen und zu vermeiden, können Techniken wie Kreuzvalidierung und Regularisierung verwendet werden (Hastie et al., 2009).

Das Thema des maschinellen Lernens ist breit und komplex. Diese Grundlagen bieten einen Einstiegspunkt in die Welt des maschinellen Lernens. Die immer größer werdende Menge an verfügbaren Daten und die stetig wachsenden Computerkapazitäten führen dazu, dass maschinelles Lernen immer mehr in verschiedenen Bereichen, von Medizin und Wirtschaft bis hin zur Umweltforschung und darüber hinaus, angewendet wird. Indem wir die zugrunde liegenden Prinzipien des maschinellen Lernens verstehen, können wir besser verstehen, wie diese Technologie unsere Welt formt.

2.4.2   Deep Learning und neuronale Netze

Deep Learning, eine Untergruppe des maschinellen Lernens, hat in den letzten Jahren erheblich an Bedeutung gewonnen. Diese Technik ist heute der Hauptbestandteil vieler Technologien, die wir im täglichen Leben verwenden, von Spracherkennung auf unseren Mobilgeräten bis hin zu Empfehlungssystemen auf Streamingplattformen oder sozialen Netzwerksystemen. Deep Learning-Algorithmen zielen darauf ab, gegebenenfalls hochkomplexe Muster in riesigen Datenmengen zu lernen und zu modellieren. Im Herzen von Deep Learning stehen **künstliche neuronale Netze** (KNNs), die üblicherweise aus vielen Schichten bestehen – daher der Name „Deep" (tief) (Goodfellow et al., 2016).

KNNs sind Rechensysteme, die grob auf der Struktur des menschlichen Gehirns basieren. Sie bestehen aus einer großen Anzahl simpler Einheiten, den sogenannten „Neuronen" oder „Knoten", die in Schichten organisiert sind. Im einfachsten Fall ist jedes Neuron in einer Schicht mit jedem Neuron in der nächsten Schicht verbunden. Jede dieser Verbindungen hat ein Gewicht, welches bestimmt, wie stark ein Neuron das andere beeinflusst. Neuronale Netze lernen, indem sie diese Gewichte anpassen, um eine bestimmte Aufgabe zu erfüllen, wie beispielsweise das Erkennen von Bildern oder das Übersetzen von Sprache (Goodfellow et al., 2016).

Ein Neuron nimmt die Ausgänge der Neuronen auf, mit denen es verbunden ist, multipliziert jeden Ausgang mit dem Gewicht seiner Verbindung und addiert diese Produkte. Diese Summe wird dann durch eine sogenannte Aktivierungsfunktion geleitet, wie die ReLU (Rectified Linear Unit) oder die Sigmoid-Funktion, um den Ausgang des Neurons zu bestimmen. Somit ist das KNN in der Lage, sehr komplexe, nichtlineare Zusammenhänge zu erlernen.

Beim Training eines neuronalen Netzwerks wird ein Eingabedatensatz präsentiert, und das Netzwerk macht eine Vorhersage. Der Unterschied zwischen der Vorhersage und den tatsächlichen Daten, dem Label, wird dann berechnet. Dieser Fehler wird dann durch das Netzwerk rückwärts geleitet (dieser Vorgang nennt sich daher „Backpropagation"), um die Gewichte anzupassen und den Fehler zu minimieren. Dieser Prozess wird viele Male wiederholt, bis das Netzwerk eine akzeptable Leistung erreicht hat (Rumelhart et al., 1986).

Deep Learning ist die Anwendung von neuronalen Netzen mit vielen Schichten. Diese „tieferen" Netzwerke sind in der Lage, komplexere Muster und Strukturen in Daten zu lernen, was sie sehr effektiv für viele herausfordernde Aufgaben macht. Ein weitverbreitetes Beispiel sind **Convolutional Neural Networks** (CNNs), eine spezielle Art von tiefen neuronalen Netzen, die sehr effizient in Bildverarbeitungsaufgaben sind, weil sie in der Lage sind, räumliche Hierarchien von Merkmalen zu lernen (LeCun et al., 1998).

Deep Learning ist allerdings nicht ohne Herausforderungen. Tiefe Netze erfordern eine erhebliche Menge an Daten und Rechenleistung. Sie können auch schwierig zu interpretieren sein, was sie zu sogenannten **Black Boxes** macht. Mit dem Begriff der „Black Box" ist gemeint, dass die internen Arbeitsprozesse, insbesondere der Deep-Learning-Algorithmen, schwer zu interpretieren sind. Erstens ist es schwierig, die genauen Gründe für ihre Entscheidungen nachzuvollziehen, da sie aus komplexen, nichtlinearen Transformationen von Eingabedaten bestehen. Zweitens ist die Anzahl der Parameter in solchen Modellen oft enorm, was das Verständnis der individuellen Auswirkungen dieser Parameter auf das Modell zusätzlich erschwert. Forscher:innen arbeiten jedoch kontinuierlich an Techniken, um die Erklärbarkeit, Interpretierbarkeit und Effizienz von tiefen neuronalen Netzen zu verbessern (Doshi-Velez & Kim, 2017), jedoch gibt es derzeit keine bekannte Möglichkeit um alles gleichzeitig zu optimieren.

Die Zukunft von Deep Learning sieht vielversprechend aus. Während die Technologie in der Vergangenheit hauptsächlich auf spezialisierte Anwendungen wie Bild- und Spracherkennung beschränkt war, dehnt sich ihr Anwendungsbereich nun auf verschiedene andere Felder aus. Beispiele dafür sind medizinische Diagnostik, Klimamodellierung und sogar die Erkennung von Fälschungen in Kunstwerken.

Darüber hinaus machen Fortschritte in verwandten Bereichen wie Transfer Learning, bei dem Modelle, die auf einem Datensatz trainiert wurden, angepasst und auf einem anderen verwendet werden, Deep Learning noch besser anwendbar und effizienter. Ein weiterer spannender Fortschritt ist die Entwicklung von **GANs** (Generative Adversarial Networks), bei denen zwei Netzwerke in einem Wettbewerb trainiert werden, um noch realistischere Modelle zu erzeugen.

Trotz seiner Herausforderungen bietet Deep Learning enorme Möglichkeiten. Mit immer fortschrittlicheren Algorithmen und Technologien wird Deep Learning in immer mehr Bereichen eingesetzt und leistet immer beeindruckendere Ergebnisse. Es ist ein spannender Bereich, der das Potenzial hat, die Welt der künstlichen Intelligenz und der Technologie im Allgemeinen zu prägen.

2.4.3 Anwendungen von künstlicher Intelligenz

Künstliche Intelligenz hat das Potenzial, fast alle Aspekte unseres Lebens zu revolutionieren. Von den von uns verwendeten Geräten und Diensten bis hin zu den Arbeitsplätzen und den Wirtschaftssektoren gibt es kaum einen Bereich, der nicht von der KI beeinflusst wird (Brynjolfsson & McAfee, 2014). Hier sind einige der herausragendsten Anwendungen von KI.

2.4.3.1 Gesundheitswesen

KI im Gesundheitswesen hat das Potenzial, die medizinische Diagnostik und Behandlung zu verändern (Kap. 11). KI-Algorithmen können riesige Mengen medizinischer Daten analysieren und komplexe Muster erkennen, die für menschliche Expert:innen schwer zu identifizieren wären. So können sie beispielsweise dazu beitragen, Krankheiten wie Krebs in einem früheren Stadium zu erkennen (Esteva et al., 2019). Sie können auch dazu verwendet werden, personalisierte Behandlungspläne zu erstellen, die auf den individuellen Merkmalen eines/einer Patient:in basieren (Topol, 2019).

2.4.3.2 Automobilindustrie

Die KI beeinflusst die Automobilindustrie durch die Entwicklung von autonomen Fahrzeugen. Diese Fahrzeuge verwenden KI-Algorithmen, um ihre Umgebung zu verstehen und sich sicher zu bewegen. Autonome Fahrzeuge könnten das Fahren sicherer und effizienter machen und hätten erhebliche Auswirkungen auf die Verkehrsdynamik und Stadtplanung (Bertoncello & Wee, 2015).

2.4.3.3 Finanzsektor

KI wird auch im Finanzsektor immer häufiger eingesetzt (siehe Kap. 7). Sie wird zur Erkennung von Betrug, zur Verbesserung der Risikobewertung und zur Personalisierung von Finanzdienstleistungen eingesetzt. KI-Algorithmen können beispielsweise Muster im Verhalten von Kreditkarteninhaber:innen erkennen, die auf betrügerische Aktivitäten hinweisen könnten. Sie könnten auch dazu verwendet werden, die Kreditwürdigkeit von Kreditnehmer:innen (siehe Kap. 9) genauer zu bewerten (Chen et al. 2014).

2.4.3.4 Einzelhandel

Im Einzelhandel wird KI zur Verbesserung des Kund:innenservice und zur Optimierung von Lagerbeständen eingesetzt (siehe Kap. 17). KI-Algorithmen können Vorlieben und Verhalten von Kunde:innen analysieren und personalisierte Produktempfehlungen erstellen. Sie können auch dazu verwendet werden, Lagerbestände effizienter zu verwalten und Verschwendung zu reduzieren (Chen et al. 2014).

2.4.3.5 Bildung

In der Bildung kann KI dazu beitragen, personalisiertes Lernen zu ermöglichen (siehe Kap. 14). KI-Algorithmen könnten den Lernstil und die Fähigkeiten jedes/jeder Schüler:in analysieren und individuelle Lernpfade erstellen. Sie könnten auch dazu verwendet werden, Lehrer:innen Feedback zu geben und ihnen zu helfen, ihre Unterrichtsmethoden zu verbessern (Luckin et al., 2016).

2.4.3.6 Herausforderungen und ethische Überlegungen

Obwohl KI viele Vorteile bietet, bringt sie auch Herausforderungen und ethische Fragen mit sich (siehe Kap. 5). Es besteht die Sorge, dass KI Arbeitsplätze verdrängen könnte, insbesondere in Berufen, die sich auf routinemäßige Aufgaben konzentrieren. Darüber hinaus gibt es Bedenken hinsichtlich der Privatsphäre (Baumhauer et al., 2022) und Sicherheit (Samsinger et al., 2021), insbesondere in Bezug auf den Umgang mit sensiblen Daten wie Gesundheitsdaten (siehe Kap. 6).

Schließlich besteht auch die Sorge, dass KI-Systeme Voreingenommenheit und Diskriminierung verstärken könnten, insbesondere wenn die verwendeten Datensätze selbst voreingenommen (*biased*) sind. Es ist daher wichtig, dass KI-Entwicklungen von sorgfältigen ethischen Überlegungen begleitet werden und dass geeignete Regulierungen und Standards eingeführt werden, um Missbrauch zu verhindern und das Wohlergehen der Menschen zu schützen (Crawford & Calo, 2016).

2.5 Blockchain

Die Blockchain-Technologie, auch bekannt als Distributed-Ledger-Technologie, ist ein technologisches Konzept, das in den letzten Jahren für erhöhtes Aufsehen gesorgt hat. Vor allem durch die Kryptowährung „Bitcoin" wurde die Technologie bekannt, doch ihre Anwendungsmöglichkeiten reichen weit über diesen Bereich hinaus (Nakamoto, 2008).

Eine Blockchain ist eine Form von Distributed Ledger-Technologie, was bedeutet, dass sie ein **dezentralisiertes System** verwendet, in dem Transaktionen in einer Kette von Blöcken gespeichert sind. Jeder Block enthält eine Liste von Transaktionen und ist durch einen Hashwert mit dem vorhergehenden Block verbunden (Mougayar, 2016). Hashfunktionen sind kryptografische Algorithmen, die Daten jeglicher Größe in eine Reihe von Zeichen mit fester Länge umwandeln. Sie sind essenziell für die Sicherheit und Integrität einer Blockchain, da sie dazu beitragen, dass die Daten in einem Block nicht nachträglich verändert werden können (Rosenfeld, 2011).

Die Blockchain-Technologie verwendet Konsensusmechanismen, um die Integrität und Sicherheit des Systems zu gewährleisten. In einem dezentralisierten System wie der Blockchain gibt es keine:n zentrale:n Verwalter:in, die/der Transaktionen genehmigt. Stattdessen wird ein Konsensusmechanismus verwendet, um zu gewährleisten, dass alle Teilnehmer:innen des Netzwerks übereinstimmen, welche Transaktionen gültig sind und zur Blockchain hinzugefügt werden sollen (Schwartz et al., 2014). Es gibt verschiedene Arten von Konsensusmechanismen, darunter Proof-of-Work und Proof-of-Stake, die beide Vor- und Nachteile haben, wie weiter unten näher ausgeführt wird.

Ein weiteres wichtiges Konzept der Blockchain-Technologie sind Smart Contracts. **Smart Contracts** sind selbstausführende Verträge, deren Bedingungen direkt in den Programmcode geschrieben sind (siehe Kap. 12). Sofern sie auf Blockchaintechnologie aufbauen, werden sie auf einer Blockchain gespeichert und ausgeführt, was bedeutet, dass sie dezentralisiert, transparent und unveränderbar sind (Buterin, 2013). Smart Contracts haben das Potenzial, viele traditionelle Vertragsformen zu ersetzen, da sie die Notwendigkeit von Vermittler:innen eliminieren und die Effizienz und Sicherheit von Transaktionen erhöhen können.

Die Blockchain-Technologie hat das Potenzial, viele Bereiche unseres Lebens zu beeinflussen, von Finanzen (siehe Kap. 9) und Logistik bis hin zur Gesundheitsversorgung (siehe Kap. 11) und Regierungsführung (Tapscott & Tapscott, 2016). Für alle Bürger:innen bedeutet dies, dass sie sich auf sichere und effiziente Wege verlassen können, um Transaktionen durchzuführen, Eigentumsrechte zu überprüfen und Verträge einzugehen, ohne auf zentrale Vermittler:innen oder Treuhänder:innen angewiesen zu sein. Allerdings wird der Grad an Anonymität, der z. B. mit Bitcoin erreicht werden kann, von den meisten Benutzer:innen stark überschätzt (Möser et al., 2013).

Insgesamt kann die Blockchain-Technologie als eine Kombination aus Distributed-Ledger-Protokollen, Konsensusmechanismen, Hashfunktionen und Smart Contracts verstanden werden, die gemeinsam ein dezentralisiertes, transparentes und sicheres System für digitale Transaktionen und Verträge schaffen.

2.5.1   Distributed-Ledger-Protokolle

Die Distributed-Ledger-Technologie (DLT) ist ein zukunftsweisendes Konzept, das in erster Linie durch die Blockchain-Technologie bekannt wurde, die ihrerseits durch die Einführung von Bitcoin popularisiert wurde (Nakamoto, 2008). In einfachen Worten ist ein Distributed Ledger ein Register, das über ein Netzwerk verteilt ist und bei dem jede Kopie in Echtzeit aktualisiert wird (Tapscott & Tapscott, 2016).

Im Zentrum der DLT steht die **Dezentralisierung**, welche die Notwendigkeit einer zentralen Autorität oder eines Mittelsmanns/einer Mittelsfrau zum Verwalten von Transaktionen oder Datensätzen eliminiert. Im traditionellen Finanzsystem würde eine Bank oder eine Regierungsbehörde als zentrale Autorität fungieren. Bei Distributed Ledgers übernimmt jedoch das gesamte Netzwerk diese Aufgabe (Mougayar, 2016).

DLTs basieren auf einer Peer-to-Peer-Struktur (P2P), bei der jeder Netzwerkknoten gleichberechtigt ist. Jeder Knoten hält eine Kopie des gesamten Ledgers und ist an der Überprüfung und Validierung von Transaktionen beteiligt (Swan, 2015). Diese Struktur gewährleistet die Sicherheit und Integrität des Systems, da sie es äußerst schwierig macht, den Ledger zu manipulieren.

Distributed Ledger-Protokolle sind die technischen Regeln, die bestimmen, wie diese Ledgers funktionieren. Einige dieser Regeln beziehen sich auf die Art und Weise, wie Transaktionen verarbeitet und validiert werden, wie neue Blöcke zum Ledger hinzugefügt werden und wie der Konsens im Netzwerk erreicht wird (Schwartz et al., 2014). Der Prozess, mit dem das Netzwerk eine Übereinstimmung über den aktuellen Zustand des Ledgers erreicht, wird als Konsensmechanismus bezeichnet. Es gibt verschiedene Konsensmechanismen, die in DLTs verwendet werden, darunter Proof-of-Work (PoW), Proof-of-Stake (PoS) und andere.

Das **Hashen** ist ein weiterer Schlüsselaspekt von DLTs. Hashfunktionen sind kryptografische Algorithmen, die dazu dienen, Daten in eine eindeutige Zeichenkette umzuwandeln, die als Hash bekannt ist (Rosenfeld, 2011). Jeder Block in einem DLT enthält einen Hash des vorhergehenden Blocks, was zur Sicherheit und Unveränderlichkeit des Ledgers beiträgt.

DLTs bieten eine Reihe von Vorteilen, darunter Transparenz, Sicherheit und Effizienz. Sie können auch zur Schaffung von Smart Contracts verwendet werden, das sind selbstausführende Verträge, deren Bedingungen direkt in Code geschrieben sind und auf der DLT gespeichert und ausgeführt werden (Buterin, 2013).

Allerdings gibt es auch Herausforderungen und Kritikpunkte bei der Implementierung von DLTs. Dazu gehören Fragen der Skalierbarkeit, Datenschutzprobleme und rechtliche Fragen (Menzel et al., 2018). Darüber hinaus können DLTs, insbesondere solche, die PoW-Konsensmechanismen verwenden, erhebliche Mengen an Energie verbrauchen (Stoll et al., 2019).

Zusammenfassend lässt sich sagen, dass Distributed Ledger Protokolle das Rückgrat von DLTs bilden und eine zentrale Rolle bei der Gewährleistung der Sicherheit, Transparenz und Effizienz dieser Systeme spielen. Sie haben das Potenzial, traditionelle Systeme, die auf zentralen Behörden basieren, grundlegend zu verändern, stellen jedoch auch Herausforderungen in Bezug auf Skalierbarkeit, Datenschutz (Abramova et al., 2017) und Energieverbrauch (Böhme et al., 2015) dar.

2.5.2 Konsensusmechanismen und Hashfunktionen

Die Blockchain-Technologie stellt eine neuartige Art dar, Transaktionen zu verarbeiten und aufzuzeichnen, indem sie ein dezentralisiertes Netzwerk von Computern oder „Knoten" verwendet, anstatt sich auf eine zentrale Behörde zu verlassen. Zwei der wichtigsten Elemente dieses Systems sind Konsensusmechanismen und Hashfunktionen (Mougayar, 2016).

Konsensusmechanismen sind das Herzstück der Blockchain-Technologie. Sie stellen sicher, dass alle Knoten im Netzwerk übereinstimmen, welche Transaktionen gültig sind und zur Blockchain hinzugefügt werden sollen. Konsens ist entscheidend für die Integrität und Sicherheit des Systems, da es dafür sorgt, dass kein einzelner Knoten unerlaubte Änderungen am Ledger vornehmen kann (Schwartz et al., 2014).

Es gibt verschiedene Arten von Konsensusmechanismen, darunter Proof-of-Work (PoW), Proof-of-Stake (PoS) und andere.

- **PoW**, das ursprünglich in Bitcoin verwendet wurde, erfordert, dass Knoten komplexe mathematische Probleme lösen, um neue Blöcke zur Blockchain hinzuzufügen. Dieser Prozess, auch als Mining bezeichnet, verbraucht viel Energie und Rechenleistung, was zu Kritik geführt hat (Nakamoto, 2008).
- **PoS** ist eine alternative Methode, die weniger energieintensiv ist. Dabei wird die Fähigkeit, einen neuen Block zu erstellen, proportional zum Anteil eines Knotens an der gesamten Anzahl von Tokens oder Coins im Netzwerk bestimmt (King & Nadal, 2012).

Hashfunktionen sind ein weiterer zentraler Bestandteil der Blockchain-Technologie. Eine Hashfunktion ist ein mathematischer Algorithmus, der Daten beliebiger Größe in eine eindeutige Zeichenkette fester Länge umwandelt (Rosenfeld, 2011). In der Blockchain wird jede Transaktion, die zu einem Block hinzugefügt wird, durch eine Hashfunktion geleitet, die einen eindeutigen Hash erzeugt. Dieser Hash wird dann zusammen mit dem Hash des vorherigen Blocks und anderen Informationen zum neuen Block hinzugefügt.

Die Verwendung von Hashfunktionen trägt zur Sicherheit und Unveränderlichkeit der Blockchain bei. Da ein Hash auf dem genauen Inhalt eines Blocks basiert, würde jede Änderung an den Transaktionsdaten zu einem völlig anderen Hash führen. Daher kann jeder Versuch, eine Transaktion nachträglich zu ändern, leicht erkannt werden, da dies zu einer Diskrepanz zwischen den Hashes führen würde (Zohar, 2015).

Darüber hinaus bilden die Hashes eine **Kette** (oder eben „Chain") zwischen den Blöcken, da jeder Block den Hash des vorherigen Blocks enthält. Dies bedeutet, dass eine Änderung an einem Block nicht nur den Hash dieses Blocks, sondern auch die Hashes aller nachfolgenden Blöcke ändern würde, was zusätzlich zur Erkennung solcher Manipulationen beiträgt (Narayanan et al., 2016).

Bei einigen PoW-Konsensmechanismen, z. B. bei Bitcoin, bildet das Invertieren einer Hashfunktionen auch das komplexe Problem ab, welches durch das Mining gelöst werden muss (Nakamoto, 2008).

Insgesamt sind Konsensusmechanismen und Hashfunktionen wesentliche Aspekte der Blockchain-Technologie, die dazu beitragen, die Integrität und Sicherheit des Systems zu gewährleisten.

2.5.3 Smart Contracts

Smart Contracts sind digitale Protokolle, die Vertragsbedingungen codieren und automatisch durchführen können, wenn die definierten Bedingungen erfüllt sind (Szabo, 1997). Sie sind ein Schlüsselelement in vielen Anwendungen der Blockchain-Technologie und stellen eine transformative Entwicklung in der Art und Weise dar, wie Verträge geschlossen und durchgeführt werden können.

Ein Smart Contract ist im Grunde genommen ein Programm, das auf der Blockchain laufen kann. Jeder Vertrag ist durch Programmcode definiert, der festlegt, was passiert, wenn bestimmte Bedingungen erfüllt sind. Zum Beispiel könnte ein Smart Contract definiert werden, um eine Zahlung automatisch auszulösen, wenn eine Dienstleistung erbracht wurde (siehe Kap. 12). Sobald die Bedingungen erfüllt sind, wird der Vertrag automatisch ausgeführt, ohne dass eine dritte Partei eingreifen muss (Buterin, 2013).

Smart Contracts haben diverse **Vorteile**. Ein großer Vorteil ist, dass sie die Notwendigkeit eines/einer Mittler:in eliminieren. In herkömmlichen Verträgen könnte es notwendig sein, eine dritte Partei, wie ein:e Anwält:in oder eine Bank, einzubeziehen, um sicherzustellen, dass alle Parteien den Vertrag erfüllen. Mit Smart Contracts ist das nicht nötig, weil der Vertrag selbst die Einhaltung sicherstellt. Dies kann Transaktionen schneller, effizienter und kostengünstiger machen (Tapscott & Tapscott, 2016).

Smart Contracts sind auch transparent und unveränderlich. Sobald ein Smart Contract auf der Blockchain erstellt wurde, kann er nicht mehr verändert werden. Darüber hinaus sind alle Transaktionen, die durch den Vertrag ausgeführt werden, für alle sichtbar, die Zugang zur Blockchain haben. Dies trägt zur Vertrauensbildung bei und kann Betrug oder Manipulationen verhindern (Christidis & Devetsikiotis, 2016).

Es gibt jedoch auch Herausforderungen und potenzielle **Nachteile** bei der Verwendung von Smart Contracts. Ein Problem ist, dass Smart Contracts, weil sie auf Codes basieren, anfällig für Bugs oder Sicherheitslücken sein können. Wenn ein Fehler im Code eines Smart Contract ist, kann dies unerwartete Konsequenzen haben und es gibt oft keine einfache Möglichkeit, dies zu korrigieren, da der Vertrag unveränderlich ist (Atzei et al., 2017).

Ein weiterer Nachteil ist, dass Smart Contracts nur auf Informationen reagieren können, die auf der Blockchain vorhanden sind. In vielen Fällen müssen sie jedoch auf Ereignisse in der realen Welt reagieren. Dies kann durch sogenannte „Oracles" erreicht werden, die externe Daten in die Blockchain einbringen, aber diese stellen wiederum einen potenziellen Sicherheits- und Vertrauenspunkt dar (Eskandari et al., 2021).

Trotz dieser Herausforderungen haben Smart Contracts das Potenzial, viele Aspekte des Geschäfts- und Rechtsverkehrs zu verändern. Sie könnten in Bereichen wie Finanzdienstleistungen, Lieferkettenmanagement, Immobilien und vielen anderen Anwendung finden.

2.6   IT-Sicherheit

IT-Sicherheit ist ein zentraler Aspekt der modernen Informations- und Kommunikationstechnologie, der für alle Anwender:innen von großer Bedeutung ist. Sie betrifft jeden, der ein Smartphone, einen Computer oder irgendein internetfähiges Gerät verwendet.

Die **Schutzziele** der IT-Sicherheit definieren, was genau in einem Informationssystem geschützt werden soll. In der Regel geht es dabei um die drei Grundprinzipien: Vertraulichkeit, Integrität und Verfügbarkeit (Pfleeger & Pfleeger, 2011).

* Vertraulichkeit bedeutet, dass Informationen nur für autorisierte Personen zugänglich sein sollten.
* Integrität stellt sicher, dass Informationen korrekt und unverändert sind.
* Verfügbarkeit sorgt dafür, dass autorisierte Personen zu jeder Zeit Zugang zu den Informationen haben.

Ein weiterer wichtiger Begriff ist das **Angreifer:innenmodell**. Dieses Modell beschreibt die Fähigkeiten und Motivationen eines/einer potenziellen Angreifer:in (Schneier, 2008). Es wird genutzt, um die Bedrohungen für ein System zu identifizieren und geeignete Schutzmaßnahmen zu entwickeln. Dabei kann es sich um alles handeln, von nicht technisch versierten Individuen, die versuchen, persönliche Informationen zu stehlen, bis hin zu hoch qualifizierten Hackern oder staatlich gesponserten Akteuren.

Ein wesentliches Instrument zur Gewährleistung der IT-Sicherheit ist die **Verschlüsselung**. Sie wandelt lesbare Informationen (Klartext) in einen unlesbaren Code (Geheim- oder Chiffretext) um, der nur mit einem speziellen Schlüssel entschlüsselt werden kann (Diffie & Hellman, 1976). Verschlüsselung kann zum Schutz der Vertraulichkeit von Informationen eingesetzt werden, indem sie verhindert, dass Unbefugte auf die Daten zugreifen.

„Sicherheit im Internet" ist ein besonders wichtiger Aspekt der IT-Sicherheit, da das Internet in fast allen Bereichen unseres Lebens genutzt wird. Hier geht es darum, Computer und Daten vor Bedrohungen zu schützen, die über das Internet kommen, wie Malware, Phishing-Angriffe oder Datenverletzungen. Praktiken wie das regelmäßige Aktualisieren von Software, die Verwendung starker, einzigartiger Passwörter und der bewusste Umgang mit persönlichen Informationen können dazu beitragen, die Sicherheit im Internet zu verbessern (Gollmann, 2011).

Zusammenfassend lässt sich sagen, dass IT-Sicherheit eine komplexe und sich ständig weiterentwickelnde Disziplin ist, die eine wichtige Rolle im modernen Leben spielt.

Obwohl sie oft als technische Angelegenheit angesehen wird, ist es wichtig, dass alle Anwender:innen ein grundlegendes Verständnis von den Prinzipien und Praktiken der IT-Sicherheit haben, um ihre eigenen Daten und Geräte schützen zu können.

2.6.1 Schutzziele

Die drei grundlegenden Schutzziele der IT-Sicherheit sind Vertraulichkeit (Confidentia-lity), Integrität (Integrity) und Verfügbarkeit (Availability), auch als das CIA-Dreieck be-kannt. Diese Ziele stellen sicher, dass Informationen sicher und effektiv genutzt werden können, und bieten einen Rahmen für den Schutz von Daten und Systemen (Pfleeger & Pfleeger, 2011).

- **Vertraulichkeit** bezieht sich darauf, dass Informationen nur von autorisierten Perso-nen eingesehen werden dürfen. Dies ist entscheidend, um zu verhindern, dass sensible Daten in die Hände von Personen gelangen, die sie missbrauchen könnten. Die Vertrau-lichkeit wird durch verschiedene Mittel gewährleistet, darunter Zugriffskontrollen und Verschlüsselungstechnologien. Wenn beispielsweise ein Unternehmen Kund:innen-daten speichert, muss es Maßnahmen ergreifen, um sicherzustellen, dass nur die Mitar-beiter:innen, die für die Bearbeitung dieser Daten berechtigt sind, darauf zugreifen können (Stallings & Brown, 2012).
- **Integrität** bezieht sich auf die Richtigkeit und Vollständigkeit von Daten. Die Integrität eines Systems ist gewährleistet, wenn Daten vor unerwünschten oder unbeabsichtigten Änderungen geschützt sind. Dies kann durch verschiedene Mittel erreicht werden, wie z. B. Datensicherung, Fehlererkennung und -korrektur sowie Kontrollen der Benut-zer:innenberechtigungen. Wenn die Integrität eines Systems verletzt wird, kann dies zu falschen Informationen führen, die zu schlechten Entscheidungen oder zu Verlusten führen können (Bishop, 2003).
- **Verfügbarkeit** bedeutet, dass Daten und Systeme für autorisierte Personen zugänglich sein müssen, wann und wo sie benötigt werden. Die Verfügbarkeit kann durch eine Vielzahl von Maßnahmen gewährleistet werden, wie z. B. Redundanz, Fehlertoleranz und Wartung von Systemen und Netzwerken. Ein System, das nicht verfügbar ist, wenn es benötigt wird, kann zu Verlusten führen, sowohl in finanzieller Hinsicht als auch in Bezug auf die Glaubwürdigkeit und das Vertrauen der Nutzer:innen (Pfleeger & Pflee-ger, 2011).

Ein weiterer wichtiger Aspekt der IT-Sicherheit ist der Unterschied zwischen „Autori-sierung" und „Authentifizierung".

- **Authentifizierung** ist der Prozess der Überprüfung der Identität eines/einer Nutzer:in oder eines Systems. Dies geschieht in der Regel durch die Verwendung von Anmelde-informationen, wie z. B. einem Benutzer:innenname und einem Passwort. Die Authentifizierung stellt sicher, dass der/die Benutzer:in oder das System tatsächlich ist, wer oder was er/sie behauptet zu sein, und ist ein erster Schritt zur Gewährleistung der Vertraulichkeit und Integrität von Daten (Kizza, 2013).

- **Autorisierung** hingegen bezieht sich auf die Rechte und Privilegien, die einem/einer authentifizierten Benutzer:in oder einem System zugewiesen sind. Die Autorisierung bestimmt, welche Aktionen ein:e Benutzer:in oder ein System ausführen kann, wie z. B. das Lesen, Schreiben oder Löschen von Daten. Die Autorisierung wird oft durch Zugriffskontrolllisten oder ähnliche Mechanismen verwaltet, die festlegen, welche Benutzer:innen oder Systeme Zugriff auf welche Ressourcen haben (Stallings & Brown, 2012).

Zusammenfassend lässt sich sagen, dass die Schutzziele der IT-Sicherheit und die Konzepte der Authentifizierung und Autorisierung entscheidend sind, um die Sicherheit von Daten und Systemen in der digitalen Welt zu gewährleisten. Sie bieten einen Rahmen, um Bedrohungen und Risiken zu verstehen und geeignete Sicherheitsmaßnahmen zu implementieren.

2.6.2 Angreifer:innenmodelle

Angreifer:innenmodelle sind ein fundamentaler Bestandteil der IT-Sicherheit. Sie helfen dabei, die Vielfalt und die Methoden der potenziellen Angreifer:innen zu verstehen und entsprechende Gegenmaßnahmen zu ergreifen. Im Rahmen dieses Kapitels werden wir auf die unterschiedlichen Dimensionen von Angreifer:innenmodellen und die ökonomischen Aspekte der IT-Sicherheit im Hinblick auf Angreifer:innen eingehen (siehe Kap. 7).

Eine der ersten Dimensionen von Angreifer:innenmodellen ist **das Fähigkeitsniveau der Angreifer:innen**. An einem Ende des Spektrums stehen sogenannte „Script-Kiddies", die lediglich vorgefertigte Angriffstools nutzen, ohne sie wirklich zu verstehen (Mirkovic & Reiher, 2011). Am anderen Ende des Spektrums stehen staatlich unterstützte Hacker:innen oder organisierte kriminelle Netzwerke, die über erhebliche Ressourcen und Expertise verfügen (Stevens et al., 2012).

Eine zweite Dimension ist die **Motivation** des/der Angreifer:in. Einige Hacker:innen können von persönlichen oder ideologischen Gründen angetrieben werden, während andere rein finanzielle Interessen verfolgen (Moore et al., 2009). Es ist wichtig zu verstehen, was eine:n potenzielle:n Angreifer:in motiviert, um präzise Abwehrstrategien zu entwickeln.

Ein weiterer Aspekt ist die **Persistenz** der Angreifer:innen. Während einige Angreifer:innen einmalige Angriffe durchführen, zeigen andere eine sogenannte Advanced Persistent Threat (APT), bei der sie kontinuierlich und zielgerichtet gegen ein bestimmtes Ziel vorgehen (Mee et al., 2014).

Die Dimension der **Aktivität** eines/einer Angreifer:in ist ebenfalls wichtig. Passive Angreifer:innen sind in erster Linie Beobachter, die versuchen, Informationen zu sammeln, indem sie den Datenverkehr überwachen oder Daten aus Datenbanken abgreifen, ohne aktiv in die Systeme einzugreifen (Casey, 2011). Aktive Angreifer:innen hingegen führen offensive Aktionen aus, wie das Ausnutzen von Schwachstellen in Software, um Systeme zu kompromittieren oder Dienste zu stören (Howard & Longstaff, 1998).

Eine weitere Unterscheidung von Angreifer:innen ist, ob sie **interne oder externe Akteure** sind.

Insiderangriffe werden von Personen durchgeführt, die legitimen Zugang zu einem System oder Netzwerk haben und diesen missbrauchen. Diese Angriffe können besonders schwer zu entdecken und zu verhindern sein, da sie oft von Personen ausgehen, die das System gut kennen und von vornherein Zugang zu sensiblen Informationen haben (Probst et al., 2007).

Externe Angriffe werden von Individuen oder Gruppen durchgeführt, die keinen legitimen Zugang zu den Systemen oder Netzwerken haben. Diese Angriffe erfordern oft mehr technische Fähigkeiten und Ressourcen, da die Angreifer:innen Sicherheitsmaßnahmen umgehen oder durchbrechen müssen, um Zugang zu den Systemen zu erlangen (Zhou & Leckie, 2010).

Diese (und weitere) Dimensionen der Angreifer:innenmodelle sind entscheidend für die Gestaltung von Sicherheitsstrategien (siehe Kap. 7). Es ist klar, dass eine Strategie, die auf unerfahrene Angreifer:innen ausgerichtet ist, gegenüber staatlich unterstützten Hacker:innen unwirksam sein kann.

Im Hinblick auf die ökonomischen Aspekte der IT-Sicherheit ergeben sich für Angreifer:innen verschiedene Kosten-Nutzen-Abwägungen. Es gibt einen „Markt" für Sicherheitslücken und Angriffstechniken, mit Angebot und Nachfrage (Anderson & Moore, 2006). Je wertvoller ein Ziel ist, desto mehr Ressourcen sind Angreifer:innen bereit zu investieren. Gleichzeitig müssen Angreifer:innen die Kosten berücksichtigen, die mit der Entdeckung ihrer Identität und einer möglichen Strafverfolgung verbunden sind.

Diese ökonomische Perspektive auf IT-Sicherheit führt zu einer Reihe von Erkenntnissen. Zum einen bedeutet dies, dass vollständige Sicherheit nie erreicht werden kann, da es immer jemanden geben wird, der bereit ist, mehr zu investieren, um ein System zu kompromittieren (Anderson, 2001). Daher sollten Sicherheitsstrategien nicht darauf abzielen, jeden möglichen Angriff zu verhindern, sondern vielmehr ein „Gleichgewicht" zu finden, bei dem die Kosten eines Angriffs für den/die Angreifer:in die potenziellen Vorteile und zu erwartenden Gewinne übersteigen.

Darüber hinaus können auch Anreize für IT-Sicherheit geschaffen werden. Durch Investitionen in Sicherheitstechnologien und -praktiken können Unternehmen nicht nur die Wahrscheinlichkeit von Angriffen verringern, sondern auch die potenziellen Kosten eines erfolgreichen Angriffs reduzieren (Gordon & Loeb, 2002).

Im Zusammenhang mit der ökonomischen Dimension von IT-Sicherheit können auch Maßnahmen zur Risikominderung als ökonomische Entscheidungen betrachtet werden. Unternehmen müssen entscheiden, wie viel sie in Sicherheitsmaßnahmen investieren wollen, basierend auf einer Bewertung des Risikos und der potenziellen Kosten eines Sicherheitsvorfalls (Böhme & Moore, 2009).

Darüber hinaus kann es auch wirtschaftliche Anreize für Unternehmen geben, sich nicht ausreichend um die Sicherheit ihrer Systeme zu kümmern. Wenn die Kosten eines Sicherheitsvorfalls hauptsächlich von den Nutzer:innen oder anderen Parteien getragen werden, kann das Unternehmen entscheiden, dass es nicht in seinem besten Interesse ist, in Sicherheitsmaßnahmen zu investieren (Anderson, 2008). Dies ist ein Beispiel für das Phänomen der „externen Effekte" in der Wirtschaftstheorie.

Abschließend kann festgestellt werden, dass die IT-Sicherheit ein komplexes Feld ist, das sowohl technisches Wissen als auch ein Verständnis der menschlichen Psychologie und ökonomischen Prinzipien erfordert. Die genannten Dimensionen von Angreifer:innenmodellen und die ökonomischen Aspekte der IT-Sicherheit stellen nur einen Teil der gesamten Landschaft dar. Es ist von entscheidender Bedeutung, dass Unternehmen, Privatpersonen und Organisationen ständig auf dem Laufenden bleiben und sich an die sich ständig ändernden Bedrohungslandschaften anpassen.

2.6.3   Verschlüsselung

2.6.3.1 Arten von Verschlüsselung

Die Verschlüsselung ist eine der wichtigsten Techniken, die in der IT-Sicherheit verwendet werden, um Daten vor unbefugtem Zugriff zu schützen. Dabei unterscheidet man in der Regel zwischen symmetrischer, asymmetrischer und hybrider Verschlüsselung.

Bei der **symmetrischen Verschlüsselung** wird der gleiche Schlüssel zum Ver- und Entschlüsseln der Daten verwendet. Eines der bekanntesten Beispiele für einen symmetrischen Verschlüsselungsalgorithmus ist der Data Encryption Standard (DES), der lange Zeit als Industriestandard galt. Trotz seiner allgemeinen Robustheit hat die begrenzte Schlüssellänge von DES dazu geführt, dass er anfällig für Brute-Force-Angriffe wurde (Schneier, 1996). Um dieses Problem zu lösen, wurde der Advanced Encryption Standard (AES) eingeführt, der längere Schlüssellängen bietet und heute in vielen Sicherheitsanwendungen und -protokollen weit verbreitet ist (Daemen & Rijmen, 2002).

Die Stärke der symmetrischen Verschlüsselung liegt in ihrer Effizienz. Da sie nur einen Schlüssel verwendet, sind die Berechnungen weniger intensiv, was eine schnellere Ver- und Entschlüsselung ermöglicht. Jedoch liegt hierin auch eine ihrer größten Schwächen: die sichere Übertragung des Schlüssels zwischen den Kommunikationspartner:innen. Wenn der Schlüssel während seiner Übertragung abgefangen wird, ist die gesamte Kommunikation offen zugänglich.

Die **asymmetrische Verschlüsselung**, auch bekannt als Public-Key-Verschlüsselung, verwendet zwei unterschiedliche Schlüssel: einen öffentlichen und einen privaten Schlüssel. Der öffentliche Schlüssel wird verwendet, um Daten zu verschlüsseln, während der private Schlüssel zum Entschlüsseln der Daten benötigt wird (Diffie & Hellman, 1976).

Einer der bekanntesten asymmetrischen Verschlüsselungsalgorithmen ist das RSA-Verfahren (Rivest et al., 1978). Es basiert auf der mathematischen Schwierigkeit, große Zahlen in ihre Primfaktoren zu zerlegen, und wird in vielen Anwendungen, darunter sicheren E-Mail-Diensten und sicheren Webseiten, eingesetzt.

Die Stärke der asymmetrischen Verschlüsselung liegt in der Möglichkeit, sicher zu kommunizieren, ohne dass ein Schlüssel vorab auf sicherem Weg ausgetauscht werden muss. Die Herausforderung besteht jedoch darin, dass diese Methode rechenintensiver ist und daher mehr Zeit benötigt.

In der Praxis wird häufig eine Kombination aus symmetrischer und asymmetrischer Verschlüsselung verwendet, bekannt als **hybride Verschlüsselung**. Dabei wird die asymmetrische Verschlüsselung dazu genutzt, einen symmetrischen Schlüssel sicher über das Internet zu senden. Dann wird dieser symmetrische Schlüssel für die eigentliche Datenübertragung verwendet. Dieses Modell nutzt die Stärken beider Verfahren: die Sicherheit der asymmetrischen Verschlüsselung für den Schlüsselaustausch und die Geschwindigkeit der symmetrischen Verschlüsselung für die Datenübertragung (Stallings, 2022).

Ein weit verbreitetes Beispiel für die hybride Verschlüsselung ist das Transport-Layer-Security(TLS)-Protokoll, das in Webbrowsern eingesetzt wird, um sichere Verbindungen zu Webseiten herzustellen (Rescorla, 2018).

Insgesamt bieten alle drei Verschlüsselungsverfahren wichtige Methoden zum Schutz der Datenkommunikation und haben ihre spezifischen Anwendungsfälle, je nach den speziellen Anforderungen in Bezug auf Sicherheit und Effizienz.

Diese Analyse von symmetrischen, asymmetrischen und hybriden Verschlüsselungsmethoden in der IT-Sicherheit führt uns zu einem besseren Verständnis der verschiedenen Techniken, die zur Sicherung von Daten in der digitalen Welt eingesetzt werden. Obwohl jede Methode ihre eigenen Stärken und Schwächen hat, stellen sie alle wichtigen Werkzeuge dar, die zum Schutz von Daten und zur Wahrung der Privatsphäre beitragen.

2.6.3.2 Digitale Signaturen

Digitale Signaturen sind ein entscheidender Aspekt der IT-Sicherheit. Sie bieten eine Möglichkeit, die Integrität und Authentizität von Daten zu gewährleisten, was in vielen Kontexten von großer Bedeutung ist, von der Überprüfung der Herkunft von Software-Updates bis hin zur Unterzeichnung von digitalen Verträgen.

Eine digitale Signatur ist im Grunde genommen ein kryptografisches Werkzeug, das verwendet wird, um die **Authentizität** und **Integrität von Daten** zu verifizieren. Sie ermöglicht es, dass eine Person oder eine Entität eine Art digitale Unterschrift an eine Nachricht oder einen Datensatz anhängt, welche dann von jeder anderen Person oder Entität überprüft werden kann (Rivest et al., 1978).

Eine digitale Signatur stellt sicher, dass die Daten von dem/der angegebenen Absender:in stammen (Authentizität) und dass die Daten seit dem Zeitpunkt der Signatur nicht verändert wurden (Integrität). Wenn auch nur ein Bit der Nachricht nach der Erstellung der Signatur verändert wird, ist die Signatur nicht mehr gültig.

Digitale Signaturen verwenden **Public-Key-Kryptografie**. Der/die Sender:in einer Nachricht erstellt eine Signatur, indem er/sie einen Hashwert der Nachricht erzeugt und diesen mit seinem/ihrem privaten Schlüssel verschlüsselt. Der/die Empfänger:in kann dann die Signatur überprüfen, indem er/sie den Hashwert mit dem öffentlichen Schlüssel des/der Sender:in entschlüsselt und ihn mit einem neu berechneten Hash der Nachricht vergleicht. Wenn die Hashwerte übereinstimmen, ist die Signatur gültig (Diffie & Hellman, 1976).

Einer der bekanntesten Algorithmen für digitale Signaturen ist das RSA-Verfahren (Rivest et al., 1978). RSA verwendet eine Kombination von großem Primzahlschlüsselpaar und einer Funktion zur Erzeugung eines Hashwerts der Nachricht, um die Signatur zu erstellen. Das RSA-Verfahren ist weit verbreitet und wird in vielen verschiedenen Anwendungen eingesetzt.

Ein weiterer weit verbreiteter Algorithmus für digitale Signaturen ist der **Digital Signature Algorithm** (DSA). Der DSA wurde vom US National Institute of Standards and Technology (NIST) als Teil des Digital Signature Standard (DSS) eingeführt und ist in vielen Sicherheitsanwendungen und Protokollen implementiert (NIST, 2013).

In den letzten Jahren haben auf der **elliptischen Kurvenkryptografie** (ECC) basierte Signaturen wie der Elliptic Curve Digital Signature Algorithm (ECDSA) an Beliebtheit gewonnen. ECC bietet eine stärkere Sicherheit bei kürzeren Schlüssellängen im Vergleich zu RSA und DSA, was zu einer effizienteren Verarbeitung führt (Hankerson et al., 2004).

Insgesamt spielen digitale Signaturen eine entscheidende Rolle in der IT-Sicherheit. Sie bieten eine robuste Methode zur Verifizierung der Authentizität und Integrität von Daten und sind ein grundlegender Baustein in vielen sicheren Kommunikationssystemen und -protokollen.

2.6.4 Sicherheit im Internet

2.6.4.1 Digitale Zertifikate

Ein digitales Zertifikat ist ein elektronischer Datensatz, der dazu dient, die Identität einer Entität im Internet zu bestätigen. Diese Entität kann eine Website, ein Server, eine Organisation oder eine Person sein. Der Zertifikatsdatensatz enthält in der Regel mindestens den Namen des/der Zertifikatsinhaber:in, eine Seriennummer, die das Zertifikat eindeutig identifiziert, und Informationen über die Gültigkeitsdauer. Die Authentizität und Integrität des Zertifikats wird durch eine digitale Signatur abgesichert, sodass unberechtigte Änderungen daran sofort auffallen würden.

Die Vertrauenswürdigkeit eines digitalen Zertifikats wird durch die Verwendung einer **Zertifizierungsstelle**, den sogenannten Certificate Authorities (CA), sichergestellt. Eine Zertifizierungsstelle ist eine vertrauenswürdige Organisation, die digitale Zertifikate ausstellt und digital signiert. Vor Ausstellung des Zertifikats muss die Zertifizierungsstelle die Identität des/der Antragsteller:in dem Zweck des Zertifikats entsprechend überprüfen.

Digitale Zertifikate sind von entscheidender Bedeutung für die sichere Übertragung von Daten im Internet, insbesondere bei sensiblen Transaktionen wie Online-Banking oder Online-Shopping. Sie helfen, die Identität von Websites und Servern zu bestätigen und schaffen das Vertrauen, dass die Kommunikation sicher und geschützt ist.

2.6.4.2 HTTPS-Protokoll

HTTPS steht für „Hypertext Transfer Protocol Secure" und ist eine sichere Variante des HTTP-Protokolls. Es wird verwendet, um eine verschlüsselte und sichere Kommunikation zwischen einem Webbrowser und einem Webserver herzustellen. Das HTTPS-Protokoll verwendet verschiedene Sicherheitsmechanismen, um die Vertraulichkeit, Integrität und Authentizität der übertragenen Daten zu gewährleisten.

Beim Verbindungsaufbau mit dem Server wird ein sogenannter Handshake zwischen Client und Server durchgeführt. Im Handshake-Prozess findet eine Reihe von Schritten statt, um die Identität des Servers zu überprüfen und einen sicheren Kanal für die Daten-übertragung einzurichten. Dabei übermittelt der Server zuerst ein digitales Zertifikat, welches der Sicherstellung der Identität des Servers dient. Neben dem Webseiten-Zertifikat muss der Webbrowser aber auch die Identität der beteiligten Zertifizierungsstellen über-prüfen. Dieses Konzept wird auch „Chain of Trust" (Vertrauenskette) genannt. Die ver-schiedenen Zertifizierungsstellen bilden ein hierarchisches System, in dem übergeordnete Zertifizierungsstellen die Identität der untergeordneten Zertifizierungsstellen überprüfen und diesen wiederum Zertifikate ausstellen. Ausgehend vom Webseitenzertifikat wird zu-nächst die ausstellende Zertifizierungsstelle überprüft, danach die Zertifizierungsstellen der nächsten Ebenen, bis man auf der höchsten Ebene, den sogenannten Root Certificate Authorities (Root-CA) angekommen ist. Da es für die Root-CAs keine Zertifizierungs-stellen mehr gibt, die deren Identität bestätigen können, hat jeder Webbrowser eine Liste an vertrauenswürdigen Root-CAs hinterlegt. Nur wenn die ganze Kette an Zertifikaten ausgehend vom Webserverzertifikat bis zur Root-CA erfolgreich überprüft werden konnte, kennzeichnet ein Webbrowser eine Webseite als vertrauenswürdig.

Für die weiteren Übertragungen werden die Daten mithilfe des SSL/TLS-Protokoll verschlüsselt. Meist kommt dafür eine hybride Verschlüsselung zum Einsatz.

Heutzutage wird HTTPS als Standard für den sicheren Austausch von Daten im Inter-net angesehen und ist besonders wichtig für den Schutz von sensiblen Informationen wie Passwörtern, Kreditkartendaten und persönlichen Daten während der Online-Kommuni-kation und -Transaktionen.

2.7   Weiterführende Literatur

Die Herausgeber:innen dieses Bandes und die Autoren dieses Beitrags empfehlen weiter-führende Literatur zu folgenden Themen:

*   Technische Grundlagen allgemein: Gumm et al. (2013), Herold et al. (2012)
*   Computernetzwerke und Anwendungsprotokolle: Tanenbaum und Wetherall (2012), Kurose und Ross (2014);
*   Peer-to-Peer-Netzwerke: Tanenbaum und Steen (2008).

Literatur

Abramova, S., Schöttle, P., & Böhme, R. (2017). Mixing coins of different quality: A game-theoretic approach. In M. Brenner et al. (Hrsg.), *Financial cryptography and data security* (FC 2017. Lecture notes in computer science, Bd. 10323).

Anderson, R. (2001). Why information security is hard – An economic perspective. In *ACSAC '01: Proceedings of the 17th annual computer security applications conference* (S. 358–365). ACM.

Anderson, R. (2008). *Security engineering: A guide to building dependable distributed systems*. Wiley.

Anderson, R., & Moore, T. (2006). The economics of information security. *Science, 314*(5799), 610–613.

Atzei, N., Bartoletti, M., & Cimoli, T. (2017). *A survey of attacks on Ethereum smart contracts (SoK)*. Springer.

Baumhauer, T., Schöttle, P., & Zeppelzauer, M. (2022). Machine unlearning: Linear filtration for logit-based classifiers. *Machine Learning, 111*, 3203–3226.

Bertoncello, M., & Wee, D. (2015). *Ten ways autonomous driving could redefine the automotive world*. McKinsey & Company.

Bishop, M. (2003). *Computer security: Art and science*. Addison-Wesley.

Böhme, R., & Moore, T. (2009). *The iterated weakest link: A model of adaptive security investment* (Bd. 9). WEIS.

Böhme, R., Christin, N., Edelman, B., & Moore, T. (2015). Bitcoin: Economics, technology, and governance. *Journal of economic Perspectives, 29*(2), 213–238.

Bostrom, N. (2014). *Superintelligence: Paths, dangers, strategies*. Oxford University Press.

Brynjolfsson, E., & McAfee, A. (2014). *The second machine age: Work, progress, and prosperity in a time of brilliant technologies*. W. W. Norton & Company.

BSI. (2023). *Cloud Computing Grundlagen*. https://www.bsi.bund.de/dok/6622124. Zugegriffen am 06.05.2024.

Buterin, V. (2013). *Ethereum: A next-generation smart contract and decentralized application platform*. White paper (Ethereum Foundation).

Casey, E. (2011). *Digital evidence and computer crime: Forensic science, computers, and the internet*. Academic Press.

Chen, M., Mao, S., & Liu, Y. (2014). Big data: A survey. *Mobile Networks and Applications, 19*(2), 171–209.

Christidis, K., & Devetsikiotis, M. (2016). *Blockchains and smart contracts for the internet of things*. IEEE Access.

Crawford, K., & Calo, R. (2016). There is a blind spot in AI research. *Nature, 538*(7625), 311–313.

Daemen, J., & Rijmen, V. (2002). *The design of Rijndael: AES-the advanced encryption standard*. Springer Science & Business Media.

Diffie, W., & Hellman, M. (1976). New directions in cryptography. *IEEE Transactions on Information Theory, 22*(6), 644–654.

Domingos, P. (2012). A few useful things to know about machine learning. *Communications of the ACM, 55*(10), 78–87.

Doshi-Velez, F., & Kim, B. (2017). Towards a rigorous science of interpretable machine learning. *arXiv preprint, arXiv*, 1702.08608.

Eskandari, S., Salehi, M., Gu, W. C., & Clark, J. (2021). SoK: Oracles from the ground truth to market manipulation, ACM.

Esteva, A., Robicquet, A., Ramsundar, B., Kuleshov, V., DePristo, M., Chou, K., Cui, C., Corrado, G., Thrun, S., & Dean, J. (2019). A guide to deep learning in healthcare. *Nature Medicine, 25*(1), 24–29.

Gollmann, D. (2011). *Computer security*. Wiley.

Goodfellow, I., Bengio, Y., & Courville, A. (2016). *Deep learning*. MIT Press.

Gordon, L. A., & Loeb, M. P. (2002). The economics of information security investment. *ACM Transactions on Information and System Security (TISSEC), 5*(4), 438–457.

Gumm, H. P., Sommer, M., Hesse, W., Seeger, B., & Taentzer, G. (2013). *Einführung in die Informatik*. Oldenbourg Wissenschaftsverlag Verlag.

Hankerson, D., Menezes, A., & Vanstone, S. (2004). *Guide to elliptic curve cryptography* (Springer Professional Computing). Springer.

Hastie, T., Tibshirani, R., & Friedman, J. (2009). *The elements of statistical learning*. Springer.

Herold, H., Lurz, B., Wohlrab, J., & Hopf, M. (2012). *Grundlagen der Informatik* (3., akt. Aufl.). Pearson Studium München.

Howard, J. D., & Longstaff, T. A. (1998). *A common language for computer security incidents*. Sandia Report.

Hutter, F., Kotthoff, L., & Vanschoren, J. (2019). *Automated machine learning: Methods, systems, challenges*. Springer.

King, S., & Nadal, S. (2012). *PPCoin: Peer-to-peer crypto-currency with proof-of-stake*. self-published paper.

Kizza, J. M. (2013). *Guide to computer network security*. Springer.

Kurose, J., & Ross, K. (2014): *Computernetzwerke* (6., akt. Aufl.). Pearson Studium München.

LeCun, Y., Bottou, L., Bengio, Y., & Haffner, P. (1998). Gradient-based learning applied to document recognition. *Proceedings of the IEEE, 86*(11), 2278–2324.

Luckin, R., Holmes, W., Griffiths, M., & Forcier, L. B. (2016). *Intelligence unleashed. An argument for AI in Education*. Pearson.

Mee, V., Tryfonas, T., & Sfakianakis, A. (2014). Understanding the challenges of cyber forensics investigations: A survey of U.K. Law Enforcement Agencies. *Journal of Forensic Sciences, 59*(4), 875–882.

Mell, P., & Grance, T. (2011). *SP 800-145. The NIST definition of cloud computing* (Technical Report). National Institute of Standards & Technology.

Menzel, M., Tran, V. T., Eitel, A., Domingues, S., & Ott, I. (2018) *State of the art in distributed ledger technology research in business and economics: A content-analysis approach*. Journal of Business Economics.

Mirkovic, J., & Reiher, P. (2011). A taxonomy of DDoS attack and DDoS defense mechanisms. *ACM SIGCOMM Computer Communication Review, 34*(2), 39–53.

Moore, T., Clayton, R., & Anderson, R. (2009). The economics of online crime. *The Journal of Economic Perspectives, 23*(3), 3–20.

Möser, M., Böhme, R., & Breuker, D. (2013, September). An inquiry into money laundering tools in the Bitcoin ecosystem. In *2013 APWG eCrime researchers summit* (S. 1–14). IEEE.

Mougayar, W. (2016). *The business blockchain: Promise, practice, and application of the next internet technology*. Wiley.

Nakamoto, S. (2008). *Bitcoin: A peer-to-peer electronic cash system*. Whitepaper.

Narayanan, A., Bonneau, J., Felten, E., Miller, A., & Goldfeder, S. (2016). *Bitcoin and cryptocurrency technologies: A comprehensive introduction*. Princeton University Press.

NIST. (2013). *Digital Signature Standard (DSS)* (FIPS PUB 186-4). Federal Information Processing Standards Publication.

OpenAI. (2021). *ChatGPT [Computer software]*. https://chatgpt.com/. Zugegriffen am 14.11.2024.

Pfleeger, C. P., & Pfleeger, S. L. (2011). *Analyzing computer security: A threat/vulnerability/countermeasure approach*. Prentice Hall.

Probst, C. W., Hunker, J., Gollmann, D., & Bishop, M. (2007). Aspects of insider threats. *Insider Threats in Cyber Security*, (S. 15–36). Springer.

Rescorla, E. (2018). *The Transport Layer Security (TLS) Protocol Version 1.3*. RFC 8446, RFC Editor. Internet Engineering Task Force (IETF).

Rivest, R. L., Shamir, A., & Adleman, L. (1978). A method for obtaining digital signatures and public-key cryptosystems. *Communications of the ACM, 21*(2), 120–126.

Rosenfeld, M. (2011). *Overview of colored coins*. White Paper.

Rumelhart, D. E., Hinton, G. E., & Williams, R. J. (1986). Learning representations by back-propagating errors. *Nature, 323*, 533–536.

Russell, S., & Norvig, P. (2016). *Artificial intelligence: A modern approach*. Pearson.

Samsinger, M., Merkle, F., Schöttle, P., & Pevny, T. (2021). When should you defend your classifier? In B. Bošanský, C. Gonzalez, S. Rass, & A. Sinha (Hrsg.), *Decision and game theory for security* (GameSec 2021. Lecture notes in computer science, Bd. 13061). Springer.

Samuel, A. (1959). *Some studies in machine learning using the game of checkers*. IBM Journal of Research and Development.

Schneier, B. (1996). *Applied cryptography: Protocols, algorithms, and source code in C*. Wiley.

Schneier, B. (2008). Attack trees. In *Schneier on security*. Wiley.

Schwartz, D., Youngs, N., & Britto, A. (2014). *The ripple protocol consensus algorithm*. White Paper.

Searle, J. (1980). *Minds, brains, and programs*. Behavioral and Brain Sciences.

Stallings, W., & Brown, L. (2012). *Computer security: Principles and practice*. Pearson.

Stallings. (2022). *Cryptography and network security: Principles and practice (8th ed.)*. Pearson.

Stevens, T., Ophoff, J., & Van Belle, J. P. (2012). The impact of personal dispositions on information security awareness and behavior. *Computers & Security, 31*(6), 820–830.

Stoll, C., Klaaßen, L., & Gallersdörfer, U. (2019). *The carbon footprint of bitcoin*. Joule.

Sutton, R. S., & Barto, A. G. (2018). *Reinforcement learning: An introduction*. MIT Press.

Swan, M. (2015). *Blockchain: Blueprint for a new economy*. O'Reilly Media.

Szabo, N. (1997). *Formalizing and securing relationships on public networks*. First Monday.

Tanenbaum, A., & Steen, M. (2008). *Verteilte Systeme: Prinzipien und Paradigmen* (2. Aufl.). Pearson Studium München.

Tanenbaum, A., & Wetherall, D. (2012). *Computernetzwerke* (5., akt. Aufl.). Pearson Studium München.

Tapscott, D., & Tapscott, A. (2016). *Blockchain revolution: How the technology behind bitcoin is changing money, business, and the world*. Penguin Portfolio.

Topol, E. (2019). *Deep medicine: How artificial intelligence can make healthcare human again*. Basic Books.

Turing, A. (1950). *Computing machinery and intelligence*. Mind.

Zhou, W., & Leckie, C. (2010). *A peer-to-peer collaborative intrusion detection system* (Network security, S. 351–358).

Zohar, A. (2015). *Bitcoin: Under the hood*. ACM.

Teil II

Ökonomische und gesellschaftliche Dimension

Die Ökonomik digitaler multinationaler Unternehmen

3

Bernd Ebersberger ⓘ und Bernhard Dachs ⓘ

3.1 Einführung

In einer sich zunehmend globalisierenden Wirtschaft hat die Bedeutung **multinationaler Unternehmen** (MNEs) erheblich zugenommen. MNEs sind Unternehmen, die einen bestimmenden Anteil an einem anderen Unternehmen (der Tochtergesellschaft) in einem anderen Land besitzen (Barba Navaretti & Venables, 2004). An dieser Stelle möchten wir explizit darauf hinweisen, dass, obwohl man beim Begriff „MNE" fast reflexartig an große Unternehmen denkt, dies aber nicht notwendigerweise die Realität abbildet. Auch kleine oder mittelgroße Unternehmen und auch Start-ups könnten multinational sein. Letztere bezeichnet man dann als *born-globals*. Dies sind Unternehmen, die mit ihrer Gründung oder kurz danach Wettbewerbsvorteile anstreben, indem sie wissensbasierte Ressourcen für die Entwicklung, die Produktion oder den Verkauf von Produkten in mehreren Ländern einsetzen (Knight & Cavusgil, 2004). Um zu sehen, dass sich diese *born-globals* in unterschiedlichen Branchen der digitalen Ökonomie finden, sehen Sie sich einfach folgende Unternehmen an: Lightning Company – LTNG (https://lightningcompany.com/), Tractive (https://tractive.com/de/), Prewave (https://www.prewave.com/) oder bitmovin (https://bitmovin.com/).

Eine wachsende Anzahl dieser kleinen, mittleren oder großen multinationalen Unternehmen setzen digitale Technologien nicht einfach nur ein, digitale Technologien bilden

B. Ebersberger (✉)
Universität Hohenheim, Stuttgart, Deutschland
E-Mail: bernd.ebersberger@uni-hohenheim.de

B. Dachs
Austrian Institute of Technology, Seibersdorf, Österreich
E-Mail: bernhard.dachs@ait.ac.at

© Der/die Autor(en), exklusiv lizenziert an Springer Fachmedien Wiesbaden GmbH, ein Teil von Springer Nature 2024
L. Staffler et al. (Hrsg.), *Digitalwirtschaft*, https://doi.org/10.1007/978-3-658-45724-2_3

vielmehr die Basis ihrer **Geschäftsmodelle** (UNCTAD, 2022; Edelman, 2021). Diese Unternehmen wollen wir im folgenden Beitrag als digitale MNEs bezeichnen. Sie nutzen die Möglichkeiten digitaler Technologien, um Innovationen voranzutreiben, weltweite Märkte zu erreichen und letztendlich auch um ganze Branchen zu transformieren.

Wir finden digitale MNEs in einer Vielzahl von Branchen. Damit zeigt sich auch der weitreichende Einfluss digitaler Technologien auf verschiedene Industrien und Märkte. Einige prominente Beispiele sind Internetplattformen wie Meta (Facebook), Alphabet (Google), eBay, Linkedin, Twitter und Tencent. Diese Plattformen haben in den vergangenen Jahrzehnten revolutioniert, wie wir kommunizieren, wie wir netzwerken und wie wir Informationen austauschen.

Gerade im Bereich der Zahlungs- und Cloud-Services sehen wir ein deutliches Wachstum digitaler MNEs und eine signifikante Konzentration. Unternehmen wie Salesforce, Paypal, ADP, AWS (Amazon Web Services), SAP und Alipay sind bekannte Unternehmen dieses Segments. Diese Plattformen bieten nahtlose Kommunikation, Transaktionen, Datenspeicherung und -verwaltung für Unternehmen und Privatpersonen.

Branchengrößen im eCommerce wie Amazon, Alibaba, Zalando und Priceline prägen die Art und Weise, wie Menschen einkaufen, Käufer und Verkäufer zusammenbringen und den globalen Handel erleichtern (Kap. 17).

Auch Medienunternehmen haben digitale Technologien angenommen, um ihre Reichweite zu erweitern und innovative Inhalte bereitzustellen. Beispiele hierfür sind Comcast, Time Warner, Sky, CBS, Netflix, Disney und Spotify, die die traditionelle Medienlandschaft wesentlich verändert haben und Streaming-Dienste sowie personalisierte Unterhaltungserlebnisse anbieten. Im Bereich des eSports wären hier Tencent, Activision Blizzard oder auch Electronic Arts zu nennen (Verweis auf Kap. 18 eSports).

Zusätzlich sind digitale MNEs in den Bereichen Hardware und Software stark vertreten. Unternehmen wie Apple, Samsung, Intel, Flextronix und Nvidia stehen an vorderster Front technologischer Entwicklungen und produzieren hochmoderne Geräte und Komponenten, die unsere digitale Welt antreiben. Hier können wir beispielsweise auch TeamViewer nennen, ein Unternehmen, das einen langfristigen Einfluss darauf hat, wie sichere Verbindungen zwischen Endgeräten hergestellt werden können, das internationale Dependenzen hat und mit 1400 Mitarbeitern nicht zu den oben genannten Technologiegiganten zählt.

Auch im Bereich Telekommunikation spielen digitale MNEs eine entscheidende Rolle. AT&T, Verizon, NTT, Deutsche Telekom, T-Mobile US und China Telecom gehören zu den führenden Akteuren, die mit ihren fortschrittlichen Netzwerken und Dienstleistungen die moderne Kommunikationslandschaft prägen.

Auch wenn es sich bei diesen Beispielen nicht um eine repräsentative Auswahl handelt, zeigen sie, dass sich digitale MNEs hauptsächlich in **Dienstleistungsbranchen** finden, wobei sie üblicherweise nicht nur in einer Branche tätig sind, sondern ein breites Dienstleistungsspektrum anbieten. Letztendlich geht die Breite des Geschäfts der digitalen MNEs darauf zurück, dass ihre Kernkompetenzen in vielen Bereichen Anwendung finden können. Die typischen Vertreter der digitalen MNEs haben seit ihrer Gründung

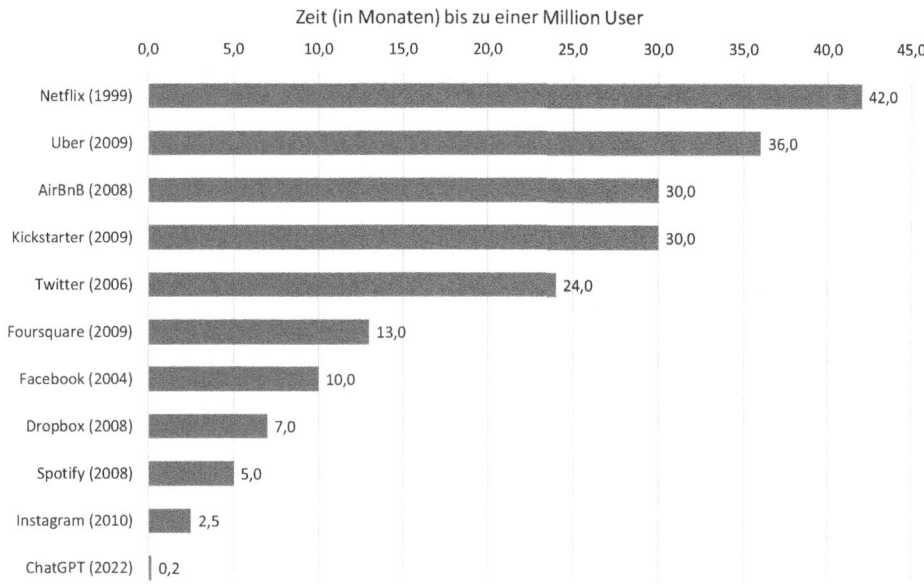

Abb. 3.1 Zeit bis zu einer Million User. (Daten-Quelle: Statista, https://www.statista.com/chart/29174/time-to-one-million-users/, Grafik: eigene Darstellung)

vergleichsweise schnell eine globale Marktpräsenz erreicht: Eine Million Benutzer: innen wurden innerhalb weniger Jahre oder sogar Monate erreicht. (siehe Abbildung unten). Facebook wurde 2004, AirBnB 2008 und Uber 2009 gegründet.

Abb. 3.1 zeigt, wie lange es dauert, bis Plattformen eine Million Benutzer:innen erreichen

Die digitalen Technologien, die ihr Geschäftsmodell ausmachen, ermöglichen den digitalen MNEs, unter ganz besonderen ökonomischen Bedingungen zu operieren. Um digitale MNEs besser verstehen zu können, ihr Verhalten besser einschätzen zu können und um letztlich auch besser auf die Herausforderungen reagieren zu können, die digitale MNEs mit sich bringen, ist es aus unserer Sicht nötig, sich mit der Ökonomik digitaler MNEs zu befassen.

Lassen Sie uns digitale MNEs mit den Unternehmen vergleichen, die als Modell in jedem Ökonomielehrbuch zu finden sind. Wir nehmen diesen Vergleich aus didaktischen Gründen vor, um erstens deutlich zu machen, dass die einfachen Modelle in Ökonomielehrbüchern im Kontext von digitalen MNEs nur bedingt Anwendung finden können. Wir nehmen diesen Vergleich aber auch deshalb vor, um deutlich zu machen, was sich in den letzten drei Jahrzehnten alles verändert hat, wie unterschiedlich die digitalen MNEs im Vergleich zu anderen Unternehmen doch sind.

Lehrbuch-Unternehmen sind klein und agieren auf Märkten, die durch vollkommenen Wettbewerb gekennzeichnet sind. Unter vollkommenem Wettbewerb verstehen wir einen – eher hypothetischen – Markt, der sich durch drei Bedingungen auszeichnet:

1. Die auf dem Markt gehandelten Güter sind homogen, das heißt, dass sie aus der Sicht der Nachfrager:innen identisch sind; die Nachfrager:innen haben keine Präferenz für die Güter einer bestimmten Anbieter:in.
2. Es herrscht vollkommene Markttransparenz. Alle Marktteilnehmer:innen sind über alle Bedingungen und Aktivitäten der anderen Marktteilnehmer:innen informiert.
3. Auf dem Markt agieren sehr viele, im theoretischen Idealfall sogar unendlich viele Anbieter:innen und Nachfrager:innen. Diese Unternehmen sind in dieser Situation Preisnehmer, d. h. die Unternehmen können – selbst, wenn sie es denn wollten – keinen Einfluss auf den Marktpreis nehmen. Der Grenzerlös ist konstant, das Unternehmen erzielt also mit jeder weiteren verkauften Einheit eines Gutes (oder einer Dienstleistung) denselben zusätzlichen Erlös. Die Produkte der Unternehmen sind dadurch gekennzeichnet, dass es viele Substitute zu dem Produkt der Unternehmen gibt. Es gibt also viele andere Produkte, die für den Kunden eine ähnliche Funktionalität und damit einen ähnlichen Nutzen wie das Produkt der Lehrbuch-Unternehmen bieten. Die Grenzkosten der Lehrbuch-Unternehmen steigen ab einer bestimmten Menge an, d. h. jede zusätzlich erzeugte Einheit verursacht höhere Produktionskosten als die Einheit davor. Diese steigenden Grenzkosten werden in der Regel mit Überstunden, zusätzlicher und überproportionaler Maschinenabnutzung und zunehmenden Produktionsengpässen etc. motiviert. Unternehmen können natürlich langfristig ihre Produktionskapazität erhöhen, das erfordert allerdings zusätzliche Investitionen und braucht Zeit. Unter diesen Bedingungen führt die den Lehrbuch-Unternehmen unterstellte Gewinnmaximierung dazu, dass sie genau so viel produzieren, dass die Grenzerlöse den Grenzkosten entsprechen.

Die wirtschaftlichen Möglichkeiten und Rahmenbedingungen digitaler MNEs unterscheiden sich fundamental von denen der Unternehmen im skizzierten Lehrbuchmodell. Wir werden die Ökonomik digitaler multinationaler Unternehmen in den nächsten Abschnitten darstellen und insbesondere auf Rohstoffe, Geschäftsmodelle, Skalenerträge, Netzwerkeffekte, Bündelung und „Winner-take-all" eingehen.

3.2   Information als Rohstoff

Ein wichtiger Grund, warum sich digitale MNEs von anderen Unternehmen unterscheiden, ist ihr „Rohstoff" – Informationen und ihre Darstellung und Speicherung als Daten.

Informationen sind unverarbeitete Fakten oder Symbole wie Zahlen, Buchstaben oder Bilder.

Information und Wissen

Ein Beispiel ist die Sequenz der Zahlen „1,1,3,6". Informationen werden erst durch Interpretation, Analyse und Kontextualisierung zu Wissen, das Menschen damit verständlich und für Handlungen nutzbar wird (Foray, 2004). Die Sequenz der Zahlen

„1,1,3,6" kann nutzbar werden, wenn man weiß, dass es sich um eine Postleitzahl in der Stadt Wien handelt, nämlich die, unter der der österreichische Rundfunk (ORF) per Post erreichbar ist. ◄

Informationen haben einige wichtige Eigenschaften, die die Handlungsmöglichkeiten von digitalen MNEs wesentlich bestimmen. Erstens, im Gegensatz zu vielen anderen Rohstoffen schränkt die Nutzung von Informationen durch eine Person – besonders in ihrer digitalen Form – nicht die Nutzung durch andere Personen ein. Wenn Person A ein Bier trinkt, ist dieses für Person B nicht mehr konsumierbar. Im Unterschied dazu kann Person A den heutigen Wetterbericht beliebig oft lesen, ohne den Konsum des Wetterberichts für Person B zu beschränken. In der Ökonomie bezeichnet **Nicht-Rivalität** jene Eigenschaft von Gütern, bei der der Konsum eines Guts oder einer Ressource nicht zu ihrer Knappheit für andere führt, die das Gut oder die Ressource ohne Einbußen nutzen können. Die Unterscheidung zwischen **Rivalität** und Nicht-Rivalität bei Gütern ist entscheidend für die Analyse von Angebot und Nachfrage und damit für die Preissetzung und die Effizienz der Ressourcenallokation. Zusätzlich beobachten wir, dass, während Rohstoffe wie Öl oder andere natürliche Ressourcen typischerweise endlich sind und durch Nutzung bzw. Verbrauch schwinden, die Menge an Daten gegenwärtig stetig zunimmt.

Zweitens kann Information zu sehr geringen Kosten beliebig vervielfältigt werden. Auch hier ist der Gegensatz zu anderen Rohstoffen offensichtlich. Während für andere Unternehmen die kostengünstige Produktion von Gütern eine wesentliche Herausforderung darstellt, bekommen viele digitale MNEs Content wie beispielsweise Beiträge, Tweets, Fotos etc. gratis. Die Herausforderung dieser Unternehmen besteht vielmehr darin, Informationen vor unbefugter Nutzung und Vervielfältigung zu schützen und Wege zu finden, die Information attraktiv zu präsentieren (Foray, 2004).

3.3 Geschäftsmodelle

Die **Geschäftsmodelle** (Kap. 4) digitaler MNEs unterscheiden sich wesentlich von herkömmlichen Unternehmen. Ein Geschäftsmodell beschreibt, wie ein Unternehmen Nutzen für seine Kunden schafft, die Kunden dazu bringt, für diesen Nutzen zu bezahlen, und diese Zahlungen in Gewinn umwandelt (Teece, 2010). Geschäftsmodelle schlagen die Brücke zwischen neuen Technologien und ihren wirtschaftlichen Effekten; es gab viele technologisch führende Unternehmen, die nicht in der Lage waren, ihren technologischen Vorsprung in einen wirtschaftlichen Erfolg umzuwandeln (Teece, 2018).

Eine erste wichtige Eigenschaft der Geschäftsmodelle digitaler MNEs ist, dass diese Unternehmen ihre Einnahmen nicht immer dadurch generieren, dass sie vom Verbraucher direkt bezahlt werden. Vielmehr generieren digitale MNEs ihre Umsätze oft indirekt. Sie nutzen verschiedene Modelle, um Einnahmen zu generieren (Shapiro & Varian, 1999).

Auf **werbefinanzierten** digitalen Plattformen wie Google, Facebook und Twitter zahlen Verbraucher zunächst nicht mit Geld. Sie zahlen mit ihrer Aufmerksamkeit und ihren

Daten (Kap. 13). Diese Daten werden später durch Werbung und ähnliche Maßnahmen in Einnahmen umgewandelt. Anders als bei dem einfachen Lehrbuchbeispiel oben, in dem **Gewinnmaximierung** angenommen wird, ist es hier bisweilen schwierig zu verstehen, was genau diese Unternehmen maximieren. Digitale MNEs fokussieren sich beispielsweise auf die Maximierung von Nutzerengagement, Daten oder Marktanteilen, um langfristige Einnahmen zu erzielen.

Ein weiteres verbreitetes Geschäftsmodell sind Vermittlungsplattformen wie Uber oder Airbnb, die im weitesten Sinne zur *Sharing Economy* gerechnet werden. Diese Unternehmen erschaffen Märkte; sie bringen Anbieter und Nachfrage zusammen und ermöglichen Transaktionen. Dabei generieren diese Unternehmen Umsätze, indem sie Vermittlungsgebühren oder einen Anteil am Transaktionswert erheben.

Im Gegensatz zu diesen Geschäftsmodellen berechnet ein herkömmliches Unternehmen, wie wir es oben vorgestellt haben, seinen Kunden direkt einen Preis für das Hauptprodukt oder die Dienstleistung. Der Kunde zahlt einen festgelegten Preis und erhält dafür das gewünschte Produkt.

3.4   Zunehmende Skalenerträge

Sehen wir uns nun die **Kostenstruktur** digitaler MNEs an, die sich deutlich von den oben skizzierten Lehrbuch-Unternehmen unterscheidet. Ausgehend von einer bestimmten Produktionsmenge verursacht jede weitere produzierte Einheit der Ware oder Dienstleistung zusätzliche Kosten. Diese Grenzkosten (und damit auch die Durchschnittskosten) nehmen mit steigendem Output immer mehr zu, bis sie schließlich genauso groß wie die Erträge aus der zusätzlichen Einheit sind. Es macht wirtschaftlich keinen Sinn mehr, den Output noch weiter zu steigern.

Der Output digitaler MNEs sind Informationen – ein Produkt, dass zu sehr geringen Kosten vervielfältigt werden kann. Digitale MNEs haben möglicherweise hohe Anlauf- und Fixkosten für die Entwicklung ihrer Plattformen, für Werbung oder für die technische Infrastruktur. Wenn der Start allerdings geschafft ist, sind die Grenzkosten bei einer Erhöhung des Outputs allerdings sehr niedrig. Das führt letztendlich dazu, dass die durchschnittlichen Stückkosten mit zunehmendem Output sogar fallen können. Wenn Sie sich das grafisch vorstellen möchten, dann stellen Sie sich vor, dass der Output schneller wächst als die Kosten. Dass die Kosten in geringerem Maße steigen als der Output liegt daran, dass für jede weitere produzierte Einheit weniger Faktoreinsatz nötig ist. Wir sprechen von **Skalenerträgen** oder genauer von „zunehmenden Skalenerträgen", wenn eine weitere Einheit weniger Kosten verursacht als die zuvor produzierte Einheit.

An dieser Stelle möchten wir Sie zu einem Gedankenexperiment anregen: Gehen Sie davon aus, dass jeden Monat 2 Mrd. Personen YouTube nutzen (Shepherd, 2023). Gehen wir davon aus, dass die durchschnittliche Nutzer:in täglich 45 min auf YouTube verbringt. Jetzt stellen Sie sich die Frage, was passiert, wenn die Nutzer sich entscheiden, im Durchschnitt vielleicht eine Stunde, also ein Drittel länger auf YouTube zu verbringen. Wir gehen davon aus, dass Sie unsere Einschätzung teilen, dass die Auswirkungen auf die Durchschnitts- und Gesamtkosten von YouTube vergleichsweise gering sein dürften. Möglicherweise muss das Unternehmen neue Server installieren oder die Anbindung ihrer Datencenter an das Internet verbessern, um mit der Nachfragesteigerung Schritt halten zu können.

Ganz anders sieht die Sache für Unternehmen aus, die Autos produzieren. Volkswagen produzierte laut Geschäftsbericht 2022 weltweit ca. 8,5 Mio. Fahrzeuge. Was wäre, wenn VW die Produktion um ein Drittel, auf 11 Mio. Fahrzeuge steigern wollte? Das wäre für VW zweifellos wesentlich schwieriger und würde sicher erheblich mehr Zeit in Anspruch nehmen als im Fall von YouTube.

Welche ökonomische Wirkung haben steigende Skalenerträge? Brian Arthur (1996) beschreibt das sehr plastisch: „Steigende Skalenerträge sind die Tendenz, dass derjenige, der einen Vorsprung hat, weiter vorankommt, und dass derjenige, der einen Vorteil verloren hat, einen weiteren Vorteil verliert." Dies ist etwas völlig anderes als die Situation in den Lehrbuch-Unternehmen. Es gibt vielleicht (sehr hohe) Kapazitätsbeschränkungen, aber keine Kostengrenzen für das Wachstum dieser Unternehmen.

Gewinnmaximierung im Lehrbuch-Unternehmen führt dazu, dass ein Unternehmen genau so viel produziert, dass die Grenzkosten (also die Kosten der letzten produzierten Einheit) gleich dem Grenzerlös sind. Da bei steigenden Skalenerträgen die Grenzkosten fallen, wie wir gerade festgestellt haben, gibt es keinen Schnittpunkt der Grenzkostenkurve und der Grenzerlöskurve, die das Gewinnmaximum beschreibt. Infolgedessen kann ein Unternehmen wie Google problemlos die gesamte weltweite Nachfrage nach Suchanfragen bedienen. Auf dieses Phänomen werden wir im Abschnitt „Winner-take-all" eingehen.

3.5   Plattformen und zweiseitige Märkte

Bevor wir uns die Eigenschaften digitaler MNEs weiter erarbeiten, ist es hilfreich, zu verstehen, was wir unter Plattformen und unter zweiseitigen Märkten verstehen (siehe Eisenmann et al., 2011; Rochet & Tirole, 2006; Evans & Schmalensee, 2007). Es gibt natürlich auch drei- oder mehrseitige Märkte, die dann unter dem Term *multi-sided markets* zusammengefasst werden. Für ein allgemeines Verständnis ist jedoch ein Verständnis von zweiseitigen Märkten ausreichend.

Plattformen sind primär Dienstleistungen (Übernachtungen bei AirBnB), die zwei Gruppen von Nutzern verbinden. Seltener stellen Plattformen die Verbindung über Waren her (beispielsweise eBay). Plattformen stellen Infrastrukturen und Regeln bereit, um Transaktionen zu erleichtern. Als Haupttypen von Plattformen haben wir austauschorientierte Plattformen (z. B. ein Marktplatz für Käufer und Verkäufer, Amazon), werbungsgestützte Medien (z. B. Zeitschriften, Zeitungen, Webportale), Transaktionssysteme (z. B. Kreditkarten, Paypal) und Softwareplattformen (z. B. iOS, Android, MS Windows, MacOS, Amazon Echo, Games).

Um Plattform-Geschäftsmodelle, ihre strategische Option, ihre Herausforderungen und ihre Relevanz für digitale MNEs zu verstehen, müssen wir zunächst verstehen, was es für ein Unternehmen bedeutet, zwei miteinander verbundene Märkte zu bedienen. Rochet und Tirole (2006, S. 645) definieren **zweiseitige Märkte** als „… markets in which … platforms enable interactions between end-users and try to get the two sides 'on board' by appropriately charging each side." Zur Illustration: AirBnB bringt Gäste und Gastgeber:innen zusammen, Apples AppStore ermöglicht Interaktionen von Entwickler:innen und Nutzer:innen, und Uber koordiniert Fahrgäste und Fahrer:innen. In diesem Sinne wäre WhatsApp kein zweiseitiger Markt, da WhatsApp die Kommunikation zwischen einer Art von Nutzer:innen unterstützt. Im Gegensatz dazu können wir Instagram als zweiseitigen Markt ansehen. Instagram bringt, wenn man so will, die Nutzer:innen mit Werbenden über Instagram-Ads zusammen.

3.6   Netzwerkeffekte

Digitale MNEs operieren häufig in Märkten, die oft durch Netzwerkeffekte (Shapiro & Varian, 1999, Kap. 7; Goyal, 2012; Schneider, 2022) geprägt sind. Bei Netzwerkeffekten hängt der Nutzen, den Kund:innen aus einem Produkt ziehen, davon ab, wie viele andere Nutzer:innen das Produkt nutzen. Somit hängt der Nutzen von der Größe des Netzwerks ab.

> **Beispiel Netzwerknutzen**
>
> Ein einfaches Beispiel kann das deutlich machen: Stellen Sie sich vor, Sie wären der/die einzige Nutzer:in eines sozialen Netzwerks – beispielsweise Mastodon. Der Nutzen für Sie wäre sehr überschaubar – etwa, eigene Posts kommentieren? Wenn es jedoch zehn weitere Nutzer:innen gibt, mit denen Sie Direktnachrichten austauschen oder deren Posts Sie lesen können, dann wäre Ihr Nutzen schon etwas höher. Ihr Nutzen steigt weiter, wenn das soziale Netzwerk zehntausend, eine Million oder, wie gegenwärtig bei Mastodon, über 10 Mio. (Statista, 2023) Nutzer:innen aufweist. Wenn ein Produkt Netzwerkeffekte aufweist, steigt also der Nutzen für jede/jeder einzelnen Nutzer:in also mit jedem/jeder zusätzlichen Nutzer:in des Produkts. ◄

Diese Netzwerkeffekte haben natürlich erheblichen Einfluss auf das Wachstum der Netzwerke. Wenn ein Produkt mit Netzwerkeffekt bereits eine hohe Anzahl an Kund:innen aufweist, dann ist dieses Produkt für neue Kund:innen natürlich attraktiver als Konkurrenzprodukte, die auch Netzwerkeffekte aufweisen, jedoch über ein kleineres Netzwerk verfügen. Es muss dann schon viel passieren, damit Nutzer:innen das eine Netzwerk verlassen und auf ein anderes Netzwerk umsteigen. So hat sich zwischen November 2022 und März 2023 die Anzahl der Mastodon-Nutzer:innen von 2,5 Mio. auf über 10 Mio.

erhöht. Kommentar:innen[1] schreiben das der Twitter-Übernahme durch Elon Musk zu. Wenn wir es also mit positiven Netzwerkeffekten zu tun haben, dann gilt: „Bigger is better". Auch negative Netzwerkeffekte sind vorstellbar. Dann würde „Smaller is better" gelten.

Digitale MNEs, deren Geschäftsmodelle stark von Netzwerkeffekten profitieren, sind etwa Plattformen, die Angebot und Nachfrage zusammenbringen. Beispiele sind Uber und Lyft als Vermittler von Transportdienstleistungen, AirBnB als Vermittler von Unterkünften, Expedia und Booking.com als Vermittler von Reisedienstleistungen. Je mehr Ferienwohnungen, Mitfahrgelegenheiten oder Hotelzimmer eine Plattform anbieten kann, desto höher ihr Nutzen. Umgekehrt sind für die Anbieter dieser Leistungen Plattformen, die viele Nutzer:innen erreichen, auch deutlich attraktiver. Darüber hinaus gehören zu Netzwerkbranchen auch Suchmaschinen oder Social-Media-Plattformen wie die oben erwähnten Plattformen Mastodon, Twitter oder Threads.

Lassen Sie uns nun noch die Idee der zweiseitigen Märkte mit in unsere Vorstellung der Netzwerkeffekte integrieren. Netzwerkeffekte können innerhalb einer Seite des Marktes auftreten (*same-side effects*). Je mehr Nutzer:innen Instagram aufweist, desto besser. Die Netzwerkeffekte können jedoch auch über die Seiten hinweg auftreten (*cross-side effects*). Sie könnten sich vorstellen, dass eine zunehmende Anzahl von Werbenden und Anzeigen auf Instagram sich negativ auf den Nutzen auswirken könnte, den die Nutzer:innen aus der Plattform ziehen. Der Nutzen, den Kund:innen aus einer Plattform ziehen, hängt damit von der Anzahl der Kund:innen auf derselben Seite und von der Anzahl der Kund:innen auf der anderen Seite ab.

Netzwerkeffekte und damit die dahinterstehenden Netzwerke haben allerdings auch ihre **Grenzen** (Halaburda & Oberholzer-Gee, 2014). Nicht alle Nutzer:innen profitieren von jedem/jeder anderen Nutzer:in. Wer z. B. Angebote von Second-Hand-Waren in seiner/ihrer Stadt sucht, wird mit Anbietern aus dem Ausland nicht profitieren. Oft liefern spezialisierte Suchmaschinen und Plattformen wie Preisvergleichsportale oder länderspezifische Angebote bessere Ergebnisse als allgemeine Internetdienste. Auch werden elektronische Netzwerke mit steigenden Nutzer:innenzahlen immer unübersichtlicher. Insofern sind internationale Food-Delivery-Plattformen schon was sehr Spezielles, weil sie einerseits international sind und andererseits überaus lokal-dezentral agieren müssen.

3.7 Bündelung und Versionierung

Digitale MNEs sind oft in unterschiedlichen Segmenten tätig und bieten damit unterschiedliche Arten von Dienstleistungen an. In diesem Kontext kann das Bündeln von Dienstleistungen, also der gemeinsame Verkauf verschiedener Dienstleistungen zu einem

---

[1] https://www.statista.com/statistics/1376022/global-registered-mastodon-users/.

Preis, dazu beitragen, diese Angebote aus der Kunden:innensicht attraktiver zu gestalten (Shapiro & Varian, 1999, S. 73; Stremersch & Tellis 2002; Goldfarb & Tucker, 2019). Aus der Sicht eines digitalen MNEs ist diese Strategie aufgrund sehr niedriger Grenzkosten bei vielen Diensten sehr attraktiv.

Bündelung bezieht sich also darauf, verschiedene Produkte oder Dienstleistungen zu einem Gesamtpaket zusammenzufassen. Durch die Bündelung können Unternehmen Synergien schaffen und Kunden:innen ein umfassendes Angebot unterbreiten.

Beispiel Bündelung

Ein gutes Beispiel hierfür ist Amazon. Amazon bündelt seine Prime-Videodienste mit Amazon Music und dem Prime-Lieferservice. Der Bündelungsgedanke funktioniert aber auch umgekehrt: Indem Kunden:innen Prime abonnieren, erhalten sie nicht nur Zugang zu einer Vielzahl von Musik- und Videoinhalten, sondern auch schnellen und kostenlosen Versand für viele Produkte. Durch diese Bündelung steigert Amazon den Mehrwert für seine Kunden:innen und fördert so die Kunden:innenbindung. ◄

Auch im Bereich der Telekommunikation gibt es Bündelungsmöglichkeiten. Ein Unternehmen kann Mobilfunkdienste mit Glasfaser-Internetzugang bündeln, um den Kunden einen umfassenden Kommunikationsservice anzubieten. Kunden:innen, die ein solches Bündel abonnieren, können sowohl unterwegs mobil telefonieren als auch zu Hause schnelles Internet nutzen. Dies erleichtert den Kunden die Nutzung und bietet mehr Komfort.

Im Gegensatz zur Bündelung wird bei **Versionierung** (Shapiro & Varian, 1999, Kap. 3; Stahl & Herrmann, 2006) ein Produkt oder eine Dienstleistung in verschiedene Versionen oder Pakete mit unterschiedlichen Leistungsmerkmalen und Preisen aufgeteilt. Unternehmen verwenden dazu oft Begriffe wie „Basic", „Advanced" oder „Professional", um die verschiedenen Versionen zu kennzeichnen. Durch Versionierung können Unternehmen unterschiedliche Zielgruppen ansprechen und den Kunden die Wahlmöglichkeit geben, das Produkt oder die Dienstleistung auszuwählen, die am besten zu ihren Bedürfnissen passt. Unternehmen umgehen damit die Eigenschaft der oben dargestellten Lehrbuch-Unternehmen, die für ihre Produkte nur einen einheitlichen Marktpreis erzielen können. Versionierung ist also eine Preisdiskriminierungsstrategie (Goldfarb & Tucker, 2019). Durch die Versionisierung haben Unternehmen die Möglichkeit, unterschiedliche Preise bei unterschiedlichen Kund:innengruppen zu erzielen.

Beispiel Versionierung

Ein häufiges Beispiel für Versionierung sind Softwarepakete. Eine Software kann in einer Basisversion mit grundlegenden Funktionen, einer erweiterten Version mit zusätzlichen Funktionen und einer Pro-Version mit exklusiven Funktionen angeboten werden. Kunden können je nach ihren Anforderungen und Budgets die passende Version auswählen. ◄

Sowohl Bündelung als auch Versionierung ermöglichen es den digitalen MNEs, ihre Angebote flexibel zu gestalten und auf die Wünsche und Bedürfnisse unterschiedlicher Kund:innengruppen einzugehen. Dadurch steigern sie die Attraktivität ihres Angebots. Durch die Versionierung können sie die Bedürfnisse unterschiedlicher Kunden besser erfüllen und individuelle Preis- und Leistungsoptionen anbieten. Durch die Kombination verschiedener Produkte oder Dienstleistungen können Unternehmen letztlich auch Synergien nutzen.

3.8 Superstarfirmen und „Winner-take-all"

Wenn Informationen zu Gütern werden, kann es sein, dass in einem Markt beinahe alle Profite oder sogar Umsätze an ein einziges Unternehmen gehen. Wir sprechen hier von Superstarfirmen oder Winner-take-all-Märkten (Brynjolfsson et al., 2010; Frank & Cook, 2013; Brynjolfsson & Mcafee, 2014).

Das Phänomen lässt sich durch niedrige Suchkosten im Internet und die Fähigkeit erklären, über das Internet mit geringem Aufwand sehr viele Personen erreichen zu können. Es tritt vor allem dann auf, wenn zunehmende Skaleneffekte und Netzwerkeffekte bei digitalen MNEs zusammenkommen, die als zweiseitige Plattformen interpretiert werden können.

Hier ist zunächst eine wichtige Frage zu beantworten: Wird der Markt von einer Plattform bedient? Dies wäre dann eine **Winner-take-all-Situation**. Die Literatur (siehe Eisenmann et al., 2006; Hagiu, 2014) diskutiert, dass Märkte in der Regel von einer Plattform bedient werden, wenn drei Bedingungen erfüllt sind (z. B. Rogers, 2016):

1. Die Wechselkosten zwischen Plattformen oder die Kosten für die parallele Nutzung (*multi homing*) mehrerer Plattformen sind für mindestens eine der beiden Seiten hoch. Durch die hohen Wechselkosten oder Multi-homing-Kosten werden die Nutzer:innen auf dieser Seite ihre Teilnahme an mehreren Plattformen einschränken und sich tendenziell auf eine Plattform konzentrieren.
2. Die Netzwerkeffekte sind stark und positiv. Dabei ist es unerheblich, ob die positiven Netzwerkeffekte über verschiedenen Seiten (*cross-side*) oder innerhalb der gleichen Seite (*same-side*) auftreten.
3. Keine der beiden Seiten der Plattform hat eine starke Vorliebe für spezielle Funktionen. Diese Bedingung lässt zu, dass Plattformen, die diesen speziellen Anforderungen genügen, nachhaltig überleben können, was der Annahme eines Winner-take-all-Markts widersprechen würde.

Wenn also diese drei Bedingungen erfüllt sind, dann kommt es oft zu einem intensiven Wettbewerb zwischen ähnlichen Plattformen, da der Gewinner letztlich einen erheblichen Vorteil hat. Durch zunehmende Skaleneffekte zieht ein dominanter Akteur, der – aus welchen Gründen auch immer – etwas mehr Nutzer:innen hat, immer mehr Nutzer:innen an, was wiederum die Attraktivität der Plattform steigert. Dies führt zu einem **positiven Feedbackzyklus,** der den Gewinner weiter stärkt und mögliche Konkurrenten schwächt.

Die Entscheidung, ob man als Plattform kämpfen oder aber teilen sollte ist nicht nur akademisch von Interesse. Letztlich hängt diese Entscheidung von verschiedenen Faktoren ab. Wenn jedoch, wie oben beschrieben, die Wechselkosten hoch und die Netzwerkeffekte stark sind, besteht eine höhere Wahrscheinlichkeit, dass ein einzelner Gewinner den Markt beherrscht. In solchen Fällen kann es für ein digitales MNE, das ein Plattform-Geschäftsmodell verfolgt, tatsächlich sinnvoll sein, hart zu kämpfen und alle Ressourcen in den Ring zu werfen, um eine dominante Position zu erreichen und von dem positiven Feedbackzyklus zu profitieren, der dann zu einem „Winner-take-all"-Markt führt.

Manche Plattformen schaffen es jedoch die Heterogenität der Kund:innenpräferenzen auszunutzen und in einer Nische neben einem dominanten Player zu bestehen, wie beispielsweise willhaben.at vs. Craigslist vs. Ebay oder wie wine-searcher vs. Google.

3.9   Digitale MNEs – Helden oder Bösewichte?

In den vergangenen drei Jahrzehnten sind eine ganze Reihe großer digitaler MNEs entstanden; obwohl diese Unternehmen unbestreitbar große **Vorteile für Konsument:innen** bieten (man denke nur an die Zeitersparnis durch Internetsuche), werden ihnen auch zahlreiche Befürchtungen und Bedenken entgegengebracht. Im Folgenden werden wir auf einige dieser **Befürchtungen** eingehen.

Ein wichtiger Kritikpunkt besteht in der Tendenz der Internetökonomie, Winner-take-all-Märkte zu schaffen, und auch im raschen Wachstum digitaler MNEs, was zu einer **dominanten Marktposition** führt, die dann auf neue Geschäftsfelder ausgedehnt wird (Lamoreaux, 2019). Das führt zu weiteren Gewinnsteigerungen. Digitale MNEs sind in der Lage, lokale Wettbewerber zu verdrängen, die oft nicht die Ressourcen und Möglichkeiten haben, um dem Wettbewerbsdruck standzuhalten.

Darüber hinaus haben einige der digitalen MNEs in kürzester Zeit eine zunächst beeindruckende **Forschungsintensität** erreicht (Grassano et al., 2021). Sie nutzen die Ergebnisse ihrer Forschungs- und Entwicklungsaktivitäten, um ihre Position gegenüber Wettbewerbern und potenziellen Markteintritten zu behaupten. Dies erzeugt Bedenken hinsichtlich einer zunehmenden Konzentration von Forschungs- und Entwicklungskapazitäten in den Händen weniger digitaler MNEs. Wenn andere Akteure nicht mit den Investitionen und Ressourcen mithalten können, könnte dies zu einem Ungleichgewicht in der Technologieentwicklung führen und letztlich den Wettbewerb beschränken. Wir sehen diese Diskussion gerade, aber nicht ausschließlich, im Bereich der künstlichen Intelligenz (Nur et al., 2023).

Als weiteres Problem, das mit digitalen MNEs in Zusammenhang gebracht wird, betrifft die **digitale Souveränität** von Staaten und der Europäischen Union (Madiega, 2020). Die Tatsache, dass unter den größten 50 digitalen MNEs (siehe Liste der 50 größten digitalen MNEs im Anhang) nur sehr wenige europäische Unternehmen vertreten sind, wirft

Fragen nach Abhängigkeiten auf. Infolgedessen hat die Europäische Union (EU) die technologische Souveränität zu einem neuen Ziel erklärt. Dabei wird technologische Souveränität als die Fähigkeit eines Staates (oder eines Staatenbundes) bezeichnet, jene Technologien, die er für seine Wohlfahrt, seine Wettbewerbsfähigkeit und seine Handlungsfähigkeit als entscheidend erachtet, selbst zu entwickeln oder aus anderen Ökonomien ohne einseitige strukturelle Abhängigkeit zu beziehen. Es besteht nämlich die Sorge, dass die Europäische Union in Schlüsseltechnologien zunehmend von ausländischen Unternehmen abhängig wird oder bereits ist, und dadurch ihre eigene wirtschaftliche und politische Autonomie gefährdet sein könnte.

Eine weitere Befürchtung im Zusammenhang mit digitalen MNEs betrifft die **kulturelle Vielfalt**. Digitale MNEs haben die Tendenz, regionale kulturelle Unterschiede durch eine globalisierte Einheitskultur zu ersetzen. Durch ihre weitreichende Präsenz und ihren gesellschaftlichen Einfluss, beispielsweise auf die Medienlandschaft, kann es dazu kommen, dass lokale Traditionen und Identitäten verdrängt werden. Die Dominanz einer globalen „One-size-fits-all"-Kultur könnte zu einem Verlust der kulturellen Vielfalt führen.

Schließlich werden Bedenken vorgetragen, dass digitale MNEs die **öffentliche Meinungsbildung**, insbesondere im Zusammenhang mit sozialen Netzwerken, beeinflussen. Digitale MNEs spielen eine entscheidende Rolle bei der Verbreitung von Informationen und Inhalten, was Fragen über Medienkonzentration und Manipulation der öffentlichen Meinung aufwirft. Es besteht die Sorge, dass diese Unternehmen zu viel Einfluss auf den Meinungsbildungsprozess ausüben und dass dies die grundlegenden demokratischen Prinzipien in Gefahr bringen könnte. Eine Gefahr besteht auch darin, dass digitale MNEs die öffentliche Meinungsbildung nicht nach Informationsgesichtspunkten, sondern nach empörungsökonomischen Gesichtspunkten beeinflussen (Staffler, 2024).

Eine weitere grundsätzliche Frage im Kontext der digitalen MNEs ist, wie die Gewinne eines digitalen MNE besteuert werden können, wenn das Unternehmen im Ausland ansässig ist. Digitale MNEs bieten ihre Dienste über das Internet an und können deshalb ausländische Märkte mit geringen oder gar keinen physischen Investitionen im Zielland erobern (UNCTAD, 2022). Die **Besteuerung** ist allerdings an eine physische Präsenz im Zielland gebunden. Oftmals nutzen diese Unternehmen die Unterschiede in den Steuergesetzen in verschiedenen Ländern aus, um Gewinne zu verschieben und die Steuerlast zu minimieren. Dadurch entgehen einigen Ländern, in denen die Unternehmen tätig sind, potenzielle Steuereinnahmen. Die internationale Gemeinschaft steht vor der Herausforderung, effektive Mechanismen zu entwickeln, um sicherzustellen, dass digitale MNEs angemessen besteuert werden.

Im Bereich des **Datenschutzes** bestehen ebenfalls Bedenken, insbesondere hinsichtlich der Durchsetzung europäischer Datenschutzstandards bei US-amerikanischen und chinesischen MNEs. Europäische Datenschutzregelungen, wie sie beispielsweise in der Datenschutz-Grundverordnung (DSGVO) festgelegt sind, legen hohe Standards zum Schutz der Privatsphäre und personenbezogener Daten fest. Allerdings gestaltet sich die Durchsetzung genau dieser Standards bei digitalen MNEs, die außerhalb der europäischen Rechtsprechung ansässig sind, als äußerst schwierig.

Darüber hinaus stellt der Datenschutz für einige dieser digitalen MNEs ein Hindernis für ihre Geschäftsmodelle dar. Einige Unternehmen bauen darauf, große Mengen an personenbezogenen Daten zu sammeln und zu verarbeiten, um personalisierte Dienstleistungen anzubieten oder Werbestrategien zu optimieren. Die Einhaltung strenger Datenschutzregelungen kann die Fähigkeit dieser Unternehmen zur Datennutzung einschränken und ihre Geschäftspraktiken beeinflussen.

Um den Schutz von Daten zu gewährleisten, haben viele Länder nationale Vorschriften für die Verarbeitung und Speicherung von Daten erlassen. Diese Regulierungen zielen darauf ab, die Souveränität über Daten zu wahren und den Zugriff auf sensible Informationen zu kontrollieren. Dennoch besteht eine Herausforderung darin, dass einige digitale MNEs versuchen könnten, diese nationalen Regelungen zu umgehen, indem sie ihre Datenverarbeitung in andere Länder verlagern oder sich auf komplexe rechtliche Strukturen berufen.

3.10   Ausblick

Digitale MNEs werden uns in Zukunft öfter begegnen – weil sich die zugrunde liegenden Technologien weiterentwickeln und die oben beschriebenen steigenden Skaleneffekte, Netzwerkeffekte und Winner-take-all-Märkte diesem Typ von Unternehmen große Vorteile ermöglichen. Es ist absehbar, dass der Einfluss digitaler MNEs in Zukunft noch steigen und sich auch auf Branchen ausweiten wird, in denen sie bisher nur eine untergeordnete Rolle spielten. Hier könnten Konflikte mit etablierten Unternehmen dieser Branchen und neue Herausforderungen für KMUs entstehen. Bestehende digitale MNEs sollten sich ihrer Marktposition allerdings nicht zu sicher sein; es gibt in den Informations- und Kommunikationstechnologien viele Beispiele von einst marktbeherrschenden Unternehmen, die durch neue Technologien und neue Konkurrenten abgelöst wurden.

Gleichzeitig wachsen die Bedenken gegenüber digitalen MNEs – kritisiert wird vor allem ihre marktbeherrschenden Stellung und ihr lascher Umgang mit Konsument:innenrechten wie dem Datenschutz. Die Politik wird hier in Zukunft wohl eine stärker regulierende Rolle als bisher wahrnehmen, und Digitalisierung wird auch ein wichtigeres Thema der internationalen Politik werden. Aktuelle Entwicklungen in der Digitalpolitik der Europäischen Union wie der Digital Markets Act und der Digital Services Act weisen in diese Richtung.

3.11   Übersicht: Die 50 umsatzstärksten digitalen MNEs 2022

Die 50 umsatzstärksten digitalen MNEs (Quelle: UNCTAD, 2022):

Unter-nehmen	Branche		Umsatz ($ Million)	Internat. Umsatz (%)	Unter-nehmen	Branche		Umsatz ($ Million)	Internat. Umsatz (%)
Amazon.com	E-commerce	US, 1994	469.822	40,4	Insight Enterprises	Digital solutions	US, 1988	9436	20,7
Alphabet	Internet platforms	US, 2015	257.637	54,2	Activision Blizzard	Digital content	US, 2008	8803	45,2
Meta Platforms	Internet platforms	US, 2004	117.929	56,3	Expedia Group	E-com-merce	US, 1996	8598	23,6
Alibaba Group	E-commerce	CN, 1999	109.480	6,8	Global Payments	Digital solutions	US, 2001	8524	16,0
Tencent Holdings	Digital content	CN, 1998	86.832	7,0	S&P Glo-bal	Digital content	US, 1860	8297	39,6
Walt Disney	Digital content	US, 1923	67.418	19,7	RTL Group	Digital content	LU, 2000	7545	67,5
Netflix	Digital content	US, 1997	29.698	55,7	Mercadoli-bre	E-com-merce	AG, 1999	7069	75,3
Salesforce.com	Digital solutions	US, 1999	26.492	30,7	Adyen	Digital solutions	NL, 2006	6816	55,3
PayPal	Digital solutions	US, 1998	25.371	46,0	Equinix	Digital solutions	US, 1998	6636	54,9
DIDI Global	Internet platforms	CN, 2012	21.722	7,5	Thomson Reuters	Digital content	CA, 2008	6348	97,1
Baldu	Internet platforms	CN, 1999	19.599	-	Moody's	Digital content	US, 1909	6218	45,0
Uber Technologies	Internet platforms	US, 2009	17.455	45,4	Bechtle	E-com-merce	DE, 1983	6031	37,1
Fiserv	Digital solutions	US, 1984	16.226	13,0	Airbnb	Internet platforms	US, 2007	5992	51,2
Autom. Data Proc.	Digital solutions	US, 1949	15.005	12,8	Naspers	E-com-merce	ZA, 1915	5934	85,8
Rakuten Group	E-commerce	JP, 1997	14.614	17,6	Service-Now	Digital solutions	US, 2003	5896	36,4
Qurate retail	E-commerce	US, 1991	14.044	21,6	Nasdaq	Digital solutions	US, 1971	5886	17,1
Fiserv	Digital solutions	US, 1984	13.877	23,9	Roper Techno-logies	Digital solutions	US, 1890	5778	15,6
Wayfair	E-commerce	US, 2002	13.708	15,9	NetApp	Digital solutions	US, 1992	5744	46,1
Vmware	Digital solutions	US, 1998	12.851	50,0	Naver	Internet platforms	KO, 1999	5739	3,1
Discovery	Digital content	US, 1985	12.191	36,6	Electronic Arts	Digital content	US, 1982	5629	56

(Fortsetzung)

Unter-nehmen	Branche		Umsatz ($ Million)	Internat. Umsatz (%)	Unter-nehmen	Branche		Umsatz ($ Million)	Internat. Umsatz (%)
Zalando	E-commerce	DE, 2008	11.770	45,6	Wolters Kluwer	Digital content	NL, 1836	5424	95,8
Spotify Technology	Digital content	LU, 2006	10.991	99,9	ASOS	E-commerce	UK, 2000	5379	57,8
Booking Holdings	E-commerce	US, 1997	10.958	88,5	Experian	Digital content	IE, 1996	5372	34,3
eBay	Internet plat-forms	US, 1995	10.420	59,6	Entain	Digital content	GB, 2001	5182	53,0
Sea	E-commerce	SG, 2009	9955	36,2	Workday	Digital solutions	US, 2005	5139	24,8

Literatur

Arthur, B. W. (1996, July/August). Increasing returns and the new world of business. *Harvard Business Review*. https://hbr.org/1996/07/increasing-returns-and-the-new-world-of-business. Zugegriffen am 06.05.2024.

Barba Navaretti, G., & Venables, A. J. (Hrsg.). (2004). *Multinational firms in the world economy*. Princeton University Press.

Brynjolfsson, E., & Mcafee, A. (2014). *The second machine age: Work, progress, and prosperity in a time of brilliant technologies*. Norton Publishers.

Brynjolfsson, E., Hu, Y., & Smith, M. D. (2010). Research commentary – Long tails vs. Superstars: The effect of information technology on product variety and sales concentration patterns. *Information Systems Research, 21*, 736–747.

Edelman, B. (2021). Multinationals in the digital economy. In *Global goliaths: Multinational corporations in the 21st century economy* (S. 337–361). Brookings Institution Press.

Eisenmann, T., Parker, G., & Van Alstyne, M. W. (2006). Strategies for two- sided markets. *Harvard Business Review, 84*(10), 12. https://doi.org/10.1007/s00199-006-0114-6

Eisenmann, T., Parker, G., & Van Alstyne, M. W. (2011). Platform envelopment. *Strategic Management Journal, 32*(12), 1270–1285. https://doi.org/10.1002/smj.935

Evans, D. S., & Schmalensee, R. (2007). The Industrial Organization of Markets with Two Sided Platforms. *Competition Policy International, 3*(1), 150–179.

Foray, D. (2004). *Economics of knowledge*. MIT press.

Frank, R. H., & Cook, P. J. (2013). Winner-take-all markets. *Studies in Microeconomics, 1*(2), 131–154.

Goldfarb, A., & Tucker, C. (2019). Digital economics. *Journal of Economic Literature, 57*, 3–43.

Goyal, S. (2012). *Connections: An introduction to the economics of networks*. Princeton University Press.

Grassano, N., Hernández Guevara, H., Fako, P., Tübke, A., Amoroso, S., Georgakaki, A., Napolitano, L., Pasimeni, F., Rentocchini, F., Compaño, R., Fatica, S., & Panzica, R. (2021). *The 2021 EU industrial R&D investment scoreboard*. Publications Office of the European Union.

Hagiu, A. (2014). Strategic decisions for multi-sided platforms. *MIT Sloan Management Review, 55*(2), 71–80.

Halaburda, H., & Oberholzer-Gee, F. (2014). The limits of scale. *Harvard Business Review, 92*, 94–99. https://hbr.org/2014/04/the-limits-of-scale. Zugegriffen am 06.05.2024.

Knight, G. A., & Cavusgil, S. T. (2004). Innovation, organizational capabilities, and the born-global firm. *Journal of International Business Studies, 35*(2), 124–141. https://doi.org/10.1057/palgrave.jibs.8400071

Lamoreaux, N. R. (2019). The problem of bigness: From standard oil to google. *Journal of Economic Perspectives, 33*, 94–117.

Madiega, T. (2020). *Digital sovereignty for Europe.* EPRS European Parliamentary Research Service.

Nur Ahmed, et al. (2023). The growing influence of industry in AI research. *Science, 379*, 884–886. https://doi.org/10.1126/science.ade2420

Rochet, J.-C., & Tirole, J. (2006). Two-sided markets: a progress report. *The RAND Journal of Economics, 37*(3), 645–667. https://doi.org/10.1111/j.1756-2171.2006.tb00036.x

Rogers, D. (2016). *Digital transformation: The playbook.* Columbia University Press.

Schneider, H. (2022). Netzwerkeffekte. In Plattformökonomik (S. 35–67). https://doi.org/10.1007/978-3-658-37740-3_2

Shapiro, C., & Varian, H. R. (1999). *Information rules: A strategic guide to the information economy.* Harvard Business School Press.

Shepherd, J. (2023). *23 essential YouTube statistics vom 16. Mai 2023.* https://thesocialshepherd.com/blog/youtube-statistics#:~:text=YouTube%20has%202.1%20billion%20monthly,122%20million%20users%20per%20day. Zugegriffen am 06.05.2024.

Staffler, L. (2024). *Kriminalisierung von politischer Desinformation?* (im Erscheinen).

Stahl, F., & Herrmann, A. (2006). Versionierung digitaler Produkte. *Wirtschaftswissenschaftliches Studium, 35*, 87–95.

Statista. (2023). *Number of registered Mastodon users worldwide as of March 2023.* https://www.statista.com/statistics/1376022/global-registered-mastodon-users/. Zugegriffen am 06.05.2024.

Stremersch, S., & Tellis, G. J. (2002). Strategic bundling of products and prices: A new synthesis for marketing. *Journal of Marketing, 66*, 55–72.

Teece, D. J. (2010). Business models, business strategy and innovation. *Long Range Planning, 43*, 172–194.

Teece, D. J. (2018). Profiting from innovation in the digital economy: Enabling technologies, standards, and licensing models in the wireless world. *Research Policy, 47*, 1367–1387.

UNCTAD. (2022). *Digital MNEs are growing at breakneck speed.* UNCTAD Investment Trends Monitor Issue 41. https://unctad.org/system/files/official-document/diaeiainf2022d3_en.pdf. Zugegriffen am 06.05.2024.

Digitale Geschäftsmodelle

4

Daniel Degischer und Maria Wallnöfer

4.1 Strategische Positionen in einem dynamischen Wettbewerbsumfeld

Unternehmen agieren heute in einem Unternehmensumfeld, das sich durch ein zunehmendes Maß an Volatilität, Unsicherheit, Komplexität und Mehrdeutigkeit (**VUCA**) auszeichnet (Bennett & Lemoine, 2014). Fortlaufender Wandel, Unsicherheit in Bezug auf die Geschwindigkeit dieser Veränderungen sowie das mangelnde Verständnis komplexer Ursachen-Wirkungs-Zusammenhänge erfordern ein hohes Maß an Agilität und Anpassungsfähigkeit von Organisationen, um auch in Zukunft wettbewerbsfähig bleiben zu können (Doheny et al., 2012). In diesem Zusammenhang gelten insbesondere digitale Technologien als Treiber von Veränderungsprozessen in Unternehmen (Ancillai et al., 2023). Diese stellen die Basis für neuartige, unternehmerische Wertangebote dar. **Digitale Artefakte**, die herkömmliche Produkte um digitale Komponenten und Anwendungen erweitern (z. B. Ralph Lauren PoloTech Shirt, Oral-B vernetzte Zahnbürste, Nike+ Sensor, und andere smarte Produkte)**, digitale Plattformen** (z. B. Apples iOS Plattform, Googles Android Plattform, Fords SYNC 3), die komplementäre Produkte und Dienstleitungen orchestrieren, sowie **digitale Infrastrukturen** (z. B. Cloud-Computing, Data Analytics, Online-Communities, soziale Medien, 3D-Druck, digitale Marktplätze), welche die Kommu-

D. Degischer (✉)
Department of Management & Law, MCI – Die Unternehmerische Hochschule,
Innsbruck, Österreich
E-Mail: daniel.degischer@mci.edu

M. Wallnöfer
Executive Education, MCI – Die Unternehmerische Hochschule, Innsbruck, Österreich
E-Mail: maria.wallnoefer@mci.edu

© Der/die Autor(en), exklusiv lizenziert an Springer Fachmedien Wiesbaden
GmbH, ein Teil von Springer Nature 2024
L. Staffler et al. (Hrsg.), *Digitalwirtschaft*, https://doi.org/10.1007/978-3-658-45724-2_4

nikations-, Interaktions- und Datenverarbeitungskompetenz und damit Innovationskraft von Unternehmen stärken, spielen in diesem Zusammenhang eine bedeutende Rolle (Nambisan, 2017).

Der rasante Fortschritt im technologischen Umfeld übt einen starken Veränderungsdruck auf Unternehmen aus. In diesem Zusammenhang ist die Anpassung von Geschäftsmodellen zur Sicherung nachhaltiger Wettbewerbsvorteile von entscheidender Bedeutung (Teece et al., 1997). Erfolgreiche Unternehmen wie Spotify, Uber und Airbnb haben digitale Geschäftsmodelle entwickelt, die die Konkurrenzfähigkeit traditioneller Unternehmen in ausgewählten Branchen drastisch geschwächt haben (Verhoef & Bijmolt, 2019). In einer Erhebung der Boston Consulting Group (BCG) im Rahmen des „Most Innovative Companies Survey 2021" wurden CEOs aus verschiedenen Branchen zu ihren Innovationsbemühungen befragt. Die Studienergebnisse zeigen, dass sich sehr innovative Unternehmen besonders darauf fokussieren, die Wettbewerbsfähigkeit ihrer bestehenden Geschäftsmodelle kritisch zu bewerten und nach Möglichkeiten zu suchen, ihre digitalen und innovativen Fähigkeiten im gesamten Unternehmen zu skalieren (Baeza et al., 2021). Eine solche Innovationsorientierung soll eine einzigartige und wertvolle Position gegenüber bestehenden und neuen Mitbewerbern sichern (Porter, 1996).

4.2   Geschäftsmodelle als neue strategische Perspektive

Im Rahmen des strategischen Managements wurden im Laufe der vergangenen Jahrzehnte verschiedene Erklärungsansätze entwickelt, um die Kernfrage von Performanceunterschieden zwischen Unternehmen zu beantworten. Das Geschäftsmodell stellt in diesem Zusammenhang eine strategische Perspektive dar, welche die Aktivitäten eines Unternehmens und deren Wechselwirkungen als Quelle von Wettbewerbsvorteilen betrachtet. Im Gegensatz zum **ressourcenbasierten Ansatz** (*resource based view* = **RBV**) (Barney, 1991) im strategischen Management, welcher den analytischen Fokus primär auf Aktivitäten innerhalb der Unternehmensgrenzen richtet, erweitert das Geschäftsmodell diese Sichtweise um die Berücksichtigung von Aktivitäten, die sich über die Unternehmensgrenzen hinaus erstrecken (Lanzolla & Markides, 2021). In der Literatur fehlt derzeit zwar ein einheitliches, konzeptionelles Verständnis von Geschäftsmodellen. Dennoch stimmen ausgewählte Autor:innen darin überein, dass Geschäftsmodelle ein System von Aktivitäten darstellen, die in Wechselwirkung zueinander stehen und die es Unternehmen ermöglichen, Werte zu schaffen, zu vermitteln und abzuschöpfen (Zott et al., 2011).

Gemäß dieser Sichtweise entwickeln Zott und Amit (2010, 2020) ein aktivitätsbasiertes Geschäftsmodellverständnis, das sich auf vier Dimensionen stützt. Zu diesen zählen, wie in Abb. 4.1 dargestellt, der **Inhalt** *(„Was?")*, die **Struktur** („Wie?"), die **Steuerungs- und Regelungsmechanismen** *(„Wer")* sowie das **Ertragsmodell** („Warum"). Der Inhalt des Aktivitätssystems bezieht sich dabei auf die Auswahl der Aktivitäten, die ein Unternehmen im Rahmen des Wertschöpfungsprozesses ausführt. Die Struktur des Aktititätssystems beschreibt hingegen die Verknüpfung sowie Abfolge der Aktiväten und bestimmt gleichzeitig deren Bedeutung für die strategischen Prioritäten des Geschäftsmodells. Das Steue-

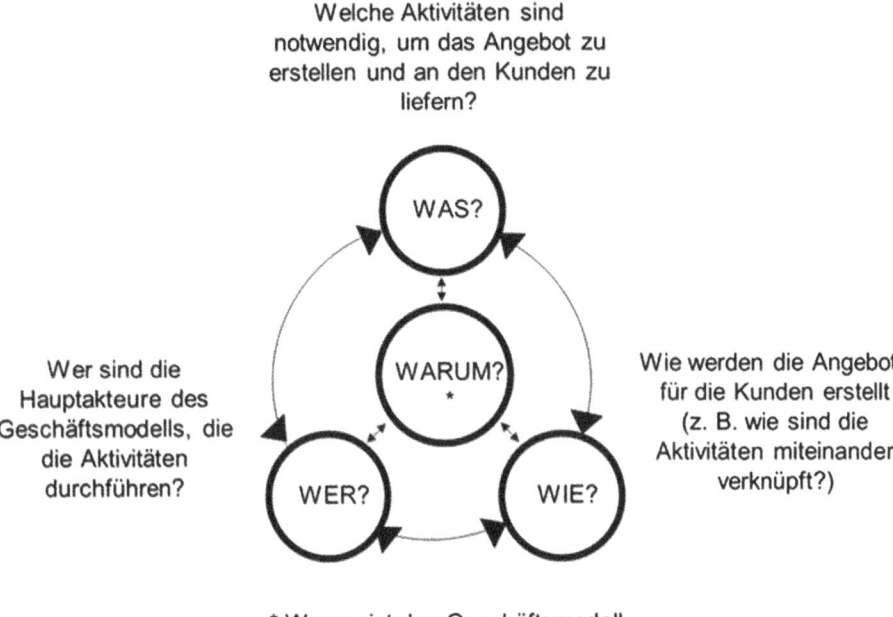

Welche Aktivitäten sind notwendig, um das Angebot zu erstellen und an den Kunden zu liefern?

Wer sind die Hauptakteure des Geschäftsmodells, die die Aktivitäten durchführen?

Wie werden die Angebote für die Kunden erstellt (z. B. wie sind die Aktivitäten miteinander verknüpft?)

WAS?

WARUM? *

WER?   WIE?

* Warum ist das Geschäftsmodell wertschöpfend? Wie steigert es den Wert?

Abb. 4.1 Dimensionen eines Geschäftsmodells in Anlehnung an Amit und Zott (2020)

rungs- und Regelungssystem bezieht sich auf den Ordnungsrahmen für die Ausführung der Aktivitäten und bestimmt mitunter die Aufgabenverteilung innerhalb des Netzwerks an Partnerunternehmen. Das Ertragsmodell beschreibt abschließend den zugrunde liegenden Mechanismus, wie ein Unternehmen Erlöse erzielt.

4.3   Geschäftsmodelle als integratives Konzept

Die zentralen Überlegungen im Kontext von Geschäftsmodellen stellen, wie vorhin beschrieben, Inhalt, Struktur sowie Governance-Mechanismen dar, die dem Aktivitätssystem zugrunde liegen. Das Aktivitätssystem kann allerdings nicht losgelöst von weiteren Elementen betrachtet werden, die auf die Ausgestaltung des Geschäftsmodells einwirken, wie etwa Kundensegmente, Partnernetzwerk, Monetarisierung.

4.3.1   Erweiterung der Perspektiven

Andere Autor:innen gehen deshalb einen Schritt weiter und definieren diese Komponenten als integrative Bestandteile des Geschäftsmodells. Es gibt in der Literatur zahlreiche Ansätze, die diesem erweiterten Konzeptverständnis folgen. Chesbrough und Rosenbloom

(2002) folgen dieser Literaturdiskussion bereits früh, indem sie dem Geschäftsmodell im Rahmen der Technologiekommerzialisierung verschiedene Funktionen zuweisen (Chesbrough, 2010). Zu diesen Funktionen zählen insbesondere die Formulierung des Nutzenversprechens, die Identifikation der Kundensegmente, die Bestimmung der Wertschöpfungskette sowie der notwendigen Ressourcen und Partner zur Bereitstellung des Nutzenversprechens, die Aufstellung der Kostenstruktur sowie abschließend die Festlegung der Ertragslogik. Auch neuere Ansätze, die sich vor allem in der Praxis durchgesetzt haben, folgen einer ähnlichen Logik.

4.3.2 Magisches Dreieck

Einen dieser verhältnismäßig neuen Ansätze verfolgen Gassmann und Kollegen, die ein einfaches Modell entwickelt haben, das sich insbesondere für die Skizzierung eines Geschäftsmodells eignet und unter Abb. 4.2 dargestellt wird. Dieses Modell basiert auf Dimensionen, die auch als **magisches Dreieck** dargestellt werden (Gassmann et al., 2013).

Ähnlich der Konzeptualisierung von Teece (2010) stehen im Zentrum dieses Ansatzes die Zielkunden sowie das Nutzenversprechen, welches gezielt auf die Befriedigung der Kundenbedürfnisse gerichtet ist. Basis für die Erstellung des Nutzenversprechens bilden die Wertschöpfungskette und die damit verbundenen Prozesse, Aktivitäten und Ressourcen. Eine abschließende Dimension stellt in diesem Modell die Ertragsmechanik dar, welche den Blick auf die Monetarisierung der erbrachten Leistung richtet.

Abb. 4.2 Das magische Dreieck des Geschäftsmodells. (Eigene Darstellung in Anlehnung an Gassmann et al., 2013)

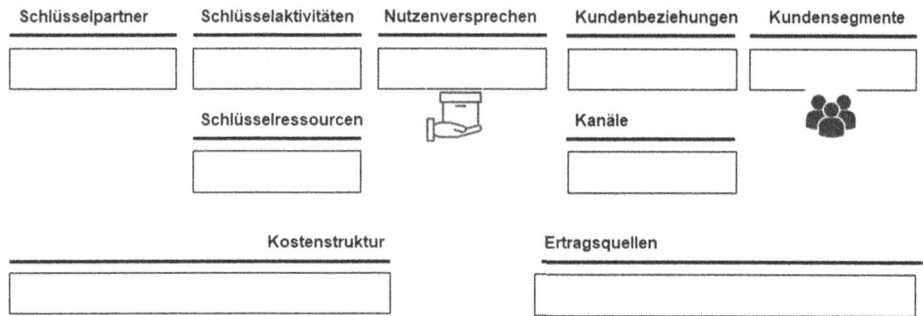

Abb. 4.3 Business Model Canvas. (Eigene Darstellung in Anlehnung an Osterwalder & Pigneur, 2010)

4.3.3 Business Model Canvas

Ein Framework, durch welches das Geschäftsmodell besonders in der Unternehmenspraxis an Popularität erlangt hat, stellt das **Business Model Canvas** dar (Abb. 4.3). Laut Osterwalder & Pigneur beschreibt das Geschäftsmodell „das Grundprinizip, nach dem eine Organisation Werte schafft, vermittelt und erfasst" (Osterwalder & Pigneur, 2010, S. 18). Das Business Model Canvas stützt sich auf neun Komponenten und bietet durch seine intuitiv verständliche Konzeption sowohl Manager:innen als auch Gründer:innen eine „gemeinsame Sprache zur Beschreibung, Visualisierung, Bewertung und Veränderung von Geschäftsmodellen" (Osterwalder & Pigneur, 2010, S. 16).

Inhaltlich stützt sich das Business Model Canvas auf ähnliche Komponenten wie die bereits vorher beschriebenen Geschäftsmodellansätze. Auch bei diesem Ansatz bilden wiederum Kund:innen und ihre Bedürfnisse den Ausgangspunkt für die Entwicklung des Wertangebotes (auch Nutzenversprechen). Neben der Berücksichtigung dieser – aus Marketingsicht – zentralen Elemente der Positionierung, folgt dieser Ansatz dem analytischen Fokus anderer Modelle und betrachtet neben Schlüsselressourcen und Schlüsselaktivitäten insbesondere das Netzwerk von Lieferanten und Partnern als elementare Bestandteile für die Erstellung des Wertgangebots. Anders als andere Modelle bildet das Business Model Canvas die Kundensschnittstelle explizit über zwei Komponenten ab. Zu diesen zählen neben der Art der Kundenbeziehung die Wahl der Vertriebs- und Kommunikationskanäle. Abschließend spielt auch in diesem Modell die Wertabschöpfung eine zentrale Rolle, in dem es den Blick sowohl auf die Kostenstruktur als auch Einnahmequellen des Unternehmens richtet.

4.4 Generische Interaktionsstrukturen in Geschäftsmodellen

Unternehmen können nur langfristig erfolgreich sein, wenn es ihnen gelingt, einen nachhaltigen Wettbewebsvorteil zu erzielen (Porter, 1996). Baden-Fuller et al. (2017) richten dabei ihren Blick auf die Nachfrageseite und stellen Kund:innen in das Zentrum der Wertbetrachtung. Sie erachten die Art und Weise, wie Unternehmen mit ihren Kund:innen interagieren, als zentralen Mechanismus zur Schaffung und Vermittlung von Werten. Aufbauend auf die Art der Kundeninterkation können dyadische und triadische Geschäftsmodelle unterschieden werden (Baden-Fuller et al., 2023). Während sich dyadische Geschäftsmodelle dadurch auszeichnen, dass sich Unternehmen auf nur eine Kundengruppe konzentrieren (Product und Solutions Business Model), ist es für triadische Geschäftsmodelle charakteristisch, dass Unternehmen mit zwei oder mehr unterschiedlichen, aber voneinander abhängigen Kundengruppen in Interaktion treten (Matchmaking und Multisided Business Model).

4.4.1   Dyadische Modelle

Product Business Models sind gängige Geschäftsmodelle, die sich in der Regel durch kurzfristige, verkaufszentrierte Kundenbeziehungen auszeichnen. Die Interaktion mit dem Unternehmen spielt für Kund:innen in diesem Geschäftsmodell typischerweise eine untergeordnete Rolle. Der eigentliche Kundennutzen entsteht erst in der tatsächlichen Nutzungssituation. Charakteristisch für Product Business Models sind standardisierte Produkte und Dienstleitungen, eine starke Wachstumsorientierung sowie die Erzielung von Größenvorteilen (Skalenerträge) (Kap. 3). Es nutzt verschiedene Monetarisierungsmechanismen wie Stückpreise, Mengenrabatte, Freemium und Razor & Blade Modelle (Baden-Fuller & Mangematin, 2015).

Beispiel: Fast-Food-Ketten

Fast-Food-Ketten stellen ein illustratives Beispiel für Product Business Models dar. Diese bieten ihren Kund:innen standardisierte Leistungen an, gestalten die Beziehungen zu diesen möglichst effizient und realisieren Kostenvorteile über die Skalierbarkeit des Modells (Baden-Fuller et al., 2023). ◄

Das **Solutions Business Model** stellt das zweite dyadische Geschäftsmodell dar. Im Vergleich zu Product Business Models ist dieser Typ auf langfristige und vertrauensvolle Kundenbeziehungen ausgerichtet. Dies gelingt, indem Unternehmen ihren Kund:innen personalisierte Lösungen anbieten. Voraussetzung dafür ist in der Regel die aktive Beteiligung der Kund:innen am Leistungserstellungsprozess. Unternehmen, die sich auf ein Solutions Business Model stützen, zeichnen sich häufig durch ein hohes Maß an Flexibilität, Problemlösungskompetenz und Reaktionsfähigkeit aus (Storbacka et al., 2013). Im Vergleich zu Product Business Models ist dieser Geschäftsmodelltyp von einer eingeschränkten Skalierbarkeit gekennzeichnet, da jede zusätzlich verkaufte Einheit mit höheren Kosten verbunden ist. Die Profitabilität resultiert insbesondere aus der erhöhten Zahlungsbereitschaft der Kund:innen für das exklusive Wertangebot. Dementsprechend setzt die Monetarisierung der Leistung in der Regel nicht bei den entstandenen Kosten, sondern beim wahrgenommenen Kundennutzen an (Storbacka, 2011).

Beispiel: Strategieberatung

Ein typisches Beispiel in diesem Zusammenhang sind die Leistungen von Strategieberatungen. Obwohl die Strategievorschläge häufig einen gewissen Grad an Standardisierung aufweisen, stellt die Interaktion zwischen Berater:innen und Kund:innen in diesem Geschäftsmodelltyp einen zentralen Erfolgsfaktor für die Problemlösung dar. Obwohl die eigentlichen Strategievorschläge von Strategieberater:innen möglicherweise standardisiert sind, liegt der wesentliche Wert in der dynamischen Interaktion zwischen dem/der Berater:in und dem/der Mandant:in. Dieser Austausch stellt einen unerlässlichen und bedeutenden Baustein für die Lösungsfindung dar. ◄

4.4.2 Triadische Modelle

Triadische Geschhäftsmodelle zeichnen sich im Vergleich zu dyadischen durch die Ansprache mehrerer Kundengruppen, die in Wechselwirkung zueinander stehen, aus. Sie werden auch als Geschäftsmodelle auf zwei- oder mehrseitigen Märkten bezeichnet (Kap. 20).

Eine Ausprägung eines triadischen Geschäftsmodells stellen **Matchmaking Business Models** dar. Charakteristisch für **Matchmaking**-Geschäftsmodelle ist ein transaktionales Nutzenversprechen, welches auf der Vermittlung zwischen zwei oder mehreren Kundengruppen (Verkäufer:in und Käufer:in) über einen physischen oder digitalen Marktplatz beruht (Shi, 2023). Beide Kundengruppen erzielen in diesem Geschäftsmodell einen Mehrwert durch die Zeitersparnis bei der Suche. Den Monetarisierungsmechanismus bilden in der Regel das Einbehalten von Gebühren für die Vermittlungsleistung durch den/die Plattformbetreiber:in. Dieser Geschäftsmodelltyp zeichnet sich durch seine Skalierbarkeit aus. So resultiert die Erweiterung des Marktplatzes typischerweise in Skalenerträgen.

Beispiel: AirBnB

Ein klassisches Beispiel ist dabei das Unternehmen AirBnB, das einerseits auf der Angebotsseite Kurzzeitvermietungen listet und andererseits Nachfrager:innen auf die Plattform bringt. AirBnB monetarisiert den zustandekommenden Austausch zwischen Vermietenden und Urlaubenden, indem ein Anteil des Transaktionsbetrags an das Unternehmen fließt. AirBnB bietet im Gegenzug neben der Herstellung der Austauschbeziehung auch damit zusammenhängende Diensteistungen (Versicherung, etc.) an. ◄

Bei **Multi-sided Business Models** interagiert abschließend ein koordinierendes Unternehmen (Orchestrator) mit zwei verschiedenen, aber voneinander abhängigen Kundengruppen (Ojala & Lyytinen, 2024). Der Orchestrator stimmt dabei sein Wertangebot auf die jeweilige Kundengruppe ab. Gleichzeitig profitieren die Kundengruppen gegenseitig von der Inanspruchnahme der Leistung des Orchestrators.

Beispiel: Instagram

Ein typisches Beispiel in diesem Zusammenhang stellt Instagram dar. Instagram ist ein soziales Netzwerk, das zahlreiche Prozesse in Bezug auf soziale Interkation digitalisiert hat. Sowohl Privatpersonen als auch Unternehmen können die Dienste von Instagram grundsätzlich kostenlos nutzen. Instagram stützt sein Ertragsmodell auf bezahlte Werbung. Werbetreibende Unternehmen nützen diese Option, um ihre Botschaften spezifisch auf die Bedürfnisse und Interessen der Zielgruppen auszurichten, was die Effektivität der Werbekampagnen erhöht (Trabucchi et al., 2021). Dieses Modell ermöglicht es Instagram, den Nutzer:innen die Plattform weiterhin kostenlos anzubieten und gleichzeitig wiederkehrende Einnahmen durch Werbeanzeigen zu erzielen. Während die erste Kundengruppe von der kostenlosen Nutzung des sozialen Netzwerks profitiert, ist die Plattform für Werbetreibende insbesondere aufgrund der Netzwerkgröße und der Personalisierbarkeit der Werbeinhalte interessant. ◀

4.5   Geschäftsmodellinnovation und Anpassung

Zur Sicherung der unternehmerischen Wettbewerbsfähigkeit erfordern bestehende Geschäftsmodelle eine ständige Evaluierung und gegebenenfalls Anpassung des Inhalts, der Struktur sowie der Steuerungs- und Regelungsmechanismen (Zott & Amit, 2010). Die Gründe für die Notwendigkeit von Änderungen und Anpassungen eines Geschäftsmodells können vielfältig sein, wobei diese häufig im Umfeld der Unternehmen zu finden sind. So sind beispielsweise veränderte Wettbewerbssituationen innerhalb einer Branche genauso ausschlaggebend wie radikale Veränderungen des technologischen und regulativen Umfelds sowie sich ändernde Stakeholderinteressen, die Anpassungen erfordern. Manche Unternehmen passen ihre Geschäftsmodelle jedoch auch proaktiv an, um Marktchancen durch Wandel zu realisieren, Kosten zu senken oder auch Prozesse zu optimieren und nachhaltig die Unternehmensprofitabilität zu steigern (Foss & Saebi, 2015).

In diesem Zusammenhang ergab eine Studie von Cucculelli und Bettinelli (2015), dass Unternehmen, die grundsätzlich offener für Geschäftsmodellanpassungen sind, eine signifikant höhere Erfolgswahrscheinlichkeit im Vergleich zu Unternehmen, die keine Anpassungen vornahmen, aufweisen. Zudem beeinflussen Innovationsorientierung und damit verbundene Investitionen von Unternehmen den Erfolg maßgeblich, sichern das unternehmerische Bestehen und tragen zu gesteigerter Profitabilität bei.

Die Definitionen von Geschäftsmodellinnovation reichen von Änderungen in einem Element eines bestehenden Geschäftsmodells bis hin zur vollständigen Anpassung aller Komponenten und Interaktionen (Gassmann et al., 2013; Yunus et al., 2010).

▶ **Geschäftsmodellinnovation** Foss und Saebi (2015) bezeichnen Geschäftsmodellinnovation als eine mehr als geringfügige Veränderung der Schlüsselelemente beziehungsweise der Architektur, welche die einzelnen Elemente verbindet.

Geschäftsmodellinnovation tritt nach Matzler, Bailom, von den Eichen und Kohler auf, wenn ein Unternehmen den Mehrwert für seine Kund:innen steigert und zugleich ein neues Wertschöpfungs- und Ertragsmodell entwickelt. Dadurch ist das Unternehmen in der Lage, einen Teil dieses geschaffenen Mehrwerts auf innovative Weise zu erfassen (Matzler et al., 2013).

Um solche Anpassungen vornehmen zu können, sind laut Foss und Saebi (2015) mehrere Faktoren erforderlich. Zunächst sollte das **Management** die bestehenden Wertschöpfungsmechanismen des Unternehmens evaluieren. Dies ist insofern von Relevanz, da die Einschätzung der Umgebung von Seiten des Managements zentral für die darauffolgende Adaptierung ist. Weiters wird eine entsprechende **Organisationskultur** benötigt, die Wandlungsfähigkeit aufweist und die Grundlage für Mitarbeiterengagement bildet. Das **Mitarbeiterengagement** bildet ein tragendes Element für die Umsetzung von Veränderungsprozessen. Neben der Organisationskultur und dem Mitarbeiterengagement, gelten **Führungsstil** und **strategische Agilität** als entscheidende Erfolgsfaktoren für die erfolgreiche Innovation oder Adaption von Geschäftsmodellen. Es bedarf über den gesamten Veränderungsprozess einen entsprechenden Führungsstil und im Unternehmen vorhandene strategische Agiliät, um die Geschäftsmodellinnovation bzw. Adaptierung erfolgreich umsetzen zu können.

4.6 Digitalisierung von Geschäftsmodellen und digitale Geschäftsmodelle

Baden-Fullers und Mangematins (2015) Beschreibung der Interaktionen mit Kund:innen umfasst bereits bestehende Unternehmensaktivitäten, die dyadisch bzw. triadisch ausgestaltet sein können. Seit langem bestehen beispielsweise triadische Interaktionen, wenn man die Geschäftsmodelle von Immobilienmakler:innen, Second-Hand-Shops und ähnlichen Geschäftstreibenden betrachtet. Diese waren über lange Zeit analog verortet und können dies nach wie vor sein. Durch die rasante Veränderung des technologischen Umfelds und der zunehmenden virtuellen Vernetzung von Individuen wurden bzw. werden bestehende Geschäftsmodelle jedoch angepasst beziehungsweise neue, stark auf digitale Interaktion fokussierte Geschäftsmodelltypen entwickelt. In diesem Zusammenhang wird in der Literatur zwischen digital-native und non-digital-native Firmen unterschieden (Vendrell-Herrero et al., 2018).

Bereits **bestehende Geschäftsmodelle** zeichnen sich durch etablierte Interaktionsstrukturen aus. Technologische Neuerungen üben einen hohen Anpassungsdruck auf diese aus, welcher eine laufende Evaluierung und Adaption bestehender Interaktionsmuster erfordert. Laut Warner und Wäger (2019) spiegelt sich der technologische Fortschritt vor allem in neuen Wertangeboten wider, die auf die zugrunde liegenden Interkationsstrukturen rückwirken. Beispiele hierfür sind u. a. die Digitalisierung von Produkten und Ergänzung des Serviceangebots um digitale Leistungen.

Neben bestehenden Geschäftsmodellen, die adaptiert wurden, etablieren sich laufend **neuartige Geschäftsmodelle** am Markt, deren Zusammensetzung und Entwicklung bereits unter Berücksichtigung der veränderten technologischen Rahmenbedingungen erfolgt. Auf diese Weise kann es neu gegründeten Unternehmen gelingen, neue, erfolgreiche Geschäftsmodelle zu entwickeln. Einige Unternehmen haben im Zuge der Digitalisierung und der Adaptierung Geschäftsmodelle entwickelt, die die Wertschöpfungslogik ganzer Industrien radikal verändern. In manchen Branchen haben sich Servicegeschäftsmodelle durchgesetzt (X as a Service – XaaS). Diese umfassen den bereitgestellten Zugang zu Leistungen, die sich im Gegensatz zu verkaufszentrierten Kund:innenbeziehungen durch wiederkehrende Kund:inneninteraktionen auszeichnen. Servicegeschäftsmodelle können dabei Zugang zu diversesten Leistungen umfassen (X), von Software (z. B. Microsoft Office 365) und Streaming (z. B. Spotify) über AI-Plattformen (z. B. OpenAI) bis hin zu sonstigen Dienstleistungen wie Speicherplatz (z. B. Dropbox).

> **Beispiel: Streaming as a Service (SaaS)**
>
> Ein prominentes Beispiel in diesem Zusammenhang ist Netflix. Das Unternehmen hat die klassische Wertschöpfungslogik der Video-Verleihindustrie, die auf dem physischen Versand von DVDs beruhte, radikal transformiert und in ein Online-Streaming-Service-Modell umgewandelt. Nutzer:innen können in diesem Modell zeit- und ortsunabhängig über das Internet auf die digitalen Produkte (z. B. Filme, Serien) von Netflix zugreifen (XaaS). Basierend auf dem Nutzungsverhalten empfiehlt Netflix seinen Kund:innen personalisierte Unterhaltungsprodukte, die auf die Bedürfnisse der Kund:innen zugeschnitten sind (Mass Customization). Das Ertragsmodell von Netflix basiert auf einer monatlichen Nutzungsgebühr. Durch das Subscription Modell entstehen für das Unternehmen konstante und vorhersehbare Einnahmen. Die streamingbasierte Dienstleistung zeichnet sich außerdem durch ihre hohe Skalierbarkeit aus, was bedeutet, dass sie problemlos an die steigende Nachfrage angepasst werden kann, ohne dabei signifikante zusätzliche Kosten zu verursachen (Teece, 2010; Gassmann et al., 2013). ◄

Derzeit besteht kein einheitliches Verständnis digitaler Geschäftsmodelle in der bestehenden Literatur. Die Bandbreite reicht dabei von Definitionen, die jegliche digitale technologische Veränderung von **Inhalt, Struktur, Steuerungs- und Regelungsmechanismen** oder das **Ertragsmodell** als digitales Geschäftsmodell bezeichnen. Ebenso bestehen aber auch engere Definitionen, die die Integration spezifischer digitaler Technologien wie smarter Produkte u. Ä. voraussetzen (Remane et al., 2022). Remane, Schneider und Hanelt identifizieren vor diesem Hintergrund drei Typologien digitaler Geschäftsmodelle, die in Tab. 4.1 im Überblick dargestellt werden.

Tab. 4.1 Typologie digitaler Geschäftsmodelle. (Remane et al., 2022)

Digital gestützte Bereitstellung von Produkten und Dienstleistungen	Bereitstellung von Ressourcen und Fähigkeiten für das Digitalgeschäft	Ermöglichung von Vermittlung und Interaktionen
z. B. Herstellung autonomer Produkte	z. B. Bereitstellung von Plattformen as a Service (PaaS)	z. B.-Social-Shopping-Plattformen

4.7   Treiber digitaler Geschäftsmodelle

Wie erwähnt, ist es für Unternehmen erforderlich, ihre Geschäftsmodelle laufend anzupassen. Dabei spielen eine Vielzahl von Einflussfaktoren eine Rolle. Generell können Einflussfaktoren, also Treiber von Geschäftsmodellanpassung- und -innovation, grob in zwei Dimensionen untergliedert werden, unternehmensintern und unternehmensextern. Zu erwähnen ist in diesem Zusammenhang, dass Wechselwirkungen zwischen den einzelnen Einflussfaktoren bestehen. Die nachfolgende Übersicht behandelt ausgewählte Treiber kurz im Überblick.

4.7.1   Interne Treiber: Kostenanpassungen und Prozessoptimierungen

Häufig sind Unternehmen mit großem Kostendruck konfrontiert (Pierce & Sweeney, 2004). Dieser Kostendruck kann als Katalysator für Veränderung von Elementen bestehender Geschäftsmodelle fungieren. Großes Potenzial liegt darin, Strukturen von Geschäftsmodellen zu verändern und somit unternehmensintern **Transaktions- und Koordinationskosten zu optimieren** (Bock et al., 2012). Eine Kostensenkung kann beispielsweise dadurch erzielt werden, dass Aktivitäten innerhalb eines Geschäftsmodells neuartig miteinander verknüpft werden und somit Transaktionskosten gesenkt werden können. So hat im Bankensektor die ING Direkt Bank durch die Veränderung der Geschäftsmodellstruktur die operativen Kosten gesenkt und dadurch nicht nur Margen erhöht, sondern auch einen Zuwachs an Kund:innen ermöglicht. Die Kostensenkung wurde durch die Auslagerung von Prozessen ins Web erreicht, darüber hinaus fand die Neukund.innengewinnung eben dort statt (Giesen et al., 2007).

Auch die Notwendigkeit für **Prozessoptimierungen** kann zu Änderungen im Geschäftsmodell von Unternehmen führen. Solche Optimierungen von internen Prozessen können sich sowohl auf den Inhalt wie auch auf die Struktur und die Steuerungs- und Regelungsmechanismen eines Geschäftsmodells beziehen. Als Beispiel in diesem Zusammenhang sind Anpassungen von Produktionsprozessen zu nennen, die insgesamt zu Veränderungen im Geschäftsmodell führen können.

4.7.2   Externe Treiber: Branchendynamik und technologische Veränderungen

Als externe Treiber werden Veränderungen im Umfeld eines Unternehmens verstanden. Dazu zählen neben **Branchendynamiken** auch **technologische Veränderungen**, die Einfluss auf Geschäftsmodellinnovation und Adaptierung nehmen können. Rong, Patton und Cheng haben im Jahr 2018 eine Studie zum Thema Branchendynamiken im Kontext von adaptiver Fertigung/3D-Druck durchgeführt. Dabei fanden die Autoren, dass sich die untersuchten Unternehmen an unterschiedlichen Stakeholdern orientierten und die jeweiligen Geschäftsmodelle nach diesen ausrichteten. Ein untersuchtes Beispiel eines 3D Druck anbietenden Unternehmens zeigte, dass Produktionsprozesse aufgrund dort ansässiger Stakeholder der Branche in die Vereinigten Staaten verlagert wurden, um Interaktionen und Optimierungen unmittelbar mit den Stakeholdern abstimmen zu können. Die Analyse der Branchendynamik ergab zudem, dass eine Geschäftsmodellpluralität entstand, also neben produktbasierten (dyadischen), auch plattformbasierte (triadische) Geschäftsmodelle, jedoch auch Mischformen von beiden (Rong et al., 2018).

Da jedoch rasante **technologische Veränderungen** dazu führen, dass Unternehmen laufend neue Möglichkeiten erhalten, Elemente von Geschäftsmodellen zu erneuern beziehungsweise radikal neue Geschäftsmodelle zu entwickeln, kann die technologische Entwicklung als besonders gewichtig gewertet werden (Caputo et al., 2021). Dabei wirkt sich die **Digitalisierung**, also die Veränderung des technologischen Umfelds, nicht nur auf Adaptierungen innerhalb eines Unternehmens aus. Vielmehr ermöglichen digitale technologische Neuerungen auch eine veränderte Interaktion mit Akteur:innen innerhalb einer Branche. Beispielsweise können durch Digitalisierung ermöglichte Interaktionen Synergien entfalten und zu verstärkten Wissenstransfers zwischen Unternehmen und Kund:innen, Lieferant:innen, Kooperationspartner:innen, etc. führen. Dadurch transformieren sich auch die Beziehungen zu Wettbewerbern einer Branche zu Kooperationswettbewerb und die Wertgenerierung kann sich im Lauf der Zeit verändern. Konkret bedeutet dies, dass Wertgenerierung (Ertragsmodell) nicht nur innerhalb eines Unternehmens, sondern auch im unternehmerischen Ökosystem angesiedelt sein kann (Langley et al., 2021). Nachfolgend werden vier zentrale, technologische Veränderungen erläutert, die die Basis für digitale Geschäftsmodelle bieten können bzw. bereits bieten.

4.7.3 Technologische Veränderungen: Metaverse

Mark Zuckerberg, Gründer und CEO von Meta, hat im Jahr 2021 das Metaverse als eine revolutionäre Erweiterung der physischen Realität vorgestellt und dadurch einen umwälzenden Entwicklungspfad digitaler Innovation formuliert. Das Metaverse soll seiner Vorstellung nach nicht nur die bestehende Realität erweitern, sondern gegebenenfalls auch eine Reihe von Aktivitäten vollständig als Alternativumgebung umfassen (Kap. 20). In dieser neuen, virtuellen Umgebung seien beispielsweise berufliche Tätigkeiten wie Meetings, Videospiele und weitere soziale Aktivitäten möglich, die neue Anwendungsfelder für Unternehmen ermöglichen. Seit Zuckerbergs Ankündigung haben Unternehmen eine Vielzahl von Anwendungsmöglichkeiten im Metaverse erörtert (Mac et al., 2022). Das Potenzial der Technologie kann am Besten anhand eines Beispiels erläutert werden. So erreichte im Jahr 2020 ein rein virtuelles Konzert des Musikers Travis Scott auf der Plattform Fortnite knapp unter 30 Mio. Zuschauer, ein Vielfaches des Fassungsvermögens von bestehenden Konzerten im Präsenzformat (Pandey, 2022). Das volle Potenzial des Metaverse soll laut einer Einschätzung von Gartner erst nach dem Jahr 2030 erreicht werden (Perri, 2022).

Eine Marktanalyse von Accenture im Jahr 2022 ergab, dass ein großteil der befragten Manager:innen Metaverse als eine Technologie mit enormen Potenzial verstehen. Über 70 % der Unternehmensvertreter:innen sehen im Metaverse Chancen für ihre jeweiligen Unternehmen und 40 % der Befragten gaben an, dass sie sich vom Metaverse sogar radikale Veränderungen für Firmen und Branchen erwarten. Unternehmen sehen vor allem in zwei Bereichen Potenzial für Wandel, und zwar einerseits, um Prozesse zu optimieren, und andererseits, um neue Konsumentengruppen anzusprechen (Accenture, 2022).

Ähnliche Ergebnisse finden sich in einer Studie zu den „Early Adopters" unter den Firmen. Dies sind Unternehmen, die bereits Geschäftsmodelle für das Metaverse entwickeln bzw. bestehende Geschäftsmodelle anpassen. In der besagten Studie konnten Mancuso et al. (2023) ebenfalls Anpassungen in hauptsächlich zwei Bereichen erkennen. Ähnlich zur Studie von Accenture (2022) finden Mancuso und Kollegen Potenzial, interne Prozesse und daraus folgend die Wertgenerierungsmechanismen von Unternehmen anzupassen. Darüber hinaus ermöglicht das Metaverse durch adaptierte Beziehungen und Interaktionen zu Kundengruppen eine Veränderung der Wertschaffungs- und Wertgenerierungsmöglichkeiten.

Die **Anpassung interner Prozesse** erfolgt im Metaverse dadurch, dass dort Unternehmensangebote getestet werden können und das Wertangebot optimiert werden kann. Daneben ermöglicht die virtuelle Umgebung Unternehmen, die bestehenden physischen Vertriebskanäle durch die Präsenz im Metaverse zu komplementieren (Giang Barrera & Shah, 2023). Einige Unternehmen setzen darüber hinaus auch auf Ergänzungen der bestehenden Produktangebote. So ermöglicht die Technologie, Mischangebote aus physischen und digitalen Produkten anzubieten oder physische Angebote zu spiegeln (Mancuso et al., 2023).

Beispiel: Nike

Als Beispiel kann dabei das Sportartikelunternehmen Nike genannt werden. Nike hat mit Nikeland eine Umgebung geschaffen, die virtuelle Elemente in phyische Umgebungen bestehender Nike-Stores integriert. Mittels Augmented Reality interagieren Kund:innen, die physisch in den Stores anwesend sind, auch virtuell. Den Kund:innen wurde auf diese Weise ermöglicht, Produkte vor dem Kaufabschluss zu personalisieren und persönliche Avatare mit virtuellen Ebenbildern der Produkte des Herstellers zu erstellen, auszustatten und mit diesen kleine, virtuelle Herausforderungen zu meistern. Nike konnte dadurch zusätzliche Berührungspunkte (Touchpoints) mit den Kund:innen schaffen und somit die bereits bestehende Omni- und Multichannelstrategie optimieren. ◀

4.7.4 Technologische Veränderungen: IoT

Eine der großen technologischen Veränderungen der heutigen Zeit ist der unaufhaltsame Übergang zum **Internet der Dinge**, auch als Netzwerke von mit dem Internet und untereinander verbundenen Geräten bezeichnet, über welche Daten ausgetauscht werden können (Clark, 2016) (Kap. 1). Das „Internet der Dinge" (IoT) ist ein Bestandteil von „Big Data" und liefert die Informationen, die die Grundlage für Technologien um „künstliche Intelligenz" sind (Rhodes, 2020). IoT verbreitet sich zum jetzigen Zeitpunkt stark. Waren im Jahre 2015 nur etwa 5 Mrd. Geräte vernetzt, werden es im Jahr 2025 bereits 75 Mrd. sein (Forster et al., 2021).

Die mit der Verbreitung von IoT einhergehende Vernetzung bringt Unternehmen besondere Möglichkeiten, ihre jeweiligen Geschäftsmodelle zu adaptieren bzw. neue Geschäftsmodelle zu entwickeln. Am augenscheinlichsten sind die mit IoT einhergehenden Möglichkeiten, Interaktionen innerhalb von Geschäftsmodellen, also die bestehenden **Steuerungs- und Regelungsmechanismen** zu verändern oder neu zu orchestrieren. Als Beispiel hierfür können Beziehungen zu wichtigen Akteuren wie Lieferant:innen und Kund:innen genannt werden. Dabei werden als Subkategorie von IoT, IIoT(Industrial Internet of Things)-Anwendungen als jene bezeichnet, die im industriellen Kontext angesiedelt sind. Dieser erstreckt sich von Lieferketten allgemein über die Transport-, Energie- und Landwirtschaftsbranchen. Aber auch interne Produktionsprozesse werden dadurch berührt. IIoT ermöglicht Unternehmen eine effizientere Gestaltung von Produktionsprozessen durch beispielsweise Maschine-zu-Maschine-Datenaustausch. Insgesamt ermöglicht die Vernetzung, Kosten einzusparen und Interaktionen zu verbessern (Freeman, 2023).

Daneben ermöglicht Internet of Things Unternehmen auch, über ihre IoT-fähigen Produkte direkt in Austausch mit ihren Kund:innen zu treten.

Beispiel: Smarte Thermostate

Als Beispiel können in diesem Zusammenhang smarte Thermostate angeführt werden, die ihr gesamtes Potenzial dann entfalten, sobald sich Nutzer:innen registrieren und die Daten mit dem Unternehmen teilen. Darüber hinaus können Unternehmen die Kundenerfahrung mithilfe von IoT maßgeblich verbessern. Diese veränderte Interaktionsbeziehung bringt noch weitere Vorteile mit sich. So können Firmen neue Produkte unter Berücksichtigung des Nutzer:innenverhaltens entwickeln. Ein weiterer Vorteil ist, dass Unternehmen auch unmittelbar Serviceleistungen und *predictive maintenance* anbieten können (Kembel, 2021). ◄

Eine Studie zu IoT-Geschäftsmodellen im Bereich von Smart Cities kam zum Schluss, dass die wichtigsten Ressourcen, Aktivitäten und Partner der Geschäftsmodelle aufeinander abgestimmt werden müssen. Da IoT für die Entwicklung von Smart Cities von besonderer Relevanz ist, sind viele unternehmerische Geschäftsmodelle in besonderer Weise darauf ausgelegt, Produkte- oder Dienstleistungen den Kund:innen maßgeschneidert zur Verfügung zu stellen (Abbate et al., 2019).

4.7.5 Technologische Veränderungen: Blockchain

Ein weiterer technologischer Treiber ist die Blockchain Technologie, die in erster Linie durch Kryptowährungen wie Bitcoin, Ethereum und andere breitere Bekanntheit erlangt hat (Kap. 1). Allerdings bringt die Blockchaintechnologie nicht nur erhebliche Transformationsmöglichkeiten für die Finanzbranche mit sich (Kap. 9). Besonders Branchen, die bisher von der Interaktion zwischen zwei Parteien profitiert haben und dadurch Wert generierten, können durch die Blockchaintechnologie radikal verändert werden. Die bisherigen zentralen Akteure von Transaktionen werden durch die dezentrale Speicherung von Transaktionen nicht mehr benötigt (Economist, 2015).

Für Unternehmen ergeben sich aufgrund dieser Technologie eine Vielzahl an Möglichkeiten, neue Geschäftsmodelle zu entwickeln. Gleichzeitig müssen sich Unternehmen, deren Geschäftsmodell auf der Grundlage von Austauschbeziehungen zwischen zwei Akteuren beruht (triadische Geschäftsmodelle), die Frage stellen, wie ihr bestehendes Geschäftsmodell angepasst werden kann. Morkunas, Paschen und Boon (2019) analysierten Auswirkungen der Blockchain-Technologie auf die unterschiedlichen Elemente von Geschäftsmodellen. Dabei bietet die Technologie grundsätzlich Potenzial, jegliche Elemente zu transformieren.

Einerseits besteht die Möglichkeit, die **Transparenz von Prozessen** wesentlich zu erhöhen. Ein Beispiel dafür ist Walmart. Das Handelsunternehmen setzt bereits seit 2018 auf Blockchaintechnologie, um die Herkunft der angebotenen Lebensmittel nachzuvollziehen. Der Mehrwert für Hersteller von Produkten besteht darin, dass die Daten nicht mehr jedem Zwischenhändler gesondert zur Verfügung gestellt werden müssen, sondern über die Blockchain bei allen relevanten Akteuren zentral hinterlegt werden können und auf diese Weise Effizienzgewinne ermöglicht werden (Mearian, 2018). Inzwischen arbeiten auch Behörden an Systemen, die die Nachvollziehbarkeit von Lieferketten sicherstellen sollen. Die US-amerikanische FDA (U.S. Food and Drug Administration) hat sich zum Ziel gesetzt, besonders riskante Nahrungsmittel mittels Blockchain zu erfassen und somit eine lückenlose Nachverfolgung zu garantieren. Daneben arbeitet eine Reihe weiterer Unternehmen der Nahrungsmittelbranche intensiv an der Implementierung von Blockchain in den Lieferketten, darunter Nestlé und Kraft-Heinz (Haskell, 2022).

Darüber hinaus bietet die Blockchain-Technologie auch die Möglichkeit, **Eigentumsrechte** mittels Smart Contracts zu übertragen (Kap. 12). Zudem basieren NFT (*non fungible tokens*) auf der Technologie der Blockchain und ermöglichen eine Reihe neuer Anwendungsfelder (Kap. 1). Dabei können neue Produkte einerseits rein virtuell generiert werden. Hier sei das Beispiel von virtueller Kunst erwähnt. NFT ermöglichen die Eigentumsbegründung- und Übertragung im virtuellen Raum, in dem Eigentumsrechte an Inhalten ansonsten eine untergeordnete Rolle spielen. Die Blockchain-Technologie ermöglicht es auch, Geschäftsmodelle der physischen Welt mit der virtuellen zu verknüpfen, indem Interaktionsmechanismen digitalisiert werden.

Beispiel: cryptoWine

Ein Geschäftsmodell, das in einer physischen Branche mit verhältnismäßig hohen Transaktionskosten ansetzt, ist das Start-up cryptoWine. Das österreichische Startup hat erkannt, dass sich NFT besonders für Investitionen in hochpreisige Weine eignen. Grundsätzlich gehen mit dem Handel hochwertiger Weine einige Nachteile einher. So muss ein Wein nach dem Kaufprozess aufwendig transportiert werden. Zudem entscheidet bei hochwertigen Weinen auch die Lagerung über die Qualität. cryptoWine hat mit ihrem neuartigen Geschäftsmodell den **Inhalt**, die **Struktur,** die **Steuerungs- und Regelungsmechanismen** und das **Ertragsmodell** im Vergleich zu bestehenden Geschäftsmodellen fundamental adaptiert. Weinliebhaber:innen können über cryptoWine Eigentum an hochwertigen Weinen erwerben, wobei das Unternehmen selbst gegen Gebühr die Lagerung unter besten Verhältnissen sicherstellt. Das Eigentum kann in Folge unkompliziert an Dritte übertragen werden, die Flasche verlässt den Weinkeller des Unternehmens dabei aber nicht. Lediglich bei Konsumation wird das Produkt zum Endkunden bewegt (Fellner, 2021). Dieses Beispiel verdeutlicht, wie Blockchain-Technologie neuartige Geschäftsmodelle ermöglicht, deren *Steuerungs- und Regelungsmechanismen* sich fundamental von herkömmlichen Geschäftsmodellen unterscheiden und physische und virtuelle Elemente vereint. ◄

4.7.6   Technologische Veränderungen: Generative AI

Generative Language Models existieren bereits seit geraumer Zeit, haben in der kollektiven Wahrnehmung aber erst seit der Veröffentlichung von OpenAI's ChatGPT im Herbst 2022 stärkere Verbreitung gefunden. Dabei hat ChatGPT einen regelrechten Boom in Richtung KI ausgelöst, der unter anderem Investitionsentscheidungen maßgeblich beeinflusst hat. Aber nicht nur Investments in Unternehmen, die auf KI setzen, sondern auch alternative Geschäftsmodelle werden durch diese technologische Veränderung ermöglicht. Es entstehen darüber hinaus auch Ökosysteme, die einer Vielzahl von Akteuren Mehrwert bieten können.

Das Unternehmen OpenAI selbst betreibt eine Technologieplattform, auf die mittels Schnittstellen von externen Akteuren zugegriffen werden kann. Einige etablierte Firmen haben sich der Möglichkeit bereits bedient.

Beispiel: Coca Cola

Der Getränkekonzern Coca Cola hat eine Partnerschaft mit der Beratungsfirma Bain & Company geschlossen, um ChatGPT einzusetzen. Durch die Zusammenarbeit soll das Marketing unterstützt und personalisiertere Kundenerlebnisse geschaffen werden. Das Unternehmen beabsichtigt, die Technologie zusammen mit dem Bildwerkzeug Dall-E von OpenAI zu verwenden, um individuelle Werbetexte, Bilder und Nachrichten zu erstellen (Kap. 13). Andere Unternehmen wie Expedia oder Udacity setzen bereits auf ChatGPT, um Chatbots zu betreiben und auf diese Weise die Kund:inneninteraktion sowie Kundenerlebnisse zu verbessern (Marr, 2023). ◄

Aber auch die Generierung von Produkten ist durch Generative AI möglich. So setzen bereits einige Verlage auf die Unterstützung ihrer Autoren durch Sprachmodelle, die in weiterer Folge Produktivität erhöhen und gleichzeitig den Preis für Endkunden senken können (Kap. 12). Auch Web-Developer werden bereits unmittelbar bei Ihrer Tätigkeit unterstützt, indem ChatGPT zur Fehlersuche oder für Programmiervorschläge herangezogen wird (Chui et al., 2022). Auf diese Weise unterstützt die Technologie die Arbeitskräfte innerhalb von Unternehmen und kann Effizienzgewinne ermöglichen.

Zusammengefasst kann festgehalten werden, dass die erwähnten technologischen Veränderungen alle Bereiche bestehender Geschäftsmodelle von Unternehmen radikal verändern und vollkommen neue Geschäftsmodelle ermöglichen können. Einige Bereiche werden nach derzeitigen Annahmen jedoch stärker transformiert als andere. Eine Analyse von McKinsey kommt beispielsweise zum Ergebnis, dass ca. 75 % des durch Generative AI generierten Werts auf die Bereiche Kundenservice, Marketing und Vertrieb, Softwareentwicklung und Forschung und Entwicklung entfallen könnten, dies jedoch über sämtliche Branchen (McKinsey & Company, 2023).

4.8   Ausblick: Implikationen für Unternehmen

Geschäftsmodelle sollten von Unternehmen laufend evaluiert und entsprechend angepasst werden. Dies sollte vor allem vor dem Hintergrund von technologischen Veränderungen erfolgen. Neben den im Beitrag beschriebenen Bereichen entstehen weitere, technologische Neuerungen, die es Unternehmen entweder ermöglichen, einzelne Elemente wie **Inhalt**, **Struktur** sowie **Steuerungs- und Regelungsmechanismen** bzw. das **Ertragsmodell** anzupassen oder neuartig zu generieren. Firmen sind häufig zurückhaltend, die Art und Weise der Wertgenerierung in Geschäftsmodellen zu hinterfragen. Die Anpassung ist jedoch von entscheidender Bedeutung, um langfristig wettbewerbsfähig zu bleiben und unternehmerischen Erfolg sicherzustellen (Abb. 4.4).

Der Trend in Richtung digitaler Geschäftsmodelle wird aufrecht bleiben, und es werden kontinuierlich neue digitale Geschäftsmodelle entstehen. Vor diesem Hintergrund ist es nötig, bestehende Geschäftsmodelle bzw. Elemente von diesen zu digitalisieren. Andererseits besteht häufig die Möglichkeit, Geschäftsmodelle radikal neu zu denken und Branchenlogiken neu zu prägen.

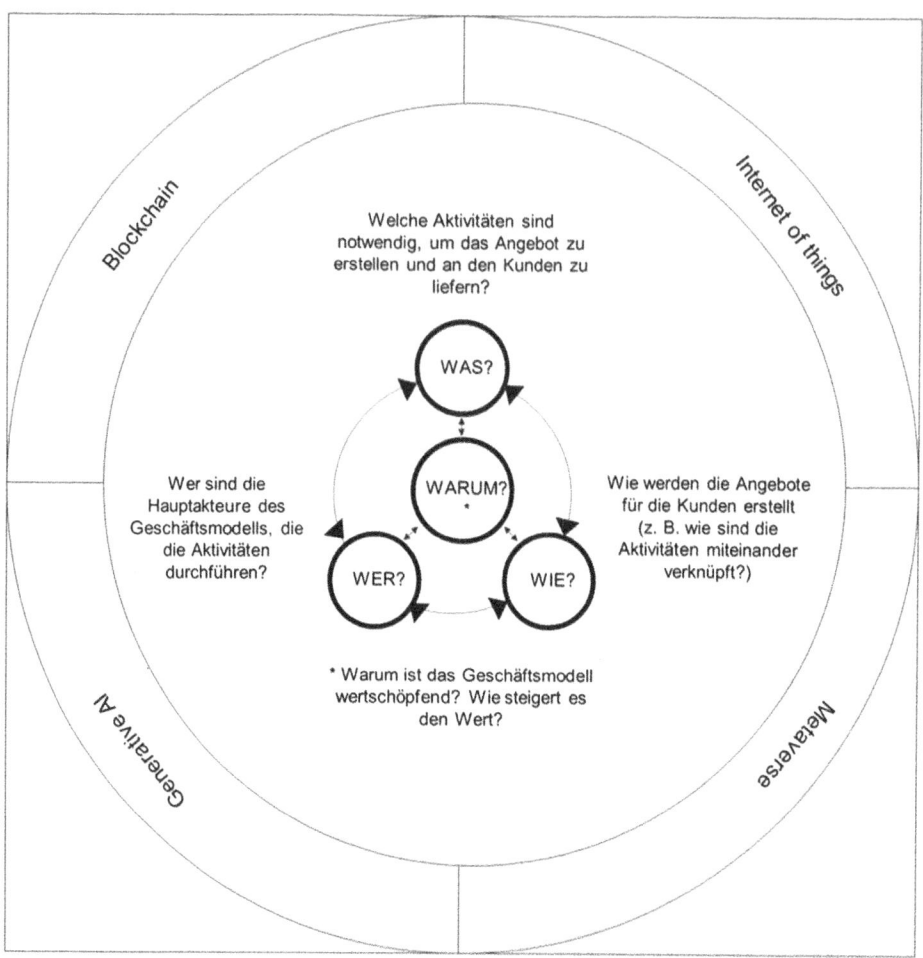

Abb. 4.4 Treiber von Geschäftsmodelldigitalisierung. (In Anlehnung an Amit & Zott, 2020)

Literatur

Abbate, T., Cesaroni, F., Cinici, M. C., & Villari, M. (2019). Business models for developing smart cities. A fuzzy set qualitative comparative analysis of an IoT platform. *Technological Forecasting and Social Change*. https://doi.org/10.1016/j.techfore.2018.07.031

Accenture. (2022). *Technology vision 2022*. https://www.accenture.com/content/dam/accenture/final/a-com-migration/custom/_acnmedia/thought-leadership-assets/pdf-5/Accenture-Meet-Me-in-the-Metaverse-Full-Report.pdf. Zugegriffen am 24.04.2024.

Amit, R., & Zott, C. (2020). *Business model innovation strategy*: Transformational concepts and tools for entrepreneurial leaders. John Wiley & Sons.

Ancillai, C., Sabatini, A., Gatti, M., & Perna, A. (2023). Digital technology and business model innovation: A systematic literature review and future research agenda. *Technological Forecasting and Social Change, 188*, 122307. https://doi.org/10.1016/j.techfore.2022.122307

Baden-Fuller, C., & Mangematin, V. (2015). *Business models and modelling*. Emerald Group Publishing Limited.

Baden-Fuller, C., Giudici, A., & Morgan, M. S. (2017). Business models and value. *Academy of Management Proceedings, 2017*(1), 11635. https://doi.org/10.5465/AMBPP.2017.90

Baden-Fuller, C., Haeflinger, S., & Giudici, A. (2023). *Business model zoo*. https://www.businessmodelzoo.com. Zugegriffen am 14.11.2024.

Baeza, R., Allred, D., Brigl, M., Deutschländer, S., Gildehaus, C., Lovich, D., Schmidt, M., Stutzman, C., & Taylor, L. (2021). *Most innovative companies 2021*. BCG's Most Innovative Companies Report 2021. https://www.bcg.com/publications/2021/understanding-ceo-innovation. Zugegriffen am 24.04.2024.

Barney, J. B. (1991). Firm resources and sustained competitive advantage. *Journal of Management, 17*(1), 99–120. https://doi.org/10.1177/014920639101700108

Bennett, N., & Lemoine, G. J. (2014). What a difference a word makes: Understanding threats to performance in a VUCA world. *Business Horizons, 57*(3), 311–317. https://doi.org/10.1016/j.bushor.2014.01.001

Bock, A. J., Opsahl, T., George, G., & Gann, D. M. (2012). The effects of culture and structure on strategic flexibility during business model innovation. *Journal of Management Studies, 49*(2), 279–305. https://doi.org/10.1111/j.1467-6486.2011.01030.x

Caputo, A., Pizzi, S., Pellegrini, M. M., & Dabić, M. (2021). Digitalization and business models: Where are we going? A science map of the field. *Journal of Business Research, 123*, 489–501. https://doi.org/10.1016/j.jbusres.2020.09.053

Chesbrough, H. (2002). The role of the business model in capturing value from innovation: Evidence from Xerox Corporation's technology spin-off companies. *Industrial and Corporate Change, 11*(3), 529–555. https://doi.org/10.1093/icc/11.3.529

Chesbrough, H. (2010). Business model innovation: Opportunities and barriers. *Long Range Planning, 43*(2–3), 354–363. https://doi.org/10.1016/j.lrp.2009.07.010

Chui, M., Roberts, R., & Yee, L. (2022). *Generative AI is here: How tools like ChatGPT could change your business*. McKinsey Insights. https://www.mckinsey.com/capabilities/quantumblack/our-insights/generative-ai-is-here-how-tools-like-chatgpt-could-change-your-business#/. Zugegriffen am 24.04.2024.

Clark, J. (2016). *What is the internet of things*. https://www.ibm.com/blogs/internet-of-things/what-is-the-iot/. Zugegriffen am 14.11.2024.

Cucculelli, M., & Bettinelli, C. (2015). Business models, intangibles and firm performance: Evidence on corporate entrepreneurship from Italian manufacturing SMEs. *Small Business Economics, 45*(2), 329–350. https://doi.org/10.1007/s11187-015-9631-7

Doheny, M., Nagali, V., & Weig, F. (2012). No title. *McKinsey Quarterly, 3*, 126–131.

Economist. (2015). *The great chain of being sure about things*. Economist. https://www.economist.com/briefing/2015/10/31/the-great-chain-of-being-sure-about-things. Zugegriffen am 24.04.2024.

Fellner, S. (2021). *Wie ich probiere, Krypto-Wein zu kaufen, obwohl ich keine Ahnung von Krypto habe*. Der Standard.

Forster, M., Groß, J., Kamping, A. K., Katilmis, S., Reichel, M., Sandner, P., Schröder, P., Whitepaper, I., & Der Zahlungsverkehr Der Zukunft I. (2021). *Der Zahlungsverkehr der Zukunft: Programmierbare Zahlungen im Bereich IoT Whitepaper*.

Foss, N., & Saebi, T. (2015). *Business model innovation: The organizational dimension*. Oxford University Press.

Freeman, O. (2023). *5 Ways IoT and IIoT revolutionise global supply chains and supply chain management*. Medium.Com. https://medium.com/@OjFRSA/5-ways-iot-and-iiot-revolutionise-global-supply-chains-and-supply-chain-management-4345ccce99bb. Zugegriffen am 24.04.2024.

Gassmann, O., Frankenberger, K., & Csik, M. (2013). *The St. Gallen business model navigator*. Geschäftsmodelle innovieren. Hanser.

Giang Barrera, K., & Shah, D. (2023). Marketing in the Metaverse: Conceptual understanding, framework, and research agenda. *Journal of Business Research, 155*, 113420. https://doi.org/10.1016/j.jbusres.2022.113420

Giesen, E., Berman, S. J., Bell, R., & Blitz, A. (2007). Three ways to successfully innovate your business model. *Strategy & Leadership, 35*(6), 27–33. https://doi.org/10.1108/10878570710833732

Haskell, S. (2022). *Blockchain technology in the food industry*. Michigan State University. https://www.canr.msu.edu/news/blockchain-technology-in-the-food-industry. Zugegriffen am 24.04.2024.

Kembel, J. (2021). *2 ways IoT data improves customer service*. Oracle. https://blogs.oracle.com/cx/post/tap-into-iot-enabled-customer-service-to-know-your-customer-and-reduce-frustration-v2. Zugegriffen am 24.04.2024.

Langley, D. J., van Doorn, J., Ng, I. C. L., Stieglitz, S., Lazovik, A., & Boonstra, A. (2021). The internet of everything: Smart things and their impact on business models. *Journal of Business Research, 122*, 853–863. https://doi.org/10.1016/j.jbusres.2019.12.035

Lanzolla, G., & Markides, C. (2021). A business model view of strategy. *Journal of Management Studies, 58*(2), 540–553. https://doi.org/10.1111/joms.12580

Mac, R., Frenkel, S., & Roose, K. (2022, Oktober 9). Skepticism, confusion, frustration: Inside Mark Zuckerberg's Metaverse struggles. *The New York Times*. https://www.nytimes.com/2022/10/09/technology/meta-zuckerberg-metaverse.html. Zugegriffen am 24.04.2024.

Mancuso, I., Messeni Petruzzelli, A., & Panniello, U. (2023). Innovating agri-food business models after the Covid-19 pandemic: The impact of digital technologies on the value creation and value capture mechanisms. *Technological Forecasting and Social Change, 190*, 122404. https://doi.org/10.1016/j.techfore.2023.122404

Marr, B. (2023). *10 amazing real-world examples of how companies are using ChatGPT In 2023*. Forbes. https://www.forbes.com/sites/bernardmarr/2023/05/30/10-amazing-real-world-examples-of-how-companies-are-using-chatgpt-in-2023/. Zugegriffen am 24.04.2024.

Matzler, K., Bailom, F., Friedrich von den Eichen, S., & Kohler, T. (2013). Business model innovation: Coffee triumphs for Nespresso. *Journal of Business Strategy, 34*(2), 30–37. https://doi.org/10.1108/02756661311310431

McKinsey & Company. (2023). *The economic potential of generative AI.*

Mearian, L. (2018). *Q&A: Walmart's Frank Yiannas on the use of blockchain for food safety*. Computerworld. https://www.computerworld.com/article/3309656/qa-walmarts-frank-yiannas-on-the-use-of-blockchain-for-food-safety.html. Zugegriffen am 24.04.2024.

Morkunas, V. J., Paschen, J., & Boon, E. (2019). How blockchain technologies impact your business model. *Business Horizons, 62*(3), 295–306. https://doi.org/10.1016/j.bushor.2019.01.009

Nambisan, S. (2017). Digital entrepreneurship: Toward a digital technology perspective of entrepreneurship. *Entrepreneurship Theory and Practice, 41*(6), 1029–1055. https://doi.org/10.1111/etap.12254

Ojala, A., & Lyytinen, K. (2024). How do entrepreneurs create indirect network effects on digital platforms? A study on a multi-sided gaming platform. *Technology Analysis & Strategic Management, 36*(5), 886–901. https://doi.org/10.1080/09537325.2022.2065977

Osterwalder, A., & Pigneur, Y. (2010). *Business model generation: A handbook for visionaries, game changers, and challengers* (1. Aufl.). Wiley.

Pandey, K. (2022). *Virtual concerts – The post-COVID future of the music industry*. Jumpstart Magazine. https://www.jumpstartmag.com/virtual-concerts-the-post-covid-future-of-the-music-industry/. Zugegriffen am 24.04.2024.

Perri, L. (2022). *What's new in the 2022 Gartner hype cycle for emerging technologies*. Gartner. https://www.gartner.com/en/articles/what-s-new-in-the-2022-gartner-hype-cycle-for-emerging-technologies?_its=JTdCJTIydmlkJTIyJTNBJTIyYTdjOWU0NDctNTIwNC00YzNkLTkwZWYtNzVjNTU3YTgyMWJiJTIyJTJDJTIyc3RhdGUlMjIlM0ElMjJybHR0%2BMTY5MDE5OTk4k4N35sYW5kfjJfMTY0NjdfZGlyZWN0XzQ0OWU4MzBmMmE0OTU0YmM3ZmVjNWWMxODFlYzI4Zjk0JTIyJTJDJTIyc2l0ZUlkJTIyJTNBMNDAxMzElN0Q%3D. Zugegriffen am 24.04.2024.

Pierce, B., & Sweeney, B. (2004). Cost – quality conflict in audit firms: An empirical investigation. *European Accounting Review, 13*(3), 415–441. https://doi.org/10.1080/0963818042000216794

Porter, M. E. (1996). What is strategy? *Harvard Business Review, 74*(6), 61–78. https://doi.org/10.1098/rspb.2008.0355

Remane, G., Schneider, S., & Hanelt, A. (2022). DIGITAL business model types: Understanding Their mechanisms as recipes to commercialise digital technologies. *International Journal of Innovation Management, 26*(03). https://doi.org/10.1142/S1363919622400199

Rhodes, A. (2020). *Digitalisation of energy: An energy futures lab briefing paper.* Imperial College London.

Rong, K., Patton, D., & Chen, W. (2018). Business models dynamics and business ecosystems in the emerging 3D printing industry. *Technological Forecasting and Social Change, 134,* 234–245. https://doi.org/10.1016/j.techfore.2018.06.015

Shi, P. (2023). Optimal matchmaking strategy in two-sided marketplaces. *Management Science, 69*(3), 1323–1340. https://doi.org/10.1287/mnsc.2022.4444

Storbacka, K. (2011). A solution business model: Capabilities and management practices for integrated solutions. *Industrial Marketing Management, 40*(5), 699–711. https://doi.org/10.1016/j.indmarman.2011.05.003

Storbacka, K., Windahl, C., Nenonen, S., & Salonen, A. (2013). Solution business models: Transformation along four continua. *Industrial Marketing Management, 42*(5), 705–716. https://doi.org/10.1016/j.indmarman.2013.05.008

Teece, D. J. (2010). Business models, business strategy and innovation. *Long Range Planning, 43*(2–3), 172–194. https://doi.org/10.1016/j.lrp.2009.07.003

Teece, D. J., Pisano, G., & Shuen, A. (1997). Dynamic capabilities and strategic management. *Strategic Management Journal, 18*(7), 509–533. https://doi.org/10.1002/(SICI)1097-0266(199708)18:7<509::AID-SMJ882>3.0.CO;2-Z

Trabucchi, D., Buganza, T., Muzellec, L., & Ronteau, S. (2021). Platform-driven innovation: Unveiling research and business opportunities. *Creativity and Innovation Management, 30*(1), 6–11. https://doi.org/10.1111/caim.12428

Vendrell-Herrero, F., Parry, G., Bustinza, O. F., & Gomes, E. (2018). Digital business models: Taxonomy and future research avenues. *Strategic Change, 27*(2), 87–90. https://doi.org/10.1002/jsc.2183

Verhoef, P. C., & Bijmolt, T. H. A. (2019). Marketing perspectives on digital business models: A framework and overview of the special issue. *International Journal of Research in Marketing, 36*(3), 341–349. https://doi.org/10.1016/j.ijresmar.2019.08.001

Warner, K. S. R., & Wäger, M. (2019). Building dynamic capabilities for digital transformation: An ongoing process of strategic renewal. *Long Range Planning, 52*(3), 326–349. https://doi.org/10.1016/j.lrp.2018.12.001

Yunus, M., Moingeon, B., & Lehmann-Ortega, L. (2010). Building Social Business Models: Lessons from the Grameen Experience. *Long Range Planning, 43*(2–3), 308–325. https://doi.org/10.1016/j.lrp.2009.12.005

Zott, C., & Amit, R. (2010). Business model design: An activity system perspective. *Long Range Planning, 43*(2–3), 216–226. https://doi.org/10.1016/j.lrp.2009.07.004

Zott, C., Amit, R., & Massa, L. (2011). The business model: Recent developments and future research. *Journal of Management, 37*(4), 1019–1042. https://doi.org/10.1177/0149206311406265

Ethische Dimensionen der Digitalwirtschaft   5

Markus Frischhut

5.1 Recht, Ethik und andere normative Ansätze

Normen verschiedener Herkunft geben vor, wie wir Menschen uns zu verhalten haben. Neben dem Recht können sich solche Vorgaben aus der *Religion* (z. B. die zehn Gebote), aus der Sitte oder der Moral ergeben. *Sitten* sind oft an soziale Folgen geknüpft. So wird man vermutlich entsprechende Blicke auf sich ziehen, wenn man sich bei Tische nicht zu benehmen weiß, oder einen Gruß nicht erwidert; rechtlich verboten sind diese Verhaltensweisen natürlich nicht. Auch die *Moral* gibt uns vor, welches Verhalten als gut oder richtig anzusehen ist. Charakteristisch für die Moral ist, dass sie sich im Laufe der Zeit weiterentwickelt (so war etwa Homosexualität vor nicht allzu langer Zeit moralisch verpönt), regional unterschiedlich ist (so gilt Abtreibung auch heutzutage in manchen Ländern als unmoralisch, in anderen nicht), und auf Werte basiert. Die Moral bildet (und verändert) sich somit in der Bevölkerung und wird nicht von oben her verordnet.

5.1.1 Ethik

Das gute bzw. richtige Verhalten kann nicht nur durch die Bevölkerung (Moral), sondern auch durch die Philosophie bestimmt werden (Ethik). In der *Ethik* unterscheidet man im Wesentlichen drei normative Theorien, die nach unterschiedlichen Gesichtspunkten dieses richtige Verhalten zu bestimmen versuchen (Frischhut, 2019, S. 9). Diese drei Theorien stellen entweder auf die Handlung (Deontologie), auf die Auswirkungen der Handlung (Konsequentialismus), oder auf die handelnde Person ab (Tugendethik).

M. Frischhut (✉)
MCI | Die Unternehmerische Hochschule®, Innsbruck, Österreich
E-Mail: Markus.Frischhut@mci.edu

© Der/die Autor(en), exklusiv lizenziert an Springer Fachmedien Wiesbaden   109
GmbH, ein Teil von Springer Nature 2024
L. Staffler et al. (Hrsg.), *Digitalwirtschaft*, https://doi.org/10.1007/978-3-658-45724-2_5

In der **Deontologie** versucht man, Vorgaben zu formulieren, die eine Handlung (z. B.: „Du sollst nicht lügen") unter allen Umständen (z. B.: „Du sollst nicht lügen, selbst wenn sich in der konkreten Situation für Dich oder eine Dir nahestehende Person ein Vorteil ergeben sollte") als richtig ausweisen. Eines der bekanntesten Beispiele dafür ist die Grundformel des kategorischen (d. h. nicht von den Auswirkungen abhängigen) Imperativs von Kant: „*Handle nur nach derjenigen Maxime, durch die du zugleich wollen kannst, daß sie ein allgemeines Gesetz werde*" (Kant, 2014, S. 70). Im Gegensatz dazu wäre ein von einem Zweck abhängiger Imperativ, bspw. die Vorgabe mehr Sport zu machen, um gesünder und fitter zu sein.

Im **Konsequentialismus** wird dagegen auf die Auswirkungen einer Handlung abgestellt. Dies kann durch Dilemmasituationen gut veranschaulicht werden, in denen Handlungsoptionen zu unterschiedlichen Konsequenzen führen können, die allesamt nicht zufriedenstellend sind. Wenn etwa in einer Dilemmasituation entweder fünf Personen (Variante 1) oder eine Person (Variante 2) zu Schaden kommen werden, so ist Variante 1 zu bevorzugen, auch wenn beide Varianten nicht wünschenswert sind. Ein bekanntes Beispiel ist in diesem Zusammenhang das sog. Trolley-Problem, wonach eine außer Kontrolle geratene Straßenbahn entweder fünf Personen töten wird, oder von einem Weichensteller auf ein Nebengleis umgeleitet werden kann, wo eine Person getötet werden wird. In diesem Gedankenexperiment gibt es keine dritte (bessere) Alternative und der Weichensteller ist gezwungen eine Entscheidung zu treffen, selbst wenn beide Folgen unerwünscht sind (Dilemma).

Die dritte dieser normativen Theorien stellt auf die handelnde Person ab (**Tugendethik**). Tugenden sind Charaktereigenschaften, die als gut bzw. wertvoll angesehen werden. Um diese zu ermitteln kann man nach Aristoteles versuchen, zwischen zwei Extrempositionen die goldene Mitte zu ermitteln (Aristoteles, 2000, S. 29, 1106b). Zwischen den beiden Extrempositionen der Unbesonnenheit einerseits und der Feigheit andererseits, wäre die „Goldene Mitte" der Mut.

5.1.2 Recht

So wie die Moral wird auch das **Recht** laufend weiterentwickelt. Zuständig dafür sind in einer Demokratie vom Volk gewählte Vertreter:innen (ein Parlament). Was versteht man dabei unter Recht? Recht ist die für eine Gemeinschaft von Menschen „verbindliche Ordnung, die notfalls mit (staatlichem) Zwang durchgesetzt werden kann" (Bydlinski, 2020, S. 2). Diese zwangsweise Durchsetzbarkeit durch den Staat ist ein wesentliches Merkmal von rechtlichen Regelungen und unterscheidet sie von anderen Regeln (z. B. sozialer oder moralischer Art). Wenn man etwa keine Tischmanieren hat, so wird es nur soziale Konsequenzen (kritische Blicke, etc.) geben.

Innerhalb des Rechts ist *hard-law* von *soft-law* zu unterscheiden. Wenn Recht insb. vor Gerichten durchgesetzt werden kann und somit verbindlich ist, so sprechen wir von *hard-law*. Sehr oft wird Recht aber als unverbindliches *soft-law* erlassen. Damit kann man sich an diese unverbindlichen Normen halten, muss aber nicht (vgl. Staffler, 2022, S. 78–83). Solches *soft-law* kann von Einrichtungen erlassen werden, die auch verbindliches Recht erlassen können (z. B. ein Parlament), oder von Einrichtungen, die das nicht können (z. B. eine Vereinigung von Ärzten). In beiden Fällen (*soft-law* im engeren, bzw. im weiteren Sinn) können diese an sich unverbindlichen Vorgaben jedoch indirekt verbindlich werden (Jabloner, 2019). Eine Empfehlung der EU ist bspw. unverbindlich, so auch die Empfehlung der Europäischen Kommission (Amtsblatt der EU [ABl.] 2003 L 124/36) betreffend die Definition der Kleinstunternehmen sowie der kleinen und mittleren Unternehmen (KMU). Wenn jedoch in einem verbindlichen Rechtsakt (z. B. Verordnung [EU] 2021/694 zur Aufstellung des Programms „Digitales Europa", ABl. 2021 L 166/1) auf diese an sich unverbindliche KMU-Empfehlung verwiesen wird, dann wird dieses an sich unverbindliche *soft-law* indirekt doch verbindlich. Ein weiteres Beispiel wäre *soft-law* auf das man sich in einer Situation der rechtlichen Unsicherheit beruft, um nicht für seine Handlungen haftbar zu werden. So eine Argumentation wird vor allem dann erfolgreich sein, wenn man sich auf *soft-law* beruft, welches von einer angesehenen Institution (z. B. Europäische Kommission, Europarat) erlassen worden ist. Ein Beispiel für ein Dokument einer privaten Einrichtung wäre die sog. Helsinki Erklärung („Ethical Principles for Medical Research Involving Human Subjects") der World Medical Association (World Medical Association (WMA) General Assembly, o. J.), auf die bspw. im verbindlichen EU-Recht oft verwiesen wird (z. B. Verordnung [EU] Nr. 536/2014, ABl. 2014 L 158/1). Wie noch später näher auszuführen sein wird, spielt *soft-law* im Bereich der Digitalisierung und der Digitalwirtschaft eine besondere Rolle.

Anders als die Moral bildet sich das Recht nicht direkt aus der Bevölkerung heraus, sondern wird „von oben her" verordnet. In einer Demokratie muss die diese Normen erlassende Institution (z. B. Parlament) direkt von den Bürger:innen legitimiert sein. Dabei kann Recht sowohl auf nationaler Ebene (z. B. in der Schweiz) oder auf internationaler Ebene erlassen werden (z. B. der aus 46 Staaten bestehende Europarat). In der Europäischen Union (EU) werden die verbindlichen Verordnungen (z. B. die erwähnte Verordnung „Digitales Europa") oder Richtlinien meist vom Europäischen Parlament und vom Ministerrat erlassen. Ein Beispiel für einen unverbindlichen Rechtsakt (KMU-Empfehlung der Kommission) haben wir bereits gesehen. Wie eingangs erwähnt, sind Menschen die Adressaten von Rechtsnormen. Zwar können Tiere und andere Gegenstände im Recht geregelt sein, sie sind aber nicht die primären Adressaten des Rechts. Inwiefern dies auch für künstliche Intelligenz (KI) und Roboter gilt, wird in diesem Beitrag noch thematisiert werden.

5.2   Werte und Menschenrechte

Ethik und Moral auf der einen Seite sowie Recht auf der anderen Seite verbindet, dass sie alle drei auf die Bedeutung von Werten und Menschenrechten abstellen. Wie bereits erwähnt, gründet sich die Moral auf Werte. **Werte** sind dabei „Grundeinstellungen der

Menschen, die durch eine besondere Festigkeit, Überzeugung von der Richtigkeit und emotionale Grundierung auffallen" (Di Fabio, 2004, S. 3). Die EU gründet sich auf folgende Werte: die Achtung der Menschenwürde, Freiheit, Demokratie, Gleichheit, Rechtsstaatlichkeit und die Wahrung der Menschenrechte einschließlich der Rechte der Personen, die Minderheiten angehören (Artikel 2 EU-Vertrag). Darüber hinaus sind diese Werte den 27 EU-Mitgliedstaaten in einer Gesellschaft gemeinsam, die sich durch Pluralismus, Nichtdiskriminierung, Toleranz, Gerechtigkeit, Solidarität und die Gleichheit von Frauen und Männern auszeichnet (vgl. Frischhut, 2022).

Die enge Verbindung von Werten und Menschenrechten zeigt sich in der EU darin, dass **Menschenrechte** im Rahmen der Werte aufgezählt werden. Menschenrechte sind unveräußerliche (können bspw. nicht verkauft werden) und individuelle Rechte, die einzelne Menschen berechtigen und ihnen bspw. Freiheit bzw. Autonomie zusichern. Anders als Staatsbürger:innenrechte (aufgrund ihrer grundlegenden Bedeutung auch „Grundrechte" genannt) kommen sie allen Menschen zu. Menschenrechte sind eng mit dem Wert der Demokratie verbunden. Bürger:innen übertragen den vom Volk gewählten Vertreter:innen (Parlament) das Recht, für sie verbindliches Recht zu erlassen. Im Gegenzug haben sich das Parlament und die anderen Staatsgewalten (Verwaltung und Gerichte) an die Menschenrechte zu halten. Diese stellen somit die Grenze für das staatliche Handeln (z. B. Erlass von Gesetzen) dar. Deshalb gelten diese Menschenrechte im Regelfall nur im vertikalen Verhältnis zwischen den Individuen (natürliche und juristische Personen) und dem Staat. Normalerweise gelten sie jedoch nicht im horizontalen Verhältnis zwischen zwei Individuen, bspw. zwischen einer natürlichen Person und einem Unternehmen. Heutzutage gehen jedoch Probleme im Bereich der Menschenrechte im Kontext der Digitalisierung oft nicht vom Staat (öffentlicher Bereich), sondern von Unternehmen (privater Bereich) aus. Damit stellt sich die Frage, ob Menschenrechte nicht auch im horizontalen Bereich notwendig wären und wenn ja, wie dies rechtlich vorgesehen werden kann. Auch diese Frage wird in diesem Beitrag noch thematisiert werden.

Viele der erwähnten *Werte* (Artikel 2 EU-Vertrag) sind nicht definiert und eher abstrakt. Menschenwürde bspw. wird oft mit respektvollem Verhalten erklärt. Die Schnittstelle von Recht und Ethik zeigt sich auch darin, dass für die nähere Erläuterung der Menschenwürde meist auf die **Menschenformel** des bereits erwähnten kategorischen Imperatives von Kant abgestellt wird: „*Handle so, daß du die Menschheit, sowol in deiner Person, als in der Person eines jeden anderen, jederzeit zugleich als Zweck, niemals bloß als Mittel brauchest*" (Kant, 2014, S. 86). Einige Werte wie Gerechtigkeit (z. B. Rawls, 1999) und Solidarität (z. B. Prainsack & Buyx, 2017) werden auch stark in der Philosophie thematisiert, die ja auch für die Ethik zuständig ist. Rawls hat bspw. ein interessantes Gedankenexperiment vorgeschlagen (Rawls, 1999, S. 118–123). Wenn man durch einen „Schleier des Vergessens" geht und nicht weiß, mit welchem Geschlecht, mit welchem Alter, mit welcher Herkunft, etc. man auf eine bestimmte Situation trifft, so wird man für eine solche Situation eine möglichst gerechte Lösung vorschlagen. Wenn man eine ungerechte Lösung vorschlagen würde, weiß man nämlich nicht, ob man selbst davon profitieren oder darunter leiden wird. Solche Werte wie Gerechtigkeit und Solidarität sind eng verbunden. Sie sind tendenziell abstrakt, da sie damit auf eine Vielzahl von Situationen anwendbar sind: Dies sowohl auf Fragen der Folter im Mittelalter, sowie auf aktuelle Fragestellungen im Bereich der Digitalisierung. Dieser Vorteil der Abstraktheit wird jedoch manchmal auch als Nachteil gesehen, da sich daraus in den seltensten Fällen exakte Lösungen ergeben.

Ein Ansatz, um dem Problem der Abstraktheit zu begegnen, besteht darin, eher abstrakte Werte mit konkreteren *Prinzipien* zu verbinden (z. B. Frischhut, 2020a). Anders als Werte haben **Prinzipien** bestimmte Adressaten und können auch gewisse Rechtsfolgen haben (Reimer, 2003, S. 209). Wenn bspw. ein Mitgliedstaat im Kontext der Grundfreiheiten des Binnenmarktes (z. B. Freizügigkeit der Arbeitnehmer:innen) gegen das Prinzip der Verhältnismäßigkeit verstößt (z. B. Ausweisung einer Unionsbürgerin wegen bloß einer Verwaltungsstrafe), so verstößt diese Maßnahme gegen EU-Recht. Prinzipien sind somit hinsichtlich ihres Inhalts konkreter als abstrakte Werte und haben sowohl Adressaten als auch Rechtsfolgen. Die Verbindung von eher abstrakten Werten mit konkreteren Prinzipien soll anhand eines Beispiels erläutert werden. Gerechtigkeit ist ein eher abstrakter Begriff, der mit dem Prinzip der Nichtdiskriminierung im EU-Recht kombiniert werden kann. Diverse philosophische Überlegungen (bspw. Sandel, 2010, S. 167–183) zur Gerechtigkeit (bspw. ist positive Diskriminierung in Ordnung) können auch beim Prinzip der Nichtdiskriminierung im EU-Recht hilfreich sei (grundsätzlich möglich, wenn nicht überschießend). Detail am Rande: Ein Konzept wie die Nichtdiskriminierung kann sowohl als Wert als auch als ein Prinzip zu qualifizieren sein. Der Begriff „Konzept" ist somit als Überbegriff zu verstehen. Auch das Konzept der Solidarität wird im EU-Recht sowohl als Wert als auch als Prinzip qualifiziert.

Prinzipien können nun sowohl dem rechtlichen Bereich (Verhältnismäßigkeit, Rückverfolgbarkeit, Transparenz, Vorsorge) zugeordnet sein, als auch dem ethischen Bereich (Autonomie, Verantwortlichkeit, etc.). In der Ethik haben wir bereits die drei normativen Theorien (Deontologie, Konsequentialismus, Tugendethik) gesehen. Im medizin-ethischen Bereich haben zwei Autoren versucht, anstatt dieser drei normativen Theorien einfach anwendbare Prinzipien zu formulieren. Diese vier medizin-ethischen Prinzipien sind Autonomie, Fürsorge, Gerechtigkeit und Schadensminderung (Beauchamp & Childress, 2019). Das Prinzip der Schadensminderung wird dabei oft mit dem lateinischen Satz *primum non nocere* umschrieben, also „vor allem" keinen Schaden zuzufügen. Dieses Prinzip verpflichtet uns, anderen keinen Schaden zuzufügen, Schäden zu verhindern bzw. ggf. zu beseitigen (Beauchamp & Childress, 2019, S. 151). Eng damit verbunden aber dennoch zu unterscheiden ist das Prinzip der Fürsorge. Über die Schadensminderung hinausgehend müssen handelnde Personen aktiv werden, um anderen zu helfen. Dies inkludiert die Rechte anderer zu schützen und zu verteidigen, zu verhindern, dass anderen Schaden zugefügt wird, Zustände zu beseitigen, die anderen Schaden zufügen können, sowie vulnerablen Personen (etwa älteren Personen) zu helfen oder diese zu retten, wenn sie sich in Gefahr befinden (Beauchamp & Childress, 2019, S. 204).

Ethische Herausforderungen im Bereich der Digitalisierung und der Digitalwirtschaft können natürlich auch vor dem Hintergrund der drei normativen Theorien reflektiert werden. Es stellt sich jedoch die Frage, ob es nicht einen ähnlichen Ansatz für digitale Herausforderungen geben kann, der die Anwender:innen eher zu einer konkreten Lösung führen kann. Auch diese Frage wird in diesem Beitrag noch zu thematisieren sein.

5.3   Ethische Herausforderungen der Digitalisierung

Diverse Formen der Digitalisierung können aus mehreren Perspektiven (z. B. technisch, sozial) Herausforderungen darstellen. An dieser Stelle sollen einige *ausgewählte Beispiele* thematisiert werden, die aus einer ethischen Perspektive eine Herausforderung darstellen können.

5.3.1   Daten

Nachdem künstliche Intelligenz (Yuan, 2023) mit Daten trainiert werden muss, wird es oft so sein, dass die Ergebnisse einer Anfrage nur so gut sind wie die Daten, mit denen die KI trainiert worden ist. Im Englischen wird dieses Phänomen mit *garbage in, garbage out* bezeichnet. Darüber hinaus kann auch der die Daten verwendende Algorithmus mangelhaft sein. Wenn bspw. Daten aus der Arbeitswelt das geschlechtsspezifische Lohngefälle („Gender-Pay-Gap") widerspiegeln, so müsste die KI wahrlich intelligent sein, um nicht Ergebnisse vorzuschlagen, die wieder eine aufgrund des Geschlechts beruhende Ungleichbehandlung erzeugen würde.

Auch die Sammlung der für das Trainieren der KI notwendigen *Daten* kann ethische (Panzer-Heemeier & Nemat, 2023) und rechtliche Themen aufwerfen. Dies insbesondere, wenn den Benutzer:innen nicht oder nicht ausreichend klar ist, dass ihre Daten gesammelt werden und wofür sie verwendet werden. Dabei gilt, je sensibler die Daten, umso größer die damit verbundene Problematik.

Ob der diese Daten verwendende Algorithmus bspw. auf diskriminierenden Ansätzen beruht, wird nicht immer einfach zu eruieren sein. Dies insbesondere, wenn von einem technischen System nur der Input und der Output, nicht aber die innere Funktionsweise bekannt sind (sog. „Black Box"). Sowohl aus einer rechtlichen als auch aus einer ethischen Perspektive kann es problematisch sein, wenn die notwendigen Informationen für die Beurteilung eines technischen Systems nicht vorhanden sind. Auch von einer staatlichen Behörde wird man verlangen zu erfahren, warum und wie eine Entscheidung zustande gekommen ist.

5.3.2 Macht

Eine Behörde (z. B. das Finanzamt) wird gegenüber einem Individuum immer als übergeordnet anzusehen sein, es befindet sich in einer eindeutig *stärkeren Position*. Nur den wenigsten Personen wird es gelingen, mit dem Finanzamt auf Augenhöhe und in einer gleichberechtigten Position zu verhandeln. Bei staatlichen Einrichtungen wird dies weniger ein Problem darstellen, da diese an rechtsstaatliche Vorgaben und insb. die Menschenrechte gebunden sind. Zudem hat der Staat sog. Rechtsschutzmechanismen zu implementieren, sodass sich Bürger:innen an Gerichte oder Behörden wenden können, wenn sie sich in ihren Rechten oder Interessen verletzt sehen.

Es ist allerdings beobachtbar, dass sich in der Digitalwirtschaft die Machtpositionen verschieben. Denn heutzutage sind viele Akteure der Digitalwirtschaft oft in einer stärkeren Position als diverse Staaten. Einige wenige große Unternehmen, die zentrale Plattformdienste bereitstellen und über eine beträchtliche wirtschaftliche Macht verfügen (Torwächter genannt) verursachen oft schwerwiegende Ungleichgewichte bei der Verhandlungsmacht und führen zu unfairen Praktiken und Bedingungen für gewerbliche Nutzer und für Endnutzer. Dies kann sich nachteilig auf Preise, Qualität, fairen Wettbewerb, Auswahl und Innovation im digitalen Sektor auswirken. Dieser Ungleichgewichtung entgegenzuwirken ist etwa der zentrale Gedanke des „Gesetzes über digitale Märkte" (Verordnung [EU] Nr. 2022/1925, ABl. 2022, L 265/1).

Als private Unternehmen sind sie zudem weder von den Benutzer:innnen demokratisch legitimiert, noch primär an die zuvor erwähnten Menschenrechte etc. gebunden. Gleichzeitig zeigen verschiedene Beispiele aus der jüngeren Vergangenheit, dass ihre Dienste für demokratische Wahlen missbraucht werden können (z. B. Desinformation in politischen Wahlkämpfen) und konkrete Auswirkungen auf Menschenrechte haben können (z. B. Online-Hasskriminalität gegen Minderheiten oder Einzelpersonen) (vgl. Staffler, 2022, S. 18 ff.).

Die Frage, wie hier ein gewisses Gleichgewicht wiederhergestellt werden kann, wird in diesem Beitrag noch zu thematisieren sein. Die Frage nach einem gewissen Gleichgewicht wird sich auch betreffend die beiden Parameter der Innovation einerseits und der Sicherheit andererseits stellen. KI hat definitiv das Potenzial, in mehreren Bereichen Nutzen zu stiften. Ungebremste Innovation wird jedoch oft zulasten der Sicherheit gehen. Darüber hinaus werden unsichere Formen der Digitalwirtschaft auch zu möglichen Schäden (welcher Art auch immer) führen können (Kap. 7) und im rechtlichen Bereich die Frage einer Haftung aufwerfen. Aus einer ethischen Perspektive haben wir bereits die beiden Prinzipien der Fürsorge und der Schadensminderung gesehen, aus deren Sicht eine schrankenlose Innovation ebenfalls ein Problem darstellen kann (Kap. 11).

5.3.3   Dilemmata

Das bereits erwähnte Gedankenexperiment des Trolley-Problems mit seinem berühmten Dilemma wurde bereits erwähnt. Ein Dilemma ist durch die Tatsache gekennzeichnet, dass keine der (beiden) möglichen Varianten als „gut" angesehen werden können. Während das Trolley-Problem oft als rein theoretisch angesehen worden ist, hat sich bei dem Thema von **selbstfahrenden Fahrzeugen** eine ähnliche Problematik gestellt. Wenngleich unbestritten ist, dass Technik unser Leben sicherer machen soll (bspw. Notbremsassistent, Spurhalteassistent), kann es zu einer Dilemmasituation kommen, wo sich das selbstfahrende Fahrzeug zwischen zwei Übeln entscheiden muss: Soll das Auto in einer konkreten Situation die eigenen Passagiere im selbstfahrenden Auto „opfern", oder Passanten auf der Straße? In einer Dilemma Situation betreffend verschiedene Passanten, soll das selbstfahrende Auto dann zwei oder einen Menschen opfern, einen Mann oder eine Frau, eine erfolgreiche Bankerin oder eine Betrügerin, einen Mensch oder ein Tier? All diese Situationen setzen natürlich voraus, dass das selbstfahrende Auto (oder ein anderes Fahrzeug, Schiff, etc.) über die notwendigen Informationen verfügt. Diese (und weitere Szenarien) sind von Forschenden am Massachusetts Institute of Technology (MIT) entwickelt worden. Die Ergebnisse im Sinne der Eingaben von Benutzer:innen auf einer Website sind gesammelt und entsprechend veröffentlicht worden, dies sowohl im Rahmen von wissenschaftlichen Veröffentlichungen (Awad et al., 2018, 2020a, b), als auch auf der entsprechenden Website (https://www.moralmachine.net/). Sowohl aus einer ethischen`, aber auch einer rechtlichen Perspektive stellt sich die Frage, ob eine Auswahl zwischen „zu opfernden" Personen zulässig ist, und wenn ja, aufgrund welcher Kriterien (Anzahl, Geschlecht, sozialer Status, etc.).

5.4   Ethik und Digitalisierung

Wie bereits erwähnt, wird Recht von demokratisch legitimierten Einrichtungen (z. B. ein Parlament) erlassen. Während dieser Prozess in einem demokratischen System die bevorzugte Variante darstellt, wird es oft zu der Situation kommen, dass technische Entwicklungen rascher voranschreiten als der Gesetzgebungsprozess. Als nur ein Beispiel sei der im November 2022 veröffentlichte Chatbot „ChatGPT" (Generative Pre-trained Transformer) erwähnt, der in seinem Potenzial in dem im April 2021 von der Europäischen Kommission veröffentlichten Vorschlag für ein KI-Gesetz (COM(2021) 206 final) noch nicht berücksichtigt werden konnte, wenngleich es sich bei ChatGPT um eine Form der KI handelt. Selbst während eines laufenden Gesetzgebungsverfahren kann die technische Entwicklung das Recht überholen, ganz zu schweigen von bestehendem Recht das für „Offlinesituationen", aber nicht für die „Onlinewelt" konzipiert wurde. Sowohl bei der Anpassung von bestehendem Recht oder der Neuerlassung von neuem Recht (speziell für die Digitalwirtschaft sozusagen) gibt es im Wesentlichen zwei Gründe, verstärkt auf Ethik, Werte und Menschenrechte abzustellen. Zum einen bieten abstraktere Werte inkl. der (bspw. in Artikel 2 EU-Vertrag erwähnten) Menschenrechte, rechtliche bzw. ethische Prinzipien (bzw. normative Theorien) den Vorteil, für neue Herausforderungen bessere Grundlagen für adäquate Lösungen bieten zu können. Darüber hinaus ist es immer empfehlenswert, wenn Gesetze neben der rechtlich verpflichtenden Beachtung von Menschenrechten (der sog. Stufenbau der Rechtsordnung) auch höchsten ethischen Standards entsprechen.

5.4.1 Europäische Ansätze

Die Schnelligkeit in der Anpassungsfähigkeit und die inhaltliche Qualität sind vermutlich die beiden Gründe, warum speziell in Europa für Fragen der Digitalisierung und der Digitalwirtschaft auf *Ethik und Werte* abgestellt wird. Diese Analyse gilt nicht nur für die 27 Mitgliedstaaten umfassende EU, sondern auch für den aus 46 Staaten bestehenden Europarat (Ad hoc Committee on Artificial Intelligence [CAHAI], 2020) und auch für die OECD, die Organisation für wirtschaftliche Zusammenarbeit und Entwicklung (OECD, 2019).

In der EU haben sich mehrere Gremien klar für diesen auf Ethik und Werte abstellenden Ansatz entschieden, so bspw. das Ethik-Beratungsgremium der Europäischen Kommission, die EGE (European Group on Ethics in Science and New Technologies [EGE], 2018), aber auch die High-level Expert Group on Artificial Intelligence (HLEG-AI). Letztere hat sich in zahlreichen Dokumenten, die als eine wichtige Vorstufe zu verbindlichem EU-Recht angesehen werden können, für diesen Ansatz entschieden (High-level Expert Group on Artificial Intelligence [HLEG-AI], 2018, 2019a, b, 2020).

5.4.2 Ethische Prinzipien (Auswahl)

Dieser Ansatz findet sich nicht nur in Dokumenten, die von öffentlicher Seite auf der internationalen (EU, OECD, Europarat, etc.) oder der nationalen Ebene (z. B. Datenethikkommission, 2018) erlassen worden sind, sondern auch in entsprechenden Dokumenten von *privater* Seite. Anna Jobin, Marcello Ienca und Effy Vayena haben in einer bemerkenswerten Studie aus 2019 die globale Landschaft der KI-Ethik-Richtlinien untersucht und herausgefunden, welche ethischen Prinzipien in den (in Summe 84) identifizierten Dokumenten hauptsächlich vorkommen. Führend war dabei die Transparenz (73/84), vor Gerechtigkeit/Fairness (68/84), Schadensminderung (60/84), Verantwortung (ebenfalls 60/84), Privatsphäre (47/84), Fürsorge (41/84), Freiheit und Autonomie (34/84), Vertrauen (28/84), Nachhaltigkeit (14/84), Würde (13/84) und schließlich Solidarität (6/84) (Jobin et al., 2019). Aus Gründen des Umfangs soll im Folgenden schwerpunktmäßig auf diese hier erwähnten ethischen Prinzipien eingegangen werden.

Transparenz ist ein ethisches und rechtliches Prinzip, das insbesondere vor dem Hintergrund des vorstehend erwähnten „Black-Box"-Phänomens wichtig ist, um Entscheidungen nachvollziehen und folglich auch Verantwortung einfordern zu können (Rotenberg, 2022).

In der EU betrifft Transparenz primär die Nachvollziehbarkeit der Entscheidungsfindung der EU-Institutionen. Im Bereich der Digitalwirtschaft ist es ebenso geboten, nachvollziehbar zu machen, warum eine bestimmte Entscheidung zustande gekommen ist. Transparenz ist dabei eng verbunden mit der Erklärbarkeit (dazu auch später). Transparenz betrifft dabei die Frage, wie eine Information erfasst werden kann, Erklärbarkeit hingegen die Frage, wie eine Information verständlich erklärt werden kann (Ebers, 2023, S. 1239).

Gerechtigkeit (oft auch synonym mit Fairness verwendet) ist, wie erwähnt, ein Wert der EU und ein wichtiges Konzept in der Ethik. In vertikalen Situationen (bspw. der Staat im Verhältnis zu den Individuen) stellt sich insb. die Frage der Verteilungsgerechtigkeit (*iustitia distributiva*). Die Verteilung von (begrenzten) Gütern hat nach objektiven und nicht nach willkürlichen Kriterien zu erfolgen. So kann sich bspw. im Bereich der Digitalisierung die Frage stellen, in welchen Gegenden der Staat für die notwendige technische Infrastruktur sorgen soll. Fragen der Gerechtigkeit stellen sich jedoch auch in horizontalen Situationen (*iustitia commutativa*), im Sinne eines gerechten Ausgleichs von Leistung und Gegenleistung im Kontext eines Vertrages oder Klärung von Rechtsstreitigkeiten. So ermöglicht Legal Tech, dass z. B. Schadenersatzansprüche wegen Flugverspätung auch ohne Anwalt durchgesetzt werden können. Damit ermöglicht Legal Tech auch nicht vermögenden Bürger:innen den Zugang zum Recht (Kap. 12). Detail am Rande: Viele Personen sind sich oft nicht bewusst, dass sie überhaupt einen Vertrag geschlossen haben, geschweige denn mit welchem Inhalt. Wenngleich viele Personen vermutlich davon ausgehen, im Internet gewisse Leistungen gratis zu bekommen, ist ihnen vermutlich oft nicht bewusst, dass sie mit Daten (und der Aufgabe ihrer Privatsphäre) bezahlen (Zankl & Knaipp, 2015) und ihre Leistung oft sogar größer ist als die erhaltene Gegenleistung.

Schadensminderung und **Fürsorge** sind zwei der vorstehend erwähnten medizin-ethischen Prinzipien, die von Beauchamp und Childress für einen anderen Bereich (Bioethik) vorgeschlagen worden sind. Inwiefern diese Prinzipien auch für den Bereich der Digitalisierung und der Digitalwirtschaft nutzbar gemacht werden können, bleibt noch zu beantworten. Schadensminderung ist klar ein Thema, wenn ein risikobasierter Ansatz verfolgt wird (dazu später mehr). Das ethische Prinzip der Fürsorge sollte dazu führen, dass das für die geschützte Person (z. B. Patient im Kontext der Gesundheitsversorgung) optimale Ergebnis erreicht werden sollte (Amann et al., 2020, S. 7).

Vorstehend ist bewusst von selbstfahrenden Autos (etc.) gesprochen worden. Teilweise wird in diesem Kontext von autonomen Fahrzeugen (Bhargava & Kim, 2017; European Parliament, 2018, 2019; Floridi, 2019; Hilgendorf, 2018) bzw. autonomen Systemen (Aggarwal et al., 2019) gesprochen. Diese Begrifflichkeit wird hier jedoch bewusst vermieden, um keine Verwirrung betreffend den Begriff der **menschlichen Autonomie** zu schaffen. Unter Letzterem wird die Möglichkeit zur Selbstbestimmung (O'Neill, 2002) aufgrund eines freien Willens verstanden, die den Menschen als vernünftige Wesen zukommt. So können bspw. KI-Systeme versuchen, durch Techniken der unterschwelligen Beeinflussung außerhalb des Bewusstseins einer Person deren Verhalten zu beeinflussen bzw. Schwächen oder die Schutzbedürftigkeit einer bestimmten Gruppe von Personen aufgrund ihres Alters oder ihrer körperlichen oder geistigen Behinderung auszunutzen, um das Verhalten einer dieser Gruppe angehörenden Person in einer Weise wesentlich zu beeinflussen. Solche manipulative oder ausbeuterische KI ist nach der KI-Verordnung der EU (Verordnung [EU] 2024/1689, ABl. L, 2024/1689, auch „AI Act" genannt] verboten (Artikel 5, AI Act). Auch unterhalb einer Verbotsschwelle kann KI die *Freiheit* und die Autonomie einer Person beeinträchtigen.

Nachhaltigkeit ist kein Wert der EU, aber in Zeiten des Klimawandels aktuell im Rampenlicht der öffentlichen Aufmerksamkeit. Bereits im Jahre 1979 hat Hans Jonas (in Anlehnung an den kategorischen Imperativ von Kant) einen „ökologischen Imperativ" formuliert: „Handle so, daß die Wirkungen deiner Handlung verträglich sind mit der Permanenz echten menschlichen Lebens auf Erden" (Jonas, 1979, S. 36). Die „nachhaltige Entwicklung Europas" ist eines der Ziele der EU (Artikel 3 EU-Vertrag) und findet eine Manifestierung im Rahmen des sog. „Green Deals" (z. B. COM(2019) 640 final). Gerade in Bezug auf den Energieverbrauch (bspw. *bitcoin mining*) muss die Digitalwirtschaft beweisen, dass sie die „Permanenz echten menschlichen Lebens auf Erden" nicht gefährdet. Deshalb wird das Thema Nachhaltigkeit auch für staatliche Regulierung zunehmend wichtiger (Kap. 8).

Solidarität ist sowohl ein Wert als auch ein Prinzip der EU und wird als „Einigkeit oder Übereinstimmung im Fühlen oder Handeln, insbesondere zwischen Individuen mit einem gemeinsamen Interesse", bzw. als „gegenseitige Unterstützung innerhalb einer Gruppe" bezeichnet (Stevenson, 2010, S. 1698 Übersetzung). Nach Habermas ergänzt die Solidarität die (bereits erwähnte) Gerechtigkeit, wobei sich Solidarität „auf das Wohl der in einer intersubjektiv geteilten Lebensform verschwisterten Genossen" bezieht bzw. Gerechtigkeit auf „die gleichen Freiheiten unvertretbarer und sich selbst bestimmender Individuen" (Habermas, 1986, S. 311). Anders ausgedrückt handelt es sich bei Solidarität und Gerechtigkeit um die beiden Seiten der gleichen Medaille. Solidarität betrifft meist Personen, die in gewisser Weise verbunden (Dawson & Jennings, 2012, S. 76–77) sind und die sich gegenseitig in bestimmter Weise unterstützen. Solidarität kann es auf verschiedenen Ebenen geben, einer interpersonalen, einer Gruppenebene und in einer gewissen institutionellen Form (Prainsack & Buyx, 2017, S. 56). Die Frage, wer sich innerhalb des von Solidarität profitierenden Kreises befindet, sollte dabei nicht zu eng gesehen werden. Je mehr disruptives Potenzial neue Technologien haben und zum Teil bestehende Ungleichgewichte verschärfen, desto wichtiger ist es, über die Solidarität in einer Gemeinschaft nachzudenken.

Die **Würde des Menschen** ist der erste in Artikel 2 EU-Vertrag erwähnte Wert, das erste in der Grundrechte-Charta der EU (ABl. 2016 C 202/389) erwähnte Menschenrecht sowie „das eigentliche Fundament der Grundrechte" (ABl. 2007 C 303/17). Die Menschenwürde ist eng verknüpft mit der Gleichheit aller Menschen (ein weiterer Wert der EU), auch *égale dignité* genannt (Bührer, 2020, S. 167; Frischhut, 2022, S. 168). Darüber hinaus wird in der Verbindung und Gleichheit der Menschen und der ihnen zukommenden Würde die Basis für Solidarität gesehen (EGE, 2020). Eine wichtige Auswirkung dieses zentralen Konzeptes der Menschenwürde ist der in der EU (aber auch außerhalb) verfolgte Ansatz einer auf den Menschen zentrierten Digitalisierung. Die Menschen haben im

Mittelpunkt zu stehen (OECD, 2019), die verschiedenen Formen der Digitalisierung bzw. der Digitalwirtschaft haben ihnen zugute zu kommen und die letzte Entscheidung hat von einem Menschen getroffen zu werden. So betont bspw. die Kommission mehrfach die „menschliche Aufsicht" (COM(2021) 206 final). Nach dem *Human-in-command*-Ansatz sollen Menschen bei ihrer Arbeit Autonomie und Kontrolle behalten (ABl. 2017 C 288/1). Im Kontext der auch oft in Filmen (z. B. Terminator) thematisierten Angst, dass Maschinen die Kontrolle übernehmen können, ist klar vorgesehen, dass KI-Ergebnisse außer Acht gelassen werden oder rückgängig zu machen sind (Stichwort „Ausschaltknopf").

Wenngleich an dieser Stelle nicht alle Auswirkungen der Menschenwürde auf verschiedene Arten der Digitalisierung (KI, Roboter, etc.) thematisiert werden können, so ist dennoch auf einen bereits erwähnten Aspekt kurz einzugehen. Für Dilemmasituationen im Kontext selbstfahrender Fahrzeuge hat eine Ethik-Kommission in Deutschland eine klare Aussage getroffen: „Der Schutz von Menschen hat Vorrang vor allen anderen Nützlichkeitserwägungen" (Bundesministerium für Verkehr und digitale Infrastruktur, 2017, S. 10). Anknüpfend an die Menschenformel des bereits erwähnten kategorischen Imperatives von Kant (Kant, 2014, S. 86) sind Menschen als Subjekte anzusehen (und mit Respekt zu behandeln) und dürfen nicht als bloße Objekte behandelt werden. Deshalb ist bei „unausweichlichen Unfallsituationen [...] jede Qualifizierung nach persönlichen Merkmalen (Alter, Geschlecht, körperliche oder geistige Konstitution) strikt untersagt"; ebenso untersagt ist eine „Aufrechnung von Opfern" (Bundesministerium für Verkehr und digitale Infrastruktur, 2017, S. 11).

Auch wenn **Vertrauen** in der erwähnten Studie aus 2019 (Jobin et al., 2019) in den analysierten Dokumenten als ethisches Prinzip identifiziert worden ist, ist es nach Ansicht des Autors weniger ein ethisches Prinzip oder ein Wert, sondern vielmehr das Ziel. Den Weg zu diesem Ziel weisen eine ethische sowie auf Werte- und Menschenrechte basierte Form der Digitalisierung, die es so durch Erfüllung höchster Standards wert ist, Vertrauen zu gewinnen (Frischhut, 2020a, 2021, 2025). Wenngleich es beim Thema der Digitalisierung nicht nur um Entscheidungsfindung geht, so ähnelt dieser Ansatz (Vertrauen durch Ethik, Werte und Menschenrechte) dem auch im Kontext der EU Gesetzgebung (etc.) argumentierten Ansatz (Frischhut, 2020b).

Neben den nunmehr kurz skizzierten ethischen Prinzipien aus dieser Studie von Jobin et al. sei noch kurz auf einen weiteren Ansatz verwiesen.

Bekanntlich haben Beauchamp und Childress Autonomie, Fürsorge, Gerechtigkeit und Schadensminderung als die vier medizin-ethischen Prinzipien definiert (Beauchamp & Childress, 2019), die eine leichtere Handhabung gewährleisten sollen. Ethische Herausforderungen im Bereich der Digitalisierung und der Digitalwirtschaft können natürlich auch vor dem Hintergrund der drei normativen Theorien reflektiert werden. Floridi et al. haben argumentiert, diese *vier Prinzipien* auch für die Herausforderungen im Bereich der Digitalisierung anwendbar zu machen und um ein fünftes Prinzip, das der **Erklärbarkeit** (*explicability*), zu ergänzen (Floridi et al., 2018). Der Vorteil besteht darin, dass hinter jedem dieser vier Prinzipien bereits eine Fülle an Wissen und geistiger Vorleistung besteht. Eine Frage, die sich natürlich stellt, ist die der Übertragbarkeit vom medizinischen Bereich auf den der Digitalisierung. Mittelstadt hat es verneint, dies insb. unter Hinweis auf fehlende gemeinsame Ziele und treuhändische Verpflichtungen, eine fehlende berufliche Geschichte und Normen, erprobte Methoden um Prinzipien in Praxis umsetzen zu können, sowie einen fehlenden robusten rechtlichen und beruflichen Verantwortungsmechanismus (Mittelstadt, 2019a, b). Wie bereits an anderer Stelle ausgeführt (Frischhut, 2020a, S. 297–298), sind diese Kritikpunkte als wichtige Hinweise, nicht aber als Grund gegen eine Übertragbarkeit dieser vier medizin-ethischen Prinzipien für den Bereich der Digitalisierung und der Digitalwirtschaft zu sehen.

5.4.3 Zusammenführung von Prinzipien und normativen Theorien

Neben den hier erwähnten ethischen Prinzipien (inkl. der vier medizin-ethischen Prinzipien) sei noch einmal auf die *drei normativen Theorien* der Deontologie (intrinsische Richtigkeit der Handlung), des Konsequentialismus (Auswirkungen der Handlung) und der Tugendethik (handelnde Person) verwiesen. Oft wird es sinnvoll sein, auch auf die Auswirkungen einer Handlungsoption abzustellen. Eine Grenze kann jedoch die Deontologie (bspw. kategorischer Imperativ) darstellen (ein Mensch darf nicht instrumentalisiert und als Objekt behandelt werden). Wie wir auch gesehen haben, ist das Konzept der Menschenwürde stark deontologisch geprägt. Die Tugendethik wird hier weniger thematisiert, da sie auf die Charaktereigenschaften der handelnden Personen abstellt. Dies bedeutet nicht, dass sie unwichtig wäre (Hagendorff, 2020). Vielmehr zielt sie auf die Überzeugungen der handelnden Personen ab, die weniger normativ verordnet werden können und sollen.

Ein Gedanke, der an dieser Stelle zu guter Letzt noch anzusprechen ist, ist zwar im Kontext der Tugendethik erwähnt worden, ist jedoch breiter zu sehen: der Gedanke der **goldenen Mitte**. Im Bereich der Digitalisierung und der Digitalwirtschaft wird häufig zwischen verschiedenen Aspekten abzuwägen sein. Anders formuliert wird eine gewisse *Balance* zu finden sein. KI, die 100 %ig sicher sein soll, wird viele Innovationen unmöglich machen. Schrankenlose Freiheit für Entwickler:innen von KI wird genauso wenig zielführend sein. Wie bei den Charaktereigenschaften ist auch hier vom Gesetzgeber betreffend die Digitalisierung, aber auch von den Unternehmer:innen betreffend ihrer Handlungen im Kontext der Digitalwirtschaft, ein entsprechendes Gleichgewicht zu finden. Diese Idealvorstellung wird selten in dem Sinn zu erreichen sein, dass sie von niemandem kritisiert wird. Neue Regelungen werden von manchen dafür kritisiert, zu wenig innovationsfreundlich zu sein, von anderen werden sie kritisiert, zu wenig auf den Schutz von Gesundheit, Sicherheit und Grundrechten abzustellen. Das Streben nach der goldenen Mitte soll als ein Prozess des Sich-selbst-Hinterfragens angesehen werden, der dabei helfen kann, die Qualität eines Ergebnisses zu verbessern.

Wie man dies konkret umsetzen könnte, zeigt das Beispiel der **regulatorischen Sandkisten**, auch KI-Reallabore genannt. So wie Sandkisten Kindern eine spielerische Entwicklung in einer sicheren Umgebung ermöglichen, sollen auch diese „regulatorischen

Sandkisten" Entwickler:innen von neuen Anwendungen im Kontext der Digitalisierung Innovation in einem geschützten Raum ermöglichen. Dabei bezieht sich der geschützte Raum auf die Allgemeinheit, die mit neuen Anwendungen dann konfrontiert werden soll, wenn diese ausreichend erprobt worden ist. Nach Ansicht der Europäischen Kommission sollen KI-Reallabore „auf der Grundlage eines mit den zuständigen Behörden vereinbarten Testplans, für eine begrenzte Zeit kontrollierte Testumgebungen für innovative Technologien" bieten (COM(2021) 206 final; siehe auch die Artikeln 57–63 AI Act).

Wenngleich dieser Beitrag auf die ethische Dimension der Digitalwirtschaft abstellt, sind noch einige rechtliche Gedanken zu thematisieren, die mit der ethischen Dimension eng zusammenhängen. Dies insb. betreffend Werte und Menschenrechte, die als eine *Brücke* zwischen den beiden Disziplinen der Ethik und des Rechts angesehen werden können (Frischhut, 2022, S. 6).

5.5   Recht und Digitalisierung

Auch wenn *Vertrauen* in einem Bericht zum Thema Digital Ethic als Wert thematisiert worden ist (Ethics Advisory Group, 2018), ist eine auf Ethik, Werte und Menschenrechte ausgerichtete Digitalisierung im Idealfall geeignet, Vertrauen zu erreichen (Kap. 6). Vertrauen ist somit die Zielsetzung, Ethik, Werte und Menschenrechte sollen dabei helfen, dieses Ziel zu erreichen.

5.5.1   Regulierungsansätze

Menschenrechte und Werte binden primär den öffentlichen Bereich, also Staaten oder in der EU auch die EU-Institutionen (Europäisches Parlament, Ministerrat, etc.). Wie bereits erwähnt, stellt sich die Frage, ob nicht auch der *private Bereich* (Unternehmen) an Menschenrechte und Werte gebunden sein sollte. Diese Frage ist insofern berechtigt, als die Herausforderungen in der Digitalwirtschaft primär auf private Akteure zurückgehen, weniger auf den Staat, etc. Wenn Menschenrechte und Werte primär in verfassungsrechtlichen Dokumenten geregelt sind, dann betreffen sie den öffentlichen Bereich (vertikal). Um diese jedoch auch für den privaten Bereich (horizontal) anwendbar zu machen, können diese in für alle geltenden Normen (nationale Gesetze, EU-Verordnungen) verankert werden. Diesen Ansatz verfolgt bspw. die EU, die in ihren Rechtsakten zur **Regulierung von Technologie und künstlicher Intelligenz** klar auf Werte und Menschenrechte abstellt. Ohne in rechtliche Details abzutauchen, ist wichtig zu betonen, dass so fundamentale Konzepte wie Werte alle relevanten Akteure in einer Gemeinschaft binden sollen, insb. diejenigen (privater Bereich) die in der Digitalwirtschaft zu den einflussreichsten Akteur:innen zählen.

Eine ähnliche Konstruktion ist bereits betreffend *soft-law* erwähnt worden, auf das von *hard-law* (verbindlichem Recht) verwiesen wird und welches dann (indirekt) doch verbindlich wird. In dem bereits erwähnten AI Act (Artikel 95) wird für bestimmte KI-Systeme auf freiwillige **Verhaltenskodizes** abgestellt. Diese Verhaltenskodizes können einerseits Bestimmungen enthalten, die für diese KI-Systeme formal rechtlich nicht verbindlich sind (ein sog. *opt-in*), oder über bestimmte verbindliche (aber für diese Systeme nicht formal geltenden) Bestimmungen hinausgehen. Dieser Ansatz von freiwilligen Verhaltenskodizes (*soft-law*) wird für KI-Systeme gewählt, die kein hohes Risiko bergen.

Wie auch schon aus anderen Bereichen (z. B. Medizinprodukte) bekannt, wird oft auch für KI-Systeme ein Ansatz gewählt, je nach Risiko strengere oder weniger strenge Regelungen vorzusehen (ein sog. **risikobasierter Ansatz**). Bestimmte KI-Systeme können sogar ganz verboten sein, weil sie ein zu hohes Risiko darstellen und im Widerspruch zu den Werten und den Menschenrechten der Union stehen, insbesondere der Achtung der Menschenwürde, Freiheit, Gleichheit, Demokratie und Rechtsstaatlichkeit, inklusive dem Prinzip der Nichtdiskriminierung und des Datenschutzes. Dies wäre bspw. bei KI-Systemen der Fall, die Techniken der unterschwelligen Beeinflussung außerhalb des Bewusstseins einer Person einsetzen, oder diejenigen die eine Schwäche oder Schutzbedürftigkeit einer vulnerablen Persona ausnutzen. Unterhalb von verbotener KI kann so ein risikobasierter Ansatz dann strengere Vorgaben für Hochrisiko-KI-Systeme vorsehen. Diese können Vorgaben betreffend ein verpflichtendes Risikomanagementsystem, Daten-Governance-Verfahren, eine entsprechende technische Dokumentation, Aufzeichnungspflichten, etc. vorsehen. Unterhalb dieser Hochrisiko-KI-Systeme können für mit weniger Risiko behaftete KI-Systeme, die bspw. mit Menschen interagieren (Chatbots), „lediglich" Transparenzpflichten vorgesehen sein. Für KI-Systeme, die Inhalte erzeugen oder manipulieren („Deepfakes"), sind solche bloßen Transparenzpflichten unter Umständen aber nicht ausreichend.

5.5.2 Verantwortung und Konsequenzen

Eine weitere Frage aus dem rechtlichen Bereich, die auch eine ethische Dimension aufweist, ist die Frage, ob neben natürlichen (Menschen) und juristischen (z. B. Unternehmen) Personen noch eine **dritte Kategorie einer Rechtspersönlichkeit** eröffnet werden sollte. Im Januar 2017 hat bspw. das Europäische Parlament in einer Entschließung die Frage aufgeworfen, ob längerfristig für bestimmte hoch entwickelte und selbstständige Roboter eine „elektronische Rechtspersönlichkeit" geschaffen werden sollte (Europäisches Parlament, 2017, Rn 59 lit f.). Diese könnte für den Bereich Schadenersatz (z. B. ein Roboter verursacht einen Schaden) oder für Fragen der Interaktion mit natürlichen oder juristischen Personen (bspw. Abschluss eines Vertrages im Zuge eines Smart Legal Contracts, Kap. 12) von Relevanz sein. Zu dieser durchaus kontrovers geführten Diskussion sind zwei Aspekte zu betonen. Zum einen ist so eine Entschließung rechtlich nicht verbindlich (*soft-law*), sondern ein rein politisches Dokument, zum anderen hat es sich dabei nicht um eine Forderung, sondern nur um eine Frage zur Anregung einer entsprechenden Diskussion gehandelt. Im Ergebnis ist so eine elektronische Rechtspersönlichkeit jedoch durchaus kritisch zu sehen. Gerade im Bereich Schadenersatz bestehen berechtigte Bedenken, dass hier Haftung auf einen Gegenstand (Roboter) abgeschoben werden soll, der selbst über kein Vermögen verfügt. Gleiche Überlegungen gelten für KI, der auch keine Rechtsfähigkeit zuerkannt werden sollte. Darüber hinaus gelten auch Tiere und andere Gegenstände im rechtlichen Sinn als Sachen und sind nicht rechtsfähig.

Zu guter Letzt ist an der Schnittstelle von Recht und Ethik noch auf zwei Prinzipien zu verweisen, die sowohl in der Offline- als auch in der Onlinewelt eine wichtige Rolle spielen: die Prinzipien der Nichtdiskriminierung und der Verhältnismäßigkeit.

Das EU-Recht verbietet bspw. ungerechtfertigte Ungleichbehandlungen (**Diskriminierungen**) aufgrund der Staatsbürgerschaft (EU Bürger:innen aus anderen Staaten dürfen nicht schlechter behandelt werden), des Alters, des Geschlechts, der Religion oder einer Weltanschauung, einer Behinderung, der ethnischen Herkunft oder der sexuellen Ausrichtung. Gerade im Bereich der Genderdiskriminierung kann es oft der Fall sein, dass eine Person gar nicht weiß, dass sie diskriminiert worden ist. Wenn man zu einem Bewerbungsgespräch nicht eingeladen wird, so wird man oft nicht wissen, dass man diskriminiert worden ist. Gleich verhält es sich bei verschiedenen Formen der Digitalwirtschaft. Wenn der Algorithmus nicht transparent ist, wird es schwierig sein nachzuweisen, dass man diskriminiert worden ist. Dazu kann dann noch die bereits erwähnte Problematik des Phänomens von *garbage in, garbage out* kommen, wenn die verwendeten Daten eine diskriminierende Situation in der Realität widerspiegeln (z. B. „Gender-Pay-Gap").

Auch die **Verhältnismäßigkeit** ist ein wichtiges rechtliches Prinzip, das auch eine enge Verbindung zur Ethik aufweist. Das Prinzip der Verhältnismäßigkeit verbindet ein hehres Ziel mit einer Maßnahme, die versucht, dieses Ziel zu erreichen. Dabei sind im Wesentlichen zwei Fragen zu stellen. Zuerst die Frage der *Geeignetheit*, sprich das Ziel muss mit der gewählten Maßnahme tatsächlich erreicht werden können. Die zweite Frage betrifft die *Notwendigkeit*. Ist die gewählte Maßnahme das gelindeste Mittel oder gibt es nicht alternative Maßnahmen, die zwar das Ziel erreichen lassen, aber weniger einschneidend sind? Wenn die Zielsetzung ist, KI sicher zu machen (Sicherheit als ein solches hehres Ziel), so wird die Maßnahme, KI zu besteuern, nicht einmal geeignet sein. Umgekehrt ist ein totales Verbot von KI zwar geeignet unsichere KI zu verhindern, sie schießt aber eindeutig über das Ziel hinaus. Daher ist eine geeignete und auch notwendige Maßnahme ein risikobasierter Ansatz, der je nach Höhe des von der KI ausgehenden Risikos mehr oder weniger Vorgaben macht.

5.6   Diskussion bzw. Zukunft

Diese Beispiele zeigen deutlich, dass gewisse rechtliche Probleme der Offlinewelt auch in der Onlinewelt bestehen. Zum Teil werden die bestehenden rechtlichen Regelungen auch für diese neuen Herausforderungen ausreichen, zum Teil wird eine *Anpassung* des *Rechts* notwendig sein. Im Bereich der Produkthaftung ist bspw. eine Anpassung hinsichtlich KI-Systemen notwendig (Wagner, 2023). Relativ unbestritten dürfte sein, dass es auch künftig spannende Entwicklungen im technischen Bereich geben wird. Wie schnell diese insb. auch im Bereich der KI (z. B. ChatGPT) künftig auf uns zukommen, bleibt offen. Wie bereits erwähnt, ist es bezeichnend, dass noch während des laufenden Gesetzgebungsverfahrens für eine KI-Verordnung das Thema ChatGPT (Veröffentlichung November 2022) Fragestellungen aufgeworfen hat, die im Detail zum Zeitpunkt der Verabschiedung des Vorschlags der Europäischen Kommission (COM(2021) 206 final) so nicht berücksichtigt werden konnten (siehe nun Artikel 51–56 AI Act).

Es gibt mehrere *Gründe*, in einem sich rasch entwickelnden Bereich auf Ethik, Werte und Menschenrechte abzustellen. Zum einen, weil es nicht nur in der EU diesbezüglich einen breiten Konsens gibt. Wie erwähnt, können Werte und Menschenrechte, die sich ansonsten primär an öffentliche Akteure richten, über europäische Normen und nationale Gesetze auch für private Akteure relevant werden. Dies ist insofern zu begrüßen, als der ursprüngliche Gedanke von Menschenrechten (Schutz gegen staatliche Willkür) anerkennen muss, dass heutzutage ein größeres Schädigungspotenzial (Kontrolle, Einschränkung der Privatsphäre, Manipulation) von privaten Akteuren ausgeht. Es gibt sogar Überlegungen, die bestehenden Menschenrechten nicht nur auf private Akteure auszudehnen, sondern sogar weitere Rechte hinzuzufügen. Ferdinand von Schirach hat bspw. einen Vorschlag für fünf neue inhaltliche und ein neues prozedurales Menschenrecht vorgelegt. Sein Vorschlag umfasst bspw. ein Recht auf „digitale Selbstbestimmung", die insb. die „Ausforschung oder Manipulation von Menschen" verbietet, sowie ein Recht im Kontext der KI, wonach jeder Mensch das Recht haben soll, „dass ihn belastende Algorithmen transparent, überprüfbar und fair" sein müssen und dass „[w]esentliche Entscheidungen" von einem Mensch zu treffen sind (Schirach, 2021, S. 18–19).

Ein weiterer Grund, sich nicht nur an Werte und Menschenrechte, sondern auch an Ethik zu halten ist der, dass man so versuchen kann, Vertrauen aufzubauen, indem man auf höchste Standards setzt. Wie völlig treffend argumentiert worden ist, dauert es Jahre, Vertrauen aufzubauen, Sekunden, es zu zerstören, und ewig, es wiederherzustellen (Lenaerts, 2017, S. 838). Neben intrinsischen Gründen kann es auch als eine Form der Kundenbeziehung angesehen werden, qualitativ und ethisch höhere Standards zu gewährleisten. Darüber hinaus kann das Einhalten von Empfehlungen, die vielleicht formal nicht rechtlich verbindlich sind (also kein *hard-law*), in einem Haftungsprozess ein wichtiges Verteidigungsargument darstellen. Die in diesem Beitrag erwähnten ethischen Prinzipien (etc.) sind daher auch für die Digitalwirtschaft künftig von hoher Bedeutung.

Literatur

Ad hoc Committee on Artificial Intelligence. (Hrsg.). (2020). *Towards Regulation of AI Systems: Global perspectives on the development of a legal framework on Artificial Intelligence systems based on the Council of Europe standards on human rights, democracy and the rule of law* (S. 16). Compilations of contributions DGI.

Aggarwal, N., Eidenmüller, H., Enriques, L., Payne, J., & van Zwieten, K. (Hrsg.). (2019). *Autonomous systems and the law*. C.H. Beck/Nomos.

Amann, J., Blasimme, A., Vayena, E., Frey, D., & Madai, V. I. (2020). Explainability for artificial intelligence in healthcare: A multidisciplinary perspective. *BMC Medical Informatics and Decision Making, 20*(1). https://doi.org/10.1186/s12911-020-01332-6

Aristoteles. (2000). *Nicomachean ethics. Cambridge texts in the history of philosophy*. Cambridge University Press.

Awad, E., Dsouza, S., Kim, R., Schulz, J., Henrich, J., Shariff, A., Bonnefon, J.-F., & Rahwan, I. (2018). The moral machine experiment. *Nature, 563*, 59–64. https://doi.org/10.1038/s41586-018-0637-6

Awad, E., Dsouza, S., Kim, R., Schulz, J., Henrich, J., Shariff, A., Bonnefon, J.-F., & Rahwan, I. (2020a). Reply to: Life and death decisions of autonomous vehicles. *Nature, 579*(7797), E3–E5. https://doi.org/10.1038/s41586-020-1988-3

Awad, E., Dsouza, S., Shariff, A., Rahwan, I., & Bonnefon, J.-F. (2020b). Universals and variations in moral decisions made in 42 countries by 70,000 participants. *Proceedings of the National Academy of Sciences of the United States of America, 117*(5), 2332–2337. https://doi.org/10.1073/pnas.1911517117

Beauchamp, T. L., & Childress, J. F. (2019). *Principles of biomedical ethics* (8. Aufl.). Oxford University Press.

Bhargava, V., & Kim, T. W. (2017). Autonomous vehicles and moral uncertainty. In P. Lin, K. Abney, & R. Jenkins (Hrsg.), *Robot ethics 2.0: From autonomous cars to artificial intelligence* (S. 5–19). Oxford University Press.

Bührer, T. (2020). *Das Menschenwürdekonzept der Europäischen Menschenrechtskonvention. Schriften zum Europäischen Recht*. Duncker & Humblot.

Bundesministerium für Verkehr und digitale Infrastruktur. (2017, Juni). *Ethik-Kommission Bericht Automatisiertes und vernetztes Fahren: Eingesetzt durch den Bundesminister für Verkehr und digitale Infrastruktur.*

Bydlinski, P. (2020). *Grundzüge des Privatrechts: für Ausbildung und Praxis* (11. Aufl.). Manz.

Datenethikkommission (2018, Oktober). *Empfehlungen der Datenethikkommission für die Strategie Künstliche Intelligenz der Bundesregierung.*

Dawson, A., & Jennings, B. (2012). The place of solidarity in public health ethics. *Public Health Reviews, 34*(1), 65–79. https://doi.org/10.1007/BF03391656

Di Fabio, U. (2004). Grundrechte als Werteordnung. *Juristenzeitung (JZ), 59*(1), 1–8.

Ebers, M. (2023). Transparenz und Erklärbarkeit. In M. Ebers (Hrsg.), *StichwortKommentar Legal Tech: Recht | Geschäftsmodelle | Technik* (S. 1235–1251). Nomos.

Ethics Advisory Group. (2018). *Towards a digital ethics: Report by the Ethics Advisory Group established by the European Data Protection Supervisor, the EU's independent data protection authority*. European Commission. https://edps.europa.eu/sites/edp/files/publication/18-01-25_eag_report_en.pdf. Zugegriffen am 06.05.2024.

Europäisches Parlament. (2017). *Entschließung vom 16. Februar 2017 mit Empfehlungen an die Kommission zu zivilrechtlichen Regelungen im Bereich Robotik (2015/2103(INL))*. https://www.europarl.europa.eu/doceo/document/TA-8-2017-0051_DE.html. Zugegriffen am 06.05.2024.

European Group on Ethics in Science and New Technologies. (2018, März). *Statement on artificial intelligence, robotics and ‚autonomous' systems*. https://ec.europa.eu/research/ege/index.cfm. Zugegriffen am 06.05.2024.

European Group on Ethics in Science and New Technologies. (2020, April 2). *EGE Statement on European solidarity and the protection of fundamental rights in the COVID-19 pandemic.*

European Parliament. (2018, October 16). *Opinion on autonomous driving in European transport: 2018/2089(INI)*. www.europarl.europa.eu/sides/getDoc.do?type=COMPARL&reference=PE-623.863&format=PDF&language=EN&secondRef=02. Zugegriffen am 06.05.2024.

European Parliament. (2019, Januar 15). *Resolution of 15 January 2019 on autonomous driving in European transport (2018/2089(INI)): P8_TA(2019)0005*. https://eur-lex.europa.eu/legal-content/DE/TXT/?uri=OJ:C:2020:411:TOC. Zugegriffen am 06.05.2024.

Floridi, L. (2019). Autonomous vehicles: From whether and when to where and how. *Philosophy & Technology, 32*(4), 569–573. https://doi.org/10.1007/s13347-019-00384-5

Floridi, L., Cowls, J., Beltrametti, M., Chatila, R., Chazerand, P., Dignum, V., Luetge, C., Madelin, R., Pagallo, U., Rossi, F., Schafer, B., Valcke, P., & Vayena, E. (2018). AI4People – An ethical framework for a good AI society: Opportunities, risks, principles, and recommendations. *Minds and Machines, 28*(4), 689–707. https://doi.org/10.1007/s11023-018-9482-5

Frischhut, M. (2019). *The ethical spirit of EU law*. Springer International Publishing. https://doi.org/10.1007/978-3-030-10582-2

Frischhut, M. (2020a). EU Werte und ethische Prinzipien für KI und Robotik unter besonderer Berücksichtigung des Gesundheitssektors. In M. Hengstschläger & Rat für Forschung und Technologieentwicklung (Hrsg.), *Digitaler Wandel und Ethik* (S. 286–318). Ecowin.

Frischhut, M. (2020b). *Strengthening transparency and integrity via the new 'Independent Ethics Body' (IEB). Study requested by the European Parliament's AFCO committee: PE 661.110.* https://www.europarl.europa.eu/thinktank/en/document.html?reference=IPOL_STU%282020%29661110. Zugegriffen am 06.05.2024.

Frischhut, M. (2021). Robotic medicine in the EU: Digital ethics and EU common values. In M. Milapidou (Hrsg.), *New technologies in health: Medical, legal and ethical issues* (S. 67–85). Nomiki Bibliothiki.

Frischhut, M. (2022). *The ethical spirit of EU values: Status Quo of the Union of values and future direction of travel*. Springer. https://doi.org/10.1007/978-3-031-12714-4

Frischhut, M. (im Erscheinen, 2025). EU values in the draft regulation. In V. L. Raposo (Hrsg.), *AI draft regulation*. Springer.

Habermas, J. (1986). Gerechtigkeit und Solidarität: Eine Stellungnahme zur Diskussion über „Stufe 6". In W. Edelstein & G. Nunner-Winkler (Hrsg.), *Suhrkamp-Taschenbuch Wissenschaft Beiträge zur Soziogenese der Handlungsfähigkeit: Vol. 628. Zur Bestimmung der Moral: Philosophische und sozialwissenschaftliche Beiträge zur Moralforschung* (S. 291–318). Suhrkamp.

Hagendorff, T. (2020). The ethics of AI ethics: An evaluation of guidelines. *Minds and Machines, 30*(1), 99–120. https://doi.org/10.1007/s11023-020-09517-8

High-level Expert Group on Artificial Intelligence. (2018, Dezember 18). *Ethics guidelines for trustworthy AI: Draft*. European Commission.

High-level Expert Group on Artificial Intelligence. (2019a, April 8). *Ethics guidelines for trustworthy AI*. European Commission. https://digital-strategy.ec.europa.eu/en/library/ethics-guidelines-trustworthy-ai. Zugegriffen am 06.05.2024.

High-level Expert Group on Artificial Intelligence. (2019b, Juni 26). *Policy and investment recommendations for trustworthy Artificial Intelligence*. European Commission. https://ec.europa.eu/digital-single-market/en/news/policy-and-investment-recommendations-trustworthy-artificial-intelligence. Zugegriffen am 06.05.2024.

High-level Expert Group on Artificial Intelligence. (2020, Juli 17). *Assessment List for Trustworthy Artificial Intelligence (ALTAI) for self-assessment*. European Commission. https://digital-strategy.ec.europa.eu/en/library/assessment-list-trustworthy-artificial-intelligence-altai-self-assessment. Zugegriffen am 06.05.2024.

Hilgendorf, E. (2018). The dilemma of autonomous driving: Reflections on the moral and legal treatment of automatic collision avoidance systems. In E. Hilgendorf & J. Feldle (Hrsg.), *Robotik und Recht: Vol. 15. Digitization and the Law* (S. 57–89) Nomos.

Jabloner, C. (2019). Was ist rechtlich am Soft Law? In E. Bernat, C. Grabenwarter, B. Kneihs, M. Pöschl, K. Stöger, E. Wiederin, & J. Zahrl (Hrsg.), *Festschrift Christian Kopetzki: Zum 65. Geburtstag* (S. 241–251). Manz.

Jobin, A., Ienca, M., & Vayena, E. (2019). The global landscape of AI ethics guidelines. *Nature Machine Intelligence, 1*(9), 389–399. https://doi.org/10.1038/s42256-019-0088-2

Jonas, H. (1979). *Das Prinzip Verantwortung: Versuch einer Ethik für die technologische Zivilisation*. Insel.

Kant, I. (2014). *Groundwork of the metaphysics of morals: Edited and translated by Mary Gregor and Jens Timmermann.* Cambridge University Press.

Lenaerts, K. (2017). La vie après l'avis: Exploring the principle of mutual (yet not blind) trust. *Common Market Law Review, 54*(3), 805–840.

Mittelstadt, B. (2019a). Principles alone cannot guarantee ethical AI. *Nature Machine Intelligence, 1*(11), 501–507. https://doi.org/10.1038/s42256-019-0114-4

Mittelstadt, B. (2019b, Mai 20). *AI Ethics – Too Principled to Fail?* https://papers.ssrn.com/sol3/papers.cfm?abstract_id=3391293. Zugegriffen am 06.05.2024.

O'Neill, O. (2002). *Autonomy and trust in bioethics.* Cambridge University Press.

OECD. (2019, Mai 22). *Recommendation of the Council on Artificial Intelligence: OECD/LEGAL/0449.* https://legalinstruments.oecd.org/en/instruments/OECD-LEGAL-0449. Zugegriffen am 06.05.2024.

Panzer-Heemeier, A., & Nemat, A. T. (2023). Datenethik. In M. Ebers (Hrsg.), *StichwortKommentar Legal Tech: Recht | Geschäftsmodelle | Technik* (S. 299–312). Nomos.

Prainsack, B., & Buyx, A. (2017). *Solidarity in biomedicine and beyond.* Cambridge University Press.

Rawls, J. (1999). *A theory of justice* (Rev. Aufl.). Belknap Press of Harvard University Press.

Reimer, F. (2003). Wertegemeinschaft durch Wertenormierung? Die Grundwerteklausel im europäischen Verfassungsvertrag. *Zeitschrift für Gesetzgebung, 18,* 208–217.

Rotenberg, M. (2022). Artificial intelligence and the right to algorithmic transparency. In M. Ienca, O. Pollicino, L. Liguori, R. Andorno, & E. Stefanini (Hrsg.), *Cambridge law handbooks. The Cambridge handbook of information technology, life sciences and human rights* (S. 153–165). Cambridge University Press. https://doi.org/10.1017/9781108775038.015

Sandel, M. J. (2010). *Justice: What's the right thing to do?* Farrar, Straus and Giroux.

von Schirach, F. (2021). *Jeder Mensch.* Luchterhand.

Staffler, L. (2022). *Business criminal law: A primer for management and economics. Springer eBook Collection.* Springer Gabler. https://swbplus.bsz-bw.de/bsz1784541168cov.htm https://doi.org/10.1007/978-3-658-34472-6. Zugegriffen am 24.04.2024.

Stevenson, A. (2010). *Oxford dictionary of English: First edition edited by Judy Pearsall, Patrick Hanks* (3. Aufl.). Oxford University Press.

Wagner, G. (2023). Produkthaftung für das digitale Zeitalter – ein Paukenschlag aus Brüssel. *JuristenZeitung, 78*(1), 1–11. https://doi.org/10.1628/jz-2023-0007

World Medical Association (WMA) General Assembly. (o.J.). *Declaration of Helsinki: Ethical principles for medical research involving human subjects* [Adopted by the 18th WMA General Assembly, Helsinki, Finland, June 1964, as amended by the 64th WMA General Assembly, Fortaleza, Brazil, October 2013]. World Medical Association (WMA) General Assembly. https://www.wma.net/policies-post/wma-declaration-of-helsinki-ethical-principles-for-medical-research-involving-human-subjects/. Zugegriffen am 06.05.2024.

Yuan, T. (2023). Künstliche Intelligenz (KI). In M. Ebers (Hrsg.), *StichwortKommentar Legal Tech: Recht | Geschäftsmodelle | Technik* (S. 748–763). Nomos.

Zankl, W., & Knaipp, F. (2015). Aktuelle Rechtsfragen bei Download und Anwendung von Apps. *Ecolex, 7,* 542–545.

Vertrauen

Welche Rolle spielt Vertrauen in der Digitalwirtschaft?

Felix Gille, Kimon Papadopoulos, Jana Sedlakova,
Federica Zavattaro und Caroline Brall

6.1 Vertrauen in der Digitalwirtschaft

Ohne Vertrauen wird die Digitalwirtschaft nicht ihr volles Potenzial entwickeln können und in vielen Bereichen dysfunktional arbeiten.[1] Kenneth Arrow bezeichnete Vertrauen als „Schmiermittel sozialer Systeme" (Arrow, 1974, S. 23). Vertrauen hat eine **Schlüsselfunktion** für erfolgreiche Wirtschaftssysteme. Ohne gegenseitiges Vertrauen stagniert nicht nur Handel, es leiden Prosperität und Zusammenhalt innerhalb einer Gesellschaft. In der Digitalwirtschaft und für die digitale Transformation der Wirtschaft ist Vertrauen es-

---

[1] Die Unterkapitel „Was ist Vertrauen?" und „Welche Rolle spielt Vertrauen für die Digitalisierung des Gesundheitssystems?" wurden in englischer Sprache von FZ und KP verfasst und mithilfe von der online Anwendung DeepL Translator (https://www.deepl.com/translator) übersetzt. Anschließend haben FG, JS, und CB den Text überarbeitet, angepasst und zur Qualitätssicherung zurückübersetzt.

F. Gille (✉) · K. Papadopoulos · F. Zavattaro
Institut für Implementation Science in Health Care & Digital Society Initiative, UZH,
Zurich, Schweiz
E-Mail: felix.gille@dsi.uzh.ch; kimon.papadopoulos@uzh.ch; federica.zavattaro@uzh.ch

J. Sedlakova
Institut für Implementation Science in Health Care, Digital Society Initiative & Institute for
Biomedical Ethics and History of Medicine, UZH, Zurich, Schweiz
E-Mail: jana.sedlakova@ibme.uzh.ch

C. Brall
Institute für Philosophie & Ethics and Policy Lab, Multidisciplinary Center for Infectious
Diseases, Universität Bern, Bern, Schweiz
E-Mail: caroline.brall@unibe.ch

© Der/die Autor(en), exklusiv lizenziert an Springer Fachmedien Wiesbaden
GmbH, ein Teil von Springer Nature 2024

L. Staffler et al. (Hrsg.), *Digitalwirtschaft*, https://doi.org/10.1007/978-3-658-45724-2_6

senziell und wird als ein Garant für Erfolg angesehen. Kernkriterien für eine vertrauensvolle Digitalwirtschaft sind der Schutz der Privatsphäre, Datenschutz und die Einhaltung der Rechenschaftspflicht. Uns ermöglicht gegenseitiges Vertrauen, Geschäfte einzugehen (Kap. 16), und es reduziert, stark vereinfacht, ein teures Vertragswerk zu einem Handschlag (Dyer & Chu, 2003). Diese **Komplexitätsreduktion** in einer hochkomplexen Umwelt ist in vielerlei Hinsicht eine Kernfunktion von Vertrauen (Luhmann, 2009). Wir übergeben einer Bank unser Geld, in dem Vertrauen, dass unser Geld gut behütet ist und wir jederzeit einen verlässlichen Zugang zu unserem Geld haben. Wir besitzen eine elektronische Patientenakte (Kap. 11) im Vertrauen darauf, dass unsere Gesundheitsdaten verlässlich, gesichert und mit dem Schutz unserer Privatsphäre im Gesundheitssystem verwendet werden, mit dem Ziel, unsere Gesundheitsversorgung zu verbessern. Die Europäische Politik ist momentan dabei, vertrauenswürdige Datenräume zu erschaffen, in denen verschiedene Akteure einen geregelten Zugang zu Daten bekommen, um mit diesen Daten z. B. Forschung und Entwicklung voranzutreiben (European Commission, 2022; Schmitt et al., 2023). Auf europäischer Ebene wird der Aufbau des europäischen Raums für Gesundheitsdaten und die europäische Dateninfrastruktur Gaia X vorangetrieben (Seidel et al., 2023). In beiden Strukturen spielen die Vertrauenswürdigkeit der Infrastrukturen und involvierten Akteure eine entscheidende Rolle für die Umsetzung und den Erfolg dieser. Der zu erwartende Nutzen für Wirtschaft und Gesellschaft wird als enorm eingeschätzt.

Aufbauend auf dem Verständnis, dass Vertrauen eine Kernfunktion in der Digitalwirtschaft innehat, wird dieses Kapitel eine Einführung in das Thema Vertrauen geben. Nach einer kurzen semantischen und theoretischen Einführung diskutieren wir als Beispiel die Digitalisierung im Gesundheitssystem und Datennutzung in der Gesundheitswirtschaft, da diese Bereiche anschaulich den Wert von Vertrauen zeigen können. Außerdem ist Gesundheit ein sehr persönliches und für viele von uns sehr wertvolles Gut, welches die Rolle von Vertrauen besonders hervorheben lässt. Das Wissen, welches in diesem Kapitel vermittelt wird, ist übertragbar auf andere digitale Wirtschafts- und Gesellschaftssysteme außerhalb der Gesundheitswirtschaft.

6.2 Was ist Vertrauen?

Täglich befinden wir uns in Situationen, in denen wir anderen Menschen Vertrauen schenken. Wir vertrauen Lehrern, dass sie auf unsere Kinder aufpassen und ihnen Wissen vermitteln; oder wir vertrauen an der Kasse im Supermarkt, dass wir nach unserem Einkauf kein Falschgeld zurückbekommen. Berücksichtigend, dass es eine Vielzahl an Definitionen gibt, welche Vertrauen beschreiben, kann Vertrauen wie folgt definiert werden:

„In Akten des Vertrauens gehen wir – optimistisch und in kooperativer Orientierung – davon aus, dass ein für uns wichtiges Ereignis oder eine für uns wichtige Handlung in Übereinstimmung mit unseren Wünschen und Absichten eintritt oder ausgeführt wird, ohne dass wir das Eintreten oder Ausführen dieses Ereignisses oder dieser Handlung mit Gewissheit vorhersagen können." (Hartmann, 2004, S. 387)

Im Laufe unseres Lebens lernen wir, was Vertrauen für uns bedeutet und wie wir mit missbrauchtem Vertrauen umgehen. Nach Erik Eriksons Stufen der psychosozialen Entwicklung lernen wir Vertrauen und Misstrauen im Säuglingsalter innerhalb des sozialen Bindungsgefüge unserer Familie (Erikson, 1950). Mit wachsendem Aktionsradius und Alter weiten wir unser Vertrauensnetzwerk und Verständnis von Vertrauen aus. Wir lernen nicht nur innerhalb von Familien, Vertrauen zu schenken, sondern vertrauen Freunden, Kollegen, Geschäftspartnern oder Ärzt:innen.

Als primär zwischenmenschliches Konstrukt wandelt sich unser Verständnis von Vertrauen im Laufe des Lebens zu einem Konstrukt, was sich auch auf Wirtschaftssysteme, Politik, Religionen oder Technologien übertragen lässt. Wir vertrauen oder misstrauen dem Staat und der gewählten Regierung; wir vertrauen Gott unsere Sorgen und Gedanken an; wir vertrauen unserem Geschäftspartner Datensätze an; und wir vertrauen dem Wetterdienst und unseren Messgeräten an Bord, bevor wir mit unserem Segelboot in See stechen.

Vertrauen ist somit ein Konstrukt, das nicht nur **zwischenmenschlich** relevant, sondern auch **systemrelevant** ist.

6.2.1 Die historischen Wurzeln von Vertrauen

Die historisch gewachsene Bedeutung von Vertrauen lässt sich nachvollziehen, wenn man sich die Herkunft von dem Wort Vertrauen ansieht, die auf das klassische Latein und Griechisch zurückgeht. Die Begriffe Glaube und Vertrauen sind beide vom lateinischen Wort *fides* abgeleitet, das „Vertrauen", aber auch **Mut** und **Sicherheit** bedeutet (Leydi, 2021). Vertrauen, *confidentia*, setzt sich zusammen aus *fides* mit der Vorsilbe *cum* (mit) und kann beschrieben werden als ein starkes Vertrauen oder ein starker Glaube an etwas oder jemanden (Lewis, 1980). In der deutschen Sprache bezieht sich der Begriff Vertrauen auch auf Zuversicht. Darüber hinaus zeigen historische Untersuchungen von Vertrauen, dass Wurzeln in den Konzepten von Verantwortung, Trost, Hoffnung und Gnade liegen (Bruckner, 2016; MacLeod, 2011). Wir sehen hier, dass Vertrauen im historischen Kontext einen stark religiösen Bezug hat (Frevert, 2013).

Seit der Antike finden wir Hinweise auf Vertrauen in der Literatur, wie in Aristoteles Werk *Politik*. Um bestimmte natürliche Grundbedürfnisse zu befriedigen, müssen wir Beziehungen zu unseren Mitmenschen und Kooperationen eingehen (Saunders, 1995). Der Mensch braucht eine Gesellschaft um sich, und Vertrauen ist von grundlegender Bedeutung, um in einer Beziehung, also in einer Gesellschaft, leben zu können. Nach Ansicht von Soziologen – und sicherlich von den meisten Menschen – ist eine gesunde, moralische und kollegiale Gesellschaft von hohem Interesse (Bottomore & Nisbet, 1979). Neben Loyalität und Solidarität stützt sich Vertrauen auf die Erwartung, dass andere sich uns gegenüber tugendhaft verhalten, und somit zählt Vertrauen zu einer **grundlegenden Komponente moralischer Gemeinschaften** (Sztompka, 1999).

Anhand von Sztompkas Verständnis von Vertrauen lässt sich die Verbindung zwischen Vertrauen und einer Erwartung in der Zukunft erkennen. Der Mensch ist von Natur aus zukunftsorientiert, plant stetig und antizipiert meistens die Konsequenzen seines Handelns. Die ferne Zukunft ist jedoch ungewiss und entzieht sich zum größten Teil unserer Kontrolle. Oft haben wir nicht die Mittel wie Kapital, Wissen oder Zeit zur Verfügung, um mit allen Eventualitäten der Zukunft zurechtzukommen. An diesem Punkt wird Vertrauen entscheidend, um sich im Geflecht der Möglichkeiten und der Konsequenzen des Handeln anderer zurechtzufinden (Sztompka, 1999).

Niklas Luhmann, einer der einflussreichsten modernen Theoretiker des Vertrauens, beschrieb, dass wir ohne Vertrauen nicht in der Lage wären, aus unserem Bett aufzustehen, da ohne Vertrauen die beängstigende Ungewissheit über die Zukunft jede Bereitschaft des Einzelnen, sein bevorstehendes Leben zu leben, einfrieren würde (Luhmann, 2009). Wie Luhmann vorschlägt, kann Vertrauen als ein Mittel zur Reduzierung von Komplexität und zur Stärkung der Unsicherheitstoleranz interpretiert werden. Dieses Konzept wurde von Sztompka bekräftigt, welcher Vertrauen als eine „Wette über die zukünftigen kontingenten Handlungen anderer" (Sztompka, 1999, S. 25) beschrieb, eine aktive Art und Weise, Entscheidungen trotz Ungewissheit und Risiken zu treffen. Vertrauen kann daher als **soziale Beziehung** verstanden werden, die sich aus vergangenen, gegenwärtigen und erwarteten Ereignissen ergibt, die Komplexität der Zukunft verringert und den Vertrauenspersonen ermöglicht, unabhängig zu handeln.

6.2.2   Vertrauensbeziehungen

Vertrauen ist in der einfachsten Form eine Zwei-Wege-Beziehung mit einer Annahme über ein positives Resultat: Person A vertraut Person B, dass Person B etwas tut oder nicht tut (Hardin, 2002, S. 9). Zum Beispiel teile ich mit dir meine Kontaktdaten und vertraue darauf, dass du sie nicht ungefragt weitergibst. Wir werden kein Vertrauen schenken in der Annahme, dass uns geschadet wird oder die zu vertrauende Person nicht vertrauenswürdig ist. Dabei können A und B eine Vielfalt von Subjekten sein von einer Einzelperson bis hin zu Gruppen wie Familie, Freunden, Mitarbeitern, Experten, Institutionen, Technologien oder das Gesundheitssystem (Gille et al., 2017; Misztal, 1996). Bei Vertrauensbeziehungen in abstrakte Institutionen oder Systeme gibt es verschiedene Ansätze der Vertrauensbildung. Einerseits kann dies über **Vertrauen in Repräsentanten** entstehen. Zum Beispiel vertrauen wir einem Bankensystem, weil wir unserer Bankfachfrau als Systemrepräsentantin vertrauen. Andererseits entwickelt sich Vertrauen in ein Bankensystem ebenfalls durch das Wissen über existierende Richtlinien, Gesetze und Kontrollmechanismen, die die Rechenschaftspflicht der Systeme und Akteure überprüfen. Zusammengefasst können diese Mechanismen als **Systemgarantien** verstanden werden. Wahrscheinlich ist es im täglichen Leben eine Kombination aus beiden Ansätzen (Meyer et al., 2008).

Darüber hinaus kann sich Vertrauen zu drei Beziehungsarten entwickeln.

1. Vertrauen kann eine einseitige Beziehung sein, wenn die Parteien nicht symmetrisch sind. Hier vertraut eine Partei einer anderen, aber nicht umgekehrt.

2. Es kann sich eine auf gegenseitigem Vertrauen basierende Beziehung entwickeln, die sich als selbstverstärkend erweist. Beispielsweise wenn Ärzte und Patienten zusammenarbeiten, um ihren Gesundheitszustand zu verbessern, indem sie sich gegenseitig genauere Informationen und verlässliche Ratschläge geben.

3. Es gibt „dichte Beziehungen", die sich in der Regel in kleinen Gemeinschaften oder Gruppen von Menschen entwickeln, die über einen langen Zeitraum Erfahrungen austauschen und daher über genügend Informationen verfügen, um die Mitglieder als vertrauenswürdig zu betrachten (Fledderus et al., 2014; Hardin, 2002; Wilde, 2014). Abgesehen von den sogenannten dichten Beziehungen, wie Luhmann schreibt, ist das Schenken von Vertrauen eine riskante Entscheidung im Sinne eines Vorschusses, denn wenn Person A sich entscheidet, Person B zu vertrauen, weiß Person A nicht, wie sich Person B verhalten wird. Es besteht die Möglichkeit, dass B sich nicht vertrauenswürdig verhält oder das Vertrauen missbraucht, was zu einer Erosion des Vertrauens führt (Luhmann, 2009).

Um ein gewisses Maß an Vertrauen in eine Person zu haben und die Wahrscheinlichkeit zu verringern, das Vertrauen zu verlieren, sammelt der Vertrauende einige Informationen über die zu vertrauende Person, wie z. B. Reputation, bisheriges Verhalten oder Zertifizierungen (Sztompka, 1999). Darüber hinaus tragen frühe Lebenserfahrungen im Zusammenhang mit Vertrauen, z. B. durch die Eltern und die Loyalität gegenüber einer Gruppe von Freunden, zur Risikobereitschaft beim Eingehen einer Vertrauensbeziehung bei. Andererseits kann ein Kindheitstrauma oder spätere negative Erfahrungen im Zusammenhang mit Vertrauensbeziehungen zu einem Mangel an Vertrauen führen, der durch primäres Misstrauen ersetzt wird (Erikson, 1950; Reimann et al., 2017).

Positive und negative **Erfahrungen** prägen die Wahrnehmung des Einzelnen, was es bedeutet, vertrauenswürdig zu sein und wie sehr wir dies in unseren Interaktionen mit anderen schätzen. Während wiederholte positive Vertrauenserfahrungen die Neigung des Einzelnen erhöhen, anderen zu vertrauen, machen uns Erfahrungen mit Misstrauen und Verrat misstrauisch, sodass der Aufbau einer neuen, auf Vertrauen basierenden Beziehung schwieriger ist (Sztompka, 1999).

6.2.3 Technologievertrauen

Von der Möglichkeit, dass man sein ganzes Vertrauen in Gott setzt, bis hin zu der Tatsache, dass man nur seiner Familie vertrauen kann, haben sich die Verständnisgrenzen dessen, was man als vertrauenswürdig erachtet, erweitert (Frevert, 2013). Da die Welt uns mehr Optionen denn je bietet, spielt Vertrauen eine wichtige Rolle bei unseren Entscheidungen. Viele Arten von Berufen und Dienstleistungen werden zunehmend unpersönlich und hoch spezialisiert. Es gibt aus der Perspektive einer Privatperson wenige Möglichkeiten, sie zu beeinflussen, zu kontrollieren oder zu überwachen, da es unmöglich ist, in jedem Bereich über ausreichende Kenntnisse zu verfügen. Wir sind abhängig von dem, was andere tun, und doch sind sie völlig autonom und für uns unsichtbar.

Generell gilt: Vertrauen ist eine Grundlage der Akzeptanz moderner Technologien. Von den meisten Kunden wird nicht erwartet, dass sie verstehen, wie die Technologie funktioniert, sie haben die zuversichtliche, optimistische Erwartung, dass das angestrebte Ergebnis durch eine undurchsichtige Methode erzielt wird (Kroeger, 2017). Wie Sztompka (1999) argumentiert, muss das Vertrauen in Menschen und nicht in Objekte oder Ereignisse gesetzt werden. Wenn wir etwas vertrauen, beziehen wir uns bei nachvollziehbaren Technologien wie zum Beispiel einer mechanischen Uhr indirekt auf die professionelle Person, die hinter dem endgültigen Objekt steht. Wenn man z. B. sagt: „Ich vertraue Schweizer Uhren", bezieht man sich auf den Uhrmacher und vielleicht auf die lange Uhrentradition in der Schweiz, die für hohe Güte steht (Sztompka, 1999). Angesichts der Tatsache, dass Menschen allgemein geneigt sind, anderen Menschen zu vertrauen und nicht immer der Technik, stellt sich die Frage, wie Vertrauen in Technik definiert werden kann (Friedman et al., 2000). McKnight et al. (2009), argumentieren, dass es in diesem Fall notwendig ist, den Schwerpunkt von der menschlichen moralischen Handlungsfähigkeit auf die Kompetenz oder Fähigkeit zur Durchführung einer bestimmten Handlung zu verlagern. Wenn man sagen kann, dass Technologie die Fähigkeit oder Funktionalität besitzt, für uns das Erwartete zu tun, dann ist Vertrauen in Technologie im Sinne des Glaubens, dass eine Technologie kompetent ist, ein ebenso brauchbares Konzept wie Vertrauen in die Kompetenz eines Arztes (McKnight et al., 2009). Wie im Abschn. 6.4 gezeigt wird, ist die momentane Fachdiskussion unschlüssig, wie schlussendlich Vertrauen entstehen kann und ob das Konstrukt überhaupt sinnvoll ist in technologischen Anwendungen, die von Nutzern und zum Teil Entwicklern in letzter Konsequenz undurchsichtig sind wie bei künstlicher Intelligenz. Wenn weder die Nutzer:innen noch die Entwickler:innen in Gänze die Entscheidungsprozesse einer künstlicher Intelligenz erkennen können, stellt sich die Frage, wie und wem aus Nutzer:innensicht Vertrauen geschenkt wird.

6.2.4 Vertrauenskultur

Wie Warren Buffett sagte: „Vertrauen ist wie die Luft, die wir atmen: Wenn es vorhanden ist, merkt es niemand, aber wenn es fehlt, merkt es jeder" (Sahoo, 2017, S. 68). Ein weit verbreitetes Gefühl des Vertrauens in einer Gemeinschaft fördert informellen Umgang, Moral und Toleranz. Vertrauen stärkt die Verbindung zwischen den Individuen und hilft den Menschen, ein Gefühl von Identität, Sicherheit und Ordnung zu entwickeln (Sztompka, 1999).

Anderen Vertrauen zu schenken bedeutet, ihnen ein gewisses Maß an Freiheit zu gewähren, sie zu positivem Verhalten zu ermutigen und ihre Kreativität zu fördern. Wie bereits erwähnt, fördern positive Vertrauenserfahrungen eine größere Wahrhaftigkeit, die zur Entstehung einer echten Vertrauenskultur führt, wenn sie durch makro-gesellschaftliche Faktoren wie normative Kohärenz, dauerhafte Institutionen, Informationstransparenz und Rechenschaftspflicht von Persönlichkeiten des öffentlichen Lebens unterstützt wird. Wohlstand, ein fester Arbeitsplatz, Macht, Bildung, Beziehungen, Familie und Religion sind für eine Vertrauenskultur von wesentlicher Bedeutung, da sie die Entwicklung von Vertrauenswürdigkeit unterstützen und ein Gefühl von Sicherheit und Gemeinschaft fördern.

Gille, Smith and May (2021) entwickelten einen konzeptionellen Rahmen für **öffentliches Vertrauen**, in dem sechzehn Schlüsselthemen identifiziert wurden, die die Öffentlichkeit als Mechanismen zur Sicherung des Vertrauens anerkennt, darunter – unter anderem – das Vorhandensein eines aktiven Regulierungssystems, Anonymität, Entscheidungsfreiheit, Nutzen für andere und für das System, Gewissheit über die Zukunft, persönliche positive Erfahrungen mit dem System, Wahrnehmung von Sicherheit, Bauchgefühl, Informationsqualität und Schutz der Privatsphäre (Gille et al., 2021). Dieser konzeptionelle Rahmen bezieht sich speziell auf die vertrauensvolle Beziehung zwischen der Öffentlichkeit und dem Gesundheitssystem, kann aber bis zu einem gewissen Grad verallgemeinert werden. Eine **Vertrauenskultur** muss im Laufe der Zeit durch die Verbesserung der sozialen und politischen Bedingungen geschaffen und aufrechterhalten werden, um das System kohärent, verlässlich und transparent zu gestalten. Letztlich wird eine Vertrauenskultur auch durch die Aufklärung der Bürger über Vertrauen, wie z. B. durch öffentliche Diskussionen, die Erhöhung der moralischen Sensibilität und die Belohnung, Rückzahlung und Demonstration von Vertrauen erschaffen (Sztompka, 1999).

6.2.5 Zusammenfassung

Zusammenfassend lässt sich sagen, dass Vertrauen in jedem Bereich notwendig ist, da es weder effizient noch praktisch möglich wäre, dass jeder alles weiß und kontrolliert, was ihn betrifft (Fukuyama, 1995). In jüngster Zeit ist es zu einem Interesse geworden, über das sinkende Vertrauen in die Regierung, das Gesundheitssystem und andere Bereiche zu sprechen und über die Notwendigkeit, es wiederherzustellen. Wie Onora O'Neill argumentiert, wird das Vertrauen von anderen gestiftet, sodass dem Einzelnen wenig Raum bleibt, es wiederherzustellen. Es ist jedoch möglich, an der Vertrauenswürdigkeit des Einzelnen bzw. des Systems zu arbeiten, indem man Kompetenz, Zuverlässigkeit und Ehrlichkeit unter Beweis stellt und so anderen die Grundlage für ihr Vertrauen gibt. Anstatt sich auf die Einstellung zum Vertrauen zu konzentrieren, könnte es daher lohnenswert sein, sich damit zu befassen, wie man einen angemessenen, einfachen und nützlichen Nachweis der Vertrauenswürdigkeit erbringen kann (O'Neill & Bardrick, 2017).

Das moderne Verständnis von Vertrauen lässt eine Konzeptionalisierung zu, die außerhalb der reinen zwischenmenschlichen Beziehung und im religiösen Zusammenhang der Beziehung von Mensch zu Gott steht. Besonders im täglichen Sprachgebrauch, in der Werbung und in den Medien wird Vertrauen in jeglichen Kontexten verwendet. Wir können über Vertrauen in Autofirmen lesen, über Vertrauen in Postsysteme, Versicherungen, Regierungen und auch in Technologien. Wir werden zum Beispiel von unserem Smartphone in einer Warnmeldung gefragt, ob wir dem Computer vertrauen, wenn wir unser Smartphone an einen fremden Computer anschließen. Demnach scheint es intuitiv und dem Zeitgeist entsprechend, das Vertrauenskonstrukt auf Technologien und komplexe

Systeme anzuwenden (Frevert, 2013). In einer technologisch fortschreitenden Gesellschaft wird Vertrauen eine immer zentralere Rolle einnehmen (Luhmann, 2009). Im Kern dieses Verständnisses ist Vertrauen ein wichtiges Konstrukt für die Einführung von neuen Technologien in der Gesellschaft. Vertrauen führt nicht nur zu der Annahme und dem Nutzen von Technologien, sondern kann auch zu einer Komplexitätsreduktion führen. Oft sind die heutigen Technologien so komplex, dass es schwierig ist, diese in Gänze zu verstehen. Vertrauen in die dahinterstehenden Firmen oder andere Garantien kann helfen, die Komplexität zu reduzieren und die Technologie anwendbar zu machen, ohne vollends zu verstehen, wie diese Technologie funktioniert.

Im Folgenden werden drei Beispiele beschrieben: die Digitalisierung im Gesundheitssystem, digitale Kommunikation und künstliche Intelligenz sowie Vertrauen im Zusammenhang von modernen Technologien. Die Beispiele helfen, zu verstehen, welche Rolle Vertrauen in Technologien spielt und wie Vertrauen aufgebaut werden kann.

6.3 Welche Rolle spielt Vertrauen für die Digitalisierung des Gesundheitssystems?

Die Digitalisierung ist einer der wichtigsten Entwicklungsbereiche im Gesundheitswesen, da digitale Anwendungen und Interventionen eine immer größere Rolle bei der Art und Weise spielen, wie Gesundheitsversorgung geleistet werden kann (Kap. 11) (Adjekum et al., 2018; Burki, 2019). Im weiteren Sinne wird die Digitalisierung als die kombinierte Erfassung, Verarbeitung und Analyse digitaler Daten in Echtzeit bezeichnet (Trittin-Ulbrich et al., 2021). Im Kontext der Gesundheitssysteme zielt die Integration digitaler Technologien in die Gesundheitsversorgung jedoch auf Verbesserungen der Gesundheitssysteme ab, da diese regelmäßig mit großen Datenmengen umgehen müssen, die exponentiell ansteigen (Gellerstedt, 2016). Es wird erwartet, dass digitale Technologien nicht nur die Kosten des Gesundheitswesens senken, sondern auch die Effizienz, Genauigkeit und Sicherheit des Gesundheitssystems erhöhen und dadurch bessere Gesundheitergebnisse bei allen Erkrankungen und in allen Systemen fördern, was in einigen Fällen bereits der Fall ist (Adane et al., 2019; Carboni et al., 2022; Platt et al., 2018).

Beispiele für diese vorteilhaften digitalen Technologien sind elektronische Gesundheitsakten, digitale „intelligente" Diagnoseinstrumente und Datenspeicher für die Bevölkerungsgesundheit, um nur einige zu nennen. **Elektronische Gesundheitsakten** (EHR) können als Instrument zur Förderung und Verbesserung der Qualität, der Versorgung und der Gesundheitsforschung, zur Senkung der medizinischen Kosten und der medizinischen Fehler sowie zur allgemeinen Effizienz des Gesundheitssystems eingesetzt werden (Colombo et al., 2020; Herian et al., 2014; Kohane, 2011). Im Falle von Diagnosewerkzeugen können diese genutzt werden, um Gesundheitsdatensätze zu recherchieren und Assoziationen zwischen bestimmten Gesundheitszuständen und spezifischen Symptomen herzustellen, was zu klareren und genaueren Diagnosen für Patienten beiträgt. Außerdem können digitale Technologien, die aktuelle Gesundheitsdaten der Bevölkerung in Echtzeit bereitstellen, dazu beitragen, Ausbrüche von Epidemien oder Pandemien schneller zu erkennen und besser vorherzusagen (Gellerstedt, 2016).

Es gibt noch weitere Beispiele dafür, wie digitale Technologien ein äußerst nützliches Unterstützungssystem für Gesundheitssysteme sein können, doch bei allen Beispielen, die sich finden lassen, gibt es einen grundlegenden Aspekt, der notwendig ist, damit diese Technologien erfolgreich eingesetzt werden können: Vertrauen der Nutzer:innen in die Technologie (Clarke et al., 2006; Gille et al., 2022).

6.3.1 Warum ist Vertrauen wichtig für die Digitalisierung des Gesundheitswesens?

Innerhalb des Gesundheitssystems ist das Vertrauen in die Akteure, die für das System verantwortlich sind, wie z. B. Gesundheitsdienstleister und Regierungsbeamte, die Voraussetzung dafür, dass das Gesundheitssystem funktioniert und innovativ ist. Dies liegt daran, dass die Legitimität des Gesundheitssystems zu großen Teilen auf Vertrauen der Nutzer:innen beruht. Wenn ein angemessenes Maß an Vertrauen in das Gesundheitssystem besteht, insbesondere seitens der Öffentlichkeit, ist die Bevölkerung bereit, sich am Gesundheitssystem und allen damit verbundenen Gesundheitsaktivitäten zu beteiligen. Beispiele, die in hohem Maß an Vertrauen geknüpft sind, sind digitale und präventive Interventionen. Dieses Vertrauen ist jedoch, wenn es nicht bereits vorhanden ist, ein kompliziertes Phänomen, das nicht leicht zu gewinnen ist. Darüber hinaus, unabhängig davon, ob dieses Vertrauen bereits vorhanden ist oder gewonnen wurde, ist es ebenso schwer zu erhalten (Gille, 2022).

Wenn kein Vertrauen in das Gesundheitssystem vorhanden ist, wird die Digitalisierung dieses Systems mühsam sein. Ohne Vertrauen der Öffentlichkeit gibt es nur wenig Unterstützung und die Beteiligung an digitalen Gesundheitsmaßnahmen. Dies liegt daran, dass im Kontext digitaler Gesundheitstechnologien **institutionelles Vertrauen, Vertrauen in die Zuverlässigkeit der Technologien und gesellschaftliche Werte** miteinander verknüpft sind (Haasteren, 2019).

Wenn beispielsweise Akteure des Gesundheitssystems eine neuartige digitale Technologie anpreisen, sind Menschen aufgeschlossener, wenn Vertrauen besteht, das durch positive Erfahrungen mit einer ähnlichen, bereits vorhandenen Technologie aufgebaut wurde. Ein weiteres Beispiel: Wenn bestehende digitale Gesundheitstechnologien wie Gesundheits-Apps bereits bewiesen haben, dass persönliche Gesundheitsdaten erfolgreich und sicher aufbewahrt wurden, sind die Menschen eher geneigt, darauf zu vertrauen, dass dies auch bei künftigen digitalen Gesundheits-Apps der Fall sein wird.

Zusammenfassend lässt sich sagen, dass Menschen gerne verstehen möchten, wie die Fähigkeiten und das Potenzial gegenwärtiger und zukünftiger Gesundheitstechnologien, wie z. B. Medical Apps, das erreichen werden, wofür sie ihnen vertrauen wollen (Gille et al., 2021). Das Vertrauen sollte aus einer Kombination von Vertrauen in das Gesundheitssystem und ihre Repräsentanten sowie in die Zuverlässigkeit der digitalen Gesundheitsintervention selbst entstehen. Das Vertrauen in die Institution und in die Interventionen sind jedoch nicht die einzigen wichtigen Faktoren, denn es sollte auch Vertrauen in die Akteure bestehen, die einen großen Einfluss auf die Beziehung zwischen Vertrauen und der Integration digitaler Gesundheitsressourcen in ein Gesundheitssystem haben (Gille et al., 2017).

6.3.2   Was beeinflusst das Vertrauen in die Digitalisierung von Gesundheitssystemen?

Da heutige Gesundheitssysteme zunehmend durch digitale Gesundheitstechnologien unterstützt werden, ist die Annahme und die Nutzung dieser Technologien durch die Bevölkerung essenziell. Ein präzises Verständnis von Mechanismen und Akteuren, die Vertrauen in die digitale Gesundheitsversorgung fördern und behindern, ist daher wichtig. Wir sehen in der Forschung, dass verschiedene Akteure im Gesundheitssystem unterschiedliche Vertrauensniveaus genießen. Oft wird Pflegepersonal und Ärzten eher vertraut als Politikern und Versicherungen, da hier zum Beispiel bei Teilen der Bevölkerung Ängste vor unbefugtem Zugriff auf Gesundheitsdaten, Diskriminierung und höheren gesundheitsbezogenen Kosten mit der Verwendung von elektronischen Patientenakten aufkommen (Damschroder et al., 2007; Lafky & Horan, 2011; Maiorana et al., 2012; Papoutsi et al., 2015; Spil & Klein, 2015; Sterckx et al., 2015; Wiśniewska & Różycka, 2021). Darüber hinaus bestehen Bedenken, dass private Firmen versuchen, vom Gebrauch personenbezogener Daten, welche altruistisch motiviert zur Verfügung gestellt wurden, zu profitieren (Alaqra et al., 2018; Stevenson et al., 2013). Im Gegensatz dazu können beispielsweise die erfolgreiche Umsetzung früherer digitaler Gesundheitsmaßnahmen und ein bereits vorhandenes Maß an Vertrauen aus positiven Erfahrungen mit dem Gesundheitssystem im Allgemeinen Vertrauen in die Digitalisierung des Gesundheitssystems schaffen (Alaqra et al., 2018; Hoerbst et al., 2010; Papoutsi et al., 2015).

In früheren Untersuchungen wurden sechzehn Faktoren gefunden, die Vertrauen in die Digitalisierung von Gesundheitssystemen digitale Gesundheitsversorgung fördern, und zehn Faktoren, die dieses Vertrauen verringern (Adjekum et al., 2018). Diese Faktoren können in drei Kategorien eingeteilt werden, basierend auf dem Einflussbereich, den jeder Faktor auf das Vertrauen in digitale Gesundheitssysteme hat: auf technologischer, persönlicher und institutioneller Ebene. **Vertrauensfördernden Faktoren** sind demnach zum Beispiel Interoperabilität und Datenschutz, Benutzerfreundlichkeit, fairer Datenzugang, Richtlinien für die standardisierte Nutzung oder der Ruf des Dienstleisters. **Vertrauensmindernde Faktoren** sind zum Beispiel defekte Technologie, Angst vor Datenausbeutung oder unzureichende Öffentlichkeitsarbeit (für eine detaillierte Auflistung siehe Adjekum et al., 2018, Tab. 1).

Indem untersucht wird, wie diese Faktoren das Vertrauensniveau beeinflussen und bestimmen, kann dieses Vertrauensniveau genutzt werden, um die Qualität des Gesundheitssystems zu analysieren und festzustellen, ob es reformiert werden muss, und um die Effizienz und Wirksamkeit neuer und bestehender digitaler Gesundheitsdienste zu bewerten und als Grundlage für zukünftige gesundheitspolitische Bewertungen zu dienen (Gille et al., 2014).

Von Einflussfaktoren bis hin zu Akteuren des Gesundheitssystems zeigt sich, wie Vertrauen im Kontext von Gesundheitssystemen gebildet und manipuliert werden kann. Da die Digitalisierung von Gesundheitssystemen ohne ein angemessenes Maß an Vertrauen in das Gesundheitssystem und die eingesetzten Technologien nicht möglich ist, müssen sich die Akteure des Gesundheitssystems stets bewusst sein, welche Macht das Vertrauen im System hat und wie ihr Handeln zu einem höheren und stabileren Vertrauensniveau und damit zu besseren Gesundheitsergebnissen führen kann.

6.4 Welche Rolle spielt Vertrauen in der digitalen Kommunikation?

Die digitale Transformation zeigt sich ebenfalls im Bereich der Kommunikation. Digitale Medien und Kommunikationstechnologien wie soziale Medien, Video-Calls, Messaging, Chatbots, Blogging oder Vlogging stellen neue Arten und Formen vor, wie man kommuniziert und zu Informationen und Erkenntnissen gelangt. Sie ermöglichen einen schnelleren und effizienteren Zugang zu Informationsquellen jeglicher Art. Darüber hinaus ist man fähig, sich mit anderen über Zeitzonen und Distanzen hinweg zu verbinden, Inhalte zu teilen und am zwischenmenschlichen Austausch teilzunehmen.

In der Wirtschaft können diese positiven Aspekte der digitalen Medien zu neuen Formen von Teamwork sowie zu effizienterem und effektiverem Zusammenarbeiten und Kommunizieren führen (Schmidt, 2021). Dies betrifft nicht nur die Unternehmenskultur und internes Kommunizieren, sondern auch die Kommunikation mit der Kundschaft und Geschäftspartnern. Vor allem durch Onlineplattformen und soziale Medien kann ein Unternehmen eine Vielfalt der Kundschaft erreichen und das Markenbild stärken.

Digitale Medien verändern die Kommunikation auch in einem tieferen Sinne, indem sie die Struktur und einen Rahmen für das Kommunizieren und Interagieren vorgeben (Schmidt, 2021; Sponholz, 2018). Im Falle der sozialen Medien ist das Kommunizieren stark von einer „Like"-Kultur geprägt, die sich durch kurze Formate und kurze Aufmerksamkeitsspannen kennzeichnet. Das führt zu eher raschem, impulsivem Kommunikationsverhalten als einer tieferen Auseinandersetzung mit den Inhalten. Ältere Inhalte werden in den Hintergrund geschoben, sodass immer neue inhaltliche Einheiten präsentiert werden (Schmidt, 2021). Die Inhalte werden nicht filtriert nach etwa der Qualität, sondern das Personalisierungsprinzip spielt eine ausschlaggebende Rolle. Algorithmisch werden solche Inhalte ausgewählt, die eigenen Interessen und der individuellen Suchgeschichte entsprechen. Dadurch kann die Informationsvielfalt verloren gehen, die durch die breite Teilnahmemöglichkeiten an den digitalen Medien geschaffen wurde (Schmidt, 2021). In diesem Zusammenhang werden oft Filterblasen oder Echokammern gebracht, die es vermeiden, sich mit anderen Meinungen und Perspektiven auseinanderzusetzen. Die

Verbreitung der Falschinformationen kann durch solche Filterblasen und Echokammern sowie der inhärenten Schnelligkeit der digitalen Medien verstärkt werden.

Hinsichtlich dieser neuen Aspekte der digitalen Kommunikation spielen das Vertrauen und Misstrauen eine wichtige Rolle. Vor allem das epistemische Vertrauen ist von Relevanz, denn man trifft bewusst oder unbewusst Entscheidungen darüber, welchen Inhalten man vertraut. Das epistemische Vertrauen wird als „die Bereitschaft eines Individuums, neues Wissen von einer anderen Person als vertrauenswürdig, verallgemeinerbar und für die eigene Person relevant zu betrachten" definiert (Fonagy & Allison, 2014, S. 376). Mit anderen Worten kann das epistemische Vertrauen als das „Vertrauen in die Authentizität und persönliche Relevanz von interpersonell übermittelten Wissen darüber, wie das soziale Umfeld funktioniert und wie man sich am besten darin zurechtfindet" beschrieben werden (Fonagy & Allison, 2014, S. 375). Die Schnelligkeit und das algorithmische Aussuchen der Inhalte bei den digitalen Medien können das epistemische Vertrauen stärken, was positive sowie negative Auswirkungen haben kann. Zu positiven Auswirkungen gehören höhere Kundenzufriedenheit und eine erhöhte Bereitschaft, angebotene Produkte und Dienstleistungen zu kaufen. Umgekehrt besteht das das Risiko, dass man mit dem epistemischen Vertrauen an Fehlinformationen glaubt, weil das epistemische Vertrauen auf eine zu schnelle und nicht gerechtfertigte Weise gebildet werden kann.

In Anlehnung an theoretische Ansätze über die Rolle des epistemischen Vertrauens beim „Überzeugtsein" von präsentierten Inhalten können vier Aspekte der Bildung des epistemischen Vertrauens unterschieden werden:

1. Inhalte oder Aussagen: So kann das epistemische Vertrauen angesichts der präsentierten Inhalte a priori entstehen (Graham, 2020). Das epistemische Vertrauen ist voreingestellt. Man glaubt dem, was eine Person behauptet, solange man gegen keine Kontraevidenz stößt. Im Kontext der digitalen Kommunikation kann man beispielsweise den Inhalten unreflektiert aufgrund der Vertrautheitsbias glauben, weil sie familiär sind.
2. Eigenschaften der Personen und Beziehung zu ihnen: Weiters kann das epistemische Vertrauen zur Erkenntnisgewinnung führen, wenn Eigenschaften der präsentierenden Person als vertrauenswürdig angesehen werden oder die Beziehung zu der Person bereits vertrauenswürdig ist (Dormandy, 2020; Fricker, 2014).
3. Soziale Praktiken: Ferner können Personen und ihre Aussagen wegen der angesehenen Zuverlässigkeit der sozialen Praktiken, in welchen solche Aussagen geäußert werden, als vertrauenswürdig und glaubwürdig angesehen werden (Goldman, 1999).
4. Reflektiertes Nachdenken: Schließlich kann der Prozess der Erkenntnis- und Vertrauensgewinnung durch das reflektierte Nachdenken über die Evidenz und Qualität der Inhalte oder im Falle der Personen ihrer Kompetenzen und Expertisen zustande kommen. Das epistemische Vertrauen basiert auf diesen Abwägungen und verursacht nur indirekt, dass man von den Inhalten überzeugt ist (Dormandy, 2020).

Die digitalen Medien können das epistemische Vertrauen durch ihre Struktur, transparente Kommunikation und ihren Kommunikationsrahmen stärken, sodass man an präsentierte Inhalte glaubt und ihnen folgt. Ein positives Bild auf sozialen Medien und Reaktionen auf Kundenbewertungen kann zur Qualitätserhöhung und Personalisierung der Produkte und Dienstleistungen führen. Des Weiteren können die Unternehmen mit Influencern zusammenarbeiten, um eine positive Wahrnehmung der Marke bei Kunden zu erzeugen und dadurch die Kaufabsichten zu erhöhen (Singh et al., 2020). Im Anschluss an die theoretischen Ansätze sollte man vorsichtig sein, dass die Influencer kompetent kommunizieren und Inhalte von hoher Qualität teilen, um das epistemische Vertrauen bei Kunden zu pflegen. Das a priori gebildete Vertrauen kann zum Misstrauen werden, wenn man auf eine Kontraevidenz stößt. Ein starker Eindruck davon, dass das Unternehmen die Kunden nur zum Kauf überrede, kann ebenfalls zum Misstrauen führen (Singh et al., 2020). Das kommunikative Handeln und der Kommunikationsrahmen sollten so gestaltet werden, dass die Evidenz und Qualität der Inhalte, der Zuverlässigkeit der Praktiken, in welchen die Inhalte entstehen, sowie der Kompetenzen und Expertisen der Personen ausschlaggebend sind.

6.4.1 Fallbeispiel: Chatbots und Vertrauen

Eine besondere Form der digitalen Kommunikation stellen Chatbots dar. Mit der Entwicklung der ChatGPT-3 und ChatGPT-4 wurden sie mehr in den Vordergrund der Aufmerksamkeit der Expert:innen sowie der Öffentlichkeit gerückt. Chatbots können zum Erstkontakt zu Kunden eingesetzt werden. Zu den oft genannten Vorteilen der Verwendung von Chatbots gehören effizientes Antworten auf Fragen und Anfragen der Kunden, 24/7-Verfügbarkeit und Personalisierung (Jenneboer et al., 2022; Luo et al., 2022; Wernsmann, 2022). Mittels der dialogischen Form, die natürlicher und anregender als beispielsweise ein Q&A auf der Webseite ist, sind die Chatbots eine wichtige Interaktionsschnittstelle mit den Kunden, die für ihr positives Kundenerlebnis sorgen können (Luo et al., 2022; Wernsmann, 2022).

Mit dem Einsetzen der Chatbots verändert sich die Situation bezüglich des epistemischen Vertrauens und dessen Rolle bei der Überzeugungs- und Erkenntnisgewinnung gravierend. Der Grund dafür ist, dass die Chatbots nicht nur einen Rahmen und ein Medium für das kommunikative Handeln gestalten, sondern sie nehmen gleichzeitig an der Kommunikation aktiv teil. Man kommuniziert nicht mithilfe von Chatbots, sondern mit Chatbots. Es scheint, dass die Chatbots nicht nur ein Tool zum Kommunizieren sind, sondern sie werden selbst zu Akteuren des kommunikativen Handelns (Sedlakova & Trachsel, 2023).

Zahlreiche Studien zeigen, dass man Computer sowie Chatbots schnell als soziale Subjekte oder Akteure wahrnimmt, was durch deren Humanisieren unterstützt wird (Fogg, 2004; Nass et al., 1993; Nass & Moon, 2000). Das Humanisieren bedeutet, dass die Chatbots so designt sind, dass sie die menschliche Kommunikation nachahmen. Dies ermöglicht es, eine Beziehung mit einem Chatbot aufzubauen und den Chatbot als vertrauenswürdig und glaubwürdig zu empfinden (Darcy et al., 2021; Jenneboer et al., 2022).

Allerdings sind Chatbots doch keine sozialen Akteure und die empfundenen menschlichen Eigenschaften wie Empathie und Beziehung sind nur simuliert. Es stellt sich daher die Frage, wie diese Chatbots kommunizieren sollen, sodass Kunden ein positives Erlebnis haben und das Vertrauen in das Unternehmen nicht verringert wird – beispielsweise durch falsche Erwartungen, die durch die Kommunikation nicht erfüllt werden können. In der Literatur werden folgende Mängel der Chatbots gelistet: Unfähigkeit, komplexe und neue Anfragen zu beantworten, längere Konversationen aufrechtzuerhalten, auf kontextuelle Informationen wie Emotionen richtig einzugehen und emotionales Verständnis zu zeigen (Luo et al., 2022).

Das **Humanisieren der Chatbots** ist ein zweischneidiges Schwert. Zum einen ist das Balancieren der Simulierung von menschlichen Eigenschaften für ein positives Kundenerlebnis und Kundenzufriedenheit zentral. Zum anderen, wenn die Chatbots mit stark simulierten menschlichen Eigenschaften designt werden, aber nicht fähig sind, die Erwartungen zu erfüllen, kann dies zu Misstrauen und Enttäuschungen führen. Wenn die simulierten menschlichen Eigenschaften den Funktionen und Leistungen der Chatbots entsprechen, kann es zu epistemischem Vertrauen in die Antworten und Empfehlungen von Chatbots führen. Eine andere Folge kann die erhöhte Kundenzufriedenheit sowie -treue sein (Jenneboer et al., 2022; Przegalinska et al., 2019). Zu beachten sind alle vier Aspekte des epistemischen Vertrauens. Die Inhalte sollen wahrhaftig, relevant und für die Kunden wertvoll sein (Jenneboer et al., 2022). Dies kann nur dann erreicht werden, wenn die Chatbots richtig auf die Anfragen der Kunden eingehen können. Ein weiterer wichtiger Aspekt bezieht sich auf die Privatsphäre. Wenn Kunden nicht das Vertrauen haben, dass ihre persönlichen Informationen vertrauensvoll und sicher behandelt werden, sinkt die Bereitschaft, Chatbots zu nutzen. Die interpersonalen Aspekte des Vertrauens und damit die menschenähnlichen Eigenschaften der Chatbots können maßgeblich dazu beitragen, ob Kunden einem Chatbot vertrauen und ein positives Erlebnis haben (Przegalinska et al., 2019). Obwohl Studien zeigen, dass die Simulation der menschlichen Konversation einen positiven Effekt auf Nutzer hat, ist es nicht genügend erforscht, welche soziale Rolle und simulierte Persönlichkeit Chatbots haben sollen (Nißen et al., 2022). Zum Beispiel haben einige Studien auf die Korrelation zwischen Chatbots Features wie Geschlecht und deren Beleidigung seitens Kunden hingewiesen (Brahnam & de Angeli, 2012; Keijsers et al., 2021; Silvervarg et al., 2012). Hinsichtlich des breiteren Kontexts der sozialen Praktiken und des Raums, in welchen sich die Konversationen entfalten, sollte darauf geachtet werden, dass die Chatbots auf der Webseite gut eingebettet werden und dem Unternehmensimage entsprechen.

Ein klarer Zusammenhang zwischen der Humanisierung und einer positiven Wahrnehmung der Nutzer ist nicht vorhanden. Eine transparente Kommunikation über Limitationen der Chatbots und darüber, dass man mit einem Chatbot interagiert, ist wichtig, um Vertrauen bei Kunden zu gewinnen und aufrechtzuerhalten. Menschenähnliche Eigenschaften der Chatbots können eher als ein Gamification-Feature gestaltet werden, als eine starke Nachahmung menschlicher Interaktionen. Eine solche Strategie kann vermeiden, dass Kunden falsche Erwartungen haben und von der Interaktion enttäuscht und daraufhin misstrauisch werden.

6.5   Welche Rolle spielt Vertrauen für die Anwendung von künstlicher Intelligenz?

Die Anwendung von künstlicher Intelligenz (KI) steht in der vordersten Reihe der Digitalisierung unserer Gesellschaft und Systemen wie dem Finanzsystem (Kap. 9), Gesundheitssystem (Kap. 11) oder im öffentlichen Sektor (Kap. 12). KI kann wie folgt beschrieben werden: „Künstliche Intelligenz ist die Fähigkeit einer Maschine, menschliche Fähigkeiten wie logisches Denken, Lernen, Planen und Kreativität zu imitieren." (Europäisches Parlament, 2020) (Kap. 2). Beispiele sind die Anwendung von KI bei Erdbebenwarnungen, für die Entwicklung von energieeffizienten Häusern und Städten und in der Digitalwirtschaft (Bhatia et al., 2023; Farzaneh et al., 2021; Sousa et al., 2022). Im Gesundheitswesen wird KI bei der Analyse von medizinischen Bildern in der Radiologie und der Dermatologie oder der Untersuchung von psychischer Gesundheit eingesetzt (Davenport & Kalakota, 2019; Jiang et al., 2017; Nittas et al., 2023). Im Alltag unterstützt uns KI bei der Navigation mit dem Smartphone, bei Staubsaugerrobotern oder bei der Erzeugung und Übersetzung von Text. Im Jahr 2023 sind prominente Beispiele die deutsche Onlineübersetzungssoftware deepL oder ChatGPT (Generative Pre-trained Transformer) der US-amerikanischen Firma OpenAI.

Alle Beispiele der Anwendung von KI haben gemein, dass die Entscheidungsprozesse, die zu einem KI-basierten Ergebnis führen, oft nur schwer nachvollziehbar sind. Hinzu kommen Fragen des Datengebrauchs, Fairness, Diskriminierung und der Datensicherheit. Diese Undurchsichtigkeit wird im Englischen als Black Box (Schwarze Kiste) beschrieben und kann zu einem Gefühl der Unsicherheit bei den Nutzer:innen führen. Dieser Mangel an Nachvollziehbarkeit ist ein Knackpunkt bei der Vertrauensbildung in KI-Anwendungen (Ferretti et al., 2018). Denn, um Vertrauen zu schenken, wünschen wir uns möglichst viele Informationen über die Vertrauenswürdigkeit. Somit stellt sich die Frage, wie wir einer KI-Anwendung Vertrauen schenken können, basierend auf unvollständigen Informationen. Die dahinterstehende Relevanz der Frage beruht auf der Annahme, dass Vertrauen eine wichtige Variable in der Akzeptanz und dem Nutzen von KI ist (Gille et al., 2020; Jobin et al., 2019; Starke et al., 2022; Starke & Ienca, 2022). Wenn wir einer KI-Anwendung wenig Vertrauen schenken, ist es weniger wahrscheinlich, dass wir diese KI-Anwendung benutzen.

Um Vertrauen in KI zu stärken, werden verschiedene Ansätze verfolgt, die entsprechend der oben beschriebenen Mechanismen der Vertrauensbildung verschiedene Bereiche der KI-Entwicklung und -Anwendung abdecken. Zum einen wird durch regulatorische und gesetzliche Mechanismen versucht, KI-Anwendungen im Einklang mit Gesetzen anzuwenden. Zum anderen wird durch ethische Handlungsanweisungen der Gebrauch von KI in ethische Rahmenbedingungen gefasst (Kap. 5). Abzielend auf die Nutzer werden KI-Zulassungsverfahren entwickelt, wie zum Beispiel in der Medizin, und Nutzer geschult, KI-Anwendungen besser verstehen zu können. Auf politischer und gesellschaftlicher Ebene gibt es Bestrebungen, KI-Anwendungen klar zu kennzeichnen und somit Nutzer über deren Einbindung in Entscheidungsprozesse zu informieren. Außerdem stehen bei dem Gebrauch von KI Fragen der Rechenschaftspflicht und Verantwortlichkeiten im Raum. Letztlich besteht ein reger internationaler Austausch in der Forschung und Entwicklung, um sich über Verfahren, Wissen und mögliche Standards auszutauschen.

Die fortlaufenden Entwicklungen im Bereich der KI-Anwendungen werden voraussichtlich immer weiter neue Fragestellungen eröffnen und das öffentliche Vertrauen in diese Technologien prüfen.

6.6   Zukunftsfragen

In der digitalen und analogen Welt wird Vertrauen ein **Garant für erfolgreiche Wirtschaftssysteme** bleiben. Vertrauen ist nicht nur wichtig für reibungslose Prozesse innerhalb von Wirtschaftssystemen, sondern auch für die Einführung von neuen Technologien. Mit weiterhin zunehmender Komplexität von digitalen Technologien wird Vertrauen in Garantien und Akteure eine zunehmend wichtige Rolle spielen, weil es schlichtweg unmöglich sein wird, digitale Technologien in aller Tiefe nachzuvollziehen. Es bleibt das Vertrauen, dass die Technologien bei ihrer Anwendung zu nützlichen Ergebnissen führen werden und nicht den Anwendern schaden.

Um Vertrauen innerhalb von digitalen Wirtschaftssystemen in Zukunft zu erhalten oder zu fördern, wenn nötig, ist ein genaues Verständnis von Vertrauen wichtig. Ohne dieses präzise Wissen wird es nur bedingt möglich sein, Vertrauen zu beeinflussen. Da Wirtschaftssysteme und Technologien im stetigen Wandel sind, ist es essenziell, das Verständnis über Vertrauen fortwährend zu aktualisieren. Aufbauend auf einem präzisen Verständnis von Vertrauen, wird es möglich sein, nutzbare Handlungsempfehlungen zu erarbeiten und diese vertrauensfördernd umzusetzen. Des Weiteren werden Kommunikationsstrategien erarbeitet werden müssen, die es der Gesellschaft und den Anwendern von Technologien ermöglichen, sich ein wahrhaftiges und verständliches Bild über die Vertrauenswürdigkeit der Technologien zu machen. Ohne den wichtigen Fluss von Informationen wird Vertrauen nicht entstehen. Zuletzt müssen Methoden entwickelt werden, die es ermöglichen, robuste Daten über Vertrauen und den Erfolg der vertrauensfördernden Maßnahmen zu sammeln. Wenn wir keine Informationen über Vertrauen und den Erfolg unseres Handelns haben, ist es schwer, vertrauensfördernde Handlungen anzupassen und Aussagen über den Nutzen dieser zu treffen.

Literatur

Adane, K., Gizachew, M., & Kendie, S. (2019). The role of medical data in efficient patient care delivery: A review. *Risk Management and Healthcare Policy, 12*, 67–73. https://doi.org/10.2147/RMHP.S179259

Adjekum, A., Blasimme, A., & Vayena, E. (2018). Elements of trust in digital health systems: Scoping review. *J Med Internet Res, 20*(12), e11254. https://doi.org/10.2196/11254

Alaqra, A. S., Fischer-Hübner, S., & Framner, E. (2018). Enhancing privacy controls for patients via a selective authentic electronic health record exchange service: Qualitative study of perspectives by medical professionals and patients. *Journal of Medical Internet Research, 20*(12), 13–13. CINAHL with Full Text. https://doi.org/10.2196/10954

Arrow, K. J. (1974). *The limits of organization* (1. Aufl.). George J. McLeod Limited.

Bhatia, M., Ahanger, T. A., & Manocha, A. (2023). Artificial intelligence based real-time earthquake prediction. *Engineering Applications of Artificial Intelligence, 120*, 105856. https://doi.org/10.1016/j.engappai.2023.105856

Bottomore, T. B., & Nisbet, R. (1979). *A history of sociological analysis*. Basic Books.

Brahnam, S., & de Angeli, A. (2012). Gender affordances of conversational agents. *Interacting with Computers, 24*(3), 139–153. https://doi.org/10.1016/j.intcom.2012.05.001

Bruckner, B. K. (2016). *Organisationales Vertrauen initiieren*. Springer Fachmedien. https://doi.org/10.1007/978-3-658-13492-1

Burki, T. (2019). The dangers of the digital age. *The Lancet Digital Health, 1*(2), e61–e62. https://doi.org/10.1016/S2589-7500(19)30032-9

Carboni, C., Wehrens, R., van der Veen, R., & de Bont, A. (2022). Conceptualizing the digitalization of healthcare work: A metaphor-based critical interpretive synthesis. *Social Science & Medicine, 292*, 114572. https://doi.org/10.1016/j.socscimed.2021.114572

Clarke, K., Hardstone, G., Rouncefield, M., & Sommerville, I. (2006). *Trust in technology: A sociotechnical perspective*. Springer.

Colombo, F., Oderkirk, J., & Slawomirski, L. (2020). Health information systems, electronic medical records, and big data in global healthcare: Progress and challenges in OECD countries. In R. Haring, I. Kickbusch, D. Ganten, & M. Moeti (Hrsg.), *Handbook of global health* (S. 1–31). Springer International Publishing. https://doi.org/10.1007/978-3-030-05325-3_71-1

Damschroder, L. J., Pritts, J. L., Neblo, M. A., Kalarickal, R. J., Creswell, J. W., & Hayward, R. A. (2007). Patients, privacy and trust: Patients' willingness to allow researchers to access their medical records. *Social Science and Medicine, 64*(1), 223–235. https://doi.org/10.1016/j.socscimed.2006.08.045

Darcy, A., Daniels, J., Salinger, D., Wicks, P., & Robinson, A. (2021). Evidence of human-level bonds established with a digital conversational agent: Cross-sectional, retrospective observational study. *JMIR Formative Research, 5*(5), e27868. https://doi.org/10.2196/27868

Davenport, T., & Kalakota, R. (2019). The potential for artificial intelligence in healthcare. *Future Healthcare Journal, 6*(2), 94–98. https://doi.org/10.7861/futurehosp.6-2-94

Dormandy, K. (2020). *Trust in epistemology*. Taylor & Francis.

Dyer, J. H., & Chu, W. (2003). The role of trustworthiness in reducing transaction costs and improving performance: Empirical evidence from the United States, Japan, and Korea. *Organization Science, 14*(1), 57–68. JSTOR.

Erikson, E. H. (1950). *Childhood and society*. Norton.

Europäisches Parlament. (2020). *Was ist künstliche Intelligenz und wie wird sie genutzt?* https://www.europarl.europa.eu/news/de/headlines/society/20200827STO85804/was-ist-kunstliche-intelligenz-und-wie-wird-sie-genutzt. Zugegriffen am 06.05.2024.

European Commission. (2022). *Communication from the Commission – A European Health Data Space: Harnessing the power of health data for people, patients and innovation. COM(2022) 196/2*. https://health.ec.europa.eu/publications/communication-commission-european-health-data-space-harnessing-power-health-data-people-patients-and_en. Zugegriffen am 06.05.2024.

Farzaneh, H., Malehmirchegini, L., Bejan, A., Afolabi, T., Mulumba, A., & Daka, P. P. (2021). Artificial intelligence evolution in smart buildings for energy efficiency. *Applied Sciences, 11*(2), 763. https://doi.org/10.3390/app11020763

Ferretti, A., Schneider, M., & Blasimme, A. (2018). Machine learning in medicine. *European Data Protection Law Review, 4*(3). https://doi.org/10.21552/edpl/2018/3/10

Fledderus, J., Brandsen, T., & Honingh, M. (2014). Restoring trust through the co-production of public services: A theoretical elaboration. *Public Management Review, 16*(3), 424–443. https://doi.org/10.1080/14719037.2013.848920

Fogg, B. J. (2004). *Persuasive technology: Using computers to change what we think and do ([Nachdr.])*. Morgan Kaufmann.

Fonagy, P., & Allison, E. (2014). The role of mentalizing and epistemic trust in the therapeutic relationship. *Psychotherapy (Chicago, Ill.), 51*(3), 372–380. https://doi.org/10.1037/a0036505

Frevert, U. (2013). *Vertrauensfragen: Eine Obsession der Moderne*. C. H. Beck.

Fricker, E. (2014). Epistemic trust in oneself and others – An argument from analogy? In L. F. Callahan & T. O'Connor (Hrsg.), *Religious faith and intellectual virtue* (S. 174–203). Oxford University Press.

Friedman, B., Khan, P., & Howe, D. (2000). *Trust online, 43*(12), Article 12.

Fukuyama, F. (1995). *Trust: The social virtues and the creation of prosperity*. Free Press.

Gellerstedt, M. (2016). The digitalization of health care paves the way for improved quality of life? *Systemics, Cybernetics and Informatics, 14*(5), 1–10.

Gille, F. (2022). About the essence of trust: Tell the truth and let me choose – I might trust you. *International Journal of Public Health, 67*. https://doi.org/10.3389/ijph.2022.1604592

Gille, F., Smith, S., & Mays, N. (2014). Why public trust in health care systems matters and deserves greater research attention. *Journal of Health Services Research & Policy, 20*(1), 62–64. https://doi.org/10.1177/1355819614543161

Gille, F., Smith, S., & Mays, N. (2017). Towards a broader conceptualisation of 'public trust' in the health care system. *Social Theory & Health, 15*(1), 25–43. https://doi.org/10.1057/s41285-016-0017-y

Gille, F., Jobin, A., & Ienca, M. (2020). What we talk about when we talk about trust: Theory of trust for AI in healthcare. *Intelligence-Based Medicine, 100001*. https://doi.org/10.1016/j.ibmed.2020.100001

Gille, F., Smith, S., & Mays, N. (2021). What is public trust in the healthcare system? A new conceptual framework developed from qualitative data in England. *Social Theory & Health, 19*(1), 1–20. https://doi.org/10.1057/s41285-020-00129-x

Gille, F., Smith, S., & Mays, N. (2022). Evidence-based guiding principles to build public trust in personal data use in health systems. *DIGITAL HEALTH, 8*. https://doi.org/10.1177/20552076221111947

Goldman, A. I. (1999). *Knowledge in a social world*. Oxford University Press.

Graham, P. J. (2020). What is epistemic entitlement?: Reliable competence, reasons, inference, access. In C. Kelp & J. Greco (Hrsg.), *Virtue theoretic epistemology* (1. Aufl., S. 93–123). Cambridge University Press. https://doi.org/10.1017/9781108666404.005

van Haasteren, A. (2019). *Trust in digital health*. ETH Zurich. https://doi.org/10.3929/ethz-b-000388710

Hardin, R. (2002). *Trust and trustworthiness* (Bd. 4). Russell Sage Foundation.

Hartmann, M. (2004). Vertrauen. In G. Göhler, M. Iser, & I. Kerner (Hrsg.), *Politische Theorie: 22 umkämpfte Begriffe zur Einführung* (S. 385–401). VS Verlag für Sozialwissenschaften. https://doi.org/10.1007/978-3-663-14670-4_23

Herian, M. N., Shank, N. C., & Abdel-Monem, T. L. (2014). Trust in government and support for governmental regulation: The case of electronic health records. *Health Expectations, 17*(6), 784–794. https://doi.org/10.1111/j.1369-7625.2012.00803.x

Hoerbst, A., Kohl, C. D., Knaup, P., & Ammenwerth, E. (2010). Attitudes and behaviors related to the introduction of electronic health records among Austrian and German citizens. *International Journal of Medical Informatics, 79*(2), 81–89. https://doi.org/10.1016/j.ijmedinf.2009.11.002

Jenneboer, L., Herrando, C., & Constantinides, E. (2022). The impact of chatbots on customer loyalty: A systematic literature review. *Journal of Theoretical and Applied Electronic Commerce Research, 17*(1), 212–229. https://doi.org/10.3390/jtaer17010011

Jiang, F., Jiang, Y., Zhi, H., Dong, Y., Li, H., Ma, S., Wang, Y., Dong, Q., Shen, H., & Wang, Y. (2017). Artificial intelligence in healthcare: Past, present and future. *Stroke and Vascular Neurology, 2*(4), 230–243. https://doi.org/10.1136/svn-2017-000101

Jobin, A., Ienca, M., & Vayena, E. (2019). The global landscape of AI ethics guidelines. *Nature Machine Intelligence, 1*(9), 389–399. https://doi.org/10.1038/s42256-019-0088-2

Keijsers, M., Bartneck, C., & Eyssel, F. (2021). What's to bullying a bot? *Interaction Studies. Social Behaviour and Communication in Biological and Artificial Systems, 22*(1), 55–80. https://doi.org/10.1075/is.20002.kei

Kohane, I. S. (2011). Using electronic health records to drive discovery in disease genomics. *Nat Rev Genet, 12*(6), 417–428.

Kroeger, F. (2017). Facework: Creating trust in systems, institutions and organisations. *Cambridge Journal of Economics, 41*(2), 487–514. https://doi.org/10.1093/cje/bew038

Lafky, D. B., & Horan, T. A. (2011). Personal health records: Consumer attitudes toward privacy and security of their personal health information. *Health Informatics Journal, 17*(1), 63–71. https://doi.org/10.1177/1460458211399403

Lewis, C. T. (1980). *A Latin Dictionary*. Open University Press.

Leydi, E. (2021). One word in four hundred words – fiducia (Trust). *MedicinaNarrativa.Eu*. https://www.medicinanarrativa.eu/one-word-in-four-hundred-words-trust. Zugegriffen am 24.04.2024.

Luhmann, N. (2009). Vertrauen: Ein Mechanismus der Reduktion sozialer Komplexität. In *UTB für Wissenschaft Soziologie fachübergreifend* (4. Aufl.). Lucius&Lucius.

Luo, B., Lau, R. Y. K., Li, C., & Si, Y. (2022). A critical review of state-of-the-art chatbot designs and applications. *WIREs Data Mining and Knowledge Discovery, 12*(1). https://doi.org/10.1002/widm.1434

MacLeod, S. P. (2011). *Celtic myth and religion: A study of traditional belief, with newly translated prayers, poems and songs*. McFarland.

Maiorana, A., Steward, W. T., Koester, K. A., Pearson, C., Shade, S. B., Chakravarty, D., & Myers, J. J. (2012). Trust, confidentiality, and the acceptability of sharing HIV-related patient data: Lessons learned from a mixed methods study about Health Information Exchanges. *Implementation Science: IS, 7*, 34. https://doi.org/10.1186/1748-5908-7-34

McKnight, H., Carter, M., & Clay, P. (2009). Trust in technology: Development of a set of constructs and measures. DIGIT 2009 Proceedings.10. http://aisel.aisnet.org/digit2009/10

Meyer, S., Ward, P., Coveney, J., & Rogers, W. (2008). Trust in the health system: An analysis and extension of the social theories of Giddens and Luhmann. *Health Sociology Review, 17*(2), 177–186. https://doi.org/10.5172/hesr.451.17.2.177

Misztal, B. A. (1996). *Trust in modern societies* (1. Aufl.). Blackwell Publishers Inc.

Nass, C., & Moon, Y. (2000). Machines and mindlessness: Social responses to computers. *Journal of Social Issues, 56*(1), 81–103. https://doi.org/10.1111/0022-4537.00153

Nass, C., Steuer, J., Tauber, E., & Reeder, H. (1993). Anthropomorphism, agency, and ethopoeia. In S. Ashlund (Hrsg.), *INTERACT '93 and CHI '93 conference companion on human factors in computing systems* (S. 111–112). ACM. https://doi.org/10.1145/259964.260137

Nißen, M., Rüegger, D., Stieger, M., Flückiger, C., Allemand, M., Wangenheim, V. F., & Kowatsch, T. (2022). The effects of health care chatbot personas with different social roles on the client-chatbot bond and usage intentions: Development of a design codebook and web-based study. *Journal of Medical Internet Research, 24*(4), e32630. https://doi.org/10.2196/32630

Nittas, V., Daniore, P., Landers, C., Gille, F., Amann, J., Hubbs, S., Puhan, M. A., Vayena, E., & Blasimme, A. (2023). Beyond high hopes: A scoping review of the 2019–2021 scientific discourse on machine learning in medical imaging. *PLOS Digital Health, 2*(1), e0000189. https://doi.org/10.1371/journal.pdig.0000189

O'Neill, O., & Bardrick, J. (2017). *Trust, trustworthiness and transparency*. British Academy.

Papoutsi, C., Reed, J. E., Marston, C., Lewis, R., Majeed, A., & Bell, D. (2015). Patient and public views about the security and privacy of Electronic Health Records (EHRs) in the UK: Results from a mixed methods study. *BMC Medical Informatics and Decision Making, 15*(1), 86. https://doi.org/10.1186/s12911-015-0202-2

Platt, J. E., Jacobson, P. D., & Kardia, S. L. R. (2018). Public trust in health information sharing: A measure of system trust. *Health Services Research, 53*(2), Article 2. https://doi.org/10.1111/1475-6773.12654

Przegalinska, A., Ciechanowski, L., Stroz, A., Gloor, P., & Mazurek, G. (2019). In bot we trust: A new methodology of chatbot performance measures. *Business Horizons, 62*(6), 785–797. https://doi.org/10.1016/j.bushor.2019.08.005

Reimann, M., Schilke, O., & Cook, K. S. (2017). Trust is heritable, whereas distrust is not. *Proceedings of the National Academy of Sciences, 114*(27), Article 27. https://doi.org/10.1073/pnas.1617132114

Sahoo, J. (2017). The significance of ethical values in business. *Ravenshaw, Journal of Phylosophy, III*, 63–77.

Saunders, T. J. (1995). *Aristoteles, politics: Books 1. And 2*. Clarendon.

Schmidt, J.-H. (2021). Soziale Medien als Innovation. In B. Blättel-Mink, I. Schulz-Schaeffer, & A. Windeler (Hrsg.), *Handbuch Innovationsforschung* (S. 797–810). Springer Fachmedien. https://doi.org/10.1007/978-3-658-17668-6_52

Schmitt, T., Cosgrove, S., Pajić, V., Papadopoulos, K., & Gille, F. (2023). What does it take to create a European Health Data Space? International commitments and national realities. *Zeitschrift Für Evidenz, Fortbildung Und Qualität Im Gesundheitswesen.* https://doi.org/10.1016/j.zefq.2023.03.011

Sedlakova, J., & Trachsel, M. (2023). Conversational artificial intelligence in psychotherapy: A new therapeutic tool or agent? *The American Journal of Bioethics: AJOB, 23*(5), 4–13. https://doi.org/10.1080/15265161.2022.2048739

Seidel, A., Wenzel, K., Hänel, A., Teicher, U., Weiß, A., Schäfer, U., Ihlenfeldt, S., Eisenmann, H., & Ernst, H. (2023). Towards a seamless data cycle for space components: Considerations from the growing European future digital ecosystem Gaia-X. *CEAS Space Journal.* https://doi.org/10.1007/s12567-023-00500-4

Silvervarg, A., Raukola, K., Haake, M., & Gulz, A. (2012). The effect of visual gender on abuse in conversation with ECAs. In Y. Nakano (Hrsg.), *Intelligent virtual agents* (Bd. 7502, S. 153–160). Springer.

Singh, J., Crisafulli, B., La Quamina, T., & Xue, M. T. (2020). 'To trust or not to trust': The impact of social media influencers on the reputation of corporate brands in crisis. *Journal of Business Research, 119*, 464–480. https://doi.org/10.1016/j.jbusres.2020.03.039

Sousa, M. J., de Barros, G. O., & Tavares, N. (2022). Artificial intelligence trends: Insights for digital economy policymakers. In T. Guarda, S. Anwar, M. Leon, & F. J. Mota Pinto (Hrsg.), *Information and knowledge in internet of things* (S. 163–186). Springer International Publishing. https://doi.org/10.1007/978-3-030-75123-4_8

Spil, T., & Klein, R. (2015). The personal health future. *Health Policy and Technology, 4*(2), 131–136. https://doi.org/10.1016/j.hlpt.2015.02.004

Sponholz, L. (2018). Hate Speech in der Medienwissenschaft. In L. Sponholz (Hrsg.), *Hate Speech in den Massenmedien: Theoretische Grundlagen und empirische Umsetzung* (S. 93–134). Springer Fachmedien. https://doi.org/10.1007/978-3-658-15077-8_3

Starke, G., & Ienca, M. (2022). Misplaced trust and distrust: How not to engage with medical artificial intelligence. *Cambridge Quarterly of Healthcare Ethics*, 1–10. Cambridge Core. https://doi.org/10.1017/S0963180122000445

Starke, G., van den Brule, R., Elger, B. S., & Haselager, P. (2022). Intentional machines: A defence of trust in medical artificial intelligence. *Bioethics, 36*(2), 154–161. https://doi.org/10.1111/bioe.12891

Sterckx, S., Rakic, V., Cockbain, J., & Borry, P. (2015). 'You hoped we would sleep walk into accepting the collection of our data': Controversies surrounding the UK care.data scheme and their wider relevance for biomedical research. *Medicine, Health Care, and Philosophy, 19*, 177–190. https://doi.org/10.1007/s11019-015-9661-6

Stevenson, F., Lloyd, N., Harrington, L., & Wallace, P. (2013). Use of electronic patient records for research: Views of patients and staff in general practice. *Family Practice, 30*(2), 227–232. https://doi.org/10.1093/fampra/cms069

Sztompka, P. (1999). *Trust: A sociological theory*. Cambridge University Press.

Trittin-Ulbrich, H., Scherer, A. G., Munro, I., & Whelan, G. (2021). Exploring the dark and unexpected sides of digitalization: Toward a critical agenda. *Organization, 28*(1), 8–25. https://doi.org/10.1177/1350508420968184

Wernsmann, C. (2022). Automatisierung dialoggeführter Prozesse mit Chatbots. In C. Feldmann (Hrsg.), *Praxishandbuch Robotic Process Automation (RPA)* (S. 359–382). Springer Gabler.

Wilde, A. (2014). Trust, uncertainty and identity in health-related decision-making: The role of key professionals. *Disability & Society, 29*(2), Article 2. https://doi.org/10.1080/09687599.2013.796880

Wiśniewska, J., & Różycka, M. (2021). The problem of trust in innovative ICT technologies used in e-health systems. The case study of private health care units located in Szczecin. In *Knowledge-based and intelligent information & engineering systems: Proceedings of the 25th International Conference KES2021, 192* (S. 3647–3656). https://doi.org/10.1016/j.procs.2021.09.138

Sichere Digitalwirtschaft

Cyber-Sicherheit, mehr als nur Technik

Tom F. Hofmann ⓘD

7.1   Risiken der digitalen Welt

Cyberkriminalität ist eine inhärente Gefahr unserer digitalen, hochvernetzten Welt (European Union Agency for Law Enforcement Cooperation, 2021; Federal Bureau of Investigation (FBI), 2022; Verizon, 2023). Eine stetige Zunahme der Anzahl der Cyberangriffe und ihrer Ausmaße ist auch in der Region Deutschland, Österreich und Schweiz (DACH) zu beobachten (Bundesamt für Sicherheit in der Informationstechnik (BSI), 2022; Bundesamt für Statistik, 2022; Bundesministerium für Inneres, Bundeskriminalamt, 2023). 2022 verursachten Cyberkriminelle allein in Deutschland einen Schaden von 202,7 Mrd. € (BITKOM, 2022). Cyberangriffe stellten 2022 für einen Großteil der Unternehmen eine existenzbedrohende Gefahr dar (BITKOM, 2022). Mit zunehmender Digitalisierung, der einhergehenden Vernetzung und den wachsenden Abhängigkeiten dürfte dies zukünftig noch weiter zunehmen.

Kriminelle oder auch terroristisch, politisch und ideologisch motivierte Gefahren sind dabei nicht neu. Sie haben mit der Digitalisierung und dem Cyberspace jedoch eine neue Dimension erreicht und zu einem hoch spezialisierten Ökosystem mit professionellen Dienstleistungen samt arbeitsteiliger Organisation geführt. Dabei bleibt **Ransomware** weiterhin die Hauptbedrohung (Bundesamt für Sicherheit in der Informationstechnik (BSI), 2022).

T. F. Hofmann (✉)
CEO wicked.design, Zürich, Schweiz
E-Mail: tom@wicked.design

© Der/die Autor(en), exklusiv lizenziert an Springer Fachmedien Wiesbaden GmbH, ein Teil von Springer Nature 2024
L. Staffler et al. (Hrsg.), *Digitalwirtschaft*, https://doi.org/10.1007/978-3-658-45724-2_7

Fallbeispiel 1: Ransomware-Gruppen

Ransomware-Gruppen agieren wie Start-ups, mit eigenen Entwicklungs- und Test-
abteilungen. Die Personalverwaltung kümmert sich um das Recruiting via Online-
Jobbörsen, es gibt ein *referral program* mit Prämien für Neueinstellungen sowie einen
Wettbewerb, um die Mitarbeitenden des Monats zu bestimmen (Check Point Research,
2022). Die entwickelte Schadsoftware wird dann im Rahmen eines *Ransomware-as-a-
Service*(RaaS)-Geschäftsmodells Dritten, sogenannten *affiliates*, zur Verfügung gestellt
(Trendmicro, 2023). Darin enthalten sind dann auch Hilfsmittel wie eine Chatfunktion
für den Austausch mit den Opfern, Software zum Datendiebstahl und Zugriff auf den
Blog der Ransomware-Gruppe. Auf den Blogs können dann selbstständig neue Opfer
hinzugefügt werden, inklusive Firmenlogo und einem kleinen Datenpaket als Beweis
(siehe Abb. 7.1). ◄

Selbst der initiale **Einbruch** in die Organisation kann ausgelagert werden. Diese Rolle
übernehmen sogenannte *Initial Access Brokers* (IAB). Deren Hauptgeschäft besteht darin,
Zugang zu kompromittierten Systemen oder Netzwerken zu erlangen und diesen an andere Cyberkriminelle oder Gruppen zu verkaufen. Diese können dann spezifische Angriffe
wie Ransomware, Datendiebstahl oder Industriespionage durchführen (Malwarebytes
Lab, 2022).

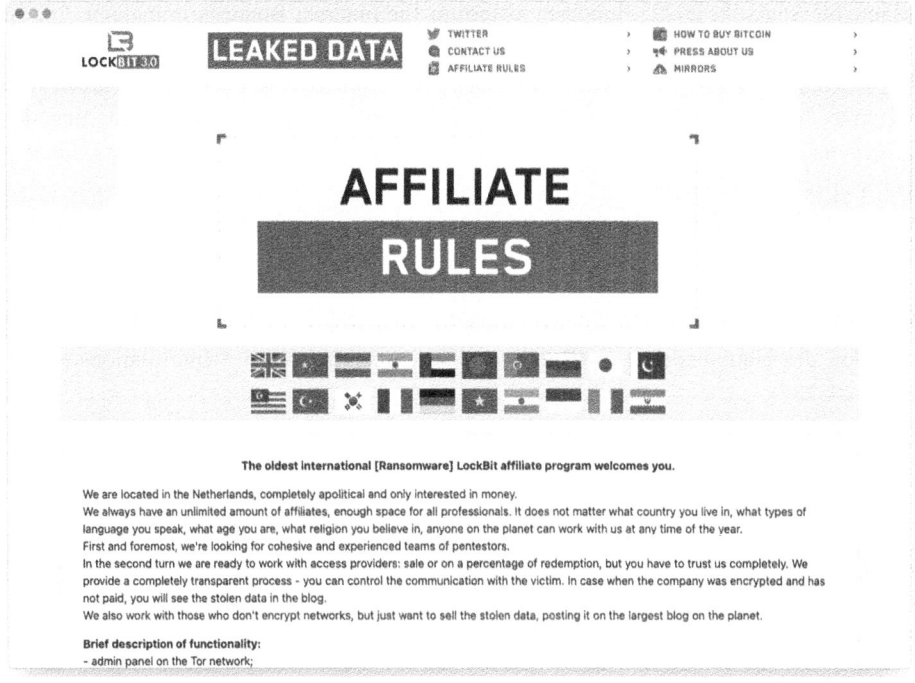

Abb. 7.1 Affiliate-Seite der Gruppe LockBit 3.0. (Screenshot: Tom Hofmann)

Fallbeispiel 2: Genesis

Genesis ist ein IAB-Marktplatz (siehe Abb. 7.2). Dort kann spezifisch nach Land und kompromittiertem Webservice gefiltert werden. Hat man einen passenden Zugang identifiziert, wird dieser nach dem Kauf direkt via Browser Extension geladen und man kann sich via *Impersonation as a Service* (IMPaaS) anmelden (Campobasso & Allodi, 2020, 2023). Auf ein solches Szenario bezieht sich z. B. ein Cyberangriff auf die Universität Zürich im Jahr 2023 (Hostettler, 2023). ◀

Eine weitere Gefahr ist **Wirtschafts- und Industriespionage** (BITKOM, 2021; Bundesamt für Verfassungsschutz, 2023). Staatliche wie auch private Akteure nutzen Cyberangriffe, um wirtschaftlich relevante und vertrauliche Daten zu erlangen, wie z. B. Forschungs- und Entwicklungsdaten, Betriebsgeheimnisse oder Kundendaten (Office of the U.S. & Intellectual Property Enforcement Coordinator, 2021; Zwahlen et al., 2020). Dies ist besonders relevant für die DACH-Region, welche über eine Vielzahl an kleinen und mittelständischen Unternehmen (KMU) verfügt (Fust et al., 2022). Allein in Deutschland beschäftigen KMU über die Hälfte aller Arbeitnehmenden, und sie verantworten über 40 % der Bruttowertschöpfung (Statistisches Bundesamt, 2020). *Hidden champions* sind hier besonders gefährdet. Dies sind oft kaum oder wenig bekannte Unternehmen, welche in ihren jeweiligen Nischenmärkten weltweit führend sind oder zu den Top-Playern gehören (Credit Suisse, 2015; Rammer & Spielkamp, 2015). Häufig handelt es sich dabei um kleine und mittelständische Unternehmen, welche nicht über etablierte

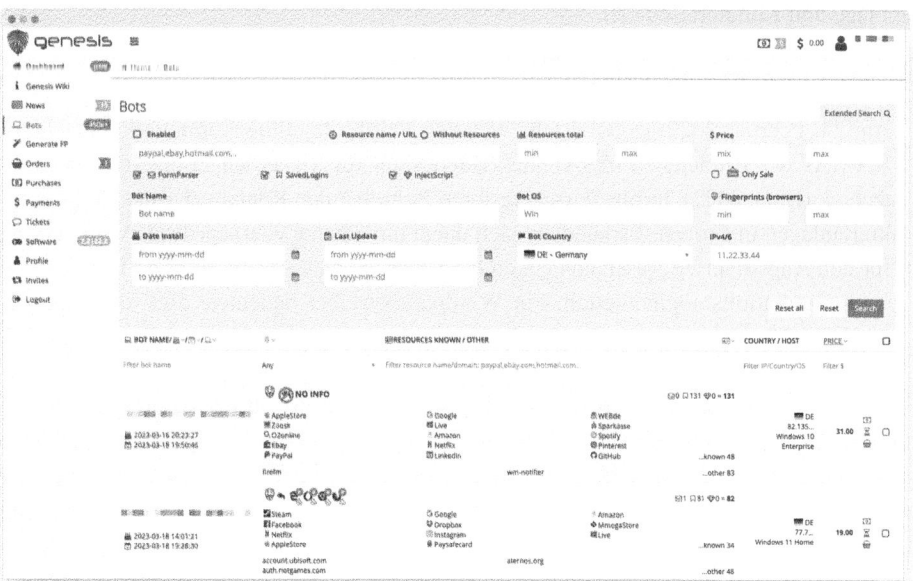

Abb. 7.2 IAB-Marktplatz Genesis. (Screenshot: Tom Hofmann)

technische, personelle und strukturelle Kapazitäten im Bereich Cybersicherheit verfügen. Das globale Handeln, die Qualität ihrer Produkte, das Wissen und der niedrige Stand an Cybersicherheit machen sie zu lohnenswerten Zielen für Cyberkriminelle (Bernard, 2017; Henseler-Unger & Hillebrand, 2018; Oliver Dehning & eco – Verband der Internetwirtschaft e. V., 2017).

Auch Abhängigkeiten in Lieferketten spielen eine signifikante Rolle.

Fallbeispiel 3: LAPSUS$

2022 brach eine Gruppierung namens LAPSUS$ in die Systeme weltweiter Technologiekonzerne ein, darunter Firmen wie Microsoft, Nvidia, Ubisoft, Samsung, Vodafone und LG (Beuth, 2022). Ein von Nvidia gestohlenes digitales Zertifikat wurde daraufhin verwendet, um Schadsoftware als legitime Software zu signieren und somit den Virenschutz auszuhebeln (Arntz, 2022). Ebenso betroffen war die Firma Okta, Anbieterin eines weltweiten Single-Sign-On(SSO)-Dienstes (Okta, 2022). Im schlimmsten Fall hätten die Angreifer über diesen Dienst Systeme der Kunden kompromittieren können. Dass solche Szenarien nicht nur Theorie sind, zeigte 2021 der Angriff auf den IT-Dienstleister Kaseya durch die REvil Ransomware Gruppe. In Folge dessen musste der Schwedische Einzelhändler Coop etwa 800 Filialen schließen, da die Kassensysteme nicht mehr verfügbar waren (The Record, 2021b). Im Fall LAPSUS$ war der verhaftete Hauptverdächtige übrigens kein Berufskrimineller, sondern ein 16-jähriger Jugendlicher (BBC News, 2022). ◀

Die zunehmend vernetzten Lieferketten bergen zusätzlich neue Gefahren, wie Cybersabotage und Kollateralschäden.

Fallbeispiel 4: Satellitenausfall

Am 24. Februar 2022, gegen 3 Uhr Weltzeit, fiel der Satellitenkommunikationsdienst KA-SAT des Anbieters VIASAT aus (Bundesamt für Sicherheit in der Informationstechnik (BSI), 2022). Infolgedessen verloren Betreiber den Kontakt zu rund 5800 Windkraftanlagen in Europa. Es handelte sich dabei um einen Cyberangriff als Vorbereitung für den Angriffskrieg Russlands gegen die Ukraine. Ziel war die Störung ukrainischer Kommunikationsmöglichkeiten. Für Windparkbetreiber bedeutete dies, dass alle betroffenen Modems vor Ort von Hand ersetzt werden mussten (Nast, 2022). ◀

Das offensichtlichste Risiko für Organisationen ist die **Beeinträchtigung der Wertschöpfung** bis hin zum Ausfall von Produktionsfähigkeiten (Norsk Hydro, 2019). Einen unvermeidlichen Aufwand liefern die steigenden rechtlichen Anforderungen. Eines der prominentesten Beispiele der letzten Jahre ist sicherlich die Datenschutzgrundverordnung der EU (DSGVO, englisch GDPR) (Europäischen Union, 2016b). Dass es sich dabei nicht nur um theoretische Risiken handelt, zeigen die in der Vergangenheit verhängten Sanktionen (*GDPR Enforcement Tracker – List of GDPR Fines*, 2021). Während in der EU bei

Datenschutzverletzungen Firmen sanktioniert werden, sind es in der Schweiz natürliche Personen (Rosenthal, 2020). Verantwortliche können mit bis zu 250.000 CHF belangt werden. Diese Konsequenzen sind dabei nicht versicherbar und Betroffene erhalten bei einer Verurteilung einen Eintrag ins Strafregister. Es ergeben sich somit je nach Gesetzgebung unmittelbare Risiken für betroffene Personen.

Zusätzlich entstehen durch die unterschiedlichen **Regulatoren** sektorspezifische Anforderungen, wie die NIS2-Direktive für Betreiberinnen kritischer Infrastruktur (KRITIS) (Europäischen Union, 2016c). Darüber hinaus existieren nationale Gesetze mit entsprechenden Vorgaben für Organisationen, z. B. zur Regelung der Informationssicherheit in Deutschland (Zweites Gesetz Zur Erhöhung Der Sicherheit Informationstechnischer Systeme, 2021), Österreich (RIS – Netz- Und Informationssystemsicherheitsgesetz – Bundesrecht Konsolidiert, Fassung Vom 20.03.2023, 2023) und der Schweiz (Bundesgesetz Über Die Informationssicherheit Beim Bund, 2020).

Je nach Branche gilt es auch spezifische **Compliance-Richtlinien** zu beachten, etwa im Automotive Sektor (ENX Association, 2023) oder in der Finanzindustrie (Bundesanstalt für Finanzdienstleistungsaufsicht (BaFin), 2017, 2018, 2019; Eidgenössische Finanzmarktaufsicht FINMA, 2008). Die Zunahme regulatorischer Vorgaben und Compliance-Richtlinien bringt eine steigende Belastung der Organisationen mit sich (Pearson, 2014). Parallel erfolgt eine Zunahme der indirekten Cyberrisiken, zum Beispiel Reputationsschäden und Vertrauensverlust – sei es durch einen direkten Cybervorfall oder durch die Nichteinhaltung von Gesetzen (DiStaso, 2018; Perera et al., 2022).

Das Thema Cybersicherheit ist somit keinesfalls auf die IT beschränkt. Es ist eine Führungs- und Querschnittsaufgabe, welche in der Geschäftsleitung adressiert werden muss (Rothrock et al., 2018). Gleichzeitig sollten finanzielle, personelle und technische Aufwände nicht einfach nur als Kostenfaktor gesehen werden, sondern als Investition in die Zukunftsfähigkeit der Organisation.

7.2 IKT-, Informations- oder doch Cybersicherheit?

Eine Grundlage für eine erfolgreiche Zusammenarbeit ist eine gemeinsame und einheitliche Terminologie. Im Bereich der digitalen Sicherheit begegnen uns heute noch unterschiedlichste, unscharf definierte Bezeichnungen – von Cyber- über Informations- hin zu IKT- oder IT-Sicherheit. Der Mangel an Klarheit wird in der Praxis häufig übersehen, was zu konkreten Problemen führen muss. Häufig wird implizit davon ausgegangen, dass jede Person in einer Organisation über das gleiche Verständnis für das Thema Sicherheit und seine Terminologie verfügt. In der Realität ist es jedoch oft etwa so, dass Person A dabei an klassische Informations- und Kommunikationstechnologie (IKT) denkt und damit den Schutz der Telefonanlage meint, während Person B über Gefährdungen für die digitalisierte Produktionsstraße spricht und somit cyber-physische Risiken adressiert. Dies führt zu Reibungen und Ineffektivität was den Umfang des Themas angeht, aber auch was die Aufgaben, Kompetenzen und Verantwortungen von *Chief Information Security Officers* (CISOs) sind.

Ein gemeinsames Verständnis ist daher essenziell für einen effektiven Dialog. Dieser ermöglicht einen einheitlichen Blick auf das Thema, die Vermittlung des Umfangs und die Definition des Ziels (Hill et al., 2012). Der folgende Abschnitt betrachtet die einzelnen Begriffe, und hilft beim Vertiefen des Begriffsverständnisses.

7.2.1 IKT-Sicherheit

Informations- und Kommunikationstechnologie(IKT)-Sicherheit, oder Informationstechnologie(IT)-Sicherheit, befasst sich mit dem Schutz von technologischen Assets, die digitale Daten speichern, verarbeiten und übertragen (Rossouw von Solms & Johan van Niekerk, 2013). Dementsprechend ist in der IKT-Sicherheit das Schutzobjekt die IKT selbst, deren Schwachstellen vor verschiedenen Bedrohungen zu schützen ist (siehe Abb. 7.3).

Szenario 1: Telefonanlagen

In einem Call-Center sind Telefonanlagen kritische Elemente. Heutzutage sind sie fast alle digital. Störungen oder gar Ausfälle dieser IKT-Infrastruktur können signifikante Auswirkungen auf den Geschäftsbetrieb und die Reputation haben. Kundendaten wären in diesem Szenario nicht betroffen, das relevante Schutzobjekt ist die Telefonanlage und ihre Position in der Wertschöpfung der Organisation. ◄

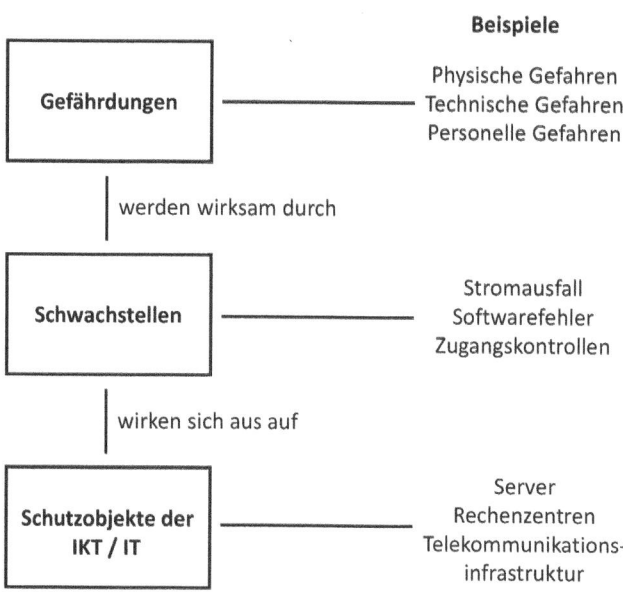

Abb. 7.3 IKT-Sicherheit. (Adaptiert von Solms & Niekerk, 2013)

7.2.2 Informationssicherheit

Informationssicherheit befasst sich in der Regel mit der Vertraulichkeit, Verfügbarkeit und Integrität von Informationen (siehe Abb. 7.4). Dabei umfasst der Begriff *Information* sowohl digitale als auch analoge Formen, sei es für Speicherung, Verarbeitung oder Transport. Die IKT-Sicherheit wird als Teil der Informationssicherheit betrachtet, da die Sicherheit aller Ressourcen und Prozesse, die mit Informationen zu tun haben, eine wesentliche Anforderung ist. Wenn dieser Zustand nicht gegeben ist, können die Informationen selbst nicht als sicher betrachtet werden. Hier gilt es also die Information an sich zu schützen (siehe Abb. 7.4).

Szenario 2: Doppelte Erpressung

Die Vertraulichkeit, Verfügbarkeit und Integrität von als sensitiv deklarierten internen Daten muss geschützt werden. Eine der signifikantesten Bedrohungen in diesem Bereich ist seit Jahren Ransomware. Durch den Ansatz der doppelten Erpressung werden Daten a) gestohlen und bei NichtBezahlen des Lösegelds veröffentlicht, was die Vertraulichkeit verletzt, und b) sind sie nach der Verschlüsselung nicht mehr verfügbar. ◀

Solche Daten sind auch im Physischen zu schützen, z. B. wenn es um Papierausdrucke geht, aber auch um die Datenträger selbst, wie ein Vorfall der Zürcher Direktion für Justiz und des Innern im Jahr 2022 zeigt (Etter, 2022). Durch unsachgemäße Entsorgung gelangten Daten der Justiz- und Ermittlungsbehörden in das kriminelle Milieu.

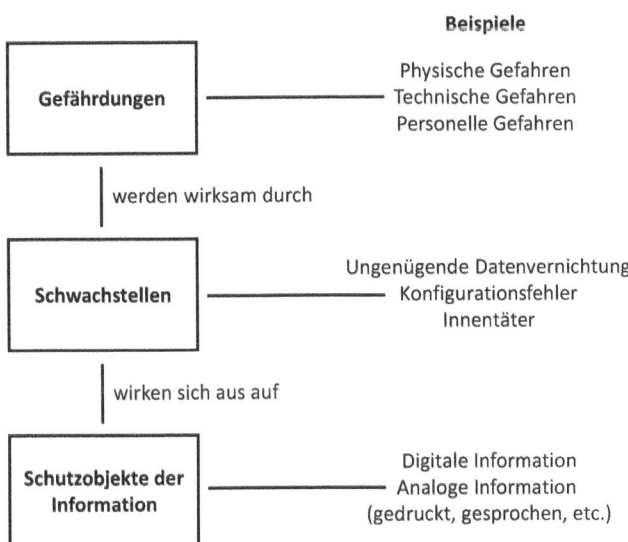

Abb. 7.4 Informationssicherheit. (Adaptiert von. Solms & Niekerk, 2013)

7.2.3 Cybersicherheit

Cybersicherheit befasst sich mit der Sicherheit von Menschen bis hin zu Gesellschaften und Nationen vor Risiken, die durch die Nutzung des Cyberspace entstehen. Hierbei geht es um den Schutz der Interessen und Assets, welche nicht informationsbasiert sind, und nicht um den Schutz der Informationen selbst (siehe Abb. 7.5).

Fallbeispiel 5: Enkeltrick

Ein Beispiel für Cybersicherheit ist der Schutz vor Cyberkriminalität. Täter nutzen digitale Kanäle für Betrugsmaschen, auch oft unter dem Namen *Enkeltrick* bekannt (Graf, 2023). Die Opfer erhalten Nachrichten, dass z. B. ihr Kind das Smartphone verloren hat. Deswegen schreibe man von einer unbekannten Nummer, die angeblich einem Freund oder Freundin gehört. Dann bitten die Täter um eine Überweisung, um ein neues Smartphone zu kaufen. Vertrauliche Daten wie PIN-Nummern werden in diesem Szenario nicht kompromittiert. Trotzdem schafft es die Täterschaft, ihr Ziel, die Geldtransaktion, durch digitale Mittel zu erreichen. ◀

Fallbeispiel 6: Wasserversorgung

Cybersicherheit kann, insbesondere im Bereich kritischer Infrastrukturen (KRITIS), zu gravierenderen Auswirkungen führen. Im August 2022 veröffentlichte die Ransomware-Gruppe Cl0p einen Eintrag auf ihrem Blog, in welchem sie den erfolgreichen Angriff auf ein britisches Wasserversorgungsunternehmen vermeldete (The Record, 2022). Die

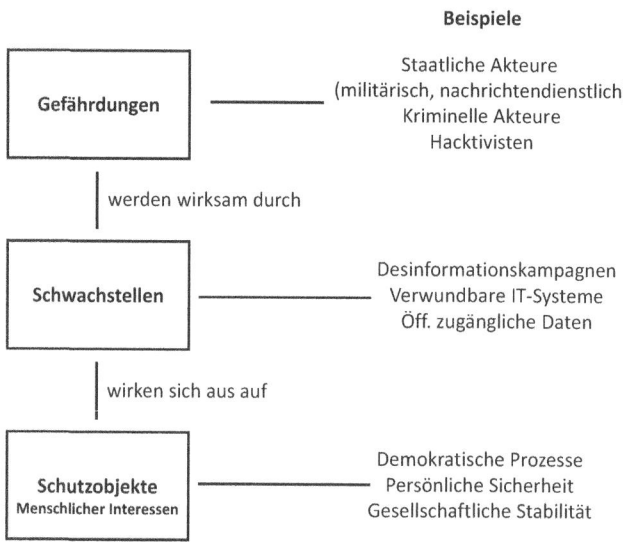

Abb. 7.5 Cybersicherheit. (Adaptiert von Solms & Niekerk, 2013)

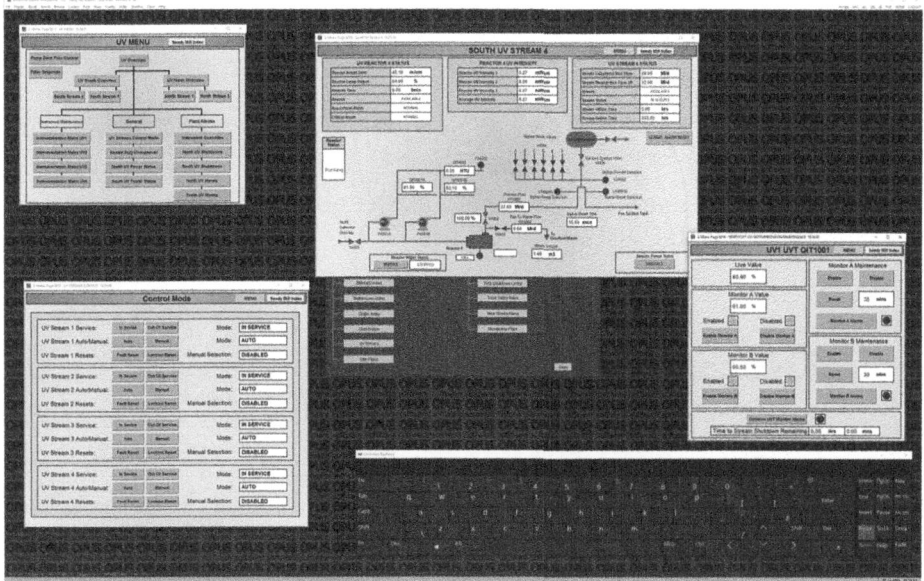

Abb. 7.6 Kontrollsysteme der Wasseraufbereitung. Veröffentlichung der Cl0p-Ransomware-Gruppe. (Screenshot: Tom Hofmann)

Gruppe verlautbarte, dass sie Monate in den internen Systemen verbracht hatten und dabei auch Zugriff auf die *Operational-Technology*-Systeme erlangten, welche z. B. die Behandlung des Wassers mit Chemikalien steuern. Als Beweis veröffentlichten sie Screenshots der Bedienoberflächen (siehe Abb. 7.6). ◄

Dass digitale Angriffe physische Auswirkungen haben können, zeigte bereits 2007 ein Experiment der US-Regierung – das sogenannte **Aurora-Experiment**. Dabei wurde ein Dieselgenerator durch manipulierte Datenpakete zerstört (Departement of Homeland Security, 2014; Zeller, 2011). Weiter zeigt es, wie essenziell die Begriffsdefinition in der Erarbeitung von Gegenmaßnahmen ist. Anstatt in diesem Fall auf digitale Schutzmechanismen – wie z. B. Firewalls – zu fokussieren, kommen relativ günstige und einfach einzusetzende physische (mechanische) Komponenten zum Einsatz (POWER, 2013).

7.2.4   Cybersicherheit, eine Frage der Definition

Es zeigt sich also, wie wichtig es ist, gleichzeitig ein klares Verständnis des Themas und seiner Terminologie zu entwickeln. Nur so kann ein effektiver Dialog über Gefährdungen, Risiken, Schutzobjekte und -maßnahmen stattfinden. Eine konsolidierte Ansicht findet sich in Abb. 7.7. Dieses Kapitel wird den Begriff Cybersicherheit als Überbegriff der drei Teilbereiche nutzen.

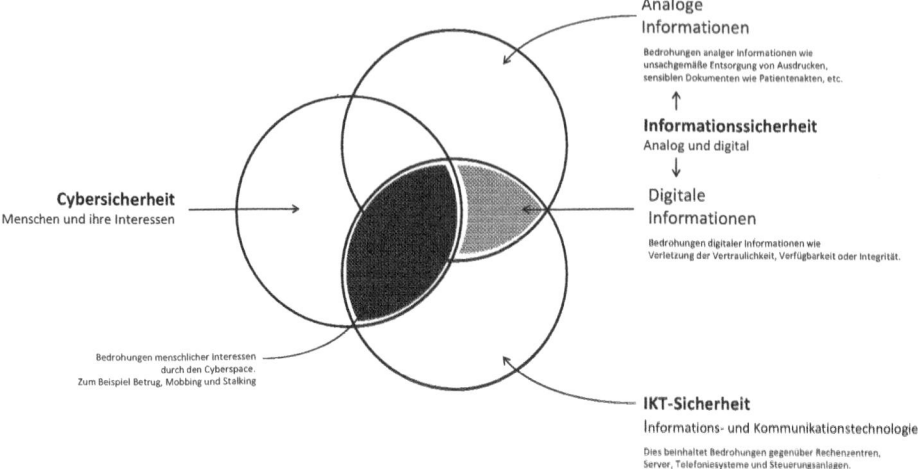

Abb. 7.7 IKT-, Informations- und Cybersicherheit. (Adaptiert von Rossouw von Solms & Johan van Niekerk, 2013)

Weiterhin ist zu beobachten, dass die Themen immer stärker ineinander übergehen. Bereits 2021 kündigte der Sprecher der Ransomware-Gruppe REvil an, neben der Verschlüsselung der Daten auch DDoS-Attacken (*Digital Denial of Service*, auf Deutsch Verhinderung des Anbietens eines Dienstes mit digitalen Mitteln) gegen IKT-Systeme einzusetzen und letztendlich sogar Führungspersonen zu verfolgen (The Record, 2021a). Im Jahr 2022 wurde dies zur Realität. Mitarbeitende von Organisationen erhalten zusätzlich Drohanrufe und -voicemails. Ziel ist es, weiter Druck aufzubauen und so Lösegeld zu erhalten. Organisationen müssen nun nicht mehr nur mit den technischen Problemen des Datenverlustes umgehen, sondern auch mit Personalangelegenheiten und psychologischen Problemen.

▶   **Tipp** Aus meiner Erfahrung empfehle ich Organisationen, diese Unterschiede in ihrem Kontext zu evaluieren und eine gemeinsame Terminologie über alle hierarchischen Ebenen zu etablieren.

7.3   Führungsaufgabe Cybersicherheit

Cybersicherheit benötigt eine dedizierte Ansprechperson, welche die Belange der Cybersicherheit strukturiert, koordiniert und überwacht – meist mithilfe eines Informationssicherheitsmanagementsystems (ISMS). Diese Verantwortung obliegt CISOs, im deutschsprachigen Raum wird häufig auch von Informationssicherheitsbeauftragten (ISB) gesprochen. Sie ist mittlerweile ein grundlegendes Element in relevanten Cybersicherheitsstandards (Federal Office for Information Security, 2021; ISO/IEC, 2022) und -frameworks (Information Systems Audit and Control Association, 2012; US National

Institute of Standards and Technology (NIST), 2013). Zusätzlich ergibt sie sich in der Praxis aus steigenden regulatorischen Anforderungen.

Zunehmend wird das Vorhandensein eines ISMS und somit einer CISO-Rolle durch **Gesetzgeber** (Gesetz über das Bundesamt für Sicherheit in der Informationstechnik (BSI-Gesetz – BSIG), 2021) und **Regulatoren** (Bundesanstalt für Finanzdienstleistungsaufsicht, 2021; Eidgenössische Finanzmarktaufsicht FINMA, 2008) zwingend vorgeschrieben.

Ein wesentliches Element für die Effektivität der CISO-Rolle, und somit für die Umsetzung und den Betrieb des ISMS, ist die organisatorische Ausgestaltung. CISOs müssen unabhängig und frei von Rollenkonflikten agieren können (Bundesamt für Sicherheit in der Informationstechnik (BSI), 2017c, b; ISO/IEC, 2022). Die Rolle sollte als Stabsstelle der obersten Leitungsebene zugeordnet sein.

7.3.1 Die Position der CISOs

Die Positionierung der CISOs kann an verschiedenen Stellen der Organisation stattfinden (Nemertes Research, 2022). Diese hat signifikante Auswirkungen auf den Aufbau, die Umsetzung und den Betrieb von Cybersicherheit. Aus dem Namen lässt sich bereits ableiten, dass es sich um eine *C-Level*-Rolle handelt, ähnlich den *Chief Financial Officers* (CFO) oder *Chief Operating Officers* (COO). Diese Ebene hat einen strategischen und ganzheitlichen Auftrag für ihr Themengebiet innerhalb der Organisation. CFOs prüfen keine einzelnen Rechnungen oder Spesenbelege, sie schaffen die organisatorischen Voraussetzungen für wirtschaftliches Handeln und das Einhalten regulatorischer Anforderungen. Dasselbe gilt für die CISO-Position und die Cybersicherheit. Diese Erkenntnis hat sich jedoch noch nicht in allen Organisationen manifestiert. Daher werden im Folgenden einige typische Beispiele der Platzierung von CISOs in Organisationen aufgeführt.

7.3.1.1 CISO und CIO

Die CISO-Rolle unter dem **Chief Information Officer** (CIO) führt oft dazu, dass Cybersicherheit als reines IT-Thema betrachtet wird. Dies birgt verschiedene Probleme und sollte zwingend vermieden werden. CISOs und CIOs haben unterschiedliche Ziele und Prioritäten. Vorgesetzte CIOs bestimmen in Organisationen Agenda, Priorisierung und Beauftragung der CISOs. Dies kann dazu führen, dass Informationen der Cybersicherheit auf der Führungsebene nicht ankommen und die Wirksamkeit der Cybersicherheit beeinträchtigt wird.

7.3.1.2 CISO und CFO

Agieren CISOs unter dem **Chief Financial Officer** (CFOs) führt dies oft dazu, dass Cybersicherheit als Checkbox-Aufgabe für Auditoren aufgefasst wird. Das Thema wird, ähnlich wie im Falle CISOs unter CIOs, als Kostenstelle betrachtet. Der Mehrwert ist auf die Erfüllung von Compliance-Vorgaben beschränkt. Strategisch existiert, wenn überhaupt, ein geringer Einfluss.

7.3.1.3 CISO und COO

Sind CISOs **Chief Operating Officer** (COOs) unterstellt, spricht dies für die Erkenntnis, dass Cybersicherheitsprobleme das Potenzial haben, jeden Aspekt des Betriebs zu stören. Die Organisation hat verstanden, dass angemessene Cybersicherheit eine grundlegende operationelle Anforderung ist. Es besteht jedoch die Gefahr, dass Sicherheitsmaßnahmen zugunsten des Betriebs zurückgestellt werden.

7.3.1.4 CISO und CRO

Cybersicherheit als Teil des Gebiets des **Chief Risk Officers** (CROs) ermöglicht die Einbettung in die breitere Risikolandschaft der Organisation. Dies bedarf jedoch eines effektiven und professionellen Risikoprogramms, welches über ausreichend Ressourcen verfügt. Zudem bedeutet es, dass Cybersicherheit als reines Risikothema betrachtet wird und nicht als strategische Komponente zur Förderung des Geschäfts.

7.3.1.5 CISO und CEO

Berichten CISOs an **Chief Executive Officers** (CEOs), ist dies ein starkes Statement dafür, dass das Unternehmen Cybericherheit als eine Kerngeschäftsangelegenheit betrachtet, die nicht nur operative und taktische Relevanz hat, sondern auch strategisch wichtig ist. Dieser Aufbau ermöglicht es, Cybersicherheit über die ganze Organisation zu adressieren und dabei über die notwendige Unabhängigkeit zu verfügen.

Die Erkenntnis, dass Cybersicherheit ein Thema der obersten Führungsebene ist, zeigt sich auch in der regulatorischen Entwicklung. Die **EU-NIS-2 Richtlinie** macht Cybersicherheit bereits zum Führungsthema, vom Risikomanagement bis hin zu Awareness-Schulungen (Europäischen Union, 2016a). Diese Direktive muss bis zum 17. Oktober 2024 durch die Mitgliedstaaten umgesetzt worden sein (Europäischen Union, 2016c). Die **US-Finanzmarktaufsicht SEC** beabsichtigt, Cyber-Security als verpflichtende Fähigkeit im Aufsichtsrat einzufordern (U.S. Securities and Exchange Commission (SEC), 2022). 2022 verfügten nur 1,4 % der 500 größten Firmen über eine:n CISO im Aufsichtsrat (DHR Global, 2023).

7.3.2 Der Umgang mit Risiken

Für Organisationen ist es wichtig, ihre Gefährdungen und Risiken zu kennen, ebenso wichtig ist jedoch der Umgang mit ihnen. Solch ein strukturierter Umgang wird als Risikobetriebsmodell (*risk operating model*, ROM) bezeichnet. Es beinhaltet ein Rahmenwerk für die verschiedenen Rollen, deren Aufgaben und ihre Beziehungen zueinander.

Eines der meist verbreiteten ist das Konzept der **drei Verteidigungslinien** (*three lines of defense*, 3LoD) (Arwinge & Olve, 2017). Ursprünglich vom *Institute of Internal Auditors* entwickelt (The Institute of Internal Auditors, 2020), hat es sich auch in der Cybersicherheit etabliert. Die drei „Verteidigungslinien" sind dabei nicht als trennende, sondern eher als logisch-strukturierende Elemente anzusehen. In der Praxis überlappen sich deren Grenzen nicht selten.

Die erste Linie enthält die Funktionen, welche Risiken erheben, verwalten und verantworten. Sie sind am direktesten an der Bereitstellung von Produkten und/oder Dienstleistungen für die Kunden beteiligt und umfassen ebenfalls Unterstützungsfunktionen (z. B. Personalverwaltung, IT, Marketing). Die zweite Linie unterstützt das Risikomanagement mit Expertise, Beratung, Vorgaben und Schulung. Diese können rechtlicher, sicherheits- oder qualitätsrelevanter Art sein. Die dritte Linie umfasst die Prüfungsaufgaben in Form des Audits. Sie verifiziert, ob Vorgaben eingehalten werden oder Nachbesserungen erforderlich sind.

CISOs sind in diesem Konstrukt der zweiten Linie zugeordnet. Sie unterstützen die erste Linie im Umgang mit Cybersicherheitsrisiken, z. B. bei der Bewertung der Risiken eines Ausfalls einer Produktionsstraße oder bei einem Angriff mit Ransomware. Dabei erstellen CISOs ebenso Vorgaben für die Unterstützungsfunktionen wie auch für den IT-Betrieb.

Daraus ergeben sich drei wichtige Themen. Risiken obliegen der ersten Linie und können nicht an CISOs delegiert werden, ähnlich wie die Rechtsabteilung nicht sämtliche rechtliche Risiken im Rahmen des Datenschutzes gemäß DSGVO oder bei der Verletzung von Vertraulichkeitsvereinbarungen trägt. Zweitens zeigt sich, welche konkrete Relevanz die Positionierung der CISOs besitzt. Sind CISOs z. B. der IT untergeordnet, kommt es zu einem Interessenkonflikt. Die hierarchisch untergeordnete Person muss der vorgesetzten Rolle Vorschriften machen und für deren Einhaltung sorgen. Werden diese nicht eingehalten, müssen CISOs die Verfehlungen der eigenen Vorgesetzten an die oberste Unternehmensführung melden. Dies führt unweigerlich zu Konflikten in der Zusammenarbeit. Drittens schließlich: Wenn CISOs Vorschriften und Regeln erlassen, diese in anderen Bereichen selbst anwenden, Maßnahmen umsetzen und sie am Ende auch noch selbst prüfen, ist ein Compliance-Problem vorprogrammiert.

Daher ist die Unabhängigkeit der CISOs und die Positionierung als direkte Stabsstelle des CEOs ein elementarer Punkt für effektives Risikomanagement. So kann sichergestellt werden, dass keine Interessenskonflikte gegenüber den einzelnen Bereichen auftreten.

7.3.3   CISOs im Wandel – von der technologischen hin zur strategischen Rolle

Neben den technischen Herausforderungen ist es auch der stetige Wandel der Cybersicherheit, welcher neue Ansprüche an die CISO-Rolle stellt. Es wird immer wichtiger, dass CISOs auf der Stufe der Geschäftsleitung agieren und kommunizieren können. Zusätzlich bedarf es neuer Fähigkeiten und Kompetenzen, um Cybersicherheit erfolgreich als *business enabler* zu etablieren und dadurch einen strategischen Beitrag zur Organisation zu leisten. Demzufolge soll Cybersicherheit nicht primär als technische Herausforderung betrachtet werden, sondern als Anlass zu Anpassungen am Organisationsdesign.

> ► **Tipp** Aus den oben genannten Gründen, und meiner praktischen Erfahrung in dieser Position, empfehle ich, die CISO-Rolle direkt an der CEO-Position anzugliedern, um eine größtmögliche Effektivität zu erreichen. Das Thema wird dadurch als wichtig und ernst zu nehmend hervorgehoben, was der CISO-Rolle einen dem C-Level entsprechenden Handlungs- und Entscheidungsspielraum ermöglicht.

7.3.4 Alles sicher in der Cloud?

Viele Anbieter preisen ihre Cloud-Dienste als äußerst sicher und stabil an. Infolgedessen verlagern Organisationen ihre Dienste verstärkt aus und fühlen sich nun sicher – eine trügerische Sicherheit.

Dass Cloud-Dienste Vorteile haben, ist unbestritten, jedoch ist die Realität differenzierter zu betrachten. Mit der zunehmenden Konzentration werden Cloud-Dienste selbst zu einem Risiko, mit weltweiten Auswirkungen. Ausfälle, z. B. durch Unwetter (Speed, 2018) oder Fehler in Softwarekomponenten (Weatherbed, 2023; wiz.io, 2021; XTI, 2022), gefährden dadurch nicht nur *eine* Organisation, sondern *tausende*.

Fallbeispiel 7: MSA Consumer Signing Key

2023 erlangte eine chinesische Gruppierung Zugang zu E-Mail-Konten der Microsoft Cloud-Dienste. Unter den etwa 25 Betroffenen befanden sich unter anderem westeuropäische Regierungsbehörden und Personen, welche mit ihnen in Kontakt stehen (Microsoft Threat Intelligence, 2023).

Die Gruppe namens *Storm-0558* kam in den Besitz vertraulichen Schlüsselmaterials, einem sogenannten *Microsoft account (MSA) consumer signing key*.

Mit dessen Hilfe war es ihnen möglich, Zugang zu Exchange Online Outlook Web und Outlook.com Postfächern zu erhalten (Microsoft Security Response Center, 2023).

Der Vorfall wurde jedoch nicht von Microsoft entdeckt, sondern von einem ihrer Kunden. Eine Organisation der US-amerikanischen Federal Civilian Executive Branch (FCEB) erkannte auffälliges Verhalten in Bezug auf ihre Online-E-Mail-Konten. Daraufhin informierten sie die Cybersecurity and Infrastructure Security Agency (CISA) und Microsoft (Cybersecurity and Infrastructure Security Agency (CISA), 2023). Daraufhin wurden die Ermittlungen gestartet und das Schlüsselmaterial für weiteren Missbrauch gesperrt.

Die Log-Daten, welche zur Entdeckung führten, standen dabei nur Kunden zur Verfügung, welche das teuerste Lizenzpakt E5 gewählt hatten (Jakkal, 2023). Im Vergleich zum Basispaket E1 ist dieses fast viermal teurer (Stand Juli 2023) (Microsoft, 2023). Dieser Vorfall und die Preispolitik sorgten dafür, dass Microsoft sich gezwungen sah, auch seinen Basiskunden mehr Log-Daten zur Verfügung zu stellen.

Weitere Nachforschungen zeigten, dass die Gefahren noch viel größer waren als angenommen. Mithilfe des kompromittierten Schlüsselmaterials hätten Angreifer auch Zugriffe auf weitere Azure-Active-Directory-Anwendungen erlangen können, wie z. B. SharePoint, Teams, OneDrive und Kundenanwendungen, welche die Login-with-Microsoft-Funktionalität nutzen (Wiz, Inc., 2023). ◄

Fallbeispiel 8: Ungeschützter E-Mail-Server

Im Februar 2023 fand ein Sicherheitsforscher einen ungeschützten E-Mail-Server in der Microsoft Azure Government Cloud (Stefanie Schappert, 2023). Es stellte sich heraus, dass dieser zum US-Verteidigungsministerium gehörte. Durch Fehler in der Berechtigungsverwaltung standen fast 3 TB an Daten des Ministeriums offen im Internet. Darin enthalten sensitive militärische Kommunikation, unter anderem mit Bezug zu den Spezialkräften des Militärs, dem US Special Operations Command (USSOCOM). ◄

Die Verlagerung von Prozessen und Daten in die Cloud wird oft mit einer besseren Sicherheit begründet. Dabei darf jedoch nicht vergessen werden, dass die Verantwortung für die Absicherung und die Umsetzung entsprechender Maßnahmen weiterhin beim Kunden verbleiben. Dies Bedarf spezialisierter Ressourcen mit spezifischen Kenntnissen der Cloud-Sicherheit. Weiterhin müssen auch in der Cloud Risiko- und Sicherheitsprozesse etabliert sein, z. B. beim Aufbau und Betrieb von Cloud-Speichern.

Fallbeispiel 9: Ungeschützter Top-Secret-Cloud-Speicher

2017 entdeckten Cybersicherheitsspezialisten einen ungeschützten Amazon S3 Cloud-Speicher im Internet (UpGuard, Inc., 2017a). Es handelte sich dabei jedoch nicht um irgendein Unternehmen. Der Speicher gehörte dem *United States Army Intelligence and Security Command (INSCOM)*. Der Aufgabe sind nachrichtendienstliche Tätigkeiten im Auftrag der US-Armee und der National Security Agency (NSA). Jede Person, welche die URL kannte, konnte auf hochbrisante Informationen zugreifen, welche als *Top-Secret* und *NOFORN* (Not Releasable to Foreign Nationals) klassifiziert waren. Letzteres bedeutet, dass die Daten so geheim waren, dass nicht einmal alliierte Partner Zugriff darauf haben durften (Secretary of Defense, 2005). Darunter befanden sich unter anderem Informationen zu einer Gefechtsfeldanalyseplattform des Verteidigungsministeriums, das Distributed Common Ground System – Army (DCGS-A). Der Grund für das Datenleck war relativ einfach: Es wurden keine entsprechenden Berechtigungen für den Cloud-Speicher gesetzt. ◄

Fallbeispiel 10: Datenleck des Pentagons

Ebenfalls aus dem Jahr 2017 ist ein weiteres Datenleck der US-Regierung (UpGuard, Inc., 2017b). Hierbei handelte es um ein Überwachungsprojekt des Pentagons. Ähnlich dem vorhergegangenen Beispiel war der Grund eine mangelhafte Umsetzung der Zugriffskontrolle auf einem Cloud-Speicher. Die dadurch öffentlich zugänglichen Daten enthielten fast 2 Mrd. Datensätze aus acht Jahren. Sie enthielten unter anderem Kopien von Beiträgen auf Social Media, Kommentaren auf Nachrichtenseiten und Webforen. ◄

7.4   Cybersicherheitsorganisation – eine Frage des Standards?

Beim Aufbau von organisatorischer Cybersicherheit lautet eine der ersten Fragen, welcher Standard oder welches Framework genutzt werden soll. Dies ist nicht nur für die unmittelbare Konzeption der eigenen Sicherheitsarchitektur wichtig, sondern auch für beabsichtigte Zertifizierungen, die wiederum als Compliance-Nachweise dienen können. Dieser Abschnitt gibt eine Übersicht ausgewählter Möglichkeiten und soll der Orientierung für spezifische Weiterbildung dienen.

1. **ISO 27001:2022 Information security, cybersecurity and privacy protection – Information security management systems – Requirements** (International Organization for Standardization, 2022): Dieser internationale Standard beschreibt die Anforderungen für die Einrichtung, Umsetzung, Überwachung und Verbesserung eines Informationssicherheits-Managementsystems (ISMS). Er ist eine der bekanntesten und am häufigsten verwendeten Normen. Die Implementierung solch eines ISMS erfüllt die meisten nationalen und internationalen regulatorischen Anforderungen. Weiterhin ist eine Zertifizierung möglich. Oft existiert fälschlicherweise die Annahme, dass der gesamte Anhang A umgesetzt werden muss. Dies ist nicht korrekt. Nur Maßnahmen, welche per Anwendbarkeitserklärung identifiziert wurden, müssen auch betrachtet werden. Die Familie der ISO 27000 Standards bietet dabei auch Empfehlungen zur Umsetzung eines ISMS (ISO 27003), Governance von Informationssicherheit (ISO 27014) und Risikomanagement (ISO 27005). Gleichzeitig ist solch ein ISMS kompatibel mit anderen Managementsystemen, wie z. B. Qualitätsmanagement (ISO 9001) oder Arbeitssicherheit (ISO 45001).
2. **National Institute of Standards and Technology (NIST) Cybersecurity Framework (CSF)** (US National Institute of Standards and Technology (NIST), 2013): Das US-amerikanische NIST hat dieses Framework entwickelt, um Organisationen dabei zu unterstützen, ihre Cybersicherheitsrisiken besser zu managen. Das CSF bietet eine strukturierte Vorgehensweise zur Identifizierung, Implementierung und Bewertung von Sicherheitsmaßnahmen. Mit dem CSF erhalten Organisationen einen flexiblen und modularen Maßnahmenkatalog, welcher individuell umgesetzt werden kann, und mit welchem der Erfolg und die Maturität der Maßnahmen bestimmt werden kann.
3. **Control Objectives for Information and Related Technologies (COBIT)** (Information Systems Audit and Control Association, 2012): COBIT ist ein Rahmenwerk für IT-Governance und -Management, das von der *Information Systems Audit and Control*

Association entwickelt wurde. Es hilft Organisationen, ihre IT-Prozesse besser zu steuern und die Sicherheit und Compliance-Anforderungen zu erfüllen.

4. **Information Technology Infrastructure Library (ITIL)** (Axelos, 2023): ITIL ist ein Sammlung von *best practices* für IT-Service-Management und umfasst auch Aspekte der Informationssicherheit. ITIL Security Management basiert auf dem ISO 27001 Standard (Philipp Rothmann, 2014).

5. **Payment Card Industry Data Security Standard (PCI DSS)** (PCI Security Standards Council, 2018): PCI DSS ist ein Sicherheitsstandard für Organisationen, die Kreditkarteninformationen verarbeiten, speichern oder übertragen. Der Standard definiert Sicherheitsanforderungen zum Schutz der Kreditkarteninformationen und zur Verhinderung von Datenverlusten und Betrug.

6. **Industrial Automation and Control Systems Security (IEC) 62443** (International Society of Automation (ISA), 2023): Der IEC 62443 Standard richtet sich speziell an industrielle Automatisierungs- und Steuerungssysteme und bietet Anleitungen zur Verbesserung der Cybersicherheit in diesen Umgebungen.

7.4.1 Die kontinuierliche Verbesserung – der Unterschied von PDCA und PDSA

Ein immer wiederkehrendes und zentrales Element der eben genannten Vorgehen ist der sogenannte *Deming Cycle – Plan, Do, Check, Act* (PDCA). Das Ziel ist dabei die kontinuierliche Verbesserung (*check*) der Maßnahmen bzw. des Managementsystems. Diesem Verweis liegt jedoch ein fundamentales Missverständnis zugrunde (Moen & Norman, 2010), welches in seiner Auswirkung signifikanten Einfluss auf den Bereich Cybersicherheit hat.

PDCA wurde in Japan entwickelt und entstammt dem *Deming Cycle*. Ziel ist die kontinuierliche Verbesserung von Prozessen. Das von Deming entwickelte Vorgehen besteht jedoch aus **Plan, Do, Study, Act (PDSA)**. Ziel ist die Verbesserung von Maßnahmen (*study*) und das Hinterfragen der zugrunde liegenden Annahmen. Es geht dabei um die Planung neuer Maßnahmen (was erreicht werden soll), die Umsetzung (inkl. Dokumentation von Problemen, Erfahrungsberichten und die Analyse der Daten), die Prüfung – und dies ist der essenzielle Unterschied – der Ergebnisse (Abschluss der Analyse, welche Abweichung von den erwarteten Zielen gab es, was wurde gelernt), und das Umsetzen (handeln gemäß dem Gelernten).

Im Wesentlichen geht es bei PDCA darum, Bestehendes zu verbessern, während PDSA sich damit beschäftigt, ob man überhaupt das Richtige tut. Dieser Unterschied – und das Bewusstsein für das Vorgehen von Deming – ist von signifikanter Bedeutung in der Entwicklung von Cybersicherheitsmaßnahmen. Es geht dabei um ein iteratives Vorgehen, bei dem Probleme, Fehler, neue Erkenntnisse explizit erwünscht sind. Aufgrund derer sind Maßnahmen anzupassen oder vielleicht sogar die Grundannahmen zu hinterfragen.

7.4.2   Welches Vorgehen ist das richtige?

Die Auswahl des passenden Vorgehens sollte mit Bedacht und in Abwägung aller internen und externen Anforderungen, z. B. Regulator, Compliance, Branchenspezifika, etc., erfolgen.

In der Praxis lassen sich oft zwei Herausforderungen beobachten.

1. Die große Auswahl an Möglichkeiten verleitet dazu, verschiedene Optionen zu vermischen, z. B. neben der ISO 27001 auch noch NIST CSF einzusetzen. Gerade in Organisationen, welche den Bereich Cybersicherheit neu aufbauen, führt dies zu Überforderung. Hier lohnt es sich, eine klare Entscheidung für eine Möglichkeit zu treffen, und diese gemäß den eigenen Anforderungen adäquat umzusetzen. Wie so oft gilt: weniger ist mehr.
2. Frameworks und Standards werden allzu oft selbst zum Ziel, welches es zu erreichen gilt (Stone & Reid, 2023). Dabei sind sie nur Mittel zum Zweck. Sie dienen dazu, ein gemeinsames Verständnis, Orientierung und Hilfestellung zu geben. Das eigentliche Ziel sollte die Sicherung der Organisation, die Abwehr von Gefahren und die Nutzung neuer Möglichkeiten durch den Einsatz adäquater Mittel und Maßnahmen umfassen.

Was dabei bisher kaum Berücksichtigung findet: Cybersicherheit ist ein **massiver Veränderungs- und Transformationsprozess**. Dementsprechend geht es nicht nur um technologische Themen. Erfolgreiche Cybersicherheit bedarf einer ganzheitlichen Betrachtung der Organisation als System. Wie dies erreicht werden kann, wird im Abschnitt „Die Herausforderungen und Entwicklung des CISO – von der Technik zum Design" erläutert.

▶ **Tipp** Gleich für welches Vorgehen, NIST CSF, ISO 27001, BSI-Grundschutz oder Ähnliches man sich entscheidet, die Projekte bedürfen einer ausgiebigen Planung und entsprechender Ressourcen, Kapazitäten aber auch Weisungskompetenz und Umsetzungsbefugnis. Besonders die letzten beiden Punkte führen in der Praxis häufig zum Scheitern oder Abbruch des Vorhabens.

▶ **Tipp** Das NIST CSF ist ein guter Start, um erste Maßnahmen zu etablieren und auszubauen. Es ist in fünf Bereiche (Funktionen) gegliedert – *Identifizieren, Schützen, Erkennen, Reagieren und Wiederherstellen*. Jeder Bereich enthält Kategorien, z. B. *Asset Management*, und Unterkategorien (Maßnahmen), z. B. *Alle externen Systeme sind katalogisiert*. Die Maßnahmen können dabei auf die ISO 27001 übertragen werden. Somit unterstützt es die spätere Weiterentwicklung hin zu einem ISMS gemäß ISO 27001.

Es kann jedoch sein das z. B. aus Compliance oder regulatorischer Sicht, direkt ein ISO 27001 ISMS etabliert werden soll. Ein weiterer Grund kann eine angestrebte Zertifizierung sein, etwa als Wettbewerbsvorteil oder im Sinne der Kundenanforderungen. Ähnlich wie die Maßnahmen des NIST CSF beschreibt auch die ISO 27001 nur, *was* getan werden soll, jedoch nicht *wie*. Dies gilt es für jede Organisation bedarfsgerecht zu erarbeiten.

Vor Beratern, welche vermeintlich einfache Lösungen mit standardisierten Vorlagen anbieten, sei an dieser Stelle gewarnt. In der Praxis sind diese meist unpassend und führen zu Frustration und Ineffektivität. In verschiedensten Projekten erlebte ich, wie dies, neben technischen und organisatorischen Unzulänglichkeiten, auch zu einer ablehnenden Haltung der Mitarbeitenden führte. Cybersicherheit wird dann nicht als Mehrwert, sondern nerviger Störfaktor wahrgenommen wird.

▶ **Tipp** Im Anhang A der ISO 27001 befinden sich fast 100 Maßnahmen, aufgeteilt auf vier Kategorien. Es bedeutet jedoch nicht, dass alle Maßnahmen genauso umzusetzen sind. Zuerst gilt es, den Kontext der Organisation zu bestimmen (Kap. 4), danach geht es um die Etablierung von Führungsgrundlagen (Kap. 5), gefolgt von der Planung (Kap. 6). Als Teil des Kap. 6 ist eine Risikobetrachtung durchzuführen. Erst wenn diese erledigt ist, erfolgt eine sogenannte Anwendbarkeitserklärung (engl. *statement of applicability*). Dabei werden die in der Risikobetrachtung identifizierten Maßnahmen den Maßnahmen des Anhangs A gegenübergestellt und verglichen. Zu jeder Maßnahme gibt es eine Stellungnahme, warum sie entweder umgesetzt wird oder auch nicht. Es ist also völlig legitim, gewisse Maßnahmen, begründet, auszuschließen. Entweder weil es kein entsprechendes Risiko gibt oder weil die Kosten und der Aufwand dem Nutzen widersprechen würden.

7.5 Cybersicherheit im Kontext der Organisation

7.5.1 Das Engineering-Mindset – der Mensch, das „schwächste" Glied

Ein grundlegendes Konzept der Cybersicherheit ist *Menschen, Prozesse und Technologie – People, Process and Technology* (PPT) (Andress, 2003). Die Intention ist ein ganzheitlicher Ansatz für effektive Maßnahmen der Cybersicherheit. Er beruht auf dem Verständnis, dass Cybersicherheit nicht nur durch Technologie allein erreicht werden kann, sondern auch **Prozesse und Menschen** berücksichtigen muss. Grundsätzlich ist diese Annahme zu begrüßen. In der Realität zeigt sich jedoch, dass die Technologie das dominierende Thema ist. Menschen werden als störend wahrgenommen und stellen ein Sicherheitsrisiko dar – sie sind der *weakest link* (Andress, 2003; Bada et al., 2015; Streeter, 2013; Verizon, 2021). Daher bedarf es zwingend Prozesse und Weisungen, welche Menschen und ihre Handlungen steuern, und Schulungs- und Awareness-Maßnahmen, um ihr Verhalten zu ändern. Diese Ansätze finden sich auch in Standards (International Organization for Standardization, 2022) und Frameworks (US National Institute of Standards and Technology (NIST), 2013) wieder.

Cybersicherheit, so wie auch die gesamte Digitalisierung, wird noch immer als eine hauptsächlich technische Disziplin und Herausforderung wahrgenommen. Infolgedessen verfügt ein Großteil der beteiligten Personen über einen technischen, ingenieurs- und naturwissenschaftlich geprägten Hintergrund. Aufgrund ihrer Ausbildung und Erfahrung tendieren sie dazu, ihre Aufmerksamkeit auf Maschinen und Technologie zu legen und dabei menschliche Aspekte zu vernachlässigen (Howard Harry Rosenbrock, 1990). Auch das Management legt in der Regel den Fokus auf technische Innovationen (W. A. Pasmore & Khalsa, 1993).

Diese analytische und reduktionistische Grundhaltung – und der Fokus auf Technologie – führen dazu, dass **Menschen als unberechenbare Störfaktoren** angesehen werden. Sie müssen durch das Organisationsdesign eingeschränkt werden, bevor sie Schaden anrichten (Cherns, 1976). Die implizite Grundannahme lautet: Da der Faktor Mensch nicht entfernt werden kann, müssen Technologie und Prozesse alle nur denkbaren Eventualitäten abdecken. Dies führt zu einer Vielzahl technischer und organisatorischer Maßnahmen; von den Betroffenen wird erwartet, dass sie sich anpassen. Diese Grundhaltung nenne ich das *Engineering Mindset (* siehe Abb. 7.8, linke Seite).

Infolgedessen wird Cybersicherheit oft bei den in ihrer Arbeit Betroffenen als etwas Abstraktes betrachtet, entstanden im Elfenbeinturm und ohne Bezug zur Realität des täglichen Lebens. Dass dieser Ansatz im Umgang und Einbezug von Menschen nur sehr beschränkt funktioniert, zeigt sich auch sehr konkret und konstant in den Risiken und Vorfällen der letzten zehn Jahre (Verizon, 2013, 2014, 2015, 2016, 2017, 2018, 2019, 2020, 2021, 2022, 2023).

Welche Rollen spielen also Menschen und soziale Faktoren, wie beeinflussen sie die Technologie und welche Rolle spielt Systemdenken (*System Thinking*) (Grimm, 2021) für die Rolle der CISOs und im Kontext von Cybersicherheit? Diese Themen werden im folgenden Abschnitt behandelt.

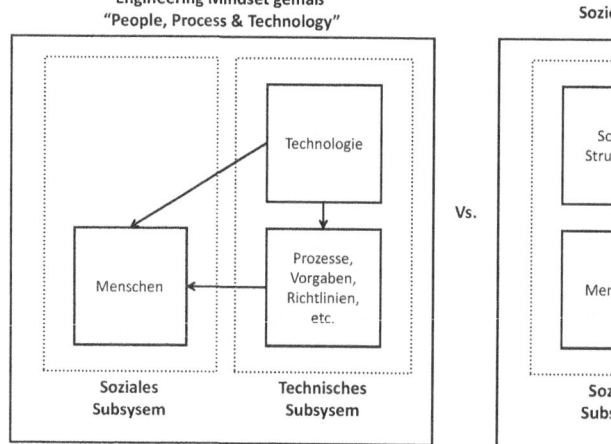
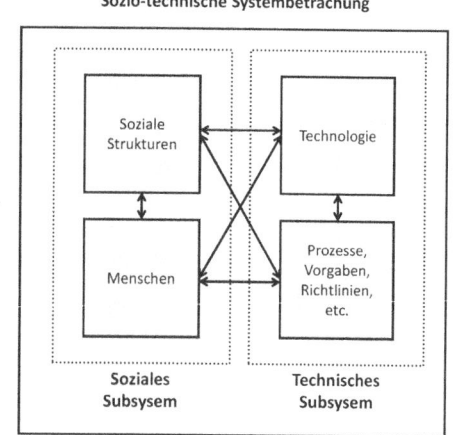

Abb. 7.8 Gegenüberstellung Engineering Mindset und sozio-technische Systembetrachtung. (Eigene Darstellung des Autors)

7.5.2 Menschen und Technik – eine sozio-technische Beziehung

Technologie ist ein starker, wenn nicht der Haupttreiber im Bereich Cybersicherheit. Immer neuere Produkte und Dienstleistungen – *Next Generation Firewalls, Endpoint Detection & Response, Security Information & Event Management,* künstliche Intelligenz, etc. – verheißen immer besseren und effektiveren Schutz. Von den Menschen wird erwartet, dass sie dem technischen Wandel folgen (Andress, 2003), gesteuert und kontrolliert durch Richtlinien und Weisungen.

Solche Erwartungen erinnern an die Situation im Großbritannien der Nachkriegszeit. Unter dem Versprechen, die Produktivität zu steigern (Trist & Centre, 1981), wurden im Kohlebergbau mit der Mechanisierung neue Technologien eingeführt, welche die Arbeitsweise der Menschen stark veränderte (Trist & Bamforth, 1951). Diese Hoffnungen zerschlugen sich jedoch, da die Mechanisierung in einigen Fällen die Produktivität massiv reduzierte (Trist & Bamforth, 1951; Pasmore et al., 2019) und gleichzeitig die Arbeiter entfremdete. Wie konnte das passieren? Jene Manager und Ingenieure, welche die Übernahme der neuen Technologie durch die Arbeitnehmer erzwangen, waren mit deren Arbeitsumgebung nicht vertraut. Wenig überraschend sah die Unternehmensleitung die Ursache für die Probleme in der mangelnden Bereitschaft der Arbeiter, sich an die Anweisungen zur Nutzung der neuen Technologie zu halten. Die Belegschaft hingegen bestand darauf, dass die neue Technologie wegen der extrem unvorhersehbaren Bedingungen unter Tage und der daraus resultierenden Sicherheitsprobleme nicht wie von den Ingenieuren vorgegeben eingesetzt werden konnte (Pasmore & Khalsa, 1993). In einem einzigen Bergwerk, in dem sich die Unternehmensleitung für eine enge Zusammenarbeit mit den Arbeitern entschied, waren die Ergebnisse vielversprechend (Pasmore & Khalsa, 1993). Mitarbeitende wurden in die Lage versetzt, neue Technologien selbstständig ihren Bedürfnissen anzupassen (Trist & Bamforth, 1951). Die Entdeckung der positiven Wirkung von selbstorganisierenden Teams wurde als „soziales Dynamit" (Trist & Bamforth, 1951) betrachtet: Es stellte das hierarchische Management infrage. Den Forschern wurde sogar die Veröffentlichung ihrer Ergebnisse verweigert (Trist & Centre, 1981). Trist und Bamforth bewiesen, dass hierarchisches Top-down-Management und dessen überbordende Bürokratie nicht der einzige Weg ist. Sie zeigten auf, dass selbstorganisierende und agile Teams mit gemeinsamen Zielen und Aufgaben erfolgreicher und sicherer agieren können (Frans M. van Eijnatten, 1991, 1992; Trist & Centre, 1981). Diese bahnbrechende Forschung, welche die Wechselbeziehung zwischen Menschen und Technik anerkennt, wurde als **sozio-technische Systemtheorie** (STS-Theorie) bekannt.

Diese Erkenntnis ist auch im Zuge der Digitalisierung und Cybersicherheit äußerst relevant. Cybersicherheit ist stark hierarchisch geprägt, wobei die CISO-Rolle *top-down* möglichst umfassende und umfangreiche Regelungen, Weisungen und Richtlinien erlässt, z. B. im Rahmen eines ISMS. Menschen haben sich dem anzupassen, was sich auch durch den Fokus auf Awareness- und Schulungsmaßnahmen widerspiegelt. Mit den Erkenntnissen aus der STS-Forschung – aus den späten 1940er-Jahren – sind unsere *heutigen* Ansätze – teilweise aus den 1910er-Jahren, wie z. B. Taylors hierarchische Organisations-strukturen – zu hinterfragen.

Die STS-Theorie basiert auf der Grundlage des *System*-Begriffs (Trist & Centre, 1981). Ein System besteht aus zwei oder mehreren Teilen. Jedes dieser Teile kann das Gesamte beeinflussen, da sie alle miteinander in Wechselwirkung stehen (Ackoff, 1994). Beispiele für Systeme sind Teams, Organisationen und unsere Gesellschaft. Trist und Bamforth unterteilen jedes Organisationssystem in ein *soziales* (Teil-)System und ein *technisches* (Teil-)System (Pasmore & Khalsa, 1993) (siehe Abb. 7.8, rechte Seite). Zum sozialen System gehören die Menschen, aber auch ihre sozialen Beziehungen und zwischenmenschliche Interaktionen, ihre berufliche und private Persönlichkeit, das vorhandene Management und die Erfahrungen, die sie in der Organisation gemacht haben. Dabei sind sie nicht auf die Organisation beschränkt, denn diese existiert nicht in einem sozialen Vakuum. Der Einfluss von Kunden und Partnern – z. B. der Druck, einen gewissen Cloud-Dienst entgegen den Vorschriften zu nutzen – wie auch von Familie und Freunden gehört ebenso dazu. Soziale Faktoren machen nicht an Organisationsgrenzen halt, sondern wirken darüber hinaus. Das technische System als solches umfasst die Technologie, aber auch die Richtlinien und Vorgaben, welche die Arbeit regeln. Hier zeigt sich, dass die STS-Theorie über den heutigen Ansatz hinausgeht. Systeme lassen sich nicht in Einzelteile, wie *Menschen, Prozesse und Technologien*, zerlegen, sondern müssen immer gesamthaft betrachtet werden (Ackoff, 1994).

Organisationen sind per se **sozio-technische Systeme** (Cherns, 1976). Das soziale und das technische Subsystem sind hochgradig abhängig voneinander, daher müssen bei *technischen* Änderungen auch immer die *sozialen* Auswirkungen beachtet werden (Pasmore & Khalsa, 1993). Die Gestaltung von Organisationen kann folglich in zwei Grundsätzen festgehalten werden (Trist & Centre, 1981).

Der *erste Grundsatz* lautet, dass die erfolgreiche oder erfolglose Leistung eines Systems von den **Wechselwirkungen zwischen sozialen und technischen Faktoren** abhängt. Einige von ihnen sind absichtlich so gestaltet, dass sie auf direkten Ursache-Wirkungs-Beziehungen beruhen. Andere Wechselwirkungen sind komplex, unvorhersehbar, oft unbeabsichtigt oder sogar unerwünscht und nicht linear (Walker et al., 2008). Menschen sind keine Maschinen und können auch nicht „programmiert" werden – eine Tatsache, welcher sich nur wenige Cybersicherheitsforscher und -praktiker bewusst zu sein scheinen. Zwar setzen viele Arbeiten im Bereich der Cybersicherheit eine Verhaltensänderung voraus, doch scheinen sie diesbezüglich bemerkenswert ineffektiv zu sein (Bada et al., 2015).

Fallbeispiel 11: Fake-E-Mail bei GoDaddy

2021 erhielten die Mitarbeitenden der Firma GoDaddy eine E-Mail mit einem vermeintlichen Bonus im Zuge der Weihnachtsfeier. Zu dieser Zeit sorgte die COVID-19-Pandemie bereits seit 1,5 Jahren für berufliche und private Ausnahmesituationen. Es herrschte große Unsicherheit bei den Mitarbeitenden über die eigene finanzielle und berufliche Zukunft, da GoDaddy zuvor 100 Mitarbeitende entlassen hatte. Die Nachricht war jedoch gefälscht und Teil einer internen Awareness-Kampagne (The Copper Courier, 2020). Die Mitarbeitenden fühlten sich hintergangen, Medien sprachen von der *most evil company* (Sottek, 2021) und das Management musste sich öffentlich für das unsensible Vorgehen entschuldigen (CBS News, 2021). ◄

Hier zeigt sich, wie eine technisch fokussierte Maßnahme massive soziale Auswirkungen haben kann, und schließlich zu ungewünschten und sogar schädlichen Resultaten führt.

Der *zweite Grundsatz leitet sich* aus dem ersten ab. Die Optimierung nur eines Systems – sei es nur des sozialen oder nur des technischen – führt zu einer suboptimalen Leistung des Gesamtsystems, d. h. der **Gesamtorganisation** (Emery, 1993; Trist & Centre, 1981; Walker et al., 2008). Dies gilt auch für Änderungen an sozialen und technischen Systemen, welche die Möglichkeit und das Auftreten unvorhergesehener, unerwünschter und ungeplanter nicht linearer Beziehungen erhöhen (Walker et al., 2008).

Eine logische Folge dieser beiden Grundsätze, und das wichtigste Ziel bei der Gestaltung von STS (Walker et al., 2008), ist die Notwendigkeit einer **gemeinsamen Optimierung** von sozialen und technischen Systemen (Emery, 1993; Trist & Centre, 1981). Anstatt sich hauptsächlich auf technische Aspekte zu fokussieren, ist es weit zielführender, die Anpassungsfähigkeit und Innovationskraft der Menschen zur Erreichung der (Organisations-)Ziele zu nutzen (Cherns, 1976). Veränderungen werden am besten erreicht, indem die Betroffenen direkt involviert werden (Pasmore & Khalsa, 1993). Die Fähigkeiten der Mitarbeitenden und ihr Verhalten unter Belastungen werden im nächsten Abschnitt unter Resilienz und Emergenz genauer betrachtet.

Szenario 3: Bonusdruck

Ein Beispiel für die Nachteile einer rein technischen Betrachtung ist die Einführung eines Bonussystems mit finanziellen Anreizen für Mitarbeitende. Diese Veränderung im technischen System (Richtlinien) ist ein starker extrinsischer Motivator, welcher das Verhalten der Menschen in unbeabsichtigter Weise beeinflusst, z. B. wenn eine Führungskraft alles daransetzt, einen Bonus zu erreichen. Sie wird Druck auf ihr Team ausüben und somit das Verhalten der ganzen sozialen (Team-)Struktur beeinflussen. Dies führt zu Stress. Mitarbeitende könnten sich daher genötigt oder gedrängt fühlen, Cybersicherheit wider besseren Wissens zu ignorieren, um einem aus ihrer Sicht übergeordneten Konflikt aus dem Weg zu gehen. ◄

Szenario 4: Missachtung von Cybersicherheit

Wenn Mitarbeitende Cybersicherheitsregeln missachten, wird dem häufig mit Awareness-Maßnahmen entgegengetreten. Die Ursache dieses Verhaltens ist *nicht,* wie oft angenommen, mangelndes Wissen oder Bewusstsein, sondern Stress – ausgelöst durch neue Geschäftsziele und interne Richtlinien, welche durch die vorgesetzte Person weitergegeben werden. Mitarbeitende ignorieren dadurch Regeln bewusst und sind sich z. B. beim Einsatz von Schatten-IT der Risiken bewusst (Forcepoint, 2021). Awareness-Maßnahmen sind in diesem Fall jedoch nicht zielführend, da die Grundannahme nicht korrekt ist (PDCA vs. PDSA). ◄

Es liegt auf der Hand, dass die Gestaltung von Maßnahmen in einer Organisation Kenntnisse über das Verhalten von Maschinen und technischen Systemen sowie über das Verhalten von Menschen und sozialen Strukturen erfordert (Cherns, 1976). Dies hat Auswirkungen auf die Rolle und Fähigkeiten von CISOs, und wird im Abschnitt „Die Herausforderungen und Entwicklung des CISO – von der Technik zum Design" besprochen.

Der Umgang mit Stress (Resilienz) und die daraus folgenden Ergebnisse (Emergenz) sind als Phänomene aus einem weiteren Bereich der Systemtheorie bekannt, der komplexen adaptiven Systemtheorie – *Complex Adaptive Systems* (CAS) *Theory* (Holland, 2002). Für die Praxis ist es wichtig zu verstehen, wie diese Phänomene entstehen und wie man mit ihnen umgeht – sie haben ja sehr konkrete Auswirkungen auf die Effizienz von Organisationen.

7.5.3 Resilienz und Emergenz – die Unvorhersehbarkeit menschlicher Kreativität

Komplexe adaptive Systeme werden definiert als „Systeme, die aus interagierenden Agenten bestehen, […]. Die Agenten passen sich an, indem sie ihre Regeln ändern, während Erfahrungen angesammelt werden" (Holland, 1992). Dies bedeutet, dass z. B. in Organisationen Menschen miteinander und mit Technologie interagieren – wie auch im soziotechnischen Systemansatz beschrieben. Diese Interaktion wird durch explizite Richtlinien und Weisungen sowie durch implizite Regeln (z. B. kulturelle Eigenheiten oder persönliche Vorlieben) gesteuert. Menschen lernen und reagieren dabei auf ihre Umwelt (Resilienz) und passen mit der Zeit ihr Verhalten an (Emergenz). Dies erklärt die Zusammenhänge und deren Wechselwirkung innerhalb eines STS.

Resilienz ist die Fähigkeit eines Systems (Luzeaux, 2011) oder eines Individuums (Sawaragi, 2020), zu überleben, sich anzupassen und zu lernen, wenn es mit Schwierigkeiten oder Veränderungen in seinem Umfeld konfrontiert wird. Sie steht häufig im Zusammenhang mit bestimmten Risiken, Gefahren oder Krisenzeiten (Wu et al., 2013), stellt aber auch die Fähigkeit dar, auf eine Reihe unterschiedlicher, weniger schwerwiegender, neuartiger Störungen zu reagieren (Faulkner et al., 2018). Dies können z. B. anstehende Entlassungen sein, erhöhter Leistungsdruck in wirtschaftlich schwierigen Zeiten oder gesteigerte Leistungsvorgaben durch das Management.

Als Reaktion darauf kann es zu komplexem und unvorhersehbarem emergentem Verhalten (zur sog. **Emergenz**) kommen. Diese ist ein Bottom-up-Prozess, der sich auf kollektive Phänomene bezieht, die von Individuen gemeinsam geschaffen werden, aber nicht auf individuelle Handlungen reduziert werden können (Liu et al., 2018). Das heißt: Emergenz lässt sich nicht durch die Betrachtung einer Person oder einer Technologie vorhersagen. Sie entsteht erst aus der gemeinschaftlichen Aktion vieler. Dies macht es zu einer irreduziblen Eigenschaft einer Organisation.

Lassen Sie uns dies anhand des Beispiels von Schatten-IT betrachten. Externe Cloud-Dienste und Messenger existieren, aber erst die Nutzung durch verschiedene Personen, ihre selbst geschaffenen Arbeitsweisen und ihr konkreter Umgang damit führen zur Entstehung von Schatten-IT. Dabei machen Menschen positive und negative Erfahrungen und lernen davon. Lob durch die vorgesetzte Person oder finanzielle Boni bestärken emergente Handlungsweisen; negatives Feedback, z. B. aufgrund einer Sicherheitsverletzung, wird ebenfalls aufgenommen. Dies kann dazu führen, dass die Person zukünftig z. B. noch weniger Kontakt und Zusammenarbeit mit dem Cybersicherheitsteam sucht.

> **Tipp** Auch bei Einzelbetrachtung der Menschen und der Technologie lässt sich nicht vorhersagen, wann, wo und in welcher Form Schatten-IT auftritt. Häufig wird auf Managementebene nicht verstanden, dass es sich hierbei um ein signifikantes Innovationspotenzial handelt. Vergessen Sie nicht, dass ihre Mitarbeitenden die Arbeit vor Ort am besten kennen, sich für Lösungen einsetzen und weiterkommen möchten!

Abb. 7.9 visualisiert die Elemente aus der STS- zusammen mit denjenigen der CAS-Theorie. Der untere Teil enthält die sozialen und technischen Komponenten des STS. Er zeigt auf, dass diese nicht nur innerhalb der Organisation existieren, sondern auch darüber hinaus wirken. Der obere Teil steht für die Resilienz und Emergenz des CAS.

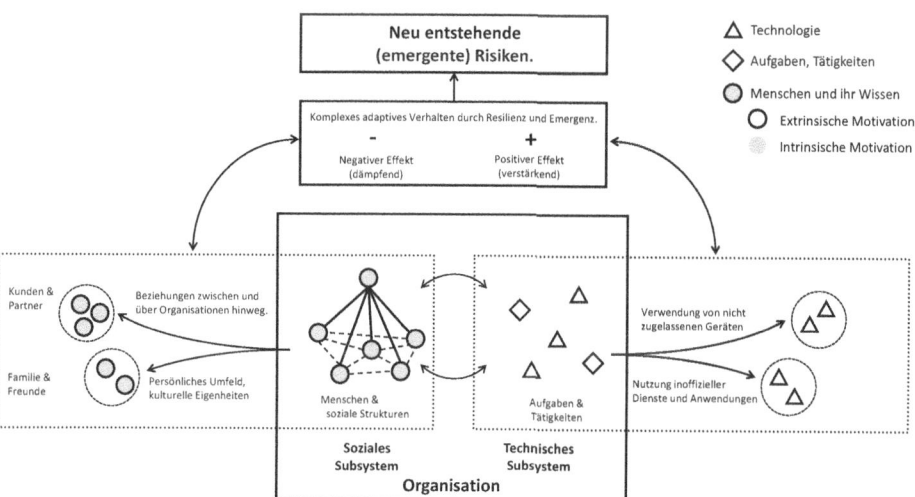

Abb. 7.9 Cyber-Sicherheit im Kontext STS und CAS. (Hofmann et al. 2023)

Menschen schaffen aufgrund von Resilienz völlig neuartige und unvorhersehbare Strukturen. Daraus können emergente Risiken entstehen – wie beim Einsatz von Schatten-IT oder anderen Workarounds.

Diese Komplexität aus der Systemtheorie findet sich ebenso in unserem Alltag wieder, wenn wir über komplexe Probleme und Situationen sprechen. Was komplexe Probleme ausmacht und wie wir mit ihnen umgehen können, wird im folgenden Abschnitt behandelt.

7.6 Die Herausforderungen, und Entwicklung, des CISO – von der Technik zum Design

Aufgrund der zuvor beschriebenen Umstände, Veränderungen und Anforderungen wird ersichtlich, dass CISOs heute nicht mehr nur mit technischen Herausforderungen konfrontiert sind. Stattdessen befinden sie sich in einem sich kontinuierlich verändernden und komplexen Umfeld. In diesem müssen neben internen sozialen und technischen Faktoren ebenfalls äußere Einflüsse, wie beispielsweise Geschäftspartner, Lieferketten und Kund:innen berücksichtigt werden. Zeitgleich nehmen die Risiken durch Cybercrimegruppierungen und andere Akteure rasch zu. Dieser Umstand wird oft als **Volatility, Uncertainity, Complexity, Ambiguity (VUCA)** beschrieben (Bennis et al., 1985). CISOs sind also mit Problemen konfrontiert, für welche ingenieurswissenschaftliche Ansätze nicht praktikabel sind – mit komplexen Problemen. Diese beschränken sich nicht nur auf die Cybersicherheit, vielmehr tangieren sie viele Bereiche einer Organisation. Dieses Unterkapitel beschäftigt sich mit den Eigenheiten solcher Probleme und gibt einen Ausblick auf mögliche Lösungsansätze.

7.6.1 Wicked Problems – die Unberechenbarkeit der Realität

Eine häufige Grundannahme ist, dass alle Probleme gleich sind, und sich mit denselben Ansätzen und Methoden bewältigen lassen. Dem ist jedoch nicht so. Grundsätzlich unterscheiden sich strukturierte von unstrukturierten, komplexen Problemen. Genauso unterschiedlich ist der Umgang mit ihnen (Kurtz & Snowden, 2003).

Strukturierte Probleme lassen sich klar beschreiben und es können mögliche Lösungen gefunden werden. Zudem lässt sich nachträglich beweisen, ob das Problem gelöst wurde oder nicht. Beispiele hierfür sind mathematische Gleichungen in Algorithmen, die Entwicklung neuer Chips zur schnelleren Datenübertragung in Netzwerkgeräten oder die Erstellung eines Firewall-Regelwerks. Diese Probleme können mithilfe ingenieur- und naturwissenschaftlicher Betrachtung adressiert werden. Von zentraler Bedeutung ist dabei das Reduktionsprinzip; ein Problem wird in seine Einzelteile zerlegt, analysiert und gelöst. Sind alle Teile des Problems gelöst, lässt sich das gesamte Problem lösen und abschließen. So lautet das Standardvorgehen bei einer Problemlösung (Van Beurden et al., 2013).

Komplexe Probleme entziehen sich jedoch diesem Vorgehen (Rittel & Webber, 1973). Sie sind schwer (neutral) zu definieren (Interessensgruppen mit unterschiedlichen Perspektiven liefern unterschiedliche Erklärungen), haben keine klare Problemstellung, können durch Reduktion nicht gelöst werden und sind schwierig von anderen Problemen zu isolieren und anzugehen. Des Weiteren haben sie keinen klaren Endpunkt, keine klar richtige oder falsche Lösung und keine zählbare Anzahl möglicher Lösungen. Dabei kann die relative Wirksamkeit einer einzigen Lösung nur durch die Implementierung von Maßnahmen getestet werden, was erhebliche Konsequenzen haben kann, für welche Planer oder Entscheidungsträger verantwortlich ist. Aufgrund der Einzigartigkeit von komplexen Problemen sind Lösungen nicht ohne weiteres transferierbar. Ein prägnantes Beispiel für diese Art von Problemen ist die Covid-19-Pandemie und deren massive Auswirkungen auf Organisationen.

Es sind genau diese komplexen Probleme, mit denen sich nicht nur CISOs, sondern generell Führungskräfte konfrontiert sehen (Snowden & Boone, 2007; Gorzeń-Mitka & Okręglicka, 2014). Beispiele hierfür sind Organisationsdesign, Strategieentwicklung oder auch Maßnahmen der Cybersicherheit. Diese Probleme werden, vor allem wenn es um die Lösungsfindung geht, auch verzwickte Probleme *(Wicked Problems)* (Rittel & Webber, 1973) genannt. Im weiteren Text wird der englische Begriff verwendet, da dieser am geläufigsten ist.

Wie zuvor beschrieben müssen in der Organisationsgestaltung soziale und technische Aspekte gemeinsam betrachtet und behandelt werden. Gleichzeitig gilt es mit den Auswirkungen von Resilienz und Emergenz, wie Schatten-IT, umzugehen. Dazu kommen Themen wie Cyberkriminalität, innenpolitische Widerstände in einer Organisation oder auch Risiken in Lieferketten. Nehmen wir konkret das Beispiel von Awareness-Schulungen auf. Ist das zugrunde liegende Problem das fehlende Wissen? Oder doch eher eine problematische Vorgesetztenbeziehung? Welche Auswirkungen haben die geplanten Maßnahmen?

Das **Fallbeispiel 11** von GoDaddy zeigt, dass es sich beim Nicht-Einhalten von Cybersicherheitsrichtlinien nicht wie fälschlicherweise angenommen um ein strukturiertes, einfaches Problem handelt. Die Reduktion des Problems auf „zu wenig Wissen" und die daraus erfolgende Maßnahme – Phishing-Trainings – war nicht nur ineffektiv. Sie hat zu einer signifikant schlechteren Einstellung der Mitarbeitenden gegenüber der Cybersicherheit geführt. Zusätzlich führte die emotional psychologische Komponente dazu, dass das Thema an die Medien und die breite Öffentlichkeit gelangte, was GoDaddys Reputation signifikant beeinträchtigte. Zudem war der Schaden keineswegs zeitlich begrenzt. Die Information bleibt dauerhaft im Internet verfügbar und kann somit etwa Rekrutierungsmaßnahmen beeinträchtigen und potenzielle zukünftige Mitarbeitende von einer Bewerbung abhalten.

Im Umgang mit *Wicked Problems* sind Lösungen zweitrangig. Primär und von zentraler Bedeutung ist das Verständnis für das Problem (Jeff Conklin & Min Basadur, 2007). Wie dies erreicht werden kann wird im nächsten Kapitel betrachtet.

▶ **Tipp** Methoden zur Erkennung und Identifikation unterschiedlicher Arten von Problemen sind als *Problem Structuring Methodologies* (PSM) bekannt (Mingers & Rosenhead, 2004). Eine der bekanntesten ist das *Cynefin Framework* (Snowden, 2000). Es ist ein praktisches Werkzeug zur Unterstützung in der Entscheidungsfindung in komplexen Umgebungen und Situationen (Gorzeń-Mitka & Okręglicka, 2014; Hasan & Kazlauskas, 2014; Van Beurden et al., 2013).

7.6.2 Human-Centered Design und Design Thinking

In der Praxis wie auch in der Wissenschaft stellt sich die Frage, wie CISOs mit den sozio-technischen Anforderungen, der Komplexität von VUCA und *Wicked Problems* umgehen können. Ein Ansatz ist die Nutzung von Methoden des *Human-Centered Design* (HCD) und *Design Thinking* (DT) in der Cybersicherheit. Beide stellen einen Kontrast zum gewohnten analytischen und reduktionistischen Vorgehen dar. Daher erläutert dieser Abschnitt die unterliegenden Begrifflichkeiten und Konzepte und gibt im Anschluss ein konkretes Beispiel für ihren Einsatz.

Bereits der Begriff *Design* führt häufig zu Verwirrung oder Unverständnis. Im Deutschen assoziiert man diesen Begriff oft mit grafischer und ästhetischer Gestaltung; dies ist hier jedoch nicht gemeint (Brenner & Uebernickel, 2016; Protzen & Harris, 2010; Rittel & Webber, 1973). Vielmehr geht es um die bewusste Planung, Gestaltung und Umsetzung eines gewünschten Zielbilds (Conklin, 2005), z. B. für eine Organisation, die ganzheitliche (systemische) Betrachtung und den Umgang mit *Wicked Problems* (Ackoff, 1979, 1994).

7.6.2.1 Human-Centered Design
Human-Centered Design (HCD) ist ein Gestaltungsansatz oder auch eine Designphilosophie, bei dem/der Bedürfnisse, Fähigkeiten, Möglichkeiten, Verhalten und Kontext von Menschen im Vordergrund stehen. Sie geben die Rahmenbedingungen vor, welche das anschließende Design einhalten muss (Norman, 2013). Ein weiterer zentraler Punkt ist es, ein Verständnis für das zugrunde liegende Problem zu entwickeln. Es geht nicht um eine Adressierung der Symptome, sondern darum, Ursachen zu erkennen. Frei nach H. L. Mencken (Mencken, 1922): „Für jedes komplexe Problem gibt es eine Lösung, die einfach, direkt, plausibel – und falsch – ist." Das Erarbeiten des Problemverständnis geschieht im Prozess im sogenannten *problem space*, Problemraum (siehe ausführlich weiter unten). Wie im Abschnitt zu *Wicked Problems* aufgezeigt, ist dieses Verständnis elementar für die darauf folgende Lösungsfindung. Die Erarbeitung möglicher Lösungen findet ihrerseits im sogenannten *solution space* (Lösungsraum) statt.

HCD verfolgt einen **holistischen Ansatz**, in dem Kontext und Umwelt berücksichtigt werden. Alles Relevante wird als System betrachtet, als eine Vielzahl voneinander abhängiger und miteinander agierender Teile (Interaction Design Foundation, 2023). Dies zeigt den Bezug zu der Betrachtung von Organisationen als sozio-technisches System. Dabei ermöglicht HCD es, bestehende und meist unausgesprochene oder unbewusste Blockaden zu erkennen und zu adressieren. Sattsam bekannt sind Aussagen wie „das haben wir schon immer so gemacht" oder „das funktioniert bei uns sowieso nicht", und obwohl diese Blockaden bekannt sind, werden sie oft nicht berücksichtigt. Es handelt sich bei ihnen ja nicht um funktionale oder technische Anforderungen. Negative Auswirkungen und Widerstände können sie jedoch trotzdem entfalten.

Ein letzter Punkt ist die iterative Entwicklung. Anstatt auf eine finale Lösung hinzuarbeiten, werden verschiedene Prototypen immer wieder getestet. Dabei werden auch bestehende Annahmen überprüft und bei Bedarf angepasst, was wiederum eine Adressierung von *Wicked Problems* ermöglicht.

HCD sieht Gestaltung als **transdisziplinäre Aufgabe**, bei welcher menschliche Bedürfnisse und deren Kontext berücksichtigt werden. Dieser Ansatz kam nicht erst kürzlich mit der Digitalisierung auf, sondern wurde bereits 1917 zur Zeit des Deutschen Bauhauses (Buchanan, 2019) und der Arbeit von Walter Gropius verfolgt: „schön ist, was funktioniert" – oder *form follows function*. Diese erkannten die Relevanz des Systemgedankens. Das Design, die Gestaltung, muss im sozialen, wirtschaftlichen, technischen und kulturellen Kontext betrachtet werden (Protzen & Harris, 2010). Dabei kombinierten sie Theorie und Praxis, um mit neuen Lösungen zu experimentieren (Buchanan, 1992).

Ein Beispiel für die Relevanz dieses Ansatzes ist das **Risikomanagement**. Oft wird es als rein technische Aufgabe verstanden. Es beinhaltet eine Bewertung des Risikos, dessen erwarteter Häufigkeit und dessen Auswirkungen. Dies wird durch die verantwortliche Person evaluiert und meist in einer Tabelle abgelegt. Soweit die Theorie. In der Praxis entspricht dies jedoch einem zusätzlichen Arbeitsaufwand für betroffene Personen. Gleichzeitig werden diese üblicherweise kaum in den Gestaltungsprozess involviert, was zu Abwehrreaktionen und Widerständen führen muss – wie beispielsweise „Ich habe bereits genug Arbeit!" und „Wieso soll ich dies auch noch erledigen?". Gerade in wirtschaftlich herausfordernden Zeiten sparen Firmen oft an Personal, die Arbeit bleibt jedoch die gleiche. Wird nun zusätzlich über Cybersecurity noch mehr Arbeit generiert, hat dies zwangsläufig einen Einfluss auf die Zufriedenheit der Mitarbeitenden und die Qualität ihrer Arbeit.

Oft noch wichtiger sind psychologische Aspekte. Mit der Risikoevaluation geht ja auch meist eine Risikoübernahme und -verantwortung einher, welche starke Gefühle auslösen kann: „Ich kann dieses Risiko doch gar nicht tragen.", „Diese Verantwortung ist für mich zu viel." und „Ich will das Risiko nicht und ich habe keine Mittel, um es zu vermeiden oder vermindern." – solche Reaktionen sind durchaus begründet, auch in Anbetracht der rechtlichen Risiken, die mit der persönlichen Haftung von Mitarbeitenden verbunden wären. Ich selbst erlebte unmittelbar, wie Risiken gerade in kleinen und mittelständischen Organisationen aus diesen Gründen schließlich einem Geschäftsleitungsmitglied zugewiesen werden mussten.

▶ **Tipp** Die Bedenken und Ängste von Menschen müssen ernst genommen werden. Am besten ist es, betroffene Menschen im Gestaltungsprozess zu berücksichtigen und zu involvieren: Betroffene zu Beteiligten machen.

7.6.2.2 CISO als Designer

Was bedeutet dies nun für CISOs? Wie bereits zuvor angedeutet finden wir heute im Bereich der Cybersicherheit eine vorwiegend ingenieurs- und naturwissenschaftlich geprägte Ausbildung und Denkweise. Das Profil der CISOs sollte sich jedoch wandeln vom Ingenieur hin zum (Mit-)Designer einer Organisation. Wie zuvor im Kontext HCD erwähnt, beginnen Designer nicht sofort damit, das ihnen vorgelegte Problem zu lösen. Vielmehr versuchen gute Designer zunächst zu verstehen, was die wirklichen Ursachen und Schwierigkeiten sein könnten (Norman, 2013). Dies kann auch mitunter zu Reibungen in einem traditionellen Managementumfeld führen. Manager erwarten Fortschritt und Resultate, denn sie wurden darauf geschult, direkt Lösungen zu erbringen (Norman, 2013), was auch die Erwartungshaltung unmittelbar mitprägt. Werden Projekte gestartet und Mittel zugewiesen, erwartet man sehr schnell greifbare Resultate. Designer hingegen scheinen sich vorerst rückwärts zu bewegen. Sie hinterfragen, werfen neue Fragen und Probleme auf und schlagen neue, manchmal unkonventionelle Ideen vor. Oft erscheint dies kontraproduktiv.

Nutzen wir zur Visualisierung erneut das Thema *Phishing Simulation* als oft gewählte Maßnahme der Awareness-Schulung. Solche Dienstleistungen enthalten meist grafisch gut aufbereitete Dashboards und Reports. Damit lässt sich darstellen, dass von den ursprünglich 80 % nur noch 30 % der getesteten Mitarbeitenden auf den erhaltenen Link klickten. Dies beweist scheinbar den Erfolg der eingesetzten finanziellen, personellen und technischen Mittel. Dabei ist gar nicht sicher, ob dies überhaupt das eigentliche Problem der Mitarbeitenden adressiert. Der Scheinerfolg solcher Massnahmen kann beim Management zum irreführenden Gefühl einer erlangten Sicherheit. Infolgedessen werden andere Maßnahmen vernachlässigt, da man der Meinung ist bereits etwas getan zu haben. Wie sich am **Fallbeispiel 11** von GoDaddy zeigt, können die Folgen für das Geschäft sogar noch unmittelbarer und unvorhersehbarer ausfallen. Oder, wie Don Norman es treffend ausdrückt: „A brilliant solution to the wrong problem can be worse than no solution at all: solve the correct problem" (Norman, 2013).

Ähnliches zeigt sich in der Einführung von Informationssicherheits-Managementsystemen (ISMS), insbesondere gemäß dem ISO 27001 Standard. Aus der Erfahrung des Autors fokussieren sich Organisationen direkt auf die Umsetzung der Maßnahmen des Anhangs A des Standards. Diese sollen schnellstmöglich realisiert werden, um dadurch Fortschritte bei der Cybersicherheit zu belegen. Mit der Zeit beschreiben viele Organisationen ein solches ISMS als „zu kompliziert". Dies erstaunt nicht. Vor der Umsetzung von Maßnahmen ist es elementar, sich mit der Organisation und dem Kontext, in welchem das ISMS etabliert werden soll, auseinanderzusetzen. Erst dann sollte entschieden werden, welche Maßnahmen aus dem Anhang A überhaupt anwendbar sind – die sogenannte Anwendbarkeitserklärung (*Statement of Applicability*). Und natürlich besteht dann für jede dieser Maßnahmen die Herausforderung, diese für die Organisation und ihre Mitarbeitenden bedarfsgerecht zu gestalten.

Es geht ja nur um das Erlernen und Anwenden neuer Workshop- oder Managementmethoden. Für CISOs geht es um ein neues Selbstverständnis und um das Bewusstsein der eigenen Rolle im Umgang mit komplexen Problemen und mit der Gestaltung von Organisationen. Dieses Bewusstsein ist, in Anbetracht der komplexen und sich wandelnden Herausforderungen der Cybersicherheit, ein Erkenntnisgewinn, wovon Organisationen generell und Führungskräfte im Spezifischen profitieren können.

Dies bringt uns zum Thema *Design Thinking*. Wie können CISOs *Human-Centered Design* im Kontext der Cybersicherheit konkret umsetzen?

7.6.3 Design Thinking

Design Thinking ist ein Ansatz zur Entwicklung von innovativen und kreativen Lösungen. Es adressiert und kombiniert dabei die technische Durchführbarkeit, die wirtschaftliche Tragfähigkeit und die menschliche Erwünschtheit (*technical feasibility, business viability, human desirability*) (Brown, 2008), siehe Abb. 7.10.

Die Grundlage für *Design Thinking* ist HCD und das Denken in Systemen (*systems thinking*) (Buchanan, 2019). Dadurch können sozio-technische Anforderungen wie die gemeinsame Optimierung sozialer und technischer Aspekte in der Praxis adressiert werden. Gleichzeitig berücksichtigt Design Thinking geschäftliche Rahmenbedingungen wie Budgetvorgaben.

Im Abschnitt „Resilienz und Emergenz" wurde aufgezeigt, wie Mitarbeitende bereits heute innovativ sind. Aktuell ist diese Kreativität jedoch oft ungenutzt und ungezielt, was zu negativen Auswirkungen – wie Schatten-IT – führen kann. Design Thinking bietet die Möglichkeit, Menschen mit allen ihren Fähigkeiten, Ideen, Erfahrungen und Wissen in die Entwicklung und Gestaltung von Cybersicherheitsmaßnahmen zu integrieren. Daraus ergeben sich geschäftsrelevante Einblicke und Vorschläge, wie sie etwa von externen Beratungsunternehmen nicht erbracht werden können. Kurz gesagt, im Design Thinking spricht man nicht *über* die Menschen, sondern *mit* ihnen.

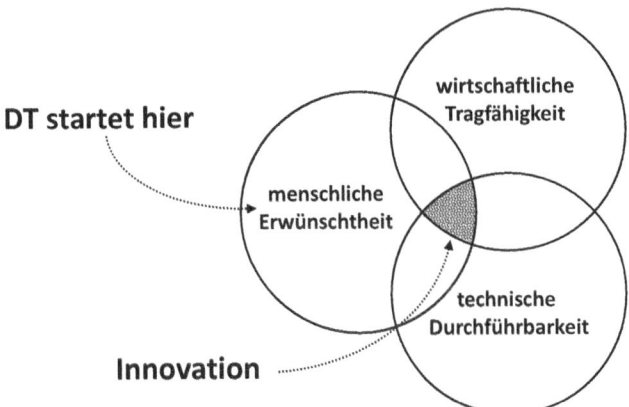

Abb. 7.10 Innovation und Design Thinking – Mensch, Technologie und Wirtschaftlichkeit. (daptiert von IDEO Design Thinking | IDEO | Design Thinking, 2022)

Ein solches Vorgehen adressiert auch weitere Aspekte der Cybersicherheit, die zwar nicht Teil der Frameworks und Standards sind, jedoch reale Probleme zur Folge haben können. CISOs laufen Gefahr, als „Elfenbeinturmbewohner" wahrgenommen zu werden, ohne jeglichen Bezug zum Tagesgeschäft. Das Silodenken kann diese Wahrnehmung verstärken – Cybersicherheit erstellt Vorlagen, Richtlinien, Einschränkungen und die Geschäftsbereiche müssen sie umsetzen, ohne in die Erstellung einbezogen worden zu sein. Dies führt auf beiden Seiten zu Frustration, welche sich im ungünstigsten Falle kontinuierlich steigert, bis das Thema Cybersicherheit irgendwann nur noch negativ gesehen wird. Hier kann der kollaborative Ansatz des Design Thinking helfen, indem Vorgehen und Maßnahmen gemeinsam angegangen, und Lösungen gemeinsam definiert und umgesetzt werden. Mitarbeitende, Partner und Kunden stehen dann nicht mehr außen vor; sie werden von Betroffenen zu Beteiligten (Kolko, 2015). Ihre Bedürfnisse und Sorgen, aber auch ihre Ideen und Vorschläge werden aktiv wahrgenommen und wertgeschätzt.

Durch das Aufbrechen des Silodenkens und die **Interaktion und Zusammenarbeit über alle Geschäftsbereiche und Hierarchiestufen hinweg** adressiert man aktiv, wenn auch meist implizit, einen weiteren Punkt, welcher häufig als zentral genannt wird: die Kultur (Gerken et al., 2022). In der Cybersicherheit gilt die Organisationskultur als wichtiges, zentrales Element (Alshaikh, 2020; Corradini, 2020; Schlienger & Teufel, 2003). Häufig fällt es jedoch schwer, einen Kulturwandel herbeizuführen. Dabei wird Unternehmenskultur ganz generell als ein essenzieller Faktor der erfolgreichen Unternehmensführung und -entwicklung eingestuft (McGregor & Doshi, 2015; Seppälä & Cameron, 2015; „The Culture Factor," 2018; „The Leader's Guide to Corporate Culture," 2018). Dies korreliert mit der zuvor beschriebenen Veränderung der CISO-Rolle hin zu einer C-Level-Rolle mit Einfluss auf die Geschäftstätigkeit.

Der Einsatzbereich von Design Thinking ist äußerst breit (Buchanan, 2019). Er reicht von der Strategieentwicklung (Diderich, 2020) über Innovationen (Brenner & Uebernickel, 2016) hin zu *Requirements Engineering* (Hehn et al., 2020) und der Erarbeitung neuer Produkte und Dienstleistungen (Schallmo & Lang, 2020). Design Thinking hat sich in den letzten Jahren in den unterschiedlichsten Industrien als fähiges und effektives Vorgehen etabliert (Gerken et al., 2022). Aufgrund des großen Interesses wurde Design Thinking zwar schnell zu einem *buzzword*, welches häufig als Verkaufsinstrument genutzt wird. Als Wundermittel angepriesen, versprach es in einfachen Workshops, naiverweise, Lösungen für fast alles. Somit erhielt Design Thinking einen zweifelhaften Ruf, der jedoch eher auf mangelhafte Beratung und Umsetzung zurückzuführen ist, und nicht auf die Methode an sich.

7.6.3.1 Was ist Design Thinking?

Was genau ist Design Thinking nun eigentlich? Design Thinking lässt sich grob über drei Teile definieren (Brenner et al., 2016): Prinzipien (Mindset), Prozess, und Werkzeugkasten (Toolbox).

7.6.3.2 Prinzipien

Design Thinking basiert auf einer grundsätzlichen Haltung, beziehungsweise einem Bewusstsein, für die Arbeit mit Menschen in der Gestaltung neuer Lösungen. Diese Prinzipien hören sich oft sehr einfach an, sind in der Praxis jedoch eine ernsthafte Herausforderung. Mittlerweile haben sich unterschiedliche Prinzipien entwickelt, welche teilweise aufeinander aufbauen (Brenner et al., 2016; d.School, 2010). Im Folgenden hat der Autor die aus seiner Sicht wichtigsten Prinzipien zusammengestellt.

1. **Von Menschen für Menschen – der Leitsatz.** Es geht um ihre menschlichen Bedürfnisse, Anforderungen, aber auch Fähigkeiten, Ideen und Inspirationen. Die Arbeit von Designern dient der Praxis und nicht der Theorie.
2. **Die Kombination von divergierendem und konvergierendem Denken.** Wie zuvor ausgeführt, starten Designer im ersten Schritt damit, im sogenannten Problembereich (*problem space*) noch mehr Informationen einzuholen und Dinge zu hinterfragen. Dies macht vorerst den Anschein, das Problem komplexer und nicht überschaubarer zu machen. Dieses divergierende Denken ist gewollt. Im nächsten Schritt synthetisiert man die Erkenntnisse, um somit das Problem zu definieren und zu spezifizieren. Dies ist das konvergierende Denken. Geht es um die Entwicklung einer Lösung, zeigt sich ein ähnliches Muster im Lösungsbereich (*solution space*). Im ersten, divergierenden Schritt wird eine Vielzahl an Prototypen gebaut, getestet und bei Bedarf wieder verworfen. Daraus entwickelt sich in der konvergierenden Phase eine favorisierte Lösung, welche weiterverfolgt wird. Dies mag initial abstrakt und sehr theoretisch wirken. Hier hilft der *Design-Thinking*-Prozess wie er weiter unten vorgestellt und in Abb. 7.11 dargestellt ist.
3. **Schnell und oft scheitern.** Scheitern genießt in unserer auf Effizienz getrimmten Welt wenig Akzeptanz. Im Design Thinking ist es wichtig, eine Vielzahl an Ideen und Vor-

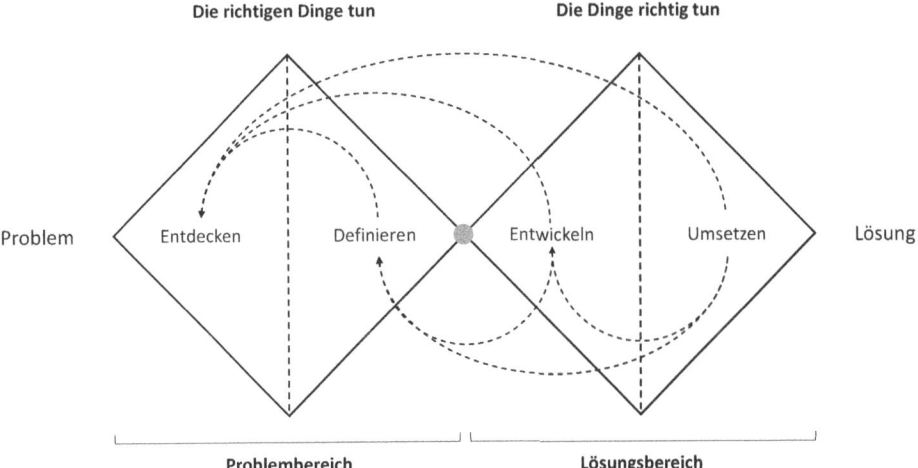

Abb. 7.11 Der Design-Thinking-Prozess. (Adaptiert vom Double Diamond des British Design Council, Design Council, 2024, licensed under a CC BY 4.0 license)

schlägen zu entwickeln und diese gemeinsam mit involvierten Personen zu testen. Dadurch ergeben sich wichtige Einblicke darüber, wie sich ein Problem am besten adressieren lässt – eine essenzielle Voraussetzung im Umgang mit *Wicked Problems* (Kapur, 2008, 2016). Wer kennt nicht die großen Technologieprojekte, welche nach der Einführung auf wenig Akzeptanz stoßen, da sie am Problem vorbei entwickelt wurden? Eine unzureichende Lösung sollte besser in der Entwicklung scheitern, als dass sie „erfolgreich" implementiert wird und einen Cybervorfall ermöglicht.

4. **Prototyping.** Der nächste Punkt ist der Bau von Prototypen. Ideen sollten greif- und erfahrbar werden, um ihren Mehrwert oder ihre Probleme sichtbar zu machen. Dies kann ein Click-Dummy einer Software sein oder ein technisches Gerät, gebastelt aus einer Klebstoffdose und einem Paketklebebandroller (Brown, 2008).

5. **Kollaboration.** Eine Folge aus den zuvor genannten Punkten ist die Integration und Interaktion mit den Menschen, für die gestaltet wird. Sie spielen eine zentrale Rolle im Erfolg oder Misserfolg der entwickelten Lösungen. Nehmen wir beispielsweise das Thema Risikomanagement. Sehr häufig wird dies durch ein internes Team aus Cybersicherheitsspezialisten entwickelt, gemeinsam mit externen Beratern. Das Resultat ist häufig eine Tabelle mit mehreren Dutzend Spalten, ergänzt durch viele Arbeitsblätter mit hunderten von Zeilen. Während für das Projektteam die Nutzung und Logik offensichtlich sind, sieht dies in den Fachabteilungen anders aus. Hier sind wir wieder bei den Themen Elfenbeinturm und Silodenken in der Cybersicherheit. Diese Reibungsverluste lassen sich durch Kollaboration vermindern.

7.6.3.3 Prozess

Die Design-Thinking-Prinzipien allein sind, gerade für Personen, die zum ersten Mal mit dem Thema in Berührung kommen, oft unklar und zu anspruchsvoll (Brenner et al., 2016). Sie können als abstrakt, theoretisch und kaum umsetzbar wahrgenommen werden. Der Design-Thinking-Prozess ist dabei eine wertvolle Hilfe. Er strukturiert die Phasen der Problem- und Lösungsfindung und orientiert dabei die Teilnehmenden. Diese Struktur ist auch im Projektvorgehen hilfreich, wo meist gewisse Vorgaben, wie z. B. Termine, eingehalten werden müssen. Wichtig zu erwähnen ist, dass es nicht den einen, normierten Design-Thinking-Prozess gibt – eine irrige Meinung, die oft für Verwirrung sorgt. Im Laufe der Zeit haben sich verschiedene Varianten entwickelt, z. B. der Design-Thinking-Prozess der d.school (2010) oder das *Double Diamond Model* des *British Design Council* (Norman, 2013). Letzterer bietet eine klare und unkomplizierte Darstellung des Prozesses, des Problem- und Lösungsbereichs, der divergierenden und konvergierenden Phasen und des iterativen Vorgehens. Der Design-Thinking-Prozess weist Parallelen zum zuvor genannten Deming-Zyklus-PDSA auf. Es geht auch hier darum, etwas auszuführen, Prototypen zu erstellen und zu testen und daraus zu lernen (siehe *Study* bei PDSA). Basierend auf diesen Erkenntnissen passt man das Vorgehen an und überarbeitet oder verwirft womöglich bestehende Annahmen (*Act* bei PDSA). Im folgenden Abschnitt finden Sie eine Übersicht über ausgewählte verfügbare Werkzeuge, welche sich in der Durchführung des Prozesses als wertvoll erwiesen haben.

7.6.3.4 Toolbox

Design Thinking funktioniert nur, wenn die Prinzipien durch entsprechende Methoden und Werkzeuge in der Praxis umgesetzt werden. Diese *Toolbox* (Werkzeugkasten) ist dabei keine fix definierte Sammlung genau spezifizierter Methoden. Vielmehr handelt es sich dabei um einen Sammelbegriff für eine stetig wachsende Anzahl an Design-Thinking-Methoden, welche strukturiert innerhalb des Design-Thinking-Prozesses genutzt werden können. Mit zunehmender Erfahrung können sie vom Designer auch außerhalb des Prozesses und ad hoc genutzt werden, z. B. in Meetings oder Workshops.

Es gibt jedoch mittlerweile zahlreiche Methoden, auf welche man zurückgreifen kann. Nicht selten stellen Organisationen – etwa Regierungen, IDEO oder Google – im Open-Source-Ansatz ihre Erfahrungen, Vorlagen und Anleitungen im Design Thinking frei zur Verfügung. Einige Beispiele sind (archivierte, permanente Links finden Sie im Appendix): das *Human-Centred Design Playbook* der Regierung des Bundesstaats Victoria, Australien (Service Design Team Digital Victoria, 2020), *The Field Guide to Human-Centered Design* der Designagentur IDEO (IDEO.org, 2015) und *The Design Sprint Kit* der Firma Google (Google, 2023). Zusätzlich gibt es solche Toolboxen auch in gedruckter Form, z. B. die Design-Thinking-Toolbox (Lewrick et al., 2020), welche dann durch frei zugängliche Onlinevorlagen ergänzt werden (Michael Lewrick, 2021).

▶ **Tipp** Gerade am Anfang können diese scheinbar schlecht definierte Methode sowie die Fülle an Angeboten abschreckend wirken. Lassen Sie sich nicht entmutigen! Vielmehr ist dies der erste Schritt in die Welt des Design Thinking. Es geht darum, sich aufs Experimentieren einzulassen, auszuprobieren, Hilfreiches zu behalten und Blockierendes auf die Seite zu legen.

7.7 Design Thinking und Cybersicherheit – Beispiele und Vorlagen

Die Erklärungen sollen anhand eines konkreten Beispiels zur Anwendung von Design Thinking im Aufbau einen ISMS veranschaulicht werden. Das Beispiel zeigt auf, wie verschiedene Methoden (Stakeholder Mapping, Empathy Mapping, Ecosystem Mapping, PESTEL-Analyse, SWOT-Analyse und Service Model Canvas) aufeinander aufbauend eingesetzt werden können.

Um ein ISMS aufzubauen, müssen Sie die Organisation und den Kontext des zu etablierenden ISMS verstehen. Dies ist z. B. Teil der ISO 27001:2022 (International Organization for Standardization, 2022) Kap. 4 oder BSI-Standard 200-1 (Bundesamt für Sicherheit in der Informationstechnik (BSI), 2017a) Kap. 3 und BSI-Standard 200-2 (Bundesamt für Sicherheit in der Informationstechnik (BSI), 2017b) Kap. 3. Um ein effektives ISMS zu etablieren und zu betreiben, müssen Sie als CISOs das interne und externe Umfeld und die daraus entstehenden Anforderungen verstehen – der klassische Problembereich im Design Thinking. Ein ISMS bringt signifikante Änderungen und Einflussnahme auf die

Organisation mit sich. Dabei müssen Management und Mitarbeitende abgeholt und integriert werden, idealerweise durch Zusammenarbeit.

▶ **Tipp** Geben Sie bei den im Folgenden vorgestellten Workshops jeweils eine kurze Einführung: Worum geht es, was ist die Zielsetzung und warum sind die Teilnehmenden dabei? Sollten Sie damit nicht vertraut sein, lohnt es sich, innerhalb der Organisation Unterstützung hinzuzuziehen.

7.7.1 Stakeholder Mapping

Stakeholder Mapping

Ziel: Das Erstellen einer *Stakeholder Map* hilft Ihnen, relevante Personen und Gruppen für ihr Vorhaben zu identifizieren. Zusätzlich liefert sie Ihnen eine Übersicht darüber, wie Sie mit welchen Stakeholdern umgehen müssen.

Teilnehmende: Stakeholder Mapping kann durch CISOs alleine oder einigen/allen Stakeholdern durchgeführt werden. Es empfiehlt sich jedoch eine Durchführung mit mehreren Personen, um deren unterschiedliche Standpunkte und Erkenntnisse zu nutzen.

Durchführung:

1. Erfassen Sie alle möglichen Stakeholder und laden Sie sie (oder eine Untergruppe davon) zu einem gemeinsamen Brainstorming ein, welches Sie gemäß der Vorlage in Abb. 7.12 aufbauen können. Erfassen Sie alle Stakeholder (in der Vorlage sind dies Stakeholder A bis F) in **1) Stakeholder Brainstorming** in der Vorlage mit einzelnen Post-Its an einem Whiteboard oder online über entsprechende Kollaborationslösungen.
2. Im nächsten Schritt verschieben Sie zusammen mit den Teilnehmern die einzelnen Stakeholder nach **2) Stakeholder Mapping** in der Vorlage gemäß deren Einfluss und Interesse. Dies hilft Ihnen, die Stakeholdergruppen entsprechend zu beteiligen bzw. zu informieren.
3. Anschließend zeichnen sie gemäß **3) Stakeholdereinstellung** in der Vorlage neben den einzelnen Stakeholdern deren Einstellung zum Vorhaben ein. Dies hilft Ihnen zu verstehen, wo Sie mit Unterstützung (+), Ablehnung (−) oder Gleichmut (#) rechnen können und welche Maßnahmen Sie treffen sollten.
4. Bei Bedarf können Sie gemäß **4) Stakeholderbeziehungen** in der Vorlage nun auch gute (+), schlechte (−) oder neutrale (#) Beziehungen der Stakeholder untereinander mit Pfeilen und Symbolen visualisieren. Dies zeigt Ihnen auf, wo Sie in zwischenmenschliche Beziehungen investieren können oder mit Reibung oder Blockaden rechnen müssen, z. B. wenn zwei *key players* zueinander negativ eingestellt sind.

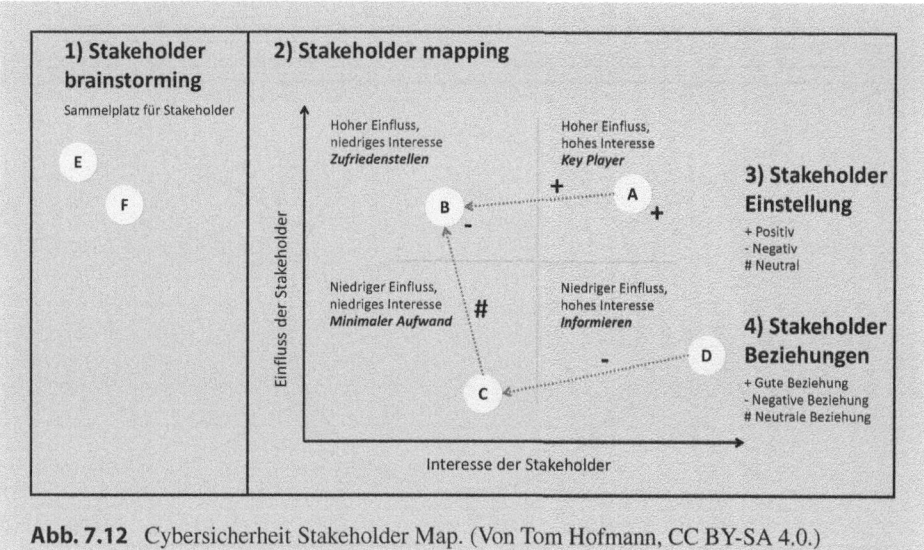

Abb. 7.12 Cybersicherheit Stakeholder Map. (Von Tom Hofmann, CC BY-SA 4.0.)

▶ **Tipp** Widerstehen Sie dem Reflex, sich direkt auf die Führungsebene der Organisation zu fokussieren. Denken Sie daran, interne Stakeholder (z. B. Produktionsmitarbeiter, welche die Cybersicherheitsmaßnahmen umsetzen und mittragen müssen) und externe Stakeholder (z. B. zentrale Zulieferer, Schlüsselkunden und Regulatoren) mit gleicher Priorität zu identifizieren und zu involvieren.

▶ **Tipp** Die *Stakeholder* Map ist ein lebendes Dokument. Im Laufe der Zeit kommen und gehen Stakeholder, ihre Position verändert sich. Denken Sie daran, dies nachzuführen, sodass die Stakeholder Map das aktuelle Lagebild darstellt.

7.7.2 Empathy Mapping

Empathy Mapping
Ziel: Das *Empathy Mapping* dient der Erfassung, Analyse und Synthese von Informationen zu den Stakeholdern, welche Sie zuvor in der Stakeholder Map erfasst haben (Kelley, 2013). Dies hilft Ihnen, eine Übersicht zu erhalten bezüglich der Beteiligten – was diese denken, welche Bedenken sie haben und wovon sie sich Hilfe und Unterstützung versprechen. Zusätzlich ergibt sich ein konkretes Bild der sonst schwer greifbaren Organisationskultur.
Teilnehmende: CISOs und relevante Stakeholder.

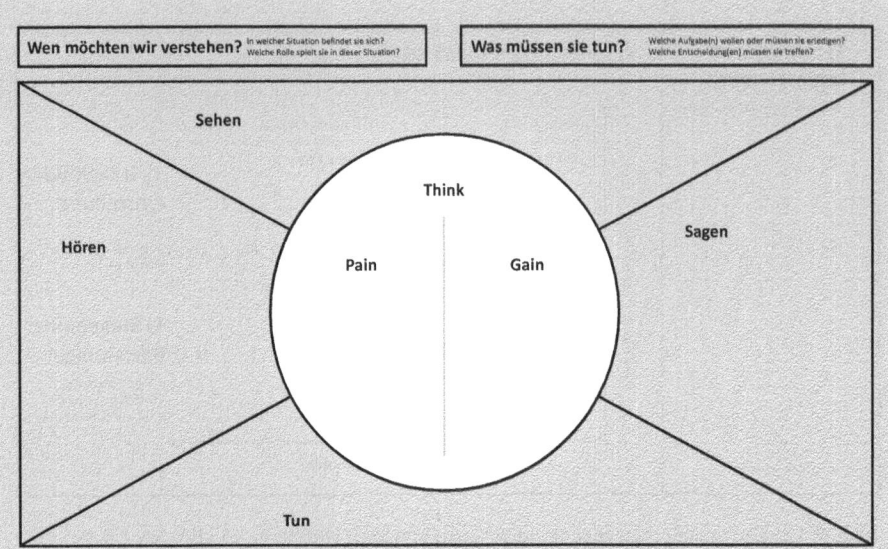

Abb. 7.13 Empathy Map. (Adaptiert von Dam & Teo, 2024 (© Interaction Design Foundation, CC BY-SA 4.0), Gray et al., 2010)

Durchführung:

1. Erstellen Sie für jeden Stakeholder eine Empathy Map, beispielsweise gemäß der Vorlage in Abb. 7.13.
2. Im oberen Teil der Empathy Map definieren Sie jeweils die Stakeholder und deren Aufgaben- und Entscheidungsgebiete. Im Hauptteil (mit den Bereichen Sehen, Sagen, Handeln, Hören, Denken) definieren Sie jeweils Fragen, zu welchen Sie Auskunft von den Stakeholdern benötigen; einige Beispiele können Sie der Vorlage entnehmen.
3. Laden Sie die Stakeholder ein, diese Fragen in einem Gespräch oder Workshop mit Ihnen zu besprechen und sammeln Sie die Antworten.
4. Nun verdichten Sie die gesammelten Daten und Informationen und weisen sie den jeweiligen Bereichen der Empathy Map zu.

▶ **Tipp** Aus Erfahrung zeigt sich hier oft, dass Mitarbeitende zwar die Notwendigkeit von Maßnahmen zur Cybersicherheit einsehen und verstehen, aber Angst vor einer überbordenden Bürokratie haben. Wenn Sie als CISO in einem solchen Umfeld umfangreiche Excel-Tabellen verteilen und einfordern, entsteht bald eine ablehnende Haltung – nicht aber, wenn Sie die Beteiligten direkt involvieren und ihre Hoffnungen und Bedenken ernst nehmen.

7.7.3   Cybersicherheit Ecosystem Mapping

Ecosystem Mapping
Ziel: Die Cybersicherheit *Ecosystem Map* dient der Darstellung und Analyse des Ökosystems der Organisation in einem spezifischen Bereich (hier: Cybersicherheit), aufbauend auf den Erkenntnissen aus dem Stakeholder und Empathy Mapping. Dabei geht es um die Erfassung aktueller Maßnahmen technischer, organisatorischer und personeller Art, aber auch der impliziten Erkenntnisse in Bezug auf Kultur, Umgang, etc. Das Ecosystem Mapping hilft Ihnen, einen ersten Eindruck der Gesamtsituation im definierten Bereich zu skizzieren und ein mögliches Ungleichgewicht zu identifizieren, z. B. wenn erheblich mehr Fokus auf technischen Maßnahmen liegt, externe Umfelder kaum beachtet werden oder sich eine hohe Arbeitslast abzeichnet. Zusätzlich bietet sich die Möglichkeit, unterschiedliche Stakeholder zusammenzubringen und Erfahrungen auszutauschen.
   Teilnehmende: CISOs, relevante Stakeholder und beteiligte Fachabteilungen (z. B. Netzwerkengineering, HR).
   Durchführung:

1. Erstellen Sie eine Cybersicherheit Ecosystem Map für Ihre Organisation im Bereich Cybersicherheit, beispielsweise gemäß der Vorlage in Abb. 7.14, mit vier Sphären, welche für die personellen, kulturellen, organisatorischen und technischen Maßnahmen stehen. Die linke Seite ist dem internen Umfeld und die rechte Seite dem externen Umfeld gewidmet.
2. Zusammen mit den involvierten Stakeholdern sammeln Sie nun im Rahmen eines Brainstormings alle bekannten Maßnahmen und strukturieren diese gemäß der Vorlage. Stellen Sie sicher, dass hier noch nicht über Sinn und Unsinn oder Effektivität der einzelnen Maßnahmen diskutiert wird, sondern die Ist-Situation abgebildet wird.

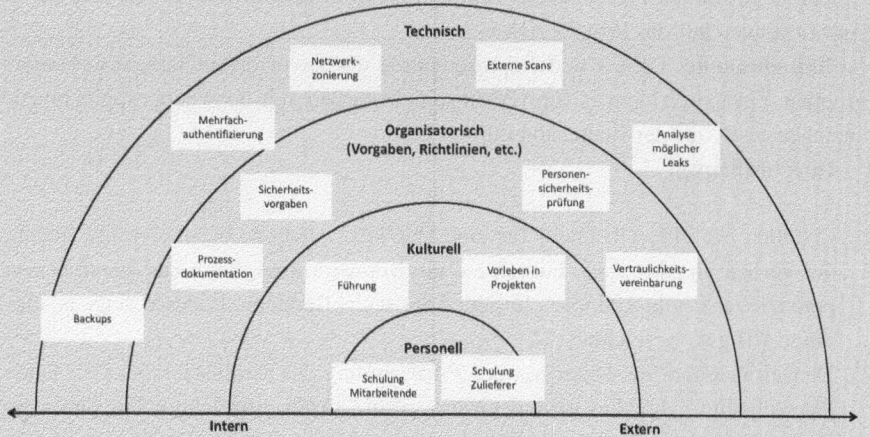

Abb. 7.14   Ecosystem Map. (Von Tom Hofmann, CC BY-SA 4.0.)

Fallbeispiel 8: Unpassende Maßnahmen

Ein Gespräch des Autors mit der IT und dem Pflegepersonal in einem Krankenhaus zeigte, welche Maßnahmen nicht in den Arbeitsalltag oder Betrieb passen. Ist die Anmeldung z. B. mit 2-Faktor-Authentifizierung in Krankenhaus-Informationssystemen zu umständlich oder zu langwierig, versucht das Pflegepersonal, sie zu umgehen. Dies fußt jedoch nicht auf Unwillen oder Unwissenheit, sondern ist dem Druck im Stationsbetrieb geschuldet, mit seinem hohen Stress und seinen geringen Ressourcen. Dauert dort ein Benutzerwechsel zu lange, behindert dies den gesamten Betrieb. Noch extremer sind in diesem Kontext Notfallstationen, wo es um Sekunden geht. ◀

▶ **Tipp** Die erarbeitete Cybersicherheit Ecosystem Map liefert zusätzliche Informationen, wenn es später um die Auswahl der umzusetzenden Maßnahmen eines ISMS geht – der sogenannten Anwendbarkeitserklärung. Daraus lässt sich ein Mapping zwischen existierenden und vorgeschlagenen Maßnahmen aus dem Anhang A der ISO 27001:2022 erstellen.

Die Cybersicherheit Ecosystem Map hilft dabei ebenfalls, mögliche Lücken in der Umsetzung rechtlicher oder regulatorischer Maßnahmen zu identifizieren.

7.7.4 PESTEL-Analyse

PESTEL-Analyse

Ziel: Mit der PESTEL-Analyse – dies steht für *political* (politisch), *economical* (ökonomisch), *societal* (gesellschaftlich), *technical* (technisch), *environmental* (ökologisch) und *legal* (rechtlich) – lassen sich das externe Umfeld strukturiert analysieren und daraus eine Einschätzung für zukünftige Entwicklungen und deren Auswirkungen auf das Projekt ziehen.

Teilnehmende: CISOs und Repräsentanten der zuvor ermittelten Stakeholdergruppen. Zusätzlich kann es von Vorteil sein, Mitarbeitende aus Fachgruppen hinzuzuziehen, z. B. aus der Rechtsabteilung.

Durchführung:

1. Erstellen Sie eine Übersicht für eine PESTEL-Analyse, beispielsweise gemäß der Vorlage in Abb. 7.15. Führen Sie ein Brainstorming durch zur *Identifikation* potenzieller Einflussfaktoren für jeden der sechs Bereiche. In der Vorlage ist dies durch AB gekennzeichnet.
2. Danach machen Sie weiter mit der *Priorisierung* der Einflussfaktoren für jeden der sechs Bereiche; dies ist in der Vorlage mit CD gekennzeichnet. Die Skala der

	Identifikation, Priorisierung	Analyse	Prognose	Auswirkung	Maßnahme
P	AB 1 CD 2	AB: ... CD: ...	AB: ... CD: ...	AB: ... CD: ...	AB: ... CD: ...
E					
S					
T					
E					
L					

Abb. 7.15 PESTEL Canvas. (Von Tom Hofmann, CC BY-SA 4.0)

Priorisierung sollte übersichtlich sein, z. B. 1–3 oder auch niedrig/mittel/hoch. Dies hilft in der Adressierung der wichtigsten Punkte, hat aber noch einen weiteren Effekt. In den Diskussionen innerhalb der Gruppe entsteht ein gemeinsames Verständnis für die Faktoren und ihre Bewertung durch andere.

3. Im nächsten Schritt führen Sie die *Analyse* der Schlüsselfaktoren durch, z. B. nur mit der höchsten Priorität.

4. Nun erstellen Sie für die ausgewählten Faktoren eine *Prognose*. Besprechen Sie mit den Teilnehmenden z. B., was der zu erwartende Einfluss der Faktoren, der Einführung neuer Gesetze und Vorgaben und eines wirtschaftlichen Aufschwungs und einer Zunahme an Bestellungsvolumen auf das gemeinsame Vorhaben sein könnte.

5. Aufgrund der Prognose prüfen Sie zusammen mit den Teilnehmenden nun mögliche *Auswirkungen* und klären, was diese bedeuten. Ermutigen Sie die Teilnehmenden, den internen und externen Kontext zu berücksichtigen, z. B. potenzielle neue Standorte oder zu sichernde Produktionsstraßen bzw. neue gesetzliche Maßnahmen, die zu berücksichtigen wären.

6. Zuletzt leiten Sie die strategischen *Maßnahmen* ab. Stellen Sie hier sicher, dass die Teilnehmenden sich nicht direkt auf technische oder operative Details konzentrieren, sondern auf strategischer Ebene bleiben, wie z. B. Einfluss auf die IT-Strategie Richtung Cloud und Ressourcenbedürfnisse.

7.7.5 SWOT-Analyse

SWOT-Analyse
Ziel: Die SWOT-Analyse – SWOT steht für *strengths* (Stärken), *weakness* (Schwächen), *opportunities* (Chancen), *threats* (Risiken) – ist ein geläufiges Mittel in der Geschäftswelt. Sie schafft eine gemeinsame Sprache mit den Fachbereichen, von der strategischen Cybersicherheit hin zu Geschäftsstrategien. Das Ergebnis einer SWOT-Analyse ist eine abstrahierte Sicht auf die erhobenen und erarbeiteten Einsichten. Dabei kombinieren sich interne und externe Faktoren. Im Resultat ergibt sich eine erste Intention zur weiteren Entwicklung und Fokussierung der Cybersicherheit und des ISMS. Zusätzlich kann sie als Basis für die Entwicklung einer Cybersicherheitsstrategie in der Organisation dienen. Ein indirektes Ziel ist auch die Stärkung der Kommunikation und Positionierung des CISOs.
Teilnehmende: CISOs und beteiligte Stakeholder.
Durchführung:

1. Verwenden Sie die zuvor erstellte Cybersicherheit Ecosystem-Map als Basis und ermitteln Sie zusammen mit den Teilnehmenden interne Stärken und Schwächen gemäß der Vorlage in Abb. 7.16.

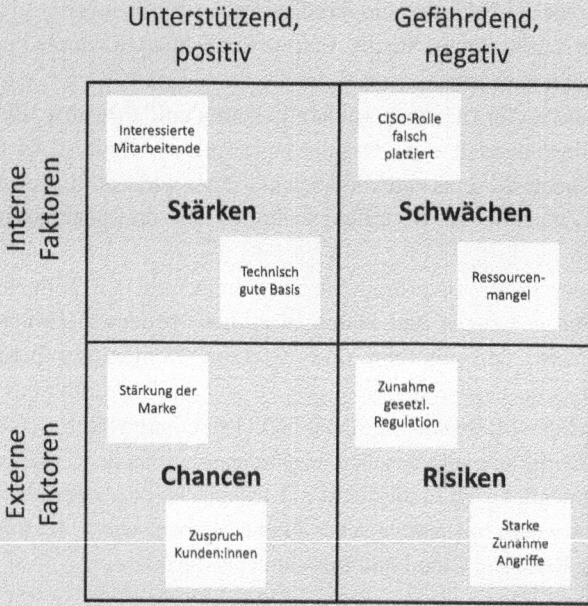

Abb. 7.16 SWOT-Analyse. (Von Tom Hofmann, CC BY-SA 4.0.)

2. Ermitteln Sie nun externe Chancen und Risiken.
3. Legen Sie nun zusammen fest, auf welche Quadranten der Fokus für das weitere Vorgehen gelegt werden soll. Durch die Analyse der einzelnen Quadranten und die Fokussierung lassen sich Strategieentscheide erarbeiten:
   - **Schwächen-Risiken-Strategie**: Wie lassen sich angesichts externer Bedrohungen und interner Schwächen sowohl die Schwächen als auch die Bedrohungen minimieren?
   - **Schwächen-Chancen-Strategie**: Wie können angesichts externer Chancen und interner Schwächen die Schwächen minimiert und die Chancen maximiert werden?
   - **Stärken-Risiken-Strategie**: Wie kann man angesichts externer Bedrohungen und interner Stärken die Bedrohungen minimieren und die Stärken maximieren?
   - **Stärken-Chancen-Strategie**: Wie können angesichts externer Chancen und interner Stärken sowohl Chancen als auch Stärken maximiert werden?

Solche bewusst gefällten Entscheidungen helfen Ihnen dabei, die oft limitierten Ressourcen zielgerichtet einzusetzen. Zusätzlich helfen sie CISOs, in Gesprächen mit der Geschäftsführung oder dem Aufsichtsrat über die Hintergründe verschiedener Entscheidungen aufzuklären.

7.7.6 Cybersicherheit Service Model Canvas

Cybersicherheit Service Model Canvas
Ziel: Das primäre Ziel des *Cybersicherheit Service Model Canvas* ist die Strukturierung der Cybersicherheit einer Organisation unter Betrachtung der verschiedenen Aspekte wie Schlüsselpartner, -aktivitäten, Budget und der angestrebten Ergebnisse. Das Sekundärziel ist es, die Kommunikation der Cybersicherheit in die übrige Organisation zu unterstützen. Das Service Model Canvas beruht auf dem Business Model Canvas (Osterwalder et al., 2011), einem bekannten und etablierten Werkzeug in der Geschäftsentwicklung. Ein *Cybersicherheit Service Model Canvas* erlaubt es, ein gemeinsames Verständnis zu schaffen.
   Teilnehmende: CISOs und Repräsentanten der Stakeholder.
   Durchführung:

1. Erstellen Sie ein *Cybersicherheit Service Model Canvas*, beispielsweise gemäß der Vorlage in Abb. 7.17. Tragen Sie zusammen mit den Teilnehmenden in einem Brainstorming für alle Bereiche die jeweiligen Informationen zusammen.
2. Ordnen Sie die gesammelten Informationen und weisen Sie sie den jeweiligen Feldern zu:
   - Auf der linken Seite befinden sich die Schlüsselpartner, Kernaktivitäten und Schlüsselressourcen, welche die Cybersicherheit benötigt.

Schlüsselpartner	Kernaktivitäten	Wertbeitrag	Beziehungen	Zielgruppen
Welche sind die Schlüssel-partner? Was benötigen und beziehen wir von Ihnen? Wie stehen zu dem Projekt und zueinander? Zur Evaluation hilft die Stakeholder Map und die ausgearbeiteten Bewertungen der Parteien und ihrer Beziehungen. Zusätzlich unterstützen die Daten der PESTEL.	Was sind die Kernaktivitäten innerhalb des ISMS? Risikomanagement? Governance? Schulung der Leitungsebene?	Was ist der Wertbeitrag den Cybersicherheit, und ein ISMS, für die Organisation und ihre Stakeholder leisten kann und muss? Welche personellen, kulturellen, organisatorischen und technischen Maßnahmen müssen erbracht werden? Welche Bedürfnisse müssen wie adressiert werden? Der Wertbeitrag kann auf den Erfahrungen der Empathy Map erarbeitet werden.	Welche Stakeholder und Beziehungen sind wichtig? Was benötigt es um diese für das Projekt zu gewinnen? Hier helfen die Daten der Stakeholder Map.	Wer sind meine Zielgruppen? Hier kommen die Erkenntnisse der Stakeholder Map zum Einsatz.
	Schlüsselressourcen Welche personellen, finanziellen u. technischen Ressourcen benötigen wir zur Schaffung des Wert-beitrags?		**Umsetzung** Wie werden die Massnahmen Umgesetzt? Welche personellen, kulturellen, organisatorischen und technische Massnahmen werden benötigigt? Was definiert eine erfolgreiche Umsetzung?	

Budget/Investitionen	Ergebnisse/Auswirkungen
Wieviel Budget wird benötigt um die angestrebten Massnahmen zu realisieren? Welche Investitionen sind notwendig zur Zielerreichung?	Welche Ergebnisse wollen wir erreichen, für die Organisation, aber auch für die Menschen? Welche Auswirkungen soll Cyber-Sicherheit auf die Organisation haben? Es geht darum Chancen zu ermöglichen und Risiken minimieren

Abb. 7.17 Cybersicherheit Service Model Canvas von Tom Hofmann, basierend auf dem Business Model Canvas von Strategyzer.com. (CC BY-SA 3.0)

- Die Mitte definiert den Wertbeitrag, welchen die Cybersicherheit dem Unternehmen liefert. Hierzu liefern die Erkenntnisse aus dem Empathy Mapping, der Cybersicherheit Ecosystem Map und der PESTEL-Analyse wertvolle Hinweise.
- Auf der rechten Seite befinden sich die Beziehungen, Zielgruppen und Anforderungen an die Umsetzung der Cybersicherheit. Zielgruppen und Beziehungen profitieren von der Arbeit, welche im *Stakeholder Mapping* und der PESTEL-Analyse erarbeitet wurde.
- Die Umsetzung zeigt auf, welche Maßnahmen erforderlich sind und was für deren Erfolg notwendig ist. Dabei hilft es auch, den sonst eher technisch orientierten Blick zu erweitern und in der Kollaboration mit den Stakeholdern weitere Formen wie z. B. personelle und kulturelle Maßnahmen zu erarbeiten.
- Der untere linke Teil adressiert die finanziellen Aspekte Budget und Investitionen. Dies hilft bei der Begründung und Argumentation für die finanziellen Bedürfnisse in der Umsetzung von Cybersicherheit. Von Vorteil ist hierbei, dass diese Anforderungen breit abgestützt sind, da Sie die Maßnahmen gemeinsam mit den Stakeholdern entwickelt haben.
- Rechts unten befinden sich die erwarteten Ergebnisse und Auswirkungen. Wie zuvor erwähnt, sollten CISOs nicht nur Risiken minimieren, sondern auch Fachabteilungen dazu befähigen, Chancen der Digitalisierung zu nutzen. Daraus ergibt sich der Vorteil, dass Cybersicherheit nicht negativ und geschäftshindernd dargestellt wird, sondern als aktiver Beitrag zur Unterstützung der Geschäftsentwicklung.

> ▶ **Tipp** Als weitere Möglichkeit, einen passenden Wertbeitrag für die Bedürfnisse der Stakeholder zu entwickeln, sei Interessierten ein weiteres Werkzeug von Osterwalder empfohlen, das *Value Proposition Canvas* (Osterwalder et al., 2015).

Die hier vorgestellten Schritte und Möglichkeiten ergeben natürlich noch kein fertiges und umfängliches ISMS. Jedoch sollen sie zeigen, wie Design Thinking in der Praxis bei der Entwicklung eines ISMS unterstützen und die Kollaboration innerhalb Organisationen fördern kann. Aus der Erfahrung des Autors zeigt sich, dass gerade diese grundlegenden Elemente, der *Plan*-Teil gemäß PDCA-Zyklus des ISMS gemäß ISO 27001:2022, viel zu wenig Beachtung findet. Dies geschieht häufig nicht aus Desinteresse, sondern weil das Wissen um solche Methoden und deren Anwendung fehlt.

7.8 Zusammenfassung

Cybersicherheit – und dadurch die Rolle der CISOs – hat das Potenzial, eine wertvolle und aktive Rolle in der Geschäftsentwicklung und der Organisationsgestaltung zu übernehmen. Der rein technische Aspekt auf Risikominimierung, gekoppelt mit einer eher passiven Rolle innerhalb der Organisation, sollte der Vergangenheit angehören. CISOs müssen im C-Level angesiedelt sein. Dies erfordert von ihnen aber auch, dass sie sich weg von einer technischen Fokussierung hin zu einer gesamtheitlich sozio-technischen Betrachtung entwickeln. Ihr Bewusstsein für *wicked problems* muss dabei gestärkt werden. Es hilft nicht, diese zu ignorieren, weil sie zu unbequem oder zu komplex erscheinen. Begreifen sich CISOs als Designer und nicht nur als Techniker, so stehen ihnen mit *Human Centric Design* und *Design Thinking* effektive Möglichkeiten zur Entwicklung von Cybersicherheit zum Vorteil der ganzen Organisation zur Verfügung.

Literatur

Ackoff, Russell L. (1979). „The future of operational research is past". *Journal of the operational research society, 30*(2), 93–104.

Ackoff, R. L. (1994). Systems thinking and thinking systems. *System Dynamics Review, 10*(2–3), 175–188. https://doi.org/10.1002/sdr.4260100206

Alshaikh, M. (2020). Developing cybersecurity culture to influence employee behavior: A practice perspective. *Computers & Security, 98*, 102003. https://doi.org/10.1016/j.cose.2020.102003

Andress, A. (2003). *Surviving security: How to integrate people, process, and technology* (2. Aufl.). Auerbach Publications. https://doi.org/10.1201/9780203501405

Arntz, P. (2022, March 15). *Stolen Nvidia certificates used to sign malware – Here's what to do*. Malwarebytes. https://web.archive.org/web/20230225215449/https://www.malwarebytes.com/blog/news/2022/03/stolen-nvidia-certificates-used-to-sign-malware-heres-what-to-do. Zugegriffen am 26.04.2024.

Arwinge, O., & Olve, N.-G. (2017). Three lines of defense for organizing risk management. In *Bank regulation* (S. 284–309). Routledge.

Axelos. (2023). *ITIL | IT Service Management | Axelos*. https://www.axelos.com/certifications/itil-service-management/. Zugegriffen am 26.04.2024.

Bada, M., Sasse, A. M., & Nurse, J. R. C. (2015). *Cyber security awareness campaigns: Why do they fail to change behaviour?* 15. https://arxiv.org/abs/1901.02672. Zugegriffen am 26.04.2024.

BBC News. (2022, March 24). *Lapsus$: Oxford teen accused of being multi-millionaire cyber-criminal.* https://web.archive.org/web/20230318131126/https://www.bbc.com/news/technology-60864283. Zugegriffen am 26.04.2024.

Bennis, W. G., Nanus, B., & Bennis, S. (1985). *Leaders: Strategies for taking charge* (Bd. 200). Harper & Row.

Bernard, R. (2017). *Cyberkriminelle nehmen heimliche Weltmarktführer ins Visier.* eco. https://web.archive.org/web/2/https://www.eco.de/presse/cyberkriminelle-nehmen-heimliche-weltmarktfuehrer-ins-visier/. Zugegriffen am 26.04.2024.

Beuth, P. (2022, March 29). *Ablauf eines peinlichen Hacks: Wie Lapsus$ eine IT-Sicherheitsfirma vorführte.* https://web.archive.org/web/20230318130432/https://www.spiegel.de/netzwelt/web/okta-wie-lapsususd-eine-it-sicherheitsfirma-vorfuehrte-a-4763ebfd-dc40-416c-88c0-fb4d57f1d1ac. Zugegriffen am 26.04.2024.

BITKOM. (2021). *Wirtschaftsschutz 2021.* https://web.archive.org/web/20230306012724/https://www.bitkom.org/Presse/Presseinformation/Angriffsziel-deutsche-Wirtschaft-mehr-als-220-Milliarden-Euro-Schaden-pro-Jahr. Zugegriffen am 26.04.2024.

BITKOM. (2022). *Wirtschaftsschutz 2022.* https://web.archive.org/web/20230318115829/https://www.bitkom.org/Presse/Presseinformation/Wirtschaftsschutz-2022. Zugegriffen am 26.04.2024.

Brenner, W., & Uebernickel, F. (Hrsg.). (2016). *Design thinking for innovation.* Springer International Publishing. https://doi.org/10.1007/978-3-319-26100-3

Brenner, W., Uebernickel, F., & Abrell, T. (2016). Design thinking as mindset, process, and toolbox. In W. Brenner & F. Uebernickel (Hrsg.), *Design thinking for innovation* (S. 3–21). Springer International Publishing. https://doi.org/10.1007/978-3-319-26100-3_1

Brown, T. (2008, June 1). Design thinking. *Harvard Business Review, June 2008.* https://web.archive.org/web/20220422102812/https://hbr.org/2008/06/design-thinking. Zugegriffen am 26.04.2024.

Buchanan, R. (1992). Wicked problems in design thinking. *Design Issues, 8*(2), 5. https://doi.org/10.2307/1511637

Buchanan, R. (2019). Systems thinking and design thinking: The search for principles in the world we are making. *She Ji: The Journal of Design, Economics, and Innovation, 5*(2), 85–104. https://doi.org/10.1016/j.sheji.2019.04.001

Bundesamt für Sicherheit in der Informationstechnik (BSI). (2017a). *BSI-Standard 200-1: Managementsysteme für Informationssicherheit (ISMS).* https://www.bsi.bund.de/DE/Themen/Unternehmen-und-Organisationen/Standards-und-Zertifizierung/IT-Grundschutz/BSI-Standards/BSI-Standard-200-1-Managementsysteme-fuer-Informationssicherheit/bsi-standard-200-1-managementsysteme-fuer-informationssicherheit_node.html. Zugegriffen am 26.04.2024.

Bundesamt für Sicherheit in der Informationstechnik (BSI). (2017b). *BSI-Standard 200-2: IT-Grundschutz-Methodik.* https://www.bsi.bund.de/DE/Themen/Unternehmen-und-Organisationen/Standards-und-Zertifizierung/IT-Grundschutz/BSI-Standards/BSI-Standard-200-2-IT-Grundschutz-Methodik/bsi-standard-200-2-it-grundschutz-methodik_node.html. Zugegriffen am 26.04.2024.

Bundesamt für Sicherheit in der Informationstechnik (BSI). (2017c). *Leitfaden zur Basis-Absicherung nach IT-Grundschutz.*

Bundesamt für Sicherheit in der Informationstechnik (BSI). (2022). *Die Lage der IT-Sicherheit in Deutschland 2022.* https://web.archive.org/web/20230319201517/https://www.bsi.bund.de/SharedDocs/Downloads/DE/BSI/Publikationen/Lageberichte/Lagebericht2022.pdf?__blob=publicationFile&v=6. Zugegriffen am 26.04.2024.

Bundesamt für Statistik. (2022). *Polizeiliche Kriminalstatistik (PKS) – Jahresbericht 2021 der polizeilich registrierten Straftaten | Publikation.* https://web.archive.org/web/2/https://www.bfs.admin.ch/bfs/de/home/statistiken/kriminalitaet-strafrecht/polizei/digitale-kriminalitaet.asset-detail.22164350.html. Zugegriffen am 26.04.2024.

Bundesamt für Verfassungsschutz. (2023). *Single Point of Contact – SPOC. Wettlauf um Zukunft Spionage in Wirtschaft und Forschung.* https://web.archive.org/web/2/https://www.verfassungs-schutz.de/SharedDocs/publikationen/DE/wirtschafts-wissenschaftsschutz/2023-03-23-spoc-magazin.pdf?__blob=publicationFile&v=2. Zugegriffen am 26.04.2024.

Bundesanstalt für Finanzdienstleistungsaufsicht. (2021). *Rundschreiben 10/2017 (BA) in der Fassung vom 16.08.2021.* https://web.archive.org/web/20221015081336/https://www.bafin.de/SharedDocs/Downloads/DE/Rundschreiben/dl_rs_1710_ba_BAIT.pdf?__blob=publicationFile&v=6. Zugegriffen am 26.04.2024.

Bundesanstalt für Finanzdienstleistungsaufsicht (BaFin). (2017). *Rundschreiben 10/2017 (BA) – Bankaufsichtliche Anforderungen an die IT (BAIT).* https://www.bafin.de/SharedDocs/Downloads/DE/Rundschreiben/dl_rs_1710_ba_BAIT.pdf?__blob=publicationFile&v=11. Zugegriffen am 26.04.2024.

Bundesanstalt für Finanzdienstleistungsaufsicht (BaFin). (2018). *Rundschreiben 10/2018 – Versicherungsaufsichtliche Anforderungen an die IT (VAIT) in der Fassung vom 03.03.2022.* https://web.archive.org/web/2/https://www.bafin.de/SharedDocs/Veroeffentlichungen/DE/Rundschreiben/2018/rs_18_10_vait_va.html. Zugegriffen am 26.04.2024.

Bundesanstalt für Finanzdienstleistungsaufsicht (BaFin). (2019). *Rundschreiben 11/2019 (WA) – Kapitalverwaltungsaufsichtliche Anforderungen an die IT (KAIT) vom 01.10.2019.* https://web.archive.org/web/20230724134426/https://www.bafin.de/SharedDocs/Downloads/DE/Rundschreiben/dl_rs_1911_kait_wa.pdf;jsessionid=FE5E20C8057F4562358A3F311A6F2621.1_cid501?__blob=publicationFile&v=3. Zugegriffen am 26.04.2024.

Bundesgesetz über die Informationssicherheit beim Bund, Die Bundesversammlung der Schweizerischen Eidgenossenschaft. (2020). https://web.archive.org/web/2/https://www.fedlex.admin.ch/eli/oc/2022/232/de. Zugegriffen am 26.04.2024.

Bundesministerium für Inneres, Bundeskriminalamt. (2023). *Polizeiliche Kriminalstatistik 2022.* https://web.archive.org/web/2/https://www.bundeskriminalamt.at/501/files/2023/PKS_Bro-schuere_2022.pdf. Zugegriffen am 26.04.2024.

Campobasso, M., & Allodi, L. (2020). Impersonation-as-a-service: Characterizing the emerging criminal infrastructure for user impersonation at scale. *Proceedings of the 2020 ACM SIGSAC conference on computer and communications security,* 1665–1680.

Campobasso, Michele, and Luca Allodi. „Know your cybercriminal: Evaluating attacker preferences by measuring profile sales on an active, leading criminal market for user impersonation at scale.“ 32nd USENIX Security Symposium (USENIX Security 23). 2023.

CBS News. (2021). *GoDaddy apologizes for "insensitive" phishing email offering bonuses to employees.* https://web.archive.org/web/20220422112814/https://www.cbsnews.com/news/godaddy-apologizes-insensitive-phishing-email-bonuses-employees/. Zugegriffen am 26.04.2024.

Check Point Research. (2022, March 10). *Leaks of conti ransomware group paint picture of a surprisingly normal tech start-up … sort of.* Check Point Research. https://web.archive.org/web/20230318121738/https://research.checkpoint.com/2022/leaks-of-conti-ransomware-group-paint-picture-of-a-surprisingly-normal-tech-start-up-sort-of/. Zugegriffen am 26.04.2024.

Cherns, A. (1976). The principles of sociotechnical design. *Human Relations, 29*(8), 783–792. https://doi.org/10.1177/001872677602900806

Conklin, J. (2005). *Wicked problems and social complexity. Building shared understanding of wicked problems.* John Wiley & Sons.

Corradini, I. (2020). *Building a cybersecurity culture in organizations: How to bridge the gap between people and digital technology* (Bd. 284). Springer International Publishing. https://doi.org/10.1007/978-3-030-43999-6

Credit Suisse. (2015, June 9). *Die „Hidden Champions" der Schweiz: Klein, aber Weltklasse*. Credit Suisse. https://web.archive.org/web/20221021135239/https://www.credit-suisse.com/about-us-news/de/articles/news-and-expertise/the-hidden-swiss-champions-small-but-world-class-201506.html. Zugegriffen am 26.04.2024.

Cybersecurity and Infrastructure Security Agency (CISA). (2023). *Enhanced Monitoring to Detect APT Activity Targeting Outlook Online | CISA*. https://web.archive.org/web/2/https://www.cisa.gov/news-events/cybersecurity-advisories/aa23-193a. Zugegriffen am 26.04.2024.

d.School. (2010). *An introduction to design thinking PROCESS GUIDE*.

Dam, R. F., & Teo, Y. S. (2024). Empathy map – Why and how to use it. Interaction Design Foundation – IxDF. https://www.interaction-design.org/literature/article/empathy-map-why-and-how-to-use-it. Zugegriffen am 08.07.2024.

Departement of Homeland Security. (2014). *Aurora Test Footage – YouTube*. January 13, 2023. https://web.archive.org/web/20230113083528/https://www.youtube.com/watch?v=LM8kLaJ2ND-U&t=1s. Zugegriffen am 26.04.2024.

Design Council. (2024). The double diamond. https://www.designcouncil.org.uk/our-resources/the-double-diamond/. Zugegriffen am 18.06.2024.

DHR Global. (2023, January 18). *Cybersecurity on U.S. Public Company Boards*. https://web.archive.org/web/2/https://www.dhrglobal.com/insights/cisos-in-the-boardroom-the-state-of-cybersecurity-for-the-top-500-u-s-public-company-boards-of-directors/. Zugegriffen am 26.04.2024.

Diderich, C. (2020). *Design thinking for strategy: Innovating towards competitive advantage*. Springer International Publishing. https://doi.org/10.1007/978-3-030-25875-7

DiStaso, M. W. (2018). Communication challenges in cybersecurity. *Journal of Communication Technology, 1*(1), 43–60.

Eidgenössische Finanzmarktaufsicht FINMA. (2008). *Rundschreiben 2008/21 Operationelle Risiken – Banken*. https://web.archive.org/web/2/https://www.finma.ch/de/~/media/finma/dokumente/dokumentencenter/myfinma/rundschreiben/finma-rs-2008-21-20200101.pdf?la=de. Zugegriffen am 26.04.2024.

Emery, F. (1993). Characteristics of socio-technical systems. In E. Trist, H. Murray, & B. Trist (Hrsg.), *The social engagement of social science, Volume 2*. University of Pennsylvania Press. https://doi.org/10.9783/9781512819052-009

ENX Association. (2023). *TISAX participant handbook*. https://web.archive.org/web/2/https://www.enx.com/handbook/tisax-participant-handbook.html. Zugegriffen am 26.04.2024.

Etter, B. (2022, December 6). *Direktion der Justiz und des Innern (JI) des Kantons Zürich veröffentlicht Untersuchungsbericht zu Datenskandal*. Strafrechtonline. https://web.archive.org/web/2/https://strafrechtonline.ch/direktion-der-justiz-und-des-innern-ji-des-kantons-zuerich-veroeffentlicht-untersuchungsbericht-zu-datenskandal/. Zugegriffen am 26.04.2024.

Europäischen Union. (2016a). RICHTLINIE (EU) 2016/1148 DES EUROPÄISCHEN PARLAMENTS UND DES RATES. https://web.archive.org/web/2/https://eur-lex.europa.eu/legal-content/DE/TXT/HTML/?uri=CELEX:32016L1148&from=EN. Zugegriffen am 26.04.2024.

Europäischen Union. (2016b). VERORDNUNG (EU) 2016/679 DES EUROPÄISCHEN PARLAMENTS UND DES RATES. https://web.archive.org/web/2/https://eur-lex.europa.eu/legal-content/DE/TXT/HTML/?uri=CELEX:32016R0679&from=EN. Zugegriffen am 26.04.2024.

Europäischen Union. (2016c). (2022). RICHTLINIE (EU) 2022/2555. https://web.archive.org/web/2/https://eur-lex.europa.eu/legal-content/DE/TXT/HTML/?uri=CELEX:32022L2555&qid=1679331561118&from=en. Zugegriffen am 26.04.2024.

European Union Agency for Law Enforcement Cooperation. (2021). *INTERNET ORGANISED CRIME THREAT ASSESSMENT (IOCTA) 2021*. https://web.archive.org/web/20220422111850/https://www.europol.europa.eu/cms/sites/default/files/documents/internet_organised_crime_threat_assessment_iocta_2021.pdf. Zugegriffen am 26.04.2024.

Faulkner, L., Brown, K., & Quinn, T. (2018). Analyzing community resilience as an emergent property of dynamic social-ecological systems. *Ecology and Society, 23*(1), art24. https://doi.org/10.5751/ES-09784-230124

Federal Bureau of Investigation (FBI). (2022). *2022 INTERNET CRIME REPORT*. https://web.archive.org/web/20230317015949/https://www.ic3.gov/Media/PDF/AnnualReport/2022_IC3Report.pdf. Zugegriffen am 26.04.2024.

Federal Office for Information Security. (2021). *IT-Grundschutz*. https://web.archive.org/web/20220422112647/https://www.bsi.bund.de/EN/Topics/ITGrundschutz/itgrundschutz.html;jsessionid=5F4760179C140F73A1EE6F82D6B6537A.internet081?nn=409850. Zugegriffen am 26.04.2024.

Forcepoint. (2021, March 25). *"Tiny Crimes" – How minor mistakes when remote working could lead to major cybersecurity breaches (part 1)*. Forcepoint. https://web.archive.org/save/https://www.forcepoint.com/blog/x-labs/minor-mistakes-major-breaches-pt-2. Zugegriffen am 26.04.2024.

Frans M. van Eijnatten. (1991). *An anthology of the socio-technical systems design (STSD) paradigm:*.

Frans M. van Eijnatten. (1992). *The socio-technical systems design (STSD) paradigm: A full bibliography of English-language literature. University of Technology, Eindhoven.*

Fust, A., Fueglistaller, U., Brunner, C., Züger, T., & Graf, A. (2022). *Schweizer KMU: Eine Analyse der aktuellsten Zahlen (Ausgabe 2022) [Monograph]*. OBT AG. https://www.alexandria.unisg.ch/266150/. Zugegriffen am 26.04.2024.

GDPR Enforcement Tracker – List of GDPR fines. (2021). https://web.archive.org/web/20220422112754/https://www.enforcementtracker.com/. Zugegriffen am 26.04.2024.

Gerken, S., Uebernickel, F., & de Paula, D. (2022). *Design thinking: A global study on implementation practices in organizations: past-present-future.* Universitätsverlag Potsdam.

Gesetz über das Bundesamt für Sicherheit in der Informationstechnik (BSI-Gesetz – BSIG). (2021). https://www.gesetze-im-internet.de/bsig_2009/index.html. Zugegriffen am 26.04.2024.

Google. (2023). *The Design Sprint Kit*. The Design Sprint Kit. https://web.archive.org/web/2/https://designsprintkit.withgoogle.com/. Zugegriffen am 26.04.2024.

Gorzeń-Mitka, I., & Okręglicka, M. (2014). Improving decision making in complexity environment. *Procedia Economics and Finance, 16*, 402–409. https://doi.org/10.1016/S2212-5671(14)00819-3

Graf, M. (2023, March 16). Telefonbetrug mit WhatsApp. *Telefonbetrug*. https://telefonbetrug.ch/telefonbetrug-durch-schockanrufe-2/. Zugegriffen am 26.04.2024.

Gray, D., Brown, S., & Macanufo, J. (2010). *Gamestorming: A playbook for innovators, rulebreakers, and changemakers.* O'Reilly Media. https://gamestorming.com/

Grimm, J. (2021, September 26). *The Way of System Thinking – Was Systemdenken ausmacht | Computer Science Blog*. https://web.archive.org/web/2/https://blog.mi.hdm-stuttgart.de/index.php/2021/09/26/the-way-of-system-thinking/. Zugegriffen am 26.04.2024.

Hasan, H., & Kazlauskas, A. (2014). The Cynefin framework: putting complexity into perspective. In H. Hasan (Hrsg.), *Being Practical with Theory: A Window into Business Research* (S. 55–57). Wollongong, Australia: THEORI. http://eurekaconnection.files.wordpress.com/2014/02/p-55-57-cynefin-frameworktheori-ebook_finaljan2014-v3.pdf

Hehn, J., Mendez, D., Uebernickel, F., Brenner, W., & Broy, M. (2020). On integrating design thinking for human-centered requirements engineering. *IEEE Software, 37*(2), 25–31. https://doi.org/10.1109/MS.2019.2957715

Henseler-Unger, I., & Hillebrand, A. (2018). Aktuelle Lage der IT-Sicherheit in KMU: Wie kann man die Umsetzungslücke schließen? *Datenschutz und Datensicherheit – DuD, 42*(11), 686–690. https://doi.org/10.1007/s11623-018-1025-y

Hill, A. D., Kern, D. A., & White, M. A. (2012). Building understanding in strategy research: The importance of employing consistent terminology and convergent measures. *Strategic Organization, 10*(2), 187–200.

Hofmann, T. F., de Paula, D., & Uebernickel, F. (2023). Social aspects in organisational cyber-security effectiveness – Of British coal mines, resilience and emergence. In *Wirtschaftsinformatik 2023 Proceedings* (Bd. 89). https://aisel.aisnet.org/wi2023/89. Zugegriffen am 26.04.2024.

Holland, J. H. (1992). Complex adaptive systems. *Daedalus, 121*(1), 17–30.

Holland, J. H. (2002). Complex adaptive systems and spontaneous emergence. In A. Q. Curzio & M. Fortis (Hrsg.), *Complexity and industrial clusters* (S. 25–34). Physica-Verlag HD. https://doi.org/10.1007/978-3-642-50007-7_3

Hostettler, O. (2023, February 3). *Zugangsdaten auf Plattform angeboten: Uni-Zürich-Hack kostet nur 10 Dollar.* https://web.archive.org/web/20230319143026/https://www.beobachter.ch/digital/sicherheit/cyberangriff-auf-universitat-zurich-uzh-hack-wurde-auf-plattform-fur-10-dollar-angeboten-570369. Zugegriffen am 26.04.2024.

Howard Harry Rosenbrock. (1990). Designing human-centred technology: A cross-disciplinary project in computer-aided manufacturing. *Choice Reviews Online, 27*(11), 27-6352-27–6352. https://doi.org/10.5860/CHOICE.27-6352

IDEO.org. (2015). *The field guide to human-centered design.* https://web.archive.org/web/20230531172307/https://www.designkit.org/methods.html. Zugegriffen am 26.04.2024.

Information Systems Audit and Control Association (Hrsg.). (2012). *COBIT 5 for information security.* ISACA.

Interaction Design Foundation. (2023). *What is human-centered design?* The Interaction Design Foundation. https://web.archive.org/web/2/https://www.interaction-design.org/literature/topics/human-centered-design. Zugegriffen am 26.04.2024.

International Organization for Standardization. (2022). *ISO/IEC 27001:2022 Information technology – Security techniques – Information security management systems – Requirements.* https://web.archive.org/web/2/https://www.iso.org/standard/82875.html. Zugegriffen am 26.04.2024.

International Society of Automation (ISA). (2023). *ISA/IEC 62443 Series of Standards – ISA.* https://web.archive.org/web/2/https://www.isa.org/standards-and-publications/isa-standards/isa-iec-62443-series-of-standards. Zugegriffen am 26.04.2024.

ISO/IEC. (2022). *ISO/IEC 27002:2022 Information security, cybersecurity and privacy protection – Information security controls.*

Jakkal, V. (2023, July 19). *How Microsoft is expanding cloud logging to give customers deeper security visibility.* Microsoft Security Blog. https://web.archive.org/web/2/https://www.microsoft.com/en-us/security/blog/2023/07/19/expanding-cloud-logging-to-give-customers-deeper-security-visibility/. Zugegriffen am 26.04.2024.

Jeff Conklin & Min Basadur. (2007). Rethinking Wicked Problems: Unpacking Paradigms, Bridging Universes (Part 1 of 2). *NextD Journal.* https://web.archive.org/web/20220422113358/https://issuu.com/nextd/docs/conv28. Zugegriffen am 26.04.2024.

Kapur, M. (2008). Productive failure. *Cognition and Instruction, 26*(3), 379–424. https://doi.org/10.1080/07370000802212669

Kapur, M. (2016). Examining productive failure, productive success, unproductive failure, and unproductive success in learning. *Educational Psychologist, 51*(2), 289–299. https://doi.org/10.1080/00461520.2016.1155457

Kelley, T. K., & D. (2013, November 8). Three creativity challenges from IDEO's leaders. *Harvard Business Review.* https://web.archive.org/web/2/https://hbr.org/2013/11/three-creativity-challenges-from-ideos-leaders. Zugegriffen am 26.04.2024.

Kolko, J. (2015, September 1). Design thinking comes of age. *Harvard Business Review, September 2015*. https://hbr.org/2015/09/design-thinking-comes-of-age

Kurtz, C. F., & Snowden, D. J. (2003). The new dynamics of strategy: Sense-making in a complex and complicated world. *IBM SYSTEMS JOURNAL, 42*(3), 22.

Lewrick, M., Link, P., & Leifer, L. (2020). *The design thinking toolbox: A guide to mastering the most popular and valuable innovation methods*. Wiley.

Liu, Y., Lusch, R. F., Chen, Y., & Zhang, J. (2018). *The emergence of innovation as a social process: Theoretical exploration and implications for entrepreneurship and innovation* (S. 163–194). https://doi.org/10.1142/9789813149083_0007

Luzeaux, D. (Hrsg.). (2011). *Complex systems and systems of systems engineering*. ISTE.

Malwarebytes Lab. (2022). *How Initial Access Brokers get into corporate networks (and how to stop them)*. https://web.archive.org/web/2/https://www.malwarebytes.com/blog/business/2022/11/initial-access-brokers-iabs-3-ways-they-break-into-corporate-networks-and-how-to-detect-them. Zugegriffen am 26.04.2024.

McGregor, L., & Doshi, N. (2015, November 25). How company culture shapes employee motivation. *Harvard Business Review*. https://web.archive.org/web/20220422114114/https://hbr.org/2015/11/how-company-culture-shapes-employee-motivation. Zugegriffen am 26.04.2024.

Mencken, H. L. (1922). *Prejudices: Second series*. Alfred A. Knopf.

Michael Lewrick. (2021). *Design Thinking Toolbox*. dt-playbook. https://web.archive.org/web/2/https://www.dt-toolbook.com/tools. Zugegriffen am 26.04.2024.

Microsoft. (2023). *Compare Office 365 Enterprise Pricing and Plans | Microsoft 365*. https://web.archive.org/web/2/https://www.microsoft.com/en-us/microsoft-365/enterprise/office365-plans-and-pricing. Zugegriffen am 26.04.2024.

Microsoft Security Response Center. (2023). *Microsoft mitigates China-based threat actor Storm-0558 targeting of customer email | MSRC Blog | Microsoft Security Response Center*. https://web.archive.org/web/20230722064936/https://msrc.microsoft.com/blog/2023/07/microsoft-mitigates-china-based-threat-actor-storm-0558-targeting-of-customer-email/. Zugegriffen am 26.04.2024.

Microsoft Threat Intelligence. (2023, July 14). *Analysis of Storm-0558 techniques for unauthorized email access*. Microsoft Security Blog. https://www.microsoft.com/en-us/security/blog/2023/07/14/analysis-of-storm-0558-techniques-for-unauthorized-email-access/. Zugegriffen am 26.04.2024.

Mingers, J., & Rosenhead, J. (2004). Problem structuring methods in action. *European Journal of Operational Research, 152*(3), 530–554. https://doi.org/10.1016/S0377-2217(03)00056-0

Moen, R. D., & Norman, C. L. (2010). Circling back. *Quality Progress, 43*(11), 22.

Nast, C. (2022). A mysterious satellite hack has victims far beyond Ukraine. *Wired UK*. https://www.wired.co.uk/article/viasat-internet-hack-ukraine-russia. Zugegriffen am 26.04.2024.

Nemertes Research. (2022). *Ideal CISO reporting structure is to high-level business leaders*. https://web.archive.org/web/20221113053239/https://www.techtarget.com/searchsecurity/tip/Why-the-ideal-CISO-reporting-structure-is-highest-level. Zugegriffen am 26.04.2024.

Norman, D. A. (2013). *The design of everyday things (Revised and expanded edition)*. Basic Books.

Norsk Hydro. (2019). *Cyber-attack on Hydro*. https://web.archive.org/web/2/https://www.hydro.com/de-CH/medien/on-the-agenda/cyber-attack/. Zugegriffen am 26.04.2024.

Office of the U.S. & Intellectual Property Enforcement Coordinator. (2021). *Annual intellectual property report to congress*. https://www.whitehouse.gov/wp-content/uploads/2022/04/FY21-IPEC-Annual-Report-Final.pdf. Zugegriffen am 26.04.2024.

Okta. (2022). *Okta concludes its investigation Into the January 2022 compromise*. https://web.archive.org/web/20230315025927/https://www.okta.com/blog/2022/04/okta-concludes-its-investigation-into-the-january-2022-compromise/. Zugegriffen am 26.04.2024.

Oliver Dehning & eco – Verband der Internetwirtschaft e.V. (2017). *Eco StudieIT-Sicherheit 2017*. https://web.archive.org/web/20170708090759/https://www.eco.de/wp-content/blogs.dir/eco_report_it-sicherheit-2017.pdf. Zugegriffen am 26.04.2024.

Osterwalder, A., Pigneur, Y., Oliveira, M. A.-Y., & Ferreira, J. J. P. (2011). Business model generation: A handbook for visionaries, game changers and challengers. *African Journal of Business
Management, 5*(7), 22–30.

Osterwalder, A., Pigneur, Y., Bernarda, G., & Smith, A. (2015). *Value proposition design: How to
create products and services customers want.* Wiley.

Pasmore, W., Winby, S., Mohrman, S. A., & Vanasse, R. (2019). Reflections: Sociotechnical systems
design and organization change. *Journal of Change Management, 19*(2), 67–85. https://doi.org/
10.1080/14697017.2018.1553761

Pasmore, W. A., & Khalsa, G. S. (1993). The contributions of Eric Trist to the social engagement of
social science. *Academy of Management Review, 18*(3), 546–569.

PCI Security Standards Council. (2018). *Payment card industry (PCI) data security standard, v3.2.1.*
https://web.archive.org/web/20220422114542/https://www.pcisecuritystandards.org/document_
library. Zugegriffen am 26.04.2024.

Pearson, N. (2014). A larger problem: Financial and reputational risks. *Computer Fraud & Security,
2014*(4), 11–13. https://doi.org/10.1016/S1361-3723(14)70480-4

Perera, S., Jin, X., Maurushat, A., & Opoku, D.-G. J. (2022). Factors affecting reputational damage
to organisations due to cyberattacks. *Informatics, 9*(1), 28.

Philipp Rothmann. (2014). ISM und ITIL. *BSI Forum.* https://web.archive.org/web/2/http://2014.
kes.info/archiv/heft/abonnent/07-6/07-6-055.htm. Zugegriffen am 26.04.2024.

POWER. (2013, September 1). What you need to know (and don't) about the AURORA Vulnerability. *POWER Magazine.* https://web.archive.org/web/2/https://www.powermag.com/what-you-
need-to-know-and-dont-about-the-aurora-vulnerability/. Zugegriffen am 26.04.2024.

Protzen, J.-P., & Harris, D. J. (2010). *The universe of design: Horst Rittel's theories of design and
planning.* Routledge.

Rammer, C., & Spielkamp, A. (2015). Hidden champions – driven by innovation: Empirische Be-
funde auf Basis des Mannheimer Innovationspanels. *ZEW-Dokumentation, 15.*

RIS – Netz- und Informationssystemsicherheitsgesetz – Bundesrecht konsolidiert, Fassung vom
20.03.2023. (2023). https://web.archive.org/web/2/https://www.ris.bka.gv.at/GeltendeFassung.
wxe?Abfrage=Bundesnormen&Gesetzesnummer=20010536. Zugegriffen am 26.04.2024.

Rittel, H. W., & Webber, M. M. (1973). Dilemmas in a general theory of planning. *Policy Sciences,
4*(2), 155–169.

Rosenthal, D. (2020). *Das neue Datenschutzgesetz,* Jusletter 16. November 2020

Rothrock, R. A., Kaplan, J., & Van Der Oord, F. (2018). The board's role in managing cybersecurity
risks. *MIT Sloan Management Review, 59*(2), 12–15.

Sawaragi, T. (2020). Design of resilient socio-technical systems by human-system co-creation. *Artificial Life and Robotics, 25*(2), 219–232. https://doi.org/10.1007/s10015-020-00598-3

Schallmo, D. R. A., & Lang, K. (2020). *Design Thinking erfolgreich anwenden: So entwickeln Sie
in 7 Phasen kundenorientierte Produkte und Dienstleistungen.* Springer Fachmedien. https://doi.
org/10.1007/978-3-658-28325-4

Schlienger, T., & Teufel, S. (2003). Analyzing information security culture: Increased trust by an ap-
propriate information security culture. In *14th international workshop on database and expert
systems applications, 2003. Proceedings* (S. 405–409). https://doi.org/10.1109/DEXA.2003.1232055

Secretary of Defense. (2005). *Use of the "Not Releasable to Foreign Nationals" (NOFORN) Caveat
on Department o f Defense (DoD) Information.* https://web.archive.org/web/2/https://sgp.fas.
org/othergov/dod/noforn051705.pdf. Zugegriffen am 26.04.2024.

Seppälä, E., & Cameron, K. (2015, December 1). Proof that positive work cultures are more productive. *Harvard Business Review.* https://hbr.org/2015/12/proof-that-positive-work-cultures-are-
more-productive. Zugegriffen am 26.04.2024.

Service Design Team Digital Victoria. (2020). *Human-Centred Design Playbook*. Government of Victoria, Australia. https://web.archive.org/web/2/https://www.vic.gov.au/download-human-centred-design-playbook. Zugegriffen am 26.04.2024.

Snowden, D. (2000). "Cynefin, A Sense of Time and Place: an Ecological Approach to Sense Making and Learning in Formal and Informal Communities" conference proceedings of KMAC at the University of Aston, July 2000.

Snowden, D. J., & Boone, M. E. (2007). A leader's framework for decision making. Issue November 2007. *Harvard Business Review, 85*(11), 68–76.

von Solms, R., & van Niekerk, J. (2013). From information security to cyber security. *Computers & Security, 38*, 97–102. https://doi.org/10.1016/j.cose.2013.04.004

Sottek, T. C. (2021). *GoDaddy wins our 2020 award for most evil company email*. The Verge. https://web.archive.org/web/20220422115513/https://www.theverge.com/2020/12/24/22199406/godaddy-wins-2020-stupidity-award. Zugegriffen am 26.04.2024.

Speed, R. (2018). *Microsoft reveals train of mistakes that killed Azure in the South Central US "incident"*. https://web.archive.org/web/2/https://www.theregister.com/2018/09/17/azure_outage_report/. Zugegriffen am 26.04.2024.

Statistisches Bundesamt. (2020). *Kleine und mittlere Unternehmen*. Statistisches Bundesamt. https://web.archive.org/web/2/https://www.destatis.de/DE/Themen/Branchen-Unternehmen/Unternehmen/Kleine-Unternehmen-Mittlere-Unternehmen/_inhalt.html. Zugegriffen am 26.04.2024.

Stefanie Schappert. (2023, February 22). *Sensitive US military emails exposed for two weeks in the wild*. Cybernews. https://cybernews.com/security/sensitive-us-military-emails-exposed-for-two-weeks-in-the-wild/. Zugegriffen am 26.04.2024.

Stone, J., & Reid, B. (2023). *Why leaders should avoid security framework traps*. Google Cloud Blog. https://cloud.google.com/blog/transform/why-leaders-should-avoid-security-framework-traps. Zugegriffen am 26.04.2024.

Streeter, D. C. (2013). *The effect of human error on modern security breaches*, 6.

The Copper Courier. (2020, December 23). *GoDaddy employees were told they were getting a holiday bonus. It was actually a phishing test*. The Copper Courier. https://web.archive.org/web/20220422115744/https://coppercourier.com/story/godaddy-employees-holiday-bonus-security-test/. Zugegriffen am 26.04.2024.

The Culture Factor. (2018, January 1). *Harvard Business Review*. https://hbr.org/2018/01/the-culture-factor. Zugegriffen am 26.04.2024.

The Institute of Internal Auditors. (2020). *THE IIA'S THREE LINES MODEL*. https://web.archive.org/web/2/https://www.theiia.org/globalassets/documents/resources/the-iias-three-lines-model-an-update-of-the-three-lines-of-defense-july-2020/three-lines-model-updated-english.pdf. Zugegriffen am 26.04.2024.

The Leader's Guide to Corporate Culture. (2018, January 1). *Harvard Business Review*. https://hbr.org/2018/01/the-leaders-guide-to-corporate-culture. Zugegriffen am 26.04.2024.

The Record. (2021a). *I scrounged through the trash heaps … Now I'm a millionaire:' An interview with REvil's Unknown* [Interview]. https://web.archive.org/web/2/https://therecord.media/i-scrounged-through-the-trash-heaps-now-im-a-millionaire-an-interview-with-revils-unknown. Zugegriffen am 26.04.2024.

The Record. (2021b). *Supermarket chain Coop closes 800 stores following Kaseya ransomware attack*. https://web.archive.org/web/2/https://therecord.media/supermarket-chain-coop-closes-800-stores-following-kaseya-ransomware-attack. Zugegriffen am 26.04.2024.

The Record. (2022). *UK water company confirms cyberattack after confusion over ransomware group threats*. https://web.archive.org/web/2/https://therecord.media/uk-water-company-confirms-cyberattack-after-confusion-over-ransomware-group-threats. Zugegriffen am 26.04.2024.

Trendmicro. (2023). *Ransomware as a Service (RaaS) – Definition*. https://web.archive.org/web/20230211142320/https://www.trendmicro.com/vinfo/us/security/definition/ransomware-as-a-service-raas. Zugegriffen am 26.04.2024.

Trist, E. L., & Bamforth, K. W. (1951). Some social and psychological consequences of the longwall method of coal-getting: An examination of the psychological situation and defences of a work group in relation to the social structure and technological content of the work system. *Human Relations, 4*(1), 3–38. https://doi.org/10.1177/001872675100400101. Zugegriffen am 26.04.2024.

Trist, E. L., & Centre, O. Q. of W. L. (1981). *The evolution of socio-technical systems: A conceptual framework and an action research program*. Ontario Quality of Working Life Centre. https://web.archive.org/web/20220422115915/https://trove.nla.gov.au/work/18802828. Zugegriffen am 26.04.2024.

U.S. Securities and Exchange Commission (SEC). (2022). *SEC.gov | SEC proposes rules on cyber-security risk management, strategy, governance, and incident disclosure by public companies*. https://www.sec.gov/news/press-release/2022-39. Zugegriffen am 26.04.2024.

UpGuard, Inc. (2017a). *Black box, red disk: How top secret NSA and army data leaked online | UpGuard*. https://web.archive.org/save/https://www.upguard.com/breaches/cloud-leak-inscom. Zugegriffen am 26.04.2024.

UpGuard, Inc. (2017b). *Dark cloud: Inside The pentagon's leaked internet surveillance archive | UpGuard*. https://web.archive.org/save/https://www.upguard.com/breaches/cloud-leak-centcom. Zugegriffen am 26.04.2024.

US National Institute of Standards and Technology (NIST). (2013). *NIST cybersecurity framework*. https://web.archive.org/web/20220422114306/https://www.nist.gov/cyberframework. Zugegriffen am 26.04.2024.

Van Beurden, E. K., Kia, A. M., Zask, A., Dietrich, U., & Rose, L. (2013). Making sense in a complex landscape: How the cynefin framework from complex adaptive systems theory can inform health promotion practice. *Health Promotion International, 28*(1), 73–83. https://doi.org/10.1093/heapro/dar089. Zugegriffen am 26.04.2024.

Verizon. (2013). *2012 data breach investigations report (DBIR)*. Verizon. https://web.archive.org/web/20220422121749/https://www.wired.com/images_blogs/threatlevel/2012/03/Verizon-Data-Breach-Report-2012.pdf. Zugegriffen am 26.04.2024.

Verizon. (2014). *2013 data breach investigations report (DBIR)*. Verizon. https://web.archive.org/web/20220422121807/https://www.researchgate.net/publication/289254657_2013_Verizon_Data_Breach_Investigations_Report. Zugegriffen am 26.04.2024.

Verizon. (2015). *2014 data breach investigations report (DBIR)*. Verizon. https://web.archive.org/web/20220422121823/https://webfiles.dti.delaware.gov/pdfs/rp_Verizon-DBIR-2014_en_xg.pdf. Zugegriffen am 26.04.2024.

Verizon. (2016). *2015 data breach investigations report (DBIR)*. Verizon. https://web.archive.org/web/20220422121901/https://cybersecurity.idaho.gov/wp-content/uploads/sites/87/2019/04/data-breach-investigation-report_2015.pdf. Zugegriffen am 26.04.2024.

Verizon. (2017). *2016 data breach investigations report (DBIR)*. Verizon. https://web.archive.org/web/20220422121942/https://conferences.law.stanford.edu/cyberday/wp-content/uploads/sites/10/2016/10/2b_Verizon_Data-Breach-Investigations-Report_2016_Report_en_xg.pdf. Zugegriffen am 26.04.2024.

Verizon. (2018). *2017 data breach investigations report (DBIR)* (10). Verizon. https://web.archive.org/web/20211221151528/https://www.verizon.com/business/resources/reports/data-breach-digest-2017-perspective-is-reality.pdf. Zugegriffen am 26.04.2024.

Verizon. (2019). *2018 data breach investigations report (DBIR)* (11). Verizon. https://web.archive.org/web/20220422122041/https://www.verizon.com/business/resources/reports/2018-data-breach-digest.pdf. Zugegriffen am 26.04.2024.

Verizon. (2020). *2019 data breach investigations report (DBIR)*. https://web.archive.org/web/20220422122133/https://www.verizon.com/business/resources/reports/2019-data-breach-investigations-report.pdf. Zugegriffen am 26.04.2024.

Verizon. (2021). *2020 data breach investigations report (DBIR)*. Verizon. https://web.archive.org/web/20220409025804/https://www.verizon.com/business/resources/reports/2020-data-breach-investigations-report.pdf. Zugegriffen am 26.04.2024.

Verizon. (2022). *2021 Data Breach Investigations Report (DBIR)*. Verizon. https://web.archive.org/web/20220422122253/https://www.verizon.com/business/resources/reports/2021-data-breach-investigations-report.pdfx. Zugegriffen am 26.04.2024.

Verizon. (2023). *2022 data breach investigations report (DBIR)*. https://web.archive.org/web/20230317184436/https://www.verizon.com/business/resources/T4c5/reports/dbir/2022-data-breach-investigations-report-dbir.pdf. Zugegriffen am 26.04.2024.

Walker, G. H., Stanton, N. A., Salmon, P. M., & Jenkins, D. P. (2008). A review of sociotechnical systems theory: A classic concept for new command and control paradigms. *Theoretical Issues in Ergonomics Science, 9*(6), 479–499. https://doi.org/10.1080/14639220701635470

Weatherbed, J. (2023, March 30). *Microsoft exploit allowed access to private Office 365 data*. The Verge. https://web.archive.org/web/2/https://www.theverge.com/2023/3/30/23661426/microsoft-azure-bing-office365-security-exploit-search-results. Zugegriffen am 26.04.2024.

Wiz, Inc. (2023). *Compromised Microsoft key: More impactful than we thought | Wiz Blog*. https://www.wiz.io/blog/storm-0558-compromised-microsoft-key-enables-authentication-of-countless-micr. Zugegriffen am 26.04.2024.

wiz.io. (2021, September 14). *"Secret" agent exposes azure customers to unauthorized code execution | Wiz Blog*. Wiz.Io. https://web.archive.org/web/2/https://www.wiz.io/blog/secret-agent-exposes-azure-customers-to-unauthorized-code-execution. Zugegriffen am 26.04.2024.

Wu, G., Feder, A., Cohen, H., Kim, J. J., Calderon, S., Charney, D. S., & Mathé, A. A. (2013). Understanding resilience. *Frontiers in Behavioral Neuroscience, 7*, 10.

XTI, Socr. (2022, October 20). *Details on the largest B2B Leak: BlueBleed*. SOCRadar® Cyber Intelligence Inc. https://socradar.io/details-on-the-largest-b2b-leak-bluebleed/. Zugegriffen am 26.04.2024.

Zeller, M. (2011). Common questions and answers addressing the aurora vulnerability. *Schweitzer Engineering Laboratories Report*. https://cdn.selinc.com/assets/Literature/Publications/Technical%20Papers/6467_CommonQuestions_MZ_20101209_Web.pdf. Zugegriffen am 26.04.2024.

Zwahlen, F., Marti, I., Richter, M., Konopatsch, C. J., & Hostettler, U. (2020). *Wirtschaftsspionage in der Schweiz. Schlussbericht zuhanden des Nachrichtendienstes des Bundes (NDB)*. Bern: Universität Bern – Institut für Strafrecht und Kriminologie

Zweites Gesetz zur Erhöhung der Sicherheit informationstechnischer Systeme, 1122. (2021). https://web.archive.org/web/2/https://www.bgbl.de/xaver/bgbl/start.xav?startbk=Bundesanzeiger_BGBl&jumpTo=bgbl121s1122.pdf#__bgbl__%2F%2F*%5B%40attr_id%3D%27bgbl121s1122.pdf%27%5D__1679323829105. Zugegriffen am 26.04.2024.

Nachhaltige Digitalwirtschaft

8

Sebastian Pribas und Lukas Staffler

8.1 Nachhaltigkeit

Täglich werden wir mit dem Begriff „Nachhaltigkeit" in irgendeiner Weise konfrontiert. Dies gilt sowohl im Internet als auch in der Populärliteratur und in Fachpublikationen. Mit Stand November 2024 finden sich unter dem Schlagwort „Nachhaltigkeit" (englisch: *Sustainability)* per Google-Suche über 474.000.000 Ergebnisse (auf Englisch sind es sogar 2.410.000.000). Die Website des Springer-Verlags listet zu diesem Zeitpunkt fast 55.000 Einträge (auf Englisch sind es über 400.000). Nahezu überall und jederzeit beschäftigt man sich mit dem „Megatrend" (Winkler et al., 2023; Spraul & Friedrich, 2019, S. 21) Nachhaltigkeit auf die ein oder andere Art und Weise.

S. Pribas (✉)
Edthaler Leitner-Bommer Schmieder & Partner Rechtsanwälte GmbH, Linz, Österreich

MCI | The Entrepreneurial School, Innsbruck, Österreich
E-Mail: sebastian@pribas.eu

L. Staffler
MCI | The Entrepreneurial School, Innsbruck, Österreich

Universität Zürich, Zürich, Schweiz

AWZ Rechtsanwälte Innsbruck, Innsbruck, Österreich
E-Mail: lukas.staffler@mci.edu

© Der/die Autor(en), exklusiv lizenziert an Springer Fachmedien Wiesbaden GmbH, ein Teil von Springer Nature 2024
L. Staffler et al. (Hrsg.), *Digitalwirtschaft*, https://doi.org/10.1007/978-3-658-45724-2_8

Thema Nachhaltigkeit

Das Thema ist aus unserem Leben schlicht nicht mehr wegzudenken und betrifft alle nur erdenklichen Bereiche, wie etwa

- Demokratie (Heidenreich, 2023),
- Digitalisierung (Schallmo et al., 2023, S. 109, 472; Xianbin & Qiong, 2021; Leal Filho, 2021; Deckert, 2020; Pichler & Regner, 2023),
- digitale Unternehmen (Franken & Franken, 2023, S. 12, 79, 103, 334, 417 ff., 429),
- Wirtschaft, Investitionen und Entwicklungszusammenarbeit (Schmidt et al., 2023, S. 82, 90 ff., 228 ff., 260 f.; Banna & Md Alam, 2022, S. 52 ff.; Park & Yeung, 2022, S. 283 ff.),
- den Energiesektor/die Energiewirtschaft (Ekardt, 2020, S. 9 ff., 20 f.; Kerbl, 2023),
- die Logistik (Steinhauser, 2023b),
- den Konsum Einzelner (Belz & Bilharz, 2005, S. 8; Heidbrink & Müller, 2020),
- den Zahlungsverkehr (Eswar, 2022, S. 318 ff.),
- die Banken- und Finanzwirtschaft (Voit, 2023, S. 27 ff.; Frère et al., 2023, S. 215 ff.; Schöning & Pille, 2023, S. 233 ff.; Harnos, 2022; Aschauer, 2023),
- die Immobilienwirtschaft samt immobiliennaher Dienstleister (Moring & Inholte, 2022, S. V; Frondel, 2021; Fuhrmann et al., 2023b),
- professionelle Dienstleistungsberufe (Pamperl, 2023)
- die Textilwirtschaft (Jäger & De Carlo, 2023, S. 87; Diener & Walter, 2023),
- die Agrar- und Landwirtschaft (Ekardt, 2020, S. 9 ff.; Benetik, 2023),
- die Bauwirtschaft (Fuhrmann et al., 2023a),
- die Gamingindustrie (Anderie, 2023, S. 116),
- die Papierindustrie (Wieser, 2023),
- Fast Moving Consumer Goods (FMCG) (Röttl, 2023),
- das Gesundheitswesen und die Pharmaindustrie (Tretter et al., 2020; Steinhauser, 2023a; Kühmayer, 2023),
- die Lebensmittelindustrie (Harrer, 2023a, b)
- die Versicherungswirtschaft (Armbrüster, 2022; Regnery, 2023),
- die Automobil- und Automobilzulieferindustrie (Capgemini Research Institute, 2022; Krall, 2023; Eberhard, 2023).

Auch Schlagworte wie (Welt-)Wirtschaftskrisen, Radikalisierung sozial abgehängter Menschen (Sandel, 2020) oder Umwelt- bzw. Klimakatastrophen weisen auf die Gefährdung unseres Ökosystems und damit unserer Lebensgrundlage aufgrund nicht nachhaltigen Handelns und nicht nachhaltiger Entwicklung hin.

Nachhaltigkeit ist aber nicht nur schon länger ein Thema (Ott, 2023, S. 875 ff.), sondern schon lange kein Nischenthema mehr. Neben der eigenen **Reputation** soll eine nachhaltige Vorgehensweise und Neuorientierung der Wirtschaft auch langfristig dem unternehmerischen Erfolg dienen (Porter & Kramer, 2011), die Wertschöpfung (auch) vor Ort stärken und globale gesellschaftliche Vorteile mit sich bringen (Ekardt, 2020, S. 28; Helsper & Müller, 2023, S. 260 f.). Nachhaltigkeit im Zusammenhang mit wirtschaftlichem Handeln wird auch als unumgänglich, bisweilen als **Schlüsselkriterium** bei der Bewertung der Verantwortung eines Unternehmens genannt (Chimi, 2023, S. 230 f.). An anderer Stelle ist gar vom Schlüssel für das Überleben der Menschheit die Rede (Bosselmann, 2016, S. vi). Insofern überrascht es nicht, dass es Druck zu mehr Nachhaltigkeit (samt entsprechender Nachweise) aus vielen Richtungen gibt: Auf politischer Ebene mehren sich die Vorgaben, seien sie regionaler, nationaler oder internationaler Herkunft.

Aber auch Wirtschaftstreibende sehen den Faktor Nachhaltigkeit positiv, wie noch gezeigt wird. Analog entwickelt sich auch bei privaten Konsumentinnen, vor allem bei den jüngeren Generationen, mehr und mehr ein Bewusstsein, dass ohne Nachhaltigkeit keine Perspektive mehr besteht (Moring & Inholte, 2022, S. V; Franken & Franken, 2023, S. 417; Ekardt, 2020, S. 5; Schwaiger, 2023).

> **Wichtig** „Companies are key players in terms of causing problems in sustainability, and at the same time, they are also the main actors for solving them." (Kohlmann, 2019, S. 167)

Nachhaltigkeit ist also ein gesamt*gesellschaftliches*, aber auch gesamt*wirtschaftliches* Thema, das sich aus der Nische eines Modethemas emanzipiert hat und voraussichtlich auch in den kommenden Jahren bzw. Jahrzehnten auf der Tagesordnung bleiben wird. Der vielfältige Gebrauch und die zahlreichen Kontexte erschweren es, den Begriff zu durchdringen. Im Folgenden werden wir daher zunächst das Kernverständnis von Nachhaltigkeit ergründen, bevor wir die Zusammenhänge von Nachhaltigkeit mit der Digitalisierung einerseits und mit der Digitalwirtschaft andererseits skizzieren. Dies bringt uns zu einem (bewährten) Grundkonzept, Nachhaltigkeit im Sinne der sog. ESG-Kriterien zu verstehen.

8.1.1 Begriffsverständnis

Der Begriff der Nachhaltigkeit erfährt zwar überwiegend Zustimmung, obwohl lediglich eine ungefähre Vorstellung darüber besteht, was der Begriff beinhaltet und wie das Konzept umgesetzt werden kann (Bosselmann, 2016, S. 8; Erchinger et al., 2022, S. 1; Louven, 2022, S. 2178 f.).

Der Begriff „Nachhaltigkeit" (englisch *sustainability, to sustain* bedeutet u. a. „aufrechterhalten, am Leben erhalten") bezieht sich konzeptuell auf eine Zielvorgabe für wirtschaftliche, soziale und ökologische Aktivitäten im weitesten Sinn (Kreutzer, 2023, S. 1 ff.).

Frühe Ansätze zur Nachhaltigkeit

Ein derartiges Verständnis findet sich bereits bei *Hans Carl von Carlowitz* (1645–1714). Dieser bezog Nachhaltigkeit auf die Wald- und Forstwirtschaft und beschrieb in seiner *Sylvicultura oeconomica* (1713), dass nur so viel Holz geschlagen werden sollte, wie permanent nachwächst (Carlowitz, 1713, S. 105 f., Carlowitz & Hamberger, 2022). In der Folge wurde es auch etwa von *George P. Marsh* (Marsh, 1874) rezipiert und von *Karl Möbius,* 1877 auf marine Ressourcen, insbesondere Austernbänke in der Nordsee, übertragen (Möbius, 1877). Erst Ansätze nachhaltigen Denkens und Handelns – wiederum im Zusammenhang mit der Wald- und Forstwirtschaft – finden sich aber schon Jahrhunderte früher (Küster, 2013; Bosselmann, 2016, S. 12 ff.; Hughes, 2009; Abel, 1976).

Als zentrales politisches Konzept wurde Nachhaltigkeit freilich erst in den 1980er-Jahren wiederentdeckt, um in der südlichen Hemisphäre Entwicklungskrisen und der nördlichen Hemisphäre Umweltproblemen besser begegnen zu können (Ekardt, 2020, S. 27).

Im Kern geht es bei dem Konzept der Nachhaltigkeit darum, die Perspektiven auf politischer, ethischer und rechtlicher Ebene sowohl regional als auch global zu erweitern und verbreitern. Insbesondere soll bereits in der Gegenwart vorausschauend gehandelt, an langfristige Auswirkungen gedacht und die Lebensgrundlagen der Menschen geschützt werden. Damit hat Nachhaltigkeit eine wichtige Zeitdimension. Der bekannte Philosoph Hans Jonas hat dies in seinem Hauptwerk sinngemäß wie folgt beschrieben: Die Macht der Gegenwart über die Zukunft führt auch zur Verantwortung erster für letzte (Jonas, 1979).

▶ **Wichtig** „Handle so, daß die Wirkungen deiner Handlung verträglich sind mit der Permanenz echten menschlichen Lebens auf Erden." (Jonas, 1979, S. 112).

Nachhaltigkeit ist somit **intertemporales Gleichgewicht** zwischen sozialen, ökologischen und wirtschaftlichen Aspekten, die nicht nur eine lebenswerte Gegenwart gewährleisten, sondern auch eine solche Zukunft sichern sollen (Ekardt, 2020, S. 28; Winkler et al., 2023). Dieser Ansatz kommt auch im sog. Brundtland-Bericht der Veeinten Nationen von 1987 zum Ausdruck.

▶ **Wichtig** „Humanity has the ability to make development sustainable to ensure that it meets the needs of the present without compromising the ability of future generations to meet their own needs." (United Nations, 1987).

Vor diesem Hintergrund geht es bei Nachhaltigkeit um die langfristig gedachte Nutzung der natürlichen Ressourcen der Erde (Umwelt), um ein friedliches Zusammenleben mit Chancengleichheit für alle (Menschen) und um sozial und ökologisch verantwortlich handelnde Unternehmen (Wirtschaft).

8.1.2 Nachhaltigkeit und Digitalisierung

Unbestritten haben Digitalisierung, digitale Technologien und Kommunikationsmittel bestehende Informationsgrundlagen deutlich erweitert, Informationskosten gesenkt und sogar Informationsgüter neu geschaffen (World Bank, 2016; Rürup & Jung, 2021, S. 18 ff.; Winkler et al., 2023). So gelten Daten als das neue Rohöl (vgl. Staffler, 2018). Doch das Potenzial von Daten und deren Auswertung geht über den reinen ökonomischen Wert weit hinaus. Die empirisch-fundierte Befriedigung gesellschaftlicher und wirtschaftlicher Bedürfnisse benötigt Daten, um Zielsetzungen bestmöglich zu erreichen. Anders ausgedrückt: Wenn wirtschaftliche Verbände oder politische Institutionen die Bedürfnisse in der Gesellschaft durch Daten verifizieren können, können durch wirtschaftliche oder politische Gestaltung viel passgenauere Zielvorgaben definiert und Maßnahmen ergebnis-orientiert implementiert werden.

Natürlich sind damit weitreichende Auswirkungen auf Gesellschaft, Bildung und Wirtschaft verbunden (Deckert, 2020, S. 11; Kröhling, 2021, S. 33). Der Digitalisierung kommt letztlich eine entscheidende Rolle bei der Verwirklichung der globalen Nachhaltigkeits-ziele der Vereinten Nationen zu.

Die 17 Nachhaltigkeitsziele der Agenda 2030
Die Vereinten Nationen haben mit der Agenda 2030 insgesamt 17 Ziele für nachhaltige Entwicklung (Sustainable Development Goals, kurz SDGs) entwickelt, um nachhaltigen Frieden, Wohlstand und den Schutz unseres Planeten zu fördern:

1. Keine Armut
2. Kein Hunger
3. Gesundheit und Wohlergehen
4. Hochwertige Bildung
5. Geschlechtergleichheit
6. Sauberes Wasser und Sanitäreinrichtungen
7. Bezahlbare und saubere Energie
8. Menschenwürdige Arbeit und Wirtschaftswachstum
9. Industrie, Innovation und Infrastruktur
10. Weniger Ungleichheiten
11. Nachhaltige Städte und Gemeinden
12. Nachhaltige/r Konsum und Produktion
13. Maßnahmen zum Klimaschutz
14. Leben unter Wasser
15. Leben an Land
16. Frieden, Gerechtigkeit und starke Institutionen
17. Partnerschaften zur Erreichung der Ziele

Durch Digitalisierung wird der Austausch von Informationen erleichtert, Fortschritte bei der Erreichung der globalen Nachhaltigkeitsziele werden besser dokumentierbar und globalen Problemen (z. B. Klimawandel) kann besser begegnet werden (Leal Filho et al., 2021, S. 1). Insofern bietet Digitalisierung großes Potenzial für eine nachhaltige Entwicklung.

Gleichwohl sind auch **Risiken** der Digitalisierung im Lichte der Nachhaltigkeit zu bedenken. Denn die Einführung und Etablierung von Technologien haben nicht allein eine technologische Komponente, sondern auch soziale und ökologische Folgen, die mitbedacht werden müssen. Digitalisierung per se ist, genauso wie Technologie, grundsätzlich von ihrer Zielrichtung her neutral gegenüber politischen oder sozialen Zielrichtungen und Wertungen – ihre Anwendung wirkt sich jedoch auf ihre soziale Umwelt aus und zieht entsprechende ökologische, soziale und menschliche Konsequenzen nach sich (vgl. Kranzberg, 1986; Jobin, 2017, S. 154 ff.). Ob Digitalisierung im obigen Sinne nachhaltig ist, hängt von den jeweiligen Rahmenbedingungen ab, in denen sie entsteht, genutzt und schließlich entsorgt wird. Anders ausgedrückt: Die Digitalisierung selbst ist nicht per se

nachhaltig – vielmehr kann sie nachhaltig sein oder für nachhaltige Zielsetzungen eingesetzt werden. So kann eine effiziente Ressourcennutzung oder globale Kommunikation
bzw. Koordination eine nachhaltige Digitalisierung bewirken (Giesenbauer, 2021, S. 46;
Kröhling, 2021, S. 35 ff.). Wenn jedoch die Digitalprodukte selbst massiv Ressourcen benötigen oder ihre Hardwarekomponenten nur kurzlebig und nicht recycelbar sind, ist dies
mit Nachhaltigkeitszielen nur schwer in Einklang zu bringen. Deshalb ist es essenziell,
Digitalisierung und Nachhaltigkeit zusammen zu betrachten.

Durch Digitalisierung bietet sich ferner eine hervorragende Chance für Unternehmen,
zum Themenschwerpunkt Nachhaltigkeit für mehr **Transparenz** zu sorgen und den eigenen
Umgang mit der Thematik in jeglichen Bereichen zu erleichtern (Bayer & Bauer, 2023,
S. 472; Beier et al., 2020, S. 8 f.; Kröhling, 2021, S. 34 f.). Primäre Nachhaltigkeitsmaßnahmen zur Eindämmung ökologischer Risiken, wie etwa die Reduktion globaler Reise-
spesen von Experten durch den Einsatz von Fernwartungssystemen über Augmented-
Reality-Geräte (Kap. 20) können dann durch flankierende Maßnahmen (Berichte, Marketing) die Unternehmensreputation steigern und Geschäftspartner bzw. Kunden gewinnen.

Freilich darf nicht übersehen werden, dass sowohl Nachhaltigkeit als auch Digitalisierung hoch **komplexe und dynamische Bereiche** sind. Ein vorschnelles Verknüpfen kann
die Komplexität zusätzlich erhöhen und zu Unübersichtlichkeit und Unsicherheit führen.
Überdies muss konstatiert werden, dass in der Vergangenheit wenig Wechselwirkungen
zwischen den beiden Bereichen erkennbar waren (Leal Filho et al., 2021, S. 24 ff.). So
kann der Einsatz von Homeoffice, der prinzipiell ökologischen (etwa Ressourcenschonung
des Unternehmens, Reduktion des Pendlerverkehrs) und sozialen (Flexibilisierung der
Arbeitsbedingungen für Arbeitnehmende) Nachhaltigkeitsaspekten dient, auch negative
Aspekte nach sich ziehen (etwa Vereinsamung; keine klare Grenzziehung zwischen Beruf
und Freizeit). Erfreulicherweise zeichnet sich in der jüngsten Vergangenheit eine positive
Entwicklung ab, die mehr Bewusstsein für die Komplexität und Dynamik der Digitalisierung mit sich bringt (Stichwort Datenschutz, Verfügungsrechte, Verlust von Arbeits-
plätzen, ungleiche Verteilung von Einkommen, steigender Energiebedarf etc.; Lange &
Santarius, 2018; Schwaiger, 2023; Armbrüster, 2022, S. 23 f.).

8.1.3 Nachhaltigkeit und Digitalwirtschaft

Die Vorstellung einer nachhaltigen digitalen Wirtschaft wird als mächtigstes und be-
deutendstes Konzept der Gegenwart bezeichnet. Es soll Länder aus Krisen auf einen Weg
nachhaltiger Entwicklung führen und sowohl Pläne als auch Ziele aufstellen, welche groß
angelegte digitale Volkswirtschaften umfassen (Xianbin & Qiong, 2021). In dieser Hinsicht ist Nachhaltigkeit wohl eines der wenigen großen globalen Konzepte, auf das sich
eine Mehrheit von Staaten einigen kann. Angesichts der zunehmenden Sichtbarkeit des
ökologischen, menschengemachten Wandels (Klimakrise) können es sich wirtschaftliche
Entitäten nicht leisten, ausdrücklich gegen diese **hegemoniale Idee** einer von Nachhaltigkeit geprägten Wirtschaft und insb. Digitalwirtschaft zu sein (Reichel, 2018, S. 89).

Nachhaltigkeit und Digitalwirtschaft hängen auf zwei Arten zusammen:

- Erstens ist die Herstellung und der Einsatz digitaler Technologien mit einem erheblichen Energie- und Materialbedarf verbunden. Die Herstellung digitalfähiger Geräte (einschließlich Akkus und Batterien) erfordert seltene Metalle und Rohstoffe, die gefördert, verarbeitet und letztlich verbraucht werden. Wie noch gezeigt wird, hat die Digitalwirtschaft einen durchaus beachtlichen Bedarf an Materialien und Energie.
- Zweitens bietet die Digitalisierung unterschiedliche und vielfältige Chancen zur Optimierung von Prozessen, zur Messung und Überwachung ökologischer Faktoren im Wirtschaftssystem und zum effizienteren Einsatz von Ressourcen und Energien. Hybride Arbeitsformen oder neue Möglichkeiten der Zusammenarbeit ohne physische Präsenz sind nur zwei Beispiele des enormen ökologischen Potenzials, das die Digitalwirtschaft bereithält. Insofern wird die Digitalität von Dienstleistungen und Produkten als Schlüsselfaktor für eine klimakrisenresistente Wirtschaft gesehen.

8.1.4 ESG – Environment, Social, Governance

Die kurzen Ausführungen zum Begriffsverständnis von Nachhaltigkeit zeigen, dass dieses Konzept grundsätzlich in drei Richtungen gedacht werden muss, nämlich bezüglich einer ökologischen, einer sozialen und einer ökonomischen Dimension. Diese drei Vektoren werden weithin als „ESG"-Kriterien bezeichnet und werden im Deutschen als Drei-Säulen-Modell der Nachhaltigkeit bzw. im Englischen als „Sustainability Triangle" bezeichnet (Munasinghe, 1992 (Kreutzer, 2023, S. 4 f.)). Entscheidend ist dabei, dass die drei Vektoren ganz im Stil von Abb. 8.1 ganzheitlich gedacht werden – nur wenn Umwelt, Soziales und Wirtschaft für nachhaltige Zielsetzungen ineinandergreifen, kann Nachhaltigkeit realisiert werden.

Abb. 8.1 ESG-Kriterien und Nachhaltigkeit. (Eigene Darstellung)

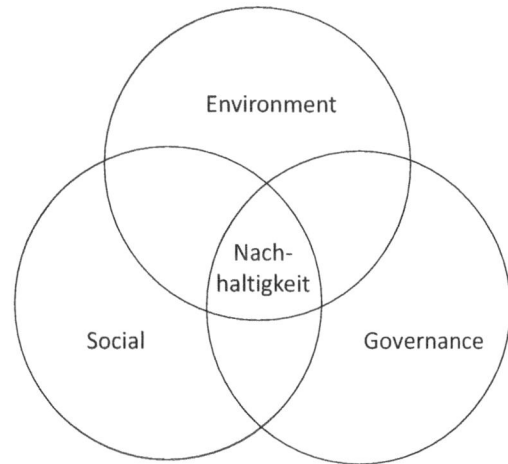

Der Gedanke, in der Wirtschaft neben ökonomischen auch soziale und ökologische Faktoren zu berücksichtigen, findet sich bereits seit den 1960er-Jahren. Erst zur Jahrtausendwende fanden die sogenannten ESG-Kriterien aber Niederschlag bei der Entwicklung von Nachhaltigkeitsprinzipien (Erchinger et al., 2022, S. 8 ff.; Winkler et al., 2023). Unternehmen haben zudem ESG-Kriterien weiter angepasst und verfeinert. So arbeitet Siemens im Geiste der ESG-Kriterien nach der DEGREE-Strategie, wobei die einzelnen Buchstaben für Dekarbonisierung (D), Ethik (E), Governance (G), Ressourceneffizienz (R), Equity bzw. Chancengleichheit (E) und Employability bzw. Beschäftigungsfähigkeit (E) stehen (Neike, 2023, S. 164). Trotz dieser redlichen Bemühungen zur detaillierteren Durchdringung der ESG-Kriterien erscheint es hilfreich, sich für das Großthema der Nachhaltigkeit an der (ursprünglichen) ESG-Konzeption zu orientieren.

Nachhaltig orientierte Unternehmen achten also nicht nur auf das wirtschaftliche Ergebnis ihrer Aktivitäten (Gewinn, Umsatz, Marktanteile), sondern berücksichtigen darüber hinaus auch die Auswirkungen ihres Handelns auf die Mitmenschen (Gemeinschaft, Bildung, Gerechtigkeit, soziale Ressourcen, Gesundheit, Wohlbefinden, Lebensqualität) und den Planeten (natürliche Ressourcen, Wasser- und Luftqualität, Energieeinsparung, Bodenversiegelung, Landnutzung) (Kreutzer, 2023, S. 4 f.; Erchinger et al., 2022, S. 6). Nachhaltiges Wirtschaften bezieht sich somit auf die finanziellen Leistungen eines Unternehmens, berücksichtigt aber auch Auswirkungen auf die Gesellschaft und die Umwelt.

Alle drei ESG-Kriterien stehen in Beziehungen zueinander und es bestehen gegenseitige Zielkonflikte, weshalb sie in Ausgleich zu bringen sind. Dabei handelt es sich um eine gesamtgesellschaftliche Aufgabe (vgl. Böhm et al., 2023, S. 9 ff.). So würde die alleinige Priorisierung umweltbezogener Zielsetzungen nicht nur zu Konflikten mit divergierenden, wirtschaftlichen Interessen, sondern auch zu sozialen Spannungen führen. Durch Nachhaltigkeit besteht das Potenzial, die Spannungsfelder zu lösen und auf eine ausgleichende Integration aller drei ESG-Aspekte hinzuwirken. Denn Nachhaltigkeit im Sinne eines holistischen Konzepts kann nur verwirklicht werden, wenn alle drei ESG-Kriterien ausgewogen berücksichtigt werden. Die Nicht-Berücksichtigung auch nur eines ESG-Kriteriums wirkt sich teilweise auf die beiden anderen aus. Zur Veranschaulichung dient das Beispiel des Klimawandels: Maximiert man die Bekämpfung der Klimakrise ohne Rücksicht auf die anderen beiden ESG-Aspekte, so werden die dafür erforderlichen Belastungen weder von der Wirtschaft (z. B. finanzielle Belastungen von Unternehmen), noch von der Gesellschaft als solche (z. B. Einschränkungen von Reisefreiheit) mitgetragen. Wird die Bekämpfung der Klimakrise umgekehrt völlig ausgeblendet, schadet dies langfristig sowohl der Wirtschaft als auch der Gesellschaft.

8.2   Environment

E ist das erste ESG-Kriterium, steht für „Environment" (Umwelt) und betrifft umweltverträgliches Handeln (ökologische Nachhaltigkeit). Dabei geht es etwa um den Ressourcenverbrauch (in absoluten Zahlen, Effizienz), die Emission von Schadstoffen (etwa Treibhausgase), Konzepte der Kreislaufwirtschaft (Wiederverwertung, Weiterverwendung), erneuerbare Energien, nachhaltige Produkte, Technologien und Prozesse, Klimaschutz, Anpassungen an den Klimawandel, Schutz der biologischen Vielfalt, nachhaltige Nutzung und Schutz von Wasser- und Meeresressourcen, Übergang zu einer Kreislaufwirtschaft, Vermeidung von Abfällen, Recycling, Vermeidung und Verminderung von Umweltverschmutzung, Schutz gesunder Ökosysteme, nachhaltige Landnutzung, Verminderung von Bodenversiegelung usw. (Louven, 2022, S. 2182; Kreutzer, 2023, S. 72 ff.).

Es überrascht nicht, dass der Fokus auf die Umwelt in der jüngeren Vergangenheit immer stärker wurde. Das liegt einerseits daran, dass wichtige Rohstoffe sukzessive seltener werden und Vorkommen zur Neige gehen. Andererseits wird aber sowohl der Politik, Unternehmen, aber auch Konsumenten bewusst, dass Veränderungen der Umwelt (Stichwort: Klimawandel) menschengemacht sind (Kreutzer, 2023, S. 72). Insofern weist die Digitalwirtschaft etwa einen beachtlichen CO_2-Fußabdruck und Wasserverbrauch auf (vgl. Landhäußer, 2023, S. 188).

Dies betrifft den **Aufbau notwendiger Infrastruktur** (Fest- und Mobilfunknetze, Datacenter etc.) sowie die Produktion und Nutzung von Hardware (Computer, Laptop, Tablets, Smartphones, Router, Modems, Drucker, Smart-Home-Geräte, Multimediasysteme, Spielkonsolen, Servicroboter etc.). Zur Herstellung digitaler Infrastrukturen sowie wesentlicher Zukunftstechnologien bedarf es sog. seltener Erden, also bestimmter Metalle, die in seltenen Mineralien vorkommen. Sie sind zwar weltweit, allerdings zumeist nur in kleinen Mengen verbreitet. Große und damit wirtschaftlich rentable Vorkommen sind vor allem in China, Vietnam, Brasilien und Russland vorhanden, während nur rund 3 % der benötigten Rohstoffe aus der EU selbst kommen (European Commission, 2020a). Die Gewinnung dieser Rohstoffe selbst, die Verarbeitung zu IT-Produkten und der Transport nach Europa sind überaus umweltbelastend. So überrascht es nicht, dass für 2030 der CO_2-Ausstoß im Zusammenhang mit Informations- und Telekommunikationstechnologien (IKT) auf 1,25 Mrd. CO_2 geschätzt wird. Das entspricht ca. 2 % der globalen Treibhausgasemissionen. Diese Schätzungen hängen davon ab, welche Parameter wie miteinbezogen werden (Kröhling, 2021, S. 36 f.; Winkler et al., 2023).

Doch auch **der Betrieb entsprechender Infrastruktur und Geräte** hat ökologische Nachteile. Zu nennen sind einerseits der Energieaufwand jener Geräte, damit stromgetriebene IT-Produkte und Dienstleistungen überhaupt funktionieren können bzw. auch für ihre notwendige Kühlung gesorgt wird, andererseits die durch den erhöhten Energiebedarf resultierende umweltbelastende Energiegewinnung selbst. Das zeigt sich am Beispiel des Stromverbrauchs von Rechenzentren und Telekommunikationsnetzen in Deutschland zwischen 2010 und 2019. So betrug der Stromverbrauch im Jahr 2019 rund 14,9 Terawattstunden pro Jahr (TWh/a), was gegenüber 2010 einer Steigerung von 45 % und gegenüber 2015 einer Steigerung von 25 % entspricht. Der Strombedarf von Telekommunikationsnetzen lag 2010 bei 6,5 TWh/a, 2015 bei 6,0 TWh/a und 2019 schließlich bei 7,1 TWh/a (Grünwald & Caviezel, 2023, S. 7 f.).

Doch auch am **Ende des digitalen Lifecycles** gibt es verschiedene umweltbezogene Herausforderungen. In einer von technologischem Fortschritt getriebenen Wirtschaft haben IT-Produkte, auf denen digitale Anwendungen betrieben werden sollen, eine kurze Lebensdauer. Längere Batterielaufzeiten, verbesserte Funktionalität oder generell gesteigerte Qualität sind nur ausgewählte Gründe, warum IT-Produkte nicht langfristig genutzt werden. Dies befördert einerseits die Produktion von entsprechenden Geräten, andererseits produziert dies große Mengen als Elektroschrott, der zudem nur in geringem Ausmaß fachgerecht recycelt wird. Das zeigen Statistiken zum Elektroschrottaufkommen pro Kopf aus dem Jahr 2019 (Statista, 2022, S. 7 f.):

- In absoluten Zahlen ist Asien der größte Erzeuger von Elektroschrott (rund 24,9 Mio. t) und liegt damit deutlich vor Amerika (13,1 Mio. t) und Europa (12 Mio. t).
- Umgerechnet auf die Erzeugung von Elektromüll pro Kopf liegt Europa mit 16,2 deutlich voran, während Asien mit 5,6 kg weit zurück liegt.

Die Entsorgungsstrategie von Elektromüll in der EU fußt nicht unwesentlich auf dessen Export in Entwicklungsländer. So exportierten im Jahr 2019 die 28 Mitgliedstaaten der EU rund 350.000 t Elektromüll in Entwicklungsländer (Statista, 2022, S. 12). Gleichwohl ist Europa weltweit führend im Bereich des gesammelten und dem Recyclingkreislauf zugeführten Elektromülls: Während der weltweite Anteil des ordnungsgemäß recycelten Elektromülls im Jahr 2019 in Europa 42,5 % betrug, lag Asien bei 11,7 % und Amerika bei 9,4 % (Statista, 2022, S. 27).

Diesen umweltbezogenen Belastungen stehen durch die Digitalwirtschaft aber auch diverse Möglichkeiten zur **umweltbezogenen Entlastung** zur Verfügung. So können Informations- und Telekommunikationstechnologien (IKT) zur Reduktion des Energieverbrauchs beitragen. Werden beispielsweise Sitzungen und Termine statt in physischer Präsenz lediglich online abgehalten, kommt es zu erheblichen Einsparungen in Bezug auf Emissionen durch die Anreise der betreffenden Personen. Ähnliches gilt für den Download elektronischer Medien statt der physischen Herstellung und dem Versand. Schätzungen sehen das Einsparungspotenzial im Jahr 2030 bei über 10 Mrd. t CO_2 (Kröhling, 2021, S. 37 ff.; Winkler et al., 2023).

Doch auch jenseits von CO_2-Reduktion könnten IKT-Produkte **weitere ökologisch wünschenswerte Effekte** haben. So kann beispielsweise durch den Einsatz intelligenter Systeme bei der Bewässerung in der Landwirtschaft und Industrie einerseits der Wasserbedarf verringert, gleichzeitig aber globale Nahrungsmittelversorgung durch Erhöhung der Erträge verbessert werden (Global e-Sustainability Initiative und Accenture, 2015). Ebenso bestehen Einsatzmöglichkeiten im Zusammenhang mit der automatischen Erfassung der Artenvielfalt. Letztlich besteht auch Einsparungspotenzial im Zusammenhang mit der gemeinsamen Nutzung privater Kraftfahrzeuge (Sharing Economy) (Kröhling, 2021, S. 40 f.).

8.2.1 GreenTech

Das ökologische Potenzial der Digitalwirtschaft wird durch innovative Geschäftsmodelle von sog. GreenTechs genutzt. GreenTech beschreibt Unternehmen, die grundsätzlich versuchen, positive Auswirkungen auf die Umwelt zu erreichen. Sie beabsichtigen, aktuelle oder zukünftige umweltbedingte Schäden (z. B. Extremwetter) bzw. deren Verursachung (z. B. umweltschädliche Energieerzeugung) zu identifizieren, zu analysieren, zu verringern bzw. zu beseitigen (GreenTech alliance, 2022). Dieser Branche wird von prominenter Seite enormes Investitionspotenzial zugeschrieben (Landhäußer, 2023, S. 183).

Start-ups im Green FinTech Network

Konkrete Beispiele aus dem Bereich der Finanzwirtschaft (Kap. 9) werden über die schweizerische Initiative „Green Fintech Network" ausgewiesen:

- CelsiusPro ist ein Start-up aus dem InsurTech-Bereich, das sich auf die Strukturierung und Generierung maßgeschneiderter Wetterindexprodukte spezialisiert hat. Damit bietet es wetterabhängigen Branchen (z. B. Energie, Bauwesen, Landwirtschaft) spezielle Versicherungsprodukte an.
- Climada ist ein Start-up, das Risikoerhebungen zum Klimawandel macht und damit Unternehmen im Rahmen des Risikomanagements eine Faktenbasis für wirtschaftliche Klimaanpassung liefert.
- Pelt8 ist ein auf Nachhaltigkeitsberichterstattung spezialisiertes Start-up, das Plattformlösungen für nachhaltigkeitsbezogene Daten schafft und damit die Effizienz und Transparenz zur Erfassung der für die Nachhaltigkeitsberichterstattung erforderlichen Daten steigert. ◀

8.2.2 Grüne Transformation

Jenseits von GreenTech ist es angesichts des zügig fortschreitenden Klimawandels notwendig, das bestehende, wesentlich auf fossilen Energiequellen basierende Wirtschaftssystem hin zu einem **klimaneutralen** System zu transformieren.

In Europa versucht sich die Europäische Union (EU) mit dem sog. **Green Deal** an einem regulatorischen Kraftakt zur Etablierung „einer modernen, ressourceneffizienten und wettbewerbsfähigen Wirtschaft" mit zahlreichen Maßnahmenpaketen (Reuter, 2023, S. 66 ff.). Der Green Deal der EU fokussiert dabei insb. den industriellen Sektor, der als wichtiger Emissionstreiber gilt. Hier wird der Digitalisierung enormes Potenzial zur Einsparung von Emissionen bei gleichzeitiger Effizienzsteigerung von Energie, Materialien und Ressourcen zugeschrieben (Landhäußer, 2023, S. 184). Vor diesem Hintergrund setzt die EU verschiedene Anreize, die Dekarbonisierung der Wirtschaft zu beschleunigen, wie etwa den sog. CO_2-Grenzausgleichsmechanismus, der die Verlagerung von CO_2-Emissionen ins Nicht-EU-Ausland verhindern soll (Europäisches Parlament, 2022).

Auch die internationalen Bemühungen nehmen zu. Nachdem im **Pariser Klimaabkommen von 2015** mittels völkerrechtlichem Vertrag Zielsetzungen zum Schutz des Klimas vereinbart wurden, nämlich die globale Erwärmung auf „deutlich unter" zwei Grad Celsius gegenüber der vorindustriellen Zeit zu reduzieren, es allerdings bei der Realisierung des Abkommens laut dem jährlichen Emissions Gap Report der Vereinten Nationen zu wenig Fortschritte gibt (United Nations Environment Programme, 2022), versuchen Staaten andere Kooperationswege, um Klimaziele zu erreichen. So haben die G7-Staaten 2022 einen eigenen **G7 Klimaclub** gegründet, mit dem die Klimaziele ehrgeiziger und ambitionierter verfolgt werden sollen (Spiegel, 2022).

Doch der Transformationsdruck gegenüber Unternehmen kommt nicht allein von regulatorischer Seite. Die Nachhaltigkeit wird einerseits von Großinvestoren, andererseits von Klimainvestmentaktivisten vorangetrieben (Bartz et al., 2023). Doch gerade auch bei Kund und Mitbewerbern setzt sich die Erkenntnis durch, dass die Dekarbonisierung der Wirtschaft ein bedeutsamer Faktor bei der Auswahl von Dienstleistungen und Produkten ist. Unternehmen, die auf grüne Transformation setzen und Umweltziele verfolgen, sind auf dem Markt zunehmend attraktiver.

Hierbei gibt es verschiedene Maßnahmen, auf die Unternehmen setzen. Einer Befragung zufolge (Statista, 2023a)

- stehen technische Innovationen zum Einsparen von Ressourcen, ressourcenschonender Einsatz von Material und Reduktion des Energieverbrauchs an erster Stelle von gegenwärtigen Nachhaltigkeitsmaßnahmen;
- setzen rund zwei Drittel der befragten Unternehmen auf den Einsatz erneuerbarer Energien und Verwendung nachhaltig zertifizierter Produkte;
- stellen mehr als die Hälfte der Unternehmen auf einen nahezu papierlosen Geschäftsprozess um bzw. beachten ökologische Standards bei Geschäftsreisen.

8.2.3   Kreislaufwirtschaft

Gerade im Hinblick auf den Klimaschutz gilt Kreislaufwirtschaft (englisch: *circular economy)* als Modell von Produktion und Verbrauch mit dem Zweck der Reduktion von Ressourcen, Emissionen, Energie und Abfall (vgl. European Commission, 2020b). Es ist das Gegenteil zur Linearwirtschaft („Wegwerfwirtschaft"). Ziel dieses Systems ist es, Roh- und Werkstoffe möglichst lange im wirtschaftlichen Kreislauf zu halten, um damit ihren Lebenszyklus zu verlängern. Einmal hergestellte Produkte sollen nach ihrer Benutzung nicht weggeworfen werden, sondern dienen neuen Produkten oder Prozessen

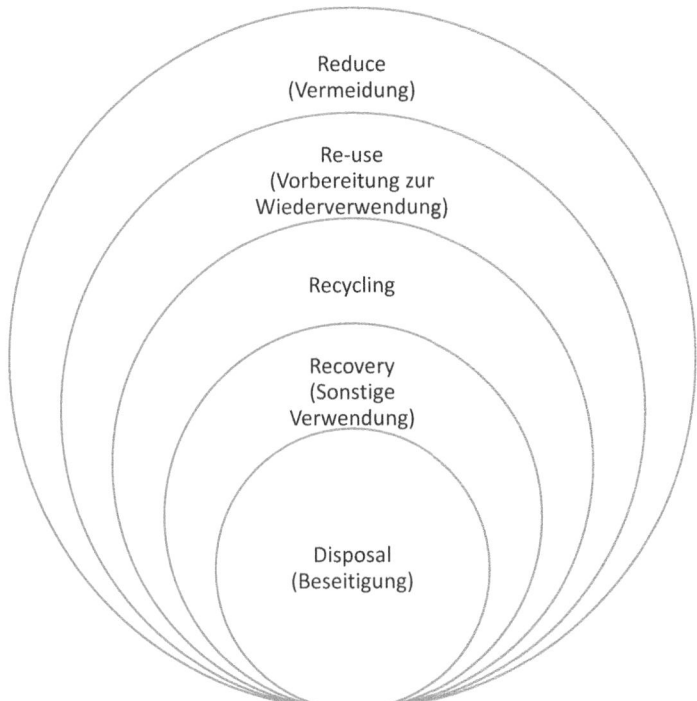

Reduce
(Vermeidung)

Re-use
(Vorbereitung zur
Wiederverwendung)

Recycling

Recovery
(Sonstige
Verwendung)

Disposal
(Beseitigung)

Abb. 8.2 Abfallhierarchie. (Eigene Darstellung)

als Ausgangspunkt neuer Wertschöpfung (Kranert, 2017). Dementsprechend soll der Umgang mit Abfall einem hierarchischen System bestehend aus fünf Stufen zugeführt werden, damit Abfall vermieden bzw. bewirtschaftet werden kann. Dies kommt in der sog. Abfallhierarchie, wie sie in Abb. 8.2 abgebildet ist, zum Ausdruck (EUR-Lex Glossary, 2021).

Geschäftsmodelle der Kreislaufwirtschaft

Gerade in der Start-up-Szene gibt es verschiedene Beispiele zu Geschäftsmodellen der Kreislaufwirtschaft:

- Das Start-up Refurbed ist laut Eigenangaben der am schnellsten wachsende Online-marktplatz im D-A-CH-Raum für vollständig erneuerte elektronische Geräte.
- Das deutsche Start-up Grover bieten elektronische Geräte wie Smartphones oder Laptops gegen monatliche Gebühren zur Miete an.
- Das österreichische Start-up MATR vermietet recycelbare Matratzen gegen monatliche Gebühren an Hotels und organisiert selbst Lieferung sowie deren Instandhaltung bzw. Reinigung.
- Das schweizerische Start-up Loopi bietet Kinderwagen als monatlich buchbaren Service an. ◄

Ökologische Vorteile der Kreislaufwirtschaft sind die Verlangsamung der Ressourcen-nutzung und damit einhergehender Auswirkungen (Begrenzung der Zerstörung von Land-schaften und damit der biologischen Vielfalt), aber auch die Reduktion der Rohstoff-abhängigkeit, der Kosten für Verbraucher und das Potenzial neuer Arbeitsplätze (European Commission, 2020b).

Ein wichtiger Faktor für das Gelingen von kreislaufwirtschaftlichen Ideen ist die **Reparatur von Geräten**. Gerade in der EU wird deshalb ein Recht auf Reparatur angedacht. In den Durchführungsverordnungen zur Ökodesign-Richtlinie (EG/2009/125) sind Maß-nahmen zur Erleichterung der Reparatur bestimmter Produkte (etwa Geschirrspüler, Waschmaschinen, Wäschetrockner, Kühlgeräte, Monitore, LED-Lampen, siehe Ver-ordnung EU/2021/341 vom 23.02.2021) vorgesehen. Geregelt wird die Pflicht der Herstel-ler, für mehrere Jahre Ersatzteile zur Verfügung zu stellen, einschließlich der Veröffent-lichung von Ersatzteillisten, Höchstlieferfristen für Ersatzteile und Reparaturanlagen. Aber auch entsprechende Konstruktionsanforderungen werden aufgestellt, damit die Pro-dukte bereits per se reparaturfreundlich sind (überblicksweise bei Specht-Riemenschneider & Mehnert, 2023). Jüngst wurde mit einer neuen Richtlinie (EU/2024/1799) in der EU das Recht auf Reparatur gestärkt, das gerade nach Zeitablauf der gesetzlichen Gewähr-leistungsfrist den Verbraucherinnen und Verbrauchern einfache und kostengünstige Repa-raturen von Defekten von Geräten ermöglichen soll.

Reparatur oder Neuanschaffung?
Für die Realisierung von Reparaturstrategien erscheint es wichtig, zu erheben, aus welchen Gründen Verbraucher sich gegen Reparaturen entscheiden. Nach einer Statistik aus dem Jahr 2020 haben sich Verbraucher gegen die Reparatur von Elektrogeräten aus folgenden Gründen entschieden (Statista, 2022, S. 45):

- 43 % Neuanschaffung des gleichen oder eines ähnlichen Gerätes
- 38 % Gerät zu alt
- 33 % Reparatur unmöglich
- 32 % Reparaturkosten zu hoch
- 17 % Neues Gerät ist energieeffizienter
- 3 % Gerät wird nicht mehr gebraucht

8.2.4   Schattenseiten

Die Digitalwirtschaft hat gerade im Umweltbereich verschiedene Schattenseiten, wie be-reits deutlich geworden ist.

Genannt wurden schon die Auswirkungen der Digitalisierung selbst. Zur Realisierung der Digitalwirtschaft sind hohe **Energiekosten** notwendig, um digitale Infrastrukturen und Endgeräte „am Leben" zu erhalten – dies gilt in besonderem Maße für die Blockchain-Technologie (Adams et al., 2018, S. 127 ff.). Gleichzeitig ist die Digitalwirtschaft auch **rohstoff- und materialienintensiv**. Lebenswichtig für digitale Geräte sind sog. seltene Erden. In der Literatur wird hier bildlich von einem neuen „Eisenzeitalter" gesprochen (Reichel, 2018, S. 91). Da diese Materialien nur in bestimmten Regionen der Erde vorkommen, wie etwa in China, ist der Bezug dieser Materialien von globalen Lieferketten abhängig, die sich wiederum auf den CO_2-Fußabdruck der IT-Produkte auswirken. Die Schnelllebigkeit der IT-Produkte bewirkt, dass die Geräte rein von ihrer technischen Attraktivität her eine geringe Lebensdauer haben. Ohne entsprechende Recyclingstrategien im Sinne einer Kreislaufwirtschaft bleibt nicht nur das Nutzungspotenzial dieser Produkte und ihrer Komponente unter einem wünschenswerten Niveau, sondern ist als äußerst negativ im Hinblick auf die Umweltbelastung einzuschätzen.

Diese Schattenseiten der Digitalwirtschaft treten zunehmend in das Bewusstsein von Akteuren des Wirtschaftslebens. Kund, Investoren oder Unternehmen legen zunehmend Wert darauf, dass sich wirtschaftliche Entitäten klima- und nachhaltigkeitsorientierten Zielen sichtbar verpflichten. Nachhaltigkeit entwickelt sich daher zunehmend als Marketing- und Werbethema. Gleichwohl ist zu beobachten, dass nicht nachhaltige Unternehmen versucht sind, unter falschen Flaggen das Thema Nachhaltigkeit in ihre Kommunikationsstrategien zu übernehmen (sog. Greenwashing).

▶ **Greenwashing** Wie immer bei gesellschaftlichen Entwicklungen besteht auch im Zusammenhang mit der Nachhaltigkeit die Gefahr des Missbrauchs. Unternehmen könnten sich einer nachhaltigen Tätigkeit rühmen und ihre nachhaltigen Produkte bewerben, obwohl diese nicht nachhaltig sind. Ein prominentes Beispiel ist der VW-Diesel-Skandal (Staffler, 2022, S. 5), bei dem Dieselfahrzeuge unter der Bezeichnung *clean diesel* verkauft und so wahrheitswidrig als umweltfreundlich gekennzeichnet wurden. Ein derartiges Vorgehen wird als „Greenwashing" bezeichnet (Assadi & Ségur-Cabanac, 2020, S. 138), wenngleich dafür nach wie vor weder eine allgemeingültige Definition besteht (Zeidler & Dürr, 2022, S. 377), noch Klarheit darüber herrscht, mit welchen Sanktionen und Strategien gegen Greenwashing vorgegangen werden soll (überblicksweise Bachmann, 2023, S. 43 ff.). Inzwischen hat sich die Europäische Union diesem Thema angenommen und entwickelt mit dem Entwurf der „Green-Claims-Richtlinie" erste Vorschläge zu Maßnahmen im Bereich des Wettbewerbsrechts gegen Greenwashing, wie etwa Verifizierungspflichten und Geldsanktionen (Hirsch, 2023, S. 595 ff.).

Diese unlauteren Praktiken schlagen sich auch auf das Vertrauen (vgl. Kap. 6, Vertrauen) der Bevölkerung zur Kommunikation durch Unternehmen zum Thema Nachhaltigkeit nieder. Nach einer 2023 durchgeführten Umfrage zum Vertrauen in Hinblick auf die Nachhaltigkeitskommunikation von Unternehmen geben knapp die Hälfte der Befragten an, dass sie der Kommunikation eher nicht bzw. überhaupt nicht vertrauen, während nur ein Fünftel der Befragten dieser Kommunikation vollkommen bzw. größtenteils vertrauen (Statista, 2023b).

Neben diesen strukturellen Faktoren von Digitalwirtschaft, die sich negativ auf die Umweltbilanz auswirken, können jedoch auch **Geschäftsmodelle der Digitalwirtschaft** selbst für die Umwelt schädlich sein (Kap. 4). So ermöglicht der Onlinehandel auf großen Plattformen den Unternehmen verschiedener Größenordnungen, ihre Produkte über regional-lokale Einzugsgrenzen hinweg anzubieten (Kap. 17). Aus Umweltsicht reduziert sich damit der Fahrtaufwand von Kund und Geschäftspartner, den jeweiligen physischen Standort der Unternehmen zu besuchen und dort vor Ort einzukaufen. Gleichwohl hat die mit dem Onlinehandel verbundene Logistik durchaus gewichtige Umweltauswirkungen.

Um den CO_2-Fußabdruck der digital initiierten Lieferkette zu reduzieren, verfolgten Unternehmen der Speditionsbranche das Ziel, gerade die Lieferkette „der letzten Meile" mittels Elektrofahrzeugen zu bedienen. Es gibt jedoch Beispiele für Geschäftsmodelle, in denen die Umweltbelastung unverhältnismäßig hoch ist.

Beispiel Fehlanreiz im Fashion-Sektor

Gerade im Bereich Bekleidung herrscht der Trend, Waren nur zur Ansicht oder zur Anprobe bestellen zu können. In Verbindung mit dem großzügigen Verbraucherrecht, online abgeschlossene Verträge ohne Angabe von Gründen widerrufen zu dürfen (Art. 9 RL 2011/83/EU), entwickelt sich das Retourenmanagement zu einem Branchenstandard. Aufgrund der regulativen Verpflichtungen, wonach bis auf die Portokosten zur Warenrücksendung den Verbrauchern grundsätzlich keine Kosten auferlegt werden dürfen (Art. 9 Abs. 1 i. V. m. Art. 14 Abs. 1 UAbs. 2 RL 2011/83/EU), entstehen für die Unternehmen Kosten, die häufig unverhältnismäßig zum (geringen) Warenwert sind, weshalb hier der Fehlanreiz entsteht, retournierte (aber völlig einwandfreie) Waren zu vernichten (Kramme, 2023, S. 12 f.). ◄

Auf solche Fehlanreize in der Digitalwirtschaft haben die Gesetzgeber zu reagieren. Tatsächlich trat am 18.07.2024 eine entsprechende Verordnung der EU („Ökodesign-Verordnung", 2024/1781) samt Verbot zur Vernichtung (bestimmter) einwandfreier Waren in Kraft (vgl. bereits Kramme, 2023, S. 13). Gleichzeitig können derartige Fehlanreize, neuwertige Ware zu vernichten, auch dazu führen, dass Produkte nach nachhaltigeren Gesichtspunkten hergestellt werden, um der Warenvernichtung zu widerstehen.

Schließlich kann auch das Wirtschaftskonzept der Kreislaufwirtschaft selbst negative ökologische Folgen nach sich ziehen, die sich mit „Rebound-Effekten" beschreiben lassen. Dabei gibt es Nebeneffekte des Gebrauchtmarktes, wenn nämlich über derartige Geschäftsmodelle alte, energieintensive Geräte längere Lebensdauer haben, was geradezu konträr zur Idee neuerer energieeffizienterer Geräte steht (Kramme, 2023, S. 14). Entscheidend scheint auch hier, dass regulative Anreize gesetzt werden, um alltaugliche Produkte in der Wirtschaft zu halten und gleichzeitig altschädliche Produkte aus dem Kreislaufverkehr zu entfernen.

8.3   Social

S steht für „Social" (Gesellschaft) und bezieht sich auf Auswirkungen von Handlungen auf die Gesellschaft. Relevant sind etwa die Menschenwürde, Menschenrechte und Arbeitnehmerrechte (Kinderarbeit, Gleichbehandlung, Gesundheitsschutz, Arbeitssicherheit), Nichtdiskriminierung, Diversity, fairer Umgang mit Mitarbeitern und Kunden, angemessene Entlohnung, Aus- und Weiterbildungschancen, Gewerkschafts- und Versammlungsfreiheit, Produktsicherheit, gleiche Anforderungen an Unternehmen in der Lieferkette, inklusive Projekte und Rücksichtnahme auf Minderheiten usw. (Louven, 2022, S. 2182; Kreutzer, 2023, S. 74 f.).

Ohne dabei näher auf die soziologischen Hintergründe und Erklärungsansätze einzugehen – wir empfehlen hier die Lektüre von Hutchby (2001), Turkle (2012), Jurgenson (2011) und Nassehi (2019) –, ist im Ausgangspunkt festzuhalten, dass Auswirkungen zwischen Technologie und Gesellschaft aus soziologischer Perspektive grundsätzlich von drei Richtungen gedacht werden:

- Nach dem technologischen Determinismus beeinflusst die Technologie die Gesellschaft.
- Nach der sozialen Konstruktion der Technologie (SCOT) ist es die Gesellschaft, welche die Technologie beeinflusst.
- Gesellschaft und Technologie beeinflussen einander.

Jedenfalls erscheint es nachvollziehbar, dass Gesellschaft und Technologie soziale Auswirkungen haben. Dies zeigt sich im Kontext der Digitalwirtschaft par excellence auf dem Gebiet der Arbeit (eingehend Frey & Osborne, 2013).

8.3.1 Innovative Arbeit

Digitalisierung hat zunächst verschiedene Auswirkungen auf die Arbeitsgestaltung selbst.

- Sie betrifft einerseits die sog. *blue collar workers*. Dank Robotik mit entsprechender Sensorik (sog. Cobots) und dem Potenzial digitaler Schnittstellen, wie etwa Augmented-Reality-Geräten (Kap. 20), können Menschen bei körperlich anstrengender Arbeit entscheidend unterstützt werden. Teilweise besteht sogar das Potenzial, die Arbeit gänzlich an entsprechende Maschinen auszulagern.
- Andererseits hat die Digitalisierung auch Auswirkungen auf sog. *white-collar workers* oder *creative jobs*, wie das Beispiel von ChatGPT eindrucksvoll demonstriert. Digitalisierung bzw. KI hat nicht nur das Potenzial, durch verschiedene Anwendungen die Arbeit von unterschiedlichen Berufen zu unterstützen, indem monotone, wiederkehrende Arbeit ausgelagert wird. Sie hat auch das Potenzial, die Arbeit von Fachkräften und hochgebildeten Personen zu revolutionieren. Eine Studie von März 2023 schätzt, dass bis zu 46 % im administrativen Bereich, 44 % im rechtlichen Bereich und 37 % im Ingenieursbereich durch KI ersetzt werden kann – im allgemeinen Durchschnitt könnten rund 25 % aller Jobs in den USA bzw. in Europa durch KI automatisiert werden (Goldman Sachs, 2023, S. 14). Anders als die verschiedenen Etappen der bisherigen technologischen Revolutionen betrifft damit diese neue Technologie im Wesentlichen (auch) die intellektuelle Arbeit.

Diese starke Veränderung der Arbeitswelt birgt das Risiko, Arbeitsplätze überhaupt durch den technologischen Fortschritt wegzurationalisieren (Frey & Osborne, 2013). Abgefedert werden diese Risiken aber durch andere Faktoren (steigendes Einkommen, höhere Lebenserwartung) und vor allem dadurch, dass die Digitalisierung auch neue Arbeits-

plätze – wohlgemerkt für Menschen – schaffen kann (z. B. zur Analyse der maschinell erfassten Daten) (Horx, 2015). Davon abgesehen bleiben – trotz ChatGPT und anderer
KI – etwa Kreativberufe erhalten. Zu bedenken ist freilich, dass nicht alle Arbeitnehmer
kurz- bis mittelfristig neu entstehende Aufgaben übernehmen können und auch wollen. In
diesem Zusammenhang ist es von essenzieller Bedeutung, dass Unternehmen bereit sind,
ihre bestehenden Mitarbeiter umzuqualifizieren und teilweise auch unqualifizierte Mitarbeiter einzustellen und umzuschulen (Kröhling, 2021, S. 41 ff.).

KI kann aber nicht nur auf operativer Ebene unterstützen, sondern auch auf der **Entscheidungsebene**. Dank der massenhaften Verbreitung von Daten und deren Nutzung lassen sich Prozesse in einer auf Datenbasis fundierten zweckrationalen Weise optimieren,
die vor allem Produktivität und Effizienz nach Zahlen bemisst. In Zukunft könnte die
KI-Empfehlung für unternehmerische Entscheidungen, die immer risikobehaftet sind,
zum Branchenstandard avancieren. Schwieriger scheint hier, angesichts des Effektivitäts-
potenzials durch KI noch weichere soziale Aspekte mit im Entscheidungsprozess abzubilden. Daraus lässt sich letztlich ein deutliches Plädoyer für die Notwendigkeit von Diversity und Inclusion (DI) ableiten.

Unter der Bezeichnung „**Diversity & Inclusion**" (Diversität & Inklusion) versteht man
gelebte Vielfalt, Gleichberechtigung und Einbringung sowie Vermeidung unsachlicher
Diskriminierungen. Bezug genommen wird etwa auf die Faktoren Geschlecht, Ethnie, Re-
ligion/Weltanschauung, Alter, sexuelle Orientierung, Beeinträchtigungen, Familienstand,
Bildungsniveau, Ausbildungsrichtung, die Berufserfahrung, Umfang und Befristung des
Arbeitsvertrages sowie die sexuelle Orientierung der Personen (Macharzina & Wolf, 2023,
S. 843). Es geht sohin etwa um die Steigerung des Anteils von Frauen in Führungs-
positionen, Angleichungen beim Gehalt (Stichwort *pay gap*), generationsübergreifende
Zusammensetzung von Abteilungen und Teams, Einbeziehung von Menschen mit Beeinträchtigungen, unterschiedliche Herkunft, Rücksichtnahme auf kulturelle Vielfalt und dergleichen (Eibl, 2021, S. 79). Damit sind Diversität und Inklusion für Unternehmen sowohl
Chance als auch Herausforderung (Macharzina & Wolf, 2023, S. 850). Um diese Chance
nützen zu können, ist es aber auch erforderlich, bisher bestehende „Scheuklappen" abzu-
legen und offen zu sein, etwa für neue Arbeitszeitmodelle. Beispielsweise müssen Unternehmen zunehmend Teilzeitmodelle, Kinderbetreuungseinrichtungen, Homeoffice etc.
anbieten (Birkner, 2021, S. 636; Macharzina & Wolf, 2023, S. 32). Dies schlägt sich auch
in der unternehmerischen Praxis um. Nach einer Befragung stehen flexible Arbeitszeitmodelle an vorderster Front, gefolgt von Umstrukturierung von Rekrutierungsprozessen
und familienfreundlichen Angeboten (Statista, 2023c).

In zahlreichen Studien wurden Einzelvorteile von Diversität und Inklusion nachgewiesen,
die sich zu einem Gesamtnutzen addieren lassen. Dazu gehören Wettbewerbsvorteile beim
Personalmarketing (höhere Attraktivität), höhere Kreativität, Innovation und Qualität bei
der Lösung von Problemen durch Perspektivenvielfalt (Erschließung neuer Fähigkeiten und
Potenziale), höhere Motivation (bessere Integration steigert Motivation und Zufriedenheit),
weniger Konflikte (Lösung bereits im Vorfeld auf persönlicher Ebene), höhere Flexibilität
des Systems (kürzere Reaktionszeit), stärkere Individualisierung in Hinblick auf Kunden,

höhere Reputation in der Öffentlichkeit. Es ist jedoch wichtig, dass nicht (nur) Besonderheiten hervorgehoben werden, sondern vielmehr nach einem gleichwertigen Miteinander gestrebt wird (Macharzina & Wolf, 2023, S. 844 ff.; Köhler-Braun, 1999, S. 189).

Es wird davon ausgegangen, dass die Digitalisierung in all ihren Facetten positive Auswirkungen auf Diversität und Inklusion hat und haben wird (Moring & Inholte, 2022, S. 25). Werden in diesem Zusammenhang Konzepte erstellt und umgesetzt, sind jedoch – gerade unter dem Gesichtspunkt der Digitalisierung – rechtliche Rahmenbedingungen (z. B. Arbeitsrecht, Datenschutz) einzuhalten. Vielfach geht es bei den betreffenden Merkmalen um Informationen aus dem (höchst-)persönlichen Lebensbereich der Arbeitnehmer. Daher sind auch die Persönlichkeitsrechte der betroffenen Arbeitnehmer zu wahren, wenn die jeweilige Information beschafft und verarbeitet wird (Pallwein-Prettner et al., 2022, S. 46). Ebenso ist zu bedenken, dass die Vorteile von Diversität und Inklusion üblicherweise nicht sofort eintreten. Vielmehr kann es kurzfristig sogar zu Problemen kommen. Mittel- bis langfristig überwiegen jedoch die Vorteile (Köhler-Braun, 1999, S. 188; Macharzina & Wolf, 2023, S. 845).

> **KI-Wertung bei Bewerbungsprozessen**
>
> Bei Bewerbungsprozessen kann KI eingesetzt werden. Aufgrund mangelhafter bzw. einseitiger Programmierung des Algorithmus oder entsprechenden Mängeln in den Trainingsdaten kommt es zu Bewertung, Entscheidungen, Ein-/Ausschluss bestimmter Eigenschaften etc. So könnten etwa weiße Männer als positiv und geeignet bewertet werden, wenn die KI von solchen programmiert wurde. Damit würden aber Bewerbungen von Frauen und/oder Personen anderer Ethnie systematisch schlechter beurteilt werden (Birkner, 2021, S. 626). Gerade deshalb stuft der AI Act der Europäischen Union (EU/2024/1689) den Einsatz von KI im Personalwesen als Hochrisiko-KI ein (Art. 6 Abs. 2 VO/2024/1689 i.V.m. Anhang II Ziff. 4) und setzt voraus, dass der KI-Einsatz in geordneten Bahnen und unter Beachtung diverser Compliance-Vorschriften vollzogen wird. Umgekehrt sind im AI Act verschiedene Rechtsbehelfe für Betroffene von KI-Entscheidungen vorgesehen vorgesehen, insbesondere das Recht auf Erläuterung der Entscheidungsfindung im Einzelfall nach Art. 86 VO 2024/1689. ◄

Doch nicht nur die Arbeitstätigkeit, sondern auch die Art und Weise, wie gearbeitet wird, verändert sich durch Digitalisierung. Dies trifft insbesondere für den **White-Collar-Sektor** (Büroarbeit) zu. Gerade die **Covid19-Pandemie** hat die Entwicklung neuer Arbeitsformen entscheidend beschleunigt. Der **Remote-Working-Modus** (Telearbeit), bei dem Mitarbeitende ihre Aufgaben nicht am unternehmerischen Arbeitsplatz, sondern an anderen Orten wie etwa zuhause (sog. Homeoffice) erledigt haben, war den Isolationsanforderungen in der Pandemie geschuldet und hat die Arbeits- bzw. Lebensform von sog. **digitalen Nomaden** hervorgebracht. Darunter versteht man Unternehmende oder Arbeitnehmende, die nahezu ausschließlich digitale Technologien nutzen, um ihre Arbeit zu verrichten. Sie nutzen den Digitalisierungsvorteil der Ortsunabhängigkeit, um ohne festen Wohnsitz in fernen Ländern ihre Arbeit zu verrichten. Nach der Pandemie haben zwar viele Unternehmen von ihrer Remote Working Policy Abstand genommen, inzwischen scheint sich aber ein Mix (sog. **hybride work**) zwischen Arbeit vor Ort am Arbeitsplatz und dem Homeoffice in vielen Branchen durchzusetzen (Hardwig & Boos, 2023, S. 187 ff.; Lindner, 2022, S. 9 ff., 19 ff.). Dies trifft letztlich den Wunsch einer Mehrzahl von Arbeitenden, die hybride Lösungen deutlich einer ausschließlichen Home-Office bzw. ausschließlichen Büro-Lösung bevorzugen (Statista, 2023d, S. 32).

Noch ungenutzt scheint das Potenzial virtueller Welten (sog. **Metaverse**), da die entsprechenden Technologien noch nicht in der Breite der Gesellschaft für Arbeitszwecke angekommen sind. Hier dürfte sich aber in absehbarer Zeit großes Potenzial der digitalen Kooperation in hybriden Arbeitsweisen bieten (Dreesbach et al., 2023). Ideen hierfür sind vielfältig: Sie reichen von Produktpräsentationen über Shopping bei Händlern/Herstellern, virtueller Beratung, aus- bzw. anprobieren von Produkten, neuen Erlebniswelten und begehbaren Onlineshops (Statista, 2023e, S. 35).

Dies hat aus umweltbezogener Sicht durchaus Vorteile, weil Pendlerverkehr eingedämmt und Ressourcen (z. B. Heizung von Bürogebäuden, Arbeitsplatzressourcen) effizienter und sparsamer eingesetzt werden können. Umgekehrt ergeben sich in sozialer Hinsicht verschiedene Nachteile, die sich auch nachhaltig auf die Sozialisierung von Menschen negativ auswirken können. Dies betrifft nicht nur die sog. **Zoom Fatique**, also die Müdigkeit bzw. Erschöpfung von Menschen, die durch die Teilnahme an Videokonferenzen hervorgerufen wird (Rump et al., 2022). Ebenso kann das Fehlen direkter und persönlicher zwischenmenschlicher Beziehungen und physischer Nähe zu Vereinsamung führen (instruktiv Turkle, 2012).

8.3.2 Tech 4 Social

Digitalwirtschaftliches Potenzial lässt sich aber auch für soziale Angelegenheiten nutzen:

Crowdfunding (Schwarmfinanzierung) ist eine Form der Finanzierung von Projekten oder Ideen durch eine Vielzahl von kleinen Geldsummen. Auf speziellen Crowdfunding-Plattformen, wie etwa Kickstarter, werden die Projekte bzw. Ideen präsentiert, um damit insb. finanzielle Unterstützer zu finden. Gerade in der Anfangszeit von Crowdfunding wurden soziale, künstlerisch-musikalische, filmische oder literarische Projekte finanziert. Anders als bei einer Spende oder einer Unternehmensbeteiligung erhalten die Unterstützenden bestimmte Sachgüter oder Privilegien als Gegenleistung (z. B. signiertes Buch, Vorabeinblicke in einen neuen Film, Backstage-Zugang). Damit lassen sich finanzielle Ressourcen in einem fortgeschrittenen Entwicklungsstadium von Produkten und Dienstleistung generieren (Günther & Riethmüller, 2020).

Beispiel Patreon

Der Dienstleister „Patreon" (angelehnt ans englische *patron*, „Förderer") ist ein Social-Payment-Service-Anbieter, bei dem Künstler und Kreativberufe von ihren Fans regelmäßig einen selbstbestimmten Geldbetrag erhalten und auf diese Weise eine zahlende Community aufbauen. Die Protagonisten erstellen auf der Onlineplattform eine eigene Seite, auf der sie neben ihren Daten auch angeben, ob sie auf monatlicher Basis oder auf Grundlage des veröffentlichten Inhaltes bezahlt werden möchten. Patreon verdient durch Provisionen (5–12 %), während bei den Künstler rund 90 % des generierten finanziellen Aufkommens verbleibt. ◄

Digitale Geschäftsmodelle, wie etwa Freemium (Kap. 4), eröffnen neue Entfaltungsmöglichkeiten sozialer Natur. Das zeigt sich gerade im Bereich der **Bildung** (Kap. 14) am Beispiel von YouTube. Die Online-Videoplattform Youtube folgt unter anderem einem Freemium-Geschäftsmodell, sodass die Plattform ihre Basisdienstleistung, nämlich das Hochladen und Teilen von Videos, gratis anbietet, während die Premiumversion mit zusätzlichen Funktionen kostenpflichtig ist. YouTube hat sich auf diese Weise zu einer der wichtigsten Onlinevideoplattformen weltweit etabliert. Sie ist dabei nicht nur aus einer wirtschaftlich-marketingorientierten Perspektive von besonderem Interesse, sondern eröffnet auch **Bildungschancen für Menschen**, die aus ökonomischen bzw. geografischen Gründen auf andere Art und Weise keinen Zugang zu Bildung haben. Dies gilt nicht nur für den Hochschulsektor, sondern betrifft auch Elementarbildung und den Bereich der Lernnachhilfe.

Beispiel Mathe-Kanal

Seit 2011 bietet der Videokanal „Mathe by Daniel Jung" kostenlose Tutorials zu Mathematik für Schule und Studium an. Zum Stand November 2024 umfasst der Videokanal mit 930.000 Abonnenten rund 3600 Videos, die insgesamt knapp 382 Mio. Mal aufgerufen wurden. ◄

Auf der Videoplattform von YouTube findet sich nicht nur Videomaterial zu vielfältigen Themen, sondern auch Videoaufzeichnungen von Vorlesungen bzw. Podiumsdiskussionen von Hochschulen oder anderen hochkarätigen Veranstaltungen.

Beispiel TED-Konferenzen

Die TED-Konferenzen (Technology, Entertainment, Design – kurz TED) sind ein weiteres anschauliches Beispiel, wie digitalwirtschaftliche Möglichkeiten für soziale Zwecke eingesetzt werden können: Aus der Vortragsreihe der TED-Talks, in denen Experten zu verschiedenen Themen inspirierende Vorträge halten, ist eine eigene Bildungsinitiative (TED-Ed) hervorgegangen, die sich speziell auf Bildung und Wissensvermittlung spezialisiert. Sie soll den Zugang zu Bildungsinhalten erleichtern und hochwertige Lehrmaterialien zur Verfügung stellen. ◄

8.3.3 Sharing Economy

Großes soziales Potenzial wird dem Konzept der Sharing Economy zugeschrieben (Heinrichs, 2013; Martin, 2016). Während das etablierte Wirtschaftssystem auf dem Modell von Besitz und Eigentum und deren Erwerb gründet, basiert die Sharing Economy auf der Kernidee des Tauschens und Teilens der Güter und Dienstleistungen. Demnach können Personen ihre Güter (wie etwa Autos oder Wohnungen) anderen zur Verfügung stellen, wenn sie selbst diese nicht nutzen, um im Gegenzug andere wirtschaftliche Vorteile zu erhalten. Durch digitale Plattformen wurde dieser wirtschaftliche Ansatz breitentauglich (Kathan et al., 2016; Parguel et al., 2017).

Die prominentesten Anwendungsbeispiele sind:

- Mitfahrgelegenheiten: Onlinedienste wie Lyft oder Uber eröffnen die Möglichkeit, private Fahrzeuge als Taxis zu nutzen und Fahrgäste mit ähnlichen Routen bzw. Zielen mitzunehmen.
- Kurzzeitmiete: Über Plattformen wie Couchsurfung oder Airbnb können Privatpersonen ihre Wohnungen oder Zimmer an Reisende für kurzfristige Aufenthalte vermieten.
- Coworking Spaces: Plattformen wie Cobot oder anny ermöglichen es, Unternehmern gemeinsam Arbeitsräume in Firm von Gemeinschaftsbüros zu nutzen.
- Carsharing: Dienstleister wie Car2Go oder Zipcar ermöglichen es, bedarfsabhängig Fahrzeuge kurzzeitig (und im Vergleich zu klassischen Mietwagenanbietern auch einigermaßen erschwinglich) zu mieten.
- Second-Hand-Marktplätze: Plattformen wie eBay oder Etsy schaffen Onlinemarktplätze, auf denen Privatpersonen gebrauchte oder selbst gemachte Produkte online verkaufen können.

Sharing Economy hat offenbar nicht nur großes soziales Potenzial, weil Privatpersonen zusätzliche Einkommensquellen verschafft werden können, sondern ist auch aus ökologischer Sicht förderlich. Denn sie kann den Bedarf bzw. die Nachfrage an der industriellen Herstellung von Gütern, die zur Nutzung bereitgestellt werden, eindämmen. Gerade der Verbindung von Digitalisierung und Mobilität wird hier großes Potenzial zugeschrieben, wobei CarSharing nur der Anfang von neuen Geschäftsfeldern im öffentlichen Personenverkehr sein soll (weiterführend Kahl & Autengruber, 2023). Angesichts des fortschreitenden Klimawandels ist gerade die Mobilitätswende ein vordergründig zu verfolgendes Ziel von außerordentlicher Bedeutung (vgl. EFI Gutachten, 2023, S. 26 f.).

8.3.4   Schattenseiten

In sozialer Hinsicht wirft die Digitalwirtschaft viele unterschiedliche Schatten.

Zunächst ist zu bedenken, dass viele vermeintlich **kostenlose Produkte** und Dienste der Digitalwirtschaft tatsächlich vielfach über den Zugriff auf (personenbezogene) Daten der jeweiligen Betroffenen „bezahlt" werden. Über die weitere Verwendung der Daten bleiben die Betroffenen zumeist ebenso im Unklaren wie über etwaige Weitergaben. Tatsächlich können die Daten nicht nur für Kundenprofile, sondern auch für Kreditwürdigkeit und viele weitere Dienstleistungen in Betracht kommen, die sich auf die Lebensgestaltung des Einzelnen auswirken.

Ein Extrembeispiel ist sicherlich das sog. Social Scoring System in China, das letztlich auf der Auswertung der massiven Datenüberwachung der Einzelnen basiert und die Datenanalyse mit sozialen Sanktionen verbindet (instruktiv Engelmann et al., 2019).

Blickt man näher in die besprochenen Facetten der Digitalwirtschaft, kommt man unweigerlich auf den Bereich der innovativen Arbeit zurück. Der Vorteil der Ortsunabhängigkeit digitaler Arbeit hat dazu geführt, dass viele **unattraktive Arbeitsbereiche** in Billiglohnländer ausgelagert werden. Dies trifft insbesondere für die Moderation von Social-Media-Plattformen zu: Zwar wird ein Großteil der beanstandeten Meldungen über Algorithmen und damit KI bearbeitet, doch der Bedarf an menschlichen Content-Moderatoren oder Clickworkern ist nach wie vor gegeben. Inzwischen trifft dies auch auf das Trainieren von KI zu. Der rasante Durchbruch von KI-Technologien lastet letztlich auf den Schultern zahlreicher Clickworker, die sich durch fragwürdigen Inhalte gewalttätiger, sexueller und anderweiter Natur durchgearbeitet haben, damit die Trainingsdaten von KI von derartigen Inhalten sauber gehalten werden. Nachvollziehbarerweise haben diese Clickworker mit psychischen (Langzeit-)Folgen zu kämpfen (Spiegel, 2023).

Ferner hält die Digitalwirtschaft aber auch für die analoge Welt Nachteile bereit. Mit dem Siegeszug von Online-Marktplätzen und den Möglichkeiten, von Zuhause aus Waren zu bestellen (Kap. 17), wurden neue Arbeitsplätze wie **Liefer- und Kurierdienste** geschaffen, die vor allem im Billiglohnsektor verortet sind. Die katastrophalen Arbeitsbedingungen dieser Menschen sind seit längerem bekannt, ohne dass entsprechende Abhilfe geschaffen wird (Correctiv, 2023).

Wie bereits ausgeführt, hat auch Sharing Economy verschiedene Schattenseiten. Die offensichtlichsten Auswirkungen betreffen traditionelle Geschäftsmodelle und Branchen, die durch Sharing Economy benachteiligt werden. So wirkt sich die Online-Kurzzeitvermietung negativ auf den Immobilienmarkt aus und treibt durch ihre Attraktivität Langzeitmietpreise sowie Immobilienpreise in die Höhe, was gerade einkommensschwächere Personen trifft. Traditionelle Geschäftsmodelle, wie etwa Taxiunternehmen oder Gästebetriebe, unterliegen strenger Regulierung und finanziellen Lizenzierungen, haben es durch Sharing-Economy-Geschäftsmodelle mit neuen Wettbewerbern zu tun, die durch das Netz derartiger regulativ-behördliche Bürden schlüpfen können. Das führt nicht nur zu unlauteren Wettbewerbsvorteilen, sondern lädt letztlich auch zu Steuerumgehung ein. Gewisse Sharing-Economy-Dienstleistungen, wie am Beispiel der Mitfahrmöglichkeit medial deutlich wurde, drängen die Dienstleistenden in unsichere Arbeitsbedingungen ohne soziale Absicherungen.

8.4 Governance

G steht für „Governance" (in unserem, unternehmerischen Kontext: Unternehmensführung und -steuerung) und bezieht sich auf die Führung des Unternehmens selbst. Dies betrifft Werte und Guidelines, das Thema Compliance, die Zahlung von Steuern (Steuerehrlichkeit), internes Risiko- und Reputationsmanagement, Transparenz, Verhinderung von Korruption, Whistleblowing, Datenschutz, Offenlegung von Informationen, Berücksichtigung von Nachhaltigkeitszielen bei der Vergütung von Vorständen und Aufsichtsratsmitgliedern usw. (Louven, 2022, S. 2182; Kreutzer, 2023, S. 75; Scherer & Grötsch, 2021, S. 32).

Ebenso gehören aber politische Vorgaben (Regulierungen, Umsetzung von Vorschriften, Verhaltenskodizes, Standards, Zertifizierung etc.) dazu (Ebinger & Omondi, 2021, S. 351).

Die Digitalisierung bietet der Wirtschaft verschiedene Vorteile, auch auf Ebene der nachhaltigen Unternehmensführung. Unternehmerische Entscheidungen, die sich (auch) auf Datenanalysen beziehen und damit empirisch fundiert werden, können nicht nur unmittelbare strategische Vorteile für das Unternehmen mit sich bringen, sondern auch im Sinne der Business Judgment Rule für Verhaltensweisen nach dem besten Kenntnisstand zum Wohle des Unternehmens eine rechtliche Absicherung bedeuten.

► **Business Judgment Rule** Die Business Judgment Rule ist ein Grundsatz zur Bewertung von Verhalten und Entscheidungen durch Unternehmensvorstände und Geschäftsführer. Sie besagt, dass unternehmerisches Handeln trotz eingetretener Risiken oder Schäden dann gerechtfertigt (und damit haftungsbefreiend) sein können, wenn sie im besten Interesse des Unternehmens (ohne persönlichen Interessenskonflikt) auf der Grundlage angemessener Informationen und im guten Glauben getroffen wurden. KI-Anwendungen können hier einen wichtigen Beitrag zur angemessenen Informationsgrundlage liefern (Staffler, 2022, S. 179 f., 297).

Die Nachhaltigkeitsbestrebungen in den Bereichen Umwelt und Gesellschaft blieben wohl ohne mittel- bis langfristige Auswirkungen, käme es nicht parallel zu entsprechenden ökonomischen Veränderungen. Es ist daher notwendig, das Potenzial der Digitalisierung in den Dienst nachhaltigen Wirtschaftens zu stellen (Ramesohl & Losse-Müller, 2021). Dies erfordert ua. ein gewisses Maß an Selbstbeschränkung durch die Unternehmen, andererseits aber auch bestimmte Eingriffe von staatlicher Seite (Scheer, 2006; Ramesohl et al., 2023, S. 123).

Nachhaltigkeitskartelle
Das auf Wettbewerb ausgerichtete Wirtschaftssystem (Kap. 3) erfordert es, dass staatliche Behörden faire Wettbewerbsbedingungen gewährleisten und unfaire Praktiken und Wettbewerbsverzerrungen unterbinden. Damit sollen wirtschaftliche Effizienz und Verbraucherinteressen geschützt werden. Aus diesem Grund werden Kooperationen von Unternehmen (z. B. Fusionen oder Übernahmen) dahingehend geprüft, ob derartige Veränderungen den Wettbewerb beeinträchtigen oder gar monopolähnliche Strukturen realisieren. Gerade weil aber das Thema Nachhaltigkeit und Klimaschutz von großer Bedeutung ist, erlaubt das europäische Wettbewerbsrecht sog. Nachhaltigkeitskartelle, die etwa im österreichischen Kartellgesetz in eine **Nachhaltigkeitsausnahme** (§ 2 Abs. 1 letzter Satz KartG) umgemünzt wurden (Klingenschmid, 2023; Wollmann & Reumann, 2023).

Unserer Ansicht nach kann deshalb nur eine holistische Betrachtung von Nachhaltigkeitsaspekten mit einem angemessenen Interessensausgleich zu einer Realisierung von Nachhaltigkeit führen. Die Digitalwirtschaft ist durch enorme Schnelllebigkeit und Wandelbarkeit charakterisiert. Aufgrund der ESG-Perspektiven besteht Regulierungsbedarf, aber legislative bzw. staatliche Regulierung ist zeitintensiv und daher kann nicht zeitnahe auf Entwicklungen reagiert werden. Entsprechend kommt in erster Linie wirtschaftliche Selbstregulierung (*soft-law*) in Betracht, wobei CSR eine herausragende Rolle spielt.

8.4.1 CSR – Corporate Social Responsibility

Corporate Social Responsibility (kurz: CSR, deutsch etwa „Unternehmensverantwortung") beschreibt ein Konzept, wonach Unternehmen und weitere Organisationen neben wirtschaftlichen Zielen auch soziale und ökologische Verantwortung gegenüber Umwelt und Gesellschaft haben. Vor diesem Hintergrund berücksichtigen Unternehmen, die freiwillig CSR praktizieren und implementieren, Auswirkungen ihrer jeweiligen Geschäftstätigkeit auf Mitarbeitende, Lieferanten und Kunden, aber auch auf die Gesellschaft und Umwelt:

1. Unter dem Aspekt der wirtschaftlichen Verantwortung bezieht sich CSR auf die Einhaltung ethischer Geschäftspraktiken und guter sowie transparenter Unternehmensführung.
2. Hinsichtlich der sozialen Verantwortung betrifft CSR verschiedene Maßnahmen zur Förderung des Wohlergehens von Mitarbeitenden, etwa Unterstützung von Chancengleichheit oder sozialer, für die Gemeinschaft wichtige Projekte.
3. Zur umweltbezogenen Verantwortung erstrecken sich CSR-Maßnahmen auf Bemühungen, umweltschädliche Auswirkungen zu reduzieren, wie etwa Verringerung von Treibhausgasemissionen, Förderung erneuerbarer Energien, nachhaltiger Ressourcenbeschaffung oder Reduktion von Abfall.

Dieser kurze Überblick zu CSR legt dar, dass Nachhaltigkeitsziele bereits auf Unternehmensebene eingeführt und beachtet werden (Kleine & Hauff, 2009, S. 519). Zwar sollte der Antrieb zur Implementierung von CSR intrinsisch (und damit freiwillig) sein, doch können externe Vorgaben verstärkend wirken und notwendige Entwicklungen beschleunigen. Dazu sind unterschiedliche Ansätze beobachtbar (überblicksweise bei Staffler, 2020, S. 669 ff.):

- Das Potenzial von CSR für die Nachhaltigkeit hat die EU veranlasst, das Konzept in ihre legislativen Agenden aufzunehmen und durch Regulierungen, insb. über unternehmerische Verpflichtungen zur Berichterstattung über Nachhaltigkeit bzw. zu speziellen Themen wie Konfliktmineralien oder Lieferketten, entsprechend auszubauen (Staffler, 2022, S. 67 ff.).
- In der Schweiz wurde mit einer 2016 initiierten Volksinitiative versucht, über die sog. Konzernverantwortungsinitiative Unternehmen mit Sitz in der Schweiz zur Sorgfaltsprüfung im Bereich Menschenrechte und Umwelt zu verpflichten. Nachdem die Volksinitiative 2020 abgelehnt wurde (Staffler, 2022, S. 186), wurden dennoch neue Bestimmungen im Unternehmensrecht auf den Weg gebracht, die letztlich auch die Entwicklungen in der EU berücksichtigen werden (Bundesamt für Justiz, 2023).
- Im US-Bundesstaat Delaware wurde die Gesellschaftsform *Public Benefit Corporation* (PBC) eingeführt. Diese Unternehmen verpflichten sich, einen signifikanten positiven Beitrag zum Gemeinwohl und zur Erhaltung der Umwelt beizutragen. Zwischenzeitlich wurde das betreffende Gesetz von anderen US-Bundesstaaten rezipiert (Hunziker-Ebneter, 2016, S. 157 f.).

Verantwortungsbewusste Unternehmensführung im Sinne der CSR hat unserer Auffassung gerade im Bereich der Digitalisierung (**Digital Governance**) großes Potenzial, wenn Strategien, Verfahren und Normen für die ordnungsgemäße Entwicklung, Nutzung und Verwaltung der Infosphäre festgelegt und umgesetzt werden. Im Zentrum steht dabei die Etablierung von Verantwortung. So können Unternehmen Verantwortlichkeitsbereiche, Rollen und Entscheidungsbefugnisse definieren (Welchman, 2015) und Zuständigkeiten hinsichtlich organisationsinterner Effizienz und Wettbewerbsfähigkeit klären (Tiwari, 2022). Durch neue Handlungsräume für die Unternehmen entstehen ebenso Verantwortungen, die wiederum intern bewusst geregelt werden müssen (z. B. beim Einsatz künstlicher Intelligenz). Bei der Umsetzung können Unternehmen entweder ihre Verantwortung durch Digitalisierung weiterentwickeln (z. B. Integration von Industrie 4.0-Technologien in das CSR-Management) oder separate Governancestrukturen neu aufbauen, die speziell der Digital Governance dienen (Lautermann & Frick, 2021, S. 37 ff.). Da die Digitalisierung jedoch spezielle Nachhaltigkeitsrisiken und -bedürfnisse hat, sollte der Bereich der Digitalisierung als Spezialmaterie der CSR aufgefasst und im Lichte einer eigenen Corporate Digital Responsibility etabliert werden (siehe Abschn. 8.5.1).

8.4.2   XaaS Economy

Weitere Governance-Möglichkeiten mit Nachhaltigkeitsrelevanz liegen im XaaS-Geschäftsmodellkonzept. XaaS (kurz für Anything as a Service, oder auch EaaS – Everything as a Service) beschreibt einen wirtschaftlichen Ansatz, digitale Dienstleistungen im Zusammenhang mit Cloud-Computing und Remote-Zugriffen zu begreifen (Kap. 2). So hat sich im IT-Sektor gerade in den vergangenen Jahren das Geschäftsmodell „Pay-Per-Use" verbreitet, wonach Software nicht mehr gekauft, sondern gegen eine wiederkehrende Gebühr genutzt wird (Abschn. 4.1.6: Geschäftsmodelle). Für Kunden bedeutet dies einen geringeren Investitionsbedarf (Verringerung von Anschaffungskosten und Aktualisierungskosten), für die dienstleistenden Unternehmen eine bessere Kundenbindung, bessere Serviceleistung und durch die Datenauswertung eine bessere Orientierung an Kundenbedürfnissen, die wiederum die Produktinnovation beflügeln kann. Die IoT-Fähigkeit der Geräte lässt frühzeitig allfälligen Reparatur- oder Erneuerungsbedarf erkennen und kann damit nicht nur die Langlebigkeit des Produkts befördern, sondern letztlich auch eine effizientere Ressourcennutzung incentivieren.

Artificial Intelligence as a Service

Inzwischen wird auch KI als entsprechendes Geschäftsmodell angeboten: Bei Artificial Intelligence as a Service (kurz AIaaS) soll künstliche Intelligenz an einen Drittanbieter outgesourcet werden. Damit können Unternehmen ohne große Anfangsinvestitionen und insofern mit geringerem Risiko neue KI-Geschäftsmodelle ausprobieren oder sogar von Synergieeffekten profitieren. Ein konkretes Beispiel stellt die Kooperation der Versicherung UNIQA mit dem KI-Dienstleister omnius dar (Kap. 10). ◄

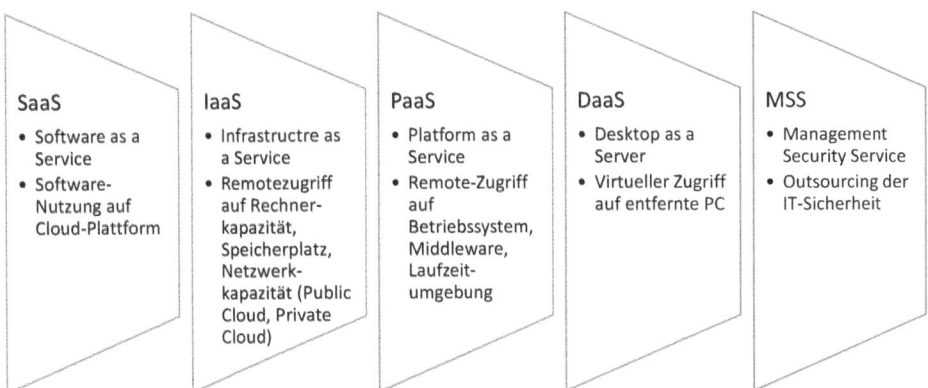

SaaS	IaaS	PaaS	DaaS	MSS
• Software as a Service • Software-Nutzung auf Cloud-Plattform	• Infrastructre as a Service • Remotezugriff auf Rechner-kapazität, Speicherplatz, Netzwerk-kapazität (Public Cloud, Private Cloud)	• Platform as a Service • Remote-Zugriff auf Betriebssystem, Middleware, Laufzeit-umgebung	• Desktop as a Server • Virtueller Zugriff auf entfernte PC	• Management Security Service • Outsourcing der IT-Sicherheit

Abb. 8.3 Überblick über ausgewählte XaaS-Geschäftsmodelle mit Cloud-Computing, eigene Darstellung

Dieses unternehmerische Geschäftsmodell hat aber auch eine ökologische Dimension, die nach dem Modell der Kreislaufwirtschaft (Abschn. 8.2) in der Reduktion von Konsumgütern besteht. Nicht mehr der klassische Kauf von Produkten steht beim sog. Product as a Service (PaaS) im Vordergrund. Vielmehr geht es darum, bestimmte Produkte (wie etwa Werkzeuge) für einen limitierten Zeitraum zu nutzen und nach Ablauf der Laufzeit zurückzugeben. Auf diese Weise kann eine Reduktion an produzierten Gütern dennoch wirtschaftlich hohe Margen abwerfen. Die Anwendung ist durchaus vielfältig, wie Abb. 8.3 zeigt. Voraussetzung ist hier allerdings die hohe Reputation des Unternehmens und das Vertrauen der Kundschaft in dasselbige. So hat etwa im D-A-CH-Raum die Firma Hilti eine überaus erfolgreiche Equipment as a Serviceplattform für ihre Produkte geschaffen (Etiemble, 2020), während Konkurrenzfirmen bislang nicht imstande sind, das Geschäftsmodell in dieser Branche zu kopieren.

8.4.3 Token Economy

Aus einer wirtschaftlichen Perspektive ist Token-Economy ein Digitalisierungskonzept, um Geschäftspartner in B2B-Kontexten oder Kunden in B2C-Kontexten mittels Mitbestimmungs- und Einflussmöglichkeiten an das eigene Unternehmen zu binden. Der Begriff der Token-Ökonomie, der bisweilen auch Synonym mit der Idee eines **Web 3.0** gebraucht wird, dreht sich um sog. Token als Austauschmittel in einem bestimmten, wirtschaftsbezogenen Netzwerk. Token sind digitale (Vermögens-)Werte, die in der Praxis auf einem Blockchain-System oder einem anderen dezentral organisierten System basieren. Die Token selbst repräsentieren einen bestimmen Nutzen oder Wert und dienen letztlich als virtuelle Währung innerhalb des Netzwerks.

Token wirken also wie Geld in einem Wirtschaftskreislauf, allerdings sollen sie auch andere Zwecke erfüllen können. Es geht allein um effiziente, kostengünstige und schnelle

Abb. 8.4 Potenzielle Token-Rechte. (Eigene Darstellung)

Zahlungsmittel für Zugriffe auf bestimmte Produkte, Dienste oder Funktionen innerhalb des jeweiligen Netzwerks, die gerade bei transnationalen oder internationalen Situationen von besonderer Bedeutung sind.

So sind Token gerade in der Kryptowährungsbranche weit verbreitet. Dort dienen sie unter anderem als Mittel zur Finanzierung von Blockchain-Projekten durch sog. Initial Coin Offerings (Kap. 9).

Es geht ferner auch um ein Belohnungssystem für bestimmte Aktivitäten oder Leistungen, etwa der Erhalt von Token für die Veröffentlichung einer umfassenden Produktbewertung. Token verfolgen daher nicht reine Zahlungszwecke, sondern sollen auch Anreize für teilnehmende Kunden eines Wirtschaftsnetzwerks haben. So kann das Sammeln von Token dazu führen, dass die Netzwerkbeteiligten bestimmte Vorteile erhalten, etwa Zugang zu exklusiven Inhalten oder Stimmrechte bei Entscheidungen innerhalb des Netzwerks. Darin liegt eines der Nachhaltigkeitspotenziale der Token-Wirtschaft, nämlich Token als Partizipationsmöglichkeit von unterschiedlichen Stakeholdern an Unternehmen, wie Abb. 8.4 zeigt (vgl. Sunyaev et al., 2021, S. 464 ff.).

Beispiel Decentraland

In der Metaverse-Plattform „Decentraland" (Kap. 20) erwirbt man mittels der Kryptowährung Mana nicht nur virtuelle Grundstücke und Immobilien, die als NFT gespeichert werden (Kap. 9). Man erhält zusätzlich auch Token, die wiederum für die Teilhabe an Entscheidungen in der digitalen Welt eingesetzt werden können. ◀

Das digitalwirtschaftliche Konzept der Token-Ökonomie zielt letztlich darauf ab, ein auf Kunden zugeschnittenes System zu etablieren, in dem Kunden mittels Token an unternehmensbezogenen Entscheidungen teilhaben können. Dieses Partizipationsmodell erscheint zwar auf den ersten Blick attraktiv, hat jedoch aber auch seine Schattenseiten.

8.4.4 Schattenseiten

Datenbasierte (und möglicherweise KI-getriebene) unternehmerische Entscheidungen haben zwar eine starke empirische Evidenz, können sich allerdings auch nachteilig auf Governance-Aspekte auswirken. Dies betrifft nicht nur soziale Punkte, etwa wenn Mitarbeitende nach reinen mathematischen Performance-Kriterien bewertet und weiche Kriterien (Loyalität, Teamfähigkeit) nicht in den Daten abgebildet werden. Es geht auch um die Gefahr von **Verantwortungsdiffusion** bzw. **Führungsneutralisierung**: Die Unterstützung durch Daten bzw. KI-Systeme für Entscheidung kann dazu führen, dass unter Verweis auf diese Expertise Entscheidungen nicht mehr holistisch betrachtet werden und sich Führungspersonen nur noch auf die Befolgung und Umsetzung von KI-Empfehlungen verlassen.

Wie immer bei neuen Regulierungen (aber auch bei freiwilliger Selbstbeschränkung) kommt es zu administrativem Mehraufwand. Dieser darf als Schattenseite nachhaltiger Governance nicht übersehen werden. Gleichzeitig kann ein minimaler und damit verhältnismäßiger administrativer Mehraufwand nicht den gleichen Stellenwert haben, wie der gesamte Nachhaltigkeitskomplex per se. Es liegt also an den Verantwortlichen, in der Politik als auch in den Unternehmen, einen für alle Beteiligten gangbaren Mittelweg zu finden.

Fallweise wird auch befürchtet, dass Unternehmen freiwillige Maßnahmen im Rahmen von CSR anbieten, sich im Gegenzug jedoch für die Aufweichung gesetzlicher Regelungen, namentlich der betrieblichen Mitbestimmung einsetzen könnten. Ein solches Vorgehen würde der Glaubwürdigkeit der angepeilten CSR-Maßnahmen schaden, zumal Transparenz und Glaubwürdigkeit auch wesentliche Faktoren für die gesellschaftliche Akzeptanz von Unternehmen sind (Scheer, 2006, S. 60).

Schließlich wirft auch die **Token-Wirtschaft** unterschiedliche Schatten. Die reine Möglichkeit zur Partizipation mittels Token führt nämlich nicht automatisch dazu, dass diese Möglichkeiten auch effektiv wahrgenommen werden. Damit besteht die Gefahr, dass sich die Idee dieses Konzeptes auf ein wirkungsloses Marketinginstrument reduziert. Zugleich überwindet die Token-Ökonomie nicht partizipatorische Hürden in der Breitenwirkung, denn letztlich bleibt die Entscheidungsmacht bei ökonomisch potenten Personen: Je mehr Token erworben werden, desto mehr Partizipation steht zur Verfügung.

8.5 Ausblick

Der Überblick über die ESG-Kriterien und ihre Anwendung auf die Digitalwirtschaft hat gezeigt, dass das Potenzial digitaler Geschäftsmodelle verschiedene, wichtige Vorteile für die Bereiche Umwelt, Soziales und Wirtschaft bereithält, jedoch auch immer von

Schattenseiten begleitet wird. Um Nachhaltigkeit nach den ESG-Kriterien holistisch in der Digitalwirtschaft zu implementieren, empfiehlt sich einerseits die Weiterentwicklung von CSR zu CDR, andererseits die zügige und gezielte Regulierung von Nachhaltigkeitsaspekten.

8.5.1 CDR – Corporate Digital Responsibility

Um Nachhaltigkeitsziele in der unternehmerischen Tätigkeit und Führung zu etablieren, hat sich der 2016 etablierte Begriff der Corporate Digital Responsibility (kurz CDR) herausgebildet (Esselmann & Brink, 2016, S. 39) und in unterschiedlichen Wirtschaftsbranchen etabliert (Ullrich, 2022, S. 18 ff.). Unternehmen erkennen zunehmend, dass sich in Bezug auf die Digitalisierung Nachhaltigkeit und Verantwortung von einer Marketingnische emanzipiert und sowohl für unterschiedliche Stakeholder wie Kunden, Kooperationen mit Unternehmenspartner und Marktteilnehmenden, Investoren, Banken und Kreditinstituten, aber auch für Mitarbeitende und Arbeitssuchende zunehmende Bedeutung erlangt. Dies zeigt auch die folgende Umfrage zu Treibern für Nachhaltigkeit unter B2B-Unternehmen in Deutschland im Jahr 2022 von Statista: Kunden, Geschäftsleitung, Mitarbeiter sind die wichtigsten Faktoren für die Nachhaltigkeit in B2B Unternehmen, gefolgt von Eigentümern/Investoren, Gesetzgebung und Banken (Statista, 2023f).

Techlash
Die Nicht-Beachtung von CDR kann zu sog. **Techlash** führen. Die Wortschöpfung, die sich aus Technik und Backslash zusammensetzt, bezieht sich auf vielfältige negative Seiten der Digitalwirtschaft. So ist damit Kritik an der Marktmacht großer BigTechs gemeint, aber auch sozial negative Folgen der Smartphonenutzung sowie Befürchtungen im Zusammenhang mit Zukunftstechnologien (Kuhn, 2018). Nicht-nachhaltige Unternehmensführung, wie diskriminierende HR-Algorithmen, personalisierte Bepreisung oder das expansive Datensammeln (vgl. Ullrich, 2022, S. 23 f.) beinhalten vor diesem Hintergrund enorme Reputationsrisiken für Unternehmen (Mitroff & Storesund, 2020).

Nachhaltige Unternehmensgestaltung im Zusammenhang mit Digitalisierung bedarf daher einer gesamtheitlichen Integration in die Unternehmensführungskultur. Damit nach lassen sich die drei wichtigsten Schwerpunkte zur Etablierung einer Corporate-Digital-Responsibility-Strategie wie folgt skizzieren:

* **Datenschutz und Datensicherheit** ist ein zentraler Eckpfeiler von CDR, der sicherstellen soll, dass Daten von Kunden, Mitarbeitenden und weiteren Stakeholdern gerade auch aus Gründen des Persönlichkeitsschutzes (instruktiv Husi-Stämpfli, 2023) angemessen geschützt werden. Hierbei sind nicht nur unter anderem entsprechende Sicherheitskonzepte zu implementieren (Kap. 7), sondern ist auch im Sinne der Nachhaltigkeit auf Datensparsamkeit zu achten, wie dies letztlich auch mit dem Grundsatz der Datenminimierung in Art. 5 DSGVO entspricht.

- **Transparenz** ist ein weiterer Eckpfeiler von CDR, der in den nächsten Jahren mehr praktische Bedeutung erlangen wird. Durch bestehende (und kommende) Berichtspflichten zur Nachhaltigkeit werden Unternehmen zu entsprechender Transparenz verpflichtet. Diese Pflichtenerfüllung kann als Chance für den Außenauftritt des Unternehmens wahrgenommen werden und letztlich der Unternehmensreputation zuträglich sein.

- **Digitale Inklusion** ist ferner ein wichtiger Grundsatz von CDR, wonach der Zugang zu digitalen Ressourcen unabhängig von sozioökonomischen Vorbedingungen sichergestellt wird. Dadurch kann nicht nur Digitalisierungs- bzw. Technikskepsis vermieden werden, sondern mittels „digitaler Alphabetisierung" eine langfristige, sozial verträgliche Mitarbeiterführung erreicht werden, die Unternehmen im digitalen Zeitalter kompetitiv halten (Mazumder, 2021, S. 99). Dass dieses Anliegen in der Führungsebene vieler Unternehmen schon angekommen ist, zeigen Branchenumfrage zu Unternehmen mit gezielten digitalen Fort- und Weiterbildungsmaßnahmen für ihre Beschäftigten (Statista, 2023d, S. 15).

8.5.2 Regulative Rahmenbedingungen

Freiwillige Selbstregulierung durch Normen, die rechtlich bzw. gerichtlich nicht durchgesetzt werden können (sog. *soft-law*, siehe Staffler, 2022, S. 78 ff.), haben zwar großes Potenzial, um Branchenstandards zu setzen. Dennoch fehlt ihnen gerade in der Phase ihrer Konsolidierung der „Biss", um den Branchenstandards zur Breitenwirkung zu verhelfen. Angesichts der Geschwindigkeit, mit der sich einerseits die Digitalwirtschaft verbreitet und andererseits die Dringlichkeit von ESG-Anliegen virulent wird, erscheinen klassische, verbindliche Regulierungen *(hard-law)* unvermeidbar. Im Folgenden soll ein kurzer Überblick über diese Rahmenbedingungen gegeben werden.

Im September 2015 verabschiedete die Generalversammlung der **Vereinten Nationen** mit der Agenda 2030 (A/RES/70/1) einen globalen Rahmen zur nachhaltigen Entwicklung. Im Oktober 2016 wurde das Übereinkommen von Paris (Klimaabkommen) durch die **Europäische Union** genehmigt (EU/2016/1841, EU/2016/590) und die Europäische Kommission verband im November 2016 in ihrer Mitteilung mit dem Titel „Auf dem Weg in eine nachhaltige Zukunft" (MEMO/16/3886) die in der Agenda 2030 genannten Nachhaltigkeitsziele mit dem politischen Rahmen der EU. Der Rat bekräftigte in seinen Schlussfolgerungen im Juni 2017 (10370/17) die Entschlossenheit der EU und ihrer Mitgliedstaaten, die Agenda 2030 vollständig, kohärent, umfassend, integrativ und wirksam und in enger Zusammenarbeit mit den Partner und anderen Akteuren umzusetzen.

Durch den Beschluss zum **Green Deal** im Jahr 2019 wurden die Weichen für mehr Nachhaltigkeit bei Investitionen, etwa in den Bereichen erneuerbare Energien, Biodiversität oder Kreislaufwirtschaft gestellt. Bis 2030 soll eine Reduktion der Klimaschädigung in Höhe von 55 % erreicht werden und bis 2050 soll die EU überhaupt klimaneutral agieren.

Trotz eines Investitionsprogramms in Höhe von über 1 Billion Euro über die nächsten 10 Jahre ist die EU auch auf Unterstützung aus der Privatwirtschaft angewiesen (https://eutaxonomy.info/de/info/eu-taxonomy-grundlagen). Um Wettbewerbsnachteile für innerhalb der EU tätige Unternehmen zu verhindern und Rechtssicherheit zu gewährleisten, wurden mehrere Sekundärrechtsakte erlassen: Die Verordnung über nachhaltigkeitsbezogene Offenlegungspflichten im Finanzdienstleistungssektor (Disclosure-VO, EU/2019/2088) adressiert den Finanzsektor und begründet dort neue Transparenzpflichten.

Taxonomie
In diesem Zusammenhang wird immer wieder über **Taxonomie** gesprochen, wie etwa in Bezug auf die Taxonomie-Verordnung. Der Begriff „Taxonomie" (altgriechisch für Ordnung τάξις = táxis und Gesetz νόμος = nómos) bezieht sich im naturwissenschaftlichen Kontext auf die Klassifizierung und Benennung von Lebewesen bzw. Objekten und hat das Ziel, systematische Ordnung und Struktur in die Vielfalt dieser Organismen und Objekte zu bringen, um sie einerseits besser zu verstehen und andererseits sie zu organisieren. In der Taxonomie-Verordnung werden ähnliche Grundsätze der Klassifizierung und Einteilung verwendet. Diese beziehen sich allerdings nicht auf Lebewesen, sondern auf wirtschaftliche Aktivitäten und ihre Auswirkungen auf Umwelt und Nachhaltigkeit und werden auch danach bewertet und klassifiziert.

Die Verordnung über die Errichtung eines Rahmens zur Erleichterung nachhaltiger Investitionen (Taxonomie-Verordnung, EU/2020/852) knüpft an die Wirtschaftstätigkeit von Unternehmen an und darauf, ob diese nachhaltig ist; überdies wurden Transparenzpflichten für Nicht-Finanzunternehmen eingeführt und dabei auf die Berichterstattung im Rahmen der CSR-Richtlinie (EU/2014/95) zurückgegriffen. Damit will der EU-Gesetzgeber die bestehende Informationsasymmetrien in Hinblick auf Informationsmöglichkeiten von Investoren über die Nachhaltigkeit ihrer Investitionen beseitigen (Geier & Hombach, 2021, S. 6). Durch die Pflicht zur Berichterstattung nach der Taxonomie-Verordnung sollen Kapitalflüsse hin zu mehr nachhaltigen Investitionen gelenkt werden.

Davon zu unterscheiden sind grundsätzlich die CSR-Richtlinie (EU/2013/34), sowie die NFRD-Richtlinie (EU/2014/95) und die diese ab 2024 ablösende CSRD-Richtlinie (EU/2022/2464), wenngleich die Taxonomie-Verordnung auch auf diese verweist. Die CSRD-Richtlinie wird für viele Unternehmen erstmals die Pflicht zur Nachhaltigkeitsberichterstattung mit sich bringen. Die Inhalte dieser Berichte werden durch die European Sustainability Reporting Standards (ESRS) konkretisiert.

▶ **Taxonomie-Verordnung** In der Taxonomie-Verordnung wurden sechs Umweltziele definiert:

1. Klimaschutz
2. Anpassung an den Klimawandel
3. Nachhaltiger Einsatz und Gebrauch von Wasser oder Meeresressourcen
4. Übergang zu einer Kreislaufwirtschaft
5. Vorbeugung oder Kontrolle von Umweltverschmutzung
6. Schutz und Wiederherstellung von Biodiversität und Ökosystemen

Zu den ersten beiden Umweltzielen (Klimataxonomie) wurden ab Mitte 2021 (EU/2021/2139, EU/2021/2178, EU/2022/1214) durch die Europäische Kommission delegierte Rechtsakte veröffentlicht. Dadurch wurde etwa auch die Nutzung von Kernenergie und Erdgas unter gewissen Voraussetzungen als nachhaltig im Sinne der Taxonomie-Verordnung eingestuft.

Hinsichtlich der klimabezogenen Umweltziele der Taxonomie-Verordnung mussten Berichte im Jahr 2023 (betreffend das Geschäftsjahr 2022) neben der Taxonomiefähigkeit erstmals auch die Taxonomiekonformität enthalten. Durch die in der ersten Jahreshälfte 2023 veröffentlichten delegierten Rechtsakte (https://ec.europa.eu/info/law/better-regulation/have-your-say/initiatives/13237-Nachhaltige-Investitionen-EU-Umwelttaxonomie_de) kam es zu einer erheblichen Erweiterung der Pflicht zur Berichterstattung (betreffend das Geschäftsjahr 2023). In Hinblick auf den Grad der Detaillierung dieser delegierten Rechtsakte darf der damit einhergehende Aufwand nicht unterschätzt werden.

Die für die umweltbezogenen Umweltziele relevanten NACE-Codes (EG/2006/1893) sollen lediglich als Richtwerte verstanden werden. Daneben sollen die technischen Bewertungskriterien der klimabezogenen Umweltziele (EU/202/2139) ergänzt werden. Diese delegierten Rechtsakte wurden am 13.06.2023 dem Grunde nach gebilligt. Mangels Widerspruch durch das Europäische Parlament und den Rat der Europäischen Union wurden die delegierten Rechtsakte formell angenommen, in alle EU-Amtssprachen übersetzt und am 21.11.2023 veröffentlicht (auf Englisch: https://finance.ec.europa.eu/regulation-and-supervision/financial-services-legislation/implementing-and-delegated-acts/taxonomy-regulation_en). Die neuen Regelungen traten mit 01.01.2024 in Kraft.

Hinsichtlich des Jahres 2022 mussten große Finanzmarktteilnehmer (mehr als 500 Mitarbeiter, Financial Market Participants (FMP)) ihre erste Principal-Adverse-Impact(PAI)-Erklärung abgeben oder angeben, dass das Produkt oder das Unternehmen keine Nachhaltigkeitsrisiken berücksichtigt. Diese Erklärung war bis 30.06.2023 abzugeben (Humphreys, 2021).

8.5.3 EU-Nachhaltigkeitsrichtlinie (CSRD)

Während zu diesem Zeitpunkt ca. 11.000 Unternehmen durch die Green Taxonomy betroffen waren, hat sich diese Zahl Schätzungen zufolge mit Inkrafttreten der neuen delegierten Rechtsakte sowie den Berichtspflichten nach der CSRD mit Anfang 2024 auf über 50.000 erhöht. Ab diesem Zeitpunkt mussten Finanzunternehmen die gesamten Key-Performance-Indikatoren in Einklang mit der Taxonomie-Verordnung sowie den dazu ergangenen delegierten Rechtsakten bringen. Die CSRD findet Anwendung auf jene Unternehmen, die zuvor noch der NFRD unterlagen, erweitert den Anwendungsbereich jedoch. Bis 30.06.2024 war von den FMP sodann die zweite PAI-Erklärung betreffend das Jahr 2023 abzugeben. Die Taxonomieberichte müssen jährlich in einer nichtfinanziellen Erklärung oder einem separaten Bericht *non-financial statement* (bis 2024) oder im Managementbericht (ab 2025) erstellt werden. Ab 2025 soll die Taxonomie daher in die CSRD inkludiert werden (Hairabedian, 2023).

Der Anwendungsbereich der CSRD umfasst seit 01.01.2024 generell alle großen Unternehmen, wird darüber hinaus ab 01.01.2026 überdies Klein- und Mittelunternehmen sowie kleine und nichtkomplexe Finanzinstrumente auf optionaler Basis sowie ab 01.01.2028 auch Unternehmen aus Drittstaaten sowie bestimmte Klein- und Mittelunternehmen und kleine Finanzinstrumente umfassen (https://www.esma.europa.eu/sites/default/files/library/sustainable_finance_-_implementation_timeline.pdf). Zur Erleichterung der Umsetzung dieser Pflichten wurde durch die EU-Kommission der sogenannte EU-Taxonomie-Navigator (https://ec.europa.eu/sustainable-finance-taxonomy/) eingerichtet, um Nutzern ein besseres Verständnis für die EU-Taxonomie zu geben. Dabei wird auch eine Übersicht über Aktivitäten/Sektoren und die technischen Überprüfungskriterien gegeben. Letztlich wird die Funktion der Meldepflichten in der Praxis erläutert.

8.5.4 EU-Lieferketten-Richtlinie (CSDDD)

Bereits im Februar 2023 wurde flankierend zu den obigen Maßnahmen der Entwurf einer EU-Lieferketten-Richtlinie (CSDDD) veröffentlicht. Bereits zu diesem Zeitpunkt war daher mit weiteren Regelungen zur Nachhaltigkeitsberichterstattung zu rechnen (Sengenberger et al., 2023). Nach vergeblichen Anläufen zur Verabschiedung dieser Richtlinie konnte am 15.03.2024 eine Einigung im Rat der Europäischen Union erzielt werden. Der entsprechende Entwurf wurde am 24.04.2024 durch das Europäische Parlament gebilligt.

Durch diese Richtlinie sollen große Unternehmen Verpflichtungen in Zusammenhang mit tatsächlichen und potenziellen negativen Auswirkungen auf Menschenrechte und die Umwelt auferlegt werden. Diese Verpflichtungen betreffen sowohl die eigene Tätigkeit, als auch jene von Tochtergesellschaften und sogar die der Vertragspartner. Im Ergebnis wird damit die Verantwortlichkeit in diesen Bereichen von der Ebene der Staaten auf jene der Unternehmen verlagert.

Der verabschiedete Text wurde in den letzten Verhandlungsrunden noch wesentlich geändert: Adressaten der Verpflichtungen sind ab 2029 (nur mehr) EU-Unternehmen mit mehr als 1000 Mitarbeitern und mehr als EUR 450 Mio. Umsatz. Für Nicht-EU-Unternehmen gilt lediglich die Umsatzgrenze; die Anzahl der Mitarbeiter ist demgegenüber nicht von Relevanz.

Angepasst wurden auch die Übergangsfristen, wodurch drei Jahre nach Inkrafttreten (sohin ab 2027) Unternehmen mit über 5000 Mitarbeitern und einem Umsatz von mehr als EUR 1,5 Mrd. sowie 4 Jahre nach Inkrafttreten (sohin 2028) Unternehmen mit 3000 Mitarbeitern und einem Umsatz von über EUR 900 Mio. umfasst sein sollen.

Beibehalten wurde die Pflicht großer Unternehmen, einen Klimaplan zu erstellen, um sicherzustellen, dass deren Geschäftsstrategie mit dem Ziel der Pariser Klimakonferenz auf Begrenzung der globalen Erwärmung auf 1,5 Grad Celsius in Einklang gebracht werden kann.

Für die Überwachung der Einhaltung der Bestimmungen und Verhängung von Sanktionen und Bußgeldern sind von den Mitgliedstaaten nationale Behörden einzurichten. Überdies sind die Mitgliedstaaten dazu verpflichtet, dafür Sorge zu tragen, dass Geschädigte für Schäden, die aus der Nichteinhaltung der Verpflichtungen entstehen, auch entsprechend entschädigt werden.

8.5.5 EU-Entwaldungs-Verordnung (EUDR)

Während die EU-Lieferketten-Richtlinie in der medialen Berichterstattung seit Monaten zumindest immer wieder breites Echo hervorruft, wurde über die bereits im Juli 2023 in Kraft getretene EU-Entwaldungsverordnung (EU/2023/1115) eher spärlich berichtet.

Durch die EU-Entwaldungs-Verordnung sollen die Folgen der weltweit fortschreitenden Abholzung zur Gewinnung von landwirtschaftlicher Nutzfläche eingedämmt werden. Entwaldung und Waldschädigung soll entgegengewirkt und Treibhausemissionen und der Verlust an biologischer Vielfalt reduziert werden. Dabei geht es aber nicht nur um das Thema Holz, vielmehr sind auch andere Rohstoffe und daraus hergestellte Erzeugnisse (z. B. Rinder/Rindfleisch, Kakao, gerösteter oder entkoffeinierter Kaffee, Ölpalme, Kautschuk, Soja/Sojamehl, Schokolade etc.) umfasst sein.

Unternehmen werden ab 30.12.2024 (Kleinst- und Kleinunternehmen ab 30.06.2025) verpflichtet, bestimmte Rohstoffe und Produkte entwaldungsfrei herzustellen, Sorgfaltspflichten einzuhalten, Risiken zu bewerten und zu minimieren sowie Berichte zu erstatten. Im Gegensatz zur EU-Lieferketten-Richtlinie, die erst in nationales Recht umgesetzt werden muss, gilt die EU-Entwaldungs-Verordnung bereits ohne Umsetzung direkt und unmittelbar in den EU-Mitgliedstaaten.

Betroffen sind sowohl Marktteilnehmer (natürlich/juristische Personen), die die Rohstoffe oder Erzeugnisse in der EU (erstmals) in Verkehr bringen als auch Händler, die die Rohstoffe oder Erzeugnisse in der Lieferkette bereitstellen.

In einem dreistufigen Prozess haben Unternehmen Informationen zu sammeln, eine Risikobewertung durchzuführen und erforderliche Maßnahmen zur Risikominimierung zu setzen.

Entsprechend sind über Herkunft, Menge, Ursprungsländer und Lieferanten von Rohstoffen zu dokumentieren sowie nachzuweisen, dass keine Entwaldung erfolgte und die rechtlichen Vorgaben des Ursprungslandes eingehalten wurden. Damit werden einerseits Namen und Zusammensetzung der Produkte, andererseits aber auch Geolokalisierungsdaten von Grundstücken, von welchen relevante Rohstoffe eines Erzeugnisses stammen, benötigt.

Basierend darauf ist eine Risikoanalyse durchzuführen und die bestehenden Risiken müssen minimiert werden. Überdies haben die Risikobewertungen und Maßnahmen zur Minimierung jährlich überprüft zu werden.

Kann sichergestellt werden, dass Rohstoffe und Erzeugnisse aus Ländern mit geringem Risiko stammen, bestehen lediglich vereinfachte Sorgfaltspflichten, die jedoch gegen Umgehung der Verordnung abgesichert werden müssen. Ebenso bestehen teilweise Erleichterungen für Klein- und Mittelunternehmen.

Über die getroffenen Maßnahmen ist von Unternehmen (ausgenommen Klein-/Kleinstunternehmen oder natürlichen Personen) jährlich öffentlich und online zu berichten. Diese Berichte können auch in andere Berichte integriert werden. Die Unterlagen sind mindestens fünf Jahre aufzubewahren.

Bei Verstößen gegen die EU-Entwaldungs-Verordnung stehen der nationalen Behörde (in Österreich dem Bundesamt für Wald) als Maßnahmen Geldstrafen (bis zu 4 % des Jahresumsatzes), die Einziehung von Erzeugnissen und Einnahmen, der Ausschluss von öffentlichen Aufträgen, das temporäre Verbot des Inverkehrbringens von Produkten sowie das Verbot der Anwendung vereinfachter Sorgfaltspflichten zur Verfügung (Irresberger et al., 2024).

Während etwa das deutsche Lieferkettengesetz oder die CSDDD bei der Anwendung angemessener Sorgfalt in der Lieferkette lediglich ein ernsthaftes Bemühen fordern, ist nach der EUDR eine strikte Konformitätsgarantie erforderlich, die weit über die Anforderungen nach der CSDDD hinausgeht (Irresberger & Hofer, 2024, S. 22).

8.5.6 Nachhaltigkeit – eine hoffnungsvolle Perspektive

In einer sich etablierenden Digitalwirtschaft ist Nachhaltigkeit kein Modethema, sondern vielmehr ein grundlegendes Gerüst, auf dem eine verantwortungsbewusste Zukunft realisiert werden muss. Für die Unternehmensführung bedeutet dies einen Kulturwandel: Gewinnmaximierung ist nicht mehr das alleinige Ziel, vielmehr muss auch ökologische Verantwortung und soziale Nachhaltigkeit mitbedacht werden. Digitale Technologien haben hier großes Potenzial, diese Neuausrichtung der (digitalen und analogen) Wirtschaft effizienter zu gestalten und die Vielfalt menschlicher Bedürfnisse und Entfaltungsmöglichkeiten (wieder) in den Mittelpunkt zu rücken.

Die Verwirklichung der nachhaltigen Digitalwirtschaft ist herausfordernd, nämlich für Unternehmen, Gesetzgebung und Gesellschaft gleichermaßen. Nachhaltigkeit erscheint deshalb als wesentlicher Baustein der Digitalwirtschaft, der Innovation mit Verantwortung für die Bewältigung der Großkrisen des 21. Jahrhundert verbindet – und ist damit ein positiv, hoffnungsvolles Zukunftskonzept. In diesem Sinne scheint als Schlusswort das berühmte Langzitat von Hans Jonas passend:

▶   **Wichtig**   „,Handle so, daß die Wirkungen deiner Handlung verträglich sind mit der Permanenz echten menschlichen Lebens auf Erden'; oder negativ ausgedrückt: ,Handle so, daß die Wirkungen deiner Handlung nicht zerstörerisch sind für die künftige Möglichkeit solchen Lebens'; oder einfach: ,Gefährde nicht die Bedingungen für den indefiniten Fortbestand der Menschheit auf Erden'; oder wieder positiv gewendet: ,Schließe in deine gegenwärtige Wahl die zukünftige Integrität des Menschen als Mit-Gegenstand deines Wollens ein.“ (Jonas, 1979, S. 112).

Literatur

Abel, W. (1976). *Wüstungen des Ausgehenden Mittelalters* (3. Aufl.). Gustav Fischer Verlag.

Adams, R., Kewell, B., & Parry, G. (2018). Blockchain for good? Digital ledger technology and sustainable development goals. In W. Leal Filho, R. Marans, & J. Callewaert (Hrsg.), *Handbook of sustainability and social science research. World sustainability series.* Springer. https://doi.org/10.1007/978-3-319-67122-2_7

Anderie, L. (2023). *Games Industry Management: Gründung, Strategie und Leadership – theoretische Grundlagen* (2. Aufl.). Springer Gabler.

Armbrüster, C. (2022). Digitalisierung und Nachhaltigkeit – rechtliche Herausforderungen für den Versicherungssektor, insbesondere beim Einsatz von Künstlicher Intelligenz. *Zeitschrift für die gesamte Versicherungswissenschaft, 111*(1), 19–31. https://doi.org/10.1007/s12297-022-00518-3

Aschauer, E. (2023). Branche Banken. In G. Tichy & K. Fuhrmann (Hrsg.), *Handbuch ESG-Berichterstattung* (S. 73–94). Linde Verlag Ges.m.b.H.

Assadi, A., & Ségur-Cabanac, E. (2020). Greenwashing am Kapitalmarkt – ein Problemaufriss. *Recht der Umwelt, 4,* 137–140.

Bachmann, L. (2023). Greenwashing im Finanzsektor – ein Fall für das Strafrecht? ex ante 1/2023, 41–56. https://ex-ante.ch/index.php/exante/article/view/207/132. Zugegriffen am 30.04.2024.

Banna, H., & Alam, R. M. (2022). Is digital financial inclusion good for bank stability and sustainable economic development? Evidence from emerging Asia. In J. Beirne & D. G. Fernandez (Hrsg.), *Harnessing digitalization for sustainable economic development: Insights for Asia* (S. 52–77). Asian Development Bank Institute.

Bartz, T., Kühn, A., & Hesse, M. (2023). Angriff der Klimakapitalisten, Spiegel Online vom 28.07.2023. https://www.spiegel.de/wirtschaft/nachhaltige-geldanlage-aktivisten-kaempfen-am-finanzmarkt-gegen-den-klimawandel-a-3cfdded8-075b-4f3c-9c6a-8381db405ef8. Zugegriffen am 30.04.2024.

Bayer, M., & Bauer, F. (2023). Digitalisierung der Produktion im Mittelstand: Status quo und Handlungsempfehlungen für eine erfolgreiche Umsetzung. In D. R. A. Schallmo, K. Lang, T. Werani, & B. Krumay (Hrsg.), *Digitalisierung: Fallstudien, Tools und Erkenntnisse für das digitale Zeitalter* (S. 469–486). Springer Fachmedien/Springer Gabler.

Beier, G., Ullrich, A., Niehoff, S., Reißig, M., & Habich, M. (2020). Industry 4.0: How it is defined from a sociotechnical perspective and how much sustainability it includes – A literature review. *Journal of Cleaner Production, 259,* 120856. https://doi.org/10.1016/j.jclepro.2020.120856

Belz, F., & Bilharz, M. (2005). *Nachhaltiger Konsum: Zentrale Herausforderung für moderne Verbraucherpolitik.* TUM Business School.

Benetik, C. M. (2023). Branche Agrarwirtschaft. In G. Tichy & K. Fuhrmann (Hrsg.), *Handbuch ESG-Berichterstattung* (S. 3–40). Linde Verlag Ges.m.b.H.

Birkner, F. (2021). Der Mensch im digitalen Wandel. In A. Hildebrandt & W. Landhäußer (Hrsg.), *CSR und Digitalisierung: Der digitale Wandel als Chance und Herausforderung für Wirtschaft und Gesellschaft* (2. Aufl., S. 629–656). GABLER.

Böhm, U., Hildebrandt, A., & Kästle, S. (2023). Der Weg zur Klimaneutralität als gesamtgesellschaftliche Aufgabe. In U. Böhm, A. Hildebrandt, & S. Kästle (Hrsg.), *Klimaneutralität in der Industrie. Aktuelle Entwicklungen – Praxisberichte – Handlungsempfehlungen* (S. 9–50). Springer Gabler.

Bosselmann, K. (2016). *The principle of sustainability, 2nd edition: Transforming law and governance.* Routledge.

Bundesamt für Justiz. (2023). Nachhaltige Unternehmensführung zum Schutz von Mensch und Umwelt. https://www.ejpd.admin.ch/bj/de/home/wirtschaft/gesetzgebung/verantwortungsvolle-unternehmen.html. Zugegriffen am 30.04.2024.

Capgemini Research Institute. (2022). The automotive industry in the era of sustainability. https://prod.ucwe.capgemini.com/wp-content/uploads/2022/10/CRI_Sustainability-in-Automotive_web_draft_12052023.pdf. Zugegriffen am 30.04.2024.

von Carlowitz, H. C. (1713). Sylvicultura oeconomica oder hauswirtschaftliche Nachricht und naturgemässeAnweisung zur wilden Baum-Zucht, 2000).

von Carlowitz, H. C., & Hamberger, J. (2022). *Sylvicultura oeconomica: Oder Haußwirthliche Nachricht und Naturmäßige Anweisung zur Wilden Baum-Zucht* (2. Aufl.). oekom verlag.

Chimi, E. (2023). Besonderheiten der Beschaffung in Afrika. In T. Schmidt, K. Pfaffenberger, & S. Liebing (Hrsg.), *Praxishandbuch Wirtschaft in Afrika* (2. Aufl., S. 225–236). Springer Gabler.

Correctiv. (2023). Ausbeutung von Paketboten: Wie Amazon Kurierunternehmen unter Druck setzt, Beitrag vom 5. Juli 2023. https://correctiv.org/aktuelles/ungerechte-arbeit/2023/07/05/ausbeutung-paketboten-amazon-kurierunternehmen-unter-druck/. Zugegriffen am 30.04.2024.

Deckert, R. (2020). *Digitalisierung und nachhaltige Entwicklung: Vernetztes Denken Fühlen und Handeln für unsere Zukunft*. Springer Fachmedien.

Diener, M., & Walter, S. (2023). Branche Textilgewerbe. In G. Tichy & K. Fuhrmann (Hrsg.), *Handbuch ESG-Berichterstattung* (S. 521–572). Linde Verlag Ges.m.b.H.

Dreesbach, T., Krutikov, S., Vogel, J., & Thomas, O. (2023). Metaverse als Business-Chance – Perspektiven aus der Wirtschaftsinformatik. *Wirtsch Inform Manag*. https://doi.org/10.1365/s35764-023-00469-z

Eberhard, A. (2023). Branche Kraftfahrzeugbau. In G. Tichy & K. Fuhrmann (Hrsg.), *Handbuch ESG-Berichterstattung* (S. 315–334). Linde Verlag Ges.m.b.H.

Ebinger, F., & Omondi, B. (2021). Transparenz und Digitalisierung in nachhaltigen Wertschöpfungsketten. In A. Hildebrandt & W. Landhäußer (Hrsg.), *CSR und Digitalisierung: Der digitale Wandel als Chance und Herausforderung für Wirtschaft und Gesellschaft* (2. Aufl., S. 347–362). GABLER.

EFI Gutachten. (2023). Gutachten zur Forschung, Innovation und technologischer Leistungsfähigkeit Deutschlands der Expertenkommission Forschung und Innovation (EFI). https://www.e-fi.de/fileadmin/Assets/Gutachten/2023/EFI_Gutachten_2023.pdf. Zugegriffen am 30.04.2024.

Eibl, A. (2021). Gelebte Environmental-, Social- und Governance-Faktoren schaffen resiliente Unternehmen: Paradigmenwechsel im Aufsichtsrat. *Aufsichtsrat aktuell, 2*, 78–81.

Ekardt. (2020). *Sustainability*. Springer International Publishing.

Engelmann, S., Chen, M., & Fischer, F. et al (2019, January 29–31). Clear sanctions, vague rewards: How China's social credit system currently defines "good" and "bad" behaviour, FAT* '19: Conference on Fairness, Accountability, and Transparency (FAT* '19). https://doi.org/10.1145/3287560.3287585

Erchinger, R., Koch, R., & Schlemminger, R. B. (2022). *ESG(E)-Kriterien – die Schlüssel zum Aufbau einer nachhaltigen Unternehmensführung: Eine Eignungsanalyse ausgewählter*. Springer.

Esselmann, F., & Brink, A. (2016). Corporate Digital Responsibility. Den Digitalen Wandel von Unternehmen und Gesellschaft erfolgreich gestalten Spektrum. *Das Wissenschaftsmagazin der Universität Bayreuth, 1*, 38–41.

Eswar, P. (2022). New financial technologies, sustainable development, and the international monetary system. In J. Beirne & D. G. Fernandez (Hrsg.), *Harnessing digitalization for sustainable economic development: Insights for Asia* (S. 318–345). Asian Development Bank Institute.

Etiemble, F. (2020). Lessons from Hilti on What it Takes to Shift from a Product to a Service Business Model, Blogeintrag vom 27.4.2020. https://www.strategyzer.com/blog/lessons-from-hilti-on-what-it-takes-to-shift-from-a-product-to-a-service-business-model. Zugegriffen am 30.04.2024.

EUR-Lex Glossary. (2021). Abfallhierarchie, Glossary of summaries. https://eur-lex.europa.eu/legal-content/DE/ALL/?uri=LEGISSUM:waste_hierarchy. Zugegriffen am 30.04.2024.

Europäisches Parlament. (2022). EU-Einigung über CO2-Grenzausgleichsmechanismus CBAM, Pressemitteilung vom 13.12.2022. https://www.europarl.europa.eu/news/de/press-room/20221212IPR64509/eu-einigung-uber-co2-grenzausgleichsmechanismus-cbam. Zugegriffen am 30.04.2024.

European Commission. (2020a). Critical Raw Materials for Strategic Technologies and Sectors in the EU. A Foresight Study. https://doi.org/10.2873/58081. https://rmis.jrc.ec.europa.eu/uploads/CRMs_for_Strategic_Technologies_and_Sectors_in_the_EU_2020.pdf. Zugegriffen am 30.04.2024.

European Commission. (2020b). Communication from the Commission to the European Parliament, the Council, the European Economic and Social Committee and the committee of the Regions, A new Circular Economy Action Plan For a cleaner and more competitive Europe, COM(2020) 98 final. https://eur-lex.europa.eu/legal-content/EN/TXT/HTML/?uri=CELEX:52020DC0098. Zugegriffen am 30.04.2024.

Franken, R., & Franken, S. (2023). *Wissen, Lernen und Innovation im digitalen Unternehmen: Mit Fallstudien und Praxisbeispielen* (3. Aufl.). Springer Fachmedien.

Frère, E., Klingenberger, L., & Harder, D. (2023). Quo Vadis ESG – Eine kritische Analyse der Nachhaltigkeitspräferenzen von Privatanlegerinnen und -anlegern. In M. Seidel & S. Reuse (Hrsg.), *BANKING & INNOVATION 2022/2023: Ideen und erfolgskonzepte von experten fur* (S. 215–232). Springer Gabler.

Frey, C. B., & Osborne, M. A. (2013). The Future of Employment: How susceptible are jobs to computerisation? https://www.sciencedirect.com/science/article/abs/pii/S0040162516302244. Zugegriffen am 30.04.2024.

Frondel, M. (2021). Digitalisierung und Nachhaltigkeit im Haushalts-, Gebäude- und Verkehrssektor: Ein kurzer Überblick. *List Forum für Wirtschafts- und Finanzpolitik, 46*(4), 405–422. https://doi.org/10.1007/s41025-021-00222-7

Fuhrmann, K., Kerbl, G., & Winkelbauer, B. (2023a). Branche Bauwirtschaft. In G. Tichy & K. Fuhrmann (Hrsg.), *Handbuch ESG-Berichterstattung* (S. 95–170). Linde Verlag Ges.m.b.H.

Fuhrmann, K., Kerbl, G., & Winkelbauer, B. (2023b). Branche Immobilien sowie immobiliennahe Dienstleister. In G. Tichy & K. Fuhrmann (Hrsg.), *Handbuch ESG-Berichterstattung* (S. 251–296). Linde Verlag Ges.m.b.H.

Geier, B., & Hombach, K. (2021). ESG: Regelwerke im Zusammenspiel. *Zeitschrift für Bank und Kapitalmarktrecht, 1*, 6–14.

Giesenbauer, B. (2021). Veränderung durch Veränderung: Nachhaltige Entwicklung von Hochschulen im Huckepack der. In W. L. Filho (Hrsg.), *Digitalisierung und Nachhaltigkeit* (S. 45–63). Springer/Springer Spektrum.

Global e-Sustainability Initiative und Accenture. (2015). #SMARTer 2030. https://smarter2030.gesi.org/downloads/Full_report.pdf. Zugegriffen am 30.04.2024.

Goldman Sachs. (2023). Generative AI: Hype, or truly transformative. https://www.goldmansachs.com/intelligence/pages/top-of-mind/generative-ai-hype-or-truly-transformative/report.pdf. Zugegriffen am 30.04.2024.

GreenTech alliance. (2022). What is Greentech? https://www.greentech.earth/what-is-greentech

Grünwald, R., & Caviezel, C. (2023). Energieverbrauch der IKT-Infrastruktur. Endbericht zum TA-Projekt, TAB [Büro für Technikfolgen-Abschätzung beim Deutschen Bundestag)-Arbeitsbericht Nr. 198. https://publikationen.bibliothek.kit.edu/1000151164/149393331. Zugegriffen am 30.04.2024.

Günther, E., & Riethmüller, T. (2020). *Einführung in das Crowdfunding*. Springer Gabler. https://doi.org/10.1007/978-3-658-14590-3. Zugegriffen am 30.04.2024.

Hairabedian, J. (2023). Who is the EU taxonomy for and what are the benefits of alignment? https://eco-act.com/eu-taxonomy/eu-taxonomy-benefits-of-aligning/. Zugegriffen am 30.04.2024.

Hardwig, T., & Boos, M. (2023). Hybrid Work: Herausforderungen an das Change Management in Unternehmen. *Gr Interakt Org*, 187–197. https://doi.org/10.1007/s11612-023-00686-5

Harnos, R. (2022). ESG (Environmental Social Governance) beim Vertrieb von Finanzprodukten. *Zeitschrift für das gesamte Bank- und Börsenwesen, 70*(12), 882. https://doi.org/10.47782/oeba202212088201

Harrer, C. (2023a). Branche Lebensmitteleinzelhandel. In G. Tichy & K. Fuhrmann (Hrsg.), *Handbuch ESG-Berichterstattung* (S. 335–354). Linde Verlag Ges.m.b.H.

Harrer, C. (2023b). Branche Lebensmittelverarbeitung. In G. Tichy & K. Fuhrmann (Hrsg.), *Handbuch ESG-Berichterstattung* (S. 355–378). Linde Verlag Ges.m.b.H.

Heidbrink, L., & Müller, S. (Hrsg.). (2020). *Consumer social responsibility: Zur gesellschaftlichen Verantwortung von Konsumenten.* Metropolis-Verlag.

Heidenreich, F. (2023). *Nachhaltigkeit und Demokratie. Eine politische Theorie.* suhrkamp.

Heinrichs, H. (2013). Sharing economy: A potential new pathway to sustainability. *Gaia, 22*(4), 228.

Helsper, K., & Müller, J. (2023). Finanzierung von Investitionen. In T. Schmidt, K. Pfaffenberger, & S. Liebing (Hrsg.), *Praxishandbuch Wirtschaft in Afrika* (2. Aufl., S. 251–262). Springer Gabler.

Hirsch, A. (2023). *Mit Verifizierungspflichten und Geldstrafen gegen Greenwashing. In Ein Blick auf den Green-Claims-RL-Vorschlag der EK, ecolex* (S. 595–598). Manz.

Horx, M. (2015). Fünf Thesen zur Zukunft der Arbeit. https://www.zukunftsinstitut.de/artikel/fuenf-thesen-zur-zukunft-der-arbeit/

Hughes, J. D. (2009). *An environmental history of the world: Humankinds changing role in the community of life* (2. Aufl.). Routledge.

Humhphreys, N. (2021). Die Sustainable Finance Disclosure Regulation (SFDR). https://www.bloomberg.com/professional/blog/die-sustainable-finance-disclosure-regulation-sfdr/. Zugegriffen am 30.04.2024.

Hunziker-Ebneter, A. (2016). CSR (im Sinne der Nachhaltigkeit) und Ansätze für eine ökonomische Neuorientierung. In B. Spieß & N. Fabisch (Hrsg.), *CSR und neue Arbeitswelten: Perspektivwechsel in Zeiten von Nachhaltigkeit, Digitalisierung und Industrie 4.0* (S. 153–172). Springer.

Husi-Stämpfli, S. (2023). Kommentierung zu Art. 1 DSG. In T. Steiner, A.-S. Morand, & D. Hürlimann (Hrsg.), *Onlinekommentar zum DSG.* https://onlinekommentar.ch/de/kommentare/dsg1

Hutchby, I. (2001). Technologies, texts and affordances. *Sociology, 35*, 441–456.

Irresberger, S., & Hofer, S. (2024). *Im Dschungel der Nachhaltigkeitsregulatorik, Die Bedeutung neuer EU-Regularien für den Beschaffungsprozess, GRC aktuell* (1. März 2024, S. 19–23). Linde.

Irresberger, S., Kercz, H., & Hofer, S. (2024). *Die EU-Entwaldungsverordnung (EUDR), Rechtliche Verpflichtungen für Unternehmen und ihre Herstellungspraktiken, RWK 4* (15. April 2024, S. 122–125). Linde.

Jäger, M., & De Carlo, L. (2023). Wie die Bundesregierung privates Wirtschaftsengagement in Afrika unterstützt. In T. Schmidt, K. Pfaffenberger, & S. Liebing (Hrsg.), *Praxishandbuch Wirtschaft in Afrika* (2. Aufl., S. 81–95). Springer Gabler.

Jobin, A. (2017). Vom A(pfelkuchen) bis Z(ollkontrolle): Weshalb Algorithmen nicht neutral sind. In A. Fichter (Hrsg.), *Die Smartphone-Demokratie* (S. 154–263). NZZ Libro.

Jonas, H. (1979). *Das Prinzip Verantwortung: Versuch einer Ethik für die technologische Zivilisation.* Suhrkamp.

Jurgenson, N. (2011). Digital dualism versus augmented reality. In Cyborgology: The social pages. https://thesocietypages.org/cyborgology/2011/02/24/digital-dualism-versus-augmented-reality/. Zugegriffen am 30.04.2024.

Kahl, A., & Autengruber, A. (2023). *Mobilitätswende. Verkehre unter dem Einfluss von Nachhaltigkeit und Digitalisierung.* https://doi.org/10.33196/9783704691958

Kathan, W., Matzler, K., & Veider, V. (2016). The sharing economy: Your business model's friend or foe? *Business Horizons, 59*(6), 663–672. https://doi.org/10.1016/j.bushor.2016.06.006

Kerbl, G. (2023). Branche Energiewirtschaft. In G. Tichy & K. Fuhrmann (Hrsg.), *Handbuch ESG-Berichterstattung* (S. 171–190). Linde Verlag Ges.m.b.H.

Kleine, A., & von Hauff, M. (2009). Sustainability-driven implementation of corporate social responsibility: Application of the integrative sustainability triangle. *Journal of Business Ethics, 85*(S3), 517–533. https://doi.org/10.1007/s10551-009-0212-z

Klingenschmid, D. (2023). *Nachhaltigkeitskooperationen von Unternehmen und die Vereinbarkeit mit dem Kartellrecht, unveröffentlichte Masterarbeit im Studiengang.* LL.M. Digital Business & Tech Law.

Köhler-Braun, K. (1999). Durch Diversity zu neuen Anforderungen an das Management. *Zeitschrift für Führung und Organisation, 4,* 188–193.

Kohlmann, P. (2019). Corporate digital responsibility for internet of things technology. In K. Spraul (Hrsg.), *Nachhaltigkeit und Digitalisierung: Wie digitale Innovationen zu den Sustainable Development Goals beitragen* (S. 165–182). Nomos.

Krall, K. M. (2023). Branche Automobilzulieferindustrie. In G. Tichy & K. Fuhrmann (Hrsg.), *Handbuch ESG-Berichterstattung* (S. 41–72). Linde Verlag Ges.m.b.H.

Kramme, M. (2023). Wie gestalten wir ein nachhaltiges Digitalwirtschaftsrecht? Sicherung von Lebensgrundlagen in einer automatisierten Welt. In M. Kettemann, M. Kramme, C. Rauchegger, & C. Voithofer (Hrsg.), *Future law working paper 2023, Nr. 1.* https://www.uibk.ac.at/zukunftsrecht/forschung/future-law-working-papers/flwp-2023_1-final.pdf. Zugegriffen am 30.04.2024.

Kranert, M. (2017). *Einführung in die Kreislaufwirtschaft* (5. Aufl.). Springer.

Kranzberg, M. (1986). Technology and history: "Kranzberg's laws". *Technology and Culture, 27,* 544–560.

Kreutzer, R. T. (2023). *Der Weg zur nachhaltigen Unternehmensführung: Wie Sie Verantwortung für Menschen, Umwelt und Wirtschaft übernehmen.* Springer Fachmedien GmbH/Springer Gabler.

Kröhling, A. (2021). Digitalisierung – Technik für eine nachhaltige Gesellschaft? In A. Hildebrandt & W. Landhäußer (Hrsg.), *CSR und Digitalisierung: Der digitale Wandel als Chance und Herausforderung für Wirtschaft und Gesellschaft* (2. Aufl., S. 31–64). GABLER.

Kühmayer, T. (2023). Branche Pharma. In G. Tichy & K. Fuhrmann (Hrsg.), *Handbuch ESG-Berichterstattung* (S. 467–494). Linde Verlag Ges.m.b.H.

Kuhn, J. (2018). „Techlash": Der Aufstand gegen die Tech-Giganten hat begonnen", Süddeutsche Zeitung vom 20.2.2018. https://www.sueddeutsche.de/digital/digitalisierung-techlash-der-aufstand-gegen-die-tech-giganten-hat-begonnen-1.3869965. Zugegriffen am 30.04.2024.

Küster, H. (2013). *Geschichte des Waldes: Von der Urzeit bis zur Gegenwart* (3. Aufl.). Beck.

Landhäußer, H. (2023). Klimaneutralität durch Digitalisierung – von der Transformation analoger Technologien und GreenTech Unicorns. In U. Böhm, A. Hildebrandt, & S. Kästle (Hrsg.), *Klimaneutralität in der Industrie. Aktuelle Entwicklungen – Praxisberichte – Handlungsempfehlungen* (S. 181–191). Springer Gabler.

Lange, S., & Santarius, T. (2018). *Smarte grüne Welt?: Digitalisierung zwischen Überwachung, Konsum und Nachhaltigkeit.* oekom.

Lautermann, C., & Frick, V. (2021). Corporate Digital Responsibility: Wie Unternehmen im digitalen Wandel Verantwortung übernehmen. https://www.ioew.de/fileadmin/user_upload/BILDER_und_Downloaddateien/Publikationen/2023/IOEW_SR_227_Corporate-Digital-Responsibility.pdf. Zugegriffen am 30.04.2024.

Leal Filho, W. (Hrsg.). (2021). *Digitalisierung und Nachhaltigkeit.* Springer/Springer Spektrum.

Leal Filho, W., Wolf, F., & Pohlmann, J. (2021). Digitalisierung und Nachhaltigkeit durch internationale Ansätze – Beispiele der HAW Hamburg. In W. L. Filho (Hrsg.), *Digitalisierung und Nachhaltigkeit* (S. 1–22). Springer/Springer Spektrum.

Lindner, D. (2022). *Hybride Arbeitswelt.* Springer.

Louven, C. (2022). ESG: Der Umgang mit Chancen und Risiken beim Unternehmenskauf. *Betriebs Berater, 39,* 2178–2197.

Macharzina, K., & Wolf, J. (2023). *Unternehmensführung: Das internationale Managementwissen : Konzepte – Methoden – Praxis* (12. Aufl.). Springer Fachmedien GmbH.

Marsh, G. P. (1874). *The earth as modified by human action. A last revision of 'man and nature'.* Charles Scribner's Sons.

Martin, C. J. (2016). The sharing economy: A pathway to sustainability or a nightmarish form of neoliberal capitalism? *Ecological Economics, 121*(C), 149–159. Elsevier.

Mazumder, S. (2021). Inklusion und Innovation im digitalen Zeitalter. In A. Sihn-Weber (Hrsg.), *CSR und Inklusion. Management-Reihe Corporate Social Responsibility.* Springer Gabler. https://doi.org/10.1007/978-3-662-62114-1_7

Mitroff, I. I., & Storesund, R. (2020). *Techlash. The future of the socially responsible tech organization.* Springer. https://doi.org/10.1007/978-3-030-43279-9

Möbius, K. (1877). *Die Auster und die Austernwirthschaft.* Verlag von Wiegandt, Hemple & Parey.

Moring, A., & Inholte, C. (2022). *Nachhaltigkeit und Digitalisierung in der Immobilienwirtschaft: Real Sustainability.* Springer Fachmedien/Springer Gabler.

Munasinghe, M. (1992). Environmental economics and sustainable development. Paper presented at the UN Earth Summit, Rio de Janeiro, Environment Paper No. 3. World Bank. https://documents1.worldbank.org/curated/en/638101468740429035/pdf/multi-page.pdf. Zugegriffen am 30.04.2024.

Nassehi, A. (2019). *Muster: Theorie der digitalen Gesellschaft.* C.H. Beck.

Neike, C. (2023). Das Gebot der Stunde: Mehr Technologie für mehr Nachhaltigkeit. In U. Böhm, A. Hildebrandt, & S. Kästle (Hrsg.), *Klimaneutralität in der Industrie. Aktuelle Entwicklungen – Praxisberichte – Handlungsempfehlungen* (S. 157–172). Springer Gabler.

Ott, K. (2023). Nachhaltigkeit. In C. Neuhäuser, M.-L. Raters, & R. Stoecker (Hrsg.), *Handbuch Angewandte Ethik* (2. Aufl., S. 875–882). J.B. Metzler.

Pallwein-Prettner, A., Müllner, M., & Schachinger, M. (2022). Sustainability reporting und diversity management. In B. Groesswang (Hrsg.), *Sustainability law: Das Recht der Nachhaltigkeit* (S. 41–65). LexisNexis.

Pamperl, E. (2023). Branche Professionelle Dienstleistungsberufe. In G. Tichy & K. Fuhrmann (Hrsg.), *Handbuch ESG-Berichterstattung* (S. 495–520). Linde Verlag Ges.m.b.H.

Parguel, B., Lunardo, R., & Benoit-Moreau, F. (2017). Sustainability of the sharing economy in question: When second-hand peer-to-peer platforms stimulate indulgent consumption. *Technological Forecasting and Social Change, 125,* 48–57. https://doi.org/10.1016/j.techfore.2017.03.029

Park, C.-Y., & Yeung, B. (2022). An integrated and smart association of southeast Asian nations: Overcoming adversities and achieving sustainable and inclusive growth. In J. Beirne & D. G. Fernandez (Hrsg.), *Harnessing digitalization for sustainable economic development: Insights for Asia* (S. 283–317). Asian Development Bank Institute.

Pichler, A., & Regner, L. (2023). Branche IT. In G. Tichy & K. Fuhrmann (Hrsg.), *Handbuch ESG-Berichterstattung* (S. 297–314). Linde Verlag Ges.m.b.H.

Porter, M. E., & Kramer, M. R. (2011, January–February). *Creating shared value.* Harvard Business Review.

Ramesohl, S., & Losse-Müller, T. (2021). Digital-ökologische Staatskunst: Staatliche Handlungsfähigkeit als Voraussetzung für die sozial-ökologische Gestaltung der digitalen Transformation. https://codina-transformation.de/wp-content/uploads/CODINA_Positionspapier-2_Digitale-Staatskunst_Februar-2021.pdf. Zugegriffen am 30.04.2024.

Ramesohl, S., Wirtz, J., Gunnemann, A., & Weier, R. (2023). New government for new tasks?: The reorganisation of government action in the digital world. In P. Jankowski, A. Höfner, M. L. Hoffmann, F. Rohde, R. Rehak, & J. Graf (Hrsg.), *Shaping digital transformation for a sustainable society* (S. 123–127). Technische Universität Berlin.

Regnery, M. (2023). Branche Versicherungen. In G. Tichy & K. Fuhrmann (Hrsg.), *Handbuch ESG-Berichterstattung* (S. 573–605). Linde Verlag Ges.m.b.H.

Reichel, A. (2018). Nachhaltige Digitalisierung, digitale Nachhaltigkeit? In *6. Jahrbuch Nachhaltige Ökonomie. Im Brennpunkt Zukunft des nachhaltigen Wirtschaftens in der digitalin Welt* (S. 87–100). Metropolis Verlag.

Reuter, K. (2023). Green Deal: Neuausrichtung von Wirtschaft und Gesellschaft in der EU. In U. Böhm, A. Hildebrandt, & S. Kästle (Hrsg.), *Klimaneutralität in der Industrie. Aktuelle Entwicklungen – Praxisberichte – Handlungsempfehlungen* (S. 63–70). Springer Gabler.

Röttl, A. L. (2023). Branche fast moving consumer goods (FMCG). In G. Tichy & K. Fuhrmann (Hrsg.), *Handbuch ESG-Berichterstattung* (S. 191–214). Linde Verlag Ges.m.b.H.

Rump, J., Brandt, M., & Eilers, S. (2022). Zoom-Fatigue – Eine Untersuchungsreihe zu den Konsequenzen der steigenden Nutzung virtueller Meetings. In J. Rump & S. Eilers (Hrsg.), *Arbeiten in der neuen Normalität. IBE-Reihe.* Springer Gabler. https://doi.org/10.1007/978-3-662-64393-8_12

Rürup, B., & Jung, S. (2021). Digitalisierung: Chancen auf neues Wachstum. In A. Hildebrandt & W. Landhäußer (Hrsg.), *CSR und Digitalisierung: Der digitale Wandel als Chance und Herausforderung für Wirtschaft und Gesellschaft* (2. Aufl., S. 13–30). GABLER.

Sandel, M. (2020). The tyranny of merit: What's become of the common good? Verlag Penguin Books Ltd.

Schallmo, D. R. A., Lang, K., Werani, T., & Krumay, B. (Hrsg.). (2023). *Digitalisierung: Fallstudien, Tools und Erkenntnisse für das digitale Zeitalter.* Springer Fachmedien/Springer Gabler.

Scheer, D. (2006). Governance und Nachhaltigkeit: Sondierung und Analyse beispielhafter sozial-ökologischer Steuerungsmuster. https://www.ioew.de/fileadmin/_migrated/tx_ukioewdb/IOEW_SR_183_Governance_und_Nachhaltigkeit.pdf. Zugegriffen am 30.04.2024.

Scherer, J., & Grötsch, A. (2021). Gemeinsamkeiten von Nachhaltigkeit (ESG/CSR) und Governance (GRC) im Healthcare- und Pflegebereich. *Journal für Medizin- und Gesundheitsrecht, 1,* 31–38.

Schmidt, T., Pfaffenberger, K., & Liebing, S. (Hrsg.). (2023). *Praxishandbuch Wirtschaft in Afrika* (2. Aufl.). Springer Gabler.

Schöning, S., & Pille, M. (2023). Herausforderung Nachhaltigkeit – Konsortialkreditgeschäft mit ESG-Komponenten. In M. Seidel & S. Reuse (Hrsg.), *BANKING & INNOVATION 2022/2023: Ideen und erfolgskonzepte von experten fur* (S. 233–252). Springer Gabler.

Schwaiger, C. M. (2023). Datenschutz und Datensicherheit als Schlüsselaspekte für die ESG-Compliance. *Nova et Varia,* 17–18.

Sengenberger, T., Lamy, C., & Kleene, F. (2023). Bewegung in der EU-Taxonomie: Was müssen Unternehmen künftig beachten? https://www.bbh-blog.de/alle-themen/europarecht/bewegung-in-der-eu-taxonomie-was-muessen-unternehmen-kuenftig-beachten/. Zugegriffen am 30.04.2024.

Specht-Riemenschneider, L., & Mehnert, V. (2023). Updates und das „Recht auf Reparatur". Zum Zusammenspiel vertragsrechtlicher Aktualisierungspflichten und der Ökodesign-Richtlinie. *Zeitschrift für Digitalisierung und Recht, 2022,* 313–338.

Spiegel. (2022). G7-Staaten gründen Klimaklub, Meldung vom 13.12.2022. https://www.spiegel.de/wissenschaft/g7-staaten-gruenden-klimaclub-kampf-gegen-erderwaermung-a-e681ca1e-7983-4f6d-8360-3638e65b0352. Zugegriffen am 30.04.2024.

Spiegel. (2023). Das sind die Menschen hinter der KI-Revolution, Beitrag vom 16.07.2023. https://www.spiegel.de/netzwelt/web/clickwork-und-content-moderation-die-gesichter-hinter-der-kuenstlichen-intelligenz-a-9629ea15-5bc3-42bd-a236-199d606b1a24. Zugegriffen am 30.04.2024.

Spraul, K., & Friedrich, C. (2019). Mit Digitalisierung zur Agenda 2030: Der Weg über digitale Innovationen. In K. Spraul (Hrsg.), *Nachhaltigkeit und Digitalisierung: Wie digitale Innovationen zu den Sustainable Development Goals beitragen* (S. 15–36). Nomos.

Staffler, L. (2018). Industrie 4.0 und wirtschaftlicher Geheimnisschutz. *NZWiSt, 2018,* 269–274.

Staffler, L. (2020). 20. Kapitel Nationales, Europäisches und Internationales Unternehmensstrafrecht. In R. Soyer (Hrsg.), *Handbuch Unternehmensstrafrecht* (S. 625–686). Manz.

Staffler, L. (2022). *Business Criminal Law. A primer for management and economics.* Springer.

Statista. (2022). Elektroschrott. Statistik-Report zu Elektroschrott. https://de.statista.com/download/MTY5MDM2ODIxNyMjMTAxMDE0MSMjMTAxODg5IyMxIyNwZGYjI1N0dWR5. Zugegriffen am 30.04.2024.

Statista. (2023a). Welche der folgenden Maßnahmen bezüglich Nachhaltigkeit setzt ihr Unternehmen bereits um. https://de.statista.com/statistik/daten/studie/1380796/umfrage/umfrage-massnahmen-nachhaltigkeit-b2b-deutschland/. Zugegriffen am 30.04.2024.

Statista. (2023b). Inwieweit vertrauen Sie dem, was Unternehmen Ihnen über Ihre Maßnahmen zur Bekämpfung des Klimawandels mitteilen. https://de.statista.com/statistik/daten/studie/1384504/umfrage/umfrage-zum-vertrauen-gegenueber-nachhaltigkeitskommunikation-von-unternehmen/. Zugegriffen am 30.04.2024.

Statista. (2023c). Wichtige Maßnahmen im Diversity Management von Unternehmen in Deutschland 2021. https://de.statista.com/statistik/daten/studie/1227009/umfrage/massnahmen-im-diversity-management-von-unternehmen/. Zugegriffen am 30.04.2024.

Statista. (2023d). Digitalisierung der Arbeit. https://de.statista.com/statistik/studie/id/52757/dokument/digitalisierung-der-arbeit/. Zugegriffen am 30.04.2024.

Statista. (2023e). Metaverse. https://de.statista.com/statistik/studie/id/123641/dokument/metaverse/. Zugegriffen am 30.04.2024.

Statista. (2023f). Welche Stakeholder sind die hauptsächlichen Treiber, aufgrund dessen Sie sich mit dem Thema Nachhaltigkeit befassen? https://de.statista.com/statistik/daten/studie/1380817/umfrage/umfrage-treibende-stakeholder-nachhaltigkeit-b2b-deutschland/. Zugegriffen am 30.04.2024.

Steinhauser, K. (2023a). Branche Gesundheitswesen. In G. Tichy & K. Fuhrmann (Hrsg.), *Handbuch ESG-Berichterstattung* (S. 215–250). Linde Verlag Ges.m.b.H.

Steinhauser, K. (2023b). Branche Logistik. In G. Tichy & K. Fuhrmann (Hrsg.), *Handbuch ESG-Berichterstattung* (S. 379–446). Linde Verlag Ges.m.b.H.

Sunyaev, A., Kannengießer, N., Beck, R., et al. (2021). Token economy. *Bus Inf Syst Eng, 63*, 457–478. https://doi.org/10.1007/s12599-021-00684-1

Tiwari, S. P. (2022). Organizational Competitiveness and Digital Governance Challenges. Archives of Business Research, *10*(03), 165–170. https://doi.org/10.14738/abr.1003.12016

Tretter, F., Reichel, C., & Gaugler, T. (2020). Digitalisierung und Nachhaltigkeit: humanökologische Aspekte. *Ökologische Perspektiven für Wissenschaft und Gesellschaft, 2*, 132–133.

Turkle, S. (2012). *Verloren unter 100 Freunden: Wie wir in der digitalen Welt seelisch verkümmern.* Riemann Verlag.

Ullrich, K. (2022). *Corporate Digital Responsibility. Nachhaltigkeitsorientierte Digitalverantwortung von Unternehmen, unveröffentlichte Masterarbeit im Studiengang.* LL.M. Digital Business & Tech Law.

United Nations. (1987). Report of the world commission on environment and development: our common future. https://sustainabledevelopment.un.org/content/documents/5987our-common-future.pdf. Zugegriffen am 30.04.2024.

United Nations Environment Programme. (2022). *Emissions gap report 2022: The closing window — Climate crisis calls for rapid transformation of societies.* Nairobi. https://www.unep.org/emissions-gap-report-2022

Voit, A.-K. (2023). Nachhaltige Geldanlagen und ihre Bewertung durch Siegel. In M. Seidel & S. Reuse (Hrsg.), *BANKING & INNOVATION 2022/2023: Ideen und erfolgskonzepte von experten fur* (S. 27–40). Springer Gabler.

Welchman, L. (2015). *Managing chaos: Digital governance by design.* Rosenfeld Media.

Wieser, T. (2023). Branche Papierindustrie. In G. Tichy & K. Fuhrmann (Hrsg.), *Handbuch ESG-Berichterstattung* (S. 447–466). Linde Verlag Ges.m.b.H.

Winkler, S., Günther, J., & Pfennig, R. (2023). Nachhaltige Digitalisierung oder Nachhaltigkeit durch Digitalisierung? *HMD Praxis der Wirtschaftsinformatik.* https://doi.org/10.1365/s40702-023-00987-9

Wollmann, H., & Reumann, A. S. (2023). Grünes Kartellrecht: Vorbild Österreich? *Neue Zeitschrift für Kartellrecht, 1*, 61–65.

World Bank. (2016). *World development report 2016: digital dividends.* International Bank for Reconstruction and Development/World Bank Group.

Xianbin, T., & Qiong, W. (2021). Sustainable digital economy through good governance: mediating roles of social reforms and economic policies. *Frontiers in psychology, 12*, 773022. https://doi.org/10.3389/fpsyg.2021.773022

Zeidler, F., & Dürr, A. (2022). Greenwashing – Haftungsfallen und ihre Vermeidung. *Corporate Compliance Zeitschrift, 12*, 377–382.

Teil III

Anwendungsfelder der Digitalwirtschaft

FinTech

9

Luca Caramanica und Gerhard Andreas Schedler

9.1 Beschreibung

9.1.1 Um was geht es?

Die Digitalwirtschaft, deren Produkte oder Dienstleistungen in hohem Maße durch die Verwendung digitaler Informations- und Kommunikationstechnologien (IKT) bestimmt sind, umfasst nicht nur die Akteure der klassischen IKT-Branche und Internetwirtschaft (dazu etwa Clement et al., 2019, S. 8 ff.), sondern auch Akteure an sich „analoger" Branchen (z. B. Finanzdienstleister), die in der Erbringung ihrer Leistungen prägend IKT einsetzen (Krönke, 2020, S. 2). Gerade das Finanzwesen ist in erheblicher Weise von Digitalisierung und innovativen Technologien angetrieben. Wesentlich hierfür ist zum einen, dass Produkte und Dienstleistungen im Finanzwesen fast gänzlich auf Informationen basieren. Zum anderen können die meisten Prozesse im Finanzwesen beinahe vollständig ohne physische Interaktion ablaufen. Exemplarisch kann der digitale Zahlungsverkehr herangezogen werden. Zumeist beinhalten Zahlungsdienstleistungen weder eine physische Komponente, anders als z. B. ein Kauf einer Ware, noch ist eine physische Interaktion erforderlich, z. B. bei Onlinezahlung (siehe auch Puschmann, 2017, S. 69).

Der fortschreitende Prozess der Digitalisierung führt jedoch nicht nur mehr und mehr zu einer Automatisierung von Prozessen, sondern auch zu einer grundlegenden Umstrukturierung der Wertschöpfungsketten im Finanzwesen, mit neuen Geschäftsmodellen

9

L. Caramanica (✉)
Götzis, Österreich

G. A. Schedler
Nenzing, Österreich

© Der/die Autor(en), exklusiv lizenziert an Springer Fachmedien Wiesbaden GmbH, ein Teil von Springer Nature 2024
L. Staffler et al. (Hrsg.), *Digitalwirtschaft*, https://doi.org/10.1007/978-3-658-45724-2_9

(z. B. Social Trading) und den Marktzutritt neuer Akteure (z. B. Apple) – teils ohne originären Bezug zum Finanzwesen (siehe auch Puschmann, 2017, S. 69; weiterführend etwa Feyen et al., 2021, S. 2 ff.; Frost et al., 2019, S. 2 ff.). Dies ist weltweit je nach Stand der Entwicklung und Markstruktur freilich unterschiedlich ausgeprägt (siehe auch Chen et al., 2022, S. 2; Tepe et al., 2022, S. 2; ausführlich Hill, 2018, S. 269 ff.). Der Begriff „FinTech" (kurz für „**Financial Technology**") spiegelt diesen technologiegetriebenen Wandel des Finanzwesens wider (Puschmann, 2017, S. 69). Obgleich der Begriff weithin geläufig ist, hat sich bisher keine allgemeingültige Definition herausbilden können (ausführlich Schueffel, 2016, S. 33, 40 ff.; Ratecka, 2020, S. 54 ff.; Treu, 2022, S. 3 ff.). Über eine begriffliche Annäherung und Betrachtung von FinTech-Marksegmenten sowie übergreifenden FinTech-Merkmalen, lassen sich nähere Konturen des Phänomens FinTech zeichnen.

9.1.2 Begriffliche Annäherung

In funktionaler Hinsicht beschreibt „FinTech" im weitesten Sinne eine Verbindung von Finanzwesen und Technologie (vgl. auch Arner et al., 2015, S. 4; Rennig, 2022, S. 8). Als Sammelbegriff umfasst FinTech technologiebasierte innovative Lösungen für die Erbringung von (Dienst-)Leistungen im Finanzwesen (vgl. auch Puschmann, 2017, S. 70; ferner Arner et al., 2015, S. 1), und wird darüber hinaus nicht nur für Dienstleistungen, sondern häufig auch für Anbieter derselbigen („**FinTechs**") verwendet (vgl. hierzu die Definitionsübersicht bei Zavolokina et al., 2016, S. 6 ff.; Treu, 2022, S. 4 ff.).

Hinter dem Sammelbegriff „FinTech" stehen unterschiedliche Unternehmensarten. Natürlich stehen vor allem Start-Ups (siehe etwa Gimpel et al., 2018) und große branchenfremde Technologieunternehmen (so genannte „BigTechs"), wie GAFAM (Google, Amazon, Facebook (Meta), Apple, Microsoft), BAXT (Baidu, Alibaba, Xiamoi, Tencent,) oder MercadoLibre, die weltweit jeweils andere Kernzielmärkte haben im Vordergrund (dazu etwa Frost et al., 2019, S. 2 ff.; Arner et al., 2022, S. 3 ff.). Aber natürlich sind auch traditionelle Finanzintermediäre wie Banken umfasst (siehe auch Deutsche Bundesbank, 2016; Zetsche et al., 2017, S. 34; Puschmann, 2017, S. 70; Gomber et al., 2017, S. 540).

Deshalb verwundert es nicht, dass zu den großen Herausforderungen bei der Definition von FinTech die Vielseitigkeit der Anwendungen und Perspektiven sowie die Tatsache gehören, dass sich das Phänomen in einer sehr aktiven Phase der Entwicklung befindet (Rupeika-Apoga & Thalassinos, 2020, S. 138; Treu, 2022, S. 3). Ohne auf den Diskurs im Detail eingehen zu können (eingehend etwa Schueffel, 2016; Zavolokina et al., 2016; Puschmann, 2017, S. 70 f.; Ratecka, 2020; Treu, 2022), scheint ein Konsens dahingehend möglich, dass FinTech eng mit dem Begriff der **Finanzinnovation** verwoben ist (vgl. auch Puschmann, 2017, S. 70; Finanzinnovation als Begriffskern z. B. bei Deutsche Bundesbank, 2016, S. 72; weiterführend zum Begriff der Finanzinnovation etwa Philippas und Siriopoulos, 2012, S. 20; Lerner & Tufano, 2011, S. 6). Entsprechend einer mehrdimensionalen Betrachtung von Finanzinnovationen nach Innovationsgegenstand, -grad und -bereich, kann FinTech demnach inkrementelle oder disruptive technologiebasierte Innovationen im Finanzdienstleistungsbereich bezeichnen, die neue intra- oder interorganisatorische Geschäftsmodelle, Produkte und Dienstleistungen, Organisationen, Prozesse und Systeme hervorbringen (siehe ausführlich Puschmann, 2017, S. 74). In dieselbe Richtung zeigt eine gebräuchliche und vom Finanzstabilitätsrat FSB (Financial Stability Board) geprägte Definition (übernehmend z. B. Europäische Kommission, 2018, S. 1; BCBS 2018, S. 8; Ehrentraud et al., 2020a, S. 6; Omarova, 2020, S. 83). Das FSB definiert FinTech (frei übersetzt) als technologiebasierte Innovationen im Finanzdienstleistungsbereich, die neue Geschäftsmodelle, Anwendungen, Prozesse oder Produkte hervorbringen und die Finanzmärkte und -institute sowie die Art und Weise, wie Finanzdienstleistungen erbracht werden, erheblich beeinflussen könnten (siehe FSB, 2017a, S. 7; abkürzend FSB, 2019a, S. 1). Kurz und gut, **FinTech bezeichnet technologiebasierte Finanzinnovationen** (siehe auch BaFin, 2020).

9.1.3 FinTech-Marktsegmente

Bei technologiebasierten Finanzinnovationen kann es sich um Lösungen für Firmen- (Business to Business, B2B) oder PrivatKund:innen (Business to Consumer, B2C) handeln, um Lösungen für Kernfunktionen traditioneller Finanzintermediäre (z. B. Zahlungsverkehr, Vermögensverwaltung oder Kreditgeschäft) oder Backoffice-Anwendungen (Deutsche Bundesbank, 2016, S. 72; zu Kooperationsmöglichkeiten z. B. Paxmann & Roßbach, 2016, S. 211 ff.). Mangels einheitlicher Definition und angesichts der hohen Innovationsdynamik fällt eine überschneidungsfreie Kategorisierung schwer. Gelöst wird dieses Problem häufig durch Zuordnung der Innovation zu ökonomischen Funktionen (Deutsche Bundesbank, 2016, S. 72; vgl. Phillippas und Siriopoulos, 2012, S. 20; Lerner & Tufano, 2011, S. 7 f.). Als Überblick ist eine Kategorisierung von FinTech-Lösungen nach **Marksegmenten im Finanzwesen** hilfreich, die zugleich deren **ökonomische Funktionen** widerspiegeln (vgl. auch FSB, 2017a, S. 7; Ehrentraud et al., 2020a, S. 7 ff.). Der großen Bandbreite an FinTech-Lösungen geschuldet, kann hierbei nur ein kleiner Teil an Finanztechnologien und -produkten angesprochen werden (weiterführend etwa Ehrentraud et al., 2020a, S. 7 ff., b, S. 3 ff.; Rennig, 2022, S. 22 ff.).

1. Im Bereich des **Zahlungsverkehrs** (zur Zahlungsverkehrsarchitektur siehe etwa Ehrentraud et al., 2021, S. 5 ff.; speziell zur Rolle des Zentralbankgeldes z. B. Bauer, 2021) wird FinTech häufig als **PayTech** (kurz für „Payment Technology") bezeichnet und darüber hinaus die Anbieter derselbigen als „PayTechs" (dazu etwa Polasik et al., 2020, S. 385 f.; Omlor & Möslein, 2022, S. 1577 und 1595). Gebräuchlich wird zwischen Mobile Payments, E-Wallets, Online-Bezahlsystemen und digitalen Komplementärwährungen unterschieden (z. B. eingehend Rennig, 2022, S. 29 ff.; vgl. auch Dorfleitner & Hornuf, 2021, S. 39 f.; siehe noch Abschn. 9.3.1). Hervorzuheben ist, dass Innovationen im Zahlungsverkehr besonders durch Entwicklungen im Be-

reich von mobilen Endgeräten wie Smartphones geprägt sind (Mobile Payment). Letztere werden immer mehr zur zentralen Schnittstelle für verschiedenste Bezahlverfahren. Dies z. B. durch eine Kombination mit E-Wallets, auf denen Zahlungsinformationen traditioneller Zahlungsinstrumente wie Kreditkarten gespeichert und bei Bezahlvorgängen abgerufen werden können, sowie durch Technologien wie das Near-Field-Communication-Verfahren (NFC) oder Quick-Response-Codes (QR-Codes). (Vgl. Rennig, 2022, S. 30 ff.; Dorfleitner & Hornuf, 2021, S. 39 f.) Nicht zuletzt wird die besonders innovative Dynamik im Zahlungsverkehr wesentlich vom Markteintritt von BigTechs (z. B. in Form von Apple Pay, Google Pay, Whatsapp Pay, MercadoPago oder Alipay) angetrieben (siehe auch Omlor & Möslein, 2022, S. 1582; siehe noch Abschn. 9.3.1).

2. Im Marktsegment des **Einlagen- und Kreditgeschäfts** treten zunehmend sogenannte **Neobanken oder Digitalbanken** auf (z. B. N26, Solaris oder Revolut), die zwar regelmäßig klassische Bankprodukte und -dienstleistungen anbieten, dies aber hauptsächlich, wenn nicht sogar ausschließlich, über das Internet. Durch effiziente Technologienutzung und den Verzicht auf eine Filialinfrastruktur können Kostenvorteile gegenüber traditionellen Banken entstehen und an Kund:innen weitergegeben werden (Dorfleitner et al., 2020, S. 39; Ehrentraud et al., 2020b, S. 3 und 9). Beim **Crowdlending** (z. B. auch Marketplace Lending, Peer-to-Peer Lending oder loan-based Crowdfunding, siehe Macchiavello & Alibrandi, 2022, S. 38), einer Unterkategorie der crowdbasierten Finanzierung (z. B. Omlor & Möslein, 2022, S. 1607 weiterführend Klöhn & Hornuf, 2012, S. 239) oder auch Schwarmfinanzierung (z. B. Winterfeld, 2022, S. 2541), handelt es sich idealtypisch um einen Prozess der direkten Kreditvergabe durch Kreditgeber an Kreditnehmer (Peer-to-Peer) über eine Internetplattform (ausführlich Rennig, 2022, S. 159 ff.; zur Entwicklung auch Brummer, 2015, S. 1016). Die Kredite werden regelmäßig durch eine Vielzahl von Personen (einer „Crowd"), die jeweils nur einen kleinen Teil des angeforderten Betrags bereitstellen, an Privatpersonen oder Unternehmen vergeben (Macchiavello & Alibrandi, 2022, S. 38). Dies erfolgt über Vermittlung via Onlineplattformen wie Lendingclub, FundingCirle und Zopa (weiterführend Broer, 2017, S. 194 ff., dort mit Prozessablauf; zu verschiedensten Geschäftsmodellen und Implikationen der Verordnung (EU) 2020/1503 über Europäische Schwarmfinanzierungsdienstleister für Unternehmen (ECSPR) etwa Macchiavello & Alibrandi, 2022, S. 45 ff.; Rennig, 2022, S. 159 ff.). Daneben werden im Kreditgeschäft allgemein vermehrt Algorithmen eingesetzt, um Entscheidungsprozesse (z. B. Kreditwürdigkeitsprüfungen, dazu weiterführend etwa Langenbucher & Corcoran, 2022) durchzuführen (siehe auch Omlor & Möslein, 2022, S. 1578).

3. Im Bereich der **Kapitalbeschaffung** ist das **Crowdinvesting** (z. B. auch investment-based Crowdfunding), ebenso eine Unterkategorie der crowdbasierten Finanzierung (z. B. Omlor & Möslein, 2022, S. 1607), hervorzuheben. Im Unterschied zum Crowdlending bilden nicht Kredite, sondern Beteiligungsformen wie Aktien oder Anleihen den Gegenstand der Vermittlungen (vgl. auch Rennig, 2022, S. 25 f.; weiterführend Klöhn & Hornuf, 2012, S. 239), die über Onlineplattformen wie Exporo und Bergfürst

erfolgen (Dorfleitner et al., 2020, S. 36). Zu einer Erweiterung der bislang bekannten Finanzierungskanäle hat die Blockchain-Technologie geführt (siehe dazu Kapitel „Fallvignetten").

4. Im Bereich der **Vermögensberatung und -verwaltung** wird FinTech regelmäßig als **WealthTech** (kurz für „Wealth Technology") bezeichnet (dazu etwa Schueffel, 2016, S. 49), und darüber hinaus die Anbieter der selbigen als „WealthTechs". Beispiele sind der Bereich Social-Trading und Robo-Advice (siehe dazu den Abschn. 9.3.2).

5. Auf der Grundlage von Distributed-Ledger-Technologien (DLT) wie **der Blockchain-Technologie** (Kap. 2) hat sich ein neues Finanzökosystem entwickelt (Balz, 2022, S. 1201). Im Zentrum stehen sogenannte (Krypto-)Token (analog auch: Coins), weshalb häufig auch von **Token-Ökonomie** (vgl. Varmaz et al., 2021, S. 4) gesprochen wird. Aus technischer Sicht handelt es sich dabei um Eintragungen (Informationen) auf der Blockchain, aus wirtschaftlicher Sicht repräsentieren sie zumeist einen (intrinsischen/extrinsischen) Wert und/oder ein Recht (dazu etwa Kaulartz & Matzke, 2018, S. 3278; Eggen, 2018, S. 559 oder ausführlich Deuber & Jahromi, 2020, S. 557; siehe auch BaFin, 2019). Elementar ist, dass Token von Nutzer:innen ohne Intermediär direkt gehalten bzw. verwaltet und untereinander (Peer-to-Peer) übertragen werden können. Je nach Ausgestaltung können Token unterschiedliche Eigenschaften und Funktionen aufweisen, womit deren Anwendung in sämtlichen Marktsegmenten und damit ökomischen Funktionen denkbar ist (für Beispiele siehe Abschnitt Fallvignetten und Diskussion). Um dieses Phänomen zu erfassen, wurde insbesondere im finanzmarktregulatorischen Umfeld der Begriff der **Kryptowerte (Cryptoassets)** geprägt (z. B. FSB, 2020; Ehrentraud et al., 2020a), der zwischenzeitlich auch in der Verordnung (EU) 2023/1114 über Märkte für Kryptowerte (MiCAR) einen Niederschlag gefunden hat. Diese versteht darunter eine digitale Darstellung von Werten oder Rechten, die unter Verwendung der DLT oder einer ähnlichen Technologie, elektronisch übertragen und gespeichert werden können (Artikel 3 Absatz 1 Ziffer 5 MiCAR). Die meisten Dienstleistungen, die sich im Kryptomarkt gebildet haben, sind denjenigen im traditionellen Finanzmarkt sehr ähnlich (Ehrentraud et al., 2020a, S. 9; zu „Decentralized Finance (DeFi)" als Abkehr vom traditionellen Finanzmarkt siehe Abschn. 9.4). Umfasst sind z. B. Verwahrungen, Tauschdienstleistungen oder der Betrieb von Handelsplattformen. Dies spiegelt sich auch in der **MiCAR** wider, deren **Kryptodienstleistungen** funktional weitgehend den Wertpapierdienstleistungen der Richtlinie 2014/65/EU über Märkte für Finanzinstrumente (MiFID2) nachgezeichnet sind (siehe auch Maume, 2022a, S. 503). Darüber hinaus integrieren auch zunehmend traditionelle Finanzintermediäre Kryptowerte und Kryptodienstleistungen in ihre Geschäftstätigkeit. Exemplarisch dafür steht, dass der Baseler Ausschuss für Bankenaufsicht Standards zu Behandlung von Bankenengagements in Kryptowerten veröffentlicht hat (BCBS, 2020).

6. Soweit FinTech sich auf den Bereich des Versicherungswesens bezieht, wird gemeinhin von „**InsureTech**" (kurz für „Insurance Technology") gesprochen (dazu etwa Schueffel, 2016, S. 49), und darüber hinaus die Anbieter der selbigen als „**InsurTechs**" bezeichnet (z. B. Dorfleitner & Hornuf, 2021, S. 40 f.; weiterführend Kap. 10).

7. Im Bereich **marktunterstützender Lösungen** ist häufig von **RegTech** (kurz für „Regulatory Technology") die Rede, worunter vereinfacht die Anwendung von Technologien
auf regulatorisch vorgegebene Überwachungs-, Kontroll- und Berichtspflichten verstanden wird (Rennig, 2022, S. 58; weiterführend etwa Arner et al., 2017, S. 373 ff.; Zetsche et al., 2017v93; McCarthy, 2022, S. 187 ff.). In Abgrenzung von RegTech wird von
SupTech (kurz für „Supervisory Technology") vereinfacht dann gesprochen, wenn
staatliche Aufsichtsbehörden Technologien zur Erfüllung ihres Auftrags einsetzen
(weiterführend etwa McCarthy, 2022, S. 187 ff.).

9.1.4 FinTech-Merkmale

FinTech verändert zusehends die Art und Weise, wie Finanzdienstleistungen erbracht und
Finanztransaktionen durchgeführt werden. Aus systemischer Sicht lassen sich diese Veränderungen in mehrere eng miteinander verbundenen Kategorien einteilen (Omarova,
2020, S. 87). Dies ist hilfreich, um **FinTech als systemisches Phänomen** zu verstehen
und ein Verständnis dahingehend zu entwickeln, wie FinTech wichtige Dynamiken und
Merkmale des heutigen Finanzwesens umgestaltet und damit zentrale Grundsätze und
operative Logiken des bestehenden Systems der Finanzmarktregulierung in Frage stellt
(vgl. weiterführend Omarova, 2020, S. 87 ff. und 95 ff.; Omarova, 2019, S. 790 ff.; zu sys-
temischen Chancen und Risiken von FinTech z. B. FSB 2017a, S. 12 ff.; FSB 2019a,
S. 3 ff.). Obgleich nicht in jedem Bereich gleichbedeutend und ausgeprägt, können diese
Kategorien auch als **übergreifende Merkmale des gegenwärtigen FinTech-Phänomens**
verstanden werden (vgl. auch Möslein & Omlor, 2021, S. 3; Omlor & Möslein, 2022,
S. 1578; Rennig, 2022, S. 32).

Der nachfolgende Überblick beschränkt sich dabei auf die Disintermediation, Dezentralisierung und Plattformisierung, Transnationalisierung und Algorithmisierung (vgl.
auch Möslein & Omlor, 2021, S. 3 f.; Omlor & Möslein, 2022, S. 1578; Rennig, 2022,
S. 32 ff.; weiterführend etwa Omarova, 2020, S. 87 ff.). Zusammengenommen machen
diese übergreifenden Merkmale das zunehmend technologiegesteuerte Finanzwesen komplexer und auch als Gegenstand der Regulierung anspruchsvoller (vgl. Omarova, 2020,
S. 87). Bemerkenswerterweise werden für die Digitalwirtschaft insgesamt nicht unähn-
liche „Spezifika" als regulierungsherausfordernd identifiziert (dazu ausführlich Krönke,
2020, S. 10 ff.).

1. Das Finanzwesen erfährt durch FinTech eine zunehmende **Disintermediation**. Dies
bedeutet, dass die Zahl der Mittelspersonen, die für die Durchführung einer Finanz-
dienstleistung oder -transaktion erforderlich sind, reduziert wird (Lehmann, 2020,
S. 124; weiterführend Chiu, 2016, S. 83 ff.; Rennig, 2022, S. 118 ff.). So überspringen
FinTech-Lösungen häufig Zwischenstufen aus der Wertschöpfungskette und stellen
einen direkten Kontakt zwischen Anbieter und Abnehmer her (Möslein & Omlor, 2021,
S. 4; Omlor & Möslein, 2022, S. 1578), sodass nicht selten traditionelle Intermediäre

herausgelöst und durch Prozesse ersetzt werden (Rennig, 2022, S. 36; zu Chancen und Risiken der Disintermediation siehe z. B. Deutsche Bundesbank, 2016, S. 75). Beispielsweise werden von Crowdlending-Plattformen Kreditsuchende und Geldgeber idealtypisch direkt vermittelt, ohne dass eine Bank bei der Kreditvergabe ihre traditionelle Rolle als Intermediär einnimmt (vgl. auch Möslein & Omlor, 2021, S. 4; Omlor & Möslein, 2022, S. 1578; Rennig, 2022, S. 36 und weiterführend mit Fallstudien 157 ff.). Die Disintermediation kann aber sogar so weit reichen, dass überhaupt kein Intermediär mehr erforderlich ist, wie z. B. im Fall der Kryptowährung Bitcoin, die keinen zentralen Emittenten hat und von Nutzer:innen ohne Intermediär direkt untereinander (Peer-to-Peer) über die Bitcoin-Blockchain durch dezentrale Bestätigung übertragen werden kann (siehe auch Lehmann, 2020, S. 124).

2. Momentan lassen sich zwei ansatzweise gegensätzliche Entwicklungsstränge identifizieren (Rennig, 2022, S. 33; vgl. auch Avgouleas & Seretakis, 2022, S. 3 f.). Zunehmend erfährt das Finanzwesen durch FinTech einerseits eine **Dezentralisierung** (siehe etwa Möslein & Omlor, 2021, S. 4), andererseits eine **Plattformisierung** und damit verbundene Marktkonzentration (siehe etwa Arner et al., 2022, S. 5, 8). Ersteres ist insbesondere mit der Blockchain-Technologie als dezentrale Datenbank und Infrastruktur verbunden, die keine zentrale oder übergeordnete Instanz benötigt und strukturell für jedermann offen ist. Nicht zuletzt beruhen die Entwicklungen im Bereich „Decentralized Finance (DeFi)" genau auf dieser Grundlage (siehe auch Möslein & Omlor, 2021, S. 4; vgl. ferner Rennig, 2022, S. 33; Avgouleas & Seretakis, 2022, S. 4; weiterführend zu DeFi Abschn. 9.4). Demgegenüber dominieren große Institutionen wie die amerikanische Investmentgesellschaft Black Rock, die den Infrastrukturdienst Aladdin betreibt, zunehmende Finanzinfrastrukturen (Avgouleas & Seretakis, 2022, S. 4). Der erwartete fortschreitende Markteintritt von BigTechs wird zu einer weiteren zunehmenden Plattformisierung und Marktkonzentration führen (Avgouleas & Seretakis, 2022, S. 4; weiterführend Arner et al., 2022, S. 3 ff.; Frost et al., 2019, S. 2 ff.; FSB 2019b, 3 ff.; siehe noch FinTech-Phase 4.0 Abschn. 9.2.1).

3. Eng mit dem vorherigen Trend verbunden, besteht eine zunehmende **Transnationalisierung** des Finanzwesens (vgl. auch; Omlor & Möslein, 2022, S. 1578; Rennig, 2022, S. 34). Denn dadurch, dass webbasierte FinTech-Lösungen grundsätzlich von überall auf der Welt erreichbar sind, können diese regelmäßig von einem einzelnen Standort aus grenzüberschreitend auf der gesamten Welt erbracht werden (Lehmann, 2020, S. 123 f.). Eine nächste Stufe wird erreicht, wenn Dienste vollständig dezentral sind, wie es die Blockchain-Technologie ermöglicht, sodass weltweit kein physischer Standort identifizierbar ist, von dem aus Dienstleistungen erbracht werden (Lehmann, 2020, S. 124; vgl. auch Omarova, 2020, S. 103 ff.).

4. Das Phänomen FinTech richtet das Finanzwesen, insbesondere auch in der Art und Weise wie Entscheidungen getroffen werden, zunehmend **technologiezentriert** aus. Die menschliche Entscheidung wird immer häufiger (zumindest teilweise) durch Algorithmen ersetzt (weiterführend Omarova, 2020, S. 91 f.; zum algorithmischen

Wertpapierhandel als frühe Erscheinungsform siehe etwa Brummer, 2015, S. 999 ff.; Gerner-Beuerle, 2022, S. 110 ff.). Diesbezüglich wird auch vom Merkmal der **Algorithmisierung** gesprochen (weiterführend Möslein & Omlor, 2021, S. 4 f.; Omlor & Möslein, 2022, S. 1578; Rennig, 2022, S. 35; zum damit eng verbunden Merkmal der Beschleunigung des Finanzwesens sowie dessen potenziell abnehmende Transparenz und Beherrschbarkeit siehe Omarova, 2020, S. 89 f. und 92 f.; zu Marktentwicklungen und Auswirkungen auf die Finanzstabilität etwa FSB, 2017b, S. 1 ff.).

9.2   Ursprung

Der begriffliche Ursprung von FinTech wird häufig in den frühen 1990er-Jahren im Zusammenhang mit dem damaligen Financial Services Technology Consortium der heutigen Citigroup verortet (vgl. etwa Arner et al., 2015, S. 3; Gimpel et al., 2018, S. 246; Treu, 2022, S. 3; Rennig, 2022, S. 8). Jedoch wurde der Begriff zumindest schon in einem wissenschaftlichen Zeitschriftenartikel aus dem Jahr 1972 verwendet und hat somit einen früheren Ursprung (siehe auch Schueffel, 2016, S. 36). Dabei wird folgende Definition gegeben, die mühelos dem gegenwärtigen Begriffsdiskurs entstammen könnte: „FINTECH is an acronym which stands for financial technology, combining bank expertise with modern management science techniques and the computer" (Bettinger, 1972, S. 62). Letztlich hat der Begriff aber erst seit Mitte der 2010er-Jahren vermehrt und zunehmend Eingang in den öffentlichen Fokus und wissenschaftlichen Diskurs gefunden (dazu ausführlich Zavolokina et al., 2016, S. 1 ff.; Takeda & Ito, 2021, S. 68 ff.; Zongsen et al., 2023, S. 1 ff.).

9.2.1   FinTech-Evolution

Technologiebasierte Innovationen halten nicht erst seit dem Gebrauch des Begriffs Fin-Tech Einzug in das Finanzwesen (vgl. auch FSB, 2017a, S. 10), sondern treiben und prägen dessen Wandel seit Anbeginn. Was dabei unter Innovation konkret verstanden wird, ist jeweils am Stand der Zeit zu messen. (Vgl. auch Arner et al., 2015, S. 6 f.).

Ein gutes Beispiel für den permanenten Bedeutungswandel des Begriffs der Innovation stellt der Geldautomat dar. Er ist zweifellos ein Meilenstein der technologiebasierten Finanzinnovation des letzten Jahrhunderts (siehe z. B. Goldstein et al., 2019, S. 1647), ohne dass man ihn heute noch gemeinhin mit FinTech assoziieren würde.

In diesem Zusammenhang wird prägnant von einer **FinTech-Evolution** gesprochen. Arner, Barberis und Buckley (2015, S. 6 ff.) identifizieren hierbei seit dem späten 19. Jahrhundert in Industrieländern z. B. drei FinTech-Phasen (1.0 bis 3.0), die jeweils von verschiedenen technologischen Entwicklungen geprägt sind (eine Einteilung nach fünf Phasen seit den 1960er-Jahren findet sich bei Puschmann, 2017, S. 70 f.; zur Evolution in anderen Ländern, z. B. China, siehe etwa Shim & Shin, 2016, S. 170 ff.; Arner et al., 2015, S. 20 ff., verwenden diesbezüglich die Bezeichnung FinTech 3.5).

- Der Beginn der Phase **FinTech 1.0** wird an der Verlegung des ersten Transatlantik-kabels im Jahr 1866 festgemacht. Diese Phase ist zunächst vor allem von der Entwicklung des Telegrafen geprägt, später treten Entwicklungen wie frühe Computer, Faxgeräte und der Einführung der Kreditkarte in den 1950er-Jahren hinzu. (Vgl. Arner et al., 2015, S. 7 f.)
- Die von 1967 bis 2008 andauernde Phase **FinTech 2.0** ist durch eine weitgehende Digitalisierung des Finanzwesens und Entwicklungen wie Geldautomaten, elektronische Zahlungs-, Handels- und Effektenabwicklungssysteme und schließlich die Einführung des Internets und damit verbundener früher Onlinefinanzdienstleistungen geprägt (vgl. Arner et al., 2015, S. 8 ff.).
- Die im Jahr 2008 beginnende Finanzkrise wird als Ausgangspunkt der Phase **FinTech 3.0** angesehen. Im Verhältnis zu früheren Phasen wird sie vor allem durch eine raschere Technologie- und Produktentwicklung und durch den Markteintritt von Start-Ups und branchenfremden Technologieunternehmen gekennzeichnet. (Vgl. Arner et al., 2015, S. 14 ff.)
- Daran anknüpfend wird bisweilen von einer 2019 und 2020 beginnenden **FinTech-4.0-** Phase gesprochen, welche durch eine kleine Anzahl zunehmend dominierender digitaler Finanzplattformen von BigTechs gekennzeichnet ist, die regelmäßig grenzüberschreitend und mit Netzwerk-, Verbund- und Skaleneffekten arbeiten. Darauf basierend werden eine immer stärkere Konzentration und Dominanz nicht nur in der Technologie, sondern auch im Finanzwesen erwartet. (Vgl. weiterführend Arner et al., 2022, S. 5 ff.).

9.2.2 Was ist nun neu?

Obgleich technologischer Finanzinnovation und FinTech ein gewisses evolutionäres Element innewohnt, darf dies nicht über die neue Dimension des gegenwärtigen FinTech-Phänomens hinwegtäuschen. Denn seit der FinTech-Phase 3.0 besteht zum einen eine **neue Dynamik der Technologie- und Produktentwicklung**, die überdies insofern einzigartig ist, als ein Großteil des Wandels nicht innerhalb der traditionellen Finanzbranche stattfindet, sondern häufig **von Start-Ups und originär branchenfremden Technologieunternehmen angetrieben** wird, die zunehmend in den Markt eintreten und eine neue Dimension von Wettbewerb mitbringen. (Vgl. etwa Goldstein et al., 2019, S. 1647 f.). Dabei weisen jüngere FinTech-Entwicklungen zum anderen eine Reihe von Merkmalen auf, die möglicherweise prägende systemische Veränderungen des Finanzwesens mit sich bringen (siehe oben Abschn. 9.1.4). Das gegenwärtige FinTech-Phänomen wird insofern nicht mit früheren Entwicklungen gleichgesetzt (weiterführend etwa Yadav & Brummer, 2019, S. 264 ff.; Omarova, 2020, S. 87 ff.; Omarova, 2019, S. 790 ff.). Der Ursprung der rasanten Entwicklungen seit der FinTech-Phase 3.0 wird in mehreren zusammentreffenden Faktoren verortet („perfect storm", Arner et al., 2015, S. 18). Hierzu gehören neben **fortschreitenden technologischen Entwicklungen** (z. B. zunehmende Computerrechenleistung und Verbreitung mobiler Endgeräte wie Smartphones) und einem **gesellschaftlichen**

Wandel (z. B. Stichwort „Digital Natives"), auch **regulatorische Faktoren** (genannt werden z. B. strengere Eigenkapitalvorschriften für Banken), die teils Reaktionen auf die Finanzkrise von 2008 darstellten (eingehend etwa FSB, 2017a, S. 6 f. und 10 f.; FSB, 2019a, S. 5 ff.; Arner et al., 2015, S. 15 ff.; Rennig, 2022, S. 12 ff.). Ein Rückgang an Dynamik des bisherigen technologiegetriebenen Wandels im Finanzwesen ist nicht absehbar. Vielmehr erscheinen bereits neue Triebfedern (z. B. digitale Zentralbankwährungen) am „Digitalisierungshorizont" des Finanzwesens (siehe noch Abschn. 9.5).

9.3   Fallvignetten

In den nachfolgenden Fallvignetten wird das Marktsegment Zahlungsverkehr, Vermögensberatung und -verwaltung sowie Kapitalbeschaffung herausgegriffen, wobei daraus ausgewählte FinTech-Themenfelder exemplarisch eingehender veranschaulicht werden.

9.3.1   Zahlungsverkehr

Die Blockchain-Technologie ermöglicht **neuartige Zahlungsinfrastrukturen,** in denen Nutzer:innen Zahlungen mittels **Kryptowährungen** wie Bitcoin (BTC) oder anderen Token (siehe oben Abschn. 9.1.3) ohne Intermediär direkt untereinander (Peer-to-Peer) vornehmen können. Die etablierten Bank- und Zahlungssysteme werden dafür nicht benötigt (siehe auch Balz, 2021, S. 273; ausführlich CPMI, 2017). Während BTC originär als Zahlungsmittel und die BTC-Blockchain als Zahlungssystem konzipiert war, haben sich BTC, wie auch andere Token, angesichts teils beträchtlicher Wertsteigerungen und Preissprünge aber auch wegen der oft fehlenden Skalierungsmöglichkeiten (siehe Abschn. 9.4) zwischenzeitlich mehr zum Anlage- und/oder Spekulationsobjekt entwickelt (Bezeichnung des BTC als digitales Gold). Damit einhergehend, sind Token in den Kryptomarkt getreten, die funktional eine Wertstabilität (z. B. zu US-Dollar) bezwecken (sogenannte „Stablecoins"; vgl. dazu etwa Ehrentraud et al., 2021, S. 22 f.; siehe noch Abschn. 9.4). Daneben wird die Blockchain-Technologie auch als technische Basis für ein **digitales Zentralbankgeld** (Central Bank Digital Currency, CBDC) erwogen (weiterführend etwa Auer & Böhme, 2020, S. 85 ff.; Auer et al., 2020, S. 5 ff. und 21 ff.). Im Unterschied zu Buchgeld (Giralgeld) auf Bankkonten sind Bargeld und Zentralbankkontoguthaben von Banken direkte Verbindlichkeiten der Zentralbank. Digitales Zentralbankgeld wäre damit eine weitere Form einer direkten Verbindlichkeit der Zentralbank und eine digitale Ergänzung zu Bargeld (ausführlich zum Euroraum EZB, 2020). Während bei einer **Wholesale-Variante** digitales Zentralbankgeld nur an einen beschränkten Nutzer:innenkreis ausgegeben würde, idealtypisch an Banken, wäre eine **Retail-Variante** mit digitalem Zentralbankgeld für jedermann verbunden (siehe auch Balz, 2021, S. 277; weiterführend etwa BIS, 2021, S. 65 ff.). Immer mehr Zentralbanken denken aber nicht mehr nur rein konzeptionell über digitales Zentralbankgeld nach, sondern erwägen dessen Einführung (weiterführend etwa Auer et al., 2020, S. 5 ff.; BIS, 2022). Die Europäische Zentralbank (EZB) hat gemeinsam mit den Zentralbanken des Eurosystems im Jahr 2021 ein Projekt zum **digitalen Euro** gestartet, um dessen Einführung zu prüfen. Das Projekt ist im November 2023, nach Abschluss einer zweijährigen Untersuchungsphase, in die nächste Phase zur Vorbereitung einer möglichen Einführung eines digitalen Euros übergegangen (siehe weiterführend z. B. EZB, 2023). Der digitale Euro nimmt auch insofern zusehends Gestalt an, als die Europäische Kommission am 28. Juni 2023 ein „Paket zur einheitlichen Währung" vorgelegt hat, das Legislativvorschläge zum rechtlichen Rahmen für die mögliche Einführung eines digitalen Euro beinhaltet (siehe Europäische Kommission, 2023a, b), die sich im laufenden Gesetzgebungsverfahren befinden.

Doch nicht nur neue Technologien, sondern auch neue Marktakteure, allen voran **Big-Techs**, bringen Veränderungen des Zahlungsverkehrs mit sich (siehe auch Balz, 2021, S. 273 f.). Dabei werden bei Zahlungslösungen von BigTechs zwei Ausprägungen unterschieden. Während sogenannte „**Overlay-Systeme**" bestehende Zahlungsinstrumente (z. B. Kredit- oder Debitkarten) und Zahlungsinfrastrukturen nutzen, um Zahlungen vorzunehmen (z. B. Apple Pay, Google Pay oder PayPal) nutzen sogenannte „**Standalone-Systeme**" proprietäre Zahlungssysteme, die von bestehenden Zahlungsinfrastrukturen unabhängig sind (z. B. Alipay, WePay oder M-PESA; vgl. BIS, 2019, S. 57 f.; vgl. auch Ehrentraud et al., 2021, S. 7). Dabei haben sich auch Zahlungslösungen entwickelt, die auf Mobilfunknetzen aufbauen (BIS, 2019, S. 57). Ein Beispiel hierfür ist „**M-Pesa**". Die mobile Zahlungslösung wurde 2007 von Safaricom, einem kenianischen Ableger von Vodafone und größtem Mobilfunkanbieter des Landes, eingeführt. Für die Nutzung ist eine SIM-Karte erforderlich. (Siehe Lerner, 2012, S. 69; Kerényi & Molnár, 2017, S. 41) Das elektronische Geldtransferprodukt ermöglicht Nutzer:innen, mit Bargeld Mobilfunkguthaben zu erwerben, das Guthaben über USSD-/SMS-Technik an andere Nutzer:innen zu senden und schließlich Guthaben auf dem Mobiltelefon in Bargeld umzutauschen (Lerner, 2012, S. 69; weiterführend Mulili, 2022, S. 177 ff.). Aufgrund einer breiten Akzeptanz des Guthabens als Zahlungsmittel durch Privatpersonen, Unternehmen und öffentliche Versorgungseinrichtungen hat sich M-Pesa schnell etabliert (siehe Kerényi & Molnár, 2017, S. 41; weiterführend Mulili, 2022, S. 174 ff.) Für das Jahr 2011 finden sich Angaben zur Nutzer:innenbasis in Kenia von rund 14 Mio. bzw. 70 % der gesamten Erwachsenenbevölkerung (weiterführend Lerner, 2012, S. 70 f.) und für 2022 eine im Vergleich zu 2011 mehr als verdoppelte Nutzer:innenbasis von rund 30 Mio. (weiterführend Mulili, 2022, S. 175).

9.3.2 Vermögensberatung und -verwaltung

Als **Social-Trading** wird eine Anlageform verstanden, bei der Anleger (als sogenannte „Follower") die Anlagestrategien bzw. Portfolios von anderen Mitgliedern eines Netzwerks (den sogenannten „Tradern") einsehen, diskutieren und nachbilden können (Rennig, 2022, S. 27), womit Eigenschaften sozialer Netzwerke genutzt werden (vgl. Gomber et al., 2017, S. 543; Dorfleitner et al., 2020, S. 37). Die Anlagestrategien bzw. Portfolios der

Trader werden dafür auf einer Onlineplattform einsehbar gemacht und statistisch aufbereitet (Rennig, 2022, S. 27). Den Followern ist es sodann möglich, ihre Anlageentscheidungen unter Berücksichtigung jener der Trader auszuführen. Dies kann je nach Präferenz des Followers nicht nur manuell, sondern regelmäßig auch automatisiert erfolgen (Rennig, 2022, S. 27; vgl. Dorfleitner et al., 2020, S. 37). Die Trader erhalten vom Plattformbetreiber typischerweise eine erfolgs- und volumensabhängige Vergütung (Winterfeld, 2022, S. 2577; mit Beispielen Apesteguia et al., 2020, S. 5611). Auf dem deutschen Markt sind im Bereich des Social-Trading z. B. Wikifolio, Zulutrade und eToro tätig (Omlor & Möslein, 2022, S. 1606; zu Markstruktur und -größe siehe etwa Dorfleitner et al., 2020, S. 36).

Bei **Robo-Advice** handelt es sich um technische Systeme, die in aller Regel über das Internet angeboten werden und algorithmenbasierte Analyseprozesse verwenden, um Vermögensberatungs- oder Vermögensverwaltungsdienstleistungen weitgehend automatisiert an Kund:innen zu erbringen (vgl. Kumpan, 2021, S. 741; Maume, 2021, S. 10 f.; ESMA, 2022, S. 41; ausführlich zur Entwicklung z. B. Ji, 2017, S. 1559 ff.; zum Phänomen etwa Iannarone, 2018, S. 149 ff. und Omarova, 2019, S. 787 ff.). Die Anlageempfehlungen bzw. -entscheidungen, die solche Systeme bisweilen ohne menschliche Entscheidung geben bzw. treffen (vgl. Dorfleitner & Hornuf, 2021, S. 37; Rennig, 2022, S. 27; zu einer Typisierung und zum Einsatz von Machine Learning siehe etwa Maume, 2021, S. 11 f. und 17 ff.), erfolgen auf Basis automatisiert ausgewerteter Kund:innendaten (Omlor & Möslein, 2022, S. 1589; ausführlich zum Anlegerschutz etwa Maume, 2021, S. 21 ff.). Die Kund:innen stellen dem Anbieter dafür Informationen (z. B. zu individuellen Anlagezielen, persönlichen Risikopräferenzen usw.) zur Verfügung (Dorfleitner et al., 2020, S. 38; auf den Prozessablauf eingehend z. B. Maume, 2021, S. 16 ff.). Auf dem deutschen Markt sind im Bereich des Robo-Advice z. B. Ginmon, Liqid, Quirion und Scalable Capital tätig (Dorfleitner et al., 2020, S. 38, dort auch zur Marktgröße). Das weltweit im Bereich des Robo-Advice verwaltete Vermögen macht nach Maume (2021, S. 15) weniger als 1 % des weltweit gesamthaft verwalteten Finanzvermögens aus.

9.3.3 Kapitalbeschaffung

Die Blockchain-Technologie hat zu einer Erweiterung der bislang bekannten Finanzierungskanäle geführt. Im Gegensatz zur klassischen Marktinfrastruktur können Investitionsinstrumente, sofern in der jeweiligen Rechtsordnung erlaubt, auf einer Blockchain in Form von Token (siehe Abschn. 9.1.3) direkt an die Investoren ausgegeben und von diesen selbst gehalten bzw. verwaltet werden. Da dadurch meist mühelos eine große Menge potenzieller Investoren erreicht werden kann, wird der Kanal in der Regel zu den Crowd-Investing-Methoden gezählt (Aschenbeck & Drefke, 2019, S. 107; Mazzocchini & Lucarelli, 2023, S. 12 f.).

Da die in der Fachliteratur verwendeten Definitionen und Taxonomien in Bezug auf die gängigsten **blockchain-basierten Finanzierungsmethoden** bis heute uneinheitlich sind, orientiert sich der nachfolgende Überblick an der gängigen Praxis im **europäischen Kryptomarkt**. Aufgrund der Kurzlebigkeit der sogenannten Kryptomedien bzw. Kryptoportale wird bewusst auf Einzelverweise verzichtet. Pauschal sei beispielsweise auf Algo-Blocks, 2022; BTC-ECHO, 2023; John, 2021 oder Cointelegraph, 2023 verwiesen. Aus der Fachliteratur können insbesondere Alt & Huch, 2022; Himmer, 2019, S. 2 oder Hahn & Wons, 2018 zur weiteren Lektüre empfohlen werden.

Das öffentliche („public sale") oder private („private sale") Anbieten von Token wird gemeinhin als „Token Generation Event (TGE)" bezeichnet. Am Markt üblich ist die Unterscheidung nach dem Ort der Ausgabe, dem sogenannten **Launchpad**. Findet die Ausgabe an einer zentralisierten Krypto-Börse, wie beispielsweise Binance, statt, so wird von einem Initial Exchange Offering (IEO) gesprochen. Etwas jünger ist die „Initial DEX Offering (IDO)", welche die Ausgabe von Token auf einer sogenannten „Dezentralized Exchange (DEX)" (eine, zumindest in der Theorie, vollständig dezentralisierte Börse, an welcher die Nutzer:innen direkt und eigenverantwortlich mit dem Smart Contracts interagieren) bezeichnet. Daneben gibt es zahlreiche weitere Launchpads, so beispielsweise das „Initial Game Offerings (IGO)", in welchem Token im Rahmen eines Computerspiels ausgegeben werden. Nach der Art der Token werden insbesondere das **Initial Coin Offering (ICO)** und das **Security Token Offering (STO)** unterschieden.

1. Im Rahmen eines ICO werden sogenannte **Utility Token** gegen Geld oder Kryptowährungen ausgegeben. Dabei handelt es sich um Token, die dem Inhaber kein klassisches Finanzierungsinstrument, sondern ein Bezugsrecht auf ein (zukünftiges) Produkt bzw. eine (zukünftige) Dienstleistung gewähren. Da Utility Token in den meisten Rechtsordnungen keine Finanzinstrumente darstellen, war deren Ausgabe in der Vergangenheit häufig nicht oder nur schwach reguliert. Die dadurch verhältnismäßig günstige Kapitalbeschaffung führte 2017/2018 zusammen mit stark steigenden Kryptowährungskursen zu einem regelrechten ICO-Hype. Zu den bekanntesten ICOs dieser Zeit zählen EOS mit Einnahmen von 4,2 Mrd. USD und Telegram mit Einnahmen von 1,5 Mrd. USD.

   Ab 2018 setzte ein starker und nachhaltiger Rückgang der Investitionsbereitschaft am ICO-Markt ein. Zunächst ist anzumerken, dass dies bei Hypes eine durchweg normale Entwicklung darstellt (siehe dazu bspw. den Hype Cycle von Gartner, 2023). Des Weiteren war das erste Quartal des Jahres 2018 von starken und nachhaltigen Kursverlusten am Kryptomarkt gekennzeichnet. Die Periode bis Mitte 2020 wurde daher gemeinhin als **Kryptowinter** bezeichnet. Hinzu kam die Ernüchterung der Investoren aufgrund des Scheiterns vieler ICO-Projekte. Dies ging nicht selten mit einer vollständigen Abwertung der erworbenen Utility Token einher. Obgleich dies im Risikokapitalbereich durchaus als normal gilt, so offenbarten nicht wenige gescheiterte ICO-Projekte grundsätzliche Mängeln in Bezug auf die gewöhnliche Unternehmensführung sowie die Einhaltung der regulatorischen Compliance (exemplarisch dafür ist das 2017 gegründete Unternehmen Envion, welches 2018 im Rahmen eines ICO 100 Mio. USD einnehmen konnte und noch im selben Jahr, hauptsächlich infolge eines Zerwürfnisses zwischen den Gründern und den Geschäftsführern, liquidiert werden musste; einen Überblick bietet bspw. Grundlehner, 2019). Schließlich wurde die während des Hypes häufig unreflektierte Investitionsbereitschaft, nicht zuletzt aufgrund der fehlenden oder schwachen Regulierung bzw. Aufsicht, von **kriminellen ICO-Scamern** (Betrügern) oft schamlos und nahezu plump ausgenutzt. Im einfachsten Fall wurden die Gelder nach einem ICO von den Initiatoren einfach abgezogen (**Exit Scam** oder **Rugpulls**), so beispielsweise im Falle des Pincoin Scams, in welchem das vermeintliche Unternehmen „Modern Tech" mit damaligem Sitz in Vietnam 660 Mio. USD erbeuten konnte (KryptoGuru, 2022). In anderen Fällen wurden die Anleger beispielsweise mithilfe von **Schneeballsystemen** um ihre Investitionen erleichtert. Im Rahmen des „Onecoin-Scams", des vermutlich bekanntesten Scams in der bisherigen Kryptogeschichte, wurden insgesamt 4 Mrd. USD von den Anlegern erbeutet (Scharfman, 2023, S. 35 ff., 125 ff.). Die ab Mitte 2018 bis zum heutigen Tage stark eingebrochenen Einnahmezahlen lassen einen nachhaltigen Vertrauensverlust in ICOs vermuten (Kap. 6). Obgleich die Anzahl der ICOs in den Jahren 2021 und 2022, vermutlich infolge der starken Kurszuwächse am Kryptomarkt, nochmals gestiegen ist, so konnten die Einnahmen aus den Jahren 2017 und 2018 nicht mehr erreicht werden (siehe bspw. Cryptorank, 2023).

2. Im Gegensatz zu einem ICO werden bei einem STO **tokenisierte Wertpapiere** emittiert, deren Ausgabe in den meisten Rechtsordnungen von den jeweiligen, dort geltenden, Wertpapiergesetzen erfasst ist. Aufgrund der dadurch entstehenden höheren Transaktionskosten und wegen zum Teil noch offener Rechtsfragen in Bezug auf die praktische Anwendung der jeweiligen Wertpapiergesetze, haben STOs bislang noch keine dem ICO-Hype vergleichbare Entwicklung erfahren. Auf lange Sicht wird STOs gemeinhin jedoch ein größeres Zukunftspotenzial als ICOs zugesprochen. So hat beispielsweise die Schweizer Börse SIX bereits 2019 mit dem „SIX Digital Exchange" eine der ersten Plattformen für den blockchain-basierten Wertpapierhandel eröffnet (APA, 2018). Auch die Europäische Union hat mit der Veröffentlichung des **DLT Pilot Regimes** (VO (EU) 2022/858) am 2. Juni 2022 ihre grundsätzliche Bereitschaft zur Öffnung der traditionellen Marktinfrastrukturen gezeigt. Mit der vorläufig auf drei Jahre befristeten Pilotregulierung wurde eine **Regulatory Sandbox** (Testumgebung) für den Handel und die Abwicklung von Finanzinstrumenten auf DLT-Basis geschaffen. Erst die dadurch gewonnenen Erkenntnisse werden zeigen, wohin die Reise gehen wird.

Da das Feld der blockchain-basierten Finanzierungsmöglichkeiten noch vergleichsweise jung ist, hält sich die Fachliteratur in Grenzen. Die meisten wirtschaftlichen Fachartikel fokussieren sich auf die Erfolgsfaktoren, Transaktionskosten und/oder die allgemeinen Stärken und Schwächen dieser neuen Finanzierungsmethode (so bspw. Venslaviene et al., 2023; Thies et al., 2022; Ortolani, 2022; Lee & Parlour, 2022; Belitski & Boreiko, 2022; Schückes & Gutmann, 2021; Gan et al., 2021; Obukhova, 2020; Gächter I. & Gächter M., 2021; Zander, 2019). Dem rechtlich interessierten Leser können bspw. die nachfolgend angeführten Werke empfohlen werden: Zhao et al., 2021; Nathmann, 2019; Höhlein & Weiss, 2019; Hanten & Sacarcelik, 2019; Dobrauz-Saldapenna & Schrackmann, 2019; Collomb et al., 2019; Aschenbeck & Drefke, 2018; Zickgraf, 2018; Klöhn et al., 2018; Essebier & Bourgeois, 2018; Eggen, 2018; Eggen et al., 2018; Brocker & Klebeck, 2018.

9.4 Diskussion

Die Blockchain war in den vergangenen Jahren einer der größten Innovationstreiber im Bereich der Finanztechnologie, weshalb dort die interessantesten Diskussionen stattgefunden haben bzw. nach wie vor stattfinden.

Aus technischer Perspektive wurde und wird vor allem die **mangelnde Skalierbarkeit der Blockchain** diskutiert (sieh z. B. Schär, 2021, S. 21; Agrawal, 2021, S. 17, 42; Julie et al., 2021, S. 66, 127, 131; Raj et al., 2021, S. 135; Chowdhury, 2020, S. 157, 159; Pawar et al., 2021 oder Xu et al., 2023). Seit Jahren wird der Vergleich mit „VisaNet", dem Netzwerk des Finanzdienstleisters Visa Inc., bemüht, welches nach eigenen Angaben in der Lage ist, über 65.000 Transaktionen in der Sekunde (TPS) zu verarbeiten (Visa Inc., 2023). Bitcoin erreicht im Vergleich dazu gerade einmal 7 TPS, Ethereum immerhin schon 20 TPS, Dash bereits 56 TPS und Ripple gar 1500 TPS. Während die Einen um technische Lösungen für eine Erhöhung der Skalierbarkeit ringen (z. B.: Second Layer Lösungen, Sharding – also die Teilung großer Datenblöcke – oder gar neue Blockchain-Architekturen), so kritisieren die Anderen die Reduktion der Diskussion auf einen Parameter. Wie das **Skalierungstrilemma** zeigt, geht die Erhöhung der (Transaktions-)Geschwindigkeit notgedrungen zu Lasten zweier anderer Werte, nämlich der Dezentralität und der Sicherheit (Sanka & Cheung, 2021; Teoh, 2022). Solange keine überzeugende technische Lösung für dieses Problem gefunden wird oder der Gesamtfortschritt der Technologie nicht einzelne Parameter in den Hintergrund drängt, wird die jeweils benötigte Anforderung entscheiden, welchem Parameter der Vorzug zu geben ist.

Eine weitere technische Diskussion, auf welche hier nur am Rande eingegangen werden soll, ist die **Nachhaltigkeitsdebatte** (Kap. 8). Der oft angeführte Umstand, Bitcoin verbrauche so viel Strom wie das Land xy (z. B. Sedlmeir et al., 2020b, S. 392), hätte 2022 im Rahmen der parlamentarischen Diskussionen zur MiCAR beinahe zu einem indirekten Verbot von „energieverschwendenden" Konsensmechanismen in der EU geführt. Dies wäre einem de-facto-Verbot von Bitcoin gleichgekommen (Hoppmann & Scheider, 2022). In Diskussion steht dabei nicht die Tatsache des Stromverbrauchs an sich, sondern ob dieser in Relation zum Nutzen der Technologie steht (Sedlmeir et al., 2020a, b; Dölle, 2018; Dittmar & Praktiknjo, 2019). Ein Ausweichen auf **energieeffizientere Konsensalgorithmen**, wie beispielsweise Proof of Stake, scheint naheliegend. So wurde beispielsweise das Ethereum-Netzwerk im August 2022 von **Proof of Work (PoW)** auf **Proof of Stake (PoS)** umgestellt, wobei der Energieverbrauch schätzungsweise um 99 % gesenkt werden konnte (Kannenberg, 2022). Kritikern zufolge ist PoS jedoch kein Allheilmittel, sondern schlimmstenfalls mit einem Verlust der (Manipulations-)Sicherheit und/oder Dezentralität des Systems verbunden (Wobst, 2019, S. 101; Scheider, 2019). Ob dies durch die neuen, zumeist außerhalb der reinen Technologie liegenden, Gegenmassnahmen (z. B. Slashing: Bestrafung malversiven Verhaltens von Validatoren durch die Community) gleichwertig zu PoW abgefedert werden kann, ist derzeit noch nicht gesichert (siehe auch Boerger et al., 2022; Friedman & Ormiston, 2022; Muthu, 2022; Parmentola et al., 2022).

Blockchain: Konsens- und Validierungsverfahren

Da es auf einer Blockchain für die Validierung (Prüfung) eines neuen Blocks keine zentrale Instanz gibt, gelangen für diese Aufgabe verteilte Konsensfindungs- und Validierungsverfahren (kurz Konsensmechanismen oder „Proof-of"-Verfahren) zum Einsatz. Die Bekanntesten sind Proof of Work (PoW; z. B. Bitcoin) oder Proof of Stake (PoS; z. B. Ethereum). Das Proof-Verfahren entscheidet darüber, welche Node den nächsten Block erstellen, validieren und verteilen darf. Die anderen Nodes prüfen den neu erzeugten Block unabhängig voneinander. Wird der Block für korrekt befunden, wird er dem eigenen Datenbestand hinzugefügt, andernfalls wird er verworfen.

Beim PoW-Mechanismus darf (untechnisch und grob vereinfacht gesprochen) derjenige den Block erzeugen, der als erstes ein bestimmtes mathematisches „Rätsel" löst (zumeist das Finden eines kleinen Block-Hashes, sprich mit einer vorgegebenen Anzahl führender Nullen). Da es so angelegt ist, dass es ausschließlich mittels „Trial and Error" gelöst werden kann, ist die zur Verfügung stehende Rechenleistung (die sogenannte Hashrate) von entscheidender Bedeutung. Da es im Schnitt innerhalb einer vorbestimmten Zeitspanne gelöst werden sollte (bei Bitcoin beispielsweise im Durchschnitt binnen 10 min), passt das System den Schwierigkeitsgrad automatisch an. Diejenigen, die um die Erstellung eines Blocks konkurrieren, werden in PoW-Systemen als Miner bezeichnet. Als Entschädigung für ihren Aufwand erhalten die Miner vom System zumeist einen Anteil des blockchain-eigenen Token (bei Bitcoin wird dieser „Reward" alle vier Jahre halbiert, was als „Halving" bezeichnet wird) sowie die aus dem jeweiligen Block stammenden Transaktionsgebühren. Es bedarf keiner weiteren Erklärung, dass dieser Mechanismus mit anwachsender verfügbarer Hashrate einen erhöhten Stromverbrauch generiert. Allerdings wird er gerade deshalb – eine ausreichende Dezentralisierung vorausgesetzt (sprich: sofern kein Miner eine Rechenkapazität > 50 % besitzt) – als verhältnismäßig robust bzw. sicher angesehen, da dieser Stromverbrauch von Angreifern nicht ohne weiteres substituiert werden kann. Weitere Elemente, wie beispielsweise die „Longest Chain Rule" werden gegenständlich bewusst ausgelassen, da dies den Rahmen der Darstellung sprengen würde. Siehe dazu die unten angeführte Literatur.

Beim PoS-Verfahren darf diejenige Node den Block erzeugen, die das grösste Volumen an blockchain-eigenen Token in einem Smart Contract „staked" (also dort hinterlegt und für eine gewisse Zeitperiode sperrt). Um mögliche Monopolstellungen zu verhindern, erfolgt eine Zufallsauswahl, wobei die Größe des jeweiligen Stakes nur im Rahmen einer Gewichtung berücksichtigt wird. Während das PoS-Verfahren einige Probleme des PoW-Verfahrens löst (so sind bsp. 51 %-Attacken ausgeschlossen, weiteres ist der Energieverbrauch ca. 99 % geringer als bei PoW) so fehlt es dem Verfahren bsp. an einem zwingenden Anreiz zur Erzeugung der längsten Blockkette. Dieses u. a. als „noting-at-stake" bezeichnete Problem kann beispielsweise mit der Einführung von Sanktionen (z. B.: Slashing; Entzug eines Anteils der gestakten Token) begegnet werden. Kritiker bemängeln, dass es sich dabei um einen außerhalb der Technologie liegenden Mechanismus handelt, bei dem eine speziell dafür vorgesehene Rolle in das System eingreifen muss. Diesen Rollen müsse man nun wieder, entgegen der ursprünglichen Idee, vertrauen. In der Praxis wird dies jedoch durch entsprechende Anreizmechanismen gelöst. Obgleich PoS noch nicht so lange erprobt ist wie PoW, so scheint der Ansatz vielversprechend zu sein.

Daneben gibt es beispielsweise noch Delegated Proof of Stake (DPoS: eine nach Stake gewichtete Abstimmung über die Wahl des Blockerzeugers), Proof of Authority (PoA: die Zufallsauswahl wird mit der Reputation der Nodes gewichtet); Proof of Burn (PoB: die Zufallsauswahl wird mit der Vernichtung einer bestimmten Anzahl an Token gewichtet oder an diese gekoppelt), Proof of Space (PoSpace: die Zufallsauswahl wird mit der Zuweisung einer gewissen Menge an Speicher, Rechner-Kapazität oder „space-time" gekoppelt) und viele mehr.

Siehe im Detail dazu u. a. Agrawal, 2021, S. 37 ff.; Chowdhury, 2020, S. 18 ff.; Julie et al., 2021, S. 98 ff.; recht detailliert Raj et al., 2021, S. 66 ff. und Pohlmann, 2022, S. 524 ff. Wer noch tiefer in die technischen Details eintauchen möchte, sei bsp. auf die Entwicklerhandbücher von Andreas Antonopoulos und Gavin Wood verwiesen (Antonopoulos, 2018; Antonopoulos et al., 2019; Antonopoulos und Wood 2019).

Neben diesen grundlegenden technischen Schauplätzen waren und sind die allgemeinen Debatten rund um die Blockchain-Technologie vor allem rechtspolitischer Natur.

Auf der Metaebene ist die Grundsatzfrage um die **Regulierung** von Innovation (neu) entbrannt (dazu weiterführend etwa Yadav & Brummer, 2019, S. 237 ff.; Zetsche et al., 2017, S. 34 ff.; Omarova, 2020, S. 108 ff.) Wie die MiCAR gezeigt hat, sind klassische Gesetzesinitiativen kaum in der Lage, der rasanten technologischen und sozialen Entwicklung standzuhalten. Obgleich die MiCAR verhältnismäßig schnell verabschiedet werden konnte, so mussten noch während des Prozesses neu aufgekommene Themen, wie beispielsweise „Non Fungible Token (NFT)" oder „Decentralized Finance (DeFi)", vorerst ausgeklammert und deren Regulierung zugunsten des Abschlusses der eigentlichen Initiative auf einen späteren Zeitpunkt vertagt werden.

Auf Ebene der praktischen Rechtsanwendung war die Anfangszeit der Blockchain-Technologie von einer starken Unsicherheit in Bezug auf die (Nicht-)Anwendbarkeit diverser Finanzmarktregularien auf Blockchain-Sachverhalte geprägt. Diskutiert wurde und wird – in gewissen Ländern zum Teil bis heute -, ob und falls ja, welche Token regulatorisch erfasste Finanzprodukte (z. B. Finanzinstrumente) und/oder Zahlungsmittel (z. B. E-Geld) sind und ob gewisse Tätigkeiten auf und mithilfe der Blockchain allenfalls erlaubnispflichtige Finanzdienstleistungen darstellen. Ab 2018 formierten sich einige **nationale Gesetzesinitiativen**, die zumindest im jeweiligen Land für ein gewisses Mass an Rechtssicherheit sorgen sollten (einen gelungenen Überblick bieten beispielsweise Maume et al., 2022 in Part C, den Country Reports; weiters siehe Omlor & Link, 2021 für Deutschland bzw. ab Teil 7 für Liechtenstein, Österreich und Luxemburg). Im Juni 2023 wurde schließlich die **MiCAR** veröffentlicht, welche bis 2025 für eine einheitliche Rechtsanwendung und somit für mehr Rechtssicherheit im europäischen Binnenmarkt sorgen soll. Die Verordnung ist in Ihrem Ansatz der MiFID2, der Prospektverordnung (VO (EU) 2017/1129) und der Marktmissbrauchsverordnung (VO (EU) Nr. 596/2014) nachgezeichnet (siehe auch Maume, 2022b, S. 462) und reguliert insbesondere das **öffentliche Angebot spezifischer Kryptowerte** sowie die Tätigkeit von **Kryptodienstleistern**. Sie enthält des Weiteren ein Kapitel zum Thema **Marktmissbrauch**. Der auffallend intensiven Regulierung vermögenswertereferenzierter Token und E-Geld-Token (untechnisch: **Stablecoins**) ist eine breite Debatte im Zusammenhang mit der von Meta Platforms Inc. (vormals

Facebook Inc.) geplanten Währung „Libra" vorausgegangen. Da Stablecoins als potenziell gefährlich für die Finanzstabilität eingestuft werden (dazu weiterführend etwa FSB, 2020, S. 7 ff.) bedarf deren öffentliches Angebot gemäss MiCAR künftig einer eigenen Zulassung als „Stablecoin-Emittent". Ob und inwieweit die MiCAR insgesamt zu einem Aufschwung des europäischen Kryptomarktes führen wird, wie sich dies die Europäische Union gemäss den Erläuterungen erhofft, wird sich in der Praxis erst noch zeigen. Einen ersten Überblick über das Thema bieten bsp. Aubrunner & Tatschl, 2022; Maume, 2022a, b; Aubrunner & Reder, 2023; Tobler, 2023; Michel & Schmitt, 2023; Richter & Schlüter, 2023; Toman & Schinerl, 2023; Feger & Gollasch, 2022; Appel, 2023. Während die derzeitige Fachliteratur entweder einen groben Überblick über die MiCAR vermittelt oder lediglich eine spezifische Problemstellung behandelt, so werden im Laufe der Jahre 2024/2025 einige Kommentare und Fachbücher zum Thema erwartet.

Die Rolle von Blockchain und Kryptowährungen wurde lange Zeit auch im Zusammenhang mit den Themen **Kriminalität**, **Geldwäscheprävention** (AML) und **Antiterrorismusfinanzierung** (CFT) intensiv diskutiert. Bereits 2014 hat sich die Financial Action Task Force on Money Laundering (FATF) mit ihrem Report über Virtuelle Währungen (FATF, 2014) dem Thema ausführlich angenommen und ihre dahingehenden Empfehlungen in der Folge sukzessive ausgebaut (zur FATF siehe bsp Staffler, 2022, S. 77 f., 245). Die sich daraus weltweit ableitenden Regulierungsregime wurden und werden infolgedessen immer engmaschiger (vgl. bspw. bereits die europäische 5. Geldwäscherichtlinie (EU) 2015/849). Insbesondere durch die voranschreitende Regulierung der sogenannten „**On- und Off-Ramps**" – darunter werden Plattformen verstanden, die den Erwerb und Verkauf von Kryptowährungen ermöglichen – und den sich dadurch weltweit ausweitenden „Know Your Customer"- und Transaktionsanalyseregimen (darunter wird insbesondere die Verpflichtung der On- und Off-Ramps zur Kontrolle und Überwachung ihrer Kund:innen sowie deren Transaktionsverhalten verstanden), wird es für Kriminelle zunehmend schwerer, inkriminierte Kryptowährungen zu verkaufen oder diese einzusetzen. Obgleich der Kampf gegen die Kryptokriminalität noch lange nicht vorüber ist, so haben nicht zuletzt die eben genannte Massnahmen dazu geführt, dass der Kryptomarkt zwischenzeitig in einem etwas bessern Licht erscheint. Allen an der Entwicklung der kriminellen Aktivitäten Interessierten, sei insbesondere der seit 2019 jährlich erscheinende „**Crypto Crime Report**" des Unternehmens Chainalysis empfohlen. Einen gelungenen Überblick über die gängigsten Betrugsszenarien am Kryptomarkt bietet auch Scharfman, 2023.

Abseits der soeben skizzierten allgemeinen rechtspolitischen Diskussionsschauplätze, werden derzeit vor allem die jüngsten Hypes bzw. Trends diskutiert. Dazu zählen insbesondere „Non Fungible Token (NFT)", die „Decentralized Autonomous Organization (DAO)" und „Decentralized Finance (DeFi)":

1. Unter einem **NFT** versteht man grundsätzlich einen einmaligen und daher nicht austauschbaren bzw. fungiblen Token (siehe auch Stadler & Falke, 2022, S. 84). Zumeist dient er als digitaler Besitznachweis für ein einzigartiges digitales oder physisches Asset (vgl. Rosenberger, 2023, S. 167; Isselmann, 2023, S. 26; Schima, 2022, S. 635

und Leopold, 2022, S. 116). Eines der berühmtesten Beispiele ist der auf das Werk „Everydays: The First 5000 Days" referenzierende NFT des Digitalkünstlers „beeple", welcher 2021 um rund 69,35 Mio. USD versteigert wurde. In Finanzmarktrechtlicher Hinsicht wurde lange Zeit darüber diskutiert, ob, ab wann und wie die Ausgabe, das öffentliche Angebot und das Halten von NFT finanzmarktrechtlich erfasst sind. Zumindest für den Anwendungsbereich der MiCAR hat der europäische Gesetzgeber dies implizit beantwortet. So sind einmalige und nicht fungible Kryptowerte vom Anwendungsbereich der MiCAR ausgenommen. Über die konkrete Abgrenzung des Tatbestandselemente der Einmaligkeit und Fungibilität sowie wann diese vorliegen, wird freilich noch zu diskutieren sein. Weiterführende Literatur zu NFT siehe bsp auch Ehinger & Schmid, 2022; Hoeren & Prinz, 2021; Link, 2022; Schemmel, 2022; Ertürk et al., 2021.

2. Unter einer **DAO** wird, grob vereinfacht, eine mithilfe der Blockchain-Technologie realisierte, idealtypischerweise vollständig dezentrale und hierarchiefreie Organisationsform verstanden, deren Struktur, Regeln und Steuerung direkt mittels Smart Contracts codiert wird (vgl. Feng, 2023, S. 249; Skarzauskiene et al., 2021; Dhanani & Hausman, 2022). Die bisher wohl bekannteste DAO, oftmals auch als „Ur-DAO" bezeichnet, war die aus einem Projekt von Christoph Jentzsch entstandene „The DAO", welcher jedoch infolge eines Programmierfehlers ein nur kurzes Dasein beschieden war (Hellwig et al., 2021, S. 94f.; Campbell-Verduyn, 2017, S. 157 ff.). Obgleich es weitere aktive Beispiele gibt, so ist deren praktische wirtschaftliche Relevanz derzeit noch weitgehend unklar. Auch deren rechtliche Einordung wird noch zu diskutieren sein (eingehend z. B. Schilling, 2023; Zetzsche, 2022; Santana & Albareda, 2022; Murray et al., 2021; Hanzl, 2019; Büch, 2019; Thöni, 2018; Hanzl & Rubey, 2018). Da es sich dabei nur am Rande um ein FinTech-Thema handelt, wird gegenständlich nicht weiter darauf eingegangen.

3. Demgegenüber bildet **DeFi** nicht nur ein Kernthema, sondern zurzeit auch eines der am intensivsten diskutiertesten Felder der Finanztechnologie. Unter DeFi wird eine blockchain-basierte Finanzinfrastruktur (Schär, 2021) verstanden, auf welcher den Nutzer:innen Smart-Contract-basierte und damit – zumindest in der Theorie – vollständig dezentralisierte Finanzprodukte und Zahlungsmittel zur Verfügung stehen. DeFi nutzt Smart Contracts regelmäßig zur Erstellung von Protokollen, die klassische Finanzdienstleistungen derart replizieren, dass deren Prozesse automatisiert und ohne Intermediäre durchgeführt werden. Exemplarisch kann die Kreditvergabe herangezogen werden. Während es in der klassischen Finanzwelt schon aus Gründen der Kontaktvermittlung eines Intermediärs bedarf (z. B. ein Betreiber einer Crowdlending-Plattform), werden Kreditgeber und Kreditnehmer durch die Nutzung von entsprechenden DeFi-Protokollen automatisch zusammengeführt. Auch die jeweils benötigten Sicherheiten, Limits und sonstigen Vereinbarungen bedürfen keiner Vermittlung durch einen Intermediär, sondern werden im Smart Contract codiert und im entsprechenden Anlassfall automatisch ausgeführt (z. B.: Auflösung der hinterlegten Sicherheit bei einem Unterschreiten eines gewissen Limits). Weiterführend dazu bsp. Birrer et al., 2023; Turi, 2023b; Lau et al., 2022; Makarov & Schoar, 2022; Fang et al., 2021, oder Ojog, 2021.

Trotz zahlreicher offener wirtschaftlicher und rechtlicher Fragestellungen zählt „DeFi" zu den wichtigsten Wachstumsmärkten (vgl. Zhang et al., 2023, S. 4975). Aufgrund des Umstandes, dass die jeweiligen Smart Contracts (Kap. 2) nicht etwa von einem Intermediär gegen Gebühr zur Verfügung gestellt, sondern von den Nutzer:innen eigenverantwortlich eingesetzt/verwendet werden, gibt es derzeit in den meisten Jurisdiktionen keine Anknüpfungspunkte zum klassischen Finanzmarktrecht. Aus diesem Grunde ist eine der meistdiskutierten Fragen, ob und wie man DeFi regulieren kann und/oder sollte (siehe dazu etwa Roukny, 2022; Schär, 2021, S. 171 f.; Zetzsche et al., 2020, S. 184 ff.). Die aktuell herrschende Uneinigkeit zeigt sich nicht zuletzt in der Tatsache, dass die europäische Union das Thema explizit aus der MiCAR ausgeklammert hat. Ein weiteres Diskussionsfeld in Bezug auf DeFi ist der von Fabian Schär geprägte Begriff des **Dezentralisierungstheaters** (Schär, 2021, S. 171). Während er das Konzept von DeFi grundsätzlich für durchaus interessant befindet, so kritisiert er, dass nur die wenigsten Projekte, die sich selbst als dezentral bezeichnen, auch tatsächlich dezentral sind. Vor diesem Hintergrund wird diskutiert, ob es ein reines „Decentralized" Finance in der Praxis überhaupt geben kann. Aus rechtlicher Perspektive stehen die Diskussionen rund um DeFi derzeit noch am Anfang. Aus wirtschaftlicher Perspektive ist zwar ein starker Aufschwung erkennbar, wie praxisrelevant das Thema aber tatsächlich werden wird, ist derzeit noch nicht abzusehen. Weiterführend seien beispielsweise die folgenden Werke empfohlen: Kaur et al., 2023; Kirimhan, 2023; Wronka, 2023; Dafinger & Hanzl, 2022; Grassi et al., 2022; Metelski & Sobieraj, 2022; Schaible, 2022; Scharfman, 2022 oder Silbernagl & Sillaber, 2022.

Außerhalb der bisher skizzierten Diskussionsfelder hat unseres Erachtens zuletzt noch das eng mit FinTech verbundene Thema der **finanziellen Inklusion** eine Erwähnung verdient. Der aus der Entwicklungshilfe stammende Begriff beschreibt das Ziel, dass alle Menschen weltweit einen erschwinglichen, nützlichen und fairen Zugang zu Finanzprodukten und -dienstleistungen erhalten sollen. Es handelt sich dabei um einen Schlüsselfaktor zur Erreichung von sieben aus insgesamt 17 Nachhaltigkeitszielen der Vereinten Nationen, darunter insbesondere die Bekämpfung der Armut. (World Bank Group (IBRD/IDA), 2023) Die jüngsten Entwicklungen in der Finanzbranche haben, insbesondere dank FinTech, dazu geführt, dass die Welt diesen Zielen ein wenig näher gerückt ist. So haben in den vergangenen zehn Jahren 1,2 Mrd. vormalige „unbanked people" erstmals Zugang zu Finanzdienstleistungen erhalten, wobei die Zahl der Menschen ohne Bankverbindung um 35 % zurückgegangen ist. Der Weltbank zufolge ist dies vor allem auf die Zunahme von mobilen Bankverbindungen und somit auf die Auswirkungen von FinTech auf die Finanzbranche zurückzuführen. Dennoch verbleiben auch heute noch schätzungsweise 1,7 Mrd. Erwachsene ohne Bankverbindung. (Appaya, 2021) Obgleich FinTech, insbesondere der Blockchain, ein großes Potenzial zugeschrieben wird, die noch außerhalb des Finanzsystems Verbliebenen finanziell zu inkludieren, so darf dies nicht darüber hinwegtäuschen, dass mit dem Einsatz neuer Technologien auch neue Gefahrenpotenziale (z. B. Betrug, Wettbewerbsprobleme,

Datenverluste oder unzureichend geschützte Kund:innengelder) einhergehen, die es zu mitigieren gilt. Weiterführend dazu siehe bspw. Ranabahu, 2023; Adjasi et al., 2023; G20 und Global Partnership for Financial Inclusion 2010.

Zuletzt sei noch am Rande erwähnt, dass die eben skizzierten Themen insbesondere auch vor dem Hintergrund des **Datenschutzes** (bsp. Wendehorst & Gritsch, 2021; Ammon, 2023; Hein et al., 2019), des **Steuerrechts** (bsp. Ehrke-Rabel et al., 2022; Brinkmann, 2021; Grebe & Hänchen, 2021; Stöhr, 2019), des **Strafrechts** (bsp. Koch, 2021; Brewi, 2022; Bernt, 2021) und der **IT-Sicherheit** (bsp. Kaur et al., 2023; Pohlmann, 2022) diskutiert werden. Bezüglich IT-Sicherheit wird voraussichtlich die Ende 2022 veröffentlichte und für Kryptodienstleister anwendbare Verordnung (EU) 2022/2554 über die digitale operationale Resilienz im Finanzsektor (DORA) für neuen Diskussionsstoff sorgen.

9.5 Zukunft/Ausblick

Die immer stärker voranschreitende Digitalisierung und die Blockchain haben die Finanzwelt spürbar verändert. In Anbetracht der vielen weiteren technologischen Themenfelder, wie beispielsweise der Künstlichen Intelligenz, der Augmented oder Virtual Reality sowie der Metaversen, sind weitere grundlegende Veränderungen zu erwarten. Obgleich diesbezügliche Prognosen einem Blick in die sprichwörtliche Glaskugel gleichen, zeichnen sich schon jetzt gewisse **Trends** ab.

So scheint es naheliegend zu sein, dass die Digitalisierung in zunehmendem Tempo voranschreiten wird. Dabei zeichnet sich beispielsweise ein Trend, weg vom Bargeld, hin zu **digitalen Bezahlmöglichkeiten** ab. Das Projekt der Europäischen Zentralbank (EZB) zur Einführung einer digitalen Zentralbankwährung scheint diese Annahme zu stützen. Dabei könnte ein digitaler Euro als weitere Triebkraft der Digitalisierung fungieren, vor allem wenn er in programmierbaren (Blockchain)-Anwendungen einsetzbar wäre und mittels Smart Contracts automatisierte Zahlungsprozesse realisiert werden könnten (siehe auch Balz, 2021, S. 277). Vermutlich nicht zuletzt auch angestoßen vom Projekt der EZB zum digitalen Euro und dem damit verbundenen Risiko einer Disintermediation (dazu z. B. Wiedemann & Michelle, 2022, S. 1132), bestehen in der Bankenbranche schon Überlegungen von Bankeinlagen bzw. Giralgeld in Form von blockchain-basierten Token (siehe DK, 2023; vgl. auch Wiedemann & Michelle, 2022, S. 1133 f.).

Daran ansetzend, könnten ein digitaler Euro und Giralgeld in Form von Tokens, bei entsprechender Interoperabilität, auch in Metaversen als Zahlungsmittel dienen (vgl. einschränkend Turi, 2023a, S. 9). **Metaversen** wie The Sandbox oder Decentraland, simulieren soziale Verbindungen und ökonomische Strukturen der „realen" Welt und bilden ein „metaverse" Ökosystem mit virtuellen Räumen und anderen virtuellen Gütern (Turi, 2023a, S. 4 f.; weiterführend Kap. 20). Diesbezüglich wird Bedarf für entsprechende **Metaverse-Finanzinfrastrukturen** gesehen, wobei „Metaverses" Banking" mit virtuellen Filialen nicht mehr reine Theorie ist (weiterführend Turi, 2023a, S. 4 ff.).

Technologische Fortschritte im Themenfeld der **Künstlichen Intelligenz** (Kap. 2) werden auch besonders im datenbasierten Finanzwesen Anwendungsfelder finden und die oben beschriebene Algorithmisierung weiter forcieren. Dass mit dem Einsatz von KI entsprechende Risiken für Kund:innen in der Finanzbranche einhergehen können, ist längst im öffentlichen Diskurs angekommen. Exemplarisch dafür steht, dass bereits der Vorschlag der Europäischen Kommission für ein „Gesetz über künstliche Intelligenz" aus dem Jahr 2021 z. B. KI-Systeme zur Kreditwürdigkeitsprüfung natürlicher Personen unter den so genannten „Hochrisiko-KI-Systemen" einordnet (siehe Europäische Kommission, 2021).

Die soeben exemplarisch beschriebenen Trends genügen, um zu verdeutlichen, dass die Digitalisierung auch im Finanzwesen unaufhaltsam voranschreiten wird. Die Evolution hin zu einer als **FinTech 5.0** bezeichneten Phase scheint der nächste logische Schritt zu sein. Es ist anzunehmen, dass damit einhergehend auch die Komplexität des Finanzsystems noch weiter ansteigen wird. Hierbei sollte letztlich der Staat nicht auf die finanz- und digitalwirtschaftlichen Kompetenzen der Bevölkerung (Stichwort „**Digital Financial Literacy**") vergessen und entsprechende (Weiter-)Bildungsangebote zur Verfügung stellen (weiterführend z. B. OECD, 2018).

Literatur

Adjasi, C., Hamilton, C., & Lensink, R. (2023). Fintech and financial inclusion in developing countries. In T. Walker, E. Nikbakht, & M. Kooli (Hrsg.), *The fintech disruption. How financial innovation is transforming the banking industry* (S. 297–328). Springer International Publishing; Imprint Palgrave Macmillan (Palgrave Studies in Financial Services Technology).

Agrawal, R. (Hrsg.). (2021). *Blockchain technology and the internet of things. Challenges and applications in bitcoin and security* (1. Aufl.). Apple Academic Press. https://www.taylorfrancis.com/books/9781003022688

AlgoBlocks. (2022). Crypto fundraising models: ICO, IEO, IDO, IGO, and IFO. Medium. Medium. https://medium.com/algoblocks/crypto-fundraising-models-ico-ieo-ido-igo-and-ifo-a391dfb80329. Zugegriffen am 02.05.2024.

Alt, R., & Huch, S. (2022). *Fintech dictionary. Terminology for the digitalized financial world.* Springer Fachmedien Wiesbaden GmbH (Contributions to finance and accounting). https://ebookcentral.proquest.com/lib/kxp/detail.action?docID=6940015. Zugegriffen am 02.05.2024.

Ammon, K. (2023). Datenschutzrechtliche Verantwortlichkeit im FinTech-Bereich. *DSB (Datenschutz Berater), 1*, 10.

Antonopoulos, A. M., & Wood, G. A. (2019). Mastering Ethereum. Building smart contracts and DApps.

Antonopoulos, A. M. (2018). *Bitcoin & Blockchain. Grundlagen und Programmierung. Die Blockchain verstehen, Anwendungen entwickeln* (2. Aufl.). O'Reilly.

Antonopoulos, A. M., Wood, G. A., & Klicman, P. (2019). *Ethereum – Grundlagen und Programmierung. Smart Contracts und DApps entwickeln* (1. Aufl.). O'Reilly.

APA. (2018, Juli 06). Schweizer Börse setzt auf Blockchain für Wertpapier-Handel. SIX Digital Exchange soll Mitte 2019 starten. In: *Der Standard*. https://www.derstandard.at/story/2000082975924/schweizer-boerse-setzt-auf-blockchain-fuer-wertpapier-handel. Zugegriffen am 02.05.2024.

Apesteguia, J., Oechssler, J., & Weidenholzer, S. (2020). Copy trading. *Management Science, 66*(12), 5608–5622.

Appaya, S. (2021, Oktober 26). On fintech and financial inclusion. In *World Bank Blogs; The Fintech Times* 39. https://blogs.worldbank.org/psd/fintech-and-financial-inclusion. Zugegriffen am 02.05.2024.

Appel, H. (2023). *Quick guide crypto assets. How they classify within the framework of financial market law*. Springer Fachmedien Wiesbaden/Imprint Springer Gabler.

Arner, D. W., Barberis, J. N., & Buckley, R. P. (2015). *The evolution of FinTech: A new post-crisis paradigm?* In University of Hong Kong Faculty of Law Research Paper, No 2015/047. University of Hong Kong. Faculty of Law.

Arner, D., Barberis, J., & Buckley, R. (2017). FinTech, RegTech, and the reconceptualization of financial regulation. *Northwestern Journal of International Law & Business, 37*(3), 371–413.

Arner, D., Buckley, R., Charamba, K., Sergeev, A., & Zetsche, D. (2022). Governing FinTech 4.0: BigTech, platform finance, and sustainable development. *Fordham Journal of Corporate & Financial Law, 27*(1), 1–71.

Aschenbeck, T., & Drefke, T. (2019). EU-crowdfunding-VO als (Teil-)Lösung der Regulierung von ICO. Eine vertane Chance? *RdF*, S. 12.

Aschenbeck, T., & Drefke, T. (2018). Crowdfunding. In U. Klebeck & G. Dobrauz (Hrsg.), *Rechtshandbuch digitale Finanzdienstleistungen. FinTechs, Mobile Payment, Crowdfunding, Blockchain, Kryptowährungen, ICOs, Robo-Advice. Unter Mitarbeit von Tanja Aschenbeck-Florange* (S. 91). C.H. Beck/Vahlen/Dike/LexisNexis.

Aubrunner, F., & Reder, S. (2023). MiCAR: Das Whitepaper bei sonstigen Kryptowerten. Parallelen zum traditionellen Prospektrecht: Ausblick und Herausforderungen für die Rechts- und Aufsichtspraxis. *GesRZ 2023* (3), 158.

Aubrunner, F., & Tatschl, J. (2022). Markets in Crypto-Assets Regulation (MiCAR). Regulatorische Weichenstellung in der Blockchain-Sphäre. *GesRZ, 6,* 347.

Auer, R., & Böhme, R. (2020). The technology of retail central bank digital currency. In *BIS Quarterly Review, International banking and financial market developments, March 2020* (S. 85–96). Monetary and Economic Department, Bank for International Settlements.

Auer, R., Cornelli, G., & Frost, J. (2020). Rise of the central bank digital currencies: drivers, approaches and technologies, BIS Working Papers, No 880. Monetary and Economic Department, Bank for International Settlements.

Avgouleas, E., & Seretakis, A. (2022). Governing the digital finance value-chain in the EU: MIFID II, the digital package, and the large gaps between! In E. Avgouleas & H. Marjosola, *Digital finance in Europe: Law, regulation, and governance, European company and financial law review* (Special Volume 5, S. 1–35) Walter.

BaFin. (2019). Merkblatt. Zweites Hinweisschreiben zu Prospekt- und Erlaubnispflichten im Zusammenhang mit der Ausgabe sogenannter Krypto-Token. WA 51-Wp 7100-2019/0011 und IF 1-AZB 1505-2019/0003.

BaFin. (2020, September 29). Digitalisierung, Big Data Analytics & Fintechs. https://www.bafin.de. https://www.bafin.de/DE/Verbraucher/Finanzwissen/Fintech/fintech_node.html. Zugegriffen am 21.07.2023.

Balz, B. (2021). Die Zukunft des Europäischen Zahlungsverkehrs. In A. Tietmeyer & P. Solaro (Hrsg.), *Neue Herausforderungen der Sozialen Marktwirtschaft, Das deutsche Wirtschaftsmodell in einer globalisierten, digitalen und sozial wie ökologisch fraglichen Welt* (S. 273–279). Springer Gabler.

Balz, B. (2022). Die digitale Zukunft des europäischen Zahlungsverkehrs. *Zeitschrift für das gesamte Kreditwesen, 23,* 1201–1203.

Bank for International Settlements BIS. (2019). Annual Economic Report 2019. Bank for International Settlements.

Bank for International Settlements BIS. (2021). Annual Economic Report 2021. Bank for International Settlements.

Bank for International Settlements BIS. (2022). CBDCs in emergin market economies, BIS Papers, No 123. Monetary and Economic Department, Bank for International Settlements.

Basel Committe on Banking Supervision BCBS (2018). Sound Practices – Implications of fintech developments for banks and bank supervisors. Bank for International Settlements.

Basel Committe on Banking Supervision BCBS (2020). Prudential treatment of cryptoassets exposures. Bank for International Settlements.

Bauer, H. F. (2021). *Unbarer Zahlungsverkehr und die Rolle des Zentralbankgeldes, Eine bilanztechnische Betrachtung*. Springer Gabler.

Belitski, M., & Boreiko, D. (2022). Success factors of initial coin offerings. *The Journal of Technology Transfer, 47*, 1690–1706.

Bernt, M. (2021). Kryptostrafrecht 101: zur strafrechtlichen Relevanz vonKrypto-Assets. Ein einführender Überblick. *ÖJZ, 119*(20), 924.

Bettinger, A. (1972). FINTECH: A series of 40 time shared models used at manufactures hanover trust company. *Interfaces, 2*(4), 62–63.

Birrer, T. K., Amstutz, D., & Wenger, P. (2023). *Praxishandbuch Decentralized Finance. Von der Einrichtung eines Wallets bis zur effizienten Absicherung gegen Inflation*. Springer Fachmedien Wiesbaden; Imprint Springer Gabler.

Boerger, M., Lämmel, P., Reangelov, D., & Tcholtchev, N. (2022). Die Blockchain in Logistik und Handel. *iX, 10*, 82.

Brewi, C. (2022). Bedeutung von Krypto-Assets für den strafrechtlichen Bereich. *GRAU (GRAUZONEN – Unternehmen im Recht), 30*(3), 131.

Brinkmann, M. (2021). Besteuerung der Erträge aus Kryptowährungen. In S. Omlor & M. Link (Hrsg.), *Kryptowährungen und Token* (1. Aufl., S. 617–696). Fachmedien Recht und Wirtschaft (Recht Wirtschaft Steuern – Handbuch).

Brocker, T., & Klebeck, U. (2018). ICO. Aufsicht und Haftung. *RdF*, 288.

Broer, F. (2017). Economics von Fintech-Geschäftsmodellen. *Zeitschrift für Vergleichende Rechtswissenschaft*, 189–204.

Brummer, C. (2015). Disruptive technology and securities regulation. *Fordham Law Review, 84*(3), 977–1052.

BTC-ECHO. (2023). BTC-ECHO academy. Video-Kurse und E-Learning zu Bitcoin, Blockchain & Co. Hg. v. BTC-ECHO. BTC-ECHO. https://www.btc-echo.de/academy/. Zugegriffen am 15.07.2023.

Büch, M. (2019). Segmentierte Verbandsperson (PCC) und DezentraleAutonome Organisation (DAO). InnovativeOrganisationsformen im deutschen undliechtensteinischen Internationalen Privatrecht. *SPWR*, 75.

Campbell-Verduyn, M. (2017). *Bitcoin and beyond. Cryptocurrencies, blockchains and global governance. Erscheinungsort nicht ermittelbar*. Taylor & Francis.

Chen, H.-Y., Jenweeranon, P., & Nafis, A. (2022). Introduction: Global perspectives in FinTech – Law, finance and technology. In H.-Y. Chen, P. Jenweeranon, & A. Nafis (Hrsg.), *Global perspectives in FinTech* (S. 1–8). Springer Nature/Imprint Palgrave Macmillan.

Chiu, I. H.-Y. (2016). Fintech and disruptive business models in financial products, intermediation and markets-policy implications for financial regulators. *Journal of Technology Law & Policy, 21*(1), 55–112.

Chowdhury, N. (2020). *Inside blockchain, bitcoin, and cryptocurrencies*. CRC Press Taylor & Francis Group.

Clement, R., Schreiber, D., Bossauer, P., & Pakusch, C. (2019). *Internet-Ökonomie, Grundlagen und Fallbeispiele der digitalen und vernetzten Wirtschaft* (4. Aufl.). Springer; Imprint Springer Gabler.

Cointelegraph. (2023). Initial game offering: A beginner's guide on launching an IGO. Cointelegraph. Cointelegraph. https://cointelegraph.com/learn/initial-game-offering-a-beginners-guide-on-launching-an-igo. Zugegriffen am 15.07.2023.

Collomb, A., Filippi, P. d., & Sok, K. (2019). Blockchain technology and financial regulation. A risk-based approach to the regulation of ICOs. *European Journal of Risk Regulation, 10,* 263–314.

Committee on Payment and Market Infrastructures CPMI. (2017). Distributed ledger technology in payment, clearing and settlement. An analytical framework.

Cryptorank. (2023). Token sales analytic dashboard. ICO-analytics. Cryptorank. Cryptorank.io. https://cryptorank.io/ico-analytics. Zugegriffen am 16.07.2023.

Dafinger, F., & Hanzl, M. (2022). Decentralized Exchanges – (nicht) im Anwendungsbereich des FM-GwG? *ZFR, 8,* 374.

Deuber, D., & Jahromi, H. K. (2020). Liechtensteiner Blockchain-Gesetzgebung: Vorbild für Deutschland? Lösungsansatz für eine zivilrechtliche Behandlung von Token. *MMR,* 576.

Deutsche Bundesbank, Finanzstabilitätsbericht. (2016). Frankfurt am Main.

Dhanani, A., & Hausman, B. J. (2022). Decentralized autonomous organizations. *Intellectual Property & Technology Law Journal, 34*(5), 3.

Die Deutsche Kreditwirtschaft DK. (2023). Working paper on commercial bank money token. Version 1.51 (July 3rd, 2023).

Dittmar, L., & Praktiknjo, A. (2019). Aufpoliert. Nature Climate Change veröffentlicht Widerspruch zu Erderwärmung durch Bitcoin. *c't* (20), 34.

Dobrauz-Saldapenna, G., & Schrackmann, M. A. (2019). ICO in der Schweiz. Status quo im Aufsichts- und Zivilrecht sowie aktuelle Marktentwicklung. *RdF,* 20.

Dölle, M. (2018). So richtig falsch. Warum eine vielzitierte Klima-Studie zu Bitcoin falsch liegt. *c't* (26), 30.

Dorfleitner, G., Lars, H., & Lena, W. (2020). Der deutsche FinTech-Markt im Jahr 2020. *ifo Schnelldienst, 73*(8). München: ifo Institut, Leibnitz-Institut für Wirtschaftsforschung an der Universität München e.V., 33–40.

Dorfleitner, G., & Hornuf, L. (2021). § 2 Allgemeiner Marktüberblick. In F. Möslein & S. Omlor (Hrsg.), *FinTech-Handbuch, Digitalisierung, Recht, Finanzen* (2. Aufl., S. 25–43). C.H. Beck.

Eggen, M. (2018). Was ist ein Token? Eine privatrechtliche Auslegeordnung. *AJP,* 558.

Eggen, M., Glarner, A., Hess, M., Iacangelo, S., Stengel, C., & Weber, R. H. (2018). *Positionspapier zur rechtlichen Einordnung von ICOs.* Blockchain Taskforce.

Ehinger, P., & Schmid, A. (2022). Kaufrechtliche Fragestellungen im Zusammenhang mit Non – Fungible Tokens (NFTs). *InTeR (Zeitschrift zum Innovations- und Technikrecht), 3,* 106.

Ehrentraud, J., Ocampo, D. G., & Vega, C. Q. (2020a). Regulating fintech financing: Digital banks and fintech platforms, FSI Insights on policy implementation, No 27, Financial Stability Institute, Bank for International Settlements.

Ehrentraud, J., Ocampo, D. G., Garzoni, L., & Piccolo, M. (2020b). Policy responses to fintech: A cross-country overview, FSI Insights on policy implementation, No 23, Financial Stability Institute.

Ehrentraud, J., Prenio, J., Boar, C., Janflis, M., & Lawson, A. (2021). Fintech and payments: Regulating digital payment services and e-money, FSI Insights on policy implementation, No 33, Financial Stability Institute, Bank for International Settlements.

Ehrke-Rabel, T., Domes-Hohl, S., & Hammerl, S. (2022). Non-Fungible-Token (NFTs). Eine neue Welt im Krypto-Universum aus steuerrechtlicher Sicht. *taxlex* 2022 (3), 83.

Ertürk, E., Dogan, M., Kadiroglu, Ü., & Karaarslan, E. (2021). *NFT based fundraising system for preserving cultural heritage: Heirloom.* 6th International Conference on Computer Science and Engineering.

Essebier, J., & Bourgeois, J. (2018). *Die Regulierung von ICOs.* AJP.

Europäische Kommission. (2018). FinTech-Aktionsplan: Für einen wettbewerbsfähigeren und innovativeren EU-Finanzsektor, COM(2018) 109 final.

Europäische Kommission. (2021). Vorschlag für eine Verordnung zur Festlegung harmonisierter Vorschriften für Künstliche Intelligenz (Gesetz über Künstliche Intelligenz), vom 21.4.2021, COM(2021) 206 final, 2021/0106(COD).

Europäische Kommission. (2023a). Vorschlag für eine Verordnung zur Einführung des digitalen Euro, vom 28.6.2023, COM(2023) 369 final, 2023/0212(COD).

Europäische Kommission. (2023b). Vorschlag für eine Verordnung über die Erbringung von Diensten im Zusammenhang mit dem digitalen Euro durch Zahlungsdienstleister mit Sitz in Mitgliedstaaten, deren Währung nicht der Euro ist, vom 28.6.2023, COM(2023) 368 final, 2023/0211(COD).

Europäische Wertpapier- und Marktaufsichtsbehörde ESMA. (2022). Final report. Guidelines on certain aspects of the MiFID II suitability requirements, ESMA35-43-3172.

Europäische Zentralbank EZB. (2020). Report on a digital euro. .

Europäische Zentralbank EZB. (2023). A stocktake on the digital euro – Summary report on the investigation phase and outlook on the next phase. Frankfurt am Main.

Fang, L., Hor, B., Azmi, E., & Win, K. W. (2021). *So geht DeFi: Für Fortgeschrittene. Mit Decentralized Finance in die Finanzwelt von morgen* (1. Aufl.). Reading.Capital.

FATF. (2014). Virtual currencies. Key definitions and potential AML/CTF Risks.

Feger, A., & Gollasch, R. S. (2022). MiCAR – Ein erster Überblick für Compliance-Beauftragtezur Krypto-Regulierung. *CB, 7*, 248.

Feng, R. (2023). *Decentralized insurance. Technical foundation of business models* (1. Aufl.). Springer International Publishing/Imprint Springer (Springer Actuarial).

Feyen, E., Frost, J., Gambacorta, L., Natarajan, H., & Saal, M. (2021). Fintech and the digital transformation of financial services: Implications for market structure and public policy, BIS Papers, No 117. Monetary and Economic Department, Bank für International Settlements.

Financial Stability Board, FSB. (2017a). Financial stability implications from FinTech, supervisory and regulatory issues that merit authorities' attention.

Financial Stability Board, FSB. (2017b). Artificial intelligence and machine learning in financial services Market developments and financial stability implications.

Financial Stability Board, FSB. (2019a). FinTech and market structure in financial services: Market developments and potential financial stability implications.

Financial Stability Board, FSB. (2019b). BigTech in finance. Market developments and potential financial stability implications.

Financial Stability Board, FSB. (2020). Regulation, supervision and oversight of "Global Stablecoin" arrangement. Final Report and High-Level Recommendations.

Friedman, N., & Ormiston, J. (2022). Blockchain as a sustainability-oriented innovation? Opportunities for and resistance to Blockchain technology as a driver of sustainability in global food supply chains. *Technological Forecasting & Social Chang*, 175.

Frost, J., Gambacorta, L., Huang, Y., Shin, H. S., & Shinden, P. (2019). BigTech and the changing structure of financial intermediation, BIS Working Paper, No 779. Monetary and Economic Department, Bank for International Settlements.

G20; Global Partnership for Financial Inclusion. (2010). Innovative financial inclusion. Principles and report on innovative financial inclusion from the access through innovation sub-group of the G20 financial inclusion experts group. G20.

Gächter, I., & Gächter, M. (2021). Success factors in ICOs. firm characteristics or lucky timing? *Finance Research Letters, 40*, 101715. https://www.sciencedirect.com/science/article/abs/pii/S1544612320300866?via%3Dihub. Zugegriffen am 02.05.2024.

Gan, J. R., Tsoukalas, G., & Netessine, S. (2021). Initial coin offerings, speculation, and asset tokenization. *Management Science, 67*(2), 914–931.

Gartner. (2023). Gartner hype cycle. Wie man Technologie-Hype interpretiert. Gartner. gartner.de. https://www.gartner.de/de/methoden/hype-cycle. Zugegriffen am 02.05.2024.

Gerner-Beuerle, C. (2022). Algorithmic trading and the limits of securities regulation. In E. Avgouleas & H. Marjosola (Hrsg.), *Digital finance in Europe: Law, regulation, and governance, European company and financial law review* (Special Volume 5, S. 109–140). Walter.

Gimpel, H., Rau, D., & Röglinger, M. (2018). Understanding FinTech start-ups – A taxonomy of consumer-oriented service offerings. *Electronic Markets, 28*, 245–264.

Goldstein, I., Jiang, W., & Karolyi, G. A. (2019). To FinTech and beyond. *The Review of Financial Studies, 32*(5), 1647–1661.

Gomber, P., Koch, J.-A., & Siering, M. (2017). Digital finance and FinTech: Current research and future research directions. *Journal of Business Economics, 87*, 537–580.

Grassi, L., Lanfranchi, D., Faes, A., & Renga, F. M. (2022). Do we still need financial intermediation? The case of decentralized finance (DeFi). *Qualitative Research in Accounting & Management, 19*(3), 323–347.

Grebe, C., & Hänchen, C. (2021). Umsatzsteuerrecht. In S. Omlor & M. Link (Hrsg.), *Kryptowährungen und Token* (1. Aufl., S. 670–698). Fachmedien Recht und Wirtschaft (Recht Wirtschaft Steuern – Handbuch).

Grundlehner, W. (2019, Dezember 13). Vieles ist beim Zuger Skandal-ICO von Envion anders als ursprünglich berichtet. *NZZ (Neue Zürcher Zeitung)*. https://www.nzz.ch/finanzen/vieles-scheint-beim-zuger-skandal-ico-von-envion-anders-als-urspruenglich-berichtet-ld.1521760. Zugegriffen am 02.05.2024.

Hahn, C., & Wons, A. (2018). Initial Coin Offering (ICO). Unternehmensfinanzierung auf Basis der Blockchain-Technologie. Springer Fachmedien Wiesbaden (essentials). https://doi.org/10.1007/978-3-658-21787-7

Hanten, M., & Sacarcelik, O. (2019). Zivilrechtliche Einordnung von Kryptowährungen und ICO-Token und ihre Folgen. *RdF*, 124.

Hanzl, M. (2019). Decentralized Autonomous Organization („DAO"). Notwendigkeit eines neuen Gesellschaftstyps? *ÖJZ* (7), 239.

Hanzl, M., & Rubey, T. (2018). Blockchain – frischer Wind im Gesellschaftsrecht? *GesRZ* (2), 102.

Hein, C., Wellbrock, W., & Hein, C. (2019). Rechtliche Herausforderungen von Blockchain-Anwendungen. Straf-, Datenschutz- und Zivilrecht. Springer Fachmedien Wiesbaden (essentials). https://doi.org/10.1007/978-3-658-24931-1

Hellwig, D., Karlic, G., & Huchzermeier, A. (2021). Entwickeln Sie Ihre eigene Blockchain. Ein praktischer Leitfaden zur Distributed-Ledger-Technologie. 1. Aufl. Springer Berlin Heidelberg. http://nbn-resolving.org/urn:nbn:de:bsz:31-epflicht-1870133. Zugegriffen am 02.05.2024.

Hill, J. (2018). *FinTech and the remaking of financial institutions*. Academic Press.

Himmer, K. (2019). *Blockchain-basiertes Fundraising als innovative Alternative der Unternehmensfinanzierung. Eine steuer- und aufsichtsrechtliche Analyse*. Springer Gabler.

Hoeren, T., & Prinz, W. (2021). Das Kunstwerk im Zeitalter der technischen Reproduzierbarkeit – NFTs (Non-Fungible Tokens) in rechtlicher Hinsicht. Was Blockchain-Anwendungen für den digitalen Kunstmarkt bewirken können. *CR* (8), 565.

Höhlein, T., & Weiss, H. (2019). Krypto-Assets, ICO und Blockchain. Prospektrechtliche Perspektive und aufsichtsrechtliche Praxis. *RdF*, 116.

Hoppmann, D., & Scheider, D. (2022). Skandal um Bitcoin-Regulierung im EU-Parlament. *BE (BTC-Echo)* (04), 6.

Iannarone, N. G. (2018). Computer as confidant: Digital investment advice and the fiduciary standards. *Chicago-Kent Law Review, 93*(1), 142–163.

Isselmann, J. (2023). Non-Fungible Tokens (NFTs) & Web3. Neue Produktwelten für den Finanzmarkt. *Wirtschaftsinformatik & Management, 15*, 20.

Ji, M. (2017). Are robots good fiduciaries? Regulating robo-advisors under the Investment Advisers Act of 1940. *Columbia Law Review, 117*, 1543–1583.

John, C. (2021). What are WHO, SHO, IEO, IGO, IFO, IDO Fundraising Models? Coinspeaker. Co-inspeaker. https://www.coinspeaker.com/guides/what-are-who-sho-ieo-igo-ifo-ido-fundraising-models-2/. Zugegriffen am 15.07.2023.

Julie, G., Nayahi, J. J. V., & Zaman, N. (Hrsg.). (2021). Blockchain technology. Fundamentals, applications, and case studies. First edition. Boca Raton, FL: CRC Press (Internet of everything (IoE). Security and privacy paradigm). https://www.taylorfrancis.com/books/9781003004998. Zugegriffen am 02.05.2024.

Kannenberg, A. (2022). Konsens fürs Klima. Kryptowährung Ethereum stellt auf Proof of Stake um. *c't* (20), 42.

Kaulartz, M., & Matzke, R. (2018). Die Tokenisierung des Rechts. *NJW*, 3278.

Kaur, G., Habibi Lashkari, A., Sharafaldin, I., & Habibi Lashkari, Z. (2023). *Understanding cybersecurity management in decentralized finance. Challenges, strategies, and trends.* Springer International Publishing; Imprint Springer (Financial Innovation and Technology).

Kerényi, Á., & Molnár, J. (2017). The impact of the Fintech phenomenon – Radical change occurs in the financial sector? *Financial and Economic Review, 16*(3), 32–50.

Kirimhan, D. (2023). Importance of anti-money laundering regulations among prosumers for a cybersecure decentralized finance. *Journal of Business Research*, Artikel 113558.

Klöhn, L., & Hornuf, L. (2012). Crowdinvesting in Deutschland. *Zeitschrift für Bankrecht und Bankwirtschaft, 24*(4), 237–320.

Klöhn, L., Parhofer, N., & Resas, D. (2018). Initial Coin Offerings (ICOs). Markt, Ökonomik und Regulierung. *JBB, 30*(2), 89–140.

Koch, A. (2021). Strafrecht. In S. Omlor & M. Link (Hrsg.), *Kryptowährungen und Token* (1. Aufl., S. 841–904). Fachmedien Recht und Wirtschaft (Recht Wirtschaft Steuern – Handbuch).

Krönke, C. (2020). *Öffentliches Digitalwirtschaftsrecht, Grundlagen – Herausforderungen und Konzepte – Perspektiven.* Mohr Siebeck.

KryptoGuru. (2022). Pincoin Scam – ein Unternehmen, zwei Scams. KryptoGuru. KryptoGuru. https://krypto-guru.de/krypto-scam/pincoin-scam-ifan-scam/. Zugegriffen am 16.07.2023.

Kumpan, C. (2021). § 29 Interessenswahrung durch Robo-Advisors. In F. Möslein & S. Omlor (Hrsg.), *FinTech-Handbuch, Digitalisierung, Recht, Finanzen* (2. Aufl., S. 739–758). C.H. Beck.

Langenbucher, K., & Corcoran, P. (2022). Responsible AI Credit Scoring – A Lesson from Upstart. com. In E. Avgouleas & H. Marjosola (Hrsg.), *Digital finance in Europe: Law, regulation, and governance, European company and financial law review* (Special Volume 5, S. 141–179). Walter de Gruyter.

Lau, D., Lau, D., Jin, T. S., Kho, K., Azmi, E., Hor, B., et al. (2022). *So geht DeFi. Für Einsteiger.* Reading.Capital VerlagsUG.

Lee, J., & Parlour, C. A. (2022). Consumers as financiers: Consumer surplus, crowdfunding, and initial coin offerings. *The Review of Financial Studies, 35*, 1105–1140.

Lehmann, M. (2020). Global rules for a global market place? – The regulation an supervision of FinTech providers. *Boston University International Law Journal, 38*(1), 118–156.

Leopold, S. (2022). Ist alles Gold, was glänzt? NFTs im Kunstbereich. *GRAU (GRAUZONEN – Unternehmen im Recht), 27*(3), 115.

Lerner, J., & Tufano, P. (2011). *The consequences of financial innovation: A counterfactual research agenda,* NBER working paper, no 16780, S. 1–92.

Lerner, T. (2012). *Mobile Payment. Technologien, Strategien, Trends und Fallstudien.* Springer Vieweg.

Link, M. (2022). Wie kommt der Affe in die Bücher? Zur handels- und steuerbilanziellen Behandlung von Non – Fungible Token (NFT). *BB* (29–30), 1706.

Macchiavello, E., & Alibrandi, A. S. (2022). Marketplace lending as a new means of raising capital in the internal market: True disintermediation or reintermediation?. In E. Avgouleas & H. Marjosola (Hrsg.), *Digital finance in Europe: Law, regulation, and governance, European company and financial law review* (Special Volume 5, S. 37–85) Walter.

Makarov, I., & Schoar, A. (2022). Cryptocurrencies and Decentralized Finance (DeFi). In *Brookings Papers on Economic Activity* (S. 41–196).

Maume, P. (2021). Robo-advisors. How do they fit in the existing EU regulatory framework, in particular with regard to investor protection? Policy Department for Economic, Scientific and Quality of Life Policies, European Parliament.

Maume, P. (2022a). Die Verordnung über Märkte für Kryptowerte (MiCAR). Stablecoins, Kryptodienstleistungen und Marktmissbrauchsrecht. *RDi*, 497.

Maume, P. (2022b). Die Verordnung über Märkte für Kryptowerte (MiCAR). Zentrale Definitionen sowie Rechte und Pflichten beim öffentlichen Angebot von Kryptowerten. *RDi*, 461.

Maume, P., Maute, L., & Fromberger, M. (Hrsg.). (2022). *The law of crypto assets. A handbook.* Nomos Verlagsgesellschaft/Verlag C.H. Beck.

Mazzocchini, F. J., & Lucarelli, C. (2023). *Investors' preferences in financing new ventures. A data mining approach to equity.* Springer Nature Switzerland; Imprint Palgrave Macmillan.

McCarthy, J. (2022). The regulation of RegTech and SupTech in finance: Ensuring consistency in principle and in practice. *Journal of Financial Regulation and Compliance, 31*(2), 186–199.

Metelski, D., & Sobieraj, J. (2022). Decentralized finance (DeFi) projects. A study of key performance indicators in terms of DeFi protocols' valuations. *International Journal of Financial Studies, 10*, 108.

Michel, K., & Schmitt, Y. (2023). MiCAR – Marktzugang für Kryptodienstleister. *BB* (17), 905.

Möslein, F., & Omlor, S. (2021). § 1 Einführung. In F. Möslein & S. Omlor (Hrsg.), *FinTech-Handbuch, Digitalisierung, Recht, Finanzen* (2. Aufl., S. 1–24). C.H. Beck.

Mulili, B. M. (2022). Digital Finance Inclusion: M-PESA in Kenya. In O. Adeola, J. N. Edeh, & R. E. Hinsons (Hrsg.), *Digital business in Africa. Social media an related technologies* (S. 171–191).

Murray, A., Kuban, S., Josefy, M., & Anderson, J. (2021). Contracting in the smart era. The implications of blockchain ans decentralized autonomous organizations for contracting and corporate governance. *Academy of Management Perspectives, 35*(4), 622–641.

Muthu, S. S. (Hrsg.). (2022). *Blockchain technologies for sustainability* (1. Aufl.). Springer Singapore; Imprint Springer (Environmental Footprints and Eco-design of Products and Processes).

Nathmann, M. (2019). Token in der Unternehmensfinanzierung. Rechtliche Einordnung von Initial Coin Offerings (ICO). *BKR*, 540.

Obukhova, E. A. (2020). ICO as a modern method for financing high-tech projects. *Problems of Economic Transition, 62*(4–8), 249–260.

OECD. (2018). G20/OECD INFE Policy Guidance on Digitalisation and Financial Literacy.

Ojog, S. (2021). The emerging world of decentralized finance. *Informatica Economică, 25*(4), 43.

Omarova, S. T. (2019). New Tech v. New Deal: Fintech as a systemic phenomenon. *Yale Journal on Regulation, 36*(2), 735–793.

Omarova, S. T. (2020). Technology v Technocracy: Fintech as a regulatory challenge. *Journal of Financial Regulation, 6*(1), 75–124.

Omlor, S., & Link, M. (2021). Kryptowährungen und Token. Genf, Zürich, Basel, Fachmedien Recht und Wirtschaft. SwissLex; Deutscher Fachverlag GmbH.

Omlor, S., & Möslein, F. (2022). § 34 FinTech und PayTech. In J. Ellenberger & H.-J. Bunte (Hrsg.), *Bankrechts-Handbuch, Band I* (6. Aufl., S. 1574–1607). C.H. Beck.

Ortolani, P. (2022). Is crowdfunding the future of dispute resolution financing? A European perspective. *LTZ (Legal Tech – Zeitschrift für die digitale Anwendung), 3*, 157.

Parmentola, A., Petrillo, A., Tutore, I., & Felice, F. d. (2022). Is blockchain able to enhance environmental sustainability? A systematic review and research agenda from the perspective of Sustainable Development Goals (SDGs) Adele. *Business Strategy and the Environment, 31*, 194–217.

Pawar, M. K., Patil, P., & Hiremath, P. S. (2021). A study on blockchain scalability. In T. Milan (Hrsg.), *ICT systems and sustainability*. Proceedings of ICT4SD 2020, Volume 1. Unter Mitarbeit von Shyam Akashe und Amit Joshi. Springer Singapore Pte. Limited (Advances in Intelligent Systems and Computing Ser, v.1270), S. 307.

Paxmann, S., & Roßbach, S. (2016). Digitale Geschäftsmodelle: Impact und Chance zur Kooperation mit FinTechs. In A. Dittrich & T. Egner (Hrsg.), *Trends im Zahlungsverkehr III* (S. 199–220). Bank-Verlag.

Phillippas, D. T., & Siriopoulos, C. (2012). Is the progress of financial innovations a continuous spiral process? *Investment Management and Financial Innovations, 9*(1), 20–31.

Pohlmann, N. (2022). *Cyber-Sicherheit. Das Lehrbuch für Konzepte, Prinzipien, Mechanismen, Architekturen und Eigenschaften von Cyber-Sicherheitssystemen in der Digitalisierung* (2. Aufl.). Springer Vieweg.

Polasik, M., Huterska, A., Iftikhar, R., & Štepán, M. (2020). The impact of Payment Services Directive 2 on the PayTech sector development in Europe. *Journal of Economic Behavior and Organization, 178*, 385–401.

Puschmann, T. (2017). Fintech. *Business & Information Systems Engineering, 59*(1), 69–76.

Raj, P., Saini, K., & Surianarayanan, C. (Hrsg.). (2021). *Blockchain technology and applications.* Auerbach Book/CRC Press. https://www.taylorfrancis.com/books/9781003081487

Ranabahu, N. (2023). A preliminary comparison of two ecosystems: Fintech opportunities and challenges for financial inclusion. In T. Walker, E. Nikbakht, & M. Kooli (Hrsg.), *The Fintech disruption. How financial innovation is transforming the banking industry* (S. 243–266). Springer International Publishing; Imprint Palgrave Macmillan (Palgrave Studies in Financial Services Technology).

Ratecka, P. (2020). FinTech – Definition, taxonomy and historical approach. *Zeszyty Naukowe Małopolskiej Wyższej Szkoły Ekonomicznej w Tarnowie/The Malopolska School of Economics in Tarnow Research Papers Collection, 45*(1), 53–67.

Rennig, C. (2022). Finanztechnologische Innovationen im Bankaufsichtsrecht, Disintermediation als Grundlage eines „Banking Without Banks"? In F. Möslein, S. Omlor, & M. Will (Hrsg.), *Schriften zum Recht der Digitalisierung.* Tübingen.

Richter, W., & Schlüter, H. (2023). MiCAR könnte sich zum internationalen Standard entwickeln. *Die Bank, 2*, 66–71.

Rosenberger, P. (2023). *Bitcoin und Blockchain. Vom Scheitern einer Ideologie und dem Erfolg einer revolutionären Technik* (2. Aufl.). Springer. http://www.springer.com/

Roukny, T. (2022). Decentralized Finance: information frictions and public policies. Approaching the regulation and supervision of decentralized finance. Europäische Kommission.

Rupeika-Apoga, R., & Thalassinos, E. I. (2020). Ideas for a regulatory definition of FinTech. *International Journal of Economics & Business Administration, 8*(2), 136–154.

Sanka, A. I., & Cheung, R. C. C. (2021). A systematic review of blockchain scalability. Issues, solutions, analysis and future research. *Journal of Network and Computer Appllications, 195*.

Santana, C., & Albareda, L. (2022). Blockchain and the emergence of Decentralized Autonomous Organizations (DAOs). An integrative model and research agenda. *Technological Forecasting & Social Chang, 182*.

Schaible, M. (2022). *Decentralized Lending. Empirical Analysis of Interest and Liquidation Mechanisms.* Springer Fachmedien Wiesbaden; Imprint Springer Gabler (Springer eBook Collection).

Schär, F. (2021). Decentralized finance. On blockchain- and smart contract-based financial markets. *Economic Research – Federal Reserve Bank of St. Louis* 2021.

Scharfman, J. (2022). Cryptocurrency compliance and operations. Digital Assets, Blockchain and Defi. Springer International Publishing AG. https://ebookcentral.proquest.com/lib/kxp/detail.action?docID=6816692. Zugegriffen am 02.05.2024.

Scharfman, J. A. (2023). *The cryptocurrency and digital asset fraud casebook.* Springer International Publishing; Imprint Palgrave Macmillan.

Scheider, D. (2019). 5 Gründe, wieso Proof of Stake noch nicht sicher ist. *BTC-ECHO Online,* 27.10.2019. https://www.btc-echo.de/news/5-gruende-wieso-proof-of-stake-noch-nicht-sicher-ist-79530/. Zugegriffen am 02.05.2024.

Schemmel, F. (2022). Non-Fungible Token (NFT) und Geldwäsche – eine aktuelle Einordnung. *CB* (8), 286.

Schilling, M. A. (2023). Decentralized Autonomous Organizations (DAOs) under English law. *Law and Financial Markets Review*.

Schima, S. (2022). Zum „Kauf" von digitalen Kunstwerken mittels NFTs. *Ecolex* (8), 635.

Schückes, M., & Gutmann, T. (2021). Why do startups pursue initial coin offerings (ICOs)? The role of economic drivers and social identity on funding choice. *Small Bus Econ, 57*, 1027–1052.

Schueffel, P. (2016). Taming the beast: A scientific definition of Fintech. *Journal of Innovation Management, 4*(4), 32–54.

Sedlmeir, J., Buhl, H. U., Fridgen, G., & Kell, T. (2020a). The energy consumption of blockchain technology. Beyond myth. *BISE (Business & Information Systems Engineering), 62*(6), 599–608.

Sedlmeir, J., Buhl, H. U., Fridgen, G., & Keller, R. (2020b). Ein Blick auf aktuelle Entwicklungen bei Blockchains und deren Auswirkungen auf den Energieverbrauch. *Informatik Spektrum, 43*, 391–404.

Shim, Y., & Shin, D.-H. (2016). Analyzing China's Fintech industry from the perspective of actor–network theory. *Telecommunications Policy, 40*, 168–181.

Silbernagl, R., & Sillaber, C. (2022). Dezentrale Transaktionsinfrastruktursysteme als Diensteder Informationsgesellschaft. *ÖJZ* (2), 53.

Skarzauskiene, A., Maciuliene, M., & Bar, D. (2021). Developing blockchain supported collective intelligence in decentralized autonomous organizations. In A. Kohei (Hrsg.), *Proceedings of the Future Technologies Conference (FTC) 2020, Volume 3*. Unter Mitarbeit von Supriya Kapoor und Rahul Bhatia. Springer International Publishing AG (Advances in Intelligent Systems and Computing Ser, v.1290), S. 1018.

Stadler, A., & Falke, C. (2022). Non – Fungible Token: Digitale Kunst und die Frage nachdem Rücktrittsrecht. *VbR (Zeitschrift für Verbraucherrecht), 3*, 84.

Staffler, L. (2022). Business criminal law. A primer for management and economics. Springer Gabler (Springer eBook Collection). https://swbplus.bsz-bw.de/bsz1784541168cov.htm. Zugegriffen am 02.05.2024.

Stöhr, A. (2019). Die steuerrechtliche Einordnung von elektronischen Schuldverschreibungen. *DStR (Deutsches Steuerrecht)*, S. 1889.

Takeda, A., & Ito, Y. (2021). A review of FinTech research. *International Journal of Technology Management, 86*(1), 67–88.

Teoh, B. P. C. (2022). Navigating the blockchain trilemma. A supply chain dilemma. In A. Ismail, W. M. Dahalan, & A. Öchsner (Hrsg.), *Advanced maritime technologies and applications. Papers from the ICMAT 2021* (S. 291). Springer Nature Switzerland AG.

Tepe, G., Geyikci, U. B., & Sancak, F. M. (2022). FinTech companies: A bibliometric analysis. *International Journal of Financial Studies, 10*(2), 1–17.

Thies, F., Wallbach, S., Wessel, M., Besler, M., & Benlian, A. (2022). Initial coin offerings and the cryptocurrency hype – The moderating role of exogenous and endogenous signals. *Electronic Markets, 32*, 1691–1705.

Thöni, W. (2018). Die DAO (Decentralized Autonomous Organization) – eine Gesellschaft sui generis? *GES (Zeitschrift für Gesellschaftsrecht und angrenzendes Steuerrecht)*, S. 371.

Tobler, S. (2023). MiCAR. Höhenflug oder unsanfte Landung für Schweizer Krypto-Anbieter? *EuZ* (04).

Toman, R., & Schinerl, F. (2023). Kryptowerte zwischen WAG 2018 und MiCAR. *ÖBA* (3), 178.

Treu, J. (2022). The Fintech Sensation – What is it about? *Journal of International Business and Management, 5*(1), 1–19.

Turi, A. N. (2023a). Metaverse – The immersive 3D virtual world's innovation diffusion in the financial sector. In A. N. Turi (Hrsg.), *Financial technologies and DeFi. A revisit to the digital finance revolution* (S. 3–28). Springer, Imprint Springer Nature.

Turi, A. N. (Hrsg.). (2023b). *Financial technologies and DeFi. A revisit to the digital finance revolution.* Springer International Publishing; Imprint Springer (Financial Innovation and Technology).

Varmaz, A., Varmaz, N., Günther, S., & Podding, T. (2021). Rechtliche und finanzökomische Grundlagen. In S. Omlor & M. Link (Hrsg.), *Kryptowährungen und Token* (1. Aufl., S. 1–42). Fachmedien Recht und Wirtschaft (Recht Wirtschaft Steuern – Handbuch).

Venslaviene, S., Stankeviciene, J., & Leščauskiene, I. (2023). Evaluation of blockchain-based crowdfunding campaign success factors based on VASMA-L CriteriaWeighting method. *Administrative Sciences, 13*, 144.

Visa Inc. (2023). Visa Fact Sheet. A global payments technology company at a glance. https://pk.visamiddleeast.com/about-visa.html. Zugegriffen am 08.07.2023.

Wendehorst, C., & Gritsch, D. (2021). Blockchain und Datenschutz. In S. Omlor & M. Link (Hrsg.), *Kryptowährungen und Token* (1. Aufl., S. 759–801). Fachmedien Recht und Wirtschaft (Recht Wirtschaft Steuern – Handbuch).

Wiedemann, A., & Michelle, G. (2022). Tokenisierung des Zahlungsverkehrs – Revitalisierung des Girokontos. *Zeitschrift für das gesamte Kreditwesen, 22*, 1131–1134.

Winterfeld, J. (2022). § 107 Rechtliche Ordnung des übrigen Bankwesens. In J. Ellenberger & H.-J. Bunte (Hrsg.), *Bankrechts-Handbuch, Band II* (6. Aufl., S. 2541–2587). C.H. Beck.

Wobst, R. (2019). Märchenkette. Blockchain zwischen Marketing und Forschung. *iX* (9), 98.

World Bank Group (IBRD/IDA). (2023). Financial inclusion. Overview. World Bank Group (IBRD/IDA). https://www.worldbank.org. https://www.worldbank.org/en/topic/financialinclusion/overview. Zugegriffen am 21.07.2023.

Wronka, C. (2023). Financial crime in the decentralized finance ecosystem. new challenges for compliance. *Journal of Financial Crime, 30*(1), 97–113.

Xu, N., Cai, J., Gong, Y., Zhang, H., Huang, W., & Li, K-c. (2023). Blockchain scalability technologies. In Q. Meikang, L. Zhihui, & Z. Cheng (Hrsg.), Smart computing and communication. 7th International Conference, SmartCom 2022, November 18–20, 2022: proceedings. Springer (Lecture notes in computer science, 13828), S. 475.

Yadav, Y., & Brummer, C. (2019). Fintech an the Innovation Trilemma. *The Georgtown Law Journal, 107*, 235–307.

Zander, O. (2019). ICO – eine alternative Finanzierung für Gründer. *Finanzierungsformen Venture-Capital Magazin*, S. 68–69.

Zavolokina, L., Dolata, M., & Schwabe, G. (2016). FinTech – What's in a Name?. Posted at the Zurich Open Respository and Archiv, University of Zurich.

Zetsche, D. A., Buckley, R. P., Barberis, J. N., & Arner, D. W. (2017). Regulating a revolution: From regulatory sandboxes to smart regulation. *Fordham Journal of Corporate & Financial Law, 23*(1), 31–103.

Zetzsche, D. (2022). Neue Organisationsformen für die digitale Welt? Decentralized Autonomous Organizations and Beyond. *ZGR (Zeitschrift für Unternehmens- und Gesellschaftsrecht)*, S. 698–723.

Zetzsche, D., Arner, D. W., & Buckley, R. P. (2020). Decentralized Finance. *Journal of Financial Regulation, 6*, 172–203.

Zhang, Y., Chan, S., Chu, J., & Shih, S.–h. (2023). The adaptive market hypothesis of Decentralized finance (DeFi). *Applied Economics, 55*, 4975–4989.

Zhao, X., Hou, W., Xianda, J. a., Zhang, L., & Zhang, Y. (2021). Initial Coin offerings. What rights do investors have? *The European Journal of Finance, 27*(4–5), 305–320.

Zickgraf, P. M. (2018). Initial coin offerings. Ein Fall für das Kapitalmarktrecht? *Die Aktiengesellschaft, 9*(9), 293–308.

Zongsen, Z., Xindi, L., Meng, W., & Xinze, Y. (2023). Insight into digital finance and fintech: A bibliometric and content analysis. *Technology in Society, 73*, 1–19.

InsurTech

10

Mag. Sascha Wiederkom

10.1 Beschreibung

Versicherungstechnologie (InsurTech) ist ein Sammelbegriff für die Nutzung moderner Technologien in der Versicherungsbranche. Das Wort „InsurTech" selbst setzt sich aus den englischsprachigen Wörtern „insurance" und „technology" zusammen. Darunter versteht man also Versicherungsdienste, die mit digitalen Technologien arbeiten (Schwarzbauer, 2023a). Bisweilen werden InsurTechs als **Spezifizierung von FinTechs** (Kap. 9) aufgefasst. Allerdings lohnt es sich, diesen Bereich nicht nur aufgrund seiner Besonderheiten im Geschäftsmodell, sondern vor allem aufgrund der finanziellen Attraktivität gesondert anzusprechen.

- 2016 wurden in den USA knapp 800 Mio. Dollar in InsurTech Start-ups investiert (Schwarzbauer, 2023a).
- Laut einer *Studie* des Versicherungsmaklers Finanzchef 24 flossen allein in Deutschland im Jahr 2018 rund 173 Mio. Dollar in den digitalen Versicherungsmarkt (Finanzchef24, 2018).
- Laut NTTData erreichte der InsurTech-Markt im Jahr 2022 in Summe ein Investitionsvolumen von knapp 8 Mrd. Dollar (Spitzer, 2023)

Um nachvollziehen zu können, wie sich die Versicherungswirtschaft durch den digitalen Wandel verändert, bedarf es eines erläuternden Überblicks zur Versicherungsbranche.

M. S. Wiederkom (✉)
Leitung Digitale Vertriebsprozesse, UNIQA Österreich Versicherungen AG, Wien, Österreich
E-Mail: sascha.wiederkom@gmail.com

© Der/die Autor(en), exklusiv lizenziert an Springer Fachmedien Wiesbaden   285
GmbH, ein Teil von Springer Nature 2024
L. Staffler et al. (Hrsg.), *Digitalwirtschaft*, https://doi.org/10.1007/978-3-658-45724-2_10

10.1.1 Allgemeines zum Versicherungswesen

Die **Versicherungswirtschaft** ist ein Wirtschaftszweig von großer volkswirtschaftlicher Bedeutung. Die Einnahmen der deutschen Versicherungswirtschaft beliefen sich nach Angaben des Gesamtverbands der Versicherer im Jahr 2022 auf 224,4 Mrd. € (siehe auch Tab. 10.1, GDV, 2022).

Als Wirtschaftszweig mit Dienstleistungscharakter ist die Versicherungswirtschaft mit Aufgaben der Schadenverhütung und -regulierung betraut. Der Begriff „Schadenverhütung" bezeichnet bei Versicherungen alle Maßnahmen, die entweder die Eintrittswahrscheinlichkeit eines Schadens oder dessen Höhe verringern. Das funktioniert wie folgt: Viele Versicherte (Versicherungsnehmender) bezahlen regelmäßig einen bestimmten, relativ geringen Betrag an ein Versicherungsunternehmen. Sobald einem Versicherungsnehmer ein Schaden widerfährt, bezahlt das Versicherungsunternehmen eine Geldsumme in Relation zum Schaden aus. Versicherungen leben davon, dass ein Schadensfall seltener eintritt – und somit weniger „kostet", als die versicherte Person einzahlt. Um auch für größere Schäden gewappnet zu sein, bilden Versicherungen ausreichend Reserven. Wie hoch der regelmäßig zu entrichtende Geldbetrag der Versicherungsnehmenden ist, errechnen Versicherungsmathematiker und Statistiker für die Versicherungsunternehmen basierend auf Wahrscheinlichkeitsrechnungen (Gattermann, 2017).

10.1.2 InsurTech und Wertschöpfungskette

Die **Wertschöpfungskette (Value Chain)** von Versicherungen setzt sich aus Primär- und Sekundäraktivitäten zusammen. **Primäraktivitäten**, wie etwa Vertrieb, Eingangs- und Ausgangslogistik, haben naturgemäß einen maßgeblichen Anteil an der Entstehung eines Produkts. **Sekundäraktivitäten** (auch „unterstützende Aktivitäten" genannt), wie etwa Beschaffung, Unternehmensstruktur, Technologien, sind hingegen unterstützende Maßnahmen. Dort stehen die Prozesse im Fokus, die mit den Aktivitäten zur Wertschöpfung eines Produkts oder einer Dienstleistung zusammenhängen.

Die Möglichkeiten der Digitalisierung in der Versicherungswirtschaft verändern weitreichend unternehmerische Strukturen und Wertschöpfungsketten (Gattermann, 2017). Hauptursache dafür sind Verbraucherinnen und Verbraucher, die verstärkt digitale Angebote und Lösungsmodelle wünschen und nachfragen. Zu diesem Ergebnis kommt eine Untersuchung der Prognos AG für die Vereinigung der Bayerischen Wirtschaft (vbw), die

Tab. 10.1 Einnahmen der deutschen Versicherungswirtschaft

Einnahmen in Mrd. Euro (DE)	2022	2021	2020
Versicherungswirtschaft insgesamt	224,3	225,9	222,2
Lebensversicherung insgesamt	97,1	103,2	104,4
Private Krankenversicherung	46,8	45,4	42,9
Schaden- und Unfallversicherung	80,4	77,3	74,9

als Teil der Gesamtstudie „Neue Wertschöpfung durch Digitalisierung" veröffentlicht wurde (Prognos AG, 2017, S. 83).

Letztlich gibt es in nahezu jedem Bereich der Wertschöpfungskette Möglichkeiten zur Verbesserung, und genau darauf zielen Geschäftsmodelle von InsurTechs ab. Dies kann an zwei Beispielen illustriert werden.

- Im **Schadensbereich** kann durch künstliche Intelligenz eine Bewertung und Auszahlung der Schäden automatisiert vorgenommen werden. Außerdem gibt es eine Möglichkeit, bestimmte Schadensbereiche (z. B. Naturkatastrophen) bis zu einem gewissen Grad zu prognostizieren. Dies kann für Versicherungen die Planung und Bewertung erleichtern.
- Firmen, wie z. B. wefox, bieten ein **Backoffice** an, das automatisiert Makleraufgaben übernimmt. Ein Chatbot beantwortet einfache Anfragen, Termine werden automatisch erstellt und vorbereitet, teilweise wird sogar die Abwicklung von Änderungen bzw. Kündigungen oder neuen Polizzen automatisiert.

Die Beispiele legen nahe, dass (bis auf wenige Ausnahmen) das Ziel von InsurTechs nicht ist, selbst ein größeres Versicherungsunternehmen zu werden. In den meisten Fällen fokussiert man sich auf einen Teilbereich aus der Wertschöpfungskette und versucht, diesen zu optimieren und zu automatisieren. Viele InsurTechs werden dann genau für diesen Teil von größeren Versicherungsunternehmen aufgekauft.

10.1.3 InsurTechs und Versicherungsart

Neben der Einteilung der InsurTechs-Bereiche in die Wertschöpfungskette (siehe Abschn. 10.1.2) kann man auch nach der Art der Versicherung einteilen (Schwarzbauer, 2023a). Hierbei unterscheidet man situative, parametrische und eingebettete Versicherungen.

Situative Versicherung betrifft Versicherungen für bestimmte Situationen. Beispiele dafür wären etwa

- der Flughafen: wenn ein Kunde zum Flughafen kommt, wird diesem direkt eine Flugverspätungsversicherung angeboten;
- Staatsgrenzen: sobald ein Kunde an die Grenze kommt, wird dies automatisch erkannt und dem Kunden wird eine Reiseversicherung – im Optimalfall bereits für das jeweilige Land angepasst- angeboten;
- Sportaktivitäten, etwa beim Ski-Fahren: dem Kunden könnte z. B. beim Ski-Lift eine – im Idealfall – maßgeschneiderte Unfallversicherung angeboten werden.

Parametrische Versicherung bezieht sich auf einfache, schon vorher definierte Schadensgrößen. Die finanzielle Schadensregulierung hängt dabei allein vom vertraglich festgelegten Ereignis ab und nicht vom tatsächlichen Schadensausmaß. Typische Beispiele sind etwa Wetterversicherungen für Outdoor-Sportveranstaltungen oder für eine Hochzeit, die im Freien stattfinden sollte. Für die Auszahlung bräuchte man den Schaden nicht zu melden, weil er durch Services bzw. Programme erkannt wird und die Verrechnung automatisch erfolgen kann. Weil die Daten (z. B. ortsbezogene Wetterdaten) automatisch verarbeitet werden können, steckt in derartigen Versicherungen viel Automatisierungspotenzial (Cason, 2021).

Eingebettete Versicherung stellt sich als optionale Zusatzleistungen eines anderen (Haupt-)Bereichs dar. Beispiele wären die Kaskoversicherung beim Mietwagen oder die Reiseversicherung bei der Kreditkartennutzung.

10.1.4 InsurTechs und Segmente

Schließlich lassen sich InsurTechs auch nach typischen Segmenten einteilen, wie dies Schwarzbauer (2023a) vorschlägt:

- **Health Insurance:** Hier werden Daten aus innovativen Quellen wie Smartphones oder intelligenten Wearables herangezogen, um beispielsweise Versicherungstarife basierend auf der körperlichen Aktivität anzubieten. Umso gesünder eine Person lebt, desto geringer ist die Prämie.
- **Peer-to-peer Insurance:** InsurTechs haben eine starke Ausrichtung auf dieses Segment, in dem Versicherungsnehmer sich zusammenschließen, um sich gegenseitig finanziell im Schadensfall zu unterstützen.
- **Contract Management/Brokerage:** Hierbei geht es um Onlineanbieter des klassischen Maklersegments, wobei die Abwicklung des Maklermandats überwiegend über das Internet erfolgt.
- **Spot Insurance:** Diese InsurTechs legen besonderen Wert auf Kurzzeitversicherungen, die für verschiedene Bereiche entwickelt wurden. Zum Beispiel bieten sie spezielle Kfz-Versicherungen an, die lediglich eine Gültigkeit von 24 h haben.
- **E-Commerce Insurance:** In diesem Bereich findet man Anbieter, die die Möglichkeit bieten über Onlinehändler Versicherungen abzuschließen. Für elektronische Geräte oder andere Produkte werden automatisch Versicherungspolizzen zur Verfügung gestellt.
- **Usage Driven Insurance:** Diese InsurTechs individualisieren ihre Versicherungstarife basierend auf dem Nutzungs- oder Fahrverhalten ihrer Kunden. Im Bereich der KFZ-Versicherungen ist der sogenannte „Telematik-Tarif" als Beispiel für die sogenannte „Usage Driven Insurance" oder „Pay-as-you-drive" bekannt.

Darüber hinaus erscheint ein weiteres Segment erwähnenswert, das vor allem in Zukunft große Bedeutung erlangen wird. **IoT (Internet of Things)** bietet die Möglichkeit, die manuellen Auswertungen von Geräten durch Digitalisierung zu ersetzen. Denn durch die Vernetzung unterschiedlicher Geräte ist es möglich, viele Daten zu sammeln und so ein akkurates Nutzerprofil zu erstellen. Naheliegenderweise lässt sich dies für die Zwecke von InsurTech hervorragend nutzen. Experten prognostizierten einen Wachstumsmarkt im IoT-Versicherungswesen für den Zeitraum 2019 bis 2024 von rund 60 % (Cason, 2021).

10.2 Ursprung

InsurTechs sind eine jüngere wirtschaftliche Erscheinung. So ging im Dezember 2018 das erste börsennotierte InsurTech Europas an die Börse – es handelt sich um DFV Deutsche Familienversicherung AG (Bocquel-news, 2018). Der Ausbau digitaler Möglichkeiten und die Akzeptanz der Nutzenden bieten auch der Versicherungsbranche neue Möglichkeiten. Dies betrifft, wie bereits gezeigt, nicht nur etablierte Großversicherungen, sondern gerade auch Nischenprodukte und kleinere, spezialisierte Geschäftsideen für InsurTechs.

Die finanzielle Attraktivität lässt die InsurTech-Start-up-Szene boomen. Gleichwohl kommt es nicht selten vor, dass junge Unternehmen nach den ersten drei Jahren ihre Tätigkeit einstellen.

Die Gründe für den Misserfolg von InsurTech-Start-ups sind vielfältig.

- Aufgrund ihrer **vertieften Spezialisierung** haben manche InsurTechs faktisch keine Möglichkeit, profitabel zu werden. Bisweilen werden derartige Start-ups von großen Versicherungen übernommen.
- **Veränderte Marktbedingungen** und **instabile Marktlagen**, wie etwa die Corona-Pandemie, stellen große Versicherungen vor Herausforderungen und finanzielle Durststrecken. Dies gilt umso mehr für Start-ups bzw. InsurTechs.
- Aufgrund der Vielzahl von InsurTechs und Start-ups ist der **Konkurrenzdruck** überaus hoch. Für das Überleben ist nicht nur die funktionierende Geschäftsidee wichtig, sondern es muss auch die Finanzierung gesichert sein.
- Für das konsolidierende Unternehmenswachstum haben InsurTechs **großen Kapitalbedarf**. Wenn diese Gelder, die häufig durch Finanziers oder Business Angels zur Verfügung gestellt werden, nicht ausreichend oder aber nicht rechtzeitig zur Verfügung stehen, bestehen entsprechende Risiken für das InsurTech.
- Auch wenn InsurTechs mit sehr guten Ideen antreten, besteht die Schwierigkeit, dass es bisweilen **keine klare Produktvision** und insofern auch kein Geschäftsmodell gibt, wie sie zu profitablen Einnahmen kommen können (Kap. 4).
- Bisweilen stehen der Konsolidierung eines InsurTechs **Personalstrukturen** im Weg. Denn manche InsurTechs setzen sich allein aus Techniker:innen im weitesten Sinne zusammen, es mangelt an Marketing- und Vertriebspersonal. Das Gelingen von Unternehmen hängt nicht nur von der Güte des Produktes, sondern auch von seinen Managementqualitäten ab, deshalb ist es vonnöten, nicht nur Techniker:innen in einem InsurTech zu haben, sondern auch Kolleg:innen, die die restlichen Unternehmensbereiche abdecken, wie für die oben erwähnten Bereiche Marketing und Vertrieb, aber auch zum Beispiel für Personalwesen oder Rechnungswesen.

10.3   Fallvignetten

10.3.1 Digitale Sachbearbeitung

KI-Anwendungen werden gerade bei großen Versicherungen verstärkt genutzt. So setzt UNIQA gemeinsam mit dem InsurTech Omni:us seit 2021 auf den „digitalen Sachbearbeiter" (Versicherungswirtschaft heute, 2021). Omni:us, ein von 5 Österreichern im Jahr 2015 in Berlin gegründetes InsurTech, das sich auf die Schadenautomatisierung mithilfe von KI spezialisiert hat und als sog. AIaaS-Geschäftsmodell angeboten wird. Bei Artificial-Intelligence-as-a-Service (AIaaS) wird künstliche Intelligenz als Service einer Cloud-Plattform zur Verfügung gestellt. UNIQA Versicherung ist einer der Kunden, die die Dienstleistung der Artificial-Intelligence-as-a-Service (AIaaS) von Omni:us verwendet. UNIQA benötigt in diesem Falle also keine eigene KI-Infrastruktur, sondern verwendet die von Omni:us angebotene Cloud-Lösung.

Das System ist in der Lage, bei eingereichten Schadensmeldungen automatisch den Schaden sowie die Ursache zu identifizieren und darauf basierend einen Versicherungsakt zu erstellen. Zusätzlich führt das System die wesentlichen versicherungstechnischen Überprüfungen selbstständig durch, wie etwa die Deckungsprüfung und die Kontrolle der damit verbundenen Bedingungen. Der Vorteil dieser KI-basierten Automatisierung liegt insbesondere darin, dass sie den Schadensprozess enorm beschleunigt und sich gerade bei Schadengroßereignissen bewährt, nämlich wenn etwa bei einer Überflutung innerhalb kürzester Zeit an Schadensmeldungen in gleichbleibender Qualität abgearbeitet werden müssen. Dies unterstützt die Versicherungsnehmenden, die sich oft ohnehin in einer prekären Situation befinden, wesentlich.

10.3.2 Teslas KFZ-Versicherung

Tesla ist weithin als Produzent für Elektroautos bekannt, in Deutschland hat das Unternehmen zusätzlich einen Fuß in die Tür der KFZ-Versicherungsbranche gesetzt. Tesla sammelt über seine Autos massenhaft Daten, mit denen es das Fahrverhalten auswerten kann. Anhand von fünf verschiedenen Fahrparametern (aggressives Abbiegen, starkes Bremsen, usw.) wird das Fahrverhalten so analysiert, dass es sich auf die monatliche Prämie auswirkt (Kalab, 2022). Diesbezüglich wird von „**Pay-as-you-drive-**" (PAYD-Tarif) Versicherungen gesprochen (Ehrentraut et al., 2017; Schwarzbauer, 2023b). Tesla ist hier der Vorreiter gewesen, aber sicherlich wird dieses Modell grundsätzlich für E-Fahrzeuge Anwendung finden. Die Hürden – wie Kundenakzeptanz oder Datenschutzproblematik – werden zeitnah gelöst und somit kein Problem darstellen. In anderen Ländern (wie z. B. Spanien und Großbritannien) ist PAYD bereits üblich.

10.4   Diskussion

In der Diskussion sollen InsurTechs traditionellen Versicherungen gegenübergestellt werden (Klafack, 2019).

10.4.1 Vorteile

Die Vorteile von InsurTech hängen mit der Start-up-Kultur und der Digitalisierung zusammen. So gehört der Einsatz moderner Technologien und darauf aufbauende Geschäftsmodelle zu den Vorteilen von Start-ups, zumal traditionelle Unternehmen oft interne Systeme nutzen und bisweilen mögliche Technologiesprünge nicht realisieren. Mit Bedacht auf „Time to market" können InsurTechs entsprechend flexibler auf Marktveränderungen reagieren: Time to market ist jene Zeit, die verstreicht, bis eine Produktidee zur Marktreife gelangen kann. Umso geringer diese Zeit ist, desto rascher ist man mit neuen Produkten am Markt und desto höher ist die Wahrscheinlichkeit, dass man schneller und flexibler auf die Marktbedürfnisse reagieren kann als die Konkurrenz. Aufgrund des Start-up-Charakters sind Prozesse (z. B. Innovation, Problemlösung) schlanker und Hierarchien flacher, was die Ideengenerierung und -realisierung stärkt. Zumal InsurTechs bisweilen auf Nischenprodukte fokussieren, bieten sie für ihr Segment maßgeschneiderte Lösungen an.

10.4.2 Nachteile

InsurTechs haben gegenüber etablierten großen Versicherungsunternehmen aber auch gewisse Nachteile. Ihre strukturelle Eigenheit, nämlich neu zu sein, macht sie als Unternehmen gleichzeitig unbekannt und eine Einschätzung zur Seriosität des InsurTechs fällt bisweilen schwer (Schwarzbauer, 2023a). Zudem erscheint die Finanzierung derartiger Geschäfte überaus herausfordernd, weil nach Anfangsinvestments ein grundsätzlich funktionierendes Geschäftsmodell gefunden werden muss. Eine große Herausforderung ist schließlich, gesetzliche Vorgaben und Regulatorien (einschließlich Pflicht zur Dokumentation und Datenschutz) einzuhalten (Schwarzbauer, 2023a).

10.5   Zukunft und Ausblick

Es gibt zahllose Ideen und Technologien, die in nicht allzu ferner Zukunft Bezüge zu InsurTech aufweisen werden.

- Das Vorhandensein von großen Datenmengen, die durch entsprechende Technologien generiert werden können, lassen sich für Analysen und entsprechende Programme, einschließlich der **Künstlichen Intelligenz (KI)**, nutzen. Diese Entwicklung hängt primär von verbindlichen Datenschutz- und Privacyregulierungen ab, aber wohl auch von Awareness in der Zivilgesellschaft im Umgang mit neuen technologischen Möglichkeiten. Besonders im Bereich „Schaden" ist viel Potenzial zu verorten, wie das oben erwähnte Beispiel Omni:us zur Unterstützung der Schadensabwicklung zeigt. Für die Versicherungen relevante Kernthemen sind dabei technisch mögliche Predictability und Probability, also Möglichkeiten mithilfe von Daten und Werten, Schäden mit einer gewissen Wahrscheinlichkeit vorhersagen und Risiken einzuschätzen. Die meisten dafür benötigten Daten sind zwar bereits vorhanden, aber deren Auswertung ist gegenwärtig nur mit sehr viel Aufwand möglich. Durch KI wird dies in Zukunft wohl weit einfacher, rascher und effizienter möglich sein. Im Optimalfall lassen sich KI Schäden und deren Wahrscheinlichkeiten mit Hilfe der KI also noch besser voraussagen.

- Nicht nur im Zusammenhang mit Datengenerierung scheint die Vision des **Metaverse** interessant (Kap. 20). Vielmehr stellen die neuen Wirtschaftsmöglichkeiten in den virtuellen Welten vielfältige Chancen zur Etablierung neuer Versicherungsprodukte bzw. InsurTech-Geschäftsmodelle dar (Wilhelm, 2021).
- Erwartbar ist, dass der Einsatz von **Blockchain**-Technologie im InsurTech-Bereich einziehen wird. Diese Technologie selbst erscheint ausgereift, praktische Anwendungsbereiche allerdings noch (zu) wenig erschlossen. Diesbezüglich wurde bereits im Oktober 2016 die sog. Blockchain-Insurance-Industry-Initiative (kurz: B3i) gegründet, um das Potenzial dieser Technologie für die Versicherungsbranche zu nutzen. Zwar hat die Initiative zum Jahresende 2022 Insolvenz angemeldet, gleichwohl bleibt das grundsätzliche Potenzial für Anwendungsfelder hoch.
- Progressivere InsurTech-Ideen, die mit anderen Technologiefeldern wie E-Health (Kap. 11) oder Wearable Robotics (Kap. 19) zusammenhängen, beziehen sich etwa auf **Implantate**, die den Gesundheitszustand von Patientinnen und Patienten überwachen und Versicherungsprämien entsprechend der gesundheitlichen Verfassung anpassen. Zwar lässt sich dadurch aus Versicherungssicht eine Neugestaltung von Kundenbeziehungen erwirken (Ehrentraut et al., 2017). Dieses individualisierte Prämienverständnis steht natürlich in einem Spannungsverhältnis mit dem ethischen Konzept des „gläsernen Menschen", der sich permanenter Überwachung ausgesetzt sieht (Kap. 5).

Unabhängig von konkreten Ideen und innovativen Geschäftsmodellen wird der Fokus von Versicherungen in der Digitalwirtschaft wieder mehr Orientierung am Kundenbedarf sein. So gibt es den Trend, wonach sich gerade große Versicherungen wieder auf das Kerngeschäft zurückbesinnen und dem Versuch wohl widerstehen, neue Ideen oder gar neue Herausforderungen durch neue Themen (z. B. Überalterung der Gesellschaft, globale Erderwärmung, Trend zur Urbanisierung) selbst realisieren zu wollen. Insofern werden InsurTechs mit ihrem hohen Spezialisierungsgrad nicht nur Innovationstreiber bleiben, sondern auch ihre Existenzberechtigung auf dem Versicherungsmarkt haben.

10.6 Weiterführende Literatur

Wir, die Herausgeber:innen dieses Bandes und der Autor des Beitrags, empfehlen als weiterführende Literatur:

- Fischer, Anne: InsurTech, in: Ebers, Martin (Hrsg.), StichwortKommentar Legal Tech. Recht, Geschäftsmodelle, Technik. Alphabetische Gesamtdarstellung, Nomos, Baden-Baden, 2023, 630–645.
- Marano, Pierpaolo/Noussia, Kyriaki (eds.), InsurTech: A Legal and Regulatory View, Springer, Cham, 2020.
- Stöckli, Emanuel/Dremel, Christian/Uebernickel, Falk/Brenner, Walter: Auswirkungen von InsurTech auf die Wertschöpfungslogik der Versicherungsindustrie im Digitalen Zeitalter, in: Meinhardt, Stefan/Pflaum, Alexander (Hrsg.), Digitale Geschäftsmodelle – Band 2, Springer Vieweg, Wiesbaden, 2019.

Literatur

Bocquel-news. (2018). Börsennotierung für den ersten InsurTech Europas, Webeintrag vom 06.12.2018. https://bocquel-news.de/Börsennotierung-für-den-ersten-InsurTech-Europas.38146. php. Zugegriffen am 06.05.2024.

Cason, P. (2021). Die Versicherungswirtschaft und das Internet der Dinge. Webeintrag vom 11.06.2021, abrufbar unter. https://www.versicherungsbetriebe.de/business/2021/die-versicherungswirtschaft-und-das-internet-der-dinge.html. Zugegriffen am 06.05.2024.

Cornelia Spitzer. (2023, Juni). Trotz Krise: 8 Milliarden Dollar in Insurtech-Markt investiert. https://at.nttdata.com/newsroom/2023/trotz-krise-8-milliarden-dollar-in-insurtech-markt-investiert. Zugegriffen am 06.05.2024.

Ehrentraut, O., Funke, C., & Pivac, A. (2017). Versicherungswirtschaft und Digitalisierung. https://www.prognos.com/de/projekt/versicherungswirtschaft-und-digitalisierung. Zugegriffen am 06.05.2024.

Finanzchef24. (2016). InsurTech-Finanzierungen 2016. https://www.finanzchef24.de/service/studien/studie-insurtech-finanzierungen-2016. Zugegriffen am 06.05.2024.

Finanzchef24. (2018). InsurTech-Finanzierungen 2018. https://www.finanzchef24.de/service/studien/studie-insurtech-finanzierungen-2018. Zugegriffen am 06.05.2024.

Gattermann, C. (2017). Digitalisierung der Versicherungswirtschaft, Webeintrag vom 06.04.2017. https://www.startplatz.de/digitalisierung-der-versicherungswirtschaft. Zugegriffen am 06.05.2024.

GDV. (2022). Gesamtverband der Versicherer Jahresmedienkonferenz. https://www.gdv.de/gdv/medien/gdv-jahresmedienkonferenz-2022. Zugegriffen am 06.05.2024.

Kalab, P. (2022). Tesla will KFZ-Versicherungskosten senken, Webeintrag vom 25.05.2022. https://www.asscompact.at/nachrichten/tesla-will-kfz-versicherungskosten-senken. Zugegriffen am 06.05.2024.

Klafack, M. (2019). Welche Vor- und Nachteile Insurtechs bieten, Webeintrag vom 18.12.2019. https://www.pfefferminzia.de/konkurrenz-fuer-die-etablierten-welche-vor-und-nachteile-insurtechs-bieten/. Zugegriffen am 06.05.2024.

Prognos AG. (2017). Digitalisierung in der Versicherungswirtschaft. https://www.vbw-bayern.de/Redaktion/Frei-zugaengliche-Medien/Abteilungen-GS/Planung-und-Koordination/2017/Downloads/Digitalisierung-in-der-Versicherungswirtschaft.pdf. Zugegriffen am 06.05.2024.

Schwarzbauer, E. (2023a). InsurTechs: Neue Technologien für die Versicherungsbranche, Webeintrag vom 27.04.2023. https://www.financescout24.de/wissen/ratgeber/insurtechs. Zugegriffen am 06.05.2024.

Schwarzbauer, E. (2023b). Pay-as-you-drive-Tarife: Für achtsame Autofahrer, Webeintrag vom 27.04.2023. https://www.financescout24.de/wissen/ratgeber/pay-as-you-drive. Zugegriffen am 06.05.2024.

Versicherungswirtschaft heute. (2021). Ein Drittel weniger Kosten? Omnius launcht intelligenten digitalen Schadenregulierer, Webeintrag der Redaktion vom 21.09.2021. https://versicherungswirtschaft-heute.de/unternehmen-und-management/2021-09-21/ein-drittel-weniger-kosten-omnius-launcht-intelligenten-digitalen-schadenregulierer/. Zugegriffen am 06.05.2024.

Wilhelm, M. (2021). Metaverse: Chancen und Herausforderungen für Finanzdienstleister und Versicherungen. https://next.ergo.com/de/Trends/2022/Metaverse-Meta-virtuelle-Welt-Chancen-Herausforderungen-Finanzdienstleister-Versicherungen.html. Zugegriffen am 06.05.2024.

HealthTech & MedTech

MLaw Ariana Aebi, MLaw Sina Staudinger-Fürer und Theo Wilhelm

11.1 Beschreibung

Mit der Digitalisierung im Gesundheitswesen wächst der Markt an Heath- und MedTech-Unternehmen. Gerade auch durch die Covid-19-Pandemie hat der Einsatz von Technologien im Bereich Gesundheit und Medizin – sei es durch Beatmungsgeräte und Covid-19-Tests oder durch den Einsatz neuer Covid-19-Zertifikats- und Tracking-Apps – zugenommen. Die Begriffe HealthTech, MedTech, BioTech und eHealth, die im Zusammenhang mit solchen Technologien häufig fallen, sind allgegenwärtig.

Es gibt keine einheitliche oder allgemeingültige Definition dieser Begriffe. Nachfolgend werden Definitionsansätze sowie einige Beispiele zur Veranschaulichung der Begriffe genannt.

HealthTech (Health Technologie) umfasst die Verknüpfung von innovativen Technologien mit der Gesundheitsversorgung (Technikum Wien Academic). Dies beinhaltet Technologien zur besseren Erbringung, Bezahlung und/oder Inanspruchnahme von Behandlungsleistungen, die in diesem Kapitel näher vorgestellt werden sollen. Unberück-

M. A. Aebi
Kompetenzzentrum MERH, Universität Zürich, Doktorandin an der Rechtswissenschaftlichen Fakultät, Zürich, Schweiz
E-Mail: ariana.aebi@uzh.ch

M. S. Staudinger-Fürer
Universität Zürich, Doktorandin an der Rechtswissenschaftlichen Fakultät, Zürich, Schweiz
E-Mail: sina.staudinger@uzh.ch

T. Wilhelm (✉)
CH Kommunikations AG, Leiter Strategie und Geschäftsentwicklung Sanela Health AG, Innsbruck, Österreich
E-Mail: theodor.wilhelm@post.ch

© Der/die Autor(en), exklusiv lizenziert an Springer Fachmedien Wiesbaden GmbH, ein Teil von Springer Nature 2024
L. Staffler et al. (Hrsg.), *Digitalwirtschaft*, https://doi.org/10.1007/978-3-658-45724-2_11

sichtigt bleiben hier die ebenso wichtigen Aspekte wie soziale, pflegerische und therapeutische Grundversorgung durch Technologie. Laut WHO umfasst HealthTech die „Anwendung organisierter Kenntnisse und Fähigkeiten in Form von Geräten, Arzneimitteln, Impfstoffen, Verfahren und Systemen, die zur Lösung eines Gesundheitsproblems und zur Verbesserung der Lebensqualität entwickelt wurden" (World Health Organization, 2024). Die WHO-Definition von HealthTech ist relativ breit, wobei die persönliche Gesundheit und damit verbunden die Senkung von Gesundheitskosten im Mittelpunkt stehen. Der Fokus liegt hierbei derzeit auf der Prävention und Überwachung und weniger auf der Behandlung (Sobusiak, 2022), wobei u. a. mit Datenbanken, Anwendungen, mobilen Geräten und Wearables gearbeitet wird. Als Beispiele zu nennen sind Gesundheitsfunktionen in Smartwatches oder elektronische Patientenakten (Krajewski, 2021). Insofern hat sich das Begriffsverständnis deutlich verändert, denn noch vor einiger Zeit umfasste der Begriff HealthTech ausschließlich Aspekte der kurativen Behandlung (Technikum Wien Academie).

MedTech (Medizintechnologie) ist grundsätzlich eine ingenieurwissenschaftliche Fachrichtung, welche Produkte, Geräte sowie Verfahren zur Prävention, Diagnose und Therapie von Krankheiten entwickelt (Schäfer, 2018). Dabei wird der Begriff MedTech vorwiegend als Synonym für Medizinprodukte verwendet, wobei das Wort Medizinprodukt zugleich eine rechtliche Qualifikation darstellt. Das Schweizer Bundesgesetz über Arzneimittel und Medizinprodukte definiert Medizinprodukte gemäß Art. 4 Abs. 1 lit. b als „Produkte, einschließlich Instrumente, Apparate, Geräte, In-vitro-Diagnostika, Software, Implantate, Reagenzien, Materialien und andere Gegenstände oder Stoffe, die für die medizinische Verwendung bestimmt sind oder angepriesen werden und deren Hauptwirkung nicht durch ein Arzneimittel erreicht wird". In der Regel wird MedTech somit für die Diagnose, die Patient:innenversorgung, die Behandlung und die Verbesserung des Gesundheitszustandes eingesetzt. Anders als bei HealthTech liegt der Fokus bei MedTech eher auf der Diagnose und der Behandlung im Krankenhaus, wobei täglich über 500.000 Medizinprodukte in einem Krankenhaus eingesetzt werden (Swiss MedTech, Medizintechnik). Medizinprodukte wirken im oder am menschlichen Körper, wobei sie nicht chemischen oder biologischen Ursprungs sind. In Art. 1 Abs. 1 lit. c der Schweizer Medizinprodukteverordnung sind weitere Zwecke von Medizinprodukten aufgeführt: „1. Krankheiten zu erkennen, zu verhüten, zu überwachen, zu behandeln oder zu lindern; 2. Verletzungen oder Behinderungen zu erkennen, zu überwachen, zu behandeln oder zu lindern oder Behinderungen zu kompensieren; 3. den anatomischen Aufbau zu untersuchen oder zu verändern, Teile des anatomischen Aufbaus zu ersetzen oder einen physiologischen Vorgang zu untersuchen, zu verändern oder zu ersetzen; 4. die Empfängnis zu regeln oder Diagnosen im Zusammenhang mit der Empfängnis zu stellen." Unter Medizinprodukte fallen einerseits analoge Materialien wie etwa Verbandsmaterialien, Spritzen, Blutzuckermessgeräte, andererseits aber auch Software mit medizinischer Zweckbestimmung, z. B. wenn sie die Bestimmung von Diagnosen unterstützen (Hofer et al., 2021). Ebenfalls als MedTech zu qualifizieren sind u. a. Thermometer, Prothesen, Inhalatoren, Stethoskope, Operationshandschuhe, usw. (Krajewski, 2021).

In Zusammenhang mit Health- und MedTech fällt oft der Begriff **eHealth**. Dieser umfasst die Übertragung von Gesundheitsdaten und -informationen, die Bereitstellung von Gesundheitsdienstleistungen auf elektronischem Wege sowie die Vernetzung aller Akteure im Gesundheitswesen bei der Kommunikation und Dokumentation. Somit steht bei eHealth der Einsatz von Informations- und Kommunikationstechnologien im Vordergrund (Schäfer, 2019).

Von Health- und MedTech abzugrenzen ist der Begriff **BioTech**. Biotechnologie ist eine Technologie, die auf der Biologie basiert. Lebende Organismen und biologische Prozesse werden eingesetzt. Es gibt hierfür viele Anwendungsfälle. BioTech spielt eine wesentliche Rolle bei der Entwicklung neuer Medikamente. Auf Basis von Biotechnologie wird mittels Zellinformationen, Gentests und künstlichem Gewebewachstum vorhergesagt, wie Medikamente auf Menschen wirken. So werden bspw. auch Impfstoffe mithilfe der Biotechnologie hergestellt. Große BioTech-Unternehmen waren es, die aus COVID-19-Erregern Impfstoffe entwickelt haben. Viele diagnostische Laborverfahren beruhen ebenfalls auf Biotechnologien. Damit ist BioTech ein bedeutsamer Begriff in Zusammenhang mit Health- und MedTech.

Den unterschiedlichen Begriffskonzeptionen ist gemeinsam, dass sie mit der Gesundheitsbehandlung und Pflege zu tun haben. Insbesondere bei der Überwachung und Diagnose gibt es Überschneidungen von HealthTech und MedTech. BioTech hat mit MedTech gemeinsam, dass beides für die Behandlung von Patient:innen und weniger für die Prävention verwendet wird. Es handelt sich jedoch um dynamische Begrifflichkeiten, welche auch immer mehr Bereiche umfassen. Health- und MedTech haben neben der individuellen Gesundheitsversorgung/-planung auch Einfluss auf die Gesundheitsfinanzierung.

11.2 Ursprung

Der Fortschritt im Bereich der Gesundheitsmethodik ist enorm. Während das Wissen um Heilbehandlungen mit dem Beginn menschlicher Gesellschaft verbunden ist, lässt sich der wissenschaftliche Einsatz von Medizin zur Heilbehandlung mit der Person Hippokrates von Kos verbinden und damit in das 4. Jahrhundert vor Christus datieren. Noch vor rund 500–600 Jahren zählte es zu den gängigen medizinischen Behandlungsmethoden, geschwächten Personen im Rahmen des Aderlasses große Mengen an Blut zu entziehen, Wunden mittels Feuer und Eisen auszubrennen und Schusswaffenverletzungen durch Eingießen von kochendem Öl zu „entgiften" (Eckart, 2021, S. 103 ff.). Heute ist die Medizin in der Lage, mittels **Augmented Reality** (gemeint ist die „erweiterte Realität", durch das Einfügen digitaler Elemente in die reale Welt mittels Bildschirm oder Brille, siehe Kap. 20) siamesische Zwillinge, die durch verschmolzene Schädel und ineinander verwobene Gehirne verbunden sind, zu trennen (Suliman, 2022). Angesichts dieses Sprungs in der medizinischen Entwicklung stellt sich die Frage, wie dieser Fortschritt erreicht wurde.

In einem groben historischen Überblick lässt sich der Ausgangspunkt fortschrittlicher Medizin darin festmachen, dass Ärzt:innen angefangen haben, ihre Erfahrungen im Umgang mit Patient:innen zu verschriftlichen. Dadurch wurde aus der medizinischen Behandlung ein strukturierter Prozess. Als die evidenzbasierte Medizin – die sich auf wissenschaftliche Beweise und Belege stützt und nicht allein auf persönlichen Erfahrungen und Ansichten beruht – etabliert war, wurde die Praxis mit der Wissenschaft verbunden, was durch die steigende Leistungsfähigkeit der Informationstechnologie sowie die Möglichkeit der **Datenspeicherung** dazu führte, dass die Medizin wesentlich von der Technologie abhängig wurde (Meskó, 2019, S. 1 ff.; Do Canto, 2020, S. 177 ff.).

Medizinischer und technischer Fortschritt gehen also in der Menschheitsgeschichte Hand in Hand. Das zeigt sich insbesondere seit dem rasanten Entwicklungssprung, der mit der Idee der Aufklärung des 18. Jahrhunderts sowie der industriellen Revolution des 19. Jahrhunderts verbunden ist (Perret, 2014). Die Entwicklung der Technik und der Medizin begünstigte letztlich auch die Entwicklung der ersten MedTech-Produkte wie des Stethoskops (1816) zum Abhören der Brust (Weinberg, 1993, S. 2223) und der Kanüle (1844) zur Injektion von Medikamenten (Lawrence, 2002, S. 1074). Es folgten weitere für die Zukunft wegweisende medizinische Technologien, so bspw. die Röntgenstrahlen (1895) (Byczkowski & Görtz, 2021, S. 387), das Beatmungsgerät „Eiserne Lunge" (1929) (Enders, 2021) und der Herzschrittmacher (1958) (Böttcher et al., 2003, S. 30).

Von der **Digitalisierung** (ca. ab 1970), welche im Fachbereich der Medizin aber auch der Technologie für bislang nicht möglich gehaltene Fortschritte sorgte, profitierte auch die Entwicklung von Med- und HealthTech-Produkten. Denn elektronische Datenübertragungen können auch für medizinische Zwecke genutzt werden und die gesteigerte Rechenleistung ermöglicht den Einsatz von künstlicher Intelligenz in der medizinischen Behandlung (Zauner et al., 2018, S. 20). Zudem ermöglichte die Digitalisierung die Entwicklung mobiler Applikationen bspw. im Bereich Fitness und Gesundheit, aber auch im Bereich der Überwachung oder bei der Behandlung von Krankheiten (Leins-Zurmühle, 2021, S. 138). Der medizintechnische Fortschritt ermöglicht es, jede nur ansatzweise denkbare medizinische Vision zu verfolgen. So soll in den kommenden Jahren dank der Entwicklung von Präzisionsklingen mit einer Schärfe, die alles Bisherige übertrifft sowie mittels einer speziell dafür entwickelten Technik zur Förderung des Zusammenwachsens von Nervenbahnen, die erste Kopftransplantation an einem lebenden Menschen durchgeführt werden (Lange, 2021, S. 134 f.).

Vor diesem Hintergrund wird klar, dass Med- und HealthTech für die gesamte Gesundheitsversorgung, die Finanzierung und Verwaltung des Gesundheitswesens sowie für die Erhebung forschungsrelevanter **Gesundheitsdaten** eine bedeutende Rolle spielt. Die Med- und HealthTech-Industrie, die lange nicht als eigene Branche betrachtet wurde, leistet mittlerweile nicht nur einen großen Beitrag für eine effiziente Medizin- und Gesundheitsversorgung, sondern trägt zu einer wichtigen Entwicklung der Gesundheitswirtschaft bei (Schmitt, 2009, S. 177; Donzé, 2022, S. 17). Auch volkswirtschaftlich betrachtet leisten Med- und HealthTech-Unternehmen mit Arbeitsplätzen und anderen Wirtschaftsfaktoren einen erheblichen Beitrag zum Wohlstand der jeweiligen Länder (Schmitt, 2009, S. 177; Swiss MedTech, Gesundheitsversorgung).

Trotz dieses medizinischen Fortschrittes und den damit verbundenen wirtschaftlichen Vorteilen hält diese Entwicklung große Herausforderungen bereit, die sowohl die Gesundheitsexpert:innen als auch die Nutzer:innen und darüber hinaus sogar die Gesamtgesellschaft betreffen. Denn wie das Beispiel der Trennung von siamesischen Zwillingen durch Augmented Reality zeigt, setzt der medizintechnische Fortschritt voraus, dass Ärzt:innen immer häufiger eng mit Ingenieur:innen, Bioelektroniker:innen und sonstigen Techniker:innen zusammenarbeiten (Suliman, 2022). Da täglich dutzende neue Med- und HealthTech-Produkte auf dem Markt erscheinen, stehen Ärzt:innen zudem unter enormem Druck, stetig auf dem neusten Stand zu bleiben, die Produkte in die Behandlung zu integrieren und sich zum richtigen Umgang weiterzubilden (Meskó, 2019, S. 1 f.).

Für Patient:innen besteht die Herausforderung, niederschwelligen Zugang zu innovativen – aber gleichzeitig hinreichend sicheren – Behandlungsmethoden zu bekommen. Um diese Herausforderungen zu meistern, stellen sich verschiedene Grundsatzfragen nach akzeptablem Behandlungsrisiko, verständlicher Patient:innenaufklärung, Reichweite von akzeptabler Innovationsfreundlichkeit oder Verpflichtung zur innovativen Behandlungsmethode.

Um den medizintechnischen Fortschritt unter Berücksichtigung ethischer und gesellschaftlicher Überlegungen konstruktiv-kritisch zu begleiten, kommt dem Recht eine äußerst wichtige Rolle zu. Dabei handelt es sich um eine gesetzgeberische Gratwanderung Innovationen, welche Patient:innen zugute kommen, nicht zu stoppen, aber gleichzeitig auch nicht zu einem Anziehungspunkt für Med- und HealthTech-Produkte geringerer Qualität zu werden (Studer, 2016, S. 189). Eine Kopftransplantation mit einem lebenden Menschen könnte deshalb aufgrund der erheblichen gesundheitlichen Risiken und ethischen Bedenken nicht nur aus technischen, sondern auch aus rechtlichen Gründen undurchführbar bleiben, was sich auch daran zeigt, dass das für Forschung eher liberale China das Vorhaben bereits bremste (Lange, 2021, S. 135).

11.3   Fallvignetten

Aus dem Bereich physischer MedTech-Produkte dient der Herzschrittmacher, aus dem Bereich HealthTech hingegen elektronische Patientenakten zur Veranschaulichung.

11.3.1 Herzschrittmacher

Ein wichtiges Beispiel für die technische Vielfalt eines MedTech-Produkts sind **Herzschrittmacher**. Sie waren eine der ersten Hightech-Implantate, nämlich elektronische Geräte im menschlichen Körper, die seit 1958 zum Einsatz kommen (Böttcher et al., 2003, S. 30). Mit elektronischer Technologie messen und steuern sie den Rhythmus des zentralen menschlichen Organs über viele Jahre. Ihre Anwendung ist durchaus verbreitet: In der Schweiz z. B. haben ca. 0,24 % der Bevölkerung Herzschrittmacher implantiert; rund 86 % davon sind Personen über 60 Jahren (Schweizerische Statistik für Herzschrittmacher, ICD und Ablationen, 2000).

Die Entwicklung von Herzschrittmachern selbst sowie deren Implantation und Betrieb erfordern das Zusammenspiel unterschiedlicher Technologien:

- Materialtechnologie,
- Sensorik,
- Elektronik,
- Batterietechnologie auf Basis Atomtechnologie,
- mechanische Instrumente und Hilfsmittel sowie moderne medizinische Bildgebung („Röntgen") für die Implantation,
- und in den letzten Jahren verstärkt IT für Überwachung und Wartung im Einsatz (sog. Remote Monitoring, Telemedizin).

Die Geräte selbst bestehen aus einer Sonde, welche – mittels einer sogenannten Elektrode – Zustände des Herzens misst und dieses gleichzeitig auch mittels elektrischer Pulse anregt. Diese Sonde wird von einem möglichst kleinen Gerät („Aggregat") gesteuert. Dieses enthält die Steuerelektronik, Impulsgeber sowie eine außergewöhnlich kleine Batterie mit vielen Jahren Laufzeit (Radionukleid-Batterie).

Das **Implantieren** von Sonden und Aggregaten wird ebenfalls durch eine Reihe von medizinischen Technologien ermöglicht. Es werden hoch entwickelte, mechanische Hilfsmittel verwendet, um Sonden und Aggregate im menschlichen Körper anzubringen und die Elektrodenspitzen der Sonden am Herzmuskel zu fixieren. Zur Positionierung wird moderne medizinische Bildgebungs-Technologie („Röntgen") eingesetzt. Letztere verwendet IT-Technologie zur (2D- und 3D-) Darstellung von Körper, Organen, Implantat und chirurgischer Instrumente in Echtzeit.

Die Anforderungen an die implantierten Materialien sind enorm. Sie müssen nicht nur jahrelangen Betrieb im Körper standhalten. Auch der Körper muss der Anwesenheit des Implantats standhalten. Ganz wesentlich hier ist, dass er den technischen Fremdkörper nicht abstößt.

Telemedizin und HealthTech ermöglichen die berührungslose Remote-Messung und Steuerung der Herzschrittmacher. Die von den Sonden der Herzschrittmacher gemessenen Werte werden vom Aggregat an sogenannte Gesundheitsdatenplattformen übertragen. Es handelt sich dabei um IT-Plattformen zur Verarbeitung dieser Daten – Server, Speicher, Netzwerkverbindungen, Programme. Aktuell werden diese meist von den Herstellern der Schrittmacher betrieben. Von dort können Berechtigte – die Patient:innen selbst, berechtigte Angehörige und behandelnde Ärzt:innen – die Daten einsehen. Algorithmen und Künstliche Intelligenz (KI) generieren aus diesen Daten neue Erkenntnisse und kommunizieren diese, z. B. in Form von Alarmen auf den Mobiltelefonen der behandelnden Ärzt:innen.

11.3.2 Elektronische Patientenakten, Gesundheitsdatenplattformen und Ökosysteme

Patientenakten sind Aufzeichnungen von medizinischen Leistungserbringer:innen – Krankenhäuser, niedergelassene Ärzt:innen, Pflegeheimen, Physiotherapeut:innen, etc. Meist sind die Akten behandlungsrelevanter Daten von jenen administrativer Daten (weitgehend) getrennt. Letztere enthalten Versicherungs- und Zahlungsinformationen, Verrechnungsdaten, Erreichbarkeiten von Patient:innen und dergleichen. Sie unterstützen die administrativen Prozesse.

Behandlungsrelevante Akten werden vor allem von den Behandler:innen – Ärzt:innen, Pfleger:innen, etc. – genutzt und erstellt. Mit zunehmender Entwicklung tragen Maschinen im weiteren Sinne mehr und mehr zur Generierung von Daten bei und nutzen diese auch automatisiert. Diese Akten entwickelten sich in folgenden Schritten:

1. **Papierakten**

   Ursprünglich waren diese Akten Papier basiert und deren Nutzung eingeschränkt auf wenige unmittelbare Benutzer:innen: ein:e Ärzt:in, eine Abteilung eines Krankenhauses, ein Pflegeheim.

2. **Systeme für spezifische Abteilungen von Krankenhäusern**

   Im Zuge der Digitalisierung entstanden in den Abteilungen größerer Organisationen – vor allem in Krankenhäusern – erste, fachlich sehr spezialisierte **Gesundheits-IT-Systeme** – Laborinformationssysteme (LIS), Radiologieinformationssysteme (RIS), Archivsysteme für Röntgenbilder PACS (Picture Archiving and Communication System), etc.

3. **Systeme für ganze Krankenhäuser sowie Systeme für kleinere Leistungserbringer:innen**

   Gängige Bezeichnungen entsprechender Systeme sind Klinische oder **Krankenhausinformationssysteme** (KIS), Praxisinformationssysteme (PIS). In der nächsten Entwicklungsphase bildeten sich zwei Aspekte heraus.

   • Auch kleinere Organisationen begannen IT-Systeme einzusetzen: Praxis Informationssysteme (PIS) für niedergelassene Ärzt:innen, Pflegeheimsysteme, Apothekeninformationssysteme, um einige zu nennen.

   • In den Krankenhäusern entwickelten sich organisationsweite, einheitliche, so genannte Klinische Informationssysteme (KIS, engl. „Electronic Medical Record" oder „Hospital Information Systems"). Diese lösten viele spezialisierte (Abteilungs-)Systeme ab und ermöglichten eine (digitale) Kommunikation zwischen den Abteilungen. Damit können z. B. mit ein und derselben Anwendung Laboruntersuchungen von unterschiedlichen Abteilungen angefordert werden. Behandler:innen sehen behandlungsrelevante Daten aller Abteilungen über eine Anwendung vollständig und übersichtlich – Aufenthalte, Diagnosen, Impfungen, Laborbefunde, Radiologiebefunde, Röntgenbilder, Entlassungsberichte, Medikation, etc.

4. Systeme für die Zusammenarbeit unterschiedlicher Behandler:innen und die Patient:innen selbst

Gängige Bezeichnungen entsprechender Systeme sind elektronische Gesundheits-
oder Patientenakten. Die Entwicklung der Spezialisierung in der Medizin sowie jene
der Mobilität der Menschen veränderten die Behandlungsprozesse zunehmend: Ursprünglich wurde der überwiegende Teil der Behandlungen von lokalen Leistungser-
bringer:innen – Allgemeinmediziner:innen – erbracht. Später wurden für dieselben Be-
handlungsfälle eine Reihe von Spezialist:innen unterschiedlicher Einrichtungen – am-
bulant wie stationär – involviert. Und auch die Patient:innen selbst wurden in
verschiedenen Schritten mehr und mehr involviert: Patient Empowerment, Patient Engagement bis hin zum Patient Self Service, um einige Schlagworte zu nennen.

Die Integration all dieser – unterschiedlichen Behandler:innen sowie die Patient:innen
selbst – in die Behandlungsprozesse wird als „**integrierte Versorgung**" bezeichnet.

Eine wesentliche Herausforderung stellt hier die Kommunikation zwischen all diesen
Beteiligten im Zuge der einzelnen Behandlungsprozesse dar. Die IT-Systeme der einzelnen Behandler:innen – PIS, KIS, RIS, LIS, … – mussten bzw. müssen ineinander integriert werden. Eine Reihe von Standardisierungen und die Initiative „Integrating the Healthcare Enterprise (IHE)" entstanden in diesem Zusammenhang. Letztere ist eine weltweite
Initiative von Behandler:innen und Hersteller:innen. Viele regionale und nationale Systeme
basieren auf deren Empfehlungen (siehe DICOM, HL7). Kernstück dieser Kommunikation zwischen den unterschiedlichen Behandler:innen ist die Möglichkeit, ortsungebunden
sowie niederschwellig (einfach und rasch) auf behandlungsrelevante Daten der Patient:in-
nen zugreifen zu können. Diese Art von elektronischen Akten können unterschiedlich realisiert und bezeichnet werden:

- **Regionale oder nationale Akten:** Gängige Begriffe hierfür sind Elektronische Gesundheitsakte, Elektronische Patientenakte, **elektronisches Patientendossier**, englisch
  Electronic Health Record (EHR). Diese werden federführend durch Staaten, öffentliche Verwaltung und Körperschaften organisiert. Charakteristisch ist bei diesen, dass
  Teilnahme und Nutzung gesetzlich geregelt sind. Insbesondere wird definiert, welche
  Behandler:innen sich an die Akten anschließen und welche Art von Daten sie bereit-
  stellen müssen. Technisch handelt es sich um Systeme, welche darauf spezialisiert sind
  vorhandene IT-Systeme von Behandler:innen (sogenannte Primärsysteme – KIS, RIS,
  LIS, etc.) unterschiedlicher Hersteller miteinander zu verbinden. Beispiele: Elektroni-
  sche Gesundheitsakte (ELGA) Österreich (siehe ELGA Österreich), Elektronisches
  Patientendossier (EPD) Schweiz (siehe EPD Schweiz; E-Health-Suisse), Mon Espace
  Santé Frankreich (siehe Monespacesanté), Sundhed Dänemark (siehe Sundhed.dk)
  elektronische Patientenakte (ePA) Deutschland (siehe Gematik), Personally Controlled
  Electronic Health Record (PCEHR) Australia (siehe Health Record Australia).
- **Große Klinische Systeme (KIS):** Einige Krankenhausinformationssysteme haben
  sich zu regionalen **Gesundheits-IT-Systemen** entwickelt. Anders als bei den oben

beschriebenen Systemen verknüpfen sie dabei nicht die spezialisierten IT-Systeme unterschiedlicher Hersteller miteinander, sondern ersetzen all diese durch ein neues, einziges IT-System (monolithischer Ansatz). Betrieben und kontrolliert werden diese Systeme meist von staatlichen oder privaten Gesundheitsorganisationen und/oder Versicherungen. Wesentliche Beispiele solcher Systeme sind die von den US-amerikanischen Firmen „Epic Systems Corporation" oder „Oracle CERNER" international gelieferten Lösungen. Bei „privaten" Akten, Personal Health Records (PHR), handelt es sich um Gesundheitsakten, welche zentral von den Einzelpersonen, Patient:innen erstellt und verwaltet werden. Die Idee wurde und wird neuerdings wieder vor allem von den großen IT Firmen Google, Microsoft, Amazon und Apple vorangetrieben. Ein wesentlicher Unterschied zu den oben skizzierten Lösungen besteht hier in der Herstellung des Vertrauens der Menschen ihre Daten in diesen Systemen verarbeiten zu lassen: Aktuelle PHRs werden von privaten Unternehmen betrieben und bereitgestellt. Hinzu kommt, dass der Geschäftszweck dieser Unternehmen meist auf der Nutzung von persönlichen Daten – in diesem Fall von Gesundheitsdaten – basiert. Beispiele: Microsoft Health Vault (2007–2019, siehe bspw. Wikipedia Health Vault), Google Health (siehe Google Health), iOS Health/Health-App (siehe Apple Health), Life Sensor von InterComponentWare (siehe bspw. Knoll, 2007).

Der Raison d'etre für diese unterschiedlichen HealthTech-Systeme war ursprünglich die Unterstützung der – im Gesundheitswesen meist äußerst komplexen – Verrechnungsprozesse der einzelnen Leistungserbringer:innen mit den zahlenden Akteuren (Versicherungen und Patient:innen). Erst später folgte die Unterstützung der Behandlungs-, Dokumentations- sowie weiterer administrativer Prozesse. Verstärkt lieferten die Systeme auch Daten für die Qualitätssicherung und die Steuerung des Gesundheitswesens. Am stärksten entwickeln sie sich aktuell in den Bereichen Telemedizinanwendungen sowie Mehrwerterzeugung durch Daten weiter.

Der Aspekt „**Vertrauen**" stellt bei den letztgenannten Systemen eine besondere Herausforderung dar (Kap. 6). Für die von den Behandler:innen in ihren jeweiligen Organisationen eingesetzten Datenverarbeitungssysteme galten lange Zeit dieselben Regeln zur Sicherstellung des Vertrauens wie für deren Papier gestützten Prozesse und Hilfsmittel. Personal wurde sensibilisiert und geschult, Zugriffe zu Archiven wurden für Unbefugte physisch geschützt (gesperrt). Auch der Zugriff für Externe hätte ein Eindringen in die Räumlichkeiten der Organisation vorausgesetzt. Organisationsübergreifende, regionale oder gar nationale Gesundheitsakten stellten völlig neue Herausforderungen hinsichtlich Vertrauen dar. Hier ein paar Aspekte, mit denen dieses hergestellt werden kann:

- **Governance**: Betreiber:innen und Auftragsdatenverarbeiter:innen von nationalen Gesundheitsakten müssen in westlichen Ländern sehr vertrauenswürdige Organisationen sein. In den meisten Fällen sind dies der Staat selbst bzw. staatsnahe Organisationen.
- Zweckbindung, Nutzen: Nutzung und Nutzen muss von der Allgemeinheit der Bürger:innen befürwortet werden. Die Nutzung der Daten zur Verbesserung von Prävention

und Behandlung ist hier die Basis. Aktuell wird die Sekundärnutzung für Forschung und Wirtschaft diskutiert. Dagegen wird die Nutzung der Daten durch Versicherungen aktuell abgelehnt und ist z. B. in Österreich sogar strafbar.

- Teilnahme: Bürger:innen wollen entscheiden, ob und welche ihrer Gesundheitsdaten verarbeitet werden. Hier bestehen zwei gegensätzliche Herangehensweisen – Opt-In und Opt-Out. Opt-In bedeutet, dass die Bürger:innen sich aktiv für die Teilnahme registrieren müssen (vgl. Elektronisches Patientendossier Schweiz). Bei Opt-Out-Systemen werden definierte Daten aller Bürger:innen automatisch im System verarbeitet, bereitgestellt, solange diese nicht aktiv aus-optieren (vgl. z. B. Elektronische Gesundheitsakte Österreich und andere). Opt-Out-Systeme haben sich für nationale Gesundheitsakten als nicht zielführend herausgestellt: Vorhandensein und Vollständigkeit von Datensätzen sind für viele Prozesse unabdingbar.
- Zugriffskontrolle durch die Bürger:innen: Ausgehend von einer Grundeinstellung können Bürger:innen den Zugriff auf Dokumente, Dokumententypen, Daten einfach selbst steuern. Meist geschieht das durch entsprechende Möglichkeiten in Patientenportalen oder Apps. Auch wenn dies nur in geringem Ausmass in Anspruch genommen wird, ist es eine wesentliche Maßnahme zur Herstellung des Vertrauens.
- Transparenz: Die wesentlichste Maßnahme hier ist sicherlich der sogenannte Audit Trail; Bürger:innen können jederzeit und detailliert einsehen welche Personen ihre Gesundheitsakte bearbeitet oder eingesehen haben. Dies ist – kombiniert mit entsprechenden Strafen – eine ganz wesentliche Maßnahme gegen Missbrauch.

11.4 Diskussion

Wie das erwähnte Beispiel der Kopftransplantation sowie das Beispiel der elektronischen IT-Systeme anschaulich zeigen, scheinen dem medizintechnischen Fortschritt keine Grenzen gesetzt. Dabei führt der medizintechnische Fortschritt dazu, dass gesellschaftliche Konzepte und wesentliche Aspekte der Weltanschauung – bspw. das Hirntodkonzept, welches die Grundlage für die Organtransplantation bildet (vgl. Art. 9 des Schweizer Bundesgesetzes über die Transplantation von Organen, Gewebe und Zellen) – kritisch hinterfragt werden (Smith, 2001, S. 285 f.).

Unbestritten ist, dass Med- und HealthTech-Produkte einen wesentlichen Beitrag zum medizinischen Fortschritt geleistet haben. Dennoch gibt es immer wieder Vorfälle, die das Vertrauen in Med- und HealthTech-Produkte trüben, weshalb nachfolgend eine Erläuterung der Chancen und Risiken, die Med- und HealthTech-Produkte enthalten, unter Berücksichtigung von rechtlichen, ethischen, gesellschaftlichen und wirtschaftlichen Aspekten, stattfinden soll.

Insbesondere die Fallvignetten haben aufgezeigt, was für einen Nutzen Health-/MedTech aufweisen kann. Der medizinische Fortschritt schreitet rasch voran und verbessert die Gesundheitsversorgung. Im Bereich MedTech werden mit neuen Technologien und Medizinprodukten Dinge möglich, wie das bereits genannte Beispiel zur Trennung siamesischer Zwillinge durch Augmented Reality, was vor wenigen Jahren noch unvorstellbar gewesen wäre. Überdies kann bspw. durch elektronische Gesundheitsakten innerhalb kürzester Zeit auf möglicherweise lebensrettende Informationen zugegriffen werden. Einerseits können somit durch den Einsatz von Technologien Zeit und damit verbunden längerfristig auch Kosten gespart werden. Andererseits fallen durch den medizintechnischen Fortschritt aber auch zusätzliche Kosten an (Bundesamt für Gesundheit, 2022). Dies nicht nur aufgrund der Herstellungskosten, sondern auch durch die Kosten, die für die Schulung der MedTech anwendenden Personen anfallen. Positiv zu berücksichtigen ist der Umstand, dass die MedTech-Branche viele Arbeitsplätze schafft, was auch einen Einfluss auf den Wohlstand der jeweiligen Länder hat (Swiss MedTech, 2018).

Neben den genannten Chancen gilt es auch den potenziellen Risiken Rechnung zu tragen. Diese können sich in einer Gefährdung von **Patient:innendaten**, ethischen und gesellschaftlichen Herausforderungen sowie Risiken für die **Patient:innensicherheit** manifestieren.

Um zu gewährleisten, dass Med- und HealthTech-Produkten das notwendige Vertrauen vonseiten der Nutzer:innen aber auch vonseiten der Gesellschaft entgegengebracht wird, ist der richtige Umgang mit den dadurch erhobenen Daten essenziell. Daten, welche im Zusammenhang mit Med- und HealthTech-Produkten erhoben werden, werden als besonders schützenswerte Personendaten qualifiziert (Art. 3 lit. c Ziff. 2 des Schweizer Bundesgesetzes über den Datenschutz), was bspw. dazu führt, dass hinsichtlich der Datenbearbeitung sowie der Datenbeschaffung strengere Voraussetzungen an die Einwilligung geknüpft sind und höhere Anforderungen an Sicherheitsvorkehrungen bezogen auf die Datenaufbewahrung gestellt werden (Art. 4 Abs. 5, 14 Abs. 1 des Schweizer Bundesgesetzes über den Datenschutz; Kirsten et al., 2022, S. 393). Gerade Med- und HealthTech-Produkte, durch die genetische Daten erhoben werden, können weitere Schutzpflichten mit sich bringen. Denn genetische Daten enthalten nicht nur Informationen über die konkrete Person, anhand welcher die Daten erhoben wurden, sondern auch über ihr verwandte Personen. Durch eine falsche Handhabung dieser Daten könnte einerseits z. B. das Recht auf Nichtwissen der verwandten Personen verletzt werden, bspw. indem diese Familienangehörigen gegen ihren Willen herausfänden, dass sie an einer genetischen Krankheit leiden. Andererseits könnten sich auch ethische und soziale Probleme stellen, wenn bspw. durch genetische Datenbanken zur Ermittlung von verwandten Personen (bspw. 23andme) herauskäme, dass bislang unbekannte genetische Verbindungen oder die Absenz von bislang angenommen genetischen Verbindungen bestünden (Staudinger, 2020, S. 379). Gerade hinsichtlich Unternehmen, welche ihre Sitze in Ländern haben, in denen der **Datenschutz** vergleichsweise locker reguliert ist, kann es immer wieder dazu kommen, dass mit sensiblen Daten nicht fachgerecht umgegangen wird. Als Beispiel kann die App Flo herangezogen werden, welche als Perioden- und Zykluskalender von über 25 Mio. Frauen benutzt wird. Die App sendete hochsensible Daten zu Schwangerschaften und Zyklen der jeweiligen Frauen unter anderem an Facebook (Schachner & Secada, 2019). Zurecht haben Frauen durch die Weitergabe ihrer Daten das Vertrauen in die genannte App verloren, was sich daran zeigt, dass Flo derzeit von vielen amerikanischen Frauen gelöscht wird. Dies aufgrund der Furcht, dass die sensiblen Daten der App zur Ahndung von Schwangerschaftsabbrüchen, welche in den USA teilweise unter Strafe gestellt sind, genutzt werden könnten (Schuler, 2022).

Der medizintechnische Fortschritt führt dazu, dass auch gesellschaftliche Werte hinterfragt und neu definiert werden müssen, was am Beispiel des Fortschritts von intensivmedizinischen Maßnahmen aufgezeigt werden soll. Durch intensivmedizinische MedTech-Produkte wie das Beatmungsgerät, die Bauchsonde oder der Katheter, welche Personen künstlich am Leben erhalten, entstand ein neues Stadium zwischen Leben und Tod, welches teilweise gar Jahre aufrechterhalten werden kann. Dadurch stellen sich neue ethische und soziale Fragen, deren Antworten im gesellschaftlichen Diskurs gefunden werden müssen. Eine Rolle spielen dabei Überlegungen zur Lebensqualität, **Patient:innenautonomie**, ärztlichen Fürsorge, zur rechtlichen Qualifikation des Lebensendes und damit des Endes der Rechtspersönlichkeit, aber auch – wie die Pandemie anhand der Knappheit von Beatmungsgeräten zeigte – zur gerechten Verteilung intensivmedizinischer Ressourcen. Als Beispiel einer Werteverschiebung kann die Patient:innenautonomie aufgeführt werden. Während der ärztlichen Person vor einigen Jahren eine paternalistische Rolle zugeschrieben wurde, liegt die Aufgabe von Ärzt:innen heute darin, Patient:innen durch eine umfassende Aufklärung zu befähigen, über die Behandlung zu entscheiden (Miranowicz, 2018, S. 131). Das Prinzip des **Informed Consents** wurde geboren, wodurch ärztliche Eingriffe erst durch die Einwilligung von Patient:innen, die vorab umfassend aufgeklärt wurden, gerechtfertigt werden. Durch das Prinzip des Informed Consents wurde die Patient:innenautonomie in der ärztlichen Behandlung massiv gestärkt. Die gestärkte Patient:innenautonomie ist es letztlich auch, die es aufgeklärten Patient:innen am Lebensende erlaubt, lebenserhaltende Med- und HealthTech-Produkte ausschalten zu lassen.

Neben ethischen Überlegungen muss aber auch die Patient:innensicherheit gewährleistet werden. Durch unsichere Med- und HealthTech-Produkte, wie bspw. qualitativ schlechte Brustimplantate oder schadhafte Hüftprothesen (Pfister, 2022), können Patient:innen an schweren gesundheitlichen Komplikationen leiden, welche zu Schadenersatz- oder gar Strafverfahren führen und wodurch auch andere Hersteller:innen von MedTech-Produkten an einem möglichen Reputations- und Vertrauensverlust leiden können. Anders als noch vor ein paar Jahren zählen in der heutigen Med- und HealthTech-Ära auch **Cyberrisiken** zu einer nicht zu unterschätzenden Bedrohung der Patient:innensicherheit. Insbesondere Manipulationen durch Hacking oder Sabotage teilweise auch mit Erpressungsversuchen stellen ein ernst zu nehmendes Problem dar (Georgiew, 2015, S. 6). Ein mangelnder Schutz vor Cyberangriffen kann einerseits dazu führen, dass Infrastrukturen (bspw. durch das unrechtmässige Verschlüsseln von Servern) nicht mehr genutzt werden können, dass hergestellte und vertriebene Med- und HealthTech-Produkte nicht mehr oder nicht richtig funktionieren, dass es zu Verletzungen des Datenschutzes kommt oder dass geistiges Eigentum oder andere finanzielle Güter von MedTech-Unternehmen gestohlen werden. All diese Beeinträchtigungen können neben entstehenden Kosten auch zu einem Reputationsschaden und Vertrauensverlust des entsprechenden Unternehmens führen (Turrini & Locwin, 2022; Kap. 7). Veranschaulichen lässt sich die Relevanz an dem Beispiel in den USA, wo eine halbe Million Herzschrittmacher von der US Food and Drug Administration (FDA) zurückgerufen werden mussten, aufgrund der Befürchtung, dass diese insofern gehackt werden könnten, als dass sich die Batterien entladen oder die Schrittmacher den Herzschlag der Patient:innen nicht wie beabsichtigt verändern könnten. Dabei gilt zu beachten, dass der Rückruf gerade von implementierten MedTech-Produkten zusätzlich einen operativen Eingriff mit sich bringen könnte, wobei die Sicherheitslücke im genannten Fall mit einem Update behoben werden konnte (Hern, 2017). Dieses Beispiel verdeutlicht, dass in Bezug auf die Patient:innensicherheit auch Cyberrisiken in das Risikomanagement einfließen sowie eine kontinuierliche Prozessevaluation und eine Gefährdungsanalyse durchgeführt werden müssen (Georgiew, 2015, S. 6).

Um alle Vorkehrungen vorzunehmen, dass Med- und HealthTech-Produkte sicher für Patient:innen, gesellschaftlich und ethisch unbedenklich sowie datenschutzkonform sind, kommt der **Regulierung** eine wichtige Rolle zu.

Somit sind Health-/MedTech nebst deren Bedeutung für Innovationen und medizinischen Fortschritt auch risikoanfällig. Zum Schutz insbesondere der Patient:innen müssen dem Fortschritt auch Grenzen gesetzt werden, gerade auch aus ethischen Überlegungen. Die gesellschaftlichen Normen wandeln sich, sind jedoch nicht immer gleich auf mit dem wissenschaftlichen Fortschritt. Ein Beispiel in diesem Zusammenhang ist die Genschere CRISPR: Wollen wir die Abänderung von genetischem Erbgut zulassen und uns zu einer Gesellschaft hinbewegen, welche Designerbabies – als Beispiel hier zu nennen sind die im Jahr 2018 chinesischen Zwillinge, welche mittels CRISPR/Cas gegen HIV immunisiert wurden (Normile, 2018) – zulässt? Möchten wir aber andererseits die Entwicklung neuer Therapien für Menschen mit schweren Erkrankungen verhindern? Solche Fragen stellen sich stetig, wobei die Grenzen dessen, was erlaubt sein soll und was nicht, insbesondere durch die Gesellschaft und ihre Wertvorstellungen gesetzt werden.

Fraglich ist, ob eine staatliche Regulierung den Risiken entgegenwirken kann und eine solche grundsätzlich sinnvoll ist, oder ob allenfalls eine Selbstregulierung durch die Akteure vorteilhaft wäre. Vor dem Hintergrund, dass es sich bei Health- und MedTech um einen rasch wandelnden Bereich handelt und die Implementierung bzw. Anpassung von staatlichen Regelungen wie Gesetzen jeweils längere Zeit in Anspruch nimmt, wäre eine Selbstregulierung der involvierten Akteure allenfalls dynamischer sowie sachnäher. Teilweise gibt es bereits Ansätze zur Selbstregulierung mittels Richtlinien und Netzwerken, welche die gesellschaftlichen Normen berücksichtigen und explizit festhalten, dass auch ethische Aspekte in die Zusammenarbeit von Medizin und Industrie zu integrieren sind (vgl. Swiss Medtech, 2017).

Allerdings ist eine staatliche Kontrolle und damit verbunden eine national einheitliche Regulierung dieses sensiblen Bereichs ebenfalls wünschenswert, wobei staatliche Vorgaben durchaus ein Hindernis darstellen können. Die Revision der Medizinprodukteverordnung ist ein solches Beispiel dafür, dass regulatorische Hindernisse den Markt beeinflussen. Aufgrund der neuen Richtlinien der EU, welche auf verschiedene Vorfälle fehlerhafter Medizinprodukte – wie qualitativ schlechte Brustimplantate zurückzuführen ist – wurden an der Medizinprodukteverordnung der Schweiz Anpassungen vorgenommen.

Durch die mangelnde Einigung bzw. Anpassung der Richtlinien der Schweiz mit der EU (siehe Swiss Medic) stellen sich verschiedene Herausforderungen, wie ein erschwerter Marktzugang für Schweizer MedTech-Unternehmen.

Es ist einerseits notwendig, dass fehlerhafte Medizinprodukte verhindert und durch staatliche Vorgaben kontrolliert werden. Andererseits können regulatorische Einschränkungen zur Folge haben, dass der Markt und das wirtschaftliche Fortkommen gehemmt werden. Die Regulation spielt also eine wichtige Rolle in diesem Bereich, wobei es eine Herausforderung darstellt, dem technologischen Fortschritt zu folgen sowie die Sicherheit der Patient:innen, die hierbei schlussendlich im Fokus stehen, zu garantieren.

11.5   Zukunft und Ausblick

Die Zukunft des Gesundheitswesens und damit auch von MedTech werden (weiterhin) geprägt sein von den zwei wesentlichen Faktoren:

1. Den sozio-demografischen Veränderungen – alternde Bevölkerung, Verstädterung, etc.
2. Den technologischen Entwicklungen und deren damit einhergehenden Folgen – neue Therapiemöglichkeiten, Möglichkeiten von Telemedizin, neue Geschäftsmodelle, Globalisierung, etc.

Im Folgenden soll dazu ein Streifzug zu Megatrends im Gesundheitswesen (angelehnt an Deml et al., 2022) und den damit zusammenhängenden Entwicklungen dargelegt werden.

Die sozio-demografischen Veränderungen – hier vor allem die Alterung der Gesellschaft – bringen die Gesundheitssysteme vieler Länder finanziell und organisatorisch unter Druck. Diesem wird mit Maßnahmen zur Effizienzsteigerung unterstützt von MedTech begegnet: IT-gestützte Automatisierung von Prozessen bei und zwischen Leistungserbringer:innen (Stichwort „Integrierte Versorgung", „Electronic Health Records"), Einbeziehung der Patient:innen (Stichwort „Patient Empowerment", „Patient Self-Service", „Telemedizin", „Home Monitoring"). Seit mehreren Jahren werden aus Kostengründen Behandlungen immer mehr von Krankenhäusern in den ambulanten Bereich – sprich zur Primärversorgung, den niedergelassenen Ärzt:innen und in Ambulatorien – verlagert. In Zukunft werden Behandlung und Pflege ganz wesentlich auch bei den Patient:innen zu Hause stattfinden (Stichworte „care@home", „hospital@home"). Hierzu müssen den Patient:innen MedTech-Infrastrukturen für Home Monitoring und die Remote-Kommunikation mit Pfleger:innen und Ärzt:innen zu Hause bereitgestellt werden.

Auch das **Verständnis von „Gesundheit"** und die Rolle der **Gesundheitsversorgung** verändern sich deutlich. Die Aktivitäten beschränken sich nicht mehr auf Behandlung im Falle von Erkrankungen. **P4-Medizin** – predicitive, preventive, personalized, participatory – ist entstanden und hat sich zum Lifestyle entwickelt. Lifestyle-Accessoires wie Uhren oder Ringe werden zu MedTech-Geräten, messen und dokumentieren gesundheitsrelevante Parameter, geben Empfehlungen und alarmieren. Mit genetischen Tests und Screenings werden potenzielle Risiken identifiziert und deren Eintreten proaktiv verhindert (z. B. pränatale Gentests).

Der **Gesundheitsmarkt** wird sich stark verändern. IT-Firmen bauen in den Gesundheitsmärkten ihre Rolle weiter aus – sie liefern IT-Infrastruktur, Applikationen, Netzwerke für Krankenhäuser und Verwaltung, sind bereits im Apothekenmarkt aktiv und arbeiten an Zukunftsthemen wie care@home (z. B. Amazon Pharmacy). Neue Gesundheitsberufe entstehen nicht nur durch neue Anwendungsfelder (z. B. Genetikberater:in, Lebensberater:in), sondern auch durch den Bedarf an der Deckung von Schnittstellen zwischen medizinischem und technischem Know-how.

Die **fortschreitende Technologisierung**, **Digitalisierung** und die damit einhergehende **Verfügbarkeit digitaler Gesundheitsdaten** bringen starke Veränderungen für Patient:innen, das Gesundheitswesen sowie die Industrie.

Gesundheits-Apps werden zur Behandlung eingesetzt und ihre Nutzung wird basierend auf Nachweisen zu Wirksamkeit über Versicherungen abgerechnet (Stichwort „Digital therapeutics"). Algorithmen unterstützen bei Diagnose und Behandlung (Stichwort „Clinical Decision Support") und werden in absehbarer Zeit auch eigenständig Diagnosen stellen und Behandlungsempfehlungen geben. Gentechnik, Personalisierte Medizin, Unterstützung bis hin zu Ersatz von Körperteilen durch Implantate werden sich rasant entwickeln. Über Behandlungs- und Gesundheitsdaten von Populationen können Wirksamkeiten von Maßnahmen und Mitteln wie Behandlungsmethoden, Medikamenten erkannt und zur besseren Steuerung und Finanzierung des Gesundheitswesens verwendet werden („Sekundärnutzung von Gesundheitsdaten"). Dementsprechend werden sich auch **Behandlung- und Behandlungsmodelle** verändern (Stichwort „Population Health Management", „Integrated Care", „Coordinated Care", „Home Based Care").

Die Megatrends bringen neue Entwicklungen und werden auch die oben skizzierten Herausforderungen verändern und erweitern. Bis dato nicht diskutierte, oft vermiedene Themen werden behandelt werden: Unter welchen Bedingungen sollen Gesundheitsdaten für Forschung in der Wirtschaft eingesetzt werden? Was erhalten Bürger:innen für die Nutzung ihrer Daten? Wer sind die Nutznießer? Welchen Betrag leisten sie und in welcher Form (bestehende Steuern, neue Steuern, Renumerationen nach Datennutzung)? Wer hat unter welchen Umständen Zugang zu welchen Behandlungsmethoden (teure Behandlungen nur noch bei entsprechenden Lebensaussichten, etc.)? Wie können Nutzen und Mittel gemessen und optimiert werden (Patient Related Outcome Measurement, Outcomed Based Embursement, etc.)? (Wie) können Maschinen psychische und physische Bedürfnisse unterstützen (Pflegeroboter, Avatare, etc.)? Welche Abstriche im Datenschutz sind wir bereit in Kauf zu nehmen für mehr Innovation und zur Förderung der Wirtschaft? Etc. Die Methoden zur Behandlung dieser Themen werden gerade erst entwickelt. Neu ist die geforderte Multidisziplinarität hierbei: Jurist:innen, Techniker:innen, Naturwissenschaftler:innen, Mediziner:innen und viele mehr werden für Konzeption und Entwicklung von Leitlinien benötigt.

Literatur

Apple. (o.J.). Apple health. https://www.apple.com/ios/health. Zugegriffen am 06.05.2024.

Böttcher, W., Merkle, F., & Weitkemper, H-H. (2003). Historische Entwicklung der künstlichen Stimulation des Herzens. *Zeitschrift für Herz-, Thorax- und Gefässchirurgie, 17*(1), 24–34.

Bundesamt für Gesundheit. (2022, September 27). Gesundheitskosten und Krankenkassenprämien steigen. https://www.bag.admin.ch/bag/de/home/das-bag/aktuell/news/news-27-09-2022.html. Zugegriffen am 06.05.2024.

Byczkowski, M., & Görtz, M. (2021). Die Industrialisierung der Intelligenz. In R. Holm-Hadulla, J. Funke, & M. Wink (Hrsg.), *Intelligenz: Theoretische Grundlagen und praktische Anwendungen* (Bd. 6, S. 385). Heidelberger Jahrbücher Online.

Deml, M., Jungo, K., Maessen, M., et al. (2022, März 22). Megatrends in Healthcare: Review fort he Swiss National Science Foundation's National Research Programme 74 (NRP74) "Smarter Health Care", PubMed Central. https://www.ncbi.nlm.nih.gov/pmc/articles/PMC9069234 Zugegriffen am 06.05.2024.

DICOM: Digital Imaging and Communications in Medicine. https://www.dicomstandard.org. Zugegriffen am 06.05.2024.

Do Canto, P. (2020). Gesundheitsdaten in der digitalen Welt. *Zeitschrift für Immaterialgüter-, Informations- und Wettbewerbsrecht*, 177–183.

Donzé, P-Y. (2022). *Medtech, The formation and growth of a global industry, 1960–2020*. Springer Nature.

Eckart, W. (2021). *Geschichte, Theorie und Ethik der Medizin* (9. Aufl., S. 103). Springer.

E-Health-Suisse. (2024). Kompetenz und Koordinationsstelle von Bund und Kantonen. https://www.e-health-suisse.ch. Zugegriffen am 06.05.2024.

ELGA Österreich. (2024). Elektronische Gesundheitsakte Österreich. https://www.elga.gv.at. Zugegriffen am 06.05.2024.

Enders, E. (2021, Januar 14). Eiserne Lunge & Co: die Geschichte der künstlichen Beatmung, Mitteldeutscher Rundfunk. https://www.mdr.de/geschichte/eiserne-lunge-beatmungsgeraete-100.html. Zugegriffen am 06.05.2024.

EPD Schweiz. (2024). Elektronisches Patientendossier Schweiz. https://www.patientendossier.ch. Zugegriffen am 06.05.2024.

Gematik. (2024). E-Patientenakte. https://www.gematik.de/anwendungen/e-patientenakte. Zugegriffen am 06.05.2024.

Georgiew, E. (2015). Risiken und Nebenwirkungen – was die Digitalisierung in der Medizintechnik für Patienten und Hersteller bedeutet. *Journal des Forum MedTech Pharma, 2*, 6.

Google Health. (2024). Google Health. https://health.google. Zugegriffen am 06.05.2024.

Health Record Australia. (2024). Digital health. https://www.myhealthrecord.gov.au. Zugegriffen am 06.05.2024.

Hern, A. (2017, August 31). Hacking risk leads to recall of 500,000 pacemakers due to patient death fears. *The Guardian*. https://www.theguardian.com/technology/2017/aug/31/hacking-risk-recall-pacemakers-patient-death-fears-fda-firmware-update. Zugegriffen am 06.05.2024.

HL7. (2024). Health level seven international. https://www.hl7.org. Zugegriffen am 06.05.2024.

Hofer Ferrari, L., Groz, P., & Leins-Zurmuehle, S. (2021, Mai). Strengere Regeln im Medtech-Sektor: Die revidierte Medizinprodukteverordnung. *Schellenberg Wittmer, Monthly Newsletter*.

Kirsten, N., Augustin, M., & Strömer, K. (2022). CME Zertifizierte Fortbildung, Digitale Gesundheitsanwendungen und Datenschutz. *Hausarzt, 5*, 391–397.

Knoll, R. (2007, April 11). ICW verbessert Umgang mit virtuellen Patientenakten, Computerwoche. https://www.computerwoche.de/a/icw-verbessert-umgang-mit-virtuellen-patientenakten,591081. Zugegriffen am 06.05.2024.

Krajewski, R. (2021, November 25). MedTech vs HealthTech vs BioTech: What are the differences, idea motive. https://www.ideamotive.co/blog/medtech-vs-healthtech-vs-biotech-what-are-the-differences. Zugegriffen am 06.05.2024.

Lange, A. (2021). *Von künstlicher Biologie zu künstlicher Intelligenz – und dann?* Springer.

Lawrence, G. (2002). Tools of the trade, The hypodermic syringe. *The Lancet, 359*, 1074.

Leins-Zurmühle, S. (2021). Mobile Applikationen als Medizinprodukte. *Life Science Recht*, 137.

Meskó, B. (2019). The Real Era of the Art of Medicine Begins with Artificial Intelligence. *Journal of Medical Internet Research, 21*, 1–5.

Miranowicz, E. (2018). Die Entwicklung des Arzt-Patienten-Verhältnisses und seine Bedeutung für die Patientenautonomie. *Medizinrecht, 36*, 131–136.

Monespacesanté. (2024). Mon Espace Santé Frankreich. https://www.monespacesante.fr. Zugegriffen am 06.05.2024.

Normile, D. (2018, November 26). *CRISPR bombshell: Chinese researcher claims to have created gene-edited twins.* https://www.science.org/content/article/crispr-bombshell-chinese-researcher-claims-have-created-gene-edited-twins. Zugegriffen am 06.05.2024.

Perret, T. (2014, September 11). Technischer Fortschritt, Historisches Lexikon der Schweiz. https://hls-dhs-dss.ch/de/articles/013843/2014-09-11/. Zugegriffen am 06.05.2024.

Pfister, F. (2022, April 9). Jede zweite Hüftprothese war schadhaft. *NZZ Magazin*. https://magazin.nzz.ch/nzz-am-sonntag/wirtschaft/jede-zweite-prothese-war-schadhaft-ld.1678881?reduced=true. Zugegriffen am 06.05.2024.

Schachner, S., & Secada, M. (2019, Februar 22). You give apps sensitive personal information. Then they tell facebook. *The Wall Street Journal*.

Schäfer, K. (2018, Februar 13). Was ist Medizintechnik? Definition, Beispiele und Karriere! DeviceMed. https://www.devicemed.de/was-ist-medizintechnik-definition-beispiele-und-karriere-a-685944/. Zugegriffen am 06.05.2024.

Schäfer, K. (2019, Dezember 2). E-Health – Die Digitalisierung des Gesundheitswesens, DeviceMed. https://www.devicemed.de/e-health-die-digitalisierung-des-gesundheitswesens-a-64779ec23f11eecb821a9529356ce846/. Zugegriffen am 06.05.2024.

Schmitt, J. (2009). Stärkere Qualitätsorientierung in der MedTech-Versorgung. In N. Bandelow, F. Eckert, & R. Rüsenberg (Hrsg.), *Gesundheit 2030, Qualitätsorientierung im Fokus von Politik, Wirtschaft, Selbstverwaltung und Wissenschaft* (1. Aufl., S. 177). VS Verlag für Sozialwissenschaften.

Schuler, M. (2022, Juni 30). US-Amerikanerinnen löschen Zyklus-Apps. *Tagesschau*. https://www.tagesschau.de/ausland/amerika/usa-abtreibungsrecht-zyklus-apps-101.html. Zugegriffen am 06.05.2024.

Schweizerische Statistik für Herzschrittmacher, ICD und Ablationen. (2000). https://www.pacemaker.ch/download/statistiken/ch_stat_2000_pacemaker.pdf. Zugegriffen am 06.05.2024.

Smith, G. (2001). Setting limits: Medical technology and the law. *Sidney Law Review, 23*, 283–296.

Sobusiak, Piotr. (2022, Februar 10). HealthTech vs. MedTech – What is the difference, AppLover. https://applover.com/blog/healthtech-vs-medtech/. Zugegriffen am 06.05.2024.

Staudinger, S. (2020). Wenn die Verwandtschaft zum Verhängnis wird – Neuerungen im DNA-Profil-Gesetz. *sui generis*, 373–381. https://sui-generis.ch/article/view/sg.147/1573

Studer, P. (2016). Regulierung der Medizinprodukte in der Schweiz unter dem Einfluss europäischer Entwicklungen. *Sicherheit & Recht, 3*, 188.

Suliman, A. (2022, August 3). Surgeons use virtual reality technic to separate conjoined twins. *The Washington Post*.

Sundhed.dk. (2024). Sundhed Dänemark. www.sundhed.dk. Zugegriffen am 06.05.2024.

Swiss Medic. (2019). Mutual recognition agreement. https://www.swissmedic.ch/swissmedic/de/home/ueber-uns/internationale-zusammenarbeit/bilaterale-zusammenarbeit-mit-partnerbehoerden/mutual-recognition-agreements.html. Zugegriffen am 06.05.2024.

Swiss Medtech. (2017, Juni 12). Medtech-Kodex zum ethischen Geschäftsverhalten vom. https://www.swiss-medtech.ch/sites/default/files/2020-06/Swiss%20Medtech-Kodex_D.pdf. Zugegriffen am 06.05.2024.

Swiss MedTech. (2018, Juni 5). Preisdruck in der Schweiz. https://www.swiss-medtech.ch/news/preisdruck-der-schweiz. Zugegriffen am 06.05.2024.

Swiss MedTech. (2024a). Medizintechnik – Pfeiler der Gesundheitsversorgung und Volkswirtschaft. https://www.swiss-medtech.ch/bedeutung-der-branche. Zugegriffen am 06.05.2024, (zit. Swiss MedTech, Gesundheitsversorgung).

Swiss MedTech. (2024b). Medizintechnik – Was ist das? https://www.swiss-medtech.ch/medizin-technik. Zugegriffen am 06.05.2024 (zit. Swiss MedTech, Medizintechnik).

Technikum Wien Academie. (2024). Health tech: definition & potenzial. https://academy.technikum-wien.at/ratgeber/was-ist-health-tech/. Zugegriffen am 06.05.2024.

Turrini, E., & Locwin, B. (2022, August 17). Medtech cyber-incidents: A costlier problem than you think, Med Device Online. https://www.meddeviceonline.com/doc/medtech-cyber-incidents-a-costlier-problem-than-you-think-0001. Zugegriffen am 06.05.2024.

Weinberg, F. (1993). The history of the stethoscope. *Canadian Family Physician, 39*, 2223.

Wikipedia Health Vault. (2024). Microsoft health vault. https://en.wikipedia.org/wiki/Microsoft_HealthVault. Zugegriffen am 06.05.2024.

World Health Organization. (2024). Health products policy and standards. https://www.who.int/teams/health-product-policy-and-standards/assistive-and-medical-technology/medical-devices. Zugegriffen am 06.05.2024.

Zauner, M., Ring, M., & Böhler, A. (2018). Digitalisierte Medizintechnik – vom Forscher zum Unternehmer. In M. Pfannstiel, P. Da-Cruz, & C. Rasche (Hrsg.), *Entrepreneurship im Gesundheitswesen II* (S. 19). Springer Gabler.

LegalTech

12

Annika Linder und Lukas Staffler ⓘ

12.1 Beschreibung

Obwohl der Begriff „LegalTech" (kurz für „Legal Technology") nicht nur bei Branchenkennern geläufig ist, hat sich noch keine allgemeingültige Definition durchgesetzt (Martinetz & Maringele, 2020, S. 1, 3 f.; Furrer et al., 2018; Herberger, 2023a, S. 798, 801; Waltl et al., 2020, S. 423 f.). Nähere Konturen des Begriffs können über die funktionale Charakteristik von LegalTech oder über den Branchenmarkt gewonnen werden.

12.1.1 Funktionale Perspektive und Technologieentwicklung

In funktionaler Hinsicht beschreibt „LegalTech" die Verbindung von Recht und Technologie. Entsprechend definierte Grupp „LegalTech" als Sammelbegriff für juristisch nutzbare Software und bezog sich damit auf den Einsatz moderner IT-Dienstleistungen im Be-

A. Linder
RIVON DIGITAL, Wien, Österreich

Wirtschaftsuniversität Wien, Wien, Österreich

MCI | The Entrepreneurial School, Innsbruck, Österreich
E-Mail: info@annikalinder.com

L. Staffler (✉)
MCI | The Entrepreneurial School, Innsbruck, Österreich

Universität Zürich, Zürich, Schweiz

AWZ Rechtsanwälte Innsbruck, Innsbruck, Österreich
E-Mail: lukas.staffler@mci.edu

© Der/die Autor(en), exklusiv lizenziert an Springer Fachmedien Wiesbaden GmbH, ein Teil von Springer Nature 2024
L. Staffler et al. (Hrsg.), *Digitalwirtschaft*, https://doi.org/10.1007/978-3-658-45724-2_12

reich des Rechtswesens (Grupp, 2014). Diese Beschreibung bleibt allerdings vage, weil der Einsatz von IT-Dienstleistungen im rechtlichen Bereich bereits die einfache Computernutzung an sich, etwa im Bereich der Textverarbeitung, umfasst und daher wenig Vorstellungen über die Besonderheiten von LegalTech, etwa im Gegensatz zum allgemeinen „Office Tech" (Tietje & Schrader, 2023, S. 188 ff.), geben kann.

Mehr Erkenntnisgewinn verspricht die Perspektive der **Legal-Tech-Technologieentwicklung**. Hervorzuheben ist dabei das Drei-Phasen-Modell zum Verlauf des technologischen Wandels in der juristischen Branche von Goodenough (Goodenough, 2015).

▶ **Drei-Phasen-Model von Goodenough (2015)**

1. Demnach beschreibt **Legal Tech 1.0** Technologien, die rechtlich tätige Personen (v. a. Anwält:innen, Richter:innen, Staatsanwält:innen aber auch Unternehmensjurist:innen) unterstützen, etwa durch computergestützte Rechtsrecherche, Kanzleimanagement oder Dokumentenerstellung.

2. Technologien der nächsten Stufe **Legal Tech 2.0** können die menschliche juristische Tätigkeit zumindest teilweise ersetzen, weil sie ohne menschliches Zutun bereits einzelne Komponenten von komplexen Arbeiten durchführen. Als Beispiele zu nennen sind einerseits eDiscovery-Applikationen, die meist enorm große Datenpakete (wie Dokumente oder Email-Korrespondenz von Unternehmen) nach vorgegebenen relevanten Kriterien auswerten und aufbereiten, andererseits automatisierte Rechtsrecherchen wie CARA AI, die nach dem Hochladen juristischer Schriftsätze den Text um juristische Fundstellen aus Rechtsprechung und Literatur automatisch ergänzen (Siegel, 2017).

3. Während die ersten beiden Technologiekategorien bereits in der Gegenwart verfügbar sind, gehörte die Kategorie **Legal Tech 3.0** lange Zeit zum Bereich der Zukunftsvisionen, die durch den technischen Fortschritt (insb. zur Künstlichen Intelligenz) allerdings zunehmend realisiert wird: Hier geht es um eine Neugestaltung des bestehenden Systems, sodass der Faktor Mensch im Prozess der Rechtsdienstleistung (aus technischer Sicht) nicht mehr notwendig ist.

Als Beispiel für eine LegalTech 3.0 Anwendung, das gerade durch die Blockchain-Technologie zunehmend an Bedeutung gewinnt, können Smart Contracts genannt werden. Kern der Idee von **Smart Contracts** ist ein Computerprogramm, in dessen Code Vertragsbestimmungen in Programmiersprache eingebettet sind. Dabei ist die technologische Anwendung des Smart Contracts nicht selbst der Vertrag, vielmehr werden die Vertragsbestimmungen durch die Smart-Contract – Anwendung automatisiert kontrolliert bzw. dokumentiert (Wagner & Jörges, 2023, S. 31): Die Durchführung bzw. der Vollzug der von den Vertragsparteien vertraglich vereinbarten Bestimmungen basiert insofern auf technologiebestimmten Parametern und erfolgt bei entsprechender Gestaltung automatisiert (Binder Grösswang, 2020, S. 16). Die automatisierte Vertragsdurchführung durch Smart Contracts hat vielfältige Vorteile. Sie senkt etwa nicht nur Transaktionskosten, sondern stärkt – dank Automatisierung des Vertragsvollzugs – letztlich das Vertrauen (Kap. 6) zwischen den Vertragspartnern, was gerade bei globaler und arbeitsteiliger Wirtschaft von großer Bedeutung ist (Steinrötter & Stamenov, 2023, S. 1194 f.).

12.1.2 Marktperspektive

Die Technologieperspektive hat gezeigt, dass der LegalTech Begriff primär nicht allgemein-rechtliche, sondern spezifisch-anwaltsnahe Dienstleistungen wie Kanzlei- bzw. Vertragsmanagement oder rechtliche Dokumentenprüfung fokussiert. Parallel werden aber auch immer mehr Tools für nicht-anwaltliche Dienstleister (z. B.: Rechtsabteilungen in Unternehmen) und Verbraucher:innen entwickelt, sodass es am noch relativ jungen LegalTech Markt bereits heute vielfältige B2B und B2C Geschäftsmodelle gibt (ausführlich bei Hartung, 2023a, S. 129; Hartung 2023b; siehe auch Quarch & Engelhardt, 2022, S. 38 ff.). Für einen detaillierten Überblick erscheint die zehnteilige Marktbeschreibung, wie sie Tobschall und Kempe vorschlagen, vielversprechend (Tobschall & Kempe, 2021, S. 27 ff.; siehe auch Wagner, 2020, S. 19 ff.).

1. **Automatisierte Rechtsberatung und Rechtsgestaltung** fokussieren sich auf strukturierbare, massenhaft auftretende rechtliche Fragestellungen (z. B.: Entschädigung bei Flugverspätung – Flightright oder Herabsetzungsverlangen von Mietpreisen – LexFox bzw. Conny). Ihre Lösungen bilden in digitaler Weise den Ablauf der anwaltlichen Beratung bis zur Durchsetzung des Anspruchs ab, um große Fallmengen automatisiert abarbeiten zu können. Die Geschäftsfelder sind überaus unterschiedlich gestaltet und reichen von Scheidungen über Arbeitsverträge bis hin zu LegalTech-Inkassodienstleistungen.
2. **Rechtliche Marktplätze und Expertenportale** bieten die Vernetzung zwischen juristischer Expertise (z. B.: Anwält:innen) und Endkund:in an und fokussieren sich damit auf die Mandant:innenakquise. Die Rechtsberatung selbst wird weiterhin manuell vorgenommen. Das Geschäftsmodell dieser Marktplätze und Portale, wie etwa anwalt.de, basiert in der Regel auf Provisionen, Transaktionsgebühren und Werbeeinnahmen.
3. Unternehmen, die **Legal Process Outsourcing** anbieten, unterstützen insbesondere Kanzleien und Rechtsabteilungen, indem sie bestimmte spezialisierte Aufgaben im Rechtsdienstleistungsprozess übernehmen und damit eine Effizienzsteigerung bei ihren Kund:innen erwirken. In der Praxis werden Optimierung oder Prüfung von Verträgen, Rechtsdurchsetzung oder auch Themen, die innerhalb des Unternehmens der Geheimhaltung unterliegen (sollten), wie etwa Hinweisgeber:innen-Systeme, an externe Dienstleister wie beispielsweise variolegal.de ausgelagert.
4. **eDiscovery, Dokumentenanalyse und Automatisierungswerkzeuge** spielen bei der Verarbeitung großer Daten- und Dokumentmengen eine wichtige Rolle und senken den Zeitaufwand der juristischen Beratung signifikant. Konkrete Beispiele sind etwa

die No-Code-Automatisierungssoftware BRYTER oder der Einsatz von Chatbots auf einer Kanzleiwebseite zur Erhebung von rechtlich relevanten Sachverhaltselementen. Auch Prognosetools (sog. Legal Prediction Tools), die eine Vielzahl unterschiedlicher juristischer und nichtjuristischer Faktoren (u. a. Verhaltensweisen von Richter:innen und Prozessparteien) analysieren, Entscheidungsprognosen ermöglichen und konsequent die Verfahrensparteien bei der Einschätzung ihrer Erfolgschancen unterstützen, lassen sich in diese Kategorie einordnen.

5. Auf **Dokumentenerstellung (und Werkzeuge)** spezialisierte Unternehmen wie Lawlift erleichtern Jurist:innen die Erstellung von Verträgen unter anderem durch Zurverfügungstellung von Standardverträgen und Werkzeugen, die die Vertragserstellung effizienter machen. Größere Plattformen wie smartlaw bieten digital individualisierbare Vertragsmuster (z. B.: Kaufverträge, Testamente) zu günstigen Konditionen an und richten sich insb. an Endverbraucher:innen. Mittels juristischen Expertensystemen, wie etwa den DATEV-Expertensystemen zum Steuerberatermarkt, können außerdem automatisiert Rechtsgutachten erstellt oder rechtlich relevante Berechnungen, wie etwa familienrechtliche Unterhaltsverpflichtungen, vorgenommen werden (Anzinger, 2023a, S. 496). Juristische Assistenzsysteme, wie beispielsweise das US-amerikanische CoCounsel, können Rechtsanwält:innen sogar bei zentralen Aufgaben unterstützen, indem sie anhand hochgeladener Dokumentationen nicht nur Anklage- und Verteidigungsstrategien vorschlagen, sondern auch Schriftsätze entwerfen.

6. Eine weitere Kategorie stellen klassischere Angebote wie **Stellenmärkte, Verzeichnisse und Bewertungsportale** dar, wie etwa Talentrocket und rechtsanwalt.com.

7. Sowohl in der **Forschung** als auch in **Aus- und Weiterbildung** werden verstärkt LegalTech-Angebote entwickelt bzw. reflektiert. Institutionelle (Forschungs-)Kapazitäten wurden beispielsweise mit dem WU Legal Tech Center der Wirtschaftsuniversität Wien geschaffen. Universitäten schaffen (postgraduelle) Studienprogramme für Legal Tech, wie etwa das LL.M.-Studium an der Universität Regensburg oder das Zertifikatsstudium CAS Legal Tech HWZ an der Hochschule für Wirtschaft in Zürich. Doch auch kommerzielle Schulungsunternehmen etablieren sich am Markt: Digitale Schulungsangebote für Unternehmen und ihre Mitarbeiter:innen, wie sie etwa von lawpilots angeboten werden, haben aufgrund zunehmender Compliance-Anforderungen für Unternehmen großen Nachfragebedarf (Staffler, 2022, S. 385 ff.).

8. **Juristische Hilfsmittel** sind Softwaretools, die juristische Routinetätigkeiten erleichtern und effizienter gestalten. Ihre Bandbreite erfasst sowohl anwaltsspezifische Office-Tech-Tools wie Kommunikations- und Kollaborationslösungen zwischen unterschiedlichen Anwälten (z. B. iurio.com) und Lösungen zur Beauftragung von Terminvertretungen (terminsvertretung.de), aber auch Tools zur Unterstützung bei der Beweissicherung im Internet (netzbeweis.com) und Websitechecks (ds.jaasper.com). Im Notarskontext bietet etwa das österreichische Startup notarity die sichere und vollständig digitale Beglaubigung von Dokumenten.

9. Speziell für den juristischen Bereich gibt es unterschiedliche Systeme zur Erleichterung von Verwaltungsaufgaben. **Digital-Legal-Managementsysteme** (wie etwa legis-

way, JUNE) unterstützen administrative Tätigkeiten von Rechtsabteilungen in Unternehmen und Organisationen. Bereichsspezifische Aufgaben, wie etwa die Einrichtung eines Hinweisgebersystems im Unternehmen, können durch spezielle Whistleblower-Fallmanagement-Tools (z. B.: hintbox oder otris) abgedeckt werden. **Kanzleimanagementsysteme** (wie etwa Advokat, jurXpert oder WinCaus) unterstützen den Workflow von Rechtsanwaltskanzleien, etwa die Verwaltung von Akten, Dokumenten und Korrespondenz, Honorarabrechnung (nach den Tarifordnungen der Rechtsanwält:innen) und Übermittlung von Schriftsätzen an das Gericht. Zudem sind diese Managementsysteme mit Funktionen ausgerüstet, die speziell Rechtsanwält:innen benötigen, beispielsweise Hinweise bzw. Warnungen bei Interessenskollisionen bei der Vertretung von Mandat:innen oder verpflichtende institutionelle Kommunikationszugänge wie WebERV für den elektronischen Rechtsverkehr in Österreich.

10. **Juristische Datenbanken** sind Rechercheinstrumente, mittels derer Gesetze, richterliche Entscheidungen und akademische Auseinandersetzungen zu den jeweils relevanten juristischen Fragestellungen gefunden werden können. Sie sind seit jeher ein essenzielles Tool juristischer Kernarbeit. Onlineangebote, wie beck-online (Deutschland), LexisNexis (Österreich) oder swisslex (Schweiz), ersetzen daher zunehmend den Gang in die juristischen Fachbibliotheken. Die Geschäftsmodelle derartiger Datenbanken, die oftmals von juristischen Fachverlagen betrieben werden, geraten aufgrund der steigenden Zahl frei verfügbarer, Open-Access-Datenbanken zunehmend unter Druck (Brugger, 2021; Schlegel & Ammann, 2023).

12.1.3 Begriffliche Abgrenzungen

Die Perspektiven auf Funktionen, Technologieentwicklung und Markt legen offen, dass der Begriff „LegalTech" eine überaus breite Palette an Produkten und Dienstleistungen im Rechtswesen erfasst. Allerdings sind einige Abgrenzungen mit anderen, themenverwandten Begriffen erforderlich. Dies betrifft drei verschiedene Bereiche, nämlich erstens rechtliche digitale Dienstleistungen und Produkte innerhalb staatlicher Strukturen, die nicht für die Privatwirtschaft entwickelt werden; zweitens digitale Lösungen an der Schnittstelle zwischen Privatwirtschaft und Staat; drittens Digitalprodukte und -dienstleistungen innerhalb des LegalTech-Bereichs mit einem hohen Spezialisierungsgrad.

Innovationen, die die staatlich-öffentliche Perspektive und Aufgaben betreffen, werden nicht mit LegalTech, sondern mit folgenden Begriffen näher konturiert: So beschreibt **E-Government (EGov)** die politische Idee, die Digitalisierung der Verwaltung zur staatlichen Aufgabenerfüllung durch Einsatz von Informations- und Kommunikationstechnologie voranzutreiben (Kolain & Ruschemeier, 2023a, S. 429 ff.). Hier geht es also um die Digitalisierung der (inner-)behördlichen Zusammenarbeit sowie der Interaktion zwischen Bürger:innen und Staat. Ein damit verwandter Begriff ist **Government Technology (GovTech)**, der einerseits die staatliche Förderung des zukünftigen Einsatzes von (innovativer) Hard- und Software in der öffentlichen Verwaltung mit dem Ziel der Verbesserung und Erneuerung öffentlicher Dienstleistungen, andererseits das öffentliche Beschaffungswesen betrifft und insofern die Zusammenarbeit zwischen Verwaltung und Privatwirtschaft. (Kolain & Ruschemeier, 2023b, S. 523 ff.).

Wechselt man innerhalb der staatlichen Perspektive von der Verwaltung (Exekutive) zum Gerichtswesen (Judikative), ergibt sich weiteres rechtliches Digitalisierungspotenzial, das unter den nachfolgenden Begriffen erfasst wird: So bezieht sich der Begriff **E-Justice** einerseits auf den elektronischen Rechtsverkehr i. S. d. Kommunikationsinfrastruktur zwischen authentifizierten Teilnehmenden (Gerichte, Behörden, Anwaltspostfach, Notarpostfach) zur Übertragung von Dokumenten und Akten, erfasst andererseits aber auch generell die elektronischen Abläufe im Justizbereich, worunter Onlinegerichtsverfahren, digitale außergerichtliche Streitbeilegung oder digitale Verhandlung bzw. Beratung zu zählen sind (Rollberg, 2023a, S. 445 ff.). Für den speziellen Bereich des Sicherheits- und Strafrechts, der mit Blick auf die zunehmende digitale Wirtschaftskriminalität und konsequente unternehmerische Haftungsrisiken an Relevanz gewinnt (Staffler, 2022, S. 18 f., 252 ff.; Staffler, 2020, S. 625, 641 ff.), haben sich noch keine deskriptiven Begriffe (wie etwa **CrimeTech**) durchgesetzt, obwohl es hier spezifische, staatliche Anwendungsfelder gibt. Zu nennen sind beispielsweise die datenbasierte Analyse über personen- oder ortsbezogene Wahrscheinlichkeit von künftigen Straftaten, um ein rechtzeitiges (präventives) Eingreifen von Sicherheits- bzw. Polizeibehörden zu ermöglichen (sog. Predictive Policing), wie etwa PredPol sie vornimmt (Ruschemeier, 2023, S. 948 ff.). Zur Aufklärung und Verfolgung von Straftaten werden etwa Onlinedurchsuchungen (sog. Staatstrojaner) eingesetzt; beim Vollzug von Strafen algorithmusbasierte Gefährlichkeitsprognosen zur Einschätzung des Rückfallrisikos eines Straftäters bei vorzeitiger Haftentlassung (Engelhart, 2023, S. 1210 ff.; Staffler & Jany, 2020, S. 167 ff.). Erwartbar ist, dass sich der Begriff von CrimeTech in Zukunft etablieren wird, zumal sich der AI Act (VO/2024/1689) dezidiert mit Einsatzszenarien der Künstlicher Intelligenz im Bereich der Strafverfolgung auseinandersetzt.

Sowohl für die Privatwirtschaft als auch für bestimmte öffentliche Stellen (Regulierungsbehörden) sind außerdem **Regulatory Technologien (RegTech)** von Relevanz. Derartige digitale Technologien dienen der effizienteren und wirksameren Erfüllung regulatorischer Anforderungen und ihrer Überwachung. Als Digitalanwendungen für die Privatwirtschaft sollen sie Unternehmen bzw. die Unternehmensführung insb. dabei unterstützen geltende Compliance-Bestimmungen einzuhalten (Staffler, 2022, S. 385 ff.) sowie Risiken zu beurteilen und zu bewältigen. Sofern der Staat bei der Überwachung von Unternehmen, z. B.: bei der staatlichen Aufsicht von Unternehmen des Finanzsektors, auf digitale Hilfsmittel setzt, wird mitunter nicht nur von RegTech, sondern auch von **Supervisory Technology (SupTech)** gesprochen (Ebers, 2023, S. 1105 f.).

Innerhalb der LegalTech-Anwendungen gibt es einige spezialisierte Tech-Begriffe, die besondere Rechtsgebiete/Dienstleistungen fokussieren: Unter dem Begriff **Privacy-Tech** versteht man Digitalprodukte, die mit automatisierten Anwendungen Unternehmen und Organisationen bei der Einhaltung datenschutzrechtlicher Pflichten unterstützen. Dieser Bereich, der somit als spezialisierter Unterbegriff von LegalTech fungiert, ist eine Folge der strengen Datenschutzregelungen, welche Unternehmen unter Androhung empfindlicher Sanktionen zu geeigneten und wirksamen Datenschutzmanagement anhalten

(Struck & Aßhoff, 2023, S. 964 ff.; Staffler, 2022, S. 263 ff.). Der bislang wenig etablierte Begriff **PayTech** bezeichnet Unternehmen, die sich auf Dienstleistungen im Kontext des Zahlungsverkehrs spezialisieren. Im Wesentlichen handelt es sich hierbei um FinTech-Unternehmen, weil deren typische Dienstleistungen und Produkte im Bereich von Banken und Zahlungsdienstleistern anzusiedeln sind (Abschn. 9.1.3). Überschneidungen mit LegalTech ergeben sich allerdings für den Bereich von Inkassodienstleistungen, also die Einziehung wirtschaftlich fremder Forderungen (Zahrte, 2023, S. 875 ff.).

12.2 Ursprung

12.2.1 Automatisierte Rechtsdienstleistung als Machtbegrenzung des Menschen

Die grundsätzliche Idee, Rechtsdienstleistung in der Art eines maschinellen Produkts zu gestalten, ist älter als die Geschichte der Computer. Sie hängt mit der Einhegung der Macht von menschlichen Richter:innen durch das staatstheoretische Modell der Gewaltenteilung zusammen. Berühmt sind die Leitbilder der Richter:innen als „Mund des Gesetzes" (Montesquieu, 1748, S. 6) oder „Subsumtionsautomaten" (Ogorek, 2008, S. 212: mechanische Rechtsanwendungsvorstellung), die eine strikte Bindung von Richter:innen an das Gesetz versinnbildlichen (vgl. Jestaedt, 2006, S. 20 f.) und auf diese Weise die menschliche Komponente bei der Anwendung von Recht minimieren wollen. Dies sollte Machtmissbrauch verhindern und willkürliche Ermessensentscheidungen einhegen. Die Strömung der sog. **Begriffsjurisprudenz** vertrat die Ansicht, dass Rechtssätze (wie Gesetze) nach naturwissenschaftlicher Präzision (vgl. Fiedler, 1966) in ein lückenloses und widerspruchsfreies Gesamtsystem überführt werden können, sodass eine juristische Entscheidung ohne menschliche Komponente wie Einzelfallgerechtigkeit oder judikative Rechtsschöpfung möglich sein sollte. Heute gilt dieser Ansatz als widerlegt: Es ist unstrittig, dass Richter:innen mehr als bloße „Rechtsautomaten" sind. Diese Diskussion nahm aber viele Überlegungen vorweg, die heute dank LegalTech wieder aktuell sind.

12.2.2 Rechtsinformatik

Mit Beginn des Zeitalters der Serienproduktion kommerzieller Computer ab den 1950er-Jahren beschäftigten sich technikaffine Jurist:innen mit Einsatzmöglichkeiten der neuen Informationstechnologie im juristischen Bereich. Ausgangspunkt war die Überlegung, dass sich jeder geistige Arbeitsprozess durch Computer automatisieren lässt, sofern er als Algorithmus (i. S. e. allgemein anwendbaren schematischen Arbeitsverfahrens) darstellbar ist (vgl. Fiedler, 1970a, S. 433 f.). Vor diesem Hintergrund etablierte sich in den 1970er-Jahren eine neue Forschungsausrichtung, die sog. Rechtsinformatik, die **Anwendungsmöglichkeiten von Rechenmaschinen auf das Recht** studierte (vgl. Gräwe,

2011; Herberger, 2023b, S. 1070). Große Chancen wurden insbesondere in der elektronischen Rechtsdokumentation sowie in der Verwendung von Textverarbeitungsprogrammen und Datenbanken gesehen. So zählten zu den bereits in den 1980ern entwickelten Anwendungsbeispielen unter anderem die listenmäßige Zusammenstellung von Urkunden, Akten- und Beweismittelverzeichnissen (Erdmann et al., 1986, S. 193 ff., 205 ff.; Fiedler, 1970b, S. 604 ff.; vgl. Herberger, 2023b, S. 1071 f.). Während derartige Tools, die Jurist:innen unterstützen (Legal Tech 1.0) und Routinetätigkeiten erleichtern bzw. effizienter gestalten, immer populärer wurden und heute breitflächig angewendet werden, gestaltet sich die Digitalisierung der juristischen Kerntätigkeiten deutlich schwieriger und ist bis heute weder technisch noch rechtlich abschließend möglich.

Mit dem Ziel, das Recht zu digitalisieren, wurden auf Basis von Datenbanken bis 1993 schon 119 juristische **Expertensysteme** entwickelt (Anzinger, 2023a, S. 489 ff.; Jandach, 1993, S. 5). Solche Expertensysteme sind Computerprogramme, die versuchen, Wissen und Arbeitsweise von Expert:innen zu simulieren, um Laien dieses Expertenwissen zur Verfügung zu stellen. Beispiele solcher Expertensysteme sind Entscheidungshilfe- und Konsultationssysteme. Erstere stellen die klassische Form juristischer Expertensysteme dar und umfassen einen sog. Entscheidungsbaum für ein bestimmtes Sachgebiet; zweitere können inhaltliche Fragen zu einem bestimmten Thema beantworten (Jandach, 1993, S. 5 ff., 10 f., 13). Ein besonders bekanntes und weit entwickeltes Expertensystem der 1980er war das Konsultationssystem „LEX 1", das Jurist:innen bei der Beratung ihrer Klient:innen unterstützte und über bestehende Rechtsprechung informierte. Dieses System akzeptierte eine komplette, straßenverkehrsstrafrechtliche, natürlichsprachliche Eingabe eines Sachverhalts und konnte rechtliche Fragen zum Sachverhalt wie z. B.: „Was war der Unfall?" oder „Warum Unfall?" korrekt in natürlicher Sprache beantworten. Der Nachteil war allerdings, dass dieses System nur einen einzigen Fall behandeln konnte (Erdmann et al., 1986, S. 49 ff.; Haft & Lehmann, 1989, S. 43 ff.).

Die enthusiastischen Vorstöße der Rechtsinformatik hielten nicht an (Herberger, 2023b, S. 1074). Von den 119 Expertensystemen wurden die meisten mit Erreichung des Prototypstadiums eingestellt, nur die wenigsten Systeme wurden kommerziell angeboten und auch diese konnten sich am Markt nicht etablieren (Jandach, 1993, S. 20 ff.).

Gründe für das Scheitern der Rechtsinformatik sind vielfältig und gelten teilweise auch noch heute, trotz fortschreitender Digitalisierung:

- So waren die **technologischen Möglichkeiten** vor 50 Jahren im Vergleich zu heute drastisch begrenzt.
- Eine große Herausforderung besteht darin, dass es grundsätzlich **keine einheitliche juristische Methodik** gibt (Erdmann et al., 1986, S. 27 f.). Gerade die richterliche Tätigkeit dreht sich nicht um eine strenge, mathematikgleiche Anwendung von Rechtssätzen, sondern oft um Argumentations-, Abwägungs- und Einzelfallentscheidungen. In Ermangelung allgemein anwendbarer, schematischer Arbeitsverfahren bei der juristischen Tätigkeit und Entscheidungsfindung war bzw. ist es schwierig, diese Expertise technisch vollumfänglich abzubilden.

- Juristische Tätigkeit bezieht sich auf menschliche Handlungen und verwendet deshalb **natürliche Sprache** ohne mathematische Exaktheit. Gleichzeitig ist Juristensprache eine „Kunstsprache", denn sie verwendet hochabstrakte Begriffe wie „gute Sitten" oder „Angemessenheit", die nur mittels juristischer Expertise durchdrungen werden können. Diese sprachlichen Ungenauigkeiten erschweren die Schematisierung für Computer (Erdmann et al., 1986, S. 32 ff., 38 ff.).

- Weil das Recht dem friedlichen Zusammenleben von Menschen in einer Gesellschaft dient und diese Gesellschaft sich ständig wandelt, muss sich auch **das Recht ständig verändern**. Das zeigt sich an der Flut von Gesetzen und Gerichtsentscheidungen, die bei juristischer Argumentation und Entscheidungsfindung stets mitzuberücksichtigen sind. Die einem juristischen Expertensystem zugrunde liegenden Datensätze müssten also ständig aktualisiert und erweitert werden – nicht nur hinsichtlich der neuen Normen und Erkenntnisquellen, sondern auch hinsichtlich der damit verbundenen Auswirkungen (Erdmann et al., 1986, S. 55 f., 104 ff.).

- Juristische Entscheidungen müssen stets begründbar und (für Menschen) nachvollziehbar sein, die maschinelle Entscheidung muss also entsprechende Erklärungspfade transparent machen, um eine **validierbare, intersubjektiv nachvollziehbare Entscheidung** zu erschaffen.

- Expertensysteme stehen im Ruf, das **Recht zum Erstarren zu bringen** (Erdmann et al., 1986, S. 42, 107 ff., 212 f.), denn solche Systeme bestehen häufig aus einem Entscheidungsbaum für ein bestimmtes Sachgebiet. In der Anwendung beantwortet der User Fragen und wird auf diese Weise durch den Entscheidungsbaum geführt, um am Ende eine rechtliche Einschätzung bzw. Entscheidung zu erhalten. Dadurch bleibt oft kein Raum für Rechtsfortbildung (in die Zukunft gerichtete Weiterentwicklung des Rechts), alternative Meinungen und Argumente.

- Allgemeinhin gelten Jurist:innen als **wenig technikaffin**, erschwerend kommt aber hinzu, dass der technologische Fortschritt in der Rechtsdienstleistung oftmals mit dem „Ersetztwerden" assoziiert wird. Gegen diese Vorurteile kämpfen viele Pioniere von LegalTech – durchaus mit Erfolg: Mittlerweile ist die Akzeptanz von digitalen Tools im Rechtsbereich, die Routinetätigkeiten vereinfachen bzw. automatisieren, wie beispielsweise Aktenverwaltungssysteme, sehr hoch. Sobald die digitalen Programme aber in den Kern der juristischen Arbeit eingreifen, besteht weiterhin große Skepsis.

12.2.3 Fortschritt der Digitalisierung und LegalTech

Die 2004 erlassene EU-Fluggastrechte-Verordnung (Verordnung EG Nr. 261/2004) verlieh der Rechtsinformatik unter dem neuen Namen „LegalTech" neue Impulse, wobei dieser neue Begriff nicht allein die Ambitionen der Rechtsinformatik fortführt, sondern wesentlich darüber hinausgeht.

Bemerkenswerterweise kamen die neuen Impulse nicht aus den Rechtswissenschaften, sondern von **kommerziellen Unternehmen**: Diese erkannten das Skalierungspotenzial kleiner bzw. geringfügiger, aber durchaus ähnlicher Rechtsansprüche (z. B.: Entschädigungen wegen Flugverspätungen im Wert von bis zu 600 €), deren anwaltliche Durchsetzung wegen Anwaltskosten (insb. Anwaltshonorar) und geringer Anspruchshöhe kaum lohnenswert ist, aber zu großen Teilen automatisiert werden kann. Viele Start-ups suchten auch in anderen Rechtsgebieten nach derartigen geringen, aber leicht zu automatisierenden Ansprüche und boten beispielsweise im Miet- oder im Erbrecht rechtliche Dienstleistungen an.

Da diese Unternehmen in nicht unerheblicher Weise in das lukrative Tätigkeitsfeld rechtsberatender Berufe, allen voran der Anwaltschaft, eingriffen, formierten sich Gegenbewegungen durch die Vertretung der Anwaltschaft wegen der **Bedrohung des anwaltlichen Monopols** (vgl. Brechmann, 2021; Remmertz, 2023, S. 1049, 1062 f.; Wagner, 2020, S. 101 ff.). So klagte 2021 beispielsweise der Österreichische Rechtsanwaltsverein, dessen Aufgaben unter anderem die Abwehr unlauterer Eingriffe in die Tätigkeitsfelder der Rechtsanwälte umfassen, das auf Forderungsmanagement spezialisierte LegalTech Start-up incaseof.law. Die Anwaltschaft verteidigt diesbezüglich ihre Bedeutung bei der Rechtsberatung, die sie aufgrund strenger Qualitätsprüfung (Studium, Ausbildungszeit, Rechtsanwaltsprüfungen, laufende Weiterbildungspflichten, strenge Berufs- und Standespflichten) anbietet und teilweise dank gesetzlich geregelter Pflichten zum anwaltlichen Beistand in gewissen Fällen als Monopolleistung (i. S. e. Marktbeschränkung) beanspruchen darf. Mit dieser Monopolstellung sind bestimmte Einschränkungen verbunden, wie die besonderen Schranken für die Werbung durch Anwält:innen im Vergleich zu kommerziellen Unternehmen deutlich zeigen (siehe etwa § 43b der deutschen Bundesrechtsanwaltsordnung; vgl. Beurkens, 2022; Nöhrer & Weidinger, 2022). Die sich aktuell im Gange befindende Entwicklung von LegalTech durch kommerzielle Unternehmen sieht sich also nicht nur technischen Hürden ausgesetzt, sondern kämpft auch (in immer mehr Fällen vor Gericht) gegen rechtliche Barrieren und letztlich um ihren legitimen Platz im Bereich von rechtlichen Dienstleistungen.

12.3 Fallvignetten

12.3.1 Flightright

Ein klassisches Beispiel für LegalTech-Unternehmen ist Flightright (Hartung, 2023a, S. 129), ein deutsches, an Verbraucher gerichtetes LegalTech-Tool der Kategorie 2.0. Flightright setzt Ansprüche basierend auf der EU-Fluggastrechteverordnung durch, die bei Flugverspätung, Flugausfall oder Nichtbeförderung Entschädigungen für betroffene Passagiere vorsieht. Diese Ansprüche als Privatperson durchzusetzen, ist in der Regel nur schwer möglich. Die Beauftragung eines anwaltlichen Beistands lohnt sich bei den im Verhältnis zu den Anwaltskosten geringen Entschädigungen ohne Rechtsschutzversicherung nicht. In diese Nische trat Flightright ein. Der kommerzielle Erfolg von Flightright ergibt sich durch die **große Menge ähnlich gelagerter Fälle**, die mittels automatisierter Prozesse, Erfolgshonoraren und ohne initiale Kosten für Kund:innen bearbeitet werden (ausführlich Caramaschi, 2023). Anhand von wenigen Informationen der Kund:innen, die per Onlinefragebogen abgefragt werden, kann automatisiert die Anwendbarkeit der EU-Fluggastrechteverordnung, dank Onlinezugriff auf Flugdatenbanken die exakte Flugverspätung und der daraus resultierende Anspruch der Kund:innen ermittelt werden. Sofern der sog. Entschädigungsrechner feststellt, dass die Erfolgschancen des jeweiligen Falls hoch sind, bietet Flightright an, den Anspruch durchzusetzen. Im Falle der Durchsetzung wird der Anspruch abzüglich des Erfolgshonorars von bis zu 30 % an die Kund:innen ausbezahlt.

12.3.2 BRYTER

Das deutsche Unternehmen BRYTER ist **eine No-Code-Entwicklungsplattform** der Kategorie Legal Tech 2.0. Die Plattform ist auf die Anwendung in Rechtsanwaltskanzleien, Rechtsabteilungen sowie im Compliance-Bereich ausgerichtet, wo sie zur Automatisierung komplexer Arbeitsabläufe eingesetzt werden kann. BRYTER ermöglicht Domänenexpert:innen im No-Code-Verfahren – also ohne Programmierkenntnisse – Onlineapplikationen in der Gestalt von Entscheidungsbäumen zu bauen. Konkrete Anwendungsfälle im anwaltlichen Kontext liegen beispielsweise in der Dokumenten-Automatisierung, und umfassen den gesamten Prozess von der Vertragserstellung bis zur E-Signatur, sowie im Prozess- und Fondmanagement. Darüber hinaus setzt BRYTER auf AI Knowledge Agents, mittels derer BRYTER Nutzer:innen z. B.: KI-gestützte E-Mail-Antwortentwürfe auf wiederkehrende Anfragen erhalten oder eigene Richtlinien auf ihrer eigenen sicheren Domain hochladen können, auf Basis derer ein AI Agent anschließend die Fragen von internen und externen Stakeholdern akkurat beantwortet.

12.3.3 Kleros

Das 2017 gegründete französische Start-up Kleros ist eine dezentrale **Schlichtungsstelle für Streitigkeiten der New Economy** der Kategorie Legal Tech 3.0. Es handelt sich um eine auf der Ethereum Blockchain basierende autonome Organisation, die Streitigkeiten über Verträge als dezentralisierte Drittpartei schlichtet, wobei jeder Schritt des Schlichtungsprozesses (z. B.: Beweissicherung oder Auswahl der Geschworenen) vollständig automatisiert vorgenommen wird und auf spieltheoretisch-wirtschaftlichen Anreize basiert.

Beispielhaft kann man sich die Tätigkeit von Kleros im folgenden Fall veranschaulichen: Das österreichische Unternehmen A hat das vietnamesische Unternehmen B über eine Freelancing-Plattform für die Erstellung einer Unternehmenswebsite engagiert. A ist mit der Arbeit von B nicht zufrieden. Sofern der abgeschlossene Vertrag eine Klausel enthält, die im Streitfall eine Entscheidung durch Kleros vorsieht, kann A Kleros mit der Schlichtung der Streitigkeit beauftragen. Beide Parteien müssen eine Schlichtungsgebühr in einem Smart Contract hinterlegen. Die obsiegende Partei erhält die bezahlte Schlichtungsgebühr rückerstattet. Zugleich lebt Person C in Brasilien und verdient sich in ihrer Freizeit als Geschworene im „Kleros-Websitequalität-Gericht" etwas dazu. Um als Geschworene ausgewählt zu werden, muss C gewisse Tokens, die einen monetären Gegenwert haben, einsetzen – je mehr, desto höher die Wahrscheinlichkeit ausgewählt zu werden. Kleros wählt nun automatisiert mehrere Geschworene aus, die sich nicht kennen und auch keinen Kontakt haben. Die Geschworenen haben drei Tage Zeit eine Entscheidung nach dem Mehrheitsprinzip herbeizuführen; jene Juroren, die mit der Mehrheit entschieden haben, erhalten eine Kompensation für ihre Mühen, die anderen verlieren zumindest Teile ihres Einsatzes (Lesaege et al., 2019).

Über die Qualität bzw. Rechtsverbindlichkeit derartiger Entscheidungen kann debattiert werden. In Mexiko jedenfalls wurde eine Kleros-Entscheidung als gültiger und gerichtlich durchsetzbarer Exekutionstitel anerkannt, nachdem ein mexikanischer Anwalt in einem Mietvertrag eine entsprechende Schlichtungsklausel eingefügt hat und das Kleros-Gericht im Streitfall eine Entscheidung getroffen hatte (Carrera, 2022).

12.4 Diskussion

Die Fallvignetten verdeutlichen, dass LegalTech unterschiedliche Richtungen hat. Nur auf den ersten Blick richten sich LegalTech Anwendungen grundsätzlich an Jurist:innen (z. B.: Rechtsrecherche, Kanzleimanagement). Ein zweiter Blick auf den LegalTech Markt zeigt hingegen, dass viele Anwendungen unmittelbar Verbraucher:innen adressieren (z. B.: Vertragserstellung mittels Expertensysteme, Entschädigung für Flugverspätung) und Zeit sowie Anwaltskosten sparen. LegalTech schafft allerdings auch neue Impulse, die das Recht nicht nur weiterentwickeln, sondern auch Alternativen zum staatlichen Recht und seinen Institutionen schaffen (z. B.: Online-Streitbeilegung durch private Unternehmen). Vor diesem Hintergrund wird die Diskussion um die Entwicklung von Legal-Tech kontrovers geführt.

12.4.1 Mehrwert von LegalTech

LegalTech weist viele positive Charakteristika auf. Der entscheidende Vorteil aus der Perspektive von Verbraucher:innen ist der **Zugang zum Recht** (ausführlich Brügmann, 2023, S. 11 ff.; Molavi Vasse'i, 2023, S. 1136 ff., 1346 ff.). Das Musterbeispiel der Fluggastrechte zeigt, dass durch LegalTech die Durchsetzung von (auch sehr niedrigen) Rechtsansprüchen weitgehend vereinfacht, hohe Kostenbelastungen vermieden und aus Kund:innensicht zeiteffizient der Rechtsanspruch durchgesetzt wird.

Auch für die juristische Tätigkeit haben LegalTech-Anwendungen Vorteile, die sich als **Effizienzsteigerung, Automatisierung und Skalierung** beschreiben lassen. Das trifft primär auf Anwält:innen zu. LegalTech ermöglicht es ihnen, gewisse Leistungen zu skalieren: Durch den Einsatz von Technologie können viele Prozesse vereinfacht oder gänzlich automatisiert werden und repetitive Arbeiten (z. B.: geringfügige Anpassungen von

Standardmietverträgen) speditiv erledigt werden. Doch auch für die Justiz, die seit Jahren unter Ressourcenknappheit und steigenden Fallzahlen leidet, birgt die Digitalisierung Vorteile. Moderne Softwarelösungen zur digitalen Akten- und Verfahrensführung ermöglichen es, die analoge und zeitintensive Suche und Ordnung entscheidungserheblicher Fakten aus Akten und Schriftstücken wesentlich zügiger zu erledigen, sodass das Gerichtspersonal mehr Ressourcen für die eigentliche rechtliche Entscheidungsarbeit zur Verfügung hat (Erdmann et al., 1986, S. 194). Ein Beispiel hierfür ist die österreichische Initiative „Justiz 3.0". Insofern gilt auch im rechtlichen Bereich, dass Daten als neuer, zukunftsweisender Rohstoff angesehen wird (vgl. Staffler 2018)

Auch das Neudenken der rechtlichen Ordnung (insb. der Rolle staatlicher Gerichtsbarkeit) kann Vorteile bringen. **Alternativen zu den staatlichen Institutionen** ermöglichen es, bei einfachen Streitigkeiten nicht mehr langjährige und kostspielige Gerichtsprozesse zu bemühen, sondern kosten- und zeiteffizient Onlinestreitbeilegungsmöglichkeiten zu nutzen. Diese Verfahren vermeiden es, sich mit ausländischen Rechtsordnungen auseinanderzusetzen, überwinden Sprachbarrieren und ermöglichen dennoch (durch die optionale Aktivierung gerichtlicher Überprüfung) Entscheidungen der Schlichtungseinrichtungen zu kontrollieren. Große Unternehmen wie PayPal haben durch eigene Streitbeilegungsprozesse bereits seit Jahrzehnten die Erfahrung gesammelt, dass Verbraucher:innen oftmals eher an speditiven Kompromisslösungen interessiert sind.

Als Konsequenz der Neuerungen, insb. der Verbindung zwischen Recht und Technologie, entstehen **neue Berufsbilder**. So begleiten beispielsweise „Legal Engineers", deren Ausbildungshintergrund eine Kombination aus juristischen und technischen Qualifikationen bildet, die Digitalisierung und Automatisierung juristischer Prozesse und Tätigkeiten. „Legal Data Scientists", deren Ausbildungsschwerpunkt Mathematik, Wirtschaftsmathematik, Informatik oder Naturwissenschaften bildet, entwickeln statistische Anwendungen zur Datenanalyse für Sachverhalte und Rechtsquellen (Anzinger, 2023b, S. 104 f.). Vor diesem Hintergrund erhalten auch neue methodische Disziplinen Einzug in den juristisch-fachlichen Diskurs, wie etwa „Legal Design Thinking" (Hundegger, 2023; Osele, 2023). Die sich wandelnden juristischen Berufsfelder erfordern letztlich auch entsprechende Adaptionen und Ressourcen in der akademischen Ausbildung (Anzinger, 2023b, S. 98 ff.; Breidenbach, 2020; Fenwick et al., 2020; Schuh, 2022), denn zur Nutzung der technologischen Möglichkeiten bedarf es entsprechender Fähigkeiten. Im deutschsprachigen Raum existieren mittlerweile **neue Aus- und Weiterbildungsangebote** zu LegalTech im Sinne eines „Zusammenwirken[s] von Konzepten und Fortschritten der Informatik mit der Rechtswissenschaft und Rechtspraxis" (Waltl et al., 2020, S. 430), etwa das LL.B.-Studium „Legal Tech" an der Universität Passau sowie das „Legal Tech Certificate Program" an der Wirtschaftsuniversität Wien. Zudem existieren Angebote zum Digitalisierungsrecht (das unter anderem Datenschutz, FinTech, E-Commerce und Start-up Recht fokussiert) wie etwa in Deutschland an der Universität Regensburg, namentlich das LL.B-Studium „Digital Law" bzw. der LL.M.-Studiengang „Legal Tech" (Mielke, 2023, S. 229, 232–239), oder in Österreich am Management Center Innsbruck der auf Digitalwirtschaftsrecht ausgerichtete LL.M.-Studiengang „Digital Business & Tech Law".

12.4.2 Nachteile von LegalTech

Aus Sicht der Verbraucher:innnen kann ein Nachteil des vermehrten Einsatzes von LegalTech in der **Abwesenheit menschlicher Interaktion** gesehen werden. Denn Rechtsstreitigkeiten sind oft emotional und die Betroffenen bedürfen nicht nur fachlich-rechtlicher Expertise, sondern auch menschlichem Beistand (z. B.: durch eine:n Anwalt:in). Dasselbe gilt natürlich auch auf Entscheidungsebene – es macht einen Unterschied, ob Gerichtsentscheidungen durch eine Maschine oder durch einen Menschen getroffen werden. Denn der Gerichtsprozess ist ein Entscheidungsfindungsverfahren, das nicht final, sondern iterativ Wahrheitsfindung, Konfliktbewältigung und Befriedung beabsichtigt. Insofern ist das bestehende Primat menschlicher richtender Personen bei der Entscheidung selbst sowie Entscheidungsfindung und -rechtfertigung nicht Selbstzweck oder lediglich als persönliche Verantwortungsgrundlage der Richter:innen für ihre Entscheidungen aufzufassen, sondern im großen Kontext von Recht als gesellschaftlichem Konfliktbewältigungsmechanismus zu sehen (siehe sogleich unter 5.a). Zudem mag der teilweise von Massenklagen verfolgte Ansatz, eine große Zahl an Rechtsansprüchen zu bündeln, wie dies beispielsweise beim sog. Dieselskandal geschieht, für einzelne starke Verbraucherpositionen im Ergebnis unbefriedigend sein, da die stärkere individuelle Position in der Masse untergeht und auch für starke Positionen lediglich ein mittelmäßiges Ergebnis erzielt wird. Die Automatisierung von Massenklagen hat zudem das Potenzial, die Arbeitsbelastung staatlicher Gerichtssysteme enorm zu steigern.

Jurist:innen sehen in der steigenden Zahl der LegalTech-Unternehmen, die Ansprüche für Verbraucher:innen durchsetzen, insofern einen Nachteil für sich, als das **anwaltliche Monopol** angegriffen wird. Dies spiegeln auch die Klagen von Interessenvertretungen bzw. Kammern gegen Legal Tech Start-ups wider (z. B.: Österreichischer Rechtsanwaltsverein gegen incaseof.law, Notariatskammer gegen notarity). Die kommerzielle Konkurrenz zwingt dazu, die eigenen Leistungen kostengünstiger und zeiteffizienter anzubieten, was der Qualität einer umfassenden Einzelfallprüfung durch einen rechtskundigen Experten widersprechen kann. Umgekehrt könnte aber gerade auch bei geringfügigen und wenig komplexen Sachverhalten die „Standardqualität" gewisser Rechtsdienstleistungen von LegalTech-Unternehmen für Verbraucher:innen positiv gesehen werden. Zudem würde das Triagieren rechtlicher Standardfälle und entsprechendes Outsourcing an LegalTech-Tools bzw. Unternehmen es ermöglichen, dass Anwält:innen mehr Ressourcen für die eigene Kerntätigkeit und rechtlich anspruchsvollere Fälle zur Verfügung hätten.

Legal Tech 2.0 und 3.0, sprich der teilweise bzw. gänzliche Ersatz menschlicher juristischer Tätigkeit, halten zudem mehrere mögliche Risiken bereit. Erstens besteht die Gefahr, dass durch Automatismen **keine menschliche Kontrolle** rechtlicher Maßnahmen mehr erfolgt. Dass rechtliche Entscheidungen menschlicher Überprüfung bedürfen, ist dem gegenwärtigen Rechtssystem immanent – Rechtsansprüche werden von Richter:innen beurteilt und deren Entscheidung kann durch Rechtsmittel überprüft werden. Erst am Ende dieses Überprüfungsprozesses werden Urteile in der Regel durchgesetzt. Zweitens ist im Auge zu behalten, dass die automatisierte Rechtsdurchsetzung durch LegalTech aktuell größtenteils Standardfälle und keine bzw. kaum Härtefälle behandelt. Dies könnte dazu führen, dass die in der aktuellen Rechtsordnung **für Härtefälle vorgesehenen**

Sonderregelungen ignoriert bzw. übersehen werden und im Einzelfall in einem gesellschaftlich unbefriedigenden Ergebnis resultieren (Wagner, 2022). So wäre bei einem auf Smart-Contract – Basis gemieteten Auto – sofern keine entsprechende Härtefallregelung im Code vorgesehen ist – unerheblich, ob das Auto für eine Freizeitfahrt oder aber für einen lebensnotwendigen Krankenhaustransport benutzt wird: Wenn Zahlungsverzug festgestellt wird, bleibt das Mietauto unbenutzbar.

12.5   Zukunft und Ausblick

LegalTech als Digitalisierung von Rechtsdienstleistungen schreitet dank des technologischen Fortschritts und menschlicher Innovation immer weiter voran. Diese Entwicklung lässt sich durch Klagen seitens Interessenvertretungen bzw. Kammern ebensowenig wie durch Restriktionen des anwaltlichen Berufsrechts aufhalten, wie unter anderem Innovationen im Bereich Inkassodienstleistungen und Sammelklagenmanagement eindrücklich zeigen. Insofern besteht bereits in der Gegenwart großer Beratungsbedarf, um das Tech-Potenzial für unterschiedlichste Rechtsdienstleitungen in Anwendung zu bringen (Bisset, 2022).

An Zukunftsvisionen mangelt es nicht
* Diskutiert werden beispielsweise **Smart-Legal-Contracts**, die automatisiert nach Geschäftspartnern suchen, Verträge mit diesen abschließen und die vertragsgegenständliche Leistung erbringen können (vgl. Binder Grösswang, 2020, S. 14, 18 f.);
* **Künstliche juristische Intelligenzen**, die nicht nur Entscheidungsvorschläge für Richter:innen entwerfen (Rollberg, 2023b, S. 1162 f.), sondern als Roborichter („Robo Judge") im Gerichtswesen eingesetzt werden können (zu entsprechenden Pilotprojekten siehe Rollberg, 2023b, S. 1164 f.)
* komplett **digitale Rechtsabteilungen**, die nur wenige menschliche Mitarbeitende benötigen.

Gleichzeitig wird der technologische Fortschritt einen grundlegenden **Wandel in das Arbeitswesen** von Jurist:innen bringen. In einer im März 2023 erschienenen Studie zur Künstlichen Intelligenz hat die Investmentbank Goldman Sachs prognostiziert, dass 44 % der Arbeiten in der Rechtsbranche aufgrund des Automatisierungspotenzials durch generative KI-Technologien (wie etwa ChatGPT) ersetzt werden können. Dies hängt allerdings von weiteren Technikfortschritten und der Akzeptanz auf Seiten der Anwender ab; es ist allerdings absehbar, dass in Zukunft die Nutzung von KI (etwa zur Qualitätssicherung) keine optionale Freiheit, sondern zur sorgfältigen Ausübung des eigenen Berufes notwendig sein wird. Der AI Act (VO 2024/1689) wird diese Entwicklung in geordnete (Compliance-)Bahnen lenken und in juristischen Tätigkeitsfeldern das bereits bestehende Berufsrecht mit weiteren Anforderungen ergänzen.

Der Wandel der juristischen Arbeitswelt wirkt sich bereits auf die **Attraktivität des Jurastudiums** aus. Die Zahlen von Absolvierenden rechtswissenschaftlicher Studien sind zwischen 2010 und 2020 um bis zu 40 % zurückgegangen (FAZ, 2021). Es scheint daher unvermeidbar, dass sich klassische juristische Studienformate mit LegalTech auseinandersetzen und entsprechende Angebote bereits in das Kernstudium integrieren (siehe oben). Zugleich hat die

Technik aber auch das Potenzial, die „Kanzlei-Life-Balance" neu auszurichten und so die Attraktivität juristischer Berufe zu steigern. Nicht nur Hybrid-Work-, sondern gerade auch Remote-Work-Optionen könnten sich als neuer Standard im juristischen Arbeitswesen etablieren.

Denn der Technikfortschritt bedingt zudem, dass die persönliche Interaktion im rechtlichen Kontext zunehmend in die **virtuelle Welt** expandieren wird. Dies betrifft nicht nur den persönlichen Austausch in Metaversen (Kap. 20) mit potenzieller oder vorhandener Mandantschaft, anderen Anwält:innen bzw. Berater:innen, sondern zukünftig wohl auch die Notwendigkeit tatsächlicher Präsenz im Gerichtsgebäude (Quarch & Thomas, 2023). Denkbar wäre auch die (virtuelle) **Visualisierung rechtlicher Inhalte**, insbesondere zum Zwecke von Rechtsausbildung, aber auch Rechtsbelehrung oder allgemeiner Informationsaufnahme (vgl. Schwarz, 2023). So könnten beispielsweise im Rechtsstudium Verhandlungssimulationen (sog. Moot Courts) in virtuellen Räumen stattfinden oder ausgewählte juristische Fallbeispiele visualisiert werden. Dafür spricht schon die erhöhte Lerneffektivität, die durch immersive Erfahrung gewonnen wird (EdTech). Herausfordernd wird allerdings die Visualisierung abstrakter Rechtsinhalte sein, die das Potenzial immersiver virtueller Erfahrung vollumfänglich ausschöpfen kann.

Das kurze Panorama zur Zukunft von LegalTech zeigt, dass sich fundamentale und richtungsweisende Fragen stellen, die sich einerseits an das Recht als Konfliktlösungsinstrument und andererseits an den menschlichen Einfluss auf juristische Tätigkeiten richten.

12.5.1 Recht als Konfliktlösungsinstrument

Durch LegalTech wird die herausragende Stellung von Recht als verbindliches Regulierungs- und Konfliktmanagementinstrument zwischenmenschlicher Beziehungen und Kommunikation (Kap. 6) in einer Gesellschaft zumindest herausgefordert, weil sich alternative Regelungssysteme zunehmend durchsetzen. Dass das **Monopol des Rechts selbst angekratzt** wird, können zwei Beispiele belegen:

- Einerseits existieren vermehrt Onlinestreitbeilegungsmechanismen, die nach Gesichtspunkten von Kosten- und Zeiteffizienz operieren und jenseits von komplexen Rechtsregeln unternehmenseigene Spielregeln und Logiken entwickeln, um Rechtsstreitigkeiten zu lösen. Solche simple Regeln (etwa: „Ware des Produzenten und Geld des Konsumenten dürfen während eines Reparaturfalls nicht am selben Ort sein.") können durch schnell eingeschulte Mitarbeitende administriert werden und erfordern daher nicht akademisch gebildete Jurist:innen.
- Andererseits schafft sich Künstliche juristische Intelligenz durch statistische Auswertung von Rechtsdatenbanken eigene Maschinenregeln, nach denen sie Fälle löst.

Das staatlich geschaffene Recht steht also zunehmend unter Druck. Die Gesetzgeber sollten sich Neuentwicklungen in Wirtschaft und Technik ansehen, um eigenen Reformbedarf zu entdecken, der über reine innovationshemmende Verbote hinausgeht. So haben staatliche und nichtstaatliche Konfliktmanagementsysteme jeweils ihre eigene Existenzberechtigung, etwa weil Verbraucher:innen bei Bagatellforderungen speditive Kompromisse langwierigen Gerichtsverfahren vorziehen. Konsequent sind auch die Systemlogiken der jeweiligen Konfliktmanagementsysteme unterschiedlich: Während nichtstaatliche Regelungswerke vor allem wirtschaftsorientiert (bzw. Akteur-orientiert) ausgerichtet sind und insbesondere unternehmerische Reputation oder Verbraucher:innengeneigtheit fokussieren, gründen staatliche Regelungen auf breiteren Interessenabwägungen und vielfältigen Perspektiven, die im demokratischen Gesetzgebungsprozess einfließen.

Vor diesem Hintergrund kann LegalTech auch als Fingerzeig gegenüber einer immer weiter ausufernden Regelungsflut aus unterschiedlichen Quellen gedeutet werden. Die **rasant fortschreitende Rechtsentwicklung** und die vielfältigen Akteure, die an diesen Regulierungen mitwirken, überfordern den Durchschnittsmenschen, der sich dadurch nicht nur einer zunehmend komplexeren Welt, sondern auch zunehmend komplexeren Regulierungen ausgesetzt sieht. Damit besteht die Gefahr, dass das Recht seine Orientierungsfunktion gegenüber der Bevölkerung verliert, wenn es als unklar und überkomplex wahrgenommen wird. Sogar für gut ausgebildete Jurist:innen ist es nicht leicht, den Überblick über die Rechtsentwicklungen ihres Einsatzgebietes zu behalten. Das hängt zu gewissen Teilen auch damit zusammen, dass juristische Nachschlagewerke (und sogar staatlich ergangene Gerichtsurteile!) oftmals nicht öffentlich, sondern erst durch kostenpflichtige Abonnements privater Verlagsunternehmen zugänglich sind. Gewisse LegalTech-Innovationen versuchen, diesen Schwierigkeiten mit neuen Ansätzen zu begegnen, wie etwa der open-access verfügbare Onlinekommentar (onlinekommentar.ch). Auch wenn diese Plattformbeispiele gemeinnützig gestartet wurden und insofern nicht absehbar ist, ob und wie sich derartige Open-Access-Trends in rentable Geschäftsmodelle überführen lassen, scheint sich der Trend der „niederschwelligen Zugänglichkeit von Recht" fortsetzen. Deshalb sollten sich die rechtsetzenden Akteure zunehmend die Anwendungsperspektive hinsichtlich Lesbarkeit, Orientierungsfunktion und Zugänglichkeit verdeutlichen.

12.5.2 Mensch und KI im Recht

Komplementär zum Recht als Konfliktmanagementsystem stellt sich durch den Fortschritt von LegalTech die fundamentale Frage, inwiefern **menschliche Faktoren bei juristischer Tätigkeit** benötigt werden oder weiterhin ihre Existenzberechtigung haben sollten. Das betrifft nicht nur Gerichte als juristische Entscheidungsinstanzen oder anwaltliche Tätigkeit als rechtlichen Beistand – sondern rechtliche Tätigkeit an sich.

Zunächst versprechen LegalTech und Künstliche juristische Intelligenz für **Gerichte** Effizienz- und Zeitgewinne – doch stellt sich die Grundsatzfrage, ob die Durchführung der Entscheidungsfindung (das Verfahren bzw. der Prozess) oder die Entscheidungsfindung selbst (das Urteil) gänzlich an nichtmenschliche Akteure ausgelagert werden sollte. Befürwortet wird dies mit dem Hinweis auf die maximale Unabhängigkeit und Distanz zu den Parteien, sodass eine möglichst objektive Entscheidung (frei von menschlichen Schwächen, Sympathien oder illegitimen Einflussmöglichkeiten) möglich ist. Dieser augenscheinliche Vorteil verliert allerdings bei genauerer Betrachtung seine Schärfe, wenn die der KI zugrunde liegenden Trainingsdaten diskriminierenden Bias aufweisen und damit die Vorteile der objektiven KI letztlich zunichtemachen, wie dies etwa 2016 im Kontext eines rassistisch entscheidenden US-amerikanischen Justiz-Algorithmus aufgedeckt wurde (Staffler & Jany, 2020, S. 172). Überhaupt ist allerdings fraglich, ob dieser Schritt hin zum maschinellen Gerichtsprozess der Institution von Recht als zwischenmenschlichem Konfliktlösungsmechanismus noch gerecht wird. Diese Frage ist auf einer breiten gesellschaftlichen Basis zu diskutieren.

Anwaltlicher Beistand kann durch den technologischen Fortschritt im LegalTech-Bereich immer mehr automatisiert werden, weshalb der Anwaltsberuf unter Druck gerät und sich stark wandeln wird. Denn niederschwellige rechtliche Beratung (ohne anwaltliche Qualität) durch Künstliche Intelligenz ist auf dem Vormarsch.

- Zwar zeigen erste Erfahrungen mit Chatbots (z. B.: ChatGPT) Anfang 2023, dass die Technologie gerade im **Anfangsstadium kaum brauchbare Resultate** für die rechtliche Praxis parat hatte (vgl. Green, 2022). Das lag zunächst daran, dass die generativen KI-Sprachmodelle über im Internet freiverfügbare Texte und eben nicht auf der Grundlage juristisch-exakter Sprache und juristischer Texte trainiert worden sind, die hinter teuren Paywalls gehortet werden. Die Frage selbst, inwiefern juristische Texte mit entsprechender Lizenzierung überhaupt als Trainingsdaten für KI-Sprachmodelle genutzt werden dürfen, ist in ihrer Breite noch unbeantwortet. (s. Weiser, 2023; vgl. auch European Bars Federation, 2023). Ende 2024 gibt es allerdings bereits für die Rechtsbranche zugeschnittene AI Agents, wie beispielsweise jene von BRYTER, die auf Basis der von Nutzer:innen hochgeladenen Dokumente wie Richtlinien rechtliche Fragen akkurat beantworten können.
- Dass die technologischen Fähigkeiten allerdings nicht unterschätzt werden sollten, zeigen die Arbeiten spezialisierter Forschungszentren (wie etwa das US-amerikanische CodeX The Stanford Center for Legal Informatics oder das Schweizerische Center for Legal Data Science) bzw. Forschungsergebnisse zu **Legal Data Science** (Altwicker-Hamori et al., 2016; Thouvenin et al., 2021) oder **Big Data Law** (Vogl, 2021) eindrücklich.
- In Europa wurden außerdem Mitte 2023 erste Projekte und Prototypen zu **juristischen Chatbots,** wie etwa Rechtsauskunft.ai lanciert, die Rechtsfragen zum schweizerischen Recht mittels KI-Sprachmodellen auf Basis ausgewählter Rechtstexte beantworten können. Große juristische Verlagshäuser entwickeln erste Prototypen von **KI-Recherche-Tools**, wie etwa der österreichische MANZ-Verlag RDB Genius. Der Hype, den das US-amerikanische Start-up DoNotPay mit seinem juristischen Chatbot kreiert hat, ist damit auch in Europa angekommen. Es verwundert also nicht, dass Großprojekte wie Harvey AI als nahe Zukunftsvisionen moderner Rechtsberatung gelten, die weitreichend in die Geschäftsfelder der anwaltlichen Kerntätigkeit eingreifen könnten (PwC, 2023).

Gleichwohl bleiben anspruchsvolle juristische Tätigkeiten in ihrem Kern wohl auf absehbare Zeit in Menschenhand. Das betrifft in Zukunft möglicherweise weniger die rechtliche Expertise: Angesichts der wachsenden Zahl von Urteilen (auch unter Zuhilfenahme von automatisierter Textgenerierung) und einer durch Internationalisierung zunehmend komplexeren Gestaltung der Rechtsverhältnisse wird der unterstützende Rückgriff auf LegalTech-Applikationen kaum vermeidbar sein. Weil es bei juristischer Tätigkeit nicht allein um stumpfe Anwendung von Vorschriften auf den konkreten Einzelfall geht, sondern insb. auch um die (in die Zukunft gerichtete) Weiterentwicklung des Rechts, kommt innerhalb juristischer Fachexpertise der **juristischen Kreativität** eine nicht zu unterschätzende Bedeutung zu. Rechtsfortbildung nimmt zwar auf bisherige Rechtsentwicklungen bedacht, unterscheidet sich aber in ihrer Qualität grundlegend von der reinen anwendungsbezogenen Auslegung von Rechtsvorschriften: Das Recht wird nicht mehr nur fortgeschrieben, sondern in einer gänzlich anderen Qualität (und teilweise „disruptiv") fortgebildet, wie gerade die Meilensteine berühmter Verfassungsgerichtsurteile zeigen. Insbesondere für die Rechtsfortbildung sind daher die aktuell bestehenden technologischen Möglichkeiten nicht geeignet, da auf Künstlicher Intelligenz basierende Tools lediglich von bestehenden Urteilen und juristischen Texten lernen und auf diesen basierend neue juristische Texte (z. B.: Urteile, Schriftsätze) generieren. Diese Tools sind daher aktuell nicht in der Lage, disruptive Entscheidungen zu treffen. Neben Fachexpertise werden in Zukunft außerdem auch **genuin menschliche Fähigkeiten**, wie etwa Empathie oder zwischenmenschliche Konfliktlösung, im Rechtsbereich unabdingbar bleiben.

Literatur

Altwicker-Hamori, S., Altwicker, T., & Peters, A. (2016). Measuring violations of human rights. An empirical analysis of awards in respect of non-pecuniary damage under the European convention on human rights. *ZaöRV, 76*, 1–51.

Anzinger, H. (2023a). Expertensystem, juristisches. In M. Ebers (Hrsg.), *StichwortKommentar Legal Tech. Recht, Geschäftsmodelle, Technik. Alphabetische Gesamtdarstellung* (S. 488–497). Nomos.

Anzinger, H. (2023b). Ausbildung. In M. Ebers (Hrsg.), *StichwortKommentar Legal Tech. Recht, Geschäftsmodelle, Technik. Alphabetische Gesamtdarstellung* (S. 96–111). Nomos.

Beurkens, M. (2022). So gut wie ein Anwalt? – Chancen und Grenzen der Werbung für Legal Tech Angebote. *LTZ Zeitschrift für die digitale Rechtsanwendung, 4*, 207–212.

Binder Grösswang. (Hrsg.). (2020). Digital Law², 2. Zivilrecht, LexisNexis, 13–29.

Bisset, K. (2022). (Legal) Tech in der Rechtsanwaltskanzlei. In K. Bisset (Hrsg.), *Kanzlei-Start-Up* (S. 168–181). Linde.

Brechmann, B. (2021). *Legal Tech und das Anwaltsmonopol. Die Zulässigkeit von Rechtsdienstleistungen im nationalen, europäischen und internationalen Kontext.* Mohr Siebeck.

Breidenbach, S. (2020). Eine neue Juristenausbildung. *NJW*, 2862–2868, Beck.

Brugger, D. (2021, Dezember 17). Onlinekommentar.ch, die gemeinnützige Plattform für Open-Access-Kommentare, *Verfassungsblog*. https://verfassungsblog.de/onlinekommentar-ch-die-gemeinnutzige-plattform-fur-open-access-kommentare/. Zugegriffen am 02.05.2024.

Bürgmann, C. (2023). § 2 Zugang zum Recht. In T. Riehm & S. Dörr (Hrsg.), *Digitalisierung und Zivilverfahren* (S. 11–34). DeGruyter. https://doi.org/10.1515/9783110755787-002

Caramaschi, F. (2023). Das Potenzial von Legal-Tech-Anbietern im Fluggastrecht, Jusletter IT 20.07.2023.

Carrera, M. V. (2022). Accommodating Kleros as a decentralised dispute resolution tool for civil justice systems: theoretical model and case of, Kleros. https://ipfs.kleros.io/ipfs/QmfNrgSVE9bb17 KzEVFoGf4KKA1Ekaht7ioLjYzheZ6prE/Accommodating%20Kleros%20as%20a%20Decentralized%20Dispute%20Resolution%20Tool%20for%20Civil%20Justice%20Systems%20-%20 Theoretical%20Model%20and%20Case%20of%20Application%20-%20Mauricio%20 Virues%20-%20Kleros%20Fellowship%20of%20Justice.pdf. Zugegriffen am 30.10.2022.

Ebers, M. (2023). RegTech. In M. Ebers (Hrsg.), *StichwortKommentar Legal Tech. Recht, Geschäftsmodelle, Technik. Alphabetische Gesamtdarstellung* (S. 1105–1106). Nomos.

Engelhart, M. (2023). Staatsanwalt. In M. Ebers (Hrsg.), *StichwortKommentar Legal Tech. Recht, Geschäftsmodelle, Technik. Alphabetische Gesamtdarstellung* (S. 1208–1222). Nomos.

Erdmann, U., Fiedler, H., Haft, F., & Traunmüller, R. (1986). *Computergestützte Expertensysteme.* Attempto-Verlag.

European Bars Federation. (2023). European Lawyers in the Era of ChatGPT. Guidelines on how lawyers should take advantage of the opportunities offered by large language models and generative AI, June 2023. https://www.fbe.org/nt-commission-guidelines-on-generative-ai/. Zugegriffen am 02.05.2024.

FAZ. (2021, März 10). Rechtswissenschaft auf dem Prüfstand, *FAZ* (von Reiner Schmidt). https:// www.faz.net/aktuell/politik/staat-und-recht/rechtswissenschaft-auf-dem-pruefstand-17237535. html. Zugegriffen am 02.05.2024.

Fenwick, M., Kaal, W. A., & Vermeulen, E. P. M. (2020). Legal education in a digital age. In M. Coralles Compagnucci, N. Forgó, T. Kono, S. Teramoto, & E. P. M. Vermeulen (Hrsg.), *Legal tech and the new sharing economy* (S. 135–154). Springer.

Fiedler, H. (1966). Juristische Logik in mathematischer Sicht. *Archiv für Rechts- und Sozialphilosophie, 52,* 93–116. Franz Steiner Verlag.

Fiedler, H. (1970a). *Automatisierung im Recht und juristische Informatik 1. Teil, Juristische Schulung* (S. 432–436). Springer.

Fiedler, H. (1970b). *Automatisierung im Recht und juristische Informatik 3. Teil, Juristische Schulung 1970* (S. 603–607). Springer.

Furrer, Eckert, & Glarner. (2018). *Legal Tech Glossar. Die wichtigsten Begriffe.* Stämpfli.

Goodenough, O. R. (2015, Februar 04). Legal Technology 3.0. *Huffpost.* https://www.huffpost.com/ entry/legal-technology-30_b_6603658. Zugegriffen am 02.05.2024.

Gräwe, S. L. (2011). *Die Entstehung der Rechtsinformatik. Wissenschaftsgeschichtliche und -theoretische Analyse einer Querschnittsdisziplin.* Verlag Dr. Kovac.

Green, J. (2022, Dezember 09). Will ChatGPT make lawyers obsolete? (Hint: be afraid). *Reuters.* https://www.reuters.com/legal/transactional/will-chatgpt-make-lawyers-obsolete-hint-be-afraid-2022-12-09/. Zugegriffen am 02.05.2024.

Grupp. (2014). Legal Tech – Impulse für Streitbeilegung und Rechtsdienstleistung. *Anwaltsblatt,* Ausgabe 8-9, 660–665.

Haft, F., & Lehmann, H. (1989). *Das LEX-Projekt – Entwicklung eines Expertensystems.* Attempto-Verlag.

Hartung, M. (2023a). B2C und B2B (Geschäftsmodelle). In M. Ebers (Hrsg.), *StichwortKommentar Legal Tech. Recht, Geschäftsmodelle, Technik. Alphabetische Gesamtdarstellung* (S. 128–152). Nomos.

Hartung, M. (2023b). § 10 Quo vadis? In T. Riehm & S. Dörr (Hrsg.), *Digitalisierung und Zivilverfahren* (S. 195–212). DeGruyter. https://doi.org/10.1515/9783110755787-010

Herberger, M. (2023a). Legal Tech, Begriff. In M. Ebers (Hrsg.), *StichwortKommentar Legal Tech. Recht, Geschäftsmodelle, Technik. Alphabetische Gesamtdarstellung* (S. 798–808). Nomos.

Herberger, M. (2023b). Rechtsinformatik. In M. Ebers (Hrsg.), *StichwortKommentar Legal Tech. Recht, Geschäftsmodelle, Technik. Alphabetische Gesamtdarstellung* (S. 1069–1077). Nomos.

Hundegger, J. (2023). Legal Design Thinking, Jusletter IT 20.07.2023.

Jandach. (1993). *Juristische Expertensysteme – Methodische Grundlagen ihrer Entwicklung.* Springer.

Jestaedt, M. (2006). *Das mag in der Theorie richtig sein … Vom Nutzen der Rechtstheorie für die Rechtspraxis*, MohrSiebeck

Kolain, M., & Ruschemeier, H. (2023a). E-Government. In M. Ebers (Hrsg.), *StichwortKommentar Legal Tech. Recht, Geschäftsmodelle, Technik. Alphabetische Gesamtdarstellung* (S. 428–444). Nomos.

Kolain, M., & Ruschemeier, H. (2023b). GovTech. In M. Ebers (Hrsg.), *StichwortKommentar Legal Tech. Recht, Geschäftsmodelle, Technik. Alphabetische Gesamtdarstellung* (S. 522–538). Nomos.

Lesaege, C., Ast, F., & George, W. (2019). Short Paper v1.0.7, Kleros. https://kleros.io/static/white-paper_en-8bd3a0480b45c39899787e17049ded26.pdf. Zugegriffen am 02.05.2024.

Martinetz, S., & Maringele, S. (2020). *Quick Guide Legal Tech – Schritt für Schritt zur digitalen Kanzlei und Rechtsabteilung.* Springer Gabler.

Mielke, B. (2023). Law goes digital: Lehrkonzepte zur Digitalisierung – vom Grundstudium bis zum Referendariat. In M. Schmidt & H.-H. Trute (Hrsg.), *Lehre der Digitalisierung in der Rechtswissenschaft* (S. 229–248). Nomos.

Molavi Vasse'i, R. (2023). Zugang zum Recht. In M. Ebers (Hrsg.), *StichwortKommentar Legal Tech. Recht, Geschäftsmodelle, Technik. Alphabetische Gesamtdarstellung* (S. 1335–1353). Nomos.

Montesquieu. (1748). De l'esprit des lois, XI, Genf.

Nöhrer, P., & Weidinger, T. (2022). *Berufsrechtliche Einschränkungen der Nutzung von Legal-Tech Anwendungen, Österreichische Juristenzeitung* (S. 209–215). Manz.

Ogorek, R. (2008). *Richterkönig oder Subsumtionsautomat? Zur Justiztheorie im 19. Jahrhundert.* Verlag Vittorio Klostermann.

Osele, V. (2023). Gerichtsurteile neu darstellen – Legal Design Thinking anhand eines Bundesgerichtsurteils, Jusletter IT 20. Juli 2023.

PWC. (2023, March 15). PwC announces strategic alliance with Harvey, positioning PwC's Legal Business Solutions at the frorefront of legal generative AI. https://www.pwc.com/gx/en/newsroom/press-releases/2023/pwc-announces-strategic-alliance-with-harvey-positioning-pwcs-legal-business-solutions-at-the-forefront-of-legal-generative-ai.html. Zugegriffen am 02.05.2024.

Quarch, B., & Engelhardt, C. (2022). Legal Tech-Markt – der Versuch eines Marktüberblicks. *LTZ Zeitschrift für die digitale Rechtsanwendung, 2022*, 38–41.

Quarch, B., & Thomas, S. (2023). Chancen und Problemstellungen der anwaltlichem Berufspraxis im Metaverse. *LTZ Zeitschrift für die digitale Rechtsanwendung, 2023*, 110–114.

Remmertz, F. (2023). Rechtsanwalt, Monopol. In M. Ebers (Hrsg.), *StichwortKommentar Legal Tech. Recht, Geschäftsmodelle, Technik. Alphabetische Gesamtdarstellung* (S. 1048–1063). Nomos.

Rollberg, C. (2023a). E-Justice. In M. Ebers (Hrsg.), *StichwortKommentar Legal Tech. Recht, Geschäftsmodelle, Technik. Alphabetische Gesamtdarstellung* (S. 445–463). Nomos.

Rollberg, C. (2023b). Richter. In M. Ebers (Hrsg.), *StichwortKommentar Legal Tech. Recht, Geschäftsmodelle, Technik. Alphabetische Gesamtdarstellung* (S. 1150–1165). Nomos.

Ruschemeier, H. (2023). Predictive Policing. In M. Ebers (Hrsg.), *StichwortKommentar Legal Tech. Recht, Geschäftsmodelle, Technik. Alphabetische Gesamtdarstellung* (S. 947–963). Nomos.

Schlegel, S., & Ammann, O. (2023, Juni 14). Function Follows Form. Die Digitalisiierung juristischer Kommentare als Labor für den Funktionswandel des Rechts, *Verfassungsblog*. https://verfassungsblog.de/function-follows-form/. Zugegriffen am 02.05.2024.

Schuh, M. (2022). Legal Tech in der juristischen Ausbildung – wo stehen wir und wo wollen wir hin? *LTZ Zeitschrift für die digitale Rechtsanwendung, 4*, 205–206.

Schwarz, H. (2023). Plädoyer für den Einsatz von Visualisierung in der anwaltlichen Beratungspraxis, Jusletter IT 29.06.2023. https://doi.org/10.38023/1290c2c6-c15e-447d-a536-ae0bafb7e554

Siegel, D. (2017). CARA: An assistance to help find the cases you missed, 43 Law Prac. 22 (2017).

Staffler, L. (2018). Industrie 4.0 und wirtschaftlicher Geheimnisschutz. *Neue Zeitschrift für Wirtschafts-, Steuer- und Unternehmensrecht (NZWiSt)*, Ausgabe 4, 269–274.

Staffler, L. (2020). Kapitel 20 Nationales, Europäisches und Internationales Unternehmensstrafrecht. In R. Soyer (Hrsg.), *Handbuch Unternehmensstrafrecht* (S. 625–686). Manz.

Staffler, L. (2022). *Business criminal law. A primer for management and economics.* Springer Gabler.

Staffler, L., & Jany, O. (2020). Künstliche Intelligenz und Strafrechtspflege – eine Orientierung. *Zeitschrift für Internationale Strafrechtsdogmatik*, Ausgabe 4, 164–177.

Steinrötter, B., & Stamenov, Y. (2023). Smart contracts. In M. Ebers (Hrsg.), *StichwortKommentar Legal Tech. Recht, Geschäftsmodelle, Technik. Alphabetische Gesamtdarstellung* (S. 1191–1207). Nomos.

Struck, M., & Aßhoff, G. (2023). Privacy Tech. In M. Ebers (Hrsg.), *StichwortKommentar Legal Tech. Recht, Geschäftsmodelle, Technik. Alphabetische Gesamtdarstellung* (S. 964–981). Nomos.

Thouvenin, F., Gerber, D., & Altwicker, T. (2021). Trademark Opposition Proceedings in Switzerland: An Empirical Study of Legal Reasoning. *GRUR International, 70*, 1158–1173.

Tietje, R., & Schrader, V. (2023). Büroorganisationssoftware. In M. Ebers (Hrsg.), *StichwortKommentar Legal Tech. Recht, Geschäftsmodelle, Technik. Alphabetische Gesamtdarstellung* (S. 188–192). Nomos.

Tobschall, D., & Kempe, J. (2021). Der Deutsche Legal-Tech-Markt, Breidenbach. In Stephan & F. Glatz (Hrsg.), *Rechtshandbuch Legal Tech* (2. Aufl., S. 27–35). C.H.Beck.

Vogl, R. (2021). *Research handbook on big data law.* Edward Elgar Publishing.

Wagner, E., & Jörges, J. (2023). Internationales Privatrecht und Zivilrecht. In E. Wagner, M. Holm-Hadulla, & M. Ruttlof (Hrsg.), *Metavers und Recht* (S. 19–32). C.H. Beck.

Wagner, G. (2022). Algorithmisierte Rechtsdurchsetzung. *Archiv für die civilistische Praxis (AcP)*, Ausgabe 1, 56–103.

Wagner, J. (2020). *Legal Tech und Legal Robots.* Springer.

Waltl, B., Jacob, K., & Schindler, D. (2020). Legal Tech – interdisziplinär und kollaborativ. *Wirtschaftsinformatik & Management, 12*, 422–430. https://link.springer.com/article/10.1365/s35764-020-00300-z. Zugegriffen am 02.05.2024.

Weiser, B. (2023, Mai 27). Here's what happens when your lawyer uses ChatGPT, *The New York Times*. https://www.nytimes.com/2023/05/27/nyregion/avianca-airline-lawsuit-chatgpt.html?unlocked_article_code=69CygLcKa_5DVVYFYwxdS3UxP3fXX_UMjozgoycAfp97jaVqsa6w-qF5VlO5pMYG_QUAIbkiAbP-HhbLwaR8I2lSdi3tGyasWo_46YnVxoD2oicvEOADnEbG0qxM0w-yQ_g-mRkJqlbMQCN1mwXr5h79RtkJ9ls1DwXMkrZUyvCcjxD6Q9PLKiof66jBMo-Fie6etfg8FNe_ujcyVjYpbqNL_UFEbG3lcnOPUnrB79qUQXDfZ93FVdL-Tz6TVZiJuG_x-PSV9Xo4ciKNBIwbiC7vFb-EoBsJryIBiHPu4jgJ4DHCY-XVdPKJDNxD61HF7NmwtEs-XSwaLKQ6xSo-vSzq6NOuW62TQO0SkM&smid=nytcore-ios-share&referringSource=articleShare. Zugegriffen am 12.06.2023.

Zahrte, K. (2023). PayTech. In M. Ebers (Hrsg.), *StichwortKommentar Legal Tech. Recht, Geschäftsmodelle, Technik. Alphabetische Gesamtdarstellung* (S. 874–892). Nomos.

AdTech

13

Johann Laux

13.1 Beschreibung des Kerngebietes

Der Begriff „AdTech" steht für Advertising Technology, also der Technologie hinter der **Onlinewerbung**. Darunter versammelt sich die Gesamtheit von Software und technologischer Infrastruktur, mit der digitale Werbekampagnen kreiert, verbreitet, verwaltet, gemessen und optimiert werden (Zawadziński & Sweeney, 2020, S. 20).

Den Beginn von AdTech kann man am Datum des 27. Oktober 1994 festmachen (Abschn. 13.1.2: Ursprung). An diesem Tag erschien ein Rechteck am oberen Rand der Website des amerikanischen Magazins WIRED. Darin hieß es: „Have you ever clicked your mouse right HERE? YOU WILL" (Sapnar Ankerson, 2018, S. 80). Dieses Rechteck war die weltweit erste Bannerwerbung im Internet. Es setzte eine Revolution in Gang, die sowohl die noch junge Internetwirtschaft wie auch die alte Werbeindustrie grundlegend verändern sollte.

Richtig Fahrt nahmen die Veränderungen mit dem Platzen der „Dotcom-Blase" im Jahr 2000 auf. Die Börsenkurse vieler Internetfirmen waren in die Höhe geschossen, doch Geld verdienten nur die wenigsten (Morrisa & Alamb, 2012, S. 243). Als die Kurse schließlich abstürzten, musste sich die junge Digitalwirtschaft ein neues Geschäftsmodell suchen. Webseiten begannen wie im „Free-TV" ihre Inhalte kostenfrei für die Nutzer bereitzustellen und die Aufmerksamkeit des Besucherstroms an Werbekunden zu verkaufen (Evans, 2008, S. 359). Rund 20 Jahre später macht digitale Werbung den Hauptteil aller

J. Laux (✉)
Oxford Internet Institute, University of Oxford, Oxford, UK

© Der/die Autor(en), exklusiv lizenziert an Springer Fachmedien Wiesbaden GmbH, ein Teil von Springer Nature 2024
L. Staffler et al. (Hrsg.), *Digitalwirtschaft*, https://doi.org/10.1007/978-3-658-45724-2_13

Werbeausgaben weltweit aus.[1] Sie hat damit traditionelle Formen wie Printmedien sowie Fernsehen und Radio hinter sich gelassen.

Rasant änderte sich auch die Art und Weise, in der Werbeflächen verkauft wurden. Früher wurde die Vergabe von Werbeplätzen noch persönlich ausgehandelt. Heute geschieht dies durch automatisierte Auktionen auf elektronischen Märkten. Mit ihren hoch entwickelten ökonomischen und statistischen Methoden ähnelt der Onlinewerbemarkt inzwischen der modernen Finanzindustrie (Srinivasan, 2020, S. 58–59; Evans, 2008, S. 360). AdTech ist dabei in gewisser Weise der „Maschinenraum" der Onlinewerbung (Bundeskartellamt, 2022b, S. 3). Seit den 1990er-Jahren haben zwei technologische Innovationen die Branche entscheidend weiterentwickelt: Das sogenannte „Targeting" und die AdTech-Intermediäre.

13.1.1 Targeting

Beim Targeting wird digitale Werbung an bestimmte Gruppen von Konsumenten automatisiert und zielgerichtet ausgeliefert (Bundesverband Digitale Wirtschaft [BVDW], 2014, S. 5). Genaugenommen war Werbung schon vor dem Internet „getargeted". Wenn beispielsweise ein Autohersteller eine Anzeige in einem Magazin über Autos platziert hat, dann war diese Werbung zielgerichtet. AdTech erlaubt nunmehr, das Targeting zu verfeinern. Möglich ist dies durch den Einsatz großer Mengen an Daten. Auf welche Links wir klicken, welche Begriffe wir in eine Suchmaschine eingeben, welchen Browser wir benutzen, welche Inhalte wir liken und teilen – über all diese Onlineaktivitäten können Daten gesammelt werden. Basierend auf solchen Datensätzen ermitteln AdTech-Anbieter mithilfe von Algorithmen, welche Werbung welcher Nutzer zu welchem Zeitpunkt bekommt (Hass & Willbrandt, 2011, S. 13). Damit personalisiert sich die auf einer Website oder in einer App angezeigte Werbung: Wenn zwei Student:innen dieselbe Nachrichtenseite aufrufen, bekommen sie möglicherweise unterschiedliche Werbebanner präsentiert. Der Mehrwert des Targetings: Die Werbebotschaft wird mit hoher Wahrscheinlichkeit nur an Nutzer:innen ausgeliefert, die der Werbetreibende tatsächlich erreichen möchte. Insofern wertet AdTech Werbeflächen durch Daten auf (Bundeskartellamt, 2022b, S. 5).

Wie intensiv Daten genutzt werden, variiert je nach Form des Targetings. Bei **kontextgebundener Werbung** wird auf den Inhalt der Webseite (z. B. die Sportseiten einer Zeitung) und eingeschränkte Nutzerdaten zugegriffen. Darunter fallen etwa das genutzte Gerät, der Standort und die Sprache (Competition & Markets Authority [CMA], 2020, S. 158). Bei **personalisierter Werbung** werden zusätzlich demografische Daten und Nutzerpräferenzen ermittelt, die aus der beobachtenden Verfolgung des Klickverhaltens im Internet gewonnen werden können (ibid.; Bundeskartellamt, 2022b, S. 5). Diese Form des Targetings wird

---

[1] Der Anteil der digitalen Werbung am weltweiten Werbemarkt betrug im Jahr 2021 je nach Kalkulation zwischen 63 % und 72 %, vgl. Devaux & Bomsel, 2022, S. 1; Faria, 2022.

„**Online Behavioural Advertising**" (OBA) genannt (Laux et al., 2021a). Durch OBA werden Profile von Konsument:innen erstellt und für Werbezwecke genutzt.

Damit gerät AdTech in ein Spannungsfeld mit der Datenschutz-Grundverordnung (DSGVO) der Europäischen Union (EU). Artikel 9 DSGVO untersagt die Verarbeitung bestimmter **personenbezogener Daten**, aus denen etwa „die rassische und ethnische Herkunft, politische Meinungen, religiöse oder weltanschauliche Überzeugungen" hervorgehen. AdTech-Anbieter müssen diese Daten allerdings nicht direkt abfragen. Sie können weniger sensible Daten sammeln und mittels Inferenz ein Persönlichkeitsprofil erstellen (Wachter & Mittelstadt, 2019, S. 499; Laux et al., 2021a, S. 719–720). Zum Beispiel könnte aus der Kombination von IP-Adresse, eingegebenen Suchbegriffen und Social-Media-Daten geschlossen werden, dass es sich bei der Besucherin einer Website um eine sportbegeisterte Muslima handelt. Entsprechend könnte es lukrativ sein, ihr Werbung für Sport-Hidschabs zu zeigen. Ihre Religion würde nicht direkt abgefragt, sondern vorhergesagt. Damit entstehen Probleme für die Durchsetzung des Datenschutzes.

13.1.2 Intermediäre und AdExchanges

Die zweite technologische Innovation besteht aus einem komplexen System an Plattformen, die den Kauf und Verkauf von Onlinewerbung organisieren (Evans, 2008, S. 363). Dies sind die AdTech-Vermittler, auch Intermediäre genannt. Das Zentrum dieses Systems bilden die „AdExchanges". Damit sind elektronische Handelsplätze für Onlinewerbung gemeint (Srinivasan, 2020, S. 58). Wer heute eine Website aufruft, löst eine im Hintergrund ablaufende Auktion aus. Viele Werbeplätze auf einer Website sind nicht fest vergeben, sondern werden in Echtzeit auf den AdExchanges verauktioniert. Die Idee hinter diesem sogenannten „**Real-Time-Bidding**": Je wertvoller die jeweiligen Besucher:innen für die Zielgruppe des Werbetreibenden sind, desto höher wird er bieten.[2] Dieses Gesamtsystem des Vertriebs von Onlinewerbung wird auch „Programmatic Advertising" genannt (Geradin et al., 2021, S. 50). Da diese Auktionen in Millisekunden und mit hohem technischem Aufwand ausgeführt werden, vergleicht man AdTech mit dem digitalisierten Börsenhandel der modernen Finanzindustrie.

Auf den AdExchanges kommen, wie an der Börse, Angebot und Nachfrage zusammen. Auf beiden Seiten des Marktes agieren Intermediäre. Auf „Supply-Side-Platforms" (SSPs) stellen Publisher ihre freien Werbeflächen zur Verfügung. Dies sind also die Softwaresysteme auf der Angebotsseite. Über „Demand-Side-Plattforms" (DSPs) stellen Werbetreibende ihre Werbeanzeigen ein (ibid., S. 49–50). Dies ist die Software auf der Nachfrageseite (Bundeskartellamt, 2022b, S. 5–6). Die Auslieferung der Werbemittel erfolgt über „AdServer". Diese bestehen auf beiden Marktseiten und können zusätzlich die Steuerung und Messung der Werbekampagnen übernehmen (ibid., S. 6). Neben den AdEx-

---

[2] Zum komplexen System des Real-Time-Bidding, vgl. Thorp & Powers, 2022; Evans, 2016, S. 56; Geradin & Katsifis, 2019; Srinivasan, 2020.

changes gibt es integrierte Vermittlungsangebote. Solche Werbenetzwerke werden vor allem von großen Publishern wie zum Beispiel Meta (Facebook) angeboten. Sie übernehmen damit die Vermarktung ihrer Werbeplätze inklusive der technisch anspruchsvollen Vermittlung selbst (Bundeskartellamt, 2022c).

13.1.3 Online-Werbe-Markt

Das Targeting und das komplexe System aus Intermediären sind Schlüsseltechnologien des Marktes für Onlinewerbung. Der Markt für Onlinewerbung wird in bestimmte Kategorien aufgeteilt. Das **Search Advertising** ist Werbung, die mit den Ergebnissen einer Suchmaschine aufgezeigt wird. Auch hier werden Werbeplätze über Auktionen verkauft. Werbetreibende können auf Suchbegriffe bieten (Evans, 2008, S. 363). Das System verfolgt eine klare ökonomische Logik: Die Begriffe „Hotel" und „Sylt" sind für Hoteliers auf der Nordseeinsel Sylt mehr wert als für Inhaber:innen einer Ski-Hütte in den Alpen. Deshalb werden sie mehr für den Werbeplatz bieten. Suchbegriffe gehören für Werbekunden zu den wertvollsten Daten und vermindern den Bedarf an zusätzlichen Nutzerdaten (CMA, 2020, S. 158–159).

Werbung auf Videoplattformen wie YouTube (das zu Google gehört) funktioniert nach ähnlichen Prinzipien (Seehaus, 2016, S. 21). Werbevideos erscheinen auf YouTube nicht nur in den Suchergebnissen der Videoplattform selbst. Sie werden auch neben thematisch passenden Videos angezeigt (ibid.). Zusätzlich wird Werbung vor und während des Abspielens der vom Nutzer ausgewählten Videos eingeblendet. Damit ist der Bereich des „Display Advertisings" eröffnet. **Display Advertising** (Display Ads) ist auf allen Webseiten zu sehen, die keine Suchmaschinen sind. Dazu zählen zum Beispiel die Seiten von Zeitungen. Wenn keine Suchbegriffe oder der thematische Kontext einer bestimmten Website vorhanden sind, kann es hier zu besonders datenintensiven Profiling von Nutzern kommen (CMA, 2020, S. 158–159). Daneben gibt es viele weitere Unterformen der Onlinewerbung, wie zum Beispiel Werbung in Emails (Evans, 2008, S. 363). Einen immer größeren Marktanteil haben Anzeigen ergattert, die direkt in Apps geschaltet werden (Rahmani, 2022).

Inzwischen hat die Erfolgsgeschichte des AdTech der vergangenen 25 Jahre einige Risse bekommen. Viele Methoden des AdTech sind umstritten und haben Forderung nach einer strengeren gesetzlichen Regulierung laut werden lassen. Zuletzt sind die Umsätze einiger großer Player der Onlinewerbung zurückgegangen. Bevor wir auf diese Entwicklungen zu sprechen kommen, soll zunächst der technologische und wirtschaftliche Aufstieg der AdTech-Industrie historisch nachgezeichnet werden.

13.2   Ursprung

Das Jahr 1994 war in doppelter Hinsicht historisch für die Entwicklung der Onlinewerbung. Wie erwähnt, wurde im Oktober 1994 die weltweit erste Bannerwerbung geschaltet. Die Telekommunikationsfirma AT&T soll WIRED 30.000 US-Dollar gezahlt haben, um die Anzeige drei Monate lang zeigen zu dürfen (Hesterberg, 2021). Das Banner kam angeblich auf eine „**Click-Through-Rate**" (CTR) von 44 % (ibid.). Das ist ein aus heutiger Sicht atemberaubend hoher Wert. Die CTR misst, wie oft innerhalb eines bestimmten Zeitraums auf eine Anzeige geklickt wurde, geteilt durch die Zahl der Male in der die Anzeige gezeigt wurde (Richardson et al., 2007, S. 521). Bei beispielsweise fünf Klicks auf 100 Impressionen liegt die CTR bei fünf Prozent.[3] Heutzutage liegen die CTRs für Displaywerbung durchschnittlich unter einem Prozent (Statista, 2022).

Auch die Bezahlung für den Anzeigenraum läuft inzwischen anders. Es wird in der Regel kein Festpreis mehr vorab vereinbart. Stattdessen ist das „**Cost-Per-Click-**" (CPC) Modell weit verbreitet. Dabei wird für jedes Mal, bei dem ein Besucher tatsächlich auf eine Anzeige klickt, ein bestimmter Betrag fällig (Richardson et al., 2007, S. 521). Zudem gibt es auch die „**Cost-Per-Mille-**" (CPM) und „**Cost-Per-Action-**" (CPA) Modelle. Bei CPM zahlt der Werbende für jede 1000-mal, die seine Anzeige verbreitet wurde. Bei CPA entstehen für den Werbenden nur dann Kosten, wenn die User:innen eine bestimmte gewünschte Aktion durchführen. Dies kann der Kauf eines Produkts oder das Abonnement eines Newsletters sein (ibid.). Diese neuen Metriken erlaubten eine zuvor nicht gekannte Kontrolle über eine Werbekampagne. Werbetreibende konnten zum ersten Mal „live" sehen, wie ihre Anzeigen performen und gegebenenfalls ihre Strategie anpassen.

Das Jahr 1994 war zudem historisch, weil im September 1994 der Netscape Browser die Verwendung von Cookies einführte (Leta Jones, 2020, S. 90). Ein Cookie ist eine Textfolge, die der Browser auf dem lokalen Speicher der Besucher:innen einer Website platziert (ibid., S. 89). Allem voran enthält ein Cookie eine individuelle Kennung der Besucher:innen. Sie erlaubt der Website beim wiederholten Aufruf zu erkennen, dass es sich um dieselbe Person handelt (Thorp & Powers, 2022). Cookies werden zusätzlich genutzt, um die Aktivitäten der Besucher:innen zu „tracken" und dabei Daten zu sammeln (Leta Jones, 2020, S. 98). So hat etwa der Autor Jer Thorp 177 einzelne Datenpunkte gezählt, die der Cookie der *New York Times* beim Laden der Website abruft (Thorp & Powers, 2022). Inzwischen hat in der Europäischen Union (EU) die DSGVO dazu geführt, dass ohne Zustimmung der Besucher:innen Cookies nicht mehr personenbezogene Daten sammeln dürfen. Manche Webseiten greifen daher inzwischen auf cookie-freie Formen des Trackings zurück (Papadogiannakis et al., 2021, S. 2131). In den 1990er-Jahren allerdings waren Cookies ein wesentlicher Baustein, der die Onlinewerbeindustrie ins Rollen brachte.

Als gegen Ender der 1990er-Jahre die Zahl der Internetnutzer:innen immer rasanter anwuchs, stieg der Bedarf an Suchmaschinen. Im Jahr 1999 bot GoTo.com (später von Yahoo gekauft) zum ersten Mal die Möglichkeit, Werbung in den obersten Rängen der Liste von Suchergebnissen zu platzieren (Hesterberg, 2021). Damals entschied hauptsächlich die gebotene Summe über die Platzierung im Suchindex. Darunter litt zunehmend das Nutzererlebnis (ibid.). Dies änderte sich als Google im Jahr 2000 die „AdWords"-Plattform (heute Google Ads) herausbrachte. **AdWords** führte den sogenannten „Quality Score" ein.

---

[3] In der Branchensprache wird die Einblendung einer Onlineanzeige „Impression" genannt. Im Deutschen kann man auch von „Einblendungen" sprechen, vgl. (Lammenett, 2021, S. 395).

Nunmehr bestimmte nicht mehr allein die gebotene Summe über die Position der Werbung in den Suchergebnissen, sondern auch die Anzeigenqualität. In deren Beurteilung fließen zum Beispiel die erwartete CTR, die Relevanz, sowie das Nutzererlebnis der verlinkten Website ein (Google, 2022). Quality Score wird noch heute von Google benutzt (ibid.). Yahoo, Meta und Bing (Microsoft) verwenden ähnliche Metriken (Yahoo, 2021; Facebook, 2022; Microsoft, 2022).

In den Folgejahren kamen weitere Innovationen im AdTech hinzu. **AdServer** entstanden, um Onlinewerbung gezielter zu verteilen und zu verwalten. Damit wurde Werbung im Internet flexibler als in Print und Fernsehen. Die ersten AdServer konnten einige Informationen der Nutzer abrufen, etwa die Sprache des Betriebssystems oder den Browsertyp (Zawadziński & Sweeney, 2020, S. 37). Als immer mehr Webseiten aufkamen und Anzeigenflächen verkaufen wollten, wurde das alte System des Direktvertriebs von Publishern zu Werbekunden zu ineffizient. **AdNetworks** entstanden, die sich zunächst als Broker zwischen Publishern und Werbekunden betätigten (ibid., S. 37–38). Allerdings mussten Publisher oft Teil mehrerer AdNetworks gleichzeitig sein. Die Werbekunden waren nur an den Teilen der angebotenen Werbeplätze interessiert, die zu den jeweiligen Kampagnen im AdNetwork gepasst haben (ibid., S. 39). Die technische Lösung lag wiederum in einer für die Digitalökonomie typischen Organisation: Der Plattform. SSPs und DSPs (siehe oben) haben die Vermittlung zwischen Publishern und Werbetreibenden konsolidiert. Im Jahr 2005 ging schließlich mit RMX die erste AdExchange an den Start (Srinivasan, 2020, S. 58). Sie etablierte die elektronische Auktion von Onlinewerbeplätzen. Das System aus Intermediären ist heute äußerst komplex. Eine detaillierte Darstellung würde den Rahmen dieses Einführungskapitels sprengen.

Nicht zuletzt haben Innovationen außerhalb der Werbeindustrie großen Einfluss ausgeübt. Stärkere Handynetze und besseres WiFi haben seit 2008 den Markt für mobile Geräte wie Smartphones explodieren lassen (Evans, 2016, S. 7–12). Damit ging auch eine Veränderung des Nutzerverhaltens einher. Immer mehr Inhalte werden über Apps als über Websites aufgerufen. Die Werbetreibenden sind der Aufmerksamkeit ihrer Zielgruppen gefolgt und platzieren Werbung in den Apps. Auf den ersten Blick bietet das Display eines Handys weniger Platz, um die eigene Werbebotschaft an die Kund:innen zu bringen. Dieser vermeintliche Nachteil löst sich aber auf, wenn man den großen Vorteil der App-Werbung bedenkt. Wir nehmen unsere Handys auf Schritt und Tritt mit. Werbetreibende können uns auf wenige Meter genau lokalisieren und uns situativ passende Werbung schicken (ibid., S. 12–15). Zudem haben sich die in den frühen 2000er-Jahren entstandenen sozialen Netzwerke wie Facebook als wahre Schatzgruben für personenbezogene Daten erwiesen.

Es sind jene technologischen Innovationen, die den Onlinewerbemarkt von der klassischen Werbung unterscheiden. Die AdTech-Intermediäre vermitteln Werbung effizienter und zielgenauer, als dies zuvor Werbeagenturen offline konnten. Damit ist AdTech zu einem **zentralen Finanzierungsmodell der Digitalwirtschaft** aufgestiegen. Trotz aller technologischen Raffinesse beruht die dahinterstehende Marktlogik auf einem Modell aus dem 19. Jahrhundert, dem sogenannten „Zweiseitigen Markt". Anstatt ihre Inhalte teuer zu verkaufen, begannen Verleger sie damals kostenlos (oder sehr günstig) anzubieten. Dies erhöhte die Reichweite ihrer Inhalte auf der einen Seite des Marktes. Auf der anderen Seite des Marktes verkauften sie dann die Aufmerksamkeit ihrer Leserschaft an Werbetreibende (Evans, 2008, S. 261).[4] Auch heute sind viele Onlineangebote wie Suchmaschinen oder soziale Medien kostenlos. Das Geld wird mit der Aufmerksamkeit der Nutzer:innen verdient.

13.3 Fallvignetten

Die nachfolgenden Fallvignetten beleuchten zwei Entwicklungen im AdTech, die seit Jahren für politische Kontroversen sorgen: die Konzentration im Markt für AdTech und äußerst intrusive Methoden des Targetings. Auf Grundlage der Vignetten werden die rechtlichen und ökonomischen Dimensionen in der nachfolgenden Diskussion besprochen.

13.3.1 Der konzentrierte Markt für AdTech

Eine der bedeutsamsten Pionier-Firmen im AdTech ist passend für ein Start-up im Keller eines Wohnhauses gegründet worden. Damit ist nicht Google gemeint, das bekanntlich in einer Garage entstand. Gemeint ist **DoubleClick**, das sich seit 1995 rasant zu einem führenden Anbieter von AdServern entwickelte (Colao, 2013). Die Firma auktionierte Anzeigenplätze und lieferte ihren Kunden eine damals neue Software zum Messen und Managen von Anzeigenkampagnen. Die Software konnte erstmals nachvollziehen, wie oft eine Anzeige über mehrere Webseiten hinweg angesehen und angeklickt wurde (Story & Helft, 2007; Hesterberg, 2021).

DoubleClick war vor allem im Vermitteln von Display-Ads erfolgreich. Dies weckte das Interesse eines kommenden AdTech-Giganten, der selbst früh in Search-Ads dominant war. Jetzt ist natürlich von Google die Rede. Im Jahr 2007 kaufte Google DoubleClick für 3,1 Mrd. US-Dollar (Story & Helft, 2007). Der Deal war so umkämpft wie umstritten. Microsoft (das mit Bing eine eigene Suchmaschine betreibt), Yahoo und die Medienfirma Time Warner hatten ebenfalls für DoubleClick geboten (Lohr, 2007). Insbesondere Microsoft äußerte nach der Niederlage im Wettbieten Kritik. Der Zusammenschluss der beiden größten Vermittler von Onlinewerbung sei schlecht für den Wettbewerb. Zudem sei bedenklich, wie viele persönliche Daten Google in Zukunft zu sammeln in der Lage wäre (ibid.).

In der Tat hatten sich auch US-amerikanische und europäische **Wettbewerbsbehörden** intensiv mit der Übernahme befasst (Evans, 2008, S. 360). Am Ende segneten sie den Deal dennoch ab. Dem Suchmaschinengiganten Google war es damit gelungen, sich im Markt für Displaywerbung zu etablieren (Lammenett, 2021, S. 396). Seit der DoubleClick-Übernahme hat sich Google zum mächtigsten Intermediär in der Onlinewerbung entwickelt. Google betreibt die führende AdExchange, die marktmächtigsten AdServer und die

---

[4] Zum Modell des Zweiseitigen Markts vgl. Rochet & Tirole, 2003.

jeweils führenden SSP und DSP (Bundeskartellamt, 2022a; CMA, 2020, S. 19–20; Laux et al., 2021a, S. 728–737). Interessenskonflikte sind dabei nicht auszuschließen. Konzeptionell bedienen SSPs und DSPs gegenläufige Interessen (Bundeskartellamt, 2022b, S. 8). Publisher wollen möglichst hohe Preise für ihre Werbeflächen erzielen. Werbetreibende wollen möglichst wenig zahlen.

Google betätigt sich allerdings nicht nur als Intermediär. Auf seiner Suchmaschine und dem 2006 gekauften YouTube verkauft Google selbst Werbeplätze. Über seine Plattformen vermittelt Google also Werbekunden an seine eigenen Angebote. Die Interessenkonflikte verstärken sich dadurch (Bundeskartellamt, 2022a, S. 102–103). Dies ist ebenso bei Meta der Fall. Der Konzern betreibt nicht nur Facebook, sondern auch wichtige Netzwerke im Onlinewerbemarkt (Srinivasan, 2020, S. 61–63).

13.3.2 „Hyper"-Targeting

Targeting ist für lange Zeit das Verkaufsargument schlechthin für Onlinewerbung gewesen. Um CTRs in die Höhe zu treiben, optimieren AdTech-Anbieter ständig ihre Algorithmen zur Analyse von gigantischen Datenmengen. Dabei können die Methoden ziemlich tief in die **Privatsphäre** eindringen. So können AdTech-Anbieter Konsument:innen etwa danach einteilen, ob sie zu Depressionen neigen, oft Schwangerschaftstests kaufen, oder sich für Hirntumore interessieren (Keegan & Eastwood, 2023). Ein weiteres Beispiel aus der Marketingforschung: Mittels „Hyper"-Targeting können Konsument:innen in Momenten angesprochen werden, in denen sie für Werbebotschaften besonders empfänglich sind. Dafür wird ihr psychologischer Zustand vorhergesagt. Wichtig für Werbung ist beispielsweise, ob jemand gerade in einem introvertierten oder extrovertierten Zustand ist. Dies verändert sich je nach Kontext. Sind wir bei einer Party unter Freunden, sind wir wahrscheinlich extrovertierter, als wenn wir allein zu Hause sitzen. Wissen Werbetreibende in welchem Zustand wir gerade sind, können sie uns gezielt passende Werbung aussenden (Chupaska, 2020; Laux et al., 2021a, S. 727–728). Möglicherweise sind wir in einem extrovertierteren Moment zum Beispiel empfänglicher dafür, einen risikoreichen Abenteuerurlaub zu buchen.

Derlei sensible Targeting-Kategorien sind Datenschützern ein Dorn im Auge. Sie werfen die Frage auf, ob AdTech-Firmen zu viel über uns wissen. Doch nicht nur private Firmen nutzen Verhaltensdaten. Auch Regierungen versuchen durch Targeting ihre Kampagnen zielgenau auszusenden. So verbreitete das britische Innenministerium Feuerschutzhinweise an britische Konsument:innen, die online gerade Kerzen gekauft hatten (Laux, 2021).

Neben der Privatsphäre bereitet das Targeting Sorgen um **Diskriminierung** (Kap. 5). Die Non-Profit Organisation ProPublica sorgte in den Jahren von 2016 bis 2019 für einen kalkulierten Skandal, in dem sie absichtlich wiederholt diskriminierende Werbung für Mietwohnungen auf Facebook schaltete (Angwin et al., 2017; Kofman & Tobin, 2019). ProPublica wählte die Zielgruppe ihrer Anzeigen so aus, dass sie nicht an Afroamerikaner:innen,

Mütter von Schulkindern, Menschen mit Interesse an Rollstuhlrampen, Ausländer:innen aus Argentiniern und spanischsprachigen Menschen verteilt wurde, um Diskriminierung nachweisen zu können. Facebooks Werbeverteiler nahm die Kategorien innerhalb weniger Minuten an. Die fast willkürlich erscheinende Liste an Personengruppen zeigt, wie gezielt Nutzer:innen absichtlich von Angeboten ausgeschlossen werden können. Anschließend verwies Facebook auf technische Fehler des Systems (Angwin et al., 2017).

Auch ohne explizite Absicht kann die datengetriebene Selektion von Zielgruppen zu Diskriminierung führen. Die Informatikerin Latanya Sweeney veröffentlichte im Jahr 2013 eine viel beachtete Studie zu personalisierter Werbung durch Google (Sweeney, 2013). Sweeney konnte zeigen, dass sich die Verteilung von Werbung unterschied, je nachdem ob ein gesuchter Personenname eher mit schwarzen oder weißen US-Amerikaner:innen assoziiert wurde. Eine Namensuche auf Google kann zur Einblendung einer personalisierten Werbeanzeige führen, die auf verlinkte öffentliche Daten zur gesuchten Person hinweist. Wenn der gesuchte Name vornehmlich an schwarze Kinder vergeben wird, kam es zu verzerrten Ergebnissen: Deutlich häufiger wurde eine Anzeige sichtbar, die auf ein mögliches Vorstrafenregister hinwies, als dies bei vornehmlich weißen Namen der Fall war.[5] Sweeney konnte in ihrer Studie nicht klären, warum die Diskriminierung auftrat. Lag die Schuld beim Werbetreibenden, bei Google, in der Gesellschaft – oder in einer Kombination aus mehreren Faktoren (ibid., S. 34)?

Einer jüngeren Studie zur Werbeverteilung auf Facebook zufolge können schlicht ökonomische Gründe der Auslöser für diskriminierende Ergebnisse sein (Ali et al., 2019). Es traten selbst dann Diskriminierungen anhand demografischer Merkmale auf, wenn nur neutrale Targeting-Parameter ausgesucht wurden. Die Autoren schlossen auf zwei Ursachen: ökonomische Optimierungsprozesse sowie Facebooks eigene Vorhersage, welche Werbung für welche Gruppen „relevant" ist (ibid., S. 1).

13.4 Diskussion

Die in den Fallvignetten angerissenen Entwicklungen im AdTech provozieren eine Diskussion über zentrale Themen der Digitalwirtschaft. Müssen und können wir die Macht der großen digitalen Plattformen beschränken? Wem sollen unsere Daten gehören und welchen Zielen soll ihre Auswertung dienen? Wie überprüfen wir hochkomplexe Systeme künstlicher Intelligenz und Big-Data Analysen auf diskriminierende Effekte?

Die Antworten auf diese Fragen sind erwartbar schwierig zu finden und nicht immer eindeutig. Die Politik hat sich der Problematik in den letzten Jahren dennoch angenommen. Gerade das auf personenbezogenen Daten beruhende Targeting hat sowohl in den USA als auch in der EU Forderungen nach einem **Verbot** ausgelöst.[6] Das 2022 in Kraft getretene

---

[5] Die in der Studie benutzten Namen waren etwa DeShawn, Darnell and Jermaine für schwarze und Geoffrey, Jill und Emma für weiße Personen, vgl. (Sweeney, 2013, S. 1).

[6] Vgl. die Referenzen in: (Laux et al., 2022, S. 9).

Gesetz über digitale Dienste der EU (DSA) verbietet Onlineplattformen Werbung anzu-
zeigen, die auf Profiling unter Verwendung besonderer Kategorien personenbezogener
Daten in Artikel 9 Absatz 1 DSGVO beruht (siehe oben, Abschn. 13.1.1). Zuvor hatten bereits einige große Player auf die Kritik reagiert. Seit April 2021 erlaubt Apple den Nut-
zer:innen seiner iPhones das Tracking durch Apps zu Werbezwecken zu untersagen
(Apple, 2022; Meaker, 2022). Google zog im Juni 2021 nach und lässt Nutzer:innen seiner
Android-Smartphone dieselbe Wahl (Grant, 2021). Schließlich hat Facebook im November 2021 angekündigt, bestimmte Targeting-Optionen nicht mehr anzubieten. Dazu gehören öffentliche Daten; die sich auf die Gesundheit, Ethnie sowie die politische, religiöse
oder sexuelle Orientierung beziehen (Meta, 2021).

Das Tracking-Stopp auf Smartphones zeigt bereits Wirkung: Meta erwartet, dass
Apples neuer Ansatz den Konzern im Jahr 2022 rund 10 Mrd. US-Dollar (oder acht Prozent Jahresumsatz) kosten wird (The Economist, 2022). Diese Entwicklung bedeutet allerdings keineswegs das vollständige Ende von Targeting. Zunächst sind nur bestimmte
Tracking-Variablen von der Datenverarbeitung ausgeschlossen und dies auch nur in der
EU. Gerade Google kann durch seine dominante Marktstellung für Suchmaschinen weiterhin erhebliche Mengen an Konsumentendaten sammeln und auswerten. Das Problem
der großen Marktmacht von einigen wenigen AdTech-Anbietern könnte sich als das hart-
näckigste erweisen.

Dies wird klarer, wenn wir uns die Struktur des Onlinewerbemarktes in Erinnerung
rufen: Auf Zweiseitigen Märkten machen sich **Netzwerkeffekte** besonders stark bemerk-
bar. Zum einen lohnt es sich für Werbetreibende, einem Netzwerk beizutreten, in dem
viele Publisher vertreten sind und das daher viele Konsument:innen erreicht. Zum anderen
wird ein Netzwerk immer attraktiver für Publisher, je mehr Werbetreibende darin vertreten
sind (Tucker, 2019, S. 685). Die Effekte können sich gegenseitig verstärken. Die Marktmacht von Google und Facebook im AdTech entsteht also auch dadurch, dass Publisher
und Werbetreibende ihren individuellen Interessen folgen. Für Wettbewerbshüter war es
zunächst schwierig, das Kartellrecht auf die digitale Plattformökonomie anzuwenden.
Traditionelle Methoden zur Bestimmung von Marktmacht und Wettbewerbsbeziehungen
waren nicht unmittelbar anwendbar (Bundeskartellamt, 2015, S. 7).

Inzwischen haben einige nationale Wettbewerbsbehörden den AdTech-Sektor überprüft. Im August 2022 veröffentlichte das deutsche Bundeskartellamt einen Sektorbericht
zur Onlinewerbung (Bundeskartellamt, 2022a). Darin bestätigt sich der erhebliche Einfluss Googles auf den Gesamtmarkt: Der Konzern ist auf nahezu allen Stufen der Wertschöpfungskette mit starken Marktpositionen vertreten. Er kontrolliert zudem wichtige
Softwareinfrastruktur für Nutzer, wie den Browser Chrome und das mobile Betriebssystem Android. Dadurch kann Google auch die technischen Möglichkeiten zur Umsetzung
des Onlinewerbemarktes mitbestimmen (Bundeskartellamt, 2022c). Wie im Sommer 2023
bekannt wurde, scheint die EU-Kommission zu erwägen, Google zum Verkauf von Teilen
seines AdTech-Geschäfts zu zwingen (Chee, 2023).

Das Bundeskartellamt betont zusätzlich, dass die genaue Funktionsweise des Systems
für Außenstehende nur schwer nachvollziehbar ist. Google kommt daher eine „erhebliche

Regelsetzungsmacht" zu (Bundeskartellamt, 2022c). Die **mangelnde Transparenz** des AdTech-Marktes macht es für Wettbewerber schwer, Google Marktanteile streitig zu machen. Teilnehmer:innen bezeichnen das System als „Black Box", in der viele für den Markterfolg relevante Parameter unbekannt seien (ibid.). Die AdTech-Branche gibt keine Zahlen zur Effektivität von Targeting heraus. Im Jahr 2017 fuhr Procter & Gamble Co. die Ausgaben für digitale Werbung daher drastisch zurück. Der Konsumgüterhersteller ist einer der wichtigsten Werbekunden in den USA. Der Konzern zweifelte an der Effektivität von Targeting und verlangte mehr Transparenz von den AdTech-Anbietern (Vranica, 2018).

Auch für Nutzer:innen ist es unmöglich, Ausmaß und Konsequenzen der Datensammlung für Onlinewerbung vollständig nachzuvollziehen Bundeskartellamt, 2022c (Laux et al., 2021a, S. 728–729; Laux et al., 2022, S. 3–5). Dabei kann personalisierte Werbung systematisch Angebote und Preise an die Profile der Nutzer:innen anpassen (Laux et al., 2021a, S. 726–729; 2022, S. 3–5). So bekommen manche Nutzer:innen das gleiche Produkt zu einem höheren Preis angeboten, als andere (sogenannte **Preisdiskriminierung**). Problematisch wird es spätestens dann, wenn verwundbare psychologische Anlagen von Konsument:innen – wie etwa Spielsucht – ausgenutzt werden (Laux et al., 2021a, S. 729).

Inzwischen hat die rechtspolitische Diskussion Früchte getragen. Wie bereits erwähnt, schränkt das 2022 in Kraft getretene Gesetz über digitale Dienste der EU (DSA) die Möglichkeiten des Profilings für AdTech-Plattformen ein. Zudem ist auch ein Gesetz über digitale Märkte der EU (DMA) 2022 in Kraft getreten. Dies ergänzt das Wettbewerbsrecht und versucht, die Macht von marktbeherrschenden Digitalplattformen zu beschränken (Deutsche Bundesregierung, 2022). Darunter fallen auch die großen AdTech-Intermediäre. Mit einer neuen ePrivacy Regulierung ist ein weiteres wichtiges Gesetzgebungsvorhaben der Europäischen Kommission auf dem Weg (European Commission, 2022). Zuletzt hat der Europäische Gerichtshof im Jahr 2023 entschieden, dass europäische Wettbewerbsbehörden auch die Einhaltung von Datenschutzregeln überprüfen dürfen (Espinoza, 2023). Damit werden zwei Rechtsgebiete miteinander verbunden und der Datenschutz auch für den Schutz von Wettbewerb im AdTech-Sektor direkt relevant.

13.5   Zukunft/Szenarien

In der strengeren Gesetzgebung zeigt sich, dass die Zeiten des rechtspolitischen „Laissez Faire" im Umgang mit Daten und der Marktmacht von digitalen Plattformen vorbei sind (Bundeskartellamt, 2022b, S. 4). Aller Voraussicht nach wird AdTech trotzdem elementarer Bestandteil der Digitalwirtschaft bleiben. Die Branche wird Geschäftsmodelle entwickeln müssen, die weniger abhängig von sensiblen Daten sind. Aufgrund der rechtspolitischen Entwicklungen in der EU und der geschäftsstrategischen Entscheidungen von Apple und Google werden **weniger Daten** verfügbar sein (ibid., S. 8–9). Dadurch könnte sich die Qualität von Targeting aus Sicht der Werbetreibenden verringern (ibid.). Gleichzeitig könnten der erschwerte Zugang und die beschränkte Verwertbarkeit von Daten große Anbieter wie Google bevorteilen. Über seine Suchmaschine, den Browser Chrome, das Betriebssystem Android und den Videoservice YouTube kann Google auf eine gewaltige Menge an eigenen Nutzerdaten zugreifen (ibid.)

Aus rechtspolitischer Sicht wird es auf die **Umsetzung der neuen Gesetze** ankommen. Regulierungs- und Aufsichtsbehörden brauchen Personal und Technologien, um mit den AdTech-Firmen schritthalten zu können. Beispielsweise können bessere Metriken die Überprüfung von Onlinewerbung schärfer stellen (Laux et al., 2022). Wie in der Finanzindustrie könnten spezialisierte, externe Prüfer die Algorithmen zur Verteilung von Werbung regelmäßig auf negative Effekte kontrollieren (sogenannte Algorithmic Audits). Allerdings droht auch hier die Marktmacht der großen Plattformen die Umsetzung zu gefährden (Laux et al., 2021b).

Mit Blick auf die Technologie wird die Entwicklung von AdTech nicht beim Real-Time-Bidding haltmachen. Der Einsatz von **Künstlicher Intelligenz** (KI) wird immer bedeutsamer. KI wird zum Beispiel bei kontextgebundener Werbung verwendet, um die Stimmung des Textes einer Website herauszulesen (sogenannte Sentiment Analysis). Je nach positiver oder negativer Grundstimmung lässt sich die Verteilung von Werbeanzeigen optimieren. Dies könnte die Effektivität von kontextueller Werbung im Vergleich zu personalisierter Werbung (siehe oben) verbessern (CMA, 2020, S. 159). Anhand einiger weniger Stichworte und Vorgaben schaffen es KI-Anwendungen zudem immer besser, flüssige Marketingtexte zu schreiben. Die Technologie erlaubt es zunehmend, schneller und günstiger Marketing-Content zu erstellen, als dies menschliche Werbetexter:innen können. Damit erweist sich Onlinewerbung als ein bedeutsamer Anwendungsfall für die so genannte generative KI, mit der sich Texte, Bilder und Videos maschinell erstellen und für personalisierte Werbebotschaften nutzen lassen (Matz et al., 2024; Simonite, 2022; Criddle & Murphy, 2023). Den exklusiven kommerziellen Zugang zu einer von vielen Anwender:innen genutzten generativen KI, dem von OpenAI entwickelten Chatbot namens ChatGPT hat sich im Jahr 2020 wiederum ein altbekannter Gigant der Digitalwirtschaft gesichert: Microsoft (Hao, 2020).

Literatur

Ali, M., Sapiezynski, P., Bogen, M., Korolova, A., Mislove, A., & Rieke, A. (2019). Discrimination through optimization: How Facebook's ad delivery can lead to skewed outcomes. In *Proceedings of the ACM on human-computer interaction 2019*. https://arxiv.org/pdf/1904.02095.pdf. Zugegriffen am 06.05.2024.

Angwin, J., Tobin, A., & Varner, M. (2017, November 21). Facebook (still) letting housing advertisers exclude users by race. *ProPublica*. https://www.propublica.org/article/facebook-advertising-discrimination-housing-race-sex-national-origin. Zugegriffen am 06.05.2024.

Apple. (2022). User privacy and data use. https://developer.apple.com/app-store/user-privacy-and-data-use/. Zugegriffen am 06.05.2024.

Bundeskartellamt. (2015). Digitale Ökonomie: Internetplattformen zwischen Wettbewerbsrecht, Privatsphäre und Verbraucherschutz. Hintergrundpapier zur Tagung des Arbeitskreises Kartellrecht am 01.10.2015.

Bundeskartellamt. (2022a). Sektoruntersuchung Onlinewerbung: Diskussionsbericht. Az. B6-25/18. August 2022.

Bundeskartellamt. (2022b). Sektoruntersuchung Onlinewerbung: Zusammenfassung des Diskussionsberichts. Az. B6-25/18. August 2022.

Bundeskartellamt. (2022c). Pressemitteilung vom 29.08.2022. https://www.bundeskartellamt.de/SharedDocs/Meldung/DE/Pressemitteilungen/2022/29_08_2022_SU_Online_Werbung.html?nn=3591568. Zugegriffen am 06.05.2024.

Bundesverband Digitale Wirtschaft e.V. [BVDW]. (2014). *Targeting: Begriffe und Definitionen* (2. Aufl.). https://www.bvdw.org/fileadmin/bvdw/upload/publikationen/content_marketing/leitfaden_targeting_defintionen_2014.pdf. Zugegriffen am 06.05.2024.

Chee, F. Y. (2023, Juni 13). EU regulators may demand Google to sell part of ad-tech business. *Reuters*. https://www.reuters.com/technology/eu-regulators-may-demand-google-sell-part-adtech-business-source-2023-06-12/. Zugegriffen am 06.05.2024.

Chupaska, S. (2020, Januar 23). Understanding the nuances of Big Data. *Columbia Business School*. https://www8.gsb.columbia.edu/articles/ideas-work/understanding-nuances-big-data. Zugegriffen am 06.05.2024.

Colao, J. J. (2013, Juli 24). Gilt, MongoDB, DoubleClick: Meet the duo behind New York's biggest tech companies. *Forbes*. https://www.forbes.com/sites/jjcolao/2013/07/24/gilt-10gen-doubleclick-meet-the-duo-behind-new-yorks-most-successful-tech-companies/?sh=5e6398d930c4. Zugegriffen am 06.05.2024.

Competition & Markets Authority [CMA]. (2020, Juli 1). Online platforms and digital advertising: Market study final report. https://assets.publishing.service.gov.uk/media/5fa557668fa8f5788db46efc/Final_report_Digital_ALT_TEXT.pdf. Zugegriffen am 06.05.2024.

Criddle, C., & Murphy, H. (2023, April 20). Google to deploy generative AI to create sophisticated ad campaigns. *The Financial Times*. https://www.ft.com/content/36d09d32-8735-466a-97a6-868dfa34bdd5. Zugegriffen am 06.05.2024.

Deutsche Bundesregierung. (2022, November 16). Gesetz über digitale Dienste und Märkte. https://www.bundesregierung.de/breg-de/themen/europa/eu-regeln-Onlineplattformen-1829232. Zugegriffen am 06.05.2024.

Devaux, R., & Bomsel, O. (2022). Externalities across advertising markets. *Journal of Media Economics, 34*(3), 152–175.

Espinoza, J. (2023, Juli 4). Facebook suffers fresh setback after EU ruling on use of personal data. *The Financial Times*. https://www.ft.com/content/1e6587a7-4fb4-449f-8424-29a819b3ae3b. Zugegriffen am 06.05.2024.

European Commission. (2022, Juni 7). Proposal for an ePrivacy Regulation. https://digital-strategy.ec.europa.eu/en/policies/eprivacy-regulation. Zugegriffen am 06.05.2024.

Evans, D. S. (2008). The economics of the online advertising industry. *Review of Network Economics, 7*(3), 359–391.

Evans, D. S. (2016). Mobile advertising: Economics, evolution and policy. SSRN. https://papers.ssrn.com/sol3/papers.cfm?abstract_id=2786123. Zugegriffen am 06.05.2024.

Facebook. (2022). Was du über die Anzeigenqualität wissen solltest. https://www.facebook.com/business/help/423781975167984. Zugegriffen am 06.05.2024.

Faria, J. (2022, November 22). Advertising worldwide: statistics & facts. *Statista*. https://www.statista.com/topics/990/global-advertising-market/#topicHeader__wrapper. Zugegriffen am 06.05.2024.

Geradin, D., & Katsifis, D. (2019). An EU competition law analysis of online display advertising in the programmatic age. *European Competition Journal, 15*(1), 55–96.

Geradin, D., Karanikioti, T., & Katsifis, D. (2021). GDPR Myopia: how a well-intended regulation ended up favouring large online platforms – the case of ad tech. *European Competition Journal, 17*(1), 47–92.

Google. (2022). About quality score. https://support.google.com/google-ads/answer/6167118?hl=en&from=10215&rd=2&visit_id=637909375622643743-2765861592. Zugegriffen am 06.05.2024.

Grant, N. (2021, April 4). Google to let Android users opt out of tracking, following Apple. *Fortune*. https://fortune.com/2021/06/03/google-android-users-opt-out-of-tracking-apple/. Zugegriffen am 06.05.2024.

Hao, K. (2020, September 23). OpenAI is giving Microsoft exclusive access to its GPT-3 language model. *MIT Technology Review*. https://www.technologyreview.com/2020/09/23/1008729/openai-is-giving-microsoft-exclusive-access-to-its-gpt-3-language-model/. Zugegriffen am 06.05.2024.

Hass, B. H., & Willbrandt, K. W. (2011). Targeting von Onlinewerbung: Grundlagen, Formen und Herausforderungen. *MedienWirtschaft, 8*(1), 12–21.

Hesterberg, K. (2021, November 28). A brief history of online advertising. *HubSpot*. https://blog.hubspot.com/marketing/history-of-online-advertising. Zugegriffen am 06.05.2024.

Keegan, J., & Eastwood, J. (2023, Juni 8). From "heavy purchasers" of pregnancy tests to the depression prone: We found 650,000 ways advertisers label you. *The Markup*. https://themarkup.org/privacy/2023/06/08/from-heavy-purchasers-of-pregnancy-tests-to-the-depression-prone-we-found-650000-ways-advertisers-label-you. Zugegriffen am 06.05.2024.

Kofman, A., & Tobin, A. (2019, Dezember 13). Facebook ads can still discriminate against women and older workers, despite a civil rights settlement. *ProPublica*. https://www.propublica.org/article/facebook-ads-can-still-discriminate-against-women-and-older-workers-despite-a-civil-rights-settlement. Zugegriffen am 06.05.2024.

Lammenett, E. (2021). Display- und Video-Werbung mit Google Ads. In E. Lammenett (Hrsg.), *Praxiswissen Online-Marketing* (8. Aufl., S. 395–415). Springer.

Laux, J. (2021, Oktober 18). Should we worry about the government nudging us with personalised advertising? *Oxford Internet Institute*. https://www.oii.ox.ac.uk/news-events/news/should-we-worry-about-the-government-nudging-us-with-personalised-advertising/. Zugegriffen am 06.05.2024.

Laux, J., Wachter, S., & Mittelstadt, B. (2021a). Neutralising online behavioural advertising: Algorithmic targeting with market power as an unfair commercial practice. *Common Market Law Review, 58*(3), 719–750.

Laux, J., Wachter, S., & Mittelstadt, B. (2021b). Taming the few: Platform regulation, independent audits, and the risks of capture created by the DMA and DSA. *Computer Law & Security Review, 43*, 105613.

Laux, J., Stephany, F., Russell, C., Wachter, S., & Mittelstadt, B. (2022). The Concentration-after-Personalisation Index (CAPI): Governing effects of personalisation using the example of targeted online advertising. *Big Data & Society, 9*(2), 1–15.

Leta Jones, M. (2020). Cookies: a legacy of controversy. *Internet Histories, 4*(1), 87–104.

Lohr, S. (2007, April 16). Microsoft urges review of Google-DoubleClick deal. *New York Times*. https://www.nytimes.com/2007/04/16/technology/16soft.html. Zugegriffen am 06.05.2024.

Matz, S. C., Teeny, J. D., Vaid, S. S., Peters, H., Harari, G. M., & Cerf, M. (2024). The potential of generative AI for personalized persuasion at scale. *Nature Scientific Reports, 14*, 1–16.

Meaker, M. (2022, Januar 25). The EU has a plan to fix internet privacy: Be more like Apple. *Wired*. https://www.wired.com/story/eu-digital-services-act-apple/. Zugegriffen am 06.05.2024.

Meta. (2021, November 9). Removing certain ad targeting options and expanding our ad controls. https://www.facebook.com/business/news/removing-certain-ad-targeting-options-and-expanding-our-ad-controls. Zugegriffen am 06.05.2024.

Microsoft. (2022). Quality score and quality impact in depth. https://help.ads.microsoft.com/#apex/3/en/50813/2. Zugegriffen am 06.05.2024.

Morrisa, J. J., & Alamb, P. (2012). Value relevance and the dot-com bubble of the 1990s. *The Quarterly Review of Economics and Finance, 52*(2), 243–255.

Papadogiannakis, E., Papadopoulos, P., Kourtellis, N., & Markatos, E. P. (2021). User tracking in the post-cookie era: How websites bypass GDPR consent to track users. WWW '21: Proceedings of the web conference 2021. 2130–2141. https://doi.org/10.1145/3442381.3450056

Rahmani, B. (2022, Januar 24). In-app advertising: The complete guide. *Adpushup.* https://www.ad-pushup.com/blog/in-app-advertising/. Zugegriffen am 06.05.2024.

Richardson, M., Dominoswka, E., & Ragno, R. (2007). Predicting clicks: Estimating the click-through rate for new ads. WWW '07: Proceedings of the 16th international conference on World Wide Web May 2007. 521–530. https://doi.org/10.1145/1242572.1242643

Rochet, J., & Tirole, J. (2003). Platform competition in two-sided markets. *Journal of the European Economic Association, 1*(4), 990–1029.

Sapnar Ankerson, M. (2018). *Dot-Com design: The rise of a usable, social, commercial web.* New York University Press. Es reg.

Seehaus, C. (2016). *Video-Marketing mit YouTube: Video-Kampagnen strategisch planen und erfolgreich managen.* Springer.

Simonite, T. (2022, April 18). The future of the web is marketing copy generated by algorithms. *Wired.* https://www.wired.com/story/ai-generated-marketing-content/. Zugegriffen am 06.05.2024.

Srinivasan, D. (2020). Why Google dominates advertising markets: Competition policy should lean on the principles of financial market regulation. *Stanford Technology and Law Review, 24*(1), 55–175.

Statista. (2022). Google Display Network (GDN) advertising median clickthrough rate (CTR) worldwide from 2nd quarter 2018 to 1st quarter 2020. https://www.statista.com/statistics/1242703/google-display-ads-clickthrough-rate/. Zugegriffen am 06.05.2024.

Story, L., & Helft, M. (2007, April 14). Google Buys DoubleClick for $3.1 Billion. *New York Times.* https://www.nytimes.com/2007/04/14/technology/14DoubleClick.html. Zugegriffen am 06.05.2024.

Sweeney, L. (2013). Discrimination in Online Ad Delivery. SSRN. https://ssrn.com/abstract=2208240. Zugegriffen am 06.05.2024.

The Economist. (2022, Juli 28). The online-ad industry is being shaken up. https://www.economist.com/business/2022/07/28/the-online-ad-industry-is-being-shaken-up. Zugegriffen am 06.05.2024.

Thorp, J., & Powers, J. (2022, Oktober 10). How do targeted ads work? Targeted ad advantages & disadvantages. *Builtin.* https://builtin.com/marketing/targeted-ads. Zugegriffen am 06.05.2024.

Tucker, C. (2019). Digital data, platforms and the usual [antitrust] suspects. *Review of Industrial Organization, 54*(4), 683–694.

Vranica, S. (2018, März 1). P&G Contends Too Much Digital Ad Spending Is a Waste. *The Wall Street Journal.* https://www.wsj.com/articles/p-g-slashed-digital-ad-spending-by-another-100-million-1519915621. Zugegriffen am 06.05.2024.

Wachter, S., & Mittelstadt, B. (2019). A right to reasonable inferences: Re-thinking data protection law in the age of big data and AI. *Columbia Business Law Review, 2019*(2), 494–620.

Yahoo. (2021). Quality Index. https://ads-help.yahoo.co.jp/yahooads/ss/articledetail?lan=en&aid=97. Zugegriffen am 06.05.2024.

Zawadziński, M., & Sweeney, M. (2020). *The AdTech Book.* Clearcode. https://adtechbook.clearcode.cc/. Zugegriffen am 06.05.2024.

EdTech

Educational Technologies. Die Digitalisierung des Bildungssektors

14

Claudia Moessenlechner

14.1 Beschreibung

Für die Unterstützung des **Wissens- und Kompetenzerwerbs** durch den Einsatz von Technologien im Bildungsbereich entstehen durch die fortschreitende Digitalisierung und aktuelle Entwicklungen im Bereich künstlicher Intelligenz und virtueller Realität neue Bedingungen und Möglichkeiten, die formelles wie auch informelles Lernen revolutionieren und nachhaltig verändern. Dies kommt im griffigen Begriff „EdTech" (kurz für Educational Technology) bzw. Bildungstechnologie zum Ausdruck.

Dieser Begriff grenzt sich im deutschsprachigen Raum von dem der **Medienpädagogik** ab, denn Letztere erforscht die „wissenschaftliche Beschäftigung mit Technik" als Unterstützung und „Arrangement von Lernbedingungen". Diesbezüglich fokussierte sich im deutschsprachigen Raum die Diskussion auf die Anwendung von technischen Medien im Bildungsbereich auf die Medienpädagogik, d. h. die Verwendung von „neuen" technischen Medien als Teilgebiet der Pädagogik im schulischen und hochschulischen Bereich (Kerres & Preußler, 2015). Im Umkehrschluss bedeutet dies, dass sich die Bildungstechnologie mit der Anwendung und Gestaltung von Technologien und für die Bildung befasst. Somit ergibt sich eine enge Verzahnung mit der angewandten Informatik (Rensing, 2020). Eine derartige Unterscheidung, wie sie im deutschsprachigen Raum geläufig ist, ist im englischsprachigen Raum nicht klar erkennbar, da die Begriffe *Educational Technology (Bildungstechnologie)* und *Instructional Technology* (Medienpädagogik) gleichermaßen und synonym verwendet werden (Niegemann & Weinberger, 2020, S. 4).

C. Moessenlechner (✉)
MCI | Die Unternehmerische Hochschule, Innsbruck, Österreich
E-Mail: claudia.moessenlechner@mci.edu

© Der/die Autor(en), exklusiv lizenziert an Springer Fachmedien Wiesbaden GmbH, ein Teil von Springer Nature 2024
L. Staffler et al. (Hrsg.), *Digitalwirtschaft*, https://doi.org/10.1007/978-3-658-45724-2_14

Während also im deutschsprachigen Raum die Anwendung von Technologien oder „Technik" zur didaktischen Gestaltung von Lernprozessen im Vordergrund steht, legt man im angelsächsischen Raum keine solche Eingrenzung für den Begriff Educational Technology (EdTech) an, was sich auf die diesbezügliche Definition niederschlägt:

> „EdTech umfasst das Studium und die ethische Praxis der Erleichterung des Lernens und der Leistungsverbesserung durch die Schaffung, den Einsatz und die Verwaltung geeigneter technologischer Prozesse und Ressourcen." (AECT Definition and Terminology Committee, 2008, S. 1)

Diese Definition nimmt zwar pädagogische Prinzipien in den Blick, jedoch werden auch die Lernenden über ihre Eigenverantwortlichkeit und die Verwendung und der Einsatz von Technologien und entsprechenden Ressourcen inkludiert (vgl. auch Niegemann & Weinberger, 2020).

Es ist anzumerken, dass die Diskussion zum Einsatz von Technologien im Bildungsbereich an die Diskussion pädagogisch-methodischer Grundsätze des Lernens und Lehrens anknüpft (AECT, 1977) und etwa auch die Nutzung von Hardware einschließt. Dies führt allerdings zu einer definitorisch sehr breiten Begriffsdefinition, die im Umkehrschluss oft vage bleibt. Es ergibt daher Sinn, den Begriff im Zusammenhang mit den zentralen Arbeits- und Anwendungsfeldern zu diskutieren.

Bildungstechnologie oder EdTech (Educational Technology) bezieht sich im engeren Sinn auf **Technologien**, die das **Lernen und Lehren im digitalen Raum** ermöglichen. Im Fokus von Bildungstechnologien stehen dabei nicht nur die eingesetzten technischen Medien, d. h. die technologischen Aspekte an sich wie etwa Software oder Endgeräte für den Wissenserwerb, sondern auch die kombinatorische Bereitstellung von Bildungsangeboten, die möglichst flexibel, individualisiert und modular durchgearbeitet werden können.

Somit umfasst der Begriff EdTech im weiteren Sinn auch neue **Kontexte des Lernens**, die Ermöglichung der Kommunikation zwischen Lernenden sowie Technologien, die das Lernverhalten steuern und effizienter gestalten. Die Gesamtheit der genutzten Technologien, digitalen Bildungsressourcen, Services und involvierten Stakeholdern in Organisationen wird auch als „Lern-Ökosystem" (Chang & Guetl, 2007) bezeichnet.

14.2   Ursprung und zentrale Entwicklungsphasen

Die Digitalisierung der Bildungslandschaft lässt sich in unterschiedlichen **Entwicklungsphasen** abbilden, beginnend mit der Nutzung erster computergestützter Lernsysteme in US-Hochschulen in den 1960er-Jahren, die stark durch gesellschaftspolitische und wirtschaftliche Entwicklungen getrieben wurde. Der Einsatz von PLATO (Programmed Logic for Automatic Teaching Operation) und TICCIT (Timeshared, Interactive, Computer-Controlled, Information, Television) prägten den **Technologieeinsatz** in der westlichen Bildung (Reszat & Scherle, 2017). Die Zurverfügungstellung von anfänglich noch sehr statischen Informationen als Bildungsangebot in den 1980er- und frühen 1990er-Jahren wurde erst durch die flächen-

DIGITALISIERUNG DES BILDUNGSSEKTORS	ENTWICKLUNGSSCHRITTE
Erste Entwicklungsphase (1960er – frühe 1980er-Jahre)	Nutzung computergestützte Lernsysteme an US-amerikanischen Universitäten -PLATO (Programmed Logic for Automatic Teaching Operation) -TICCIT (Timeshared, Interactive Computer-Controlled, Information, Television)
Zweite Entwicklungsphase (1980er Jahre – frühe 1990er-Jahre)	Marktdurchdringende Nutzung von Personal Computern (PC) -Informationsgewinnung durch Abruf -Kommunikation
Dritte Entwicklungsphase (1990er-Jahre – 2022er-Jahre)	Multimedialität und Vernetzung Begleitende Lern- und Studiersysteme
Vierte Entwicklungsphase (2022 -	Künstliche Intelligenz Virtuelle und erweiterte Realität -

Abb. 14.1   Entwicklungsphasen in der Digitalisierung des Bildungssektors. (Eigene Darstellung)

deckende Verfügbarkeit leistbarer **Personal Computer** in entsprechend entwickelten Volkswirtschaften möglich. Die flächige und kommerzielle Ausbreitung des **Internets** über neu geschaffene Telekommunikationsnetze im Laufe der 1990er-Jahren führte zur verstärkten Nutzung des Internets und damit verbundener Technologien auch im Bildungsbereich. Ein weiterer zentraler Entwicklungsschritt im Bereich der Bildungstechnologien ermöglichte die Aufbereitung von **multimedialen Lernangeboten** und die Möglichkeit zur direkten, zeitechten Kommunikation (Reszat & Scherle, 2017).

Die schlagartige Bereitstellung von auch von breiten Bevölkerungsschichten nutzbaren Technologien **Künstlicher Intelligenz** (KI-Tools), wie etwa die OpenAI-Anwendung ChatGPT (erstmals veröffentlicht im November 2022), und der sich abzeichnende Einsatz von virtuellen und erweiterten Realitäten als Lernumgebung (Kap. 20), zieht eine klare und unvermittelt disruptive Grenze zur aktuellen Entwicklungsphase der Digitalisierung des Bildungssektors, deren Folgen derzeit noch nicht abschätzbar sind und eine komplette Neuentwicklung des Sektors bedeuten kann (siehe Abb. 14.1).

14.2.1 Der Markt als Treiber von Bildungstechnologien

Spätestens seit dem Ausbruch der **Covid-19-Pandemie** in den Jahren 2019/20 investieren selbst weniger innovative Hochschulen, Schulen und andere Bildungsinstitutionen sowie auch die betriebliche Aus- und Weiterbildung massiv und vermehrt in die Ausstattung mit und Nutzung von Bildungstechnologien (Teräs et al., 2020). Die Nachfrage nach flexiblen, individualisierten Aus- und Weiterbildungsmöglichkeiten bildet sich auch in **rasant ansteigenden Marktanteilen** des EdTech-Marktes als Industriezweig und in vermehrten Start-up-Initiativen im EdTech-Markt ab.

Zudem steht der Bildungssektor über den zunehmend **digitalen Lebensstil** und die Nutzergewohnheiten jüngerer Generationen stetig steigenden Erwartungshaltungen hinsichtlich flexibler und individualisierter Bildungsangebote gegenüber.

2022 lag das Volumen des **globalen EdTech-Marktes** bei 195 Mrd. US-Dollar, mit einer prognostizierten jährlichen Wachstumsrate von 14,3 % bis 2028. Der größte Marktanteil entfällt auf Hersteller von Hardware als Grundausstattung für digitales Lernen, gefolgt von Softwareentwicklungsunternehmen sowie Produzenten und Autor:innen von Bildungsinhalten (Edtech Market Size, Share, Segmentation, Analysis 2023–2028, o. J.).

Die **Hauptakteure** im globalen EdTech-Markt sind große Anbieter von Online-Programmen, Kursplattformen und Plattformen, die Nachhilfe und Unterrichtsmaterialien sowie Content in allen Bereichen online zur Verfügung stellen, wie etwa 2UInc, Coursera, Chegg Inc., aber auch Hersteller von Hardware für den Bildungsbereich. Zielgruppen sind individuelle Nutzer:innen, Bildungsinstitutionen und Unternehmen, wobei besonders bei individuellen, privaten Nutzer:innen das höchste Wachstumspotenzial prognostiziert wird.

Die voranschreitende Entwicklung von flächig nutzbarer Künstlicher Intelligenz wie etwa ChatGPT und Bard AI steigert gesellschaftliche und bildungstechnologische Erwartungen. Diese Entwicklungen machen es für den Bildungssektor unumgänglich, grundsätzliche **Planungsmodelle für den Unterricht** und Wissenserwerb sowie grundsätzliches **Instruktionsdesign** näher zu betrachten bzw. zu hinterfragen und weiterzuentwickeln (Aprea, 2020).

14.2.2 Funktionen und Systematisierung von Bildungstechnologien

Der Zugang zu Wissen bzw. Lerninhalten (Content) für den Wissenserwerb, das Anwenden und Trainieren von Wissensinhalten unter Einbezug vorhandenen Wissens sowie der Austausch und die Zusammenarbeit mit anderen sind essenzielle Bestandteile des Lernens.

Grundlegende Theorien für den Wissens- und Kompetenzerwerb auch in Onlinelernumgebungen beruhen stark auf **konstruktivistisch geprägten Ansätzen**, die sich wesentlich auf die pädagogischen Konzepte von Dewey (1897), Piaget (1977) und Vygotsky (1962) beziehen. Ein wichtiges Element für das Lernen aus konstruktivistischer Sicht ist immer die persönliche und individuelle Auseinandersetzung der Lernenden mit ihrer Umgebung, wobei neben bereitgestellten Lernressourcen der **Kommunikation** und dem Austausch mit anderen eine wichtige Rolle zukommt (Holtz et al., 2020).

In Anlehnung an konstruktivistische Lerntheorien führt die aktive Auseinandersetzung von Lernenden mit Lernressourcen und anderen Lernenden zum **Wissenstransfer** (Gagnon & Collay, 2006) und Kompetenzerwerb.

Hierbei ermöglichen Bildungstechnologien, aber auch soziale Medien einen zunehmend flexiblen und stetig verfügbaren Zugang zu Lerninhalten und schaffen neue, virtuelle Orte für individuelles und kooperatives Lernen und Trainieren. Zudem können Bildungstechnologien zur interaktiven und effektiven Gestaltung von Lernerlebnissen beitragen, die eine fundamentale Bedeutung für Lernprozesse haben können.

So lassen sich Bildungstechnologien systematisch in folgenden Kategorien abbilden (siehe dazu auch Abb. 14.2):

Lernumgebung Die Zurverfügungstellung von Lernumgebung und Lerninhalten in unterschiedlichen Formaten.	Lernmanagementsysteme (LMS) Lernerlebnisplattformen (LXP) Autorenwerkzeuge Virtuelle Realität (VR) Augmented Reality (AR) Künstliche Intelligenz (KI)

Kommunikation & Kollaboration
Die Ermöglichung und Gestaltung kooperativer Lernformen und der Zusammenarbeit.
	Synchrone Kommunikation
	   • Videokonferenzen
	   • Chats
	
	Asynchrone Kommunikation
	   • Foren
	   • Whiteboards
	   • Mails

Produktivität Die Gestaltung von Lernprozessen im Sinne der Produktivität.	Zeitmanagement Dokumentenmanagement Projektmanagement

Abb. 14.2 Klassifikation von Bildungstechnologien. (Eigene Darstellung)

- **Lernumgebung**: Die Zurverfügungstellung von Lernumgebung und Lerninhalten in unterschiedlichen Formaten
- **Produktivität**: Die effiziente Gestaltung von Lernprozessen im Sinne der Produktivität
- **Kollaboration und Kommunikation**: Die Ermöglichung und Gestaltung kooperativer Lernformen und der Zusammenarbeit

14.3 Fallvignetten

14.3.1 Lernmanagementsysteme

Lernmanagementsysteme (LMS) und Lernplattformen machen die Zurverfügungstellung, das Speichern und Verwalten von digitalen Bildungsangeboten und -materialien möglich und erlauben die direkte Kommunikation mit und zwischen den Lernenden. Lernmanagementsysteme sind Lernumgebungen in Form von starken Technologien, die es erlauben, digitale Lehr- und Lernformate nutzerfreundlich und abrufbereit asynchron (zeitversetzt und flexibel verfügbar) zu publizieren. Zudem bieten diese Systeme auch die Möglichkeit zur Durchführung von synchronen (live abgehaltenen) Lehreinheiten, etwa in Form von Webinaren oder über die Bereitstellung von Chat-Funktionen. Kommerzielle Entwickler von LMS-Software bieten mittlerweile auch **browserbasierte Lernumgebungen** an (z. B. Teachable, Thinkific, Udemy, Teachery), die es auch individuellen Nutzer:innen ermöglichen, Onlinekurse zu gestalten und zur Verfügung zu stellen.

Bildungseinrichtungen greifen zumeist auf Open-Source-Systeme als Codes zurück, die öffentlich zur Verfügung gestellt werden und genutzt, verteilt und verändert bzw. angepasst werden können. Für Bildungseinrichtungen ergibt sich hier gegenüber kommerzieller Software ein nicht unwesentlicher finanzieller Vorteil, auch wenn die Anpassung und Wartung entsprechende Personalressourcen braucht.

Fallvignette: LMS Moodle

Das LMS Moodle gilt mit geschätzten 200 Mio. Nutzer:innen weltweit als das meistgenutzte Lernmanagementsystem an Bildungseinrichtungen (Moodle, 2023). Moodle stellt eine Vielzahl an **digitalen Lerntools und Autorenwerkzeugen** zur Verfügung oder ermöglicht die Integration von weiteren Tools über Plugins. Moodle bietet als Lernmanagementsystem auch Backup-Systeme für die **Kursadministration**. Dies erlaubt es Kursadministrator:innen und Lehrenden, Einsicht in individuelle Lernfortschritte zu erhalten, Materialien hochzuladen oder freizuschalten und Evaluationen zur Nutzung der Plattform zu generieren. Die Evaluation und Analyse individueller Lernfortschritte (**Learning Analytics**) erlauben es in weiterer Folge, Lernende zeitnah verstärkt zu unterstützen und Feedback zu geben. ◄

▶ **Die wichtigsten Funktionalitäten eines Lernmanagementsystems**
- Bereitstellung von Lerninhalten
- Kursadministration
- Möglichkeit der Integration von Learning Analytics Tools
- synchrone und asynchrone Kommunikationsmöglichkeiten

14.3.2 Lernerlebnisplattformen (LXP)

Eine Form der Weiterentwicklung von Lernmanagementsystemen sind Lernerlebnisplattformen (Learning Experience Platform/LXP). Der wesentliche Unterschied zwischen Lernmanagementsystemen und Lernerlebnisplattformen ist das Merkmal der **Personalisierung**, d. h. die zur Verfügung stehenden Inhalte werden für die Nutzer:innen kuratiert. Im Gegensatz zu herkömmlichen LMS-Umgebungen können Lernende **eigenständig auswählen**, welche Kurse sie belegen wollen, wie oft sie einen Kurs belegen oder welchen Lernpfad sie einschlagen wollen. Nutzer:innen können Inhalte meist auch bewerten und kommentieren. Lernerlebnisplattformen beinhalten in der Regel zudem Algorithmen, die über das Nutzungsverhalten personalisierte Lernangebote auf der Plattform machen und Lernpfade vorschlagen. Über **Dashboards** wird Lernenden der aktuelle „**Lernstand**" dargestellt. LXPs sind besonders auch für die betriebliche Weiterbildung oder Einschulung relevant. Anbieter von LXPs bieten deshalb die Plattform und Inhalte als getrennte Produkte bzw. Produktbündel an.

Fallvignette: LXP-System Skillsoft

Skillsoft ist ein US-amerikanisches EdTech-Unternehmen, das 1998 gegründet wurde und mittlerweile, nach mehreren Übernahmen und Mergers, seinen Sitz in Irland hat. Skillsoft bietet seine personalisierte Kursplattform sowie Inhalte in Form von Kursen, Coachings und Weiterbildungsprogrammen in einem breiten Spektrum inhaltlicher Teilbereiche (Technik, Compliance, Soft Skills etc.) an. Inhalte können durch seine Geschäftskunden kuratiert, abgeändert und ergänzt werden. ◄

▶ **Die wichtigsten Funktionalitäten einer Lernerlebnisplattform**
- individualisierte Bereitstellung von Lerninhalten und Lernerlebnissen
- personalisierte und adaptive Kursteilnahme
- individualisierte Lernanalysen

14.3.3 Autorenwerkzeuge

Als Autorenwerkzeuge bezeichnet man Software und Applikationen, die die **Erstellung von E-Learning-Materialien** und Inhalten zur Publikation ermöglichen. Inhalte können in unterschiedlichen Formaten produziert werden, wie Videos, interaktive Videos, Quizze, Tests und Prüfungen, interaktive Simulationen, Lernlandkarten, Text und Bild, spielerisch aufbereitete Inhalte, interaktive Rollenspiele, Animationen und Ähnliches. Für Kursersteller:innen öffnen sich hier diverse und vielfältige Möglichkeiten für die Erstellung von Lernpfaden, die idealerweise den Lerntransfer erhöhen.

Die Publikation auf unterschiedlichen Lernplattformen bzw. Endgeräten (Smartphone, Notebook, Desktop-PC, Tablet) erfolgt über Dateien, die sogenannten Interoperabilitätsstandards wie z. B. SCORM oder AICC folgen. Diese stellen den reibungslosen Datenaustausch mit der entsprechenden Lernplattform oder einem LMS sicher. Fallweise bieten Autorenwerkzeuge auch die Möglichkeit zur Publikation auf der Plattform des Herstellers.

Fallvignette: Autorentool Hot Potatoes

Hot Potatoes wurde am ‚University of Victoria Humanities Computing and Media Centre' in Kanada entwickelt. Mithilfe dieses Autorentools lassen sich Lückentexte, Multiple-Choice-Fragen, Quizze, Kreuzworträtsel und Schüttelsätze erstellen. Hot Potatoes wird als browserbasierte Freeware angeboten, d. h. die Software wird kostenlos zur Verfügung gestellt und darf verändert und weitergegeben werden. ◄

▶   **Die wichtigsten Funktionalitäten von Autorenwerkzeugen**
  * diversifizierte Aufbereitung und Publikation von Lerninhalten und Lernsequenzen
  * Möglichkeit zur Gestaltung vielfältiger Lernformate
  * Diversifizierung von Instruktionsmodellen

14.3.4 Virtuelle Realität (VR)

Unter Virtual Reality oder virtueller Realität (VR) versteht man die gleichzeitige Wahrnehmung und Darstellung einer scheinbaren Wirklichkeit in softwaregenerierten, oft interaktiven, **virtuellen Umgebungen**, die ebenfalls als „virtuelle Realitäten" oder als „virtuelle Welten" bezeichnet werden (Kap. 20).

Virtuelle Realitäten umgeben die Nutzer:innen vollständig, d. h. **immersiv und dreidimensional,** wodurch ein **kognitiv-emotionales Phänomen** des realen Erlebens mit allen Sinnen hervorgerufen wird. Die Aufmerksamkeit, die emotionale Erfahrung und das Erleben in der virtuellen Realität, die die Nutzer:innen umfasst, wird auch „**Immersion**" genannt. Somit ist „Immersion zuallererst ein Phänomen des Erlebens und kein Merkmal eines Gerätes" (Kerres et al., 2022, S. 314). Nutzer:innen können über das vollständige Eintauchen in VR in dieser Welt gegebenenfalls interaktiv agieren und diese, zumeist über ein mobiles VR-Headset und Datenhandschuhe, Handles oder Controller oder einen Flystick und gegebenenfalls über ein Laufband, über mehrere Sinne erleben (Jennett et al., 2008; Kavanagh et al., 2017). Nutzer:innen haben nur geringfügige Kontrolle über die fiktionale Welt, agieren jedoch aktiv über vorgegebene Aufgabenstellungen. Abhängig von der Gestaltung der virtuellen Umgebung ist es Nutzer:innen möglich, sich fortzubewegen oder auch einfache Handlungen über Controller auszuführen, wie etwa das Greifen von Gegenständen.

Die Entwicklung von **virtuellen Realitäten als EdTech-Tool** begann bereits mit den ersten Flugsimulatoren der US Air Force im Jahr 1966. Trotz vielversprechender Studien hinsichtlich positiver Lerneffekte beim Lernen in VR-Welten, z. B. erhöhter, langfristiger, tiefgehender Lerntransfer und gesteigerte Motivation bei Lernenden, werden diese Technologien im Bildungsbereich nahezu nicht oder nur zaghaft angenommen (Kavanagh et al., 2017). Der **Gaming-Bereich** (Kap. 18) hat großen Einfluss auf die Gestaltung und Weiterentwicklung von VR-Welten auch für den Bildungsbereich und es ist anzunehmen, dass Entwicklungen in diesem Bereich auch in den Bildungsbereich übernommen werden.

Fallvignette: Insead VR Case Studies

Die private Wirtschaftshochschule INSEAD (Institut Européen d'Administration des Affaires) wurde 1957 in Frankreich gegründet und gilt als eine über internationale Rankings anerkannte und sehr erfolgreiche Business School. Die INSEAD VR Immersive Learning Initiative, die gemeinsam mit dem Ministerium für Bildung und Wissen von Abu Dhabi initiiert wurde, fokussiert auf neue Lernansätze in **dreidimensionalen VR-Welten** in Form von **Fallstudien** und Simulationen. Diese Fallstudien sind VR-immersiv aufbereitet und simulieren Fallbeispiele, in denen Studierende Entscheidungen treffen und Probleme lösen müssen um Management- und Beobachtungsfähigkeiten zu schulen (insead.edu/vr-immersive-learning). ◄

▶   **Die wichtigsten Funktionalitäten von VR-Welten für den Bildungsbereich**
- personalisiertes, durch direktes Feedback kontrolliertes Lernen in virtuellen, digitalen und multi-sensorischen, dreidimensionalen VR-Umgebungen
- Möglichkeit zu multi-sensorischem, aktivem Lernen und Trainieren (greifbares Lernen)
- Diversifizierung von Instruktionsmodellen durch multi-sensorisches Lernen

14.3.5 Augmented Reality (AR)

Die **Kombination** virtueller, d. h. digitaler Realität mit der physischen, analogen Realität wird als Augmented Reality (AR) oder Mixed Reality (MR) oder Extended Reality (XR) bezeichnet. In der Regel entsteht diese Kombination über die ergänzende **Einblendung** digitaler Elemente (in Form von Text, Ton, Bild, Animation) auf einem Bildschirm (etwa über die Kamera eines Smartphones bzw. über eine App), auf einer Brille oder über ein VR-Headset. Durch das Einfügen zusätzlicher Informationen erweitert sich die Wahrnehmung der analogen Realität bei den Nutzer:innen. Dies ist z. B. auch bei diversen Spielkonsolen, bei Apps für die Navigation oder bei TV-Sportübertragungen der Fall, in denen etwa durch Einblenden von Entfernungen, Positionsbestimmungen oder Windgeschwindigkeiten beim Schispringen ergänzende Informationen vermittelt werden.

Die Nutzer:innen können über die zusätzlich eingespielten Informationen die Realität und eigene Entscheidungen besser kontrollieren bzw. steuern. So kann etwa ein Headset Informationen über die Raumtemperatur geben oder die Anwendung von real existierenden Geräten über Anleitungen erleichtern oder auch Nutzer:innen durch zweidimensionale Settings führen, die über Ton und Zusatzinfos näher erklärt werden. So erlangen die Nutzer:innen Kontrolle über ein reales, analoges Setting.

Fallvignette: Expeditions.pro

ExpeditionsPro wurde in Großbritannien gegründet und gilt als Nachfolgeprodukt von Google Expeditions. Simon Fetwell, der Gründer von ExpeditionsPro, konnte in der Entwicklung der zur Verfügung gestellten VR-Vorlagen auf seine eigene langjährige Erfahrung im pädagogischen Bereich zurückgreifen.

ExpeditionsPro ist webbasiert und erlaubt die Erstellung und Nutzung von 360-Grad-Inhalten, die zweidimensional und über VR-Headsets oder Bildschirme abgerufen werden können. Die Plattform stellt bereits erstellte Inhalte und Unterrichtspläne für Pädagogen zur Verfügung. Inhaltsbibliotheken, die sich nach Lehrplänen ausrichten und Bewertungsinstrumente beinhalten, sind meist kostenpflichtig. ◄

▶ **Die wichtigsten Funktionalitäten von Augmented/Mixed Reality für den Bildungsbereich**
- Erweiterung der Sinneswahrnehmung und des Informationsstandes durch das Einblenden von Zusatzinformationen
- Möglichkeit, analoge Realität und Theorie (Information) in Bezug zu setzen
- Diversifizierung von Instruktionsmodellen und die Erweiterung von Lernpfaden

14.3.6 Künstliche Intelligenz (KI)

Artificial Intelligence (AI) bzw. **künstliche Intelligenz (KI)** bezeichnet den Einsatz von künstlicher Intelligenz, Machine Learning und Deep Learning Technologien und kann im Bildungsbereich als Unterstützung für Lernende eingesetzt werden. Der Einsatz von künstlicher Intelligenz ist immer zielgerichtet, indem die Technologie selbstständig und automatisiert Aufgaben erledigt (schwache KI) oder über die Nachahmung Muster menschlichen Denkens und Verhaltens übernimmt und Aufgaben erledigt (starke KI). Starke KI-Systeme existieren derzeit nicht.

Schwache KI-Systeme finden bereits Anwendung auch im Bildungsbereich. So wird etwa die Automatisierung administrativer Aufgaben in Lernmanagementsystemen ermöglicht. Auch Systeme, die im Bereich Learning Analytics zur Anwendung kommen, nutzen schwache KI-Technologien. Hier werden beispielsweise Daten über die Leistung und das Verhalten von Lernenden gespeichert, um daraus Maßnahmen zur Lernbegleitung abzuleiten.

Auch für unterschiedliche Arbeitsbereiche in Unternehmen kommt es bereits zu einer stärkeren, flächigen Nutzung von KI. So fokussiert z. B. Jasper Chat auf Unternehmen im Bereich Werbung und Marketing oder die in Deutschland entwickelte KI Neuroflash auf die Generierung von Daten und Texten im Social-Media-Bereich.

Fallvignette: ChatGPT

Die Veröffentlichung von ChatGPT als **Chatbot-Technologie** im November 2022 ist ein weiterer Meilenstein in der Nutzung von KI-Technologie. ChatGPT ist eine Produktentwicklung von OpenAI, einem US-amerikanischen Unternehmen mit Sitz in Kalifornien. Die KI-Software wird noch kostenlos zur Verfügung gestellt. Pläne zur Monetarisierung von ChatGPT existieren bereits.

Als KI kombiniert der Chatbot die Funktionen einer **Suchmaschine** mit einem *Large Language Model*, d. h. einem **vortrainierten Sprachmodell** (*Generative Pre-Trained Transformer*), über das Ergebnisse in natürlicher Sprache als Fließtext generiert werden. Dies lässt Nutzer:innen in einen scheinbar dialogischen Austausch mit dem Chatbot treten. Der Chatbot imitiert, je nach Formulierung der Suchanfragen (Prompts), Texte in unterschiedlichen sprachlichen Mustern und Textsorten (Briefe, Berichte, wissenschaftliche Texte). Das System wird über **bestärkendes Lernen** und selbstüberwachtes Lernen trainiert, somit spricht man auch von einer „Blackbox der KI-Berechnung", die lediglich

Eingaben und Ausgaben sichtbar macht (Schönert, 2023). Die Qualitätskontrolle des vorhandenen Datenpools scheint noch lückenhaft zu sein, so sind Quellenverweise der ChatGPT-KI bei genauer Nachprüfung stellenweise frei erfunden (dies wird auch als „Datenhalluzination" bezeichnet) (Schurter, 2022). ◄

▶ **Die wichtigsten Funktionalitäten von Künstlicher Intelligenz für den Bildungsbereich**
- die automatisierte Analyse und das Auffinden von Daten zur weiteren Verwendung
- das Generieren von Informationen in textierter Form oder auch Formelsprache
- das Generieren von didaktischen Unterrichtsmitteln

14.3.7 Synchrone und asynchrone Kommunikation und Kollaboration

Digitales Lernen wird besonders durch den Umstand gekennzeichnet, dass die digitale Publikation von Lernmaterialien und die digitale Kommunikation hinsichtlich Zeitstrukturierung und Ort höchste Flexibilität des Lernens ermöglichen. Daher sind Werkzeuge und Systeme zur Interaktion und Kommunikation als unverzichtbare Bildungstechnologie einzustufen.

Synchrone Kommunikation und Zusammenarbeit meint den Kontakt zwischen Lernenden und/oder Lehrenden in Echtzeit, in Form von Videokonferenzen und Gruppenchats, digitalen Tafeln und dem Teilen von Dokumenten über Bildschirm und Download. **Asynchrone Kommunikation** und Zusammenarbeit bezieht sich auf den zeitversetzten Kontakt zwischen Lernenden und/oder Lehrenden. Asynchrone Kommunikation kann schriftlich oder mündlich erfolgen. Beispiele wären Diskussionsforen, Blogeinträge oder andere Textformate, aber auch Ton- oder Filmkonserven in Form von Videos, Podcasts, Screencasts etc.

▶ **Die wichtigsten Funktionalitäten von synchroner und asynchroner Kommunikation**
- die Möglichkeit von schriftlicher und mündlicher Kommunikation in Echtzeit (synchron)
- die Möglichkeit von zeitversetzter Kommunikation in schriftlicher Form oder über Video und/oder Tonspuren (asynchron)

14.3.7.1 Synchrone Kommunikationstools

Videokonferenztools für Webkonferenzen ermöglichen den **kommunikativen Austausch** über Bild, Ton und Text, indem Daten über das Internet ausgetauscht werden. Webcasts oder Webinare ermöglichen die Abhaltung von **Videokonferenzen** mit ausgewählten Teilnehmern, wobei die Gruppe über den zur Verfügung stehenden Link zur Konferenz definiert wird. Im Bildungsbereich sind Webkonferenzen ein viel genütztes Format für den Unterricht, das über Aufzeichnungen dann auch im LMS zur Verfügung gestellt werden kann. In der Regel ermöglichen Webinare auch den Austausch mit den Vortragenden, Webcasts sind üblicherweise aufgrund großer Gruppengrößen hinsichtlich einer solchen Kommunikation geschlossen.

Fallvignette: Zoom

Zoom Video Communications ist ein US-Unternehmen mit Sitz in Kalifornien. Das Softwareunternehmen bietet Software für Videokonferenzen mit Chatfunktionen über Desktop- oder Smartphone-App und auch Videotelefonie und Technologie für Webcasts mit bis zu 1000 Teilnehmer:innen an. Weitere Funktionalitäten der Software ermöglichen den Austausch von Dateien und die Nutzung eines Whiteboards. Das Unternehmen ist einer der Marktführer für Videokonferenzen am internationalen Markt und kam besonders auch während der Covid-19 Pandemie weltweit als Kommunikationstool zum Einsatz. Streckenweise wurde der Namen des Unternehmens auch gleich gesetzt mit der Funktion der Software, d. h. Videotelefonie. So wurden Erschöpfungs- und Ermüdungserscheinungen nach Videokonferenzen während Covid-19 auch als ‚Zoom Fatigue‘ bezeichnet.

Zoom wird als Software an Schulen, Hochschulen und in Unternehmen für Videokonferenzen eingesetzt und bietet auch eine Gratisversion seines Produktes an.

Seit 2019 stand das Unternehmen immer wieder in Kritik, was den Datenschutz, die Weitergabe von Daten oder die Kommunikation mit Nutzer:innen betrifft (Demling et al., 2020). ◄

14.3.7.2 Asynchrone Kommunikationstools

Anders als synchrone Tools ermöglichen es **asynchrone Kommunikationstools** zeitlich versetzte, meist schriftliche Kommunikation zwischen Lernenden und/oder Lehrenden. Hierfür werden Technologien wie etwa Diskussionsforen, Chatfunktionen oder Mailnachrichten genutzt. Sind diese Medien für eine Gruppe von Lernenden zugänglich, kann die gesamte Gruppe von Lernerfahrungen profitieren. Ein Beispiel hierzu wären etwa Diskussionsforen oder digitale Pinnwände, also virtuelle Boards für das Organisieren und Teilen von Inhalten.

Fallvignette: Padlet

Padlet ist eine App, die es Nutzer:innen ermöglicht, Inhalte zu teilen, zu organisieren, zu aktualisieren und schriftlich in Echtzeit zu diskutieren. Geteilte Inhalte können Texte, Bilder, Zeichnungen oder Links sein.

Die erstellten Pinnwände werden auch „Padlets" genannt und können wiederum über die Padlet-eigene Webadresse geteilt werden. Nutzer:innen müssen sich registrieren und benötigen eine Google-, Microsoft- oder Apple-Mailadresse. Die Erstellung einiger Padlets ist kostenlos, möchte man Padlet öfter nutzen, müssen Nutzer:innen eine Mitgliedschaft abschließen.

Das US-Unternehmen hat seinen Firmensitz in San Francisco. Die App wird auch im europäischen Raum an Schulen, Universitäten und Weiterbildungsinstitutionen genutzt. Im Jahr 2021 stellte Bettina Gayk, die Landesbeauftragte für Datenschutz und Informationsfreiheit des Landes Nordrhein-Westfalen, in ihrem Jahresbericht fest, dass die Nutzung von Padlet an Grundschulen aufgrund der Datenübermittlung von persönlichen Daten der Nutzer:innen in die USA nicht konform sei mit den Vorgaben der

Datenschutzgrundverordnung (DSGVO) und man deshalb die Schulen auffordere, „den Einsatz der Plattform zu unterlassen" (Gayk, 2022). In diesem Sinne wäre etwa Taskcards.de eine DSGVO kompatible Alternative zu Padlet. ◄

14.3.8 Effizienz und Selbstorganisation

Über die Nutzung von Technologien steigt auch die **intrinsische kognitive Belastung** („cognitive load") (Sweller, 1988) für Lernende, da man sich, zusätzlich zur kognitiven Belastung der Lernhandlung an sich, auch mit der Technologie als neu zu erlernendem Element befassen muss. Dies belastet die **Kapazität des Arbeitsgedächtnisses** und beeinflusst den Lerntransfer (Sweller et al., 2011). So gewinnt selbstgesteuertes und eigenverantwortliches Lernen und Studieren besonders im Zusammenhang mit der Nutzung von Bildungstechnologien an Bedeutung. Zeit- und ortsunabhängige Lernprozesse setzen entsprechendes Wissen um kognitive, metakognitive und motivationale Lernstrategien voraus (Perels & Dörrenbächer, 2020).

Somit wird auch die **Regulation von Lernprozessen**, die **Selbstorganisation** und das **Zeitmanagement** noch wesentlicher für eigenverantwortliches und zielorientiertes Lernen.

Diesen Herausforderungen kann durch die Nutzung von Bildungstechnologien wie etwa Apps, Technologien zur Unterstützung der Produktivität, der Arbeitsorganisation und der Nachverfolgung von Lerntransfer begegnet werden.

Bildungstechnologien, die eigenverantwortliches Lernen und Selbstorganisation unterstützen, fokussieren auf folgende Teilbereiche:

- Zeitmanagement
- Dokumentenmanagement
- Aufgabenverwaltung

Fallvignette: Evernote

Evernote Corporation ist ein privates, weltweit agierendes US-Unternehmen mit Sitz in Kalifornien und derzeit ca. 225 Mio. Nutzer:innen (evernote.com). Als Software und App bietet das webbasierte System synchronisierte Notiz- und Dokumentenerstellungs- und -verwaltungsfunktionen sowie Kalender- und Erinnerungsfunktionen für das persönliche und personalisierte Lern- und Projektmanagement bzw. für Teams und Unternehmen.

Obwohl Evernote im Wesentlichen eine Verwaltungsapp für Notizen ist, können Aufgabenlisten in diesen Notizen mit Fälligkeitsdatum und Erinnerungsfunktionen hinterlegt werden, etwa um Studierzeiten festzulegen und an Abgabetermine erinnert zu werden. Diese Fälligkeiten lassen sich wiederum in einer gesammelten Übersicht abrufen und vereinen somit die Aufgabenverwaltung und das persönliche Zeitmanagement.

Das System kann teilhaft kostenlos genutzt werden, die Erweiterung der einzelnen Funktionen ist kostenpflichtig. ◄

14.4   Diskussion

Wie in diesem Kapitel dargelegt, umfassen Educational Technologies neue, digitale bzw. virtuelle Lernumgebungen, Instrumente zur Kommunikation und Zusammenarbeit sowie Tools zur Kontrolle und Steigerung der Produktivität. Ausgelöst durch die fortschreitende Digitalisierung aller gesellschaftlicher Bereiche, öffnen sich durch die **Systematisierung und Klassifikation von Bildungstechnologien** auch neue und unterschiedliche Spielfelder und Betrachtungsweisen von Berufsfeldern, Dienstleistungen, Geschäftsmodellen und Bildungsprodukten und -strukturen.

Neu entstehende Berufsfelder im Bereich der Pädagogik, wie etwa das eines/r Learning oder Instructional Designers (Obexer & Giardina, 2016) bedürfen eines erweiterten pädagogischen Rollenverständnisses mit neuen, zusätzlichen Verantwortungs- und Kompetenzbereichen vor allem auch in den Bereichen Technologien und Design. Dies gilt auch für App- und Softwareentwickler für Bildungstechnologien, die neben technologischen Kompetenzen auch über **medienpädagogisches Wissen** verfügen müssen, um Bildungstechnologien auf Lehr- und Lernziele abzustimmen, und den Lerntransfer sicherzustellen bzw. zu erhöhen. Auch in der Aus- und Weiterbildung wird es Berater:innen brauchen, die die Auswahl neuer Dienstleistungen und stetig verfügbarer Bildungsprodukte im Sinne der Qualität erleichtern.

Dies ist vor allem vor dem Hintergrund sich verändernder Lernumgebungen und **Lernsettings** ausschlaggebend. Hier sei beispielhaft auch der zunehmende Einsatz von spielerischen Elementen, auch Gamification genannt, und die Aufbereitung von Formaten für das Lernen in **immersiven Lernumgebungen**, erwähnt. **Gamification-Elemente** werden im Wesentlichen zur Erhöhung der Motivation sowie der sozialen Interaktion und des positiven Wettbewerbs eingesetzt, um das Lernen zu unterstützen. Spielerische Elemente, die in einem Gamification Ansatz für das Lernen zum Einsatz kommen, reichen von Punktesystemen die den Wettbewerb verstärken oder Zwischenziele markieren, für deren Erreichung Teilnehmer:innen ausgezeichnet werden, bis hin zum Einsatz von Bestenlisten zur Erfolgskontrolle und dem Einsatz von Avataren als persönliche Lerncoaches (Tolks & Sailer, 2021). Die medienpädagogische Gestaltung (Instruktionsdesign) solcher Lernformate (Spiele, Simulationen, multi-mediale Formate) stellt pädagogisch eine neue und große Herausforderung dar.

Das Instruktionsdesign wird sich nicht ausschließlich auf Qualität und Lehrziele und den Prozess der Lernzielerreichung bei Individuen konzentrieren müssen, sondern auch auf **Verhaltenstheorien** und **soziale und emotionale Aspekte**, welche Lernprozesse ermöglichen oder auslösen. Vor dem Hintergrund, dass Lernende in Serious Games oder VR-Lernumgebungen allein agieren, kommt dem **Spiel- und Instruktions- und Immersionsdesign** eine herausragende Bedeutung zu.

Immersive Lernwelten und -spiele ermöglichen es den Lernenden, sich über das Lösen von Aufgabenstellungen und das direkte Erleben in der virtuellen Präsenz Kompetenzen anzueignen. So kann **Erfahrungswissen** erworben werden das über den rein kognitiven Wissenserwerb hinausgeht und nachhaltig gespeichert und erinnert werden kann (Arnold & Erpenbeck, 2015).

Beim Einsatz von VR als immersive Lernumgebungen oder multimedialen Lehrmitteln wird oftmals angenommen, dass ein direkter, **automatisierter Lerneffekt** eintritt. Hier ist jedoch zu betonen, dass Lerneffekte tatsächlich von den gezielt aufbereiteten Inhalten und dem übergeordneten Instruktionsdesign für einzelne Lehrziele abhängen. Das heißt, die eingesetzte Technologie ist dem **adäquaten didaktischem Design** untergeordnet, um für Lernprozesse hilfreich zu sein.

Der Bezug zu theoretischen Grundlagen und Lerntheorien im **Medienpädagogischen Design** von Serious Games und **immersiven Lernumgebungen** befindet sich noch in den Anfängen. Eine differenzierte Kategorisierung der Lerneffekte und Merkmale einzelner spielerischer Ansätze und immersiven Lernens in Hinblick auf **kognitive, emotionale, soziokulturelle und psychologische Effekte**, wie etwa die Bedwell Taxonomy (Bedwell et al., 2012), steht für diese Erweiterungen noch aus. Erst über den lerntheoretischen Bezug dieser Effekte im „komplexen Genre von Lernumgebungen" lassen sich die Bedeutung und das Potenzial von Spielen und/oder Immersion für das Lernen erfassen (Schuldt, 2020).

Für die **Lernenden** setzen digitales Lernen und der Einsatz von Bildungstechnologien jedoch die nötigen digitalen Fähigkeiten und Lernkompetenzen voraus, um eigenverantwortliches und selbstorganisiertes Lernen und Studieren effizient leisten zu können. Im Bildungsbereich wird derzeit der Studierfähigkeit von Lernenden im Sinne von digitalen Kompetenzen, Studier- und Lerntechnik, Notiz- und Erinnerungstechniken, Übungsmethodik und Anwendung und Reflexion des Gelernten wenig Aufmerksamkeit geschenkt. Zudem unterscheiden sich Lernende auch im Zeitaufwand, der benötigt wird, um Lernstoffe zu erfassen (Niegemann & Weinberger, 2020). Insbesondere der öffentliche Bildungssektor ist angehalten, die **Kompetenz zur Selbstorganisation und zum kritischen Denken** auszubilden und den Lernenden zu ermöglichen, Eigenverantwortung für Lernprozesse zu übernehmen.

Die Nutzung von Bildungstechnologien kann Lernen und Lehren unterstützen, dennoch kann virtuelles Lernen und Interaktion auch erschöpfend und überfordernd wirken. Die Covid-19 Pandemie hat gezeigt, dass etwa die Teilhabe an Videokonferenzen das Gehirn erschöpfen können, ein Phänomen, das umgangssprachlich als ‚Zoom-Fatigue' bezeichnet wird. Zurückzuführen ist dieser Effekt auf reduzierte Kommunikationsmöglichkeiten in einem digitalen Umfeld und ein fallweise eintretendes Gefühl der ‚Vereinzelung' mangels direktem, persönlichen Austausch (Skalar, 2020).

Ähnliche Effekte zeigen sich auch nach der exzessiven Nutzung von Videospielen, die sich über Schwierigkeiten im Umgang mit den eigenen Emotionen, persönlichen Kontrollverlust und Rückzug, Kommunikationsproblemen und Beziehungsverlust und Angststörungen und Depression äußern können (Grinspoon, 2020). Die Vermutung liegt nahe, dass sich in der Nutzung immersiver Lernumgebungen ähnliche Effekte zeigen können, sollten Nutzer:innen hinsichtlich dieser Gefahren nicht ausreichend geschult werden. Lehrende und Gestalter von Bildungstechnologien müssen befähigt werden, diese Gefahren in der Nutzung von Lerntechnologien zu vermeiden.

14.5   Ausblick und Herausforderungen

Technologische Innovationen und die Digitalisierung an sich bewirken gesellschaftliche, soziale und politische Herausforderungen, die naturgemäß auch ambivalent diskutiert werden.

Einerseits ermöglichen Bildungstechnologien in entwickelten Volkswirtschaften **niederschwelliges, flexibles Lernen** in vielen Lehr- und Lernkontexten, die bislang nicht allen Bevölkerungsschichten zugänglich waren. Mittlerweile ist dieser Umstand zu einem wesentlichen Treiber für teils radikale Veränderungen in Aus- und Weiterbildung geworden und man kann durchaus von einer zunehmenden Demokratisierung im Zugang zu Bildung sprechen. Hierzu sei festgehalten, dass die hier erwähnte Demokratisierung der Bildung durch den niederschwelligen **Zugang zu Bildungs*ressourcen*** nur für Lernende gilt, die über entsprechende finanzielle Voraussetzungen für die nötige Infrastruktur, d. h. geeignete Hardware, über einen stabilen Internetzugang und über die erforderliche digitale Alphabetisierung, verfügen.

Andererseits befinden sich **staatlich finanzierte, formale Bildungsinstitutionen** an einer richtungsweisenden Wegkreuzung. Die voranschreitende und tiefgreifende Digitalisierung aller Wirtschaftszweige gibt nicht nur neue, marktorientierte curriculare Inhalte vor, sondern erfordert auch weitere, dynamisch flexible Lernmöglichkeiten in einem digitalen Lernökosystem, um wirtschaftliche Ziele erreichen zu können. Parallel dazu wird die größte Nachfrage nach universitärer Ausbildung besonders in weniger entwickelten Volkswirtschaften sichtbar (Black et al., 2019).

Zudem sieht sich der Bildungssektor insgesamt einem **neuen, globalen und investmentstarken Wettbewerb** ausgesetzt. EdTech-Firmen können über entsprechende Investitionsrunden ungleich effizienter und schneller finanzierungsintensive Technologien zur Umsetzung bringen, als dies für formale, öffentliche Bildungsinstitutionen möglich ist. Die dadurch entstehenden Abhängigkeiten bleiben abzuwarten bzw. zu beobachten. Und dennoch müssen digitale und analoge Bildungskontexte nicht zwingend im Widerspruch stehen (Reszat & Scherle, 2017), sondern können in Kombination hybride Ansätze in der Lehre fördern, durch die neuen Herausforderungen gestaltend begegnet werden kann.

Für die Lehre und Pädagogik bedeutet der digitale Wandel eine **Neuumsetzung wirksamen Instruktionsdesigns und pädagogischer Modelle**, auch um Erwartungshaltungen digital affiner Lernender und Studierender positiv begegnen zu können. Wenn man weiters davon ausgeht, dass gestalterische Elemente, Design und Instruktionsdesign wesentlich werden für den Erfolg von Bildungsangeboten, kann dies für die Wertschöpfungskette im Bereich Lehre und Ausbildung starke Veränderungen bringen. Für Lehrende wird sich als Folge das eigene Rollenbild bezüglich der eigenen Aufgabenfelder und nötigen Kompetenzen stark verändern.

Eine vermehrte und individualisierte Nutzung von digitalen Bildungsangeboten durch den Einzelnen wird auch **Arbeitgeber:innen und Bildungsinstitutionen** hinsichtlich der Validierung von Bildungsabschlüssen vor neue Herausforderungen stellen. Plattformangebote zur Erlangung digitaler Bildungsabschlüsse bieten Nutzer:innen höhere Flexibilität als digitale Angebote von formalen Bildungsinstitutionen. Hinsichtlich der Akzeptanz solcher Abschlüsse, und letztendlich auch über den „Wert" digitaler Abschlüsse, wird der Arbeitsmarkt mitentscheiden. Hier kommt der Frage der Qualitätskontrolle von digitalen Bildungsangeboten eine wesentliche Bedeutung zu.

14.5.1 Datenschutz

Ein durch Investoren und marktseitige Nachfrage dominierter EdTech-Markt birgt auch Gefahren hinsichtlich der Nutzung, Sammlung und Speicherung von individuellen Daten der Lernenden, denn die Nutzung von Bildungstechnologien ist immer auch mit dem Hinterlassen digitaler Spuren und der Erfassung und oftmals Speicherung von sensiblen, personenbezogenen Daten von Lernenden verbunden. Nachdem viele EdTech-Firmen ihren Sitz außerhalb Europas haben, greift die europäische Datenschutzgrundverordnung zu großen Teilen nicht. Allerdings sind staatliche Bildungsinstitutionen verpflichtet, Daten von Schüler:innen und Studierenden bzw. individuellen Nutzer:innen zu schützen bzw. diese nicht an Dritte weiterzugeben.

Die DSGVO und nationale Datenschutz- und Telekommunikationsgesetze schaffen einen Rechtsrahmen für die Erhebung und Nutzung solcher Daten und sehen immer auch das Einholen des Einverständnisses von Nutzer:innen vor. Grundsätzlich müssen die Teilnehmer:innen digitaler Bildungsangebote die Möglichkeit bekommen, über die Nutzung ihrer Daten selbst zu entscheiden. Eine solche Datenfreigabe kann etwa auch über zweckgebundene Freigaben erfolgen, welche die Weitergabe der Daten an Dritte ausschließen. Im Umkehrschluss ist anbieterseitig die Nutzung erhobener personenbezogener Daten dann zulässig, wenn Nutzer:innen der Datenfreigabe zustimmen. Die Anbieter von digitalen Bildungsangeboten müssen über die Nutzung erhobener Daten informieren, Nutzer:innen haben nach der DSGVO jederzeit Einsichtsrecht in ihre Daten bzw. gilt für Anbieter die Auskunftspflicht.

Wichtige Prinzipien sind die Wahrung der Vertraulichkeit in der Datenspeicherung, die Verfügbarkeit im Sinne des Informationsrechts der Nutzer:innen und die Integrität der Daten im Sinne der unveränderten Speicherung und Dokumentation.

In Anbetracht der Dynamik in der Entwicklung und Nutzung von Technologien, Bildungstechnologien, sozialen Medien und künstlicher Intelligenz sind das mündige Verhalten und die Eigenverantwortung der Nutzer:innen hinsichtlich der Weitergabe persönlicher Daten von herausragender Bedeutung. Auch öffentliche Bildungsinstitutionen sind angehalten, diese Themen proaktiv und partizipativ zur Diskussion zu stellen, um zur Schaffung eines neuen Bildungsverständnisses mit rechtlich und sozial verträglichen Rahmenbedingungen beizutragen.

14.5.2 Lizenzierungen

Bildungstechnologien schaffen digitale Lernräume und die Möglichkeit, über Autorenwerkzeuge Bildungsressourcen aufzubereiten, die grundsätzlich auch einem Copyright unterliegen. Die Anbieter von kommerziell genutzten Bildungstechnologien und -ressourcen stellen deren Nutzung üblicherweise gegen Lizenzgebühren zur Verfügung. Um die kostenlose und offene Nutzung von Bildungsressourcen zu fördern, und auch zum Schutz von Ressourcen, die mit öffentlichen Mitteln finanziert wurden, stellen Regelungen hinsichtlich der Schaffung von Open Educational Resources (OER) eine mögliche Lösung dar. Im Jahr 2002 wurde der Begriff auf einem Forum der UNESCO erstmals in einer Diskussion hinsichtlich offener, nicht-kommerzieller Bildungszugänge für Entwicklungsländer diskutiert (UNESCO, 2002). Eine Definition von OER ist besonders hinsichtlich einer Abgrenzung der Bereiche „Lernmaterialien" und „LMS" bzw. „Contentplattformen" und „Autorenwerkzeuge" schwierig, da sich daraus ergebende Überschneidungen oftmals schwer darstellen lassen (OECD, 2007; Deimann, 2020). Dennoch gibt es eine Einigung hinsichtlich eines „stabilen Bedeutungskerns" (Deimann, 2020, S. 700), in dem sich OER durch offene Lizenzierungen auszeichnen. Die UNESCO definiert OER als

> „jegliche Arten von Lehr-Lern-Materialien, die gemeinfrei oder mit einer freien Lizenz bereitgestellt werden. Das Wesen dieser offenen Materialien liegt darin, dass jedermann sie legal und kostenfrei vervielfältigen, verwenden, verändern und verbreiten kann. OER umfassen Lehrbücher, Lehrpläne, Lehrveranstaltungskonzepte, Skripte, Aufgaben, Tests, Projekte, Audio-, Video- und Animationsformate." (UNESCO, 2015)

Auch für OER gibt es verschiede Lizenzmodelle, die sich als Creative-Commons-Lizenzen auch piktografisch darstellen lassen. Diese regeln die offene Lizenzierung hinsichtlich Namensnennung, Bearbeitungsrechte, Weitergabe und Nutzungskontext (creative-commons.org/).

Solche Regelungen sind besonders vor dem Hintergrund der zunehmenden Digitalisierung und steigenden Vielfalt von Medienformaten in der Aus- und Weiterbildung ein wichtiger Schritt zur Qualitätssicherung und Wahrung von Copyright.

Literatur

AECT. (1977). *Educational technology: Definition and glossary of terms.* Association for Educational Communication and Technology.

AECT Definition and Terminology Committee (2008). Definition. In A. Januszewski & M. Molenda (Hrsg.), *Educational technology: A definition with commentary.* Lawrence Erlbaum.

Aprea, C. (2020). Instruktionsdesign und Unterrichtsplanung. In H. Niegemann & A. Weinberger (Hrsg.), *Handbuch Bildungstechnologie* (S. 171–189). Springer.

Arnold, R., & Erpenbeck, J. (2015). Wissen ist keine Kompetenz. In *Grundlagen der Berufs- und Erwachsenenbildung* (Bd. 77). Baltmassweiler.

Bedwell, W. L., Pavlas, D., Heyne, K., Lazzara, E. H., & Salas, E. (2012). Toward a taxonomy linking game attributes to learning: An empirical study. *Simulation & Gaming, 43*(6), 729–760. https://doi.org/10.1177/1046878112439444

Black, D., Bissessar, C., & Boolaky, M. (2019). Online education as an opportunity equalizer: The changing canvas of online education. *Interchange, 50,* 423–443. https://doi.org/10.1007/s10780-019-09358-0

Chang, V., & Guetl, C. (2007). E-Learning Ecosystem (ELES) – A Holistic Approach for the Development of more Effective Learning Environment for Small-and-Medium Sized Enterprises (SMEs) Conference: Digital EcoSystems and Technologies Conference, 2007. DEST '07. Inaugural IEEE-IES. https://doi.org/10.1109/DEST.2007.372010

Deimann, M. (2020). Lernen mit Open Educational Resources. In I. H. Niegemann & A. Weinberger (Hrsg.), *Handbuch Bildungstechnologie* (S. 699–708). Springer.

Demling, A., Kerkmann, C., Neuerer, D., & Scheuer, S. (2020). „Für Vertrauliches gilt höchste Vorsicht" – Politiker warnen vor Videodienst Zoom. In *Handelsblatt*.

Dewey, J. (1897). My pedagogic creed. *The School Journal, 3*, 77–80.

Edtech Market Size, Share, Segmentation, Analysis 2023–2028. (o.J.). Edtech Market Report by Sector (Preschool, K-12, Higher Education, and Others), Type (Hardware, Software, Content), Deployment Mode (Cloud-based, On-premises), End User (Individual Learners, Institutes, Enterprises), and Region 2024–2032. https://www.imarcgroup.com/edtech-market. Zugegriffen am 06.05.2024.

Gagnon, G. W., & Collay, M. (2006). *Constructivist learning design. Key questions for teaching to standards*. Corwin Press/Sage Publications.

Gayk, B. (2022). *27. Bericht der Landesbeauftragten für Datenschutz und Informationsfreiheit Nordrhein-Westfalen*.

Grinspoon, P. (2020). *The health effects of too much gaming*. Harvard Health Publishing/Harvard Medical School. Zugegriffen am 27.06.2023 (englisch).

Holtz, P., Cress, U., & Kimmerle, J. (2020). Lernen in sozialen Medien. In H. Niegemann & A. Weinberger (Hrsg.), *Handbuch Bildungstechnologie* (S. 677–687). Springer.

Jennett, C., Cox, A. L., Cairns, P., Dhoparee, S., Epps, A., Tijs, T., & Walton, A. (2008). Measuring and defining the experience of immersion in games. *International journal of human-computer studies, 66*(9), 641–661.

Kavanagh, S., Luxton-Reilly, A., Wuensche, B., & Plimmer, B. (2017). A systematic review of virtual reality in education. *Themes in Science and Technology Education, 10*(2), 85–119.

Kerres, M., & Preußler, A. (2015). Mediendidaktik. In D. M. Meister & U. Sander (Hrsg.), *Medienpädagogik – ein Überblick, herausgegeben von Friederike von Gross* (S. 32–48). Beltz Juventa.

Kerres, M., Mulders, M., & Buchner, J. (2022). Virtuelle Realität: Immersion als Erlebnisdimension beim Lernen mit visuellen Informationen. *Medien Pädagogik, 47*(AR/VR – Part 1), 312–330. https://doi.org/10.21240/mpaed/47/2022.04.15.X

Niegemann, H., & Weinberger, A. (2020). Was ist Bildungstechnologie. In H. Niegemann & A. Weinberger (Hrsg.), *Handbuch Bildungstechnologie* (S. 9–16). Springer. https://doi.org/10.1007/978-3-662-54368-9_1

Obexer, R., & Giardina, N. (2016). What is a learning designer? Support roles and structures for collaborative E-Learning implementation. In J. Wachtler, M. Ebner, O. Gröblinger, M. Kopp, E. Bratengeyer, H.-P. Steinbacher, C. Freisleben-Teutscher, & C. Kapper (Hrsg.), *Digitale Medien: Zusammenarbeit in der Bildung* (S. 137–146). https://doi.org/10.25656/01:15787

OECD. (2007). *Giving Knowledge for Free – The Emergence of open Educational Resources*. Paris.

Online Learning With The World's Most Popular LMS – Moodle. (2023, Mai 30). Moodle. https://moodle.com/. Zugegriffen am 06.05.2024.

Perels, F., & Dörrenbächer, L. (2020). Selbstreguliertes Lernen und (technologiebasierte Bildungsmedien). In H. Niegemann & A. Weinberger (Hrsg.), *Handbuch Bildungstechnologie* (S. 81–92). Springer.

Piaget, J. (1977). *The development of thought: Equilibration of cognitive structures*. Viking.

Rensing, C. (2020). Informatik und Bildungstechnologie. In H. Niegemann & A. Weinberger (Hrsg.), *Handbuch Bildungstechnologie* (S. 585–603). Springer.

Reszat, M., & Scherle, N. (2017). Digitales Lernen als Innovationsimpuls. In H. H. Jung & P. Kraft (Hrsg.), *Digital vernetzt. Transformation der Wertschöpfung. Szenarien, Optionen und Erfolgsmodelle für smarte Geschäftsmodelle, Produkte und Services* (S. 275–289). Hanser.

Schönert, U. (2023, März 23). Was geschieht, wenn ich ChatGPT eine Frage stelle? *Die Zeit*, 38.

Schuldt, J. (2020). Lernspiele und Gamification. In H. Niegemann & A. Weinberger (Hrsg.), *Handbuch Bildungstechnologie* (S. 209–228). Springer.

Schurter, D. (2022, Dezember 13). Datenwissenschaftlerin aus Zürich warnt vor ChatGPT und den bösen Folgen. *Watson.ch*. Zugegriffen am 20.12.2022.

Skalar, J. (2020, April 24). 'Zoom fatigue' is taxing the brain. Here's why that happens. *National Geographic Society*. Zugegriffen am 24.06.2023 (englisch).

Sweller, J. (1988). Cognitive load during problem solving: Effects on learning. *Cognitive Science, 12*, 257–285.

Sweller, J., Ayres, P., & Kalyuga, S. (2011). *Cognitive load theory*. Springer.

Teräs, M., Suoranta, J., Teräs, H., et al. (2020). Post-Covid-19 education and education technology 'solutionism': A seller's market. *Postdigit Sci Educ, 2*, 863–878. https://doi.org/10.1007/s42438-020-00164-x

Tolks, D., & Sailer, M. (2021). Gamification als didaktisches Mittel in der Hochschulbildung. In *Digitalisierung in Studium und Lehre gemeinsam gestalten*. Springer VS. https://doi.org/10.1007/978-3-658-32849-8_29

UNESCO. (2002). *Forum on the impact of open courseware for higher education in developing countries*.

UNESCO. (2015). UNESCO veröffentlicht neue Definition zu OER (Übersetzung auf Deutsch). https://open-educational-resources.de/unesco-definition-zu-oer-deutsch/. Zugegriffen am 06.05.2024.

Vygotsky, L. (1962). *Thought and language*. MIT Press.

ConstructionTech

15

Bernd Oswald

15.1 Beschreibung

15.1.1 Volkswirtschaftliche Bedeutung der Immobilien- und Bauwirtschaft

Immobilien- und Bauwirtschaft haben enorme gesellschaftliche und wirtschaftliche Bedeutung – sowohl in den DACH-Ländern (Deutschland, Österreich, Schweiz) als auch auf europäischer und globaler Ebene. Die Begriffsabgrenzung zwischen Immobilien- und Bauwirtschaft ist allerdings im deutschsprachigen Raum und darüber hinaus nicht eindeutig. Während das Baugewerbe von einigen als Teil der Immobilienwirtschaft betrachtet wird (Hochschule Ruhr West, o. J., S. 15), sehen sie andere als getrennt zu erfassende Branchen (DV/gif, 2005, S. 2). In der Tat erscheint im nachfolgenden Kontext eine Abgrenzung schwierig, nicht zuletzt deshalb, weil sich die zweifellos bestehenden Wechselwirkungen, etwa zwischen dem Bau von Immobilien und deren Bewirtschaftung, im Licht der Digitalisierung verstärken. Unabhängig davon lassen die Zahlen erkennen, welche enorme volkswirtschaftliche Bedeutung Immobilien- und Bauwirtschaft haben.

- Allein in **Deutschland** gab es 2021 in der Branche knapp 800.000 Unternehmen mit ca. 3,45 Mio. sozialversicherungspflichtig Beschäftigten. Mit einer Bruttowertschöpfung von rund 670 Mrd. € (2022) trug die Immobilienwirtschaft (inklusive Architekt:innen, Planer:innen, Kreditgebenden, Berater:innen, Bauunternehmen) rund ein

B. Oswald (✉)
GROPYUS Technologies GmbH, Berlin, Deutschland
E-Mail: bernd@gropyus.com; marketing@gropyus.com

© Der/die Autor(en), exklusiv lizenziert an Springer Fachmedien Wiesbaden GmbH, ein Teil von Springer Nature 2024
L. Staffler et al. (Hrsg.), *Digitalwirtschaft*, https://doi.org/10.1007/978-3-658-45724-2_15

Fünftel zur Gesamtwertschöpfung der Bundesrepublik bei. Bei engerer Betrachtung (Vermittlung, Verwaltung, Handel und Vermietung) belaufen sich die Bruttowertschöpfung auf 350 Mrd. € und der Anteil an der gesamten Wertschöpfung auf zehn Prozent (ZIA, 2022). Das Baugewerbe im engeren Sinne hatte 2022 einen Anteil von sechs Prozent an der Bruttowertschöpfung (Statistisches Bundesamt, 2022).

*   In der **Schweiz** und in **Österreich** zeigen sich obgleich abweichender ökonomischer Betrachtungsweise in Relation zur wirtschaftlichen Leistung ähnliche Verhältnisse. Der Anteil der Immobilienwirtschaft am Schweizer Bruttoinlandsprodukt liegt mit 19,6 Mrd. Schweizer Franken bei 17 %, was das Segment als größte Einzelbranche qualifiziert. Der Anteil der Beschäftigten beträgt hier 20 % (Baldegger & Nathani, 2020, S. 19). In Österreich betrug die Bruttowertschöpfung im Grundstücks- und Wohnungswesen im Jahr 2022 rund 38 Mrd. € (Statista Österreich, 2011–22), was einem Anteil von 9,59 % an der gesamten Bruttowertschöpfung des Landes entspricht (Statista Österreich, 2012–22).

Die Zahlen verdeutlichen unbestreitbar, dass es sich um bedeutende Industrien mit einem signifikanten Anteil an der Wirtschaft handelt – auch global betrachtet: Allein 2021 betrug der Gesamtumsatz der 100 größten börsennotierten Bauunternehmen weltweit über 1,8 Billionen US-Dollar – ein Plus von 14,1 % gegenüber 2020 (Deloitte, 2021, S. 5). Für die Jahre 2022 bis 2030 wird eine durchschnittliche Wachstumsrate von 7,3 % pro Jahr erwartet (Deloitte, 2021, S. 13). Dieses Wachstum ist Analysten zufolge jedoch an Bedingungen geknüpft. So hat die Branche in den Bereichen **Nachhaltigkeit** und **Digitalisierung** einen weiten Weg vor sich (Kap. 8). Insbesondere entlang von Digitalisierung transformierte Prozesse und Geschäftsmodelle werden demnach eine zentrale Rolle im Wandel der Bauwirtschaft spielen (Deloitte, 2021, S. 20).

Die Treiber für die digitale Transformation, die auch die Bau- und Immobilienwirtschaft im deutschsprachigen Raum durchleben, sind keineswegs neu: Bevölkerungswachstum und Urbanisierung prägen bereits seit vielen Jahren das Marktgeschehen (Deloitte, 2021, S. 18). Hinzu kommt das Ziel der **Dekarbonisierung** des Gebäudebestands, das Branchenexpert:innen zufolge ohne weitreichende Digitalisierung nicht zu bewerkstelligen ist. Um insbesondere Energieverbräuche und CO_2-Emissionen wirksam zu reduzieren, bedarf es im ersten Schritt mehr Datenpunkte sowie der Qualifizierung von Daten, um mehr **Transparenz** über ungenutzte Potenziale zu erreichen. Diese ist bisher nur selten gegeben, weder für einzelne Gebäude noch für ganze Flächen oder gar über Bauteile beziehungsweise verbaute Materialien (EY/ZIA, 2020, S. 26).

15.1.2 Definition ConstructionTech

Beleg für den bisher im Branchenvergleich geringen Digitalisierungsgrad des Immobiliensektors ist nicht zuletzt, dass die Branche erst 2016 erstmals eine Definition für den Begriff „**PropTech**", ein Kofferwort aus Property und Technology, vorlegte (EY/ZIA, 2018, S. 13).

▶ **PropTech** PropTech beschreibt die digitale Transformation der Immobilienwirtschaft in Form technologiebasierter Lösungsansätze entlang der gesamten Wertschöpfungskette von Immobilien (vgl. Abb. 1 zu den einzelnen Wertschöpfungsphasen) und dient zudem als Bezeichnung für Start-ups in diesem Feld („PropTechs") (Blackprint, 2022, S. 4).

Auch der Begriff „**ConstructionTech**" (Construction Technology, auch ConTech) ist vergleichsweise jung.

▶ **ConstructionTech** ConstructionTech meint die Digitalisierung des Planungs- sowie Bau(ausführungs)segments und umfasst digitale Lösungen und innovative Geschäftsmodelle ebenso wie den Einsatz von Maschinen, insbesondere im Sinne halbautomatischer und automatischer Herstellungsgeräte, sowie Materialien (CII, 2023).

Die Abgrenzung von ConstructionTech zum PropTech-Segment ist dabei nicht immer trennscharf, denn grundsätzlich umfasst PropTech „als Oberbegriff im Rahmen der Transformation der Bau- und Immobilienwelt die Digitalisierung, Innovation bzw. Disruption sämtlicher Prozesse und Geschäftszweige rund um Immobilien" (Blackprint, 2022, S. 4). Dies zeigt sich anschaulich in Abb. 15.1.

Als Gradmesser für die Bedeutung eines Marktsegments lassen sich die Mittelzuflüsse heranziehen. Diese Betrachtung unterstellt, dass Veränderung dort vorangetrieben wird und stattfindet, wohin Kapital allokiert wird. 2022 flossen über 767 Mio. € in Prop- und ConTechs – ein Plus um 52,7 % gegenüber 2021 und fast genauso viel wie 2020 und 2021 zusammen. In der Gesamtschau der vergangenen drei Jahre zeigt sich damit ein exponentielles Wachstum des Investitionsvolumens in deutsche PropTechs (Blackprint Booster, 2022, S. 12).

15.1.3 Produktivitätszuwachs durch Digitalisierung

Mit derartigen Investitionen sind Erwartungen verbunden. Oder anders ausgedrückt: Digitalisierung ist kein Selbstzweck. Der Immobilienwirtschaft im Allgemeinen und dem Baugewerbe im Speziellen kann sie unter anderem zu Kostensenkungen und **Produktivitätssteigerungen** verhelfen (McKinsey, 2019). Ein entscheidender Hebel für beides ist ein hoher Automatisierungsgrad (McKinsey, 2017).

In der Bauindustrie werden die damit verbundenen Potenziale bislang jedoch kaum gehoben. Der Digitalisierungsindex 2022 zeigt: Das „Sonstige Produzierende Gewerbe", zu dem auch das Baugewerbe zählt, bildet trotz erkennbarem Digitalisierungsfortschritt unverändert das Schlusslicht unter den Branchen und bleibt weit hinter dem Durchschnitt aller im Index erfassten Wirtschaftszweige zurück. Der Fahrzeugbau weist im Vergleich einen dreimal so hohen Indexwert auf (BMWK, 2022, S. 4). Auch im Vergleich zum verarbeitenden Gewerbe werden die Unterschiede deutlich, wie Abb. 15.2 illustriert, der

PropTech im Immobilienlebenszyklus

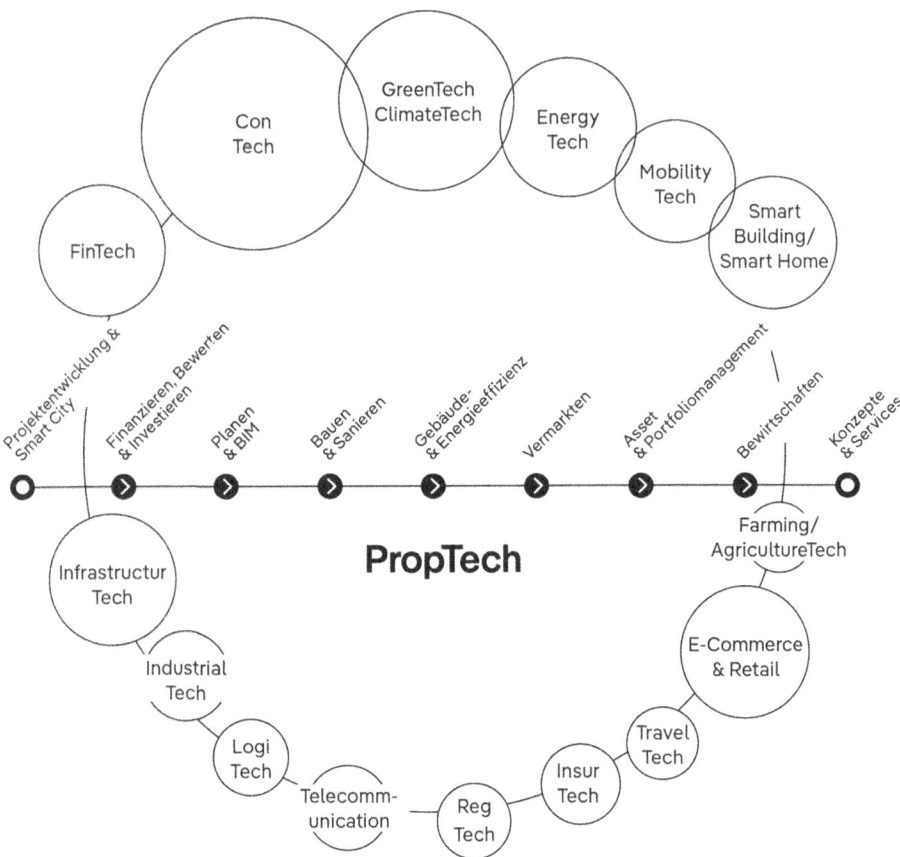

Abb. 15.1 Wertschöpfungszyklus von Immobilien mit vielfältigen Verknüpfungen zu Tech-Sektoren (Gropyus)

Daten für Belgien, Deutschland, Frankreich, Italien, Luxemburg, Niederlande, Österreich und Finnland zugrunde liegen (Eurostat/ING, 2019, S. 11).

Das heißt nicht, dass die Akteur:innen auf dem Immobilienmarkt das insbesondere der **Automatisierung** innewohnende Potenzial nicht erkannt haben – sie erachten Automatisierung sogar mehrheitlich als existenzsichernden Faktor (EY/ZIA, 2021). In der Praxis spiegelt sich diese Einschätzung bislang allerdings nicht wider, insbesondere dann nicht, wenn man die Produktivität betrachtet: Hier zeigt sich ein deutlicher Produktivitätsrückstand der Bauindustrie gegenüber anderen Sektoren. Je geleisteter Erwerbstätigenstunde im deutschen Baugewerbe wuchs die Arbeitsproduktivität in Deutschland zwischen 1998 und 2015 real nur um durchschnittlich 0,12 %, während die Gesamtwirtschaft um 1,12 % zulegte (BBSR, 2019, S. 3). 2021 lag die Arbeitsproduktivität im Baugewerbe sogar um 4,2 % unter dem Wert von 1991.

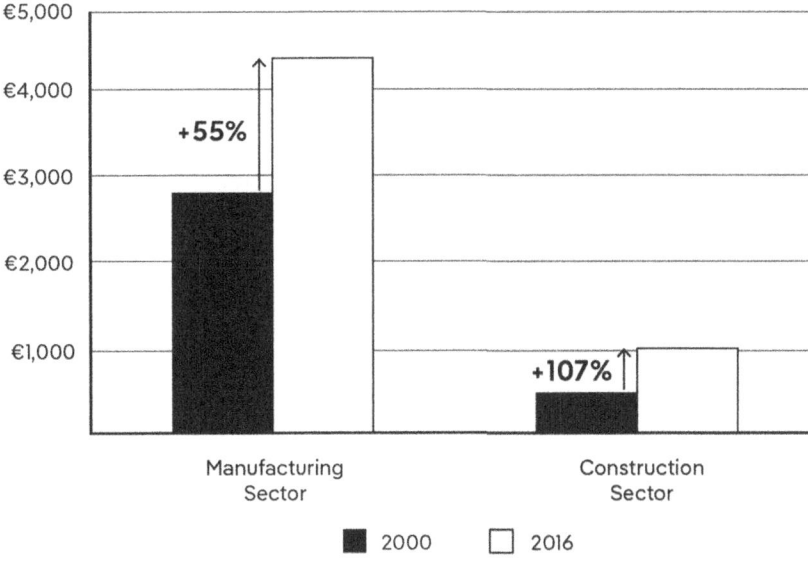

Abb. 15.2 Vergleichsweise geringer Einsatz von Daten und Software je Arbeitnehmer in der Bauindustrie (Gropyus)

Angesichts „anhaltend hoher Baunachfrage in den kommenden Jahren – worauf ein hoher Bedarf an zusätzlichen Wohnungen sowie der Nachholbedarf an Investitionen in die nach wie vor marode Infrastruktur hindeuten – und einem gleichzeitig zunehmenden, demografiebedingten **Fachkräftemangel** werden die Bauunternehmen nicht umhinkommen, in produktivitätssteigernde Maßnahmen zu investieren, wie z. B. Serien- und Vorfertigung, serielles Sanieren, 3D-Druck und BIM" (HDB, 2022).

15.1.4 Herausforderungen in der Wohnungswirtschaft

Ein Schmelztiegel aktueller und künftiger Herausforderungen der Bauwirtschaft und damit ein geeignetes Beispiel, um die Wirkkraft von Technologie aufzuzeigen, ist die Wohnungswirtschaft. Hier treffen verschiedene Faktoren aufeinander, die teilweise in einem Spannungsverhältnis stehen:

- hoher Wohnraum- und damit Baubedarf versus Flächenmangel, insbesondere in den Metropolregionen,
- gestiegene Baukosten versus Erschwinglichkeit von Wohnraum,
- hoher manueller Aufwand versus Fachkräftemangel,
- hoher Ressourcenverbrauch und Emissionswerte versus Klimaschutz und ESG-Regulatorik,
- Vermeidung zusätzlicher Flächenversiegelung versus veränderte Nutzer:innenbedürfnisse, allen voran der steigende Flächenverbrauch pro Kopf (ARGE, 2023, S. 31),
- akuter Bedarf versus lange Genehmigungsverfahren und Bauzeiten.

Die Liste ließe sich fortsetzen. Vertieft werden sollen hier zwei Aspekte: akuter Wohnraumbedarf und Nachhaltigkeit. In Deutschland fehlen allein 2023 mehr als 700.000 Wohnungen. Gleichzeitig ist das politische Ziel, pro Jahr 400.000 neue Wohnungen fertigzustellen, im Zuge der wirtschaftlich veränderten Rahmenbedingungen in weite Ferne gerückt (Tagesschau, 2023).

Ursächlich für die Defizite im Wohnungsneubau ist neben Baulandmangel sowie steigenden Grundstückspreisen auch die **Preisentwicklung bei Baustoffen und Material**. Sie zeigte angesichts der verschiedenartigen globalen Verwerfungen der vergangenen Jahre nicht nur eine hohe Dynamik, sondern infolge von gestörten Lieferketten auch eine große Schwankungsbreite. Allein 2022 sind etwa die Kosten für Glas, Stahl und Bitumen binnen Jahresfrist um über 35 %, teilweise knapp 50 % gestiegen. Die Erzeugerpreise für Holz waren dagegen zwischen Januar 2022 und Januar 2023 sogar rückläufig (minus elf Prozent) (Statista, 2021–23). Kostentreibend und damit hemmend wirken darüber hinaus gestiegene Qualitätsansprüche und komplexe technische Normen (ARGE, 2023, S. 31).

Als weitere Kostentreiber gelten nicht nur das infolge des Zinsanstiegs verteuerte Finanzierungsumfeld, sondern – vermeintlich – auch das Erfordernis, nachhaltig zu bauen. Vorgerechnet wird etwa, dass die Kosten für eine nachhaltige Bauweise um zwei bis sechs Prozent über jenen liegen, die beim konventionellen Bau entstehen (Urbansky, 2022). Diese Rechnung vermittelt jedoch ein schiefes Bild, weil hier lediglich traditionell eingesetzte Materialien und Bauweisen gegen nachhaltigere Äquivalente ausgetauscht werden. Dabei lässt sich in einer differenzierten Betrachtung sogar Kostenparität oder gar eine günstigere Realisierung konstatieren. Dies berücksichtigt etwa, dass nachhaltige (Immobilien-)Produkte grundsätzlich anders gebaut werden als die traditionelle Herstellung das vorsieht, zum Beispiel mit Blick auf Konstruktionsweisen, Traglasten und damit Materialeinsatz. Außerdem reflektiert die differenzierte Sichtweise Einsparungen während des Lebenszyklus der Immobilie und mögliche Effizienzsteigerungen bei Bau und Nutzung.

Ohnehin ist Nachhaltigkeit bei der Gebäudeerrichtung unumgänglich (Europäisches Parlament, 2023): „Etwa 30 % des gesamten CO_2-Ausstoßes in Deutschland werden durch den Bau und die Nutzung von Gebäuden verursacht. Immobilien weisen mithin ein hohes, bislang nur teilweise ausgeschöpftes Nachhaltigkeitspotenzial auf" (Jeschke & Todt, 2022, S. 221).

Im Kontext der wirtschaftlichen Bedeutung der Branche sowie angesichts ihres historischen und gegenwärtigen Beitrags zum Klimawandel wird auch regelmäßig die soziale und gesellschaftliche Verantwortung der Branche betont. In modernen Gesellschaften verbringen Menschen einen Großteil ihres Lebens in Gebäuden verschiedenster Art. Damit einher gehen unterschiedliche Bedürfnisse und Anforderungen an die Räume, was wiederum einer vorausschauenden Planung innerhalb sich stetig wandelnden Rahmenbedingungen bedarf. Teilhabe, Lebensqualität und Nachhaltigkeit sind hier zentrale Stichworte (Braun & Kropp, 2021, S. 136). Antworten darauf finden sich im technologiebasierten, seriellen Bauen und hier vor allem im **Holzhybridbau**, bei dem Holz mit Bauwerksteilen aus Mauerwerk, Beton oder Stahl kombiniert wird. Vor allem im mehrgeschossigen Bau lassen sich so materialimmanente Vor- und Nachteile der eingesetzten Materialien ausgleichen, um die Anforderungen an Stabilität, Brand- und Schallschutz zu erfüllen (Kind & Jetzke, 2022, S. 18).

15.2 Ursprung

15.2.1 Bauen in Serie im Kontext der Digitalisierung

Zeitdruck, großer Wohnraumbedarf und Mangel an Arbeitskräften, aber auch veränderte Anforderungen an Wohnraum – diese Gemengelage hat dem seriellen Bauen bereits in der Vergangenheit Vorschub geleistet. Mit der voranschreitenden Digitalisierung kommt nun ein weiterer Treiber hinzu, der das serielle Bauen einerseits befördert und der andererseits im seriellen Bau selbst ein ideales Feld zur Anwendung und Weiterentwicklung findet.

Durch Digitalisierung – man denke an digitale Arbeitsmittel, rasant wachsende Rechenleistungen oder Künstliche Intelligenz – lässt sich das Potenzial des seriellen Bauens weit über das Maß der Vergangenheit heben. Ob ab 1919 bei den Bauhausdirektoren Walter Gropius, Hannes Meyer und Ludwig Mies van der Rohe oder bei den Bauherren der ostdeutschen und -europäischen Hochhaussiedlungen – hier standen unter anderem Funktionalität und Pragmatismus im Fokus. Digitale Methoden erlauben nun ein produktorientiertes und **kund:innenzentriertes Bauen**, immer vorausgesetzt, die dafür notwendigen Daten wurden und werden generiert.

15.2.2 Schlüsselfaktor Daten

„Daten sind im digitalen Zeitalter ein elementarer Schlüssel für die Zukunft […]." Sie bilden die „Grundlage für neue Technologien, Wertschöpfungsketten und Geschäftsmodelle" (BMBF, 2021). Was Bundesforschungsministerin Anja Karliczek 2021 auf die Forschung bezog, lässt sich auch auf die Wirtschaft im Allgemeinen und die Bauwirtschaft im Speziellen übertragen. Während produktivitätsstarke Branchen erkannt haben, dass qualitativ und quantitativ hochwertige Daten essenziell für den Geschäftserfolg sind, spiegelt sich die Erkenntnis kaum in der immobilienwirtschaftlichen Praxis wider. Noch 2022 gaben mehr als 60 % der Immobilienunternehmen in einer Studie an, dass sie in intransparenten Datenstrukturen, mangelnder Datenqualität und veralteter Software die größten Hindernisse der Digitalisierung ausmachen. Gegenüber der Vorjahresbefragung ist dieser Wert sogar angewachsen (EY/ZIA, 2022).

Betrachtet man das weit verbreitete Problem von Datensilos und mögliche Lösungsansätze, rückt der digitale Zwilling als virtuelles Abbild einer Immobilie in den Fokus. Das Konzept fasste Dr. Michael Grieves, Pionier des „Product Lifecycle Managements", 2002 erstmals in Worte (Grieves & Vickers, 2017). Praktisch angewendet wurde es bereits deutlich früher: bei der Nasa-Mission „Apollo 13" im Jahr 1970. Als „single source of truth" bildet der **digitale Zwilling** den Nukleus aller Betrachtungen, weil er potenziell alle Stakeholder um ein Produkt in die Lage versetzt, an einem digitalen Ort zusammen zu kommen, Informationen zu hinterlegen und abzurufen und so Transparenz zu schaffen, sei es mit Blick auf Arbeitsstände, definierte Ergebnisse oder Entscheidungsprozesse. Erneut kann der Automobilsektor als Blaupause herangezogen werden. Der digitale Zwilling dient dort nicht nur zur Entwicklung neuer Modelle unter Zuhilfenahme von Daten und darauf basierenden Simulationen, sondern wird im Laufe der Fertigung selbst auch für die Überwachung und Steuerung von Zulieferungen, die Konfiguration von Kund:innenwünschen und deren unmittelbare Umsetzung auf der Fertigungsstraße genutzt (Siemens, 2023).

Die zugrunde liegende Produktlogik verdient einen genaueren Blick: In vielen anderen Branchen entstehen neue Produkte nicht auf einem weißen Blatt Papier. Sie werden vielmehr von den Kund:innenbedürfnissen ausgehend erdacht. Die Produktdefinition ist gleichzusetzen mit der Antwort auf die zentrale Frage, welches Problem des/der Kunde/in bzw. einer Kund:innengruppe zu lösen ist. Ein Minimum Viable Product (MVP) bildet den Ausgangspunkt, um Kund:innenfeedback (oft in Form von Nutzungsdaten) einzuholen, das Produkt zu verbessern und letzten Endes zu skalieren.

Diese **Produktdenkweise** ist das unterscheidende Wesensmerkmal gegenüber der klassischen projektbezogenen Ausrichtung und Arbeitsweise, die noch im Immobiliensektor vorherrschen. Hier entstehen im aufwändigsten Sinne Unikate. Die Entwicklung weiterer Projekte, selbst bei vergleichbaren Voraussetzungen, startet also immer wieder von vorn.

Was wiederum **Kund:innenzentriertheit** in letzter Konsequenz bedeuten kann, machen große Tech-Unternehmen wie Apple oder Tesla vor. Bei ihnen steht nicht (mehr) das einzelne Produkt im Mittelpunkt. Vielmehr sind die Kund:innen Teil eines Ökosystems, das auf Daten und daraus abgeleiteten Erkenntnissen basiert. Verschiedene Geräte und Services interagieren nahtlos miteinander und schaffen dadurch in Kombination mit der Produktqualität ein fortschrittliches Kund:innenerlebnis. Ähnliches kann ConstructionTech im Bausektor bewirken. Basierend auf Daten entsteht ein komplett neuer Bauprozess, der von Beginn bis Ende zeitgemäße Nutzerfahrungen generiert, die weit über das Erfordernis „Wohnen" hinaus gehen können.

15.2.3 Transfer in die Bauwirtschaft – Exkurs Building Information Modelling (BIM)

Serielles Bauen verband bereits in der Vergangenheit viele Eigenschaften, die heute gefragter sind denn je – von der Effizienz in der Herstellung, Errichtung und Nutzung über eine hohe Funktionalität bis hin zu ästhetischen Ansprüchen. Jedoch ließen sich diese nicht immer zur gleichen Zeit umsetzen, wie das Beispiel des Plattenbaus zeigt. ConstructionTech bietet hier neue Möglichkeiten, etwa in Bezug auf die Gleichzeitigkeit von Skalierung und Kund:innenfokus.

Obwohl es der Einsatz von Technologie eigentlich ermöglichen würde, Produkte und die dahinterliegenden Prozesse neu zu denken, werden in der Baubranche selbst dort, wo Digitalisierung stattfindet, vielfach nur analoge Prozesse in ein digitales Äquivalent übertragen. So ist für die Errichtung von Immobilien in den vergangenen Jahren **Building Information Modeling (BIM)** als digitale Methode in den Fokus gerückt, um den Planungsprozess von Immobilien zu digitalisieren und effizienter zu gestalten. Die 2021 gewählte Bundesregierung hat BIM sogar in ihren Koalitionsvertrag aufgenommen, um Kostentransparenz, Effizienz und Termintreue insbesondere bei Infrastrukturvorhaben sicherzustellen (BMDV, 2022): „Wir werden durch serielles Bauen, Digitalisierung, Entbürokratisierung und Standardisierung die Kosten für den Wohnungsbau senken. Wir wollen modulares und serielles Bauen und Sanieren durch Typengenehmigungen beschleunigen. Wir wollen die Prozesse der Normung und Standardisierung so anpassen, dass Bauen günstiger wird." (Koalitionsvertrag, 2021–25, S. 70) Im Kern hält jedoch BIM Gebäudedaten lediglich von der ersten Idee über die Planung bis zur Ausführung und Inbetriebnahme durchgängig vor. Damit wird BIM zwar zur Handlungs- und Entscheidungsgrundlage für alle Projektbeteiligten im Herstellungsprozess und schafft einen strukturierten Datenvorrat als Basis für eine **Kreislaufwirtschaft** (Kap. 8), indem etwa verwendete Materialien bei Sanierung oder Rückbau dokumentiert sind (BMDV, 2022). In der gegenwärtigen Anwendungspraxis kann BIM jedoch nur ein Zwischenschritt sein – sowohl, was die bisherige Durchdringung des Marktes insgesamt betrifft, als auch in der Lebenszyklusbetrachtung von Immobilien. Nur gut 40 % sehen durch BIM eine Erhöhung der Transparenz im Gebäudelebenszyklus (BIM Tage, 2021, S. 2, 6). Dabei lässt sich gerade hier und mit Blick auf künftige Produkte enormer Mehrwert generieren. Zuvorderst sollte man nicht dem Trugschluss erliegen, dass BIM ein Synonym für den digitalen Zwilling ist und umgekehrt. Zwar liegt BIM auch ein digitaler Zwilling zugrunde, dessen Mehrwert erstreckt sich jedoch über die komplette Wertschöpfungskette und projiziert sogar auf zukünftige Immobilienprojekte. Denkt man etwa an den laufenden Betrieb, entstehen Datenflüsse, die es zu kanalisieren, anzureichern und zu analysieren gilt. Das kann einerseits auf die effiziente, nachhaltige Betriebsphase einzahlen sowie auch andererseits darauf, basierend auf den gewonnenen Erkenntnissen bessere Immobilienprodukte zu entwickeln.

15.3 Fallvignette

Die Anwendung des digitalen Zwillings im Entstehungsprozess von Immobilien ist also nur der Anfang. Als Datensammelstelle, als Entscheidungsgrundlage und als gemeinsame Kommunikationsplattform bringt er all jene zusammen, die am tradierten Bauprozess beteiligt sind. Im Grunde handelt es sich bei den Informationsflüssen um „Übersetzungen" für verschiedene Gewerke – und damit für Menschen. Doch damit ist das Potenzial längst nicht ausgeschöpft. Abb. 15.3 zeigt die Herstellung eines schlüsselfertigen Produkts auf Grundlage eines digitalen Gebäudezwillings aus einer Hand bzw. anhand eines End-to-End gedachten Prozesses – von der Planung und Baugenehmigung („Design") über die Fertigung, Montage und Inbetriebnahme („Build") bis zu Nutzung (inklusive Betriebssystem), Services und Monetarisierung („Operate").

Bereits bei der digitalen und automatisierten Planung liegt der Fokus auf einer hohen Flexibilität, ESG-Konformität, maximaler Kosteneffizienz und späterer sofortiger Einsatzbereitschaft („**plug & play**"). Das verringert nicht nur Planungszeit und -kosten, sondern es wird auch der Grundstein für einen schnelleren Gesamterstellungsprozess gelegt.

Im zweiten Schritt schließt unmittelbar die vollständig automatisierte Fertigung an. Die Vorteile hier liegen in der **Skalierbarkeit** und Genauigkeit sowie wiederum in Kosteneffizienz und insgesamt in der Flexibilität der Produktion. Das bedeutet etwa, dass verschiedene Bauteile binnen kürzester Zeit produziert werden können und sich Materialaufwand und -abfall auf ein Minimum reduzieren. Zudem lassen sich Lieferketten und beispielsweise die damit verbundenen CO_2-Emissionen dokumentieren – und bei Bedarf auf Knopfdruck reporten.

Die integrierte Vor-Ort-Montage verringert den Bedarf an Fachkräften und Koordinationsbedarf der verschiedenen, in der Praxis sehr kleinteilig aufeinander abzustimmenden Gewerken auf der Baustelle. Gleichzeitig können Handwerker:innen mittels Augmented Reality bei Installationen unterstützt und Informationen aus dem Montageprozess in den digitalen Zwilling übertragen werden. Diese Art der Montage schafft Planungssicherheit, gewährleistet aufgrund der passgenauen Fertigung hohes Tempo sowie hohe Bauqualität und trägt dazu bei, das Produkt auf Basis gesammelter Daten kontinuierlich weiterzuentwickeln.

Ein Novum gegenüber dem klassischen Bauprozess stellt das plattformbasierte **Gebäudebetriebssystem** dar. Während ein Projekt in der Vergangenheit mit Übergabe an den/die Eigentümer:in respektive die Nutzer:innen als abgeschlossen galt und weitgehend losgelöst vom Herstellungsprozess in den laufenden Betrieb überging, wird die Nutzung im neuen Prozess in all ihren Facetten bereits in der Planung mitgedacht. Für den/die Bestandshalter:in etwa entstehen Vorteile durch automatisierte Auswertungen und eine aufwandsarme, vorausschauende Steuerung des Gebäudebetriebs. Nutzer:innen wiederum profitieren von einer potenziell geringeren zweiten Miete, wenn durch intelligentes Gebäudemanagement in Verbindung mit einem nachhaltigen Konzept weniger Energie verbraucht sowie Wartungs- und Servicekosten minimiert werden gegenüber einem konven-

Single Source of Truth von der Planung bis zur Wiederverwertung der Materialien

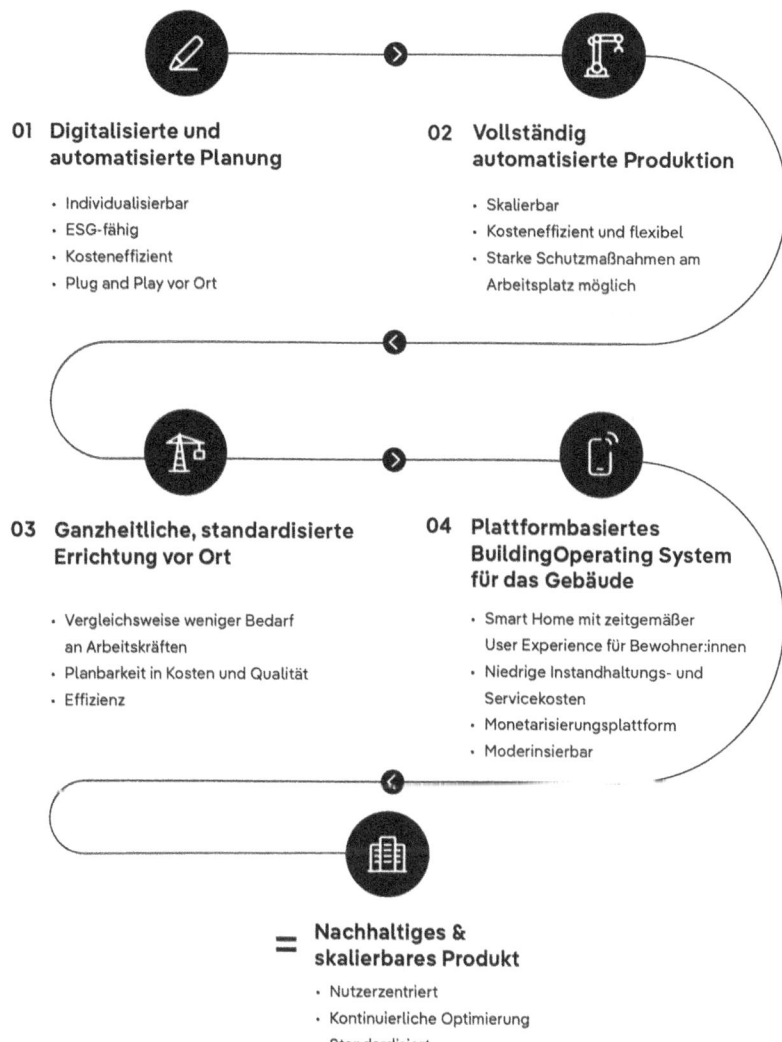

01 Digitalisierte und automatisierte Planung

- Individualisierbar
- ESG-fähig
- Kosteneffizient
- Plug and Play vor Ort

02 Vollständig automatisierte Produktion

- Skalierbar
- Kosteneffizient und flexibel
- Starke Schutzmaßnahmen am Arbeitsplatz möglich

03 Ganzheitliche, standardisierte Errichtung vor Ort

- Vergleichsweise weniger Bedarf an Arbeitskräften
- Planbarkeit in Kosten und Qualität
- Effizienz

04 Plattformbasiertes BuildingOperating System für das Gebäude

- Smart Home mit zeitgemäßer User Experience für Bewohner:innen
- Niedrige Instandhaltungs- und Servicekosten
- Monetarisierungsplattform
- Moderinsierbar

= Nachhaltiges & skalierbares Produkt

- Nutzerzentriert
- Kontinuierliche Optimierung
- Standardisiert

Abb. 15.3 Idealtypische Wertschöpfung aus einer Hand von der Planung bis zum Produkt (Gropyus)

tionell gebauten und gewarteten Gebäude. Zudem kann ein kluges Gebäudeleitsystem und eine App-basierte Wohnungssteuerung das Benutzer:innenerlebnis maßgeblich verbessern. Ein solches System, in dem Daten erfasst, ausgewertet und zur kontinuierlichen Optimierung des Nutzer:innenkomforts verwertet werden, eignet sich nicht zuletzt als Plattform zur **Monetarisierung**.

Das Ergebnis dieses automatisierten **End-to-End-Prozesses** ist das Gebäude als ein nachhaltiges, skalierbares und nutzer:innenzentriertes Produkt.

15.4   Diskussion

ConstructionTech, eingesetzt etwa im Kontext des seriellen Holzhybridbaus, liefert Antworten auf mehrere Herausforderungen unserer Zeit. Projektlaufzeiten, zum Beispiel im Wohnungsbau, lassen sich durch automatisierte Prozesse drastisch verkürzen. Zudem verringert und verlagert sich der Fachkräftebedarf durch hohe Vorfertigungsraten von der Baustelle hin zur Fertigungshalle. Die Entwicklung könnte gerade noch rechtzeitig Engpässe durch Fachkräftemangel abfedern. Eine Umfrage der Deutschen Industrie- und Handelskammer (DIHK) aus dem Frühsommer 2023 zeigt, dass 70 % der befragten Bauunternehmen den Fachkräftemangel als Risiko für die wirtschaftliche Entwicklung ihres Unternehmens ansehen. In der Industrie beklagten dies 63 % (DIHK, 2023, S. 15).

Ein weiterer entscheidender Faktor ist die im Absatz „Herausforderungen in der Wohnungswirtschaft" andiskutierte Kostenfrage. Während der bloße Ersatz konventioneller Bauweisen beispielsweise durch nachhaltige Materialen aktuell erhöhte Baukosten verursacht, hat serielles Bauen schon heute einen Kostenvorteil gegenüber konventionell-individuellen Bauweisen. Beim individuellen Bauen schlägt das Median-Gebäude mit ca. 2395 € pro Quadratmeter Wohnfläche zu Buche. Beim seriellen Bauen reduziert sich dieser Wert auf rund 2165 € pro Quadratmeter (ARGE, 2020, S. 17 f.). Betrachtet man den seriellen Holzhybridbau, ergeben sich zusätzliche Vorteile: Selbst jene Studienautor:innen, die dem nachhaltigen Bau basierend auf heutigen Denkweisen höhere Kosten attestieren, relativieren diese Erkenntnis, indem sie eine höhere Wirtschaftlichkeit, Nutzer:innennachfrage und Imagegewinn feststellen (Baulinks, 2022). Darüber hinaus können auch Transparenz und Planbarkeit zu Kosteneinsparungen beitragen. Zum einen ist der Wohnungsbau aufgrund der vielen beteiligten Gewerke von Kleinteiligkeit und im Ergebnis hoher Intransparenz geprägt. Zum anderen kann aufgrund der gegenwärtigen projektbezogenen Herangehensweise keine intelligente (im Sinne einer vorausschauenden) Materialbeschaffung erfolgen. Mit dem digitalen Zwilling, der den gesamten Lebenszyklus einer Immobilie abdeckt, ist eine vorausschauende und sparsame Beschaffung von teuren Materialien hingegen möglich. Mit der Dokumentation aller Informationen rund um die Immobilie wird zudem, wie bereits erwähnt, der Grundstein für eine Kreislaufwirtschaft gelegt und dadurch ermöglicht, Baustoffe und Materialen am Ende ihrer Nutzungsdauer weiterer Verwendung zuzuführen.

Ohnehin ist Nachhaltigkeit der bestimmende Aspekt und nachhaltiger Holzbau längst nicht mehr wegzudenken. In Deutschland etwa stieg der Anteil der genehmigten Wohngebäude in Holzbauweise an allen genehmigten Wohngebäuden von einem Anteil von gut zwölf Prozent im Jahr 2003 auf über 21 % im Jahr 2021 (Statista, 2003–21). In absoluten Zahlen bedeutet das mehr als 27.500 genehmigte Wohngebäude in Holzbauweise (Statista, 2004–21). Auf den modularen bzw. seriellen Bau fokussierend, fallen die Zahlen ernüchternder aus. Der Marktanteil beläuft sich im Mehrfamilienhausbau auf rund vier Prozent (Tagesschau, 2022). Für dieses Segment müssen zunächst bestehende Hürden aus dem Weg geräumt werden: Ein zentrales Hindernis für den seriellen Wohnungsbau mit Holz sind unsachgemäße Brandschutzvorschriften, die nicht mit den wissenschaftlichen Erkenntnissen übereinstimmen. Heute bietet moderner Holzrahmenbau, der die materialsparende Erstellung von Gebäuden in großem Umfang ermöglicht, im Brandfall nachweislich die gleiche Sicherheit wie andere Bauformen.

Entsprechende Anpassungen sind politisch absehbar und werden, von Deutschland vorangetrieben, grenzübergreifend gedacht (Baulinks, 2023). Der Blick über die Landesgrenzen etwa nach Skandinavien oder nach Japan – beides Länder, in denen Holzbau weit verbreitet ist – zeigt, was heute schon möglich ist. Für den Brandfall wird etwa in Japan mit einer Holzversieglungstechnik namens „Shou Sugi Ban" vorgesorgt. Dabei verkohlt bei einem Feuer im Gebäude nur die Oberfläche des Holzes, die dann die inneren Schichten vor der Hitze schützt. Dieser Effekt wird in Japan, wo die Städte bis ins 19. Jahrhundert überwiegend aus Holz gefertigt waren, bereits seit vielen Jahrhunderten in der Holzbauweise genutzt (Gerst o. J.).

15.5 Zukunft/Szenarien

Beim Bauen musste man sich in der Vergangenheit meist entscheiden: Baut man hochwertig oder erschwinglich, nachhaltig oder kostengünstig, standardisiert oder individuell. Tonangebend waren in erster Linie die Anforderungen der Entwickelnden und Investierenden. Der Trend geht nun sukzessive hin zu produkt- und nutzer:innenzentrierten Lösungsansätzen. Diese sind nicht nur im ökologischen Wortsinne nachhaltig, sondern auch im Sinne ihrer gesamtgesellschaftlichen Bedeutung. Wohnqualität, Vermietbarkeit und Wertstabilität rücken ebenso ins Zentrum wie gesellschaftliche Akzeptanz und Teilhabe, die daraus resultiert, dass das Produkt (Wohn-)Immobilie die Bedürfnisse der Nutzer:innen erfüllt.

ConstructionTech ermöglicht dies, indem es durch Technologie und Daten zahlreiche historische Spannungsfelder auflöst. Das wird zugleich zu einer weitreichenden Transformation der Branche führen und bei den etablierten Marktteilnehmern einen Perspektivwechsel erzeugen. Die Geschäftsmodelle werden sich entlang dieses Perspektivwechsels verändern – auch weil Investments in Automatisierung, Standardisierung und Skalierbarkeit als wirtschaftlicher betrachtet und daher in transformative Ansätze umgelenkt werden.

Sicherlich wird auch ConstructionTech nicht alle Probleme lösen. Als bleibendes Hindernis sei der chronische Flächenmangel in Metropolen genannt, der nicht in allen Städten durch Nachverdichtungen aufgelöst werden kann. Es eröffnen sich aber neue Wege – hin zu mehr Flächeneffizienz, Nachhaltigkeit und Akzeptanz – bei geringeren Bauzeiten und Kosten über den Lebenszyklus einer nachhaltigen Immobilie.

Literatur

ARGE e.V. (2020). Kostengünstiger monolithischer Geschosswohnungsbau mit Ziegelmauerwerk. https://www.wienerberger.de/content/dam/wienerberger/germany/marketing/documents-magazines/brochures/DE_MKT_POR_Geschosswohnungsbau_mit_Ziegelmauerwerk.pdf. Zugegriffen am 06.05.2024.

ARGE e.V. (2023). Status und Prognose: So baut Deutschland – so wohnt Deutschland (Bauforschungsbericht Nr. 86). https://www.impulse-fuer-den-wohnungsbau.de/fileadmin/images/Studien/2023-04-20_WOBT/WOHNUNGSBAU-STUDIE_So_baut_Deutschland_-_So_wohnt_Deutschland_-_ARGE_2023.pdf. Zugegriffen am 06.05.2024.

Baldegger, J., & Nathani, C. (2020). Die volkswirtschaftliche Bedeutung der Immobilienwirtschaft der Schweiz, Kurzbericht Ausgabe. https://www.bwo.admin.ch/bwo/de/home/Wohnungsmarkt/studien-und-publikationen/kurzbericht-immobilienwirtschaft.html. Zugegriffen am 06.05.2024.

Baulinks. (2022). Studie zur Wirtschaftlichkeit der Holzhybridbauweise. Studienergebnis für den gewerblichen Holzhybridbau. https://www.baulinks.de/webplugin/2022/0733.php4. Zugegriffen am 06.05.2024.

Baulinks. (2023, März 20). Serielles und modulares Bauen 2.0: Neues europaweites Ausschreibungsverfahren gestartet. Ausschreibungsverfahren für zukunftsweisende Konzepte des seriellen und modularen Wohnungsbaus. https://www.baulinks.de/webplugin/2023/0343.php4. Zugegriffen am 06.05.2024.

BIM-Tage Deutschland. (2021). Ergebnisse der 6. BIM-Umfrage: BIM gewinnt weiter an Anerkennung und Verbreitung – und Nachhaltigkeit deutlich an Bedeutung. https://bimtagedeutschland.de/ergebnisse-der-6-bim-umfrage-bim-gewinnt-weiter-an-anerkennung-und-verbreitung-und-nachhaltigkeit-deutlich-an-bedeutung/. Zugegriffen am 06.05.2024.

Blackprint. (2022). Proptech Start-up & VC Report. https://www.blackprint.de/veroffentlichungen/proptech-start-up-vc-report. Zugegriffen am 06.05.2024.

Blackprint Booster. (2022). Proptech Report. https://uploads-ssl.webflow.com/62ffb16aad862c593bfec477/63e0cd78206c8f846388a00e_blackprint-PropTech-Report-2022.pdf. Zugegriffen am 06.05.2024.

Braun, K., & Kropp, C. (2021). Schöne neue Bauwelt? Versprechen, Visionen und Wege des digitalen Bauens. https://www.degruyter.com/document/doi/10.1515/9783839454534-006/html. Zugegriffen am 06.05.2024.

Bundesinstitut für Bau-, Stadt- und Raumforschung (BBSR). (2019). Zukunft Bau – Beitrag der Digitalisierung zur Produktivität der Baubranche. (Nr. 19/2019). https://www.bbsr.bund.de/BBSR/DE/veroeffentlichungen/bbsr-online/2019/bbsr-online-19-2019-dl.pdf. Zugegriffen am 06.05.2024.

Bundesministerium für Digitales und Verkehr (BMDV). (2022). Digitales Planen, Bauen, Infrastrukturmanagement. Einführung und Einsatz von Building Information Modeling (BIM). https://bmdv.bund.de/DE/Themen/Digitales/Building-Information-Modeling/BIM/building-information-modeling.html. Zugegriffen am 06.05.2024.

Bundesministerium für Forschung und Bildung (BMBF). (2021). Pressemitteilung 27.01.2021. Daten sind der Schlüssel für unsere Zukunft. https://www.bmbf.de/bmbf/shareddocs/pressemitteilungen/de/karliczek-daten-sind-der-schluessel-fuer-unsere-zukunft.html. Zugegriffen am 06.05.2024.

Bundesministerium für Wirtschaft und Klimaschutz (BMWK). (2022). Digitalisierung der Wirtschaft in Deutschland, Digitalisierungsindex. https://www.de.digital/DIGITAL/Redaktion/DE/Digitalisierungsindex/Publikationen/publikation-digitalisierungsindex-2022-kurzfassung.pdf?__blob=publicationFile&v=1. Zugegriffen am 06.05.2024.

CII/Construction Institute. (2023). Construction technology. https://www.construction-institute.org/resources/knowledgebase/knowledge-areas/construction-technology. Zugegriffen am 06.05.2024.

Deloitte. (2021). Global powers of construction. https://www2.deloitte.com/content/dam/Deloitte/de/Documents/energy-resources/Deloitte-Global-Powers-of-Construction-2021.pdf. Zugegriffen am 06.05.2024.

Deutsche Industrie- und Handelskammer (DIHK). (2023). DIHK-Konjunkturumfrage Frühsommer. https://www.dihk.de/de/themen-und-positionen/wirtschaftspolitik/konjunktur-und-wachstum/konjunkturumfrage-fruehsommer-2023. Zugegriffen am 06.05.2024.

Deutscher Verband für Wohnungswesen, Städtebau und Raumordnung e.V. (DV) und Gesellschaft für Immobilienwirtschaftliche Forschung e.V. (gif). (2005). Die volkswirtschaftliche Bedeutung der Immobilienwirtschaft. Gutachten der gif mit der Bundesarbeitsgemeinschaft der deutschen Immobilienwirtschaft.

Europäisches Parlament. (2023). Pressemitteilung 14.3.2023. Parlament für klimaneutrale Gebäude bis 2050. https://www.europarl.europa.eu/news/de/press-room/20230310IPR77228/parlament-fur-klimaneutrale-gebaude-bis-2050. Zugegriffen am 06.05.2024.

Eurostat, processed by the ING Economics Department. (2019, February). ConTech: Technology in construction.

EY Real Estate/ZIA Zentraler Immobilien Ausschuss. (2018). 3. Digitalisierungsstudie der Immobilienwirtschaft. https://zia-deutschland.de/wp-content/uploads/2021/04/zia_ey_digitalisierungsstudie_20181.pdf. Zugegriffen am 06.05.2024.

EY Real Estate/ZIA Zentraler Immobilien Ausschuss. (2020). 5. Digitalisierungsstudie der Immobilienwirtschaft. https://zia-deutschland.de/project/5-digitalisierungsstudie-von-zia-und-ey-real-estate/. Zugegriffen am 06.05.2024.

EY Real Estate/ZIA Zentraler Immobilien Ausschuss. (2021). 6. Digitalisierungsstudie der Immobilienwirtschaft. https://zia-deutschland.de/project/6-digitalisierungsstudie-von-zia-und-ey-real-estate/. Zugegriffen am 06.05.2024.

EY Real Estate/ZIA Zentraler Immobilien Ausschuss. (2022). 7. Digitalisierungsstudie der Immobilienwirtschaft. https://zia-deutschland.de/pressrelease/digitalisierungsstudie-2022-von-zia-und-ey-real-estate/. Zugegriffen am 06.05.2024.

Gerst, G. (o.J.). Durch und durch aus Holz. Stadtplanung Schweden. *ubm magazin.* https://www.ubm-development.com/magazin/sara-kulturhus-schweden/. Zugegriffen am 06.05.2024.

Grieves, M., & Vickers, J. (2017). Digital Twin: Mitigating Unpredictable, Undesirable Emergent Behavior in Complex Systems (Excerpt). https://www.researchgate.net/publication/306223791_Digital_Twin_Mitigating_Unpredictable_Undesirable_Emergent_Behavior_in_Complex_Systems. Zugegriffen am 06.05.2024.

Hauptverband der Deutschen Bauindustrie (HDB). (2022). Produktivität im Bau(haupt-)gewerbe – ein statistischer Befund. https://www.bauindustrie.de/zahlen-fakten/auf-den-punkt-gebracht/produktivitaet-im-bauhauptgewerbe. Zugegriffen am 06.05.2024.

Hochschule Ruhr West. (o.J.). Institut Bauingenieurwesen. Projektabwicklung in der Bauwirtschaft. V01 Bau- und Immobilienwirtschaft. https://elearning.hs-ruhrwest.de/pluginfile.php/294451/mod_resource/content/2/V01_WPAW_Bau%20und%20Immobilienwirtschaft%20-%20ohne%20Kommentaren.pdf. Zugegriffen am 06.05.2024.

Jeschke, B. G., & Todt, M. (2022). Nachhaltigkeit in der Bauwirtschaft – Konzeption, Potenziale und Umsetzung bei Großimmobilien. *Bioökonomie – Impulse für ein zirkuläres Wirtschaften.* https://www.springerprofessional.de/die-dogmenhistorische-bedeutung-der-biologie-fuer-die-oekonomik/19984842. Zugegriffen am 06.05.2024.

Kind, S., & Jetzke, T. (2022). TAB. Urbaner Holzbau. https://www.tab-beim-bundestag.de/projekte_urbaner-holzbau.php. Zugegriffen am 06.05.2024.

Koalitionsvertrag. (2021–2025). Mehr Fortschritt wagen. Bündnis für Freiheit, Gerechtigkeit und Nachhaltigkeit. https://www.spd.de/fileadmin/Dokumente/Koalitionsvertrag/Koalitionsvertrag_2021-2025.pdf. Zugegriffen am 06.05.2024.

McKinsey und Company. (2017). McKinsey Global Institute. Reinventing construction through a productivity revolution. https://www.mckinsey.com/capabilities/operations/our-insights/reinventing-construction-through-a-productivity-revolution. Zugegriffen am 06.05.2024.

McKinsey und Company. (2019). Decoding digital transformation in construction. https://www.mckinsey.com/capabilities/operations/our-insights/decoding-digital-transformation-in-construction. Zugegriffen am 06.05.2024.

Siemens. (2023). Vom Fahrzeugdesign bis zu multiphysikalischen Simulationen. https://www.siemens.com/de/de/branchen/automobilherstellung/digital-twin-produkt.html. Zugegriffen am 06.05.2024.

Statista: Anteil der genehmigten Wohngebäude in Holzbauweise an allen genehmigten Wohngebäuden in Deutschland in den Jahren 2003 bis 2021. https://de.statista.com/statistik/daten/studie/456639/umfrage/quote-der-genehmigten-wohngebaeude-in-holzbauweise-in-deutschland/. Zugegriffen am 06.05.2024.

Statista: Anzahl der genehmigten Wohngebäude in Holzbauweise in Deutschland in den Jahren 2004 bis 2021. https://de.statista.com/statistik/daten/studie/456626/umfrage/anzahl-der-genehmigten-wohngebaeude-in-holzbauweise-in-deutschland/. Zugegriffen am 06.05.2024.

Statista: Bruttowertschöpfung im Grundstücks- und Wohnungswesen in Österreich von 2011 bis 2022. https://de.statista.com/statistik/daten/studie/875260/umfrage/bruttowertschoepfung-im-grundstuecks-und-wohnungswesen-in-oesterreich/. Zugegriffen am 06.05.2024.

Statista: Anteil des Grundstücks- und Wohnungswesens an der gesamten Bruttowertschöpfung in Österreich von 2012 bis 2022. https://de.statista.com/statistik/daten/studie/875275/umfrage/anteil-des-grundstuecks-und-wohnungswesens-an-der-gesamtwertschoepfung-in-oesterreich/. Zugegriffen am 06.05.2024.

Statista: Veränderung der Erzeugerpreise für Holz in Deutschland von Januar 2021 bis Januar 2023. https://de.statista.com/statistik/daten/studie/1238743/umfrage/preisentwicklung-der-erzeugerpreise-fuer-holz/. Zugegriffen am 06.05.2024.

Statistisches Bundesamt. (2022). Verteilung der Bruttowertschöpfung in Deutschland nach Wirtschaftszweigen im Jahr 2022. https://de.statista.com/statistik/daten/studie/252123/umfrage/anteil-der-wirtschaftszweige-an-der-bruttowertschoepfung-in-deutschland/. Zugegriffen am 06.05.2024.

Tagesschau. (2022, Januar 17). Modulares Bauen. Bauen nach dem Lego-Prinzip. https://www.tagesschau.de/wirtschaft/technologie/serielles-modulares-bauen-101.html. Zugegriffen am 06.05.2024.

Tagesschau. (2023, Januar 23). Geywitz zu Wohnungsbau Bauziel frühestens 2024 erreichbar. https://www.tagesschau.de/inland/innenpolitik/geywitz-wohnungsbauziel-101.html. Zugegriffen am 06.05.2024.

Urbansky, F. (2022). Nachhaltiges Bauen wird Pflicht und treibt die Kosten. https://www.springerprofessional.de/energieeffizienz/energie%2D%2D-nachhaltigkeit/nachhaltiges-bauen-wird-pflicht-und-treibt-die-kosten/20047216. Zugegriffen am 06.05.2024.

Zentraler Immobilien Ausschuss (ZIA). (2022). Bedeutung der Immobilienbranche. https://zia-deutschland.de/project/bedeutung-der-immobilienbranche/. Zugegriffen am 06.05.2024.

NegoTech

16

Digitale Verhandlungen mit Negoisst

Mareike Schoop

16.1 Beschreibung

Verhandlungen sind Teil des privaten und geschäftlichen Lebens. Im privaten Bereich gibt es Verhandlungen z. B. zwischen Eltern und Kindern über die Handynutzung, den nächsten Urlaub, den Zeitpunkt der Rückkehr von einer Feier, zwischen Partner:innen über die häuslichen Pflichten, zwischen Nachbar:innen über die Lautstärke der Musik, über die gemeinsame Nutzung von Grundstücken oder Räumen. Dies sind nur einige Beispiel, die je-de:r noch individuell ergänzen könnte.

Im betrieblichen Kontext dienen Verhandlungen der Koordination sowohl innerhalb und zwischen Unternehmen. Dabei gibt es Gehaltsverhandlungen und Verhandlungen über die Ressourcenaufteilung zwischen Abteilungen genau wie komplexe Übernahmeverhandlungen im zwischenbetrieblichen Kontext. Im Folgenden werden wir uns diesen Geschäftsverhandlungen widmen.

16.1.1 Begriffsklärungen

Verhandlungen sind definiert als interaktive Kommunikations- und Entscheidungsprozesse zwischen mindestens zwei Parteien, die ihre Ziele nicht ohne einander erreichen können und mittels Angeboten versuchen, einen Kompromiss zwischen den konfliktären Zielen als Ergebnis zu finden (Bichler et al., 2003).

M. Schoop (✉)
Lehrstuhl für Wirtschaftsinfomatik und Intelligente Systeme, Universität Hohenheim, Hohenheim, Deutschland
E-Mail: schoop@uni-hohenheim.de

© Der/die Autor(en), exklusiv lizenziert an Springer Fachmedien Wiesbaden GmbH, ein Teil von Springer Nature 2024
L. Staffler et al. (Hrsg.), *Digitalwirtschaft*, https://doi.org/10.1007/978-3-658-45724-2_16

Verhandlungen können über unterschiedliche Medien geführt werden, z. B. von Angesicht zu Angesicht (engl. *face-to-face*), per Telefon, per Videokonferenz, per Email. Als **digitale Verhandlungen** werden solche Verhandlungen definiert, die durch den Einsatz von Informations- und Kommunikationstechnik einen Mehrwert bieten, indem sie mindestens die Kommunikation oder Entscheidungsfindung unterstützen. Diese Unterstützung ist ohne digitale Medien nicht möglich. Damit sind allerdings Verhandlungen per Telefon, Email oder Videokonferenz keine digitalen Verhandlungen im eigentlichen Sinne. Ihnen fehlt die Unterstützungskomponente; sie sind lediglich Verhandlungen, die über **digitale Medien** geführt werden (Ströbel & Weinhardt, 2003; Schoop, 2010).

Digitale Verhandlungen werden zumeist über dedizierte **Verhandlungsunterstützungssysteme** geführt. Diese Systeme unterstützen die menschlichen Verhandler:innen, aber automatisieren die Verhandlungen nicht. Die finalen Entscheidungen bleiben bei den Verhandler:innen (Schoop, 2020; Kersten & Noronha, 1999b). Unterstützungskomponenten reichen von **Kommunikationsunterstützung** über **Entscheidungsunterstützung**, **Konfliktmanagement** und **Dokumentenmanagement** bis hin zu **Prozessvorhersagen** (Schoop, 2020).

16.1.2 Das Medium einer Verhandlung

Das Medium einer Verhandlung bestimmt nicht über Erfolg oder Misserfolg oder führt gar zu bestimmten Ergebnissen. Als Menschen sind wir in der Lage, ggf. nach einem Training mit unterschiedlichen Medien umzugehen und ihre Vorteile zu nutzen (Davis, 1989; Jasperson et al., 1999; Schmitz & Fulk, 1991).

Das reichhaltigste Medium bleibt eine face-to-face Interaktion. Dort gibt es sowohl den auditiven als auch den visuellen Kanal, d. h. wir hören und sehen das Gegenüber. Ein digitales Medium hat in der Regel weniger Kanäle. Dabei kann es aber zusätzliche Elemente enthalten, die die fehlenden Signale ausgleichen und neue Interpretationsmöglichkeiten schaffen.

Häufig gibt es keine freie Medienwahl bei einer **Geschäftsverhandlung**. So sind Partnerunternehmen auf der ganzen Welt verteilt. Unterschiedliche Zeitzonen und daraus resultierende unterschiedliche Arbeitszeiten erfordern digitale Verhandlungen, die asynchron (d. h. nicht zur selben Zeit) stattfinden können. Ökonomische Restriktionen verhindern Reisen zu face-to-face Verhandlungen. Neben diesen externen Restriktionen überzeugen auch die Vorteile digitaler Medien zur expliziten Wahl einer digitalen Verhandlung.

Digitale Verhandlungsmedien:

- sind günstig,
- bieten einen sehr schnellen Daten- und Informationsaustausch,
- bieten klare Kommunikationsprotokolle,
- strukturieren die Informationen,

- ermöglichen einen asynchronen Nachrichtenaustausch und damit das Überdenken einer Antwort,
- können Nachrichten semantisch und pragmatisch anreichern,
- ermöglichen die Reformulierung einer Nachricht,
- visualisieren komplexe und quantitative Informationen,
- archivieren automatisch die Interaktion.

Nachteile sind ein höherer Aufwand einer Nachrichtenerstellung und eine unpersönlichere Atmosphäre.

Vergleichen wir positive und negative Aspekte, wird deutlich, dass sich ein digitales Verhandlungsmedium im richtigen Einsatz sehr positiv auf den Verhandlungsprozess auswirken kann, Tab. 16.1. Dies hängt aber im Kern von dem/der Verhandler:in als Systemnutzer:in ab.

Tab. 16.1 Positive und negative Aspekte digitaler Verhandlungsmedien

Faktor	Positiver Aspekt	Negativer Aspekt
Informationsaustausch	Mehr Informationsaustausch, da die Interaktion nicht an ein Geschäftstreffen gebunden ist und Informationen einfach und schnell ausgetauscht werden können. Dies führt zu einem höheren gegenseitigen Verständnis.	Weniger Informationsaustausch, wenn die Verhandler:innen die Mühen einer Nachrichtenformulierung scheuen und wichtige Informationen nicht übermitteln. Dies führt zu mehr Missverständnissen.
Koordination	Prozesskoordination durch Verhandlungsprotokolle im System, thematisches Management durch Systemstrukturierung, Nachvollziehbarkeit der gesamten Interaktion durch Speicherung und flexiblen Zugriff.	Latenzen, wenn Partner:in absichtlich (z. B. Zeitdruck-Strategie) oder unbeabsichtigt lange nicht antwortet und die Verhandlung nicht vorangeht.
Beziehung	Vertrauen in Verhandlungspartner:in, da die gesamte Interaktion gespeichert ist und Probleme explizit angesprochen werden. Faires Verhandlungsprotokoll behandelt alle Verhandler:innen gleich und forciert die Gleichheit.	Mangelndes Vertrauen durch fehlenden Kanal, weniger „Bauchgefühl" für Verhandlungspartner:in.
Konflikt	Asynchrone Verhandlungen beruhigen eine konfliktäre Interaktion durch Zeit zum Nachdenken, keinen Zwang zur direkten Reaktion. Dies führt zur Beruhigung der Partner:innen und zur Deeskalation.	Asynchrone Verhandlungen verhindern direkte Nachfragen und führen zu vermeidbaren Konflikten aufgrund von ungeklärten Problemen. Dies führt zu einem höheren individuellen Konfliktlevel und zur Eskalation.

16.2   Ursprung

Digitale Verhandlungen existieren, seit es digitale Medien gibt. Digitale Verhandlungs-systeme wurden vor über vierzig Jahren erstmals entwickelt.

16.2.1 Entscheidungssysteme: 1980–1990

Die ersten digitalen Verhandlungssysteme entstanden in den 1980er-Jahren (Jarke et al., 1987). Dies waren reine Entscheidungsunterstützungssysteme, die lokal auf den Rechnern der Nutzer:innen liefen. Quantitative Informationen lassen sich einfacher unterstützen als komplexe kommunikative Daten. Diese Systeme haben Nutzenfunktionen berechnet und den Verhandler:innen angezeigt.

16.2.2 Internetbasierte Systeme: 1990–2003

Mit der einfachen Verfügbarkeit des Internets änderte sich die Systemlandschaft radikal.

Softwareagenten als Verhandlungsagenten wurden eingeführt. Diese automatisieren die Verhandlung und führen sie autonom für den/die menschliche:n Auftraggeber:in aus. Hier liegt die Entscheidungsmacht bei den Agent:innen; Menschen greifen nicht in die Prozesse ein.

Als Gegenbewegung dazu wurden Verhandlungsunterstützungssysteme entwickelt. Die ersten webbasierten Systeme waren Inspire (Kersten & Noronha, 1999a, b) und **Negoisst** (Schoop et al., 2003; Schoop, 2020).

Die webbasierten Systeme machten eine Datensammlung und -auswertung möglich, sodass empirische Verhandlungsforschung entstand.

16.2.3 Globalisierung und Künstliche Intelligenz

Die heutige Welt ist von **Globalisierung** auch in Geschäftsinteraktionen geprägt. Damit wird die Digitalisierung auch von Verhandlungen immer wichtiger, und Verhandlungs-unterstützungssysteme sind die notwendigen sozio-technischen Systeme für die heutigen Anforderungen. Gleichzeitig gibt es eine Integration verschiedener Systeme wie Ver-handlungsunterstützungssysteme, Auktionen und Verhandlungsagenten statt der früheren strikten Trennung.

Künstliche Intelligenz und besonders **maschinelles Lernen** erlebt gerade eine neue Nachfrage. KI-Ansätze ermöglichen erweiterte Verhandlungtechnologien z. B. mit auto-matischer Klassifikation von Verhandlungsschritten, mit Mustererkennung und Ver-haltensoptimierung (Kaya & Schoop, 2023).

16.3 Verhandlungsunterstützungssystem Negoisst

Das derzeit umfassendste Verhandlungsunterstützungssystem ist Negoisst (Schoop et al., 2003; Schoop, 2010, 2020). Negoisst umfasst Kommunikationsunterstützung, Entscheidungsunterstützung, Konfliktmanagement, Dokumentenmanagement und eine dedizierte Trainingskomponente. Negoisst ist seit zwanzig Jahren im Einsatz, wird primär in internationaler Lehre und Forschung, aber auch in ausgewählten Geschäftsverhandlungen verwendet.

16.3.1 Konzeptuelle Grundlage

Negoisst basiert auf dem **DOC.COM-Modell**, s. Abb. 16.1. Eine Verhandlung (engl. *Negotiation*) wird von Verhandlungspartner:innen ausgeführt und hat ein Thema und einen Status (offen oder abgeschlossen). Sie kann Teil einer anderen Verhandlung sein. Die Verhandlungspartner:innen agieren als Sender:innen und Empfänger:innen von Nachrichten. Diese haben einen Nachrichtentyp und werden mit Zeitstempeln versehen. Nachrichten sind Antworten auf vorherige Nachrichten. Nachrichteninhalte sind textuell und einem Begriff, z. B. aus einem Vokabular oder einer Ontologie, zugeordnet. Dokumente sind ebenfalls Teil einer Verhandlung. Diese haben einen Status (Vertragsversion oder

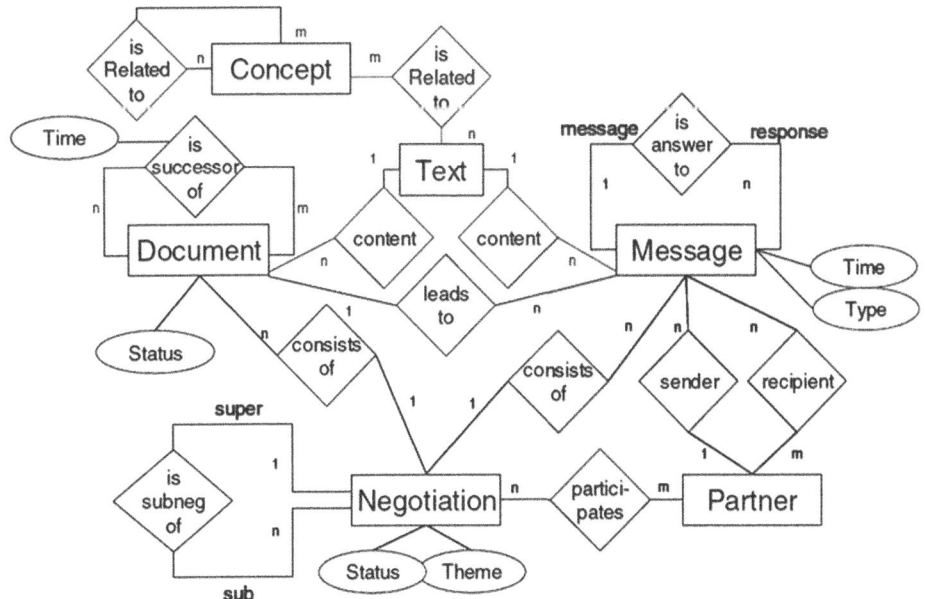

Abb. 16.1 DOC.COM Modell als konzeptuelle Grundlage von Negoisst. (Schoop & Quix, 2001)

Endvertrag) und sind in einer Baumstruktur angeordnet. Auch sie haben einen Zeitstempel, einen textuellen Inhalt mit Verbindung zu Begriffen.

16.3.2 Verhandlungsprozess in Negoisst

Negoisst bietet eine umfangreiche Unterstützung aller Verhandlungsschritte.

16.3.2.1 Verhandlungsvorbereitung

In der Verhandlungsvorbereitung setzt sich jede:r Verhandler:in individuelle Ziele und bereitet die Argumente zur Zielerreichung vor. Diese Phase wird auch Präferenz-erhebung genannt. Jeder Verhandlungspunkt wird individuell betrachtet. Für jeden Punkt wird festgelegt, welcher Wert die Grenze der Akzeptanz (engl. *reservation value*) darstellt und welcher Wert das Wunschziel (engl. *aspiration level*) ist. Zusätzlich werden die Verhandlungspunkte untereinander in Relation gesetzt. Das kann durch das Verteilen von 100 % über alle Punkte oder einen Vergleich zwischen den Punkten ohne genaue Zahlen geschehen. Aus diesen Informationen berechnet Negoisst dann die Nutzenfunktion für jede:n Verhandler:in. Diese Präferenzerhebung ist beispielhaft in Abb. 16.2 gezeigt.

16.3.2.2 Verhandlungsdurchführung

Ist die Verhandlungsvorbereitung abgeschlossen, folgt die eigentliche Verhandlungsphase. Die Verhandlung basiert auf einem Verhandlungsprotokoll, das den Ablauf dieser Phase festlegt. Verschiedene Protokolle sind in Negoisst hinterlegt, und neue Protokolle können hinzugefügt werden. Ein einfaches Verhandlungsprotokoll ist das folgende: Die Verhand-lung beginnt mit einem Angebot oder einer Anfrage von Verhandlungspartner:in A. Ver-handlungspartner:in B hat nun die Möglichkeit, das Angebot direkt final abzulehnen oder direkt final zu akzeptieren. Damit endet die Verhandlung im ersten Fall erfolglos und im zweiten Fall erfolgreich. Die dritte Möglichkeit ist, dass B ein Gegenangebot verfasst. A hat nun wieder die drei beschriebenen Möglichkeiten.

Jede Anfrage, jedes Angebot, jedes Gegenangebot, jede Frage, jede Problemklärung, jede finale Annahme, jede finale Ablehnung erfolgt über eine Nachricht. Der Nachrichten-austausch findet über natürlichsprachliche Nachrichten statt, die angereichert werden. So können in jeder Nachricht bestimmte Wörter der Verhandlungsagenda zugeordnet werden. Die Verhandlungsagenda umfasst alle Verhandlungspunkte, die verhandelt werden. In Abb. 16.3 wird der Term „Promotional Concerts" dem gleichnamigen Verhandlungspunkt in der Agenda zugeordnet. Gleichzeitig ist 8 der Wert zu diesem Verhandlungspunkt. In der natürlichsprachlichen Nachricht soll auf den Vertragsbonus verwiesen werden, der in einem Dropdown-Menü ausgewählt werden kann („Contract Signing Bonus"). So bleibt die Reichhaltigkeit der natürlichen Sprache erhalten, die durch klare Strukturen angerei-chert wird.

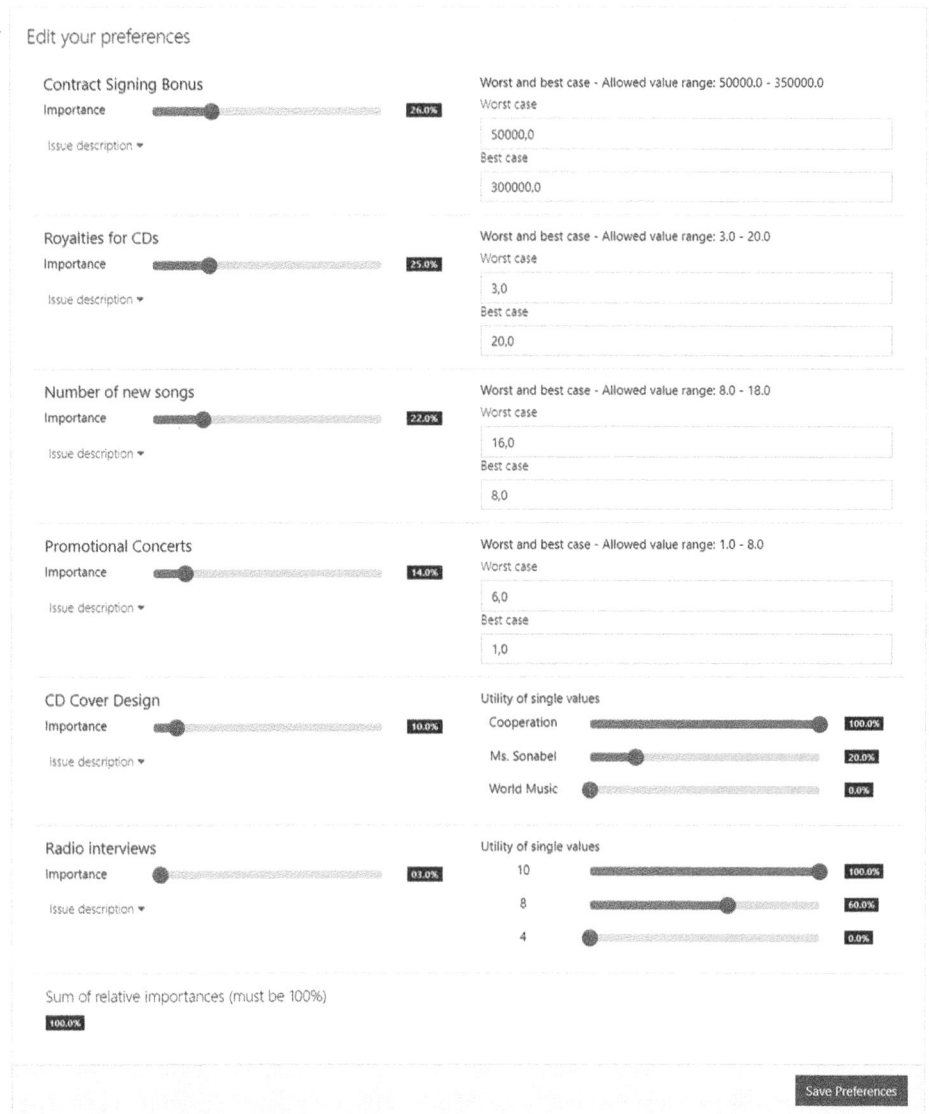

Abb. 16.2 Präferenzerhebung in Negoisst. (Aus Schoop, 2020)

Jede Nachricht wird darüber hinaus mit einem Nachrichtentyp (engl. *Message Type*) angereichert, der die Intention des/der Sender:in repräsentiert. Da in schriftlicher Interaktion der Kommunikationsmodus schwieriger abzulesen ist und damit Missverständnisse resultieren können, wird hier klar definiert, wie die Nachricht zu verstehen ist, z. B. als informelle Anfrage oder formales Gegenangebot. Die Nachrichtentypen basieren auf dem gewählten Verhandlungsprotokoll.

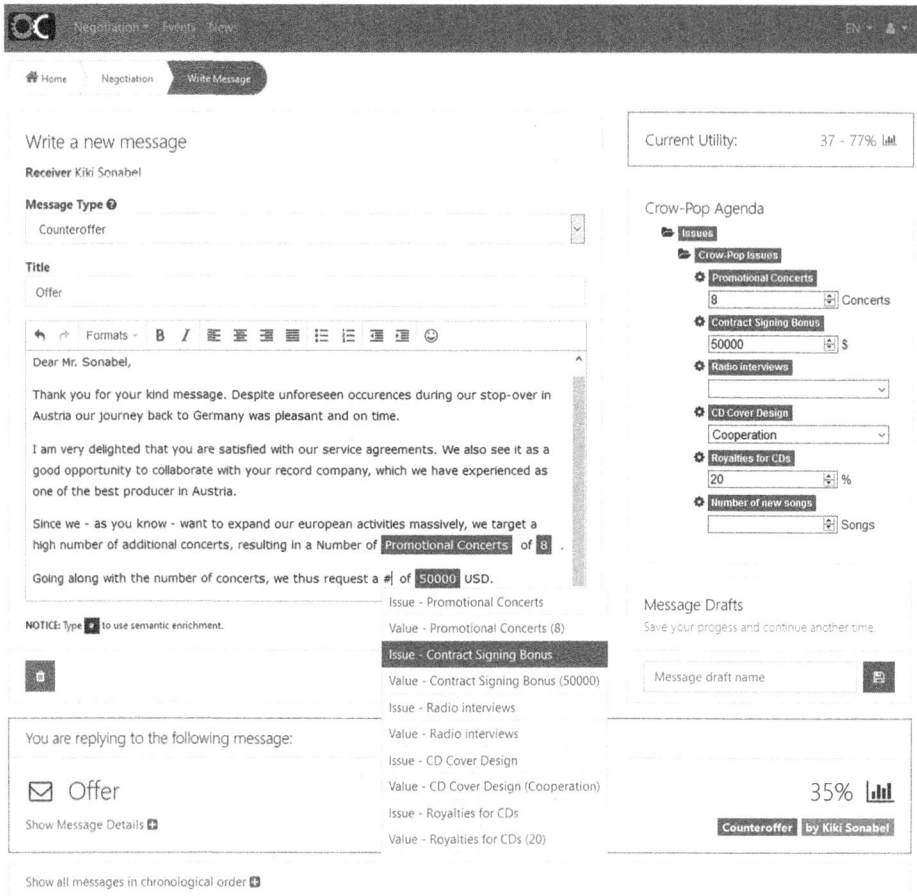

Abb. 16.3 Verhandlungsschritt in Negoisst. (Aus Schoop, 2020)

Jede geschriebene und empfangene Nachricht wird mit einem Nutzenwert versehen, der auf den Präferenzen basiert. Damit wird für jede:n Verhandlungspartner:in klar, wie gut das gegenwärtige Angebot ist und wieweit es vom gewünschten Ziel entfernt ist. Dieser Nutzenwert wird als Utility rechts oben in Abb. 16.3 angezeigt.

Wenn noch nicht alle Verhandlungspunkte mit einem konkreten Wert versehen sind, gibt die Nutzenfunktion ein Intervall an. Sind alle Werte spezifiziert, gibt es einen Nutzenwert. Die Nutzenwerte werden in Graphen visualisiert, sodass ein Verlauf mit einem Blick zu erkennen ist (s. Abb. 16.4). Auch Tabellen und andere Diagramme werden zur Verfügung gestellt, um eine Personalisierung für jede:r Verhandler:in zu ermöglichen.

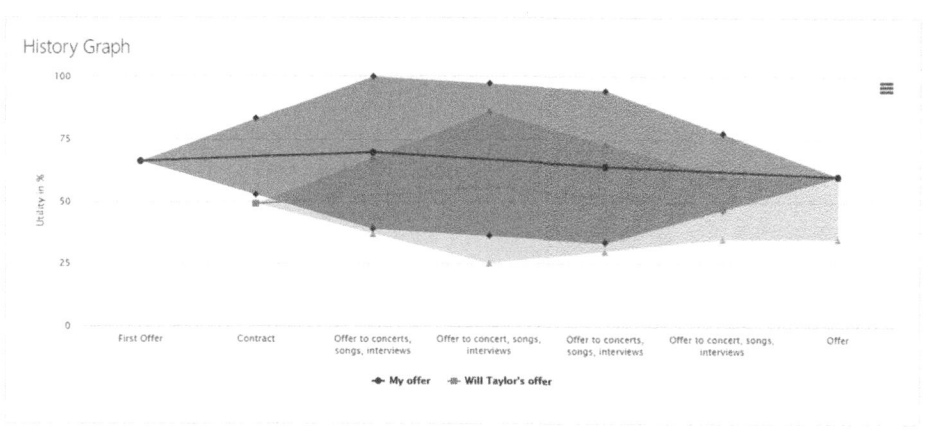

Abb. 16.4 Nutzengraph. (Aus Schoop, 2020)

16.4 Anwendungen

Beispielhaft werden im Folgenden zwei Anwendungen digitaler Verhandlungen mit Nego-isst diskutiert.

16.4.1 Verhandlungstraining

Erfolgreiche Verhandler:innen sind erfahrene Verhandler:innen. Daher ist ein dediziertes **Verhandlungstraining** von entscheidender Bedeutung für Geschäftsverhandlungen. Jede Art von analogen Verhandlungstrainings ist zeitbegrenzt und erfordert menschliche Ressourcen als Trainer:in und Verhandlungspartner:in. Demgegenüber stehen digitale Verhandlungstrainings.

In Negoisst steht ein **digitaler Verhandlungstrainer** bereit, der allen Verhandler:innen rund um die Uhr als Partner:in dient (Schoop, 2020). In aufeinander aufbauenden Schwierigkeitsstufen werden die beiden Arten von Fähigkeiten erlernt, die für digitale Verhandlungen essenziell sind – Verhandlungsfähigkeiten und Systemfähigkeiten.

Im digitalen Verhandlungstrainer sind mehrere Strategien implementiert, sodass trainiert werden kann, wie man bestmöglich z. B. auf ein:e kompetitive:n Partner:in oder auf eine quid pro quo-Strategie reagieren kann. Gleichzeitig werden alle Systemkomponenten vorgestellt und verwendet. Damit werden Digitalfähigkeiten erworben, die für diese Art von Verhandlungen essenziell sind.

Das Verhandlungstraining kann **gamifiziert** ausgeführt werden (Schmid & Schoop, 2022; Schmid et al., 2020). Dabei stehen Gamifikationselemente zur Verfügung (Kap. 14),

Abb. 16.5 Nutzengraph. (Aus Schmid et al., 2020)

um die Motivation der Trainees zu steigern. Wird eine Schwierigkeitsstufe erfolgreich abgeschlossen, gibt es dafür Badges. Für besondere Leistungen wie Nachrichten mit hoher Kommunikationsqualität oder ein gutes individuelles Ergebnis gibt es besondere Auszeichnungen. Gleichzeitig zeigen sogenannte Leaderbords, wo jede:r Verhandler:in im Vergleich zu anderen steht.

Diese Gamifikationselemente geben ein vielfältiges Feedback für jede:n Verhandler:in, s. Abb. 16.5. Es konnte gezeigt werden, dass solche Rückmeldungen den Lernerfolg und die Zufriedenheit steigern (Schmid & Schoop, 2022; Schmid, 2022).

Anwendungsgebiete sind sowohl Trainings in Unternehmen als auch Trainings in universitärer Lehre. In Unternehmen müssen zukünftige Verhandlungsexpert:innen geschult werden. Da der größte Teil aller Verhandlungen digital geführt wird, sind hier Digitalfähigkeiten und Verhandlungsfähigkeiten gefordert. Daher sind digitale Verhandlungstrainings notwendig. Negoisst bietet hier die Möglichkeit zu individuellen Anpassungen für alle betrieblichen Kontexte.

In universitärer Lehre sollte Verhandlung ein Curriculumselement werden. An der Universität Hohenheim gibt es mehrere Verhandlungskurse, die auch digitale Verhandlungen schulen, um so auf den Bedarf der Unternehmen an exzellenten Verhandler:innen zu antworten. Negoisst wird hier seit knapp zwanzig Jahren von Universitäten und Hochschulen weltweit (Europa, Asien, Australien, Nord- und Südamerika) eingesetzt.

16.4.2 Automatische Mustererkennung in Verhandlungskommunikation

Kommunikationsqualität spielt in digitalen Verhandlungen eine noch wichtigere Rolle als in face-to-face Verhandlungen, wo Mimik, Gestik und Tonfall die Interpretation erleichtern. Das globale Ziel jeder Verhandlung muss sein, Verstehen sicherzustellen. Kommunikationskonflikte können Verhandlungen scheitern lassen. Diese Konflikte überlagern andere Konflikte wie mangelnde Konzessionsbereitschaft (Schoop et al., 2014). Daher muss ein digitales System die Kommunikation nicht nur unterstützen. Es muss auch positive und negative Emotionen in der Kommunikation erkennen helfen und Kommunikationsmuster erkennen mit dem Ziel, Prozessunterstützung auf Basis dieser Muster zu bieten.

Für die automatische **Mustererkennung** in Negoisst werden maschinelle Lernver-
fahren aus der Künstlichen Intelligenz verwendet (Kaya, 2022). Kommunikationsdaten
müssen vorab aufbereitet werden, damit sie quantifiziert werden können. Danach wird
eine automatische Klassifikation mit anschließender Mustererkennung und Muster-
benennung vorgenommen. Diese Ergebnisse können dann z. B. für individuelle Verbesserungen der Kommunikationsqualität verwendet werden. Bestimmte Muster führen
mit hoher Wahrscheinlichkeit zu einem Verhandlungsabbruch, andere zu einem erfolgreichen Abschluss. Die Mustererkennung während einer Verhandlung ermöglicht gezielte
individuelle Unterstützung und ggf. Korrektur des Verhaltens. Dies gilt für alle digitalen
Verhandlungen über Negoisst.

16.5 Diskussion

Die Digitalisierung schreitet immer weiter fort und eröffnet neue Möglichkeiten in Unternehmen. Eine wichtige Entwicklung sind digitale Verhandlungen, die orts- und zeitunab-
hängig über digitale Verhandlungsunterstützungssysteme geführt werden können.

Mit der Digitalisierung ändern sich die Anforderungen an Verhandler:innen grundlegend. Nicht nur die klassischen Verhandlungsfähigkeiten, sondern auch **Expertise** in der
Verwendung digitaler Systeme sind notwendig. Kriterien für gute Verhandlungen müssen
entsprechend angepasst werden. So reicht es nicht mehr, einen guten individuellen Abschluss oder ein integratives Ergebnis zu erzielen. Die Zufriedenheit betrifft auch die **digitale Kommunikationsqualität**, die reibungslose Interaktion über das System und das Ausschöpfen des Potenzials digitaler Medien für Verhandlungsprozesse. Unternehmen müssen
die erwarteten Fähigkeiten schulen, und das muss über ein integriertes digitales Training
erfolgen. Digital Natives werden mit digitalen Medien weniger Probleme haben als etablierte ältere Verhandlungsexpert:innen. Es bleibt spannend zu beobachten, ob sich die Aufgabenverteilung in Verhandlungsteams auf Basis der Digitalkompetenz ändern wird.

Interkulturelle Verhandlungen werden mit fortschreitender Digitalisierung immer einfacher möglich. Dabei stellt sich die Frage, ob Systeme nicht auch immer auf den kulturellen Normen und Grundsätzen der Systemdesigner:innen basieren. Inwieweit ist also
Kultur implizit in die Systeme kodiert? Ob die Digitalisierung wirklich so umfassend ist,
muss für jedes System kritisch hinterfragt werden. Negoisst ist für tausende internationale
und interkulturelle Verhandlungen erfolgreich eingesetzt worden. Trotzdem ist Negoisst
eine Entwicklung eines europäischen Forschungsteams mit internationalen Wurzeln. **Kulturelle Kompetenz** wird in einer globalisierten Welt immer wichtiger, und die System-
kultur muss zu den bekannten Kulturdimensionen (Hofstede, 1980) hinzugefügt werden.

Digitale Verhandlungen generieren eine Vielzahl von Daten. Diese Daten sind besonders schützenswert für Unternehmen, da sie Informationen über individuelle Ziele, Vorgaben, Kontext, Strategien, Alternativen und Verhalten beinhalten. Diese geheimen Informationen sollen weder vor, während oder nach einer Verhandlung an den/die Verhand-
lungspartner:in gelangen. Natürlich können Daten verschlüsselt werden. Das zentralisierte

Verhandlungssystem – und damit der/die Systembetreiber:in – hat aber Zugriff auf alle privaten und geheimen Daten aller Beteiligten, um den Ablauf zu gewähren. Bisher basieren Verhandlungsunterstützungssysteme wie andere zentrale Systeme auf dem sogenannten *Trusted Third Party* Ansatz, d. h. es wird vorausgesetzt, dass alle Beteiligten einer dritten Partei vertrauen, die als vertrauenswürdig eingestuft wird (Kap. 6). Sollte diese Partei – hier insbesondere der/die Systembetreiber:in – das Vertrauen aber missbrauchen, funktioniert der Schutz der schützenswerten Daten nicht mehr. Eine mögliche Lösung wird im folgenden Abschnitt skizziert.

16.6   Zukunft/Szenarien

Die drei großen Herausforderungen für digitale Verhandlungen in den kommenden Jahren sind intelligente Empfehlungsdienste, Schutz der Privatsphäre und Einsatz generativer Künstlicher Intelligenz.

Intelligente Empfehlungsdienste unterstützen jede:n Verhandler:in individuell, aber auf Wunsch auch alle Verhandler:innen gemeinsam während eines laufenden Verhandlungsprozesses. Dabei werden integrierte Empfehlungen zum kommunikativen Verhalten und zum Konzessionsverhalten gegeben, um einen positiven Verlauf einer Verhandlung herbeizuführen. Solche Prozessunterstützungen sind herausfordernd, da Mustererkennung und Erfolgsvorhersagen schnell und präzise in der laufenden Verhandlung erfolgen müssen (Kaya & Schoop, 2023).

Um die im vorherigen Abschnitt diskutierten Datenprobleme zu lösen, gibt es einen ersten Ansatz zur homomorphen **Verschlüsselung**, der Verhandlungen unter Schutz der **Privatsphäre** ermöglicht (Schoop & Schoop, 2023). Dabei hat der/die Systembetreiber:in keinen Zugriff mehr auf den Inhalt der Verhandlungen und weiß lediglich, wer verhandelt. Ein Anonymisierungsschritt weiter könnte sein, die Identität der Verhandlungspartner:innen ebenfalls zu verbergen.

Die generative Künstliche Intelligenz hat in den letzten Monaten einen rasanten Fortschritt erfahren. Chatbots wie **ChatGPT** 4.0 können verschiedene Sprachstile imitieren und kommunizieren. Dabei ist interessant zu untersuchen, inwieweit Chatbots nicht nur in der Verhandlungsvorbereitung, sondern auch während einer Verhandlung eingesetzt werden können. Das Potenzial muss mit dem Problem der Halluzination (d. h. erfundenen Aussagen) abgeglichen werden. ChatGPT wird sicherlich keine:n Verhandlungsexpert:in ersetzen, könnte aber unterstützen.

Literatur

Bichler, M., Kersten, G., & Strecker, S. (2003). Towards a structured design of electronic negotiations. *Group Decision and Negotiation, 12*, 311–335.

Davis, F. (1989). Perceived usefulness, perceived ease of use, and user acceptance of information technology. *MIS Quarterly, 13*, 319–340.

Hofstede, G. (1980). Culture and organizations. *International Studies of Management & Organization, 10*(4), 15–41.

Jarke, M., Jelassi, M. T., & Shakun, M. F. (1987). Mediator: Towards a negotiation support system. *European Journal of Operation Research, 31*(3), 314–334.

Jasperson, J., Sambamurthy, V., & Zmud, R. (1999). Social influence and individual IT use: Unraveling the pathways of appropriation moves. In *Proceedings of international conference on information systems (ICIS 1999)*.

Kaya, M. F. (2022). Pattern labelling of business communication data. *Group Decision and Negotiation, 31*, 1203–1234. https://doi.org/10.1007/s10726-022-09800-2

Kaya, M. F., & Schoop, M. (2023). The more the merrier? A machine learning analysis of information growth in negotiation processes. In Y. Maemura, M. Horita, L. Fang, & P. Zaraté (Hrsg.), *Group decision and negotiation in the era of multimodal interactions* (GDN 2023. Lecture notes in business information processing, Bd. 478). Springer. https://doi.org/10.1007/978-3-031-33780-2_2

Kersten, G., & Noronha, S. (1999a). Negotiation via the world wide web: A cross-cultural study of decision making. *Group Decision and Negotiation, 8*, 251–279. https://doi.org/10.1023/A:1008657921819

Kersten, G. E., & Noronha, S. J. (1999b). WWW-based negotiation support: Design, implementation and use. *Decision Support Systems, 25*, 135–154.

Schmid, A. (2022). Rankings or absolute feedback? Investigating two feedback alternatives for negotiation agreements in a gamified electronic negotiation training. In *Proceedings of the 54th Hawaii international conference on system sciences*.

Schmid, A., & Schoop, M. (2022). Gamification of electronic negotiation training: Effects on motivation, behaviour and learning. *Group Decision and Negotiation, 31*, 649–681. https://doi.org/10.1007/s10726-022-09777-y

Schmid, A., Melzer, P., & Schoop, M. (2020). Gamifying electronic negotiation training – A mixed methods study of students' motivation, engagement and learning. In *Proceedings of european conference on information systems (ECIS 2020)*.

Schmitz, J., & Fulk, J. (1991). Organizational colleagues, media richness, and electronic mail: A test of the social influence model of technology use. *Communication Research, 18*(4), 487–523.

Schoop, D., & Schoop, M. (2023). Privacy-preserving electronic negotiations. In *Proceedings of 23rd international conference on group decision and negotiation (GDN 2023)*.

Schoop, M. (2010). Support of complex electronic negotiations. In D. Kilgour & C. Eden (Hrsg.), *Handbook of group decision and negotiation. Advances in group decision and negotiation*. Springer. https://doi.org/10.1007/978-90-481-9097-3_24

Schoop, M. (2020). *Negoisst*: Complex digital negotiation support. In D. M. Kilgour & C. Eden (Hrsg.), *Handbook of group decision and negotiation*. Springer. https://doi.org/10.1007/978-3-030-12051-1_24-1

Schoop, M., & Quix, C. (2001). DOC.COM: Framework for effective negotiation support in electronic marketplaces. *Computer Networks, 37*(2), 153–170. https://doi.org/10.1016/S1389-1286(01)00213-4

Schoop, M., Jertila, A., & List, T. (2003). Negoisst: A negotiation support system for electronic business-to-business negotiations in e-commerce. *Data Knowledge Engineering, 47*(3), 371–401.

Schoop, M., van Amelsvoort, M., Gettinger, J., Körner, M., Köszegi, S. T., & van der Wijst, P. (2014). The interplay of communication and decisions in electronic negotiations: Communicative decisions or decisive communication? *Group Decision and Negotiation, 23*, 167–192. https://doi.org/10.1007/s10726-013-9357-3

Ströbel, M., & Weinhardt, C. (2003). The montreal taxonomy for electronic negotiations. *Group Decision and Negotiation, 12*, 143–164.

Retail

17

Stefan Rosanelli

17.1 E-Commerce – Beschreibung und Inputs

Mit der Verbreitung des Internets seit Beginn der 1990er-Jahre entstanden auch die ersten Onlinehändler, die Waren bzw. Dienstleistungen über deren Website zum Kauf anboten. Bereits im ersten Jahrzehnt entstanden unterschiedliche Geschäftsmodelle, von denen auch heute noch einige Bestand haben. Amazon legte in seinen Anfangsjahren den Focus auf den B2C (Business to Consumer)-Bereich. Ebay wuchs über Versteigerungen, die stark C2C (Consumer to Consumer) getrieben waren und Alibaba wurde v. a. bei uns in Europa für sein internationales B2B (Business to Business)-Geschäft bekannt.

Aber auch andere Bereiche zählen zum e-Commerce, von den Digitalen Diensten von Spotify (Audio Streaming) oder App Käufe im Google Playstore, über die Onlinereisebuchungen bei booking.com bis hin zu einer regionalen Online-Vermittlung von Babysitter:innen.

All diesen Formen des e-Commerce bauen auf den technischen Möglichkeiten des Internets auf, schnell Informationen weltweit auszutauschen. Insofern ist der Begriff von e-Commerce sehr weit zu fassen, wie die Definition der Europäische Zentralbank (EZB) zeigt, die diesen als „Kauf oder Verkauf von Waren oder Dienstleistungen durch elektronische Transaktionen über das Internet oder andere Computer gestützte Netzwerke" beschreibt (European Central Bank, 2024).

Bevor man die technischen Möglichkeiten des e-Commerce betrachtet, ist es wichtig zu verstehen, was den Kund:innen für eine Kaufentscheidung wichtig ist. Im folgenden

S. Rosanelli (✉)
Executive Advisor in e-Commerce & Digital Products, Graz, Österreich
E-Mail: stefan@rosanelli.at

© Der/die Autor(en), exklusiv lizenziert an Springer Fachmedien Wiesbaden
GmbH, ein Teil von Springer Nature 2024
L. Staffler et al. (Hrsg.), *Digitalwirtschaft*, https://doi.org/10.1007/978-3-658-45724-2_17

Abschnitt wollen wir uns deswegen vorwiegend mit den drei Faktoren Sortimentsauswahl, Verfügbarkeit/Liefergeschwindigkeit und Preis beschäftigen.

17.1.1 Sortiment

Ein wichtiger Unterschied zwischen Offline- und Online-Handel ist die Größe der Regalfläche. Offline-Händler haben **Beschränkungen in der Gebäudegröße**, was dazu führt, dass sie nur eine gewisse Anzahl an Waren (SKUs = Stock Keeping Units) führen können. Sie müssen also zwangsweise ihre Sortimente begrenzen und die Entscheidung treffen, welche Produkte für die Kund:innen am wichtigsten sind, bzw. der größten Mehrwert für den Händler bringen. Das Sortimentsmanagement ist somit eine wichtige Stellgröße auf Umsatz und Gewinn und Händler stecken viel Ressourcen in eben diesen Prozess.

Diese Beschränkung besteht im e-Commerce nicht. Ein Webstore ist per se nicht begrenzt in der Anzahl der Waren, die verkauft werden können. Das Produkt muss dem Kunden/der Kundin nicht physisch präsentiert werden, sondern es reicht eine digitale Beschreibung. Zu den wichtigsten Informationen über das präsentierte Produkt zählen Produktname, Medien wie Bilder und Videos, Beschreibung der Eigenschaften, relevante Metadaten und natürlich der Preis sowie die Verfügbarkeit. Das bringt die Vorteile mit sich, dass der Händler keine Vorauswahl für die Kund:innen treffen muss, sondern der Kunde/die Kundin selbst entscheiden kann. Darüber hinaus spart man Ressourcen, wenn ein Händler keine Zeit auf das Kuratieren der Selektion verwendet.

Dieser Unterschied erlaubt dem Händler den Verkauf in einem anderen, weit größeren Maßstab. Kleine lokale Einkaufsläden haben meisten eine Auswahl von < 3000 SKUs. Elektronikketten wie Media Markt bieten etwa 60 k SKUs an und Hypermärkte wie Walmart bieten über 100 k SKUs. Im Vergleich dazu sind bei den großen e-Commerce Playern > 50 Mio. Artikel gelistet. Online-Player wie Amazon oder Alibaba haben somit nicht die Notwendigkeit, sich zu spezialisieren.

Ein weiterer Vorteil sind die **geringeren Kosten der Produktpräsentation**. Im Offlinehandel wollen Kund:innen das Produkt anschauen können. Es muss also in jedem Geschäftslokal physisch vorhanden sein. Dies bindet Kapital für die entsprechende Anschaffung der Ware. Im e-Commerce muss das Produkt zum Zeitpunkt des Kaufs nicht im Lager des Händlers befinden. Es reicht eine Listung der Produktdaten in der Sortimentsdatenbank des Händlers, um den Artikel auch weltweit anbieten zu können. Die Fixkosten pro gelistetes Produkt sind damit in der Erstellung gering. Schließlich müssen meist nur wenig Megabyte an Daten (Bilder, Texte) gespeichert werden, verglichen zu Ausstellungskosten wie Flächenkosten und Betriebskosten bei einem stationären Händler. Dieser Ansatz erlaubt es schnell und kostengünstig neue Produkte zu listen. Der e-Commerce-Händler kann dann das Interesse der Kund:innen z. B. über den Traffic auf der Produktdetailseite messen und die Ware erst beschaffen, wenn sich genug Kund:innen interessieren.

Die große Anzahl an Produkten in einem Store bringt allerdings die Herausforderung, das Kund:innen die für sie wirklich relevanten Produkte angezeigt bekommen. Das wichtigste Tool hierfür ist die **Suchfunktion**. Händler und Plattformen investieren deswegen viel Energie in Algorithmen, um die Optimierung der Suchergebnisse anhand der von Kund:innen eingegebenen Suchwörter zu verbessern. Ein zweiter wichtiger Ansatz sind **Personalisierungen** wie z. B. product recommendations. Diese sind Produktempfehlungen, die im Store Kund:innen spezifisch eingeblendet werden. Viele dieser Empfehlungssysteme basieren auf Mashine Learning (ML), bei dem das Verhalten von vielen Kund:innen analysiert wird, um dann der aktuellen Kund:in entsprechend relevante Vorschläge zu unterbreiten. Als Input dienen hier z. B. Produkte, die oft zusammen gekauft werden, oder Produkte, die von Kund:innen hintereinander in einer Session betrachtet werden. Auch das eigene vergangene Kauf- und Suchverhalten wird zur Erstellung der Empfehlungen herangezogen.

Dass Kund:innen Produkte im Onlinestore nicht physisch begutachten können, bringt auch einen Nachteil. Es ist für Kund:innen schwerer zu beurteilen, wie gut die Qualität oder auch einfach die Haptik der Produkts ist. Um dieses Problem zu adressieren, haben sich **Kund:innenbewertungen** als hilfreiches Mittel etabliert. Hierbei können andere Kund:innen, die dieses Produkt bereits erworben haben, Bewertungen abgeben. Diese erfolgen meist über die Vergabe von Sternen oder auch über textuelles Feedback. Einige Websites lassen mittlerweile auch den Upload von Bildern oder Videos zu. Auch für Händler bringt diese Konzept Vorteile. Positive Reviews können zu einen höheren Conversion-Rate führen und damit den Umsatz steigern. Negative Reviews helfen, Probleme bei bestimmten Produkten zu adressieren und somit auch die Retourenquote zu senken.

17.1.2 Liefergeschwindigkeit und Supply Chain: Überlegungen im B2C Bereich

In der Außenwahrnehmung sind große e-Commerce-Player Tech-Firmen, die imstande sind, einen Webstore oder eine App zu betreiben. In der Realität sind viele dieser Firmen genauso in der Logistik versiert. Das liegt daran, dass e-Commerce ganz andere logistische Konzepte erlaubt und z. T. sogar solche erfordert, um erfolgreich zu sein.

Das dominante Modell im stationären Handel ist es, die Ware im Geschäftslokal vorzuhalten und dem Kunden/der Kundin direkt beim Kauf auszuhändigen. **Schnellere Verfügbarkeit** ist ein wichtiges Kaufkriterium für die Kund:innen. Die Erwartungshaltung der Kund:innen ist es, das Produkt aus dem Geschäft gleich mitnehmen zu können. Ausnahmen bilden hier zum Teil große Waren wie Möbel oder elektrische Großgeräte, die erst im Nachgang zugestellt werden.

Im e-Commerce ist das vorherrschende Modell ein **Zeitversatz** zwischen der Bestellung und der Warenübernahme durch die Kund:innen. Ausnahmen bilden hier lediglich digitale Waren bei z. B. Videos bei Streamingdiensten oder E-Books zum Download, welche sofort nach der Bezahlung zugänglich sind. Auch im e-Commerce ist eine schnelle Verfügbarkeit für den Kunden/die Kundin wichtig bei der Kaufentscheidung. Als erste Faustregel kann man davon ausgehen, je schneller die versprochene Liefergeschwindigkeit, desto besser die Conversion. Unter **Conversion** versteht man die Relation von kaufenden Kund:innen zu besuchenden Kund:innen. In anderen Worten: Je schneller die Liefergeschwindigkeit, desto mehr Kund:innen bestellen auch wirklich. Der Bedarf und die Erwartung der Kund:innen variiert je nach Kategorie. Als zweite Faustregel kann man annehmen, dass bei schnelldrehenden- bzw. Konsumartikeln die Kund:innen einen höhere Geschwindigkeit erwarten verglichen zu langsam drehenden- bzw. Investitionsgütern. Mit schnelldrehend sind jene Produkte gemeint, die sich häufig verkaufen und für welche der/die Kund:in auch schnell eine Entscheidung trifft. Das spiegelt sich auch in den Angeboten verschiedener e-Commerce-Anbieter wider. Ultra-fast-delivery-Anbieter im Lebensmittelsektor, wie Flink oder Gorillas, bieten Zustellung in 15 min an. Das angebotene Sortiment entspricht dem eines kleinen Supermarktes, also vorwiegend Lebensmittel und Drogerieartikel, die sich schnell drehen.

Die volle Digitalisierung des e-Commerce erlaubt es auch, die **Supply Chain** in Echtzeit zu steuern. Das hilft bei den auslieferungsbezogenen Aktivitäten wie pick, pack und ship. Wie das Beispiel Flink bzw. Gorillas zeigt, lässt sich eine 15 min Zustellung nur darstellen, wenn die Kund:innenbestellung in fast Echtzeit an die Lagerlogistik und Auslieferung übermittelt wird. Eine Zeitverzögerung ist meist nur notwendig, um die Zahlung mit dem Zahlungsdienstleister zu bestätigen bzw. bei bestimmten Produkten automatisierte Betrugsprävention durchzuführen. Die aggregierten Informationen über Bestellungen oder Traffic auf Produktdetailseiten erlauben auch anderen Bereichen eine verbesserte Planung. Dies betrifft z. B. die kurzfristige Kapazitätsplanung der Arbeitskräfte im Lager, die Bündelung mehrerer Produkte in einer Auslieferung sowie die Echtzeitnachbestellung von Produkten beim Lieferanten. All diese Optimierungen lassen sich über manuelle Arbeitsschritte nicht sinnvoll umsetzten, sondern erfordern entsprechende Algorithmen und Vernetzung zwischen den einzelnen Systemen. So eine Optimierung ist überaus komplex, weswegen in diesem Feld seit einigen Jahren Mashine Learning bzw. KI Ansätze im Allgemeinen eingesetzt werden.

Diese Rahmenbedingungen erlauben es e-Commerce-Unternehmen, die Optimierung der Logistik nicht nur für Produktgruppen durchzuführen, sondern für jedes einzelne Produkt über einen Katalog von hunderten Millionen von Artikeln. Ein paar der wichtigsten Ansätze in der Logistik werden im Folgenden kurz beschrieben.

17.1.2.1 Lokale Lagerhaltung des Händlers

Im Konzept der lokalen Lagerhaltung des Händlers lagert dieser die Ware physisch in einem oder mehreren Lagern, zusammen mit anderen angebotenen Produkten. Der Warenstrom erfolgt also im ersten Schritt vom Lieferanten oder Hersteller zum Lager des Händlers. Sobald ein:e Kund:in eine Bestellung aufgibt, wird das Produkte von dort verschickt.

Dies bietet für den Händler einige Vorteile. Er kann seine Lagerhaltungssysteme in den Shop integrieren und somit dem Kunden/der Kundin somit Auskunft geben, wie viele Produkte noch lagernd sind und wie schnell dieses geliefert werden können. Ebenso kann der Händler bei Bestellungen über mehrere Produkte diese leichter in ein Paket bündeln und so die Versandkosten reduzieren. Des Weiteren besteht in dem Konzept die Möglichkeit, die Standorte der Lager zu optimieren. Das erlaubt Lager in der Nähe der Kund:innen für Produkte mit einem hohen Bedarf an Zustellgeschwindigkeit zu positionieren. Es erlaubt auch, Lager an Standort mit geringeren Lohnkosten bzw. Fixkosten zu betreiben, wo eine geringere Sensitivität bei der Zustellgeschwindigkeit vorherrscht. Vor allem Player mit mehreren Standorten können in einem voll digitalisierten Ansatz kontinuierlich die Lagerhaltung zwischen den Standorten optimieren. Produkte, die z. B. saisonal bedingt an Wichtigkeit verlieren, können an günstigere Lagerorte transferiert werden.

Eine Limitierung dieses Ansatzes zeigt sich allerdings v. a. bei Produkten, die eine sehr geringe Nachfrage haben oder deren Nachfrage noch unbekannt ist. In diesen Fällen besteht das Risiko, dass die Produkte lange auf Lager liegen und somit hohe Lagerkosten anfallen. Somit könnte ein Abverkauf oder Liquidierung unter Verlusten notwendig werden. Hier hilft im e-Commerce der sogenannte Dropshipment-Ansatz.

17.1.2.2 Dropshipment

In diesem Ansatz hält nicht der e-Commerce Händler den Warenbestand in seinem Lager, sondern die Zustellung an den/die Kund:in erfolgt direkt vom Lager des Lieferanten oder Herstellers. Wenn also der/die Kund:in eine Bestellung beim Händler durchführt, übermittelt dieser die Bestelldaten an das Lager des Herstellers oder Lieferanten. Dieser exekutiert dann die Lieferung in gleicher Weise wie das Lager des Händlers es tut. Für den/die Kund:in ist hier bei der Zustellung kein Unterschied erkennbar.

Um hier eine gute **Customer Experience** (CX) zu gewährleisten, ist eine Integration zwischen den Systemen des Händlers und des Lieferanten notwendig. Der Lieferant übermittelt deswegen Daten wie Lagerbestand und Geschwindigkeit der Logistik an den Händler. Der Händler kann die Information dann dem/der Kund·in im Onlinestore zugänglich machen, um diesem/r die Kaufentscheidung entsprechend zu erleichtern.

Der Vorteil für den Händler ist der Wegfall des Bestandsrisikos, da er selbst nicht die Lagerhaltung trägt. Auch die logistischen Touchpoints und damit zusammenhängenden Kosten werden reduziert, es erfolgt schließlich keine Zwischenlagerung beim Händler. Auch für den Lieferanten kann das Vorteile bringen, da eine Listung beim Händler und ein Verkauf schneller erfolgen kann. Sobald die Ware im Lager des Lieferanten bzw. Hersteller vorhanden ist, kann der Händler sie bereits als lagernd dem/der Kund:in anzeigen. Für neue Produkteinführungen (Produktlaunches) beschleunigt es die Time to Market. Unter Time to Market versteht man die Zeit, die es benötigt, ein Produkt auf den Markt zu bringen und somit für alle Kund:innen erwerbbar zu machen.

Ein Nachteil dieses Konzepts liegt im operativen Leistungsvermögen des Lieferanten oder Herstellers. Insbesondere ist der geringe Digitalisierungsgrad vieler Unternehmen oft ein Hindernis. Kund:innen erwarten akkurate Informationen für jedes Produkt. Das bedeutet, dass die entsprechenden Informationen in Echtzeit und hoher Qualität verfügbar sein müssen. Hier können die Fähigkeiten des bestehenden IT-Systems ein limitierender Faktor sein, sowie auch die Ausgestaltung der Prozesse in der lokalen Logistik. Zum Teil besteht ein Zeitversatz zwischen der Bewegung der Ware und einem Update im Bestandssystem. Darüber hinaus ist die Logistik oft auf B2B Usecases optimiert. Hier erfolgen Lieferungen oft im Bulk mit Bestellungen, die ganze LKWs füllen. Im B2C werden Produkte meist einzeln verschickt, was andere Anforderungen an Systeme und Logistikabläufe stellt.

17.1.3 Internationalisierung oder Cross-Border e-Commerce

Ein erheblicher Unterschied zwischen stationären Händlern und e-Commerce ist das potenzielle Einzugsgebiet der Kund:innen. Bei Offlinehändlern ist dieses stark begrenzt. Je nach Produkt sind Kund:innen mehr oder weniger bereit, eine Anreise zum jeweiligen Geschäftslokal in Kauf zu nehmen. Digitale Technologien erlauben es hingegen, Produktinformationen Kund:innen weltweit mit Internetzugang zur Verfügung zu stellen. Das erlaubt einem Onlinehändler prinzipiell, Bestellungen von überall auf der Welt entgegenzunehmen und somit sein Sortiment einer noch größeren Gruppe von Interessent:innen anzubieten.

Nach einer 2018 Studie von Paypal (Paypal, 2018) sind die beiden Länder mit dem größten Cross-Border e-commerce Anteil Österreich und Belgien mit über 50 %. In anderen Worten, e-Commerce-Käufer:innen bestellen in diesen Ländern wissentlich oder auch unwissentlich jedes 2. Produkt im Ausland. Dazu tragen große Plattformen wie amazon.de maßgeblich bei. Amazon selbst, wie auch viele Händler auf dessen Plattform, sind nicht in Österreich ansässig und verschicken ihre Ware aus dem Ausland nach Österreich.

Der in absoluten Zahlen größte e-Commerce Markt ist China, nicht nur im Gesamtumsatz von 1,9Trill. € (Morgan, 2021), sondern eben auch im Cross-Border-Umsatz. 2018 war etwa ein Viertel der e-Commerce-Umsätze in China aus dem Ausland importiert worden. Nach einer 2022 Studie kaufen etwa 43 % der chinesischen Kund:innen ihre Ware bei ausländischen Händlern ein. Die wichtigsten Gründe hierfür sind in 52 % der Fälle, dass es die Produkte lokal nicht gibt, in 44 % der Fälle ist es, um sicher zu stellen, authentische Produkte zu bekommen und 41 % der Kund:innen wollen höhere Qualität (Paypal, 2022).

In China haben sich deswegen auf Cross-Border spezialisierte Plattformen entwickelt, wie jd.com oder tmall.hk. Sie erlauben internationalen Händlern, ihre Ware chinesischen Kund:innen anzubieten und weisen das Ursprungsland plakativ aus. Letzteres ist für viele chinesische Kund:innen wichtig, da westliche Waren einen hohen Stellenwert haben und für höhere Qualität stehen. Ob dies auch in Zukunft so bleibt, oder chinesische Marken in der Wertschätzung aufholen, bleibt abzuwarten.

Um als Unternehmen international e-Commerce-Handel zu betreiben, sind allerdings einige Voraussetzungen zu schaffen. Die wohl offensichtlichste erste Voraussetzung sind logistische Fähigkeiten, die Ware an den Bestimmungsort zu bringen. Neben dem Transportnetzwerk, das etablierte Carrier, also Transportdienstleister anbieten, sind auch die nötigen Informationen für den Zoll Voraussetzung. Hierzu gehören Produktinformationen für die richtige Klassifizierung, aber auch Informationen über den Kunden/die Kundin (KYC – Know-Your-Customer-Prinzip). Anbieter wie jd.com in China, oder auch Amazon in den USA und Europa, holen diese Daten bereits bei der Bestellung ein. Die anfallenden

Zollgebühren werden ebenfalls errechnet und von den Kund:innen mit erhoben. Für die Kund:innen ist das Einkaufserlebnis oft kaum von Produkten, die im eigenen Land lagern, zu unterscheiden. Das hilft, das Vertrauen in den Kauf zu stärken. Eine zweite wichtige Voraussetzung ist das Anbieten von relevanten Zahlungsmitteln. Um beim Beispiel China zu bleiben: dort sind Kreditkarten kaum verbreitet. Im Online-Handel sind Mobile-Payment-Lösungen wie „wechat-pay" oder „Ali-pay" weit verbreitet. Um also an chinesische Kund:innen verkaufen zu können, sind entsprechende Anbindungen an Zahlungsdienstleister relevant. Und letztlich sind Sprachbarrieren ein großer Hemmschuh für Cross-Border e-Commerce. Anbieter wie Amazon setzen hier auf Lokalisierung der Metadaten (konkret: eine Übersetzung in die für den Kunden/die Kundin relevante Sprache). Auch hier skaliert e-Commerce verglichen zum stationären Handel. Im e-Commerce nutzt man KI-basierte Algorithmen, um Millionen von Produktbeschreibungen in unterschiedliche Sprachen zu übersetzten. Die Kund:innen können dann die Artikeldetails entsprechend in ihrer Sprache nachlesen, ohne dass Verpackungen der Produkte geändert werden müssen.

17.1.4 Preisbildung

Ein wichtiger Faktor für die Kaufentscheidung beim Kunden/der Kundin ist der Preis. Egal ob Online- oder Offlinehandel, im Grundsatz besteht beim Bepreisen ein Spannungsfeld zwischen Profitabilität und Umsatz, das es je nach Ausrichtung des Händlers zu optimieren gilt. Einfach formuliert unterliegen Preise einer Preiselastizität. Diese besagt in der Regel, dass tiefere Preise zu höheren verkauften Stückzahlen und somit meist auch zu höheren Umsätzen führen. Tiefere Preise führen aber zu geringeren oder auch negativen Margen, was die Gesamtprofitabilität schmälern kann. Firmen investieren aus diesem Grund in Knowhow und Systeme, um die Preisbildung zu optimieren. Der e-Commerce unterscheidet sich vom stationären Handel dabei in zwei Punkten: Die Transparenz über die Verkaufspreise und die Flexibilität die Preise schnell anzupassen.

Der **Preisvergleich** ist für potenziellen Kund:innen im stationären Handel aufwendig. Sie müssen die Preise in jedem Geschäft vor Ort eruieren und sind aus diesem Grund regional sehr eingeschränkt. Durch den einfachen Zugang zu Preisen im Internet haben sich die Optionen für Kund:innen stark verändert. Händler haben per se keinen Standortvorteil, die Preise bei Händlern im Internet sind alle gleich schnell einsehbar und somit vergleichbar. Dieser Umstand hat allerdings dazu geführt, dass den Kund:innen auch wesentlich mehr Angebote zur Verfügung stehen und das verarbeiten der Produktdaten oder Preise entsprechend aufwendig werden kann. Hier haben sich Preisvergleichsseiten etabliert. Diese scrapen die Angebote von den unterschiedlichen Websites und stellen für jedes unterschiedliche Produkt alle aktuellen Preise dar. Unter *scrapen* versteht man das strukturierte Durchforsten anderer Websites, um relevante Informationen, in diesem Fall das Angebot oder den aktuellen Preis, zu extrahieren. Solche Seiten haben sich in unterschiedlichen Industrien etabliert. Von der Buchung einer Flugreise, über den Handel bis hin zu Preisvergleichsseiten für Strompreise oder Versicherungen. Das bringt für Kund:innen erhebliche Vorteile, schnell zum besten Preis ein Produkt oder Service zu erstehen. Auf-seiten der Händler oder Servicedienstleister ist die Situation zwiegespalten. Preisver-gleichsseiten erlauben einerseits kleineren Händlern mehr Traffic in den eigenen Store zu bekommen. Das passiert dadurch, dass Seiten wie Geizhals.at oder check24.de etabliert sind und viel Traffic auf ihren Seiten haben. Der Händler, der den besten Preis anbietet, hat gute Chancen, dass die Kund:innen auf sein Angebot klicken. Voraussetzung ist, dass die potenziellen Kund:innen dem Händler bei dem Verkauf vertrauen. Um dieses Vertrauen herzustellen, setzen Händler oft Zertifizierungen in ihrem Store ein, wie z. B. „Trusted Shops", bzw. erlauben viele Preisvergleichsseiten die Abgabe von Sterne-Bewertungen, um auch anderen Kund:innen einen Einblick in die Performance der Händler zu geben.

Preisvergleichsseiten bringen aber für Händler auch das Risiko, dass Kund:innen ihnen gegenüber weniger Loyal sind, sondern sich stärker transaktional verhalten, bzw. einfach beim günstigsten Anbieter kaufen. Die Kund:innen entwickeln hier eher eine Loyalität zu der Preisvergleichsseite als zum eigentlichen Händler. Geld verdienen Preisvergleichs-seiten meist über Verkaufsprovisionen oder durch cost-per-klick-Vereinbarungen mit den Händlern.

Im stationären Handel werden Preisschilder oft manuell angebracht. Das führt dazu, dass jede **Preisänderung** Zeit beansprucht und Kosten verursacht. Eine noch höhere Hürde für Preisänderungen haben Händler, die auf Kataloge oder Flyer setzten. Hier müs-sen die Preise bereits beim Druck der Werbematerialien feststehen. Zwischen der Her-stellung, dem Versand und der Kaufentscheidung bei den Kund:innen vergehen oft Wo-chen bis Monate. Hauptkataloge vieler Versandhäuser erschienen oft nur 2-mal pro Jahr, was eine Preisgültigkeit für 6 Monate voraussetzte. Das bringt zwei Risiken mit sich: Erstens das Risiko steigender Einkaufspreise, die nicht an den Kunden/die Kundin weitergegeben werden können; wesentlich schwerwiegender ist allerdings das zweite Risiko der fehlen-den Flexibilität, auf den Mitbewerber reagieren zu können. Im Onlinehandel lassen sich die Preise innerhalb von Sekunden ändern. Ein statisches bzw. gedrucktes Werbeprospekt lässt sich nach Erscheinen sofort unterbieten und somit dessen Werbewirkung untergraben.

Die Onlinepreistransparenz und -flexibilität hat auch auf Händlerseite neue Möglich-keiten geschaffen. Einige Firmen haben die Strategie ihrer Preisbildung verändert, hin zum sogenannten „Matching von Mitbewerbern". Beim **Matching** leitet sich der Preis von den Angeboten der Mitbewerber ab. Ähnlich wie Preisvergleichsseiten scrapen Händler die Angebote ihrer Mitbewerber und folgen dem jeweils günstigsten. Je nach Produkt ma-chen Händler hier auch mehrmals täglich scrapes und Preisanpassungen, ohne manuelle Aufwände. Das vereinfacht die Preisfindung erheblich, da der Preis so immer markt-relevant bleibt und automatisiert vonstattengehen kann. Diese automatisierte Möglichkeit birgt aber auch Risiken. So können sich „race to the bottom"-Szenarien ergeben, in denen sich unterschiedliche Mitbewerber in eine Abwärtspreisspirale begeben, die zu hohen Ver-lusten führen können. Genauso können hohe schlechte Preise des Mitbewerbers zu überhöhten Preisen führen und somit dem Umsatz schmälern. Im operativem pricing werden deswegen unterschiedliche Rahmen festgelegt, in denen sich die Preise bewegen dürfen. Nach unten hin meist abgesichert durch Profitabilitätsanforderungen, nach oben durch z. B. unverbindliche Preis Empfehlungen.

Ein weiterer Aspekt der Bepreisung soll nicht untererwähnt bleiben: personalisierte Preise, bzw. auch als 1st degree of price discrimination. In der Bepreisung stehen durch die Digitalisierung auch mehr Informationen über die potenziellen Kund:innen zur Verfügung. Händler können somit auch Preise auf einzelne Kund:innen und deren Zahlungsbereitschaft anpassen. V. a. bei Fluglinien wird dieser Ansatz eingesetzt. In der Theorie führt das zu einer Maximierung der Gewinne, da die Konsumentenrente auf den Händler übergeht. Allerdings birgt dieser Ansatz ein hohes Risiko gegenüber dem Kund:innenvertrauen. Brüche in der customer journey oder einfacher sozialer Austausch können dazu führen, dass der Kunde/die Kundin die für sie/ihn erhöhten Preise als solche erkennt. Das kann für den Händler zum Verlust des/der Kund:in sowie schlechtem Ruf führen.

Diese flexible Preisfindung war anfangs v. a. den e-Commerce-Playern vorbehalten. Mittlerweile etablieren sich aber auch digitale und vernetzte Preisschilder im stationären Handel, die ebenfalls genauso schnell die Preise anpassen können.

17.1.5 Die Bedeutung von Plattformen und Marketplaces im e-Commerce

Um den Impact von e-Commerce zu beschreiben, ist es wichtig zu verstehen welche Rolle Plattformen bzw. Marketplaces spielen und wie Marketplaces entstehen. Unter Marketplaces bzw. Plattformen versteht man Webstores, auf welchen mehrere Händler ihre Produkte, auch im Wettbewerb zueinander, verkaufen. Auch hier hilft ein Vergleich zu den stationären Gegebenheiten. Begehrte Lagen für Geschäftslokale sind jene mit hoher Frequenz an Personen, wie etwa Einkaufsstraßen oder Shoppingcenter. Die potenziellen Kund:innen kommen dann am eigenen Store vorbei.

Dieser Grundsatz lässt sich analog auf e-Commerce-Plattformen übertragen. User:innen nutzen die etabliertesten e-Commerce-Plattformen als Suchmaschine oder zum Browsen nach Produkten. Händler, die mit ihren Produkten auf z. B. amazon.com nicht vertreten sind, verlieren hier also potenziellen Umsatz, da ihre Angebote nicht in den Suchergebnissen auftauchen. Die Listung von Produkten auf unterschiedlichen Seiten ist meist eine geringe Hürde, da es primär der Einspeisung der richtigen Meta-Daten gebraucht. Händler haben also einen grundsätzlichen Anreiz, bei allen Plattformen vertreten zu sein. Je mehr Händler auf einer Plattform, desto mehr Produkte werden angeboten. Dies wiederum führt zu mehr Kund:inneninteresse und Traffic, was wiederum mehr Händler anzieht. Diesen Zusammenhang beschreibt z. B. Amazon im „Flywheel", das als strategischer Grundpfeiler für die Expansion der Firma gilt. Der Onlinehandel per se hat also starke Netzwerkeffekte, ähnlich jenen in sozialen Netzwerken, welche Plattformbildung begünstigt.

Viele der großen Player sind entweder pure Third-Party-Handelsplattformen, wie z. B. eBay. Das heißt, sie treten nicht selbst als Händler auf. Andere Händler haben ihre Stores zusätzlich für Dritthändler geöffnet wie z. B. otto.de, Amazon oder Zalando. Laut

(Amazon, 2023) liegt der Händleranteil gemessen an verkauften Einheiten bei Amazon bei 59 %. Das Dritt-Händler-Geschäft ist also ein Kernbestandteil des Business Models. Die Marketplace-Betreiber verdienen hier meist durch eine prozentuelle Beteiligung am Umsatz, bzw. auch durch das Anbieten von Services wie z. B. der Lagerhaltung und dem Versand der Produkte. Dabei beschränkt sich die Teilnahme auf dem Marketplace nicht nur auf professionelle Händler (B2C). Viele Plattformen haben auch C2C (Customer to Customer) oder D2C (Direct to Consumer) Angebote gelistet. Unter C2C versteht man den Verkauf von Privat an Privat. Hier handelt es sich oft um einen Gebrauchtwarenmarkt wie z. B. bei eBay-Kleinanzeigen oder willhaben.at. D2C wiederum ist der direkte Verkauf der Marke an den/die Endkund:in.

17.2   Ursprung und Historie

Die Digitalisierung im Bereich des Einzelhandels ist nicht nur ein Vorgang, analoge Vorbilder – wie etwa die Idee des Warenhauses, die auf das Pariser Bon Marché aus dem Jahr 1852 zurückgeht – in die Digitalwelt – etwa digitale Handelsplattformen wie Alibaba oder Amazon – zu übertragen. Die technischen Möglichkeiten haben Geschäftsideen bzw. -felder hervorgebracht, welche den Einzelhandel in revolutionärer Weise neugestalteten.

Die Ursprünge von e-Commerce gehen laut George Washington University auf die Gründung von CompuServe 1969 in den USA zurück. **CompuServe** war der erste kommerzielle Onlineservice, bei dem Anbieter über virtuelle „Schwarze Bretter" auch Waren und Dienstleistungen anbieten konnte. Der Service wurde v. a. zum Kauf und Verkauf gebrauchter Computerhardware genutzt. 1979 entwickelte der Engländer MICHAEL ALDRICH das erste online Transaction-System, das zwischen Kund:innen und Businesses, bzw. auch zwischen Firmen benutzt werden konnte. Mit der Gründung von **Boston Computer Exchange** entstand auch der erste Marktplatz, welcher für den Kauf/Verkauf von gebrauchten Computern genutzt wurde. 1995 gründete JEFF BEZOS Amazon, auch eBay wurde im selben Jahr aus der Traufe gehoben. Da immer mehr Transaktionen im Rahmen des e-Commerce abgewickelt wurden, entstand auch ein vermehrter Bedarf nach sicheren Zahlungsmöglichkeiten, die 1998 zur Gründung von Paypal führte. Google launchte 2000 **AdWords**, um Webseiten die Möglichkeiten zu geben, innerhalb der Suchergebnisse Werbung zu schalten und Traffic auf entsprechende Webseite zu bringen. Auch bestehende Offlinehändler begannen zu dieser Zeit, in den Onlinehandel einzusteigen. So startete die US Großhandelskette Costco 2001 mit ihrem eigenen Online-B2B-Service und Walmart launchte 2003 sein erstes Onlineangebot für Kund:innen.

Das Umsatzwachstum im e-Commerce war in den letzten zwei Jahrzehnten enorm. Laut Statista (Statista, 2024) ist der Umsatz im B2C e-Commerce in Deutschland von 1,3 Mrd € 2000 auf 59,2 Mrd € 2019 angewachsen. Der Start der Covid-19-Pandemie hat dem e-commerce nochmals einen Schub gegeben und 2020 und 2021 zu jeweils ca. 20 % Wachstum geführt. Die Lockdowns Anfang 2020 in Asien, gefolgt von den Lockdowns auch auf anderen Kontinenten, haben viele Kund:innen dazu veranlasst, den Onlineeinkauf auszuprobieren und diesen wohl auch nachhaltig zu nutzen.

17.3   Fall-Vignetten

17.3.1 Otto Group – Multibrand Skalierung

Der Grundstein der heutigen Otto Group wurde bereits 1949 in Hamburg mit der Gründung des „Werner Otto Versandhandel" gelegt. 1950 erscheint der erste Katalog des Versandhändlers. 1995 folgt der Onlineshop unter otto.de. E-Commerce, Kataloggeschäft und der stationäre Einzelhandel bilden heute die drei Säulen des Otto-Group-Multichannelsretails. 2021/22 lag der Umsatz bei 16,1 Mrd € bei 43.000 Beschäftigten.

Die Otto Group betreibt eine Vielzahl an Stores unter unterschiedlichen Markennamen. Die verschiedenen Marken verfolgen unterschiedliche Positionierungen und adressieren somit unterschiedliche Kund:innengruppen. Einige der Marken wie Manufactum oder Lascana bedienen ihre Kund:innen im Omnichannel-Ansatz, d. h. betreiben Webstores ebenso wie stationäre Läden, während andere Marken wie Baur nur über den Distanzhandel agieren. Unterscheidungen gibt es auch im Sortiment. About You ist auf Fashion spezialisiert, Crate and Barrel wiederum auf Möbel. Einige der Marken nutzen zum Teil stark überschneidende Sortimente, wie dies z. B. bei Baur.de, otto.de und Universal.at der Fall ist. Alle drei Stores bieten Produkte aus den Bereichen Fashion, Living und Technik an. Hier ergeben sich Synergien, auf welche wir im Rest des Cases fokussieren werden.

Baur wurde 1949 in Deutschland gegründet und ähnlich Otto mit dem Katalogversand groß. 1997 stieg die Otto Group bei der Baur-Gruppe ein und 1999 startete Baur unter baur.de seinen ersten e-CommerceStore. Die Baur-Gruppe wiederum übernahm 2001 den österreichischen Universal Versand und wurde damit zum ersten Mal außerhalb Deutschlands tätig. Universal war ebenfalls als Versandhändler gegründet geworden und hatte 1997 seinen e-Commerce Store eröffnet, damals als „one man show", wie die Webseite des Händlers angibt.

Den drei Marken Otto, Baur und Universal gemein ist, dass sie sich über die Zeit in Universalversender entwickelt haben, also Produkte unterschiedlicher Kategorien wie Mode, Möbel und Technik verkaufen. Als getrennte Firmen hatten diese noch viele Tätigkeiten entlang der Wertschöpfungskette selbstständig getan. Diese Tätigkeiten umfassten z. B. den Einkauf der Waren, die Logistik, aber auch den Betrieb und die Entwicklung der IT-Systeme. In der Zusammenführung von IT-Systemen sowie der Zentralisierung von Kernaufgaben lag also großes Potenzial, Kosten zu senken, bzw. Kund:innen ein möglichst breites Angebot an Produkten anzubieten.

Die Gruppe entschied sich also, synergetische Ansätze zu finden, von denen alle Marken profitieren. Die Ansätze umfassten logistische, organisatorische wie auch technische Veränderungen. Auf der technischen Seite wurden viele der relevanten IT-Systeme zentralisiert oder vernetzt, um einen Datenaustausch zu ermöglichen.

Ein Beispiel ist hier der Sortimentskatalog, welcher es erlaubt, die entsprechenden Produktdaten standardisiert allen Stores zur Verfügung zu stellen. Das heißt, Produktdaten wie Bilder, der Titel oder die Beschreibung werden automatisiert an die unterschiedlichen

Stores, also Apps oder Webstores geschickt, wo sie die Kund:innen entsprechend kaufen können. Dieser Ansatz bietet gleich mehrere Vorteile. Die entsprechende Datenpflege kann einmal erfolgen und muss nicht mehr mit manuellen Eingriffen in unterschiedliche Systeme gebracht werden. Für die Kund:innen ergeben sich hier keine Unterschiede, da es aus deren Perspektive irrelevant ist, woher die Daten für die angeboten Waren kommen. Es bietet auch den Vorteil, organisatorische Synergien verstärkt zu heben, mit einer Verschlankung der Einkaufsorganisation. Noch als eigenständige Firma hatte der Universal Versand eine Einkaufsorganisation, welche die gleichen oder zumindest gleichwertige Produkte separat beschaffte wie Baur oder Otto. Das inkludierte die Verhandlungen, Forecasting der Einkaufsmengen sowie die Eingangs-Logistik mit allen nötigen Abnahmeschritten zur Qualitätssicherung. Die Einkaufsorganisationen wurden im Laufe der Zeit, wo sinnvoll, in einer zentralen Organisationseinheit zusammengefasst. Lediglich kleinere Bereiche wurden hier nicht zentralisiert. Zum Beispiel kaufen die in Österreich ansässigen Marken der Gruppe separat lokal relevante Sortimente ein.

Der zentrale Einkauf bringt nicht nur Effizienzen, sondern erhöht auch die Einkaufsvolumina und verbessert damit die Verhandlungsposition. Der zweite Vorteil der zentralisierten Verhandlung ist die leichtere Optimierung des Forecastings. In einfachen Worten geht es hier um die Findung der besten Bestellmenge beim Lieferanten. Ist diese zu klein, dann ist die Ware schnell ausverkauft. Ist diese zu groß, ergeben sich Überbestände, die potenziell abgeschrieben werden müssen. Ein Einkauf für mehrere Marken erlaubte es hier, die Risiken zu senken. Um dies umzusetzen, brauchte es auch logistische Optimierungen. Nämlich eine Vereinheitlichung der Logistiksysteme und dazugehörigen Lager- und Transportkapazitäten. Um auch Lagerbestände optimal nutzen zu können, wurden auch hier die entsprechenden Bestände den jeweiligen Stores zugänglich gemacht. Kund:innen können somit Ware als lagernd auf der Webseite angezeigt bekommen, wenn diese in einem gemeinschaftlichen Lager vorhanden sind. Um diese dann auch zum Kunden/zur Kundin liefern zu können, wurden die entsprechenden Transportkapazitäten aufgebaut. Für die Kund:innen ist es nicht ersichtlich oder relevant, woher die Ware verschickt wird, solange sie möglichst schnell ankommt.

17.3.2 Singles Day – Der weltweit größte Einkaufstag

Singles day oder auch 11/11 bzw. Double Eleven genannt, ist der größte Online Einkaufstag der Welt. Laut (Chinainternetwatch.com) stammt der Name aus den 1990er und wurde von chinesischen Studenten als „Anti-Valentinstag" kreiert, hatte also ursächlich keinen Bezug zu Shopping. Das Datum wurde gewählt, weil der 11.11. nur aus Einsen, also Singles besteht. 2009 veranstaltete Alibaba das erste Shopping Event an diesem Tag auf taobao.com. Das Event ist seither stark gewachsen. Im ersten Jahr umfasste das Angebot bei Alibaba nur 29 Marken, die Bestellfrequenz betrug im Maximum 400 Bestellungen pro Sekunde. Bis 2019 haben sich die Peak Bestellungen auf 544 k/s um 1360x erhöht. Der Umsatz wurde von etwa 6 Mio € 2009 bis auf 64 Mrd € 2020 gesteigert, eine Steigerung um das knapp 10.000 fache (Chinainternetwatch.com).

Mittlerweile haben die meisten chinesischen Onlinehändler Events in diesem Zeitraum etabliert, wobei Alibaba mit den Stores Tmall und Taobao noch immer am Umsatzstärksten ist, gefolgt von jd.com bzw. Pindoudou (PDD).

Aber was hat den Singles Day-Zeitraum so erfolgreich gemacht? Die Kernkomponenten sind auch hier eine große Auswahl an (neuen) Produkten von relevanten Marken zum besten Preis. Tmall hat den 11/11 als das Hauptdatum zur Einführung neuer Produkte etabliert. 2019 wurden mehr als 90 Mio. neuer Produkte lanciert. Über 22.000 Marken aus 78 Ländern haben bei dem Event neue Produkte präsentiert. Um diese Zahlen zu erreichen, hat Tmall 2017 „Hey Box" gestartet. Dies ist ein Programm, dass Marken bei dem Listen und Bewerben neuer Produkte unterstützt. Auch bei den Preisen setzt Tmall auf Vorgaben und strikte Mechanismen, damit diese möglichst attraktiv sind. Für Seller auf tmall.com gelten Rabattvorgaben auf den Produkten, um bei Site-wide Angeboten mitmachen zu können. 2019 mussten die Preise min. 10 % unter dem besten Preis der letzten 30 Tage liegen. Mechanismen dieser Art, dienen dazu, den Kund:innen zu versichern, dass die Angebote wirklich gut sind.

Abseits davon investieren die chinesischen Player auch in Innovationen, um Conversion und Traffic zu steigern. Einige Beispiele seien hier erwähnt.

Tmall versucht z. B. via Gamification, Kund:innen an den Store zu binden. Der persönliche Store jede:r Kund:in kann Upgrades erhalten. Diese werden durch das Erfüllen sogenannter Quests erreicht. Quests sind kleine Aufgaben wie z. B. das Besuchen eines Brand Stores oder das Browsen einer Sub-Event Page. Für das Erfüllen der Quests erhalten Kund:innen Punkte, mit denen Level-Upgrades freigeschaltet werden. Bei jedem Level-Upgrade bekommen Kund:innen Coupons oder andere Vergünstigungen, die beim Kauf von Produkten eingelöst werden können. Um auch Weiterempfehlungen zu erhöhen, gibt es Onlineteamspiele, bei denen man seine Freund:innen einladen kann. Gewinnt das Team, winken wieder Coupons und andere Vergünstigungen.

2019 hat PDD ein Weiterempfehlungsprogramm gestartet, bei dem bestehende Kund:innen auch Bargeld bekommen konnten, bzw. z. T. auch Gratisprodukte. Um das zu erreichen, waren die Hürden relativ hoch gesetzt, wie viele Bekannte und Freund:innen sich auf der Plattform registrieren mussten. Diese Ziele mussten auch bis zu einer bestimmten Deadline erreicht werden. Je näher die Deadline, desto höher wurden auch die Anforderungen.

Ein wesentlicher Treiber für Traffic sind sogenannte Mini-Apps in Wechat. Wechat ist das wesentlich mächtigere Pendant zum westlichen Whatsapp. Wechat erlaubt das Erstellen von Mini-Apps, was Applikationen entspricht wie z. B. e-Commerce stores, die in Wechat eingebettet sind. Die meisten e-Commerce-Player in China sind mit solchen MiniApp-Anwendungen in Wechat vertreten. Das erlaubt es nicht nur Kund:innen, direkt in Wechat einzukaufen und zu bezahlen, sondern auch relevante Produkte im Bekanntenkreis zu teilen. Besonders im 11/11 Zeitaum wird diese Funktion stark genutzt. Hier sind v. a. *Key Opinion Leader* (KOL) ein wichtiger Bestandteil für Händler. KOLs werden Influenzer in China genannt, welche in der Lage sind, viel Traffic und Umsatz mit dem Verkauf von Produkten zu generieren. Ein wichtiger Bestandteil v. a. am Singles Day sind

Produkt–Livestreams. 2019 wurden 60.000 unterschiedliche Livestreams gesendet und über 600.000 Produkte beworben. Livestreaming wird in China sehr interaktiv gelebt. Die KOLs präsentieren die entsprechenden Produkte über ihre Social-Media-Kanäle. Meist wird dort auch gleich ein Gutschein oder Rabatt für das Produkt angeboten. Die Interessenten können über die Chatfunktion Fragen stellen, bzw. Emoties und andere Kommentare abgeben. Der Kauf wird direkt über eingebettete Links abgewickelt, die schnelle Impulskäufe zulassen. Um auch die schnelle Lieferfähigkeit der sponsernden Händler zu unterstreichen, sind „On-air-deliveries" sehr beliebt. Das heißt, die Ware wird direkt während dem Livestream angeliefert, ausgepackt und präsentiert.

Erwähnenswert ist hier der KOL Li Jiaqi, im englischen unter Austin Li bekannt. Seine Trademark ist das Probieren und Vorführen von Lippenstiften, was ihm über 100 Mio. Follower verschaffte. Zum Singles Day 2021 generierte er 1,2 Mrd. USD Umsatz innerhalb von 12 h (Businessinsider, 2021). Als er allerdings am 03.06.2022 einen Panzer aus Eiscreme zeigte, mutmaßlich als Anspielung an das Tiananmen Massaker, wurde seine Show abrupt offline genommen. Das Tiananmen Massaker ist in China stark zensuriert (wsj.com, 2022).

17.4 Diskussion

e-Commerce hat in den letzten drei Jahrzehnten den Handel gewaltig verändert und wird es voraussichtlich weiter tun. Für Kund:innen hat dies v. a. mehr Transparenz, eine größere Auswahl von Produkten und damit die Möglichkeit, zu den besten Konditionen einzukaufen, gebracht. Wo früher die Kund:innen oft nur von Händlern in ihrer Region kaufen konnten, ermöglicht der Onlinehandel Kund:innen heute, weltweit einzukaufen. Dieser Vorteil ist enorm für Kund:innen und kann gar nicht überbetont werden. Auch die Time to Market hat sich beschleunigt, also die Zeit von der Produktentwicklung bis zur Einführung des Produktes auf dem Markt. Wo früher Produkte erst kaufbar waren, sobald diese im Geschäftslokal angekommen waren, werden heute Bestellungen schon vor der Produktion entgegengenommen und direkt versand. Auf dieses Konzept bauen einige Fast-Fashion Stores auf. Aber auch im Automotive Bereich findet dies Anwendung. Tesla hat z. B. für das Model 3 Bestellungen online direkt nach der Produktankündigung entgegengenommen.

Die Verschiebung der Einkäufe in den e-Commerce hat auch Spuren im Stationärhandel hinterlassen. Als Dead Malls werden im englischen Shoppingcenter bezeichnet, in denen die zurückgegangene Kund:innenfrequenz zum Aussterben der Geschäfte führt. Dies ist ein Trend, der sich selbst verstärken kann und zu einem Wegfall lokaler Steuereinnahmen und Arbeitsplätzen führt. Diese Veränderung kann auch volkswirtschaftliche Verschiebungen zur Folge haben. Die Wertschöpfung verschiebt sich bei Ländern mit hohem Importanteil ins Ausland, wie auch im Falle von Österreich oder Belgien.

Die Entstehung der e-Commerce-Plattformen bzw. Marketplaces bedeutet ebenso eine starke Verschiebung der Kräfteverhältnisse. Zum einen ist der finanzielle Aspekt, da Plattformbetreiber bei jedem Verkauf vom Verkäufer eine Provision einheben. Zum anderen sind die Betreiber der Plattformen auch Gatekeeper der Daten und Zugänge. Sie entscheiden, welche Händler welche Waren verkaufen können, welche Daten weitergegeben werden und welche nicht. Es ist nicht immer ist völlig transparent, wie diese Entscheidungen zustande kommen. Hierbei kann eine Sperrung eines Händlerkontos schon zu einer existenzbedrohenden Situation führen. Auf der anderen Seite haben Marketplaces ein starkes Interesse, sich selbst und ihre Kund:innen zu schützen, was auch die Sperre von schlechten Akteur:innen unumgänglich machen kann.

17.5 Ausblick

Die Covid-19-Pandemie war wie ein Turbo für das Wachstum des Onlinehandels, auch wenn es sich mit dem Ende der Pandemie wieder entschleunigt hat. Die meisten Händler, die zu Beginn des ersten Lockdowns keinen Onlinekanal bedienten, haben im hohen Tempo eine Präsenz aufgebaut. Viele sind aber dennoch von anderen Playern überholt worden, die schneller und besser waren.

Nicht nur Onlinehändler haben profitiert, sondern auch (**D2C**) Angebote. Unter DTC versteht man den direkten Verkauf und Lieferung des Herstellers an seine Kund:innen. Das spart den Mittelsmann und somit Kosten. Es erlaubt einem Hersteller, auch seine Brand nach seinen Vorstellungen zu positionieren. Für den Kund:innen kann es attraktiv sein, direkt beim Hersteller zu kaufen und damit zumindest gefühlt beste Qualität zu bekommen. Auf der anderen Seite gibt es aber auch Hürden, wie das Vertrauen in eine noch unbekannte Marke oder der Aufwand, ein neues Kundenkonto anzulegen.

Hier versprechen im Prinzip **Kryptowährungen** Abhilfe, die auf Blockchain-Technologie basieren. Sie erlauben aufgrund ihres Design das Bezahlen und Abwickeln eines Kaufvertrags, ohne dem Gegenüber vertrauen zu müssen. Allerdings eignet sich bis heute keine der Coins im Alltag für eben diese Aufgabe. Neben der technischen Komplexität für unerfahrene Endanwender, sind auch die Transaktionskosten hoch und die Wechselkurse instabil. Sollten sich diese Probleme lösen lassen und eine breite Akzeptanz finden, dann könnte dies in Zukunft einen Onlinehandel ohne dedizierten Händler ermöglichen. Das wiederum würde es erlauben die Kosten zu senken und günstigere Preise anzubieten.

Spannend ist hier ein Blick Richtung **China**. Was in westlichen Märkten noch in den Kinderschuhen steckt, ist dort bereits Mainstream: Social Commerce. Darunter versteht man e-Commerce-Handel, dessen Customer Journey aber primär in Social-Media-Kanälen abgewickelt wird. 2021 meldete das chinesische Wechat ein Handelsvolumen (Gross Merchandise Volume, GMV) von 260 Mrd. USD. Bei Wechat handelt es sich im Kern um einen Messenger ähnlich Whatsapp oder Signal, der über sogenannte Mini-Apps um e-Commerce Stores erweitert werden kann. Auch amazon.cn betreibt eine solche Mini-App, um die Waren über Wechat anbieten zu können. Freund:innen oder Influencer:innen können über diesen Weg direkte Kauflinks in der App teilen und Kund:innen müssen zum Kaufen die App nicht verlassen. Pinduoduo verfolgt einen Ansatz, der ebenfalls Social-Commerce-Aspekte beinhaltet: Gruppenkäufe. Je mehr Personen gemeinsam einkaufen, desto besser wird der Preis. Erst 2015 gegründet, erreichte Pinduoduo 2021 bereits einen GMV von 317 Mrd. €. Aus China kommen auch **neue Player und Business Modelle** nach Europa. Temu und Shein haben innerhalb kürzester Zeit eine signifikante Anzahl an Kund:innen gewinnen können. Temu meldete in den USA bereits 6 Monate nach dem Start über 100 Millionen aktive User. Im Kern steckt hier ein Business Model, bei dem der Bedarf auf Kundenseite direkt mit der Fertigung bzw. den Fabriken in China abgestimmt wird. Durch den Wegfall von Zwischenhändlern und internationalen Marken können sie nicht nur schneller reagieren, sondern auch deutlich günstigere Preise anbieten. Besonders innovativ ist ihr datengetriebener Ansatz: Mithilfe von Algorithmen analysieren die Plattformen Social-Media-Trends und leiten daraus neue Produktdesigns ab. Diese werden zunächst in kleinen Mengen produziert und bei Erfolg skaliert – eine Strategie, die das Lagerrisiko minimiert und maximale Flexibilität ermöglicht. (John Deighton, 2023). Allerdings gibt es auch Schattenseiten: Die EU-Kommission und verschiedene Handelsverbände untersuchen Vorwürfe bezüglich illegaler Produkte und unfairer Wettbewerbspraktiken (European Commission, 2024).

In China ebenfalls bereits weiter entwickelt sind **Multi/Omnichannel-Konzepte**. Diese Konzepte reichen von weit verbreiteten *click and collect*-Möglichkeiten bis hin zu einer weit durchdringenden Nutzung von QR-Codes, um Produkte schnell zu kaufen oder zu bezahlen. Die Businessmodelle sind hier durchaus einfach zugänglich. Zum Beispiel, anstelle in einem Restaurant bei einem/einer Kellner:in die Bestellung aufzugeben, scannt der/die Kund:in den QR-Code am Tisch. Man wählt das Gericht aus und bezahlt innerhalb von Wechat oder Ali-pay dann auch direkt die Rechnung. Die einzige Interaktion mit dem/der Kellner:in ist das Servieren der Speisen an den Tisch.

Aber auch westliche Firmen schlaffen hier nicht. Erste Firmen wie Sephora haben auch offline begonnen, zu digitalisieren und personalisieren. In der App wie im Store lassen sich z. B. Lippenstifte mittels **AR (Augmented Reality)** virtuell anprobieren. Welches Make-up am besten passt, bzw. zu welchen Produkten die Verkäufer:innen raten, steht dem/der Kund:in auch online zur Verfügung. AR-Integrationen sind zwar nicht neu, haben sich aber noch nicht in der Breite durchgesetzt. Oft ist die CX noch nicht gut genug, oder die Datenintegration noch nicht so weit. Es bleibt aber zu erwarten, dass hier Usecases wie das virtuelle Einrichten des Wohnzimmers noch verstärkt kommen werden.

Es bleibt auch zu erwarten, dass **AI (Artificial Intelligence)** die Art und Weise wie wir einkaufen verändert wird. Die seit Nov. 2022 ins öffentliche Interesse gerückten LLMs (Large Language Models) erlauben eine bidirektionale Kommunikation in natürlicher Sprache. Das erlaubt es 24/7 Support und Beratung von Kund:innen zur Verfügung zu stellen. Einige namhafte Retailer sind bereits dabei, Chatbots auf Basis dieser LLMs in ihre Shopping-Apps zu integrieren. Dem/der Kund:in steht somit ohne Wartezeit eine Beratung zur Seite. Aus dieser Integration können auch durchaus stärker personalisierte Angebote erwachsen. Wie die Anpassung des Bekleidungsdesigns an die Wünsche des/der Kund:in, mit anschließender Fertigung und Lieferung.

Welcher dieser Themen sich durchsetzen werden, wird sich noch zeigen. Sicher scheint, dass der Handel auch in Zukunft sich durch technologische Entwicklungen stark weiter entwickeln wird.

17.6 Weiterführende Literatur

Wir, die Herausgeber:innen dieses Bandes und der Autor des Beitrags, empfehlen als weiterführende Literatur: Das Journal of Retailing (https://www.sciencedirect.com/journal/journal-of-retailing) oder das International Journal of Retail & Distribution Management (https://www.emeraldgrouppublishing.com/journal/ijrdm).

Um die nächste Evolutionsstufe des Digital Retail zu verstehen, Retail im Metaverse, verweisen wir auf Yoo et al. (2023). Die Zukunft des stationären Einzelhandels und die Möglichkeiten dort werden in Heinemann (2022) herausgearbeitet. Die Lektionen, die Veränderungen im chinesischen Einzelhandel für den globalen Einzelhandel bereithalten, werden in Nie et al. (2022) zusammengetragen.

Literatur

Amazon. (2023). *First Quarter 2023 Results*. https://s2.q4cdn.com/299287126/files/doc_financials/2023/q1/Q1-2023-Amazon-Earnings-Release.pdf. Zugegriffen am 06.05.2024.

Businessinsider. (2021). https://www.businessinsider.com/china-lipstick-king-sold-17-billion-stuff-in-12-hours-2021-10

China Internet Watch. (2024a). *Double 11 Shopping Festival*. https://www.chinainternetwatch.com/tag/double-11/. Zugegriffen am 06.05.2024.

China Internet Watch. (2024b). *Double 11 (Singles' Day) Shopping Festival 2021: Alibaba Tmall GVM hit US$84.54 billion*. https://www.chinainternetwatch.com/32640/double-eleven-2021/. Zugegriffen am 06.05.2024.

Deighton, J. A. (2023). Harvard Business School. 2023. https://hbswk.hbs.edu/item/how-shein-and-temu-conquered-fast-fashion-and-forged-a-new-business-model

European Central Bank. (2024). *Glossary* https://www.ecb.europa.eu/services/glossary/html/glossa.en.html. Zugegriffen am 06.05.2024.

European Commission. (2024). https://digital-strategy.ec.europa.eu/en/news/commission-opens-formal-proceedings-against-temu-under-digital-services-act

Heinemann, G. (2022). *Intelligent retail*. Springer.

Morgan, J. P. (2021). *Global e-commerce trends report*. https://www.jpmorgan.com/content/dam/jpm/treasury-services/documents/global-e-commerce-trends-report.pdf. Zugegriffen am 06.05.2024.

Paypal. (2018). *PayPal Cross-Border Consumer Research 2018, Global Summary Report*. https://www.paypalobjects.com/marketing/web/hk/e-commerce-trend-growth-strategy/PayPal_Insights_2018_Global_Report.pdf. Zugegriffen am 06.05.2024.

Paypal. (2022). Borderless Commerce Report. https://newsroom.paypal-corp.com/image/Borderless+Commerce+2022_Report_SMB_EN_US.pdf

Statista. (2024). *Umsatz durch E-Commerce (B2C) in Deutschland in den Jahren 1999 bis 2023 sowie eine Prognose für 2024*. https://de.statista.com/statistik/daten/studie/3979/umfrage/e-commerce-umsatz-in-deutschland-seit-1999. Zugegriffen am 06.05.2024.

Tan, H. (2021). China's Lipstick King sold an astonishing $1.7 billion in goods in 12 hours – And that was just in a promotion for the country's biggest shopping day. *Business Insider vom 22.10.2021*. https://www.businessinsider.com/china-lipstick-king-sold-17-billion-stuff-in-12-hours-2021-10. Zugegriffen am 06.05.2024.

WSJ. (2022). Chinese influencer's ice-cream pitch inadvertently introduces fans to Tiananmen Square Massacre. *The Wall Street Journal vom 05.06.2022*. https://www.wsj.com/articles/chinese-influencers-ice-cream-pitch-inadvertently-introduces-fans-to-tiananmen-square-massacre-11654442707. Zugegriffen am 06.05.2024.

Yoo, K., Welden, R., Hewett, K., & Haenlein, M. (2023). The merchants of meta: A research agenda to understand the future of retailing in the metaverse. *Journal of Retailing, 99*(2), 173–192. https://doi.org/10.1016/j.jretai.2023.02.002

Esports

Akteure, Motivation und Ökosystem

Claudia Brauer

18.1 Beschreibung

18.1.1 Definitionen

Wagners Definition von eSports aus dem Jahr 2006 war eine der ersten akzeptierten eSports-Definitionen. Demnach beschreibt eSports „einen Bereich sportlicher Aktivitäten, in dem Menschen unter Nutzung von Informations- und Kommunikationstechnologien geistige oder körperliche Fähigkeiten entwickeln und trainieren" (Wagner, 2006, S. 3). Diese **eSports-Definition** baut wesentlich auf der Definition des traditionellen Sports von Tiedemann aus dem Jahr 2004 auf, ergänzt um den Zusatz „unter Verwendung von Informations- und Kommunikationstechnologien" (Hamari & Sjöblom, 2017, S. 112). Der Bezug zum traditionellen Sport wird auch von anderen Autoren hergestellt, wie beispielsweise Ströh (2017, S. 13), welcher feststellt, dass die Grundlagen des eSports denen des traditionellen Sports ähneln: Die Spieler:innen trainieren, um besser zu werden, es werden Vereine gegründet, Turniere organisiert und die Fans genießen es, das Spiel zu sehen (Ströh, 2017, S. 13).

In diesem Zusammenhang muss eSports vom eGaming Begriff bzw. vom Videospielen abgegrenzt werden und dessen definitorische Bedeutung konkretisiert werden. eSports wird in den meisten wissenschaftlichen Beiträgen als ein Teilbereich des **eGamings** mit dem Ziel des sportlichen Leistungsvergleichs bzw. Wettbewerbscharakter betrachtet. Dieser Wettkampfgedanke ist wesentlicher Bestandteil des Spieldesigns und Motivcharakter (Wagner, 2006, S. 1). eSports wird allgemein als das „sportwettkampfmäßige

C. Brauer (✉)
MCI Innsbruck, Innsbruck, Österreich
E-Mail: claudia.brauer@mci.edu

© Der/die Autor(en), exklusiv lizenziert an Springer Fachmedien Wiesbaden GmbH, ein Teil von Springer Nature 2024

L. Staffler et al. (Hrsg.), *Digitalwirtschaft*, https://doi.org/10.1007/978-3-658-45724-2_18

Spielen von Video- bzw. Computerspielen, insbesondere auf Computern und Konsolen, nach festgelegten Regeln" definiert (ESBD, 2017). Demzufolge können nur Videospiele, bei denen es einen Wettkampf gibt und bei denen das Ausüben bestimmte mentale und spielerische Fähigkeiten benötigt, als eSports Spiel bezeichnet werden. Dementsprechend gilt, dass zwar jedes eSports-Spiel auch ein Videospiel ist, aber nicht jedes Videospiel dem eSport zugeordnet werden kann (Falk & Puppe, 2020; Rosell Llorens, 2017; Witkowski, 2012). Die derzeit bevorzugten Spielgeräte, mit denen Online-Spiele gespielt werden, sind Computer/Laptop, Smartphone, Spielkonsole und das Tablet (Nielsen, 2021, S. 11).

Auch im eSport wird zwischen Breitensport und Leistungssport unterschieden. Unter den **Breitensport** fallen auch der eher als unstrukturiert zu beschreibende eSports-Amateursport. Beispielsweise gibt es in Deutschland schätzungsweise 40.000 bis 150.000 eSports Organisationen, von denen eine Vielzahl ausschließlich online in Erscheinung tritt (ESBD, 2017). Die genauen Zahlen lassen sich jedoch, aufgrund fehlender Verbands-strukturen, im eSport derzeit nur schwer feststellen. So setzt sich beispielsweise der eSport-Bund Deutschland e.V. zur Förderung und Professionalisierung des eSports zu-nehmend für klare Strukturen auf Vereins-, Verbands- und Organisationsebene ein (ESBD, 2017). Gleichfalls gehören zum Breitensport auch eSports-Teams von Fußballvereinen, wie beispielsweise Eintracht Frankfurt, Red Bull Leipzig oder Schalke 04 (ESBD, 2017). Für den **Leistungssport** hingegen bestehen bereits, wie in traditionellen Sportarten, Re-geln und organisatorische (Verbands-)Strukturen. Trotz intensiver Bemühungen ver-schiedener Verbände ist eSports bislang, u. a. aufgrund des oft angeführten Gewalttrans-fers und der möglichen Suchtgefährdung, kein Mitglied des Deutschen Olympischen Sportbundes und des Internationalen Olympischen Komitees und daher nicht offiziell als Sportart in Deutschland akzeptiert (DOSB, 2018).

Eine weitere Entwicklung, die sehr eng mit der Thematik des eSports verknüpft ist, stellt *Gamification* dar (Xu et al., 2013, S. 1). Gamification beschreibt den Gebrauch von spielerischen Elementen (Gaming Elements) in einem Kontext, welcher normalerweise nicht spielerisch geprägt ist (Deterding, 2011, S. 4). Ziel ist es, dass der/die Spieler:in in eine virtuelle Welt eintaucht und eine Art emotionale, physische und narrative Präsenz in dieser Welt verspürt (Kap. 20). Durch das Zusammenspiel von Erfolgsfaktoren und dem Spielen ist es das Ziel, dass der/die Spieler:in in den Flow-Zustand verfällt, welcher dem/der Spieler:in eine höhere User-Experience ermöglicht (Gonzales-Scheller, 2013, S. 3). Gamification kann daher als ein wissenschaftsnaher Bereich des eSports betrachtet wer-den (Xu et al., 2013, S. 1) dessen Weiterentwicklung wesentlich durch eSports beein-flusst wird.

18.1.2 Arten von Spielen und Spielformate

Die Entwicklung eines Videospiels erfordert vielseitiges Know-How seitens der Spielent-wickler und folgt einem sehr komplexen Prozess. Die Zuordnung von Spielen zu Kate-gorien, auch Genres genannt, ist aufgrund der dynamischen und schnellen Entwicklung von neuen Videospielen fordernd. Derzeit können, im Allgemeinen, Videospiele in **verschiedene Genres** eingeteilt werden, die sich jedoch ständig weiterentwickeln (Werder, 2022), darunter

- Kampfspiele (z. B. Tekken),
- Sportsimulationsspiele (z. B. Gran Turismo),
- Echtzeitstrategiespiele (z. B. StarCraft),
- Ego-Shooter-Spiele (z. B. Counter-Strike),
- Massively Multiplayer Online Role-Playing Games (z. B. World of Warcraft),
- Massively Multiplayer Online Games (z. B. Star Trek),
- Multiplayer Online Battle Arenas (z. B. League of Legends),
- Battle Royale[1] (z. B. Fornite) und
- Collectible Card Games (z. B. Hearthstone).

Die **Regeln des Videospiels**, wie z. B. die Altersgrenze, werden im Zuge der Spielentwicklung durch den Spielhersteller (Game Developer) festgelegt. Spielanpassungen, auch Patches genannt, können daher auch nur durch den Spieleentwickler erfolgen. Spielanpassungen, wie z. B. das Hinzufügen von neuen Spielfiguren, sind durchaus gängig, um die Freude und demzufolge die Lebensdauer des Videospiels verlängern. Das Videospiel *League of Legends* wird beispielsweise alle zwei Wochen aktualisiert. Darüber hinaus legen die Spielentwickler den Spielmodus z. B. 1 gegen 1 oder 2 gegen 2 fest. (ESBD, 2017; Schauerte & Schwier, 2004, S. 174–178).

Die Videospiele sind in **eSports-Ligen** organisiert, die Wettbewerbe und Turniere auf nationaler Ebene bis hin zu internationalen Veranstaltungen ermöglichen. Insofern ergeben sich Parallelen zu klassischen Sportarten wie beispielsweise Fußball. Es gibt weltweit eine Vielzahl an eSport-Ligen. Die Vielzahl an regionalen, nationalen und internationalen Turnieren, Ligen und Videospielen sowie der unterschiedlichen Spielformen erschweren einen Überblick über den eSports-Markt und dessen Ökosystem (ESBD, 2017). Zu den größten eSport-Ligen weltweit gehören die Chinesische LPL (League of Legends Pro League), Europäische LEC (League of Legends European Championship), die Nordamerikanische LCS (League of Legends Championship) und die Südkoreanische LCK (League of Legends Championship Korea). Die Overwatch League (OWL) ist eine sehr bekannte eSports-Liga, welche für das Videospiel Overwatch vom Game Developer Blizzard Entertainment entwickelt wurde (esports.com, 2023a) Diese Vielzahl an Ligen und Turnieren im eSport sowie die unterschiedlichen Organisationsformen führen derzeit zu großen Verständnisproblemen innerhalb des eSport-Marktes (ESBD, 2017). Während einige eSports-Ligen nur einzelne Spieltitel anbieten, ermöglichen andere eSports-Ligen hingegen mehrere Titel (Holden & Baker III, 2019). Im Profibereich werden das

---

[1] Unter dem Begriff „Battle Royale" versteht man ein Spielgenre bei denen eine große Anzahl von Spieler:innen in einem begrenzten Bereich gegeneinander antreten, mit dem Ziel als letzter Spieler:in oder letztes Team übrig zu bleiben.

Turnierformat und die Turnierregeln, um beispielsweise Cheats[2] zu vermeiden, im Wesentlichen durch die Liga (League) oder den/die Veranstalter:in des Turniers festgelegt. Die eSports-Teams spielen in einer Spielsaison meist mehrfach in Form von Einzelspielen oder in einem Best of-Modus gegeneinander. Am Ende der Spielsaison wird dann auf Basis eines Playoff-Turniers sowie der Ergebnisse der vorherigen Spielsaison der Ligagewinner ermittelt. Die Dauer eines eSports-Turniers kann ein Wochenende oder mehrere Tage mit einer Zeitdauer von 10–12 h umfassen (Schauerte & Schwier, 2004, S. 174–178). Eines der bekanntesten und beliebtesten eSports-Turniere ist die sogenannte League of Legends Worlds, die einmal im Jahr im Oktober stattfinden (League of Legends, Riot Games). Das Preisgeld für die Worlds 2022 betrug 2,25 Mio. Dollar (sport1, 2022).

In den meisten eSports-Ligen in Europa wird ein leistungsorientiertes Auf- und Abstiegsmodell, vergleichsweise wie in traditionellen Mannschaftssporten z. B. Fußball, angewendet. Aufgrund verschiedener Entwicklungen im eSports und zur Steigerung der Fairness wurden 2018 in Nordamerika erstmals Franchise-Ligen eingeführt und demzufolge das klassische Aufstiegs-/Abstiegsmodell aufgehoben. Bei dem Franchisemodell zahlen eSports-Teams einen vorabdefinierten Geldbeitrag, sichern sich damit einen fixen Ligaplatz und erhalten als Gegenleistung einen Umsatzanteil. Ein entscheidender Vorteil des Franchisemodells im Vergleich zum Aufstieg/Abstiegsmodell stellt die finanzielle Sicherheit für alle beteiligten Akteur:innen am eSports-Ökosystems dar. Diese finanzielle Sicherheit ermöglicht es dem eSports-Team, langfristig strategische Entscheidungen im Vergleich zu kurzfristigen unüberlegten Entscheidungen im Auf/Abstiegsmodell zu treffen, um sich als nachhaltige Marke zu etablieren und so auch mehr Anreize für Sponsoren zu schaffen (esports.com, 2023b).

18.2 Ursprung

eSports kann bisher auf eine interessante Entwicklung zurückblicken. Diese Entwicklungsgeschichte wird durch die zunehmende soziale Distanzierung, die verstärkte Nutzung von Streaming-Plattformen sowie das starke wirtschaftliche Interesse vieler Unternehmen aus verschiedenen Branchen beschleunigt (Foley & Lardner, 2020). Laut Statista (2023a) wird der eSports Markt-bis 2025 voraussichtlich auf ein Marktvolumen von bis zu 2,9 Mrd. US-Dollar anwachsen. Besonders beeindruckend sind in diesem Zusammenhang auch die Zuschauer:innenzahlen. Gemäß den Analysen von Newzoo (2023) werden bis zum Jahr 2024 die Zuschauer:innenzahlen auf 577 Mio. ansteigen. Dabei werden insbesondere die aufstrebenden Märkte in Lateinamerika einen bedeutenden Teil des Wachstums ausmachen, aber auch reife Märkte wie Nordamerika und Westeuropa werden zu dem Anstieg der Zuschauer:innenzahlen beitragen. Ursprünglich ist eSports aus digitalen Strukturen entstanden und entscheidend durch die Gaming-Gemeinschaft selbst vorangetrieben worden.

---

[2] Regelverstöße, meist durch den Einsatz von digitalen Behelfsmitteln.

Der Begriff eSports demzufolge ist kein neuer Terminus und wurde bereits in den späten 1990er-Jahren von der Online Gamer Association (OGA) erstmals in der Literatur verwendet (The OGA, 1999, S. 1). Gleichzeitig hat die UK Professional Computer Gaming Championship (UKPCGC) einen ersten Versuch unternommen, eSports als offiziell anerkannte Sportart in Großbritannien zu etablieren (Knox, 1999, S. 1). eSport wie er heute ausgeübt wird, hat seine Wurzeln im Jahre 1993 mit dem Spiel Doom und des Weiteren 1996 mit dem Folgetitel Quake, welche als erste Online-Spiele die Anfänge des eSports in Europa einleiteten (Kushner, 2004, S. 1). Bis 1997 wurden auch erstmals verschiedene professionelle und semiprofessionelle Online-Gaming-Ligen gegründet (Welch, 2002, S. 1). Im selben Jahr wurde auch das erste große eSport-Turnier, das „The Foremost Roundup of Advanced Gamers", auch bekannt als The Frag, durchgeführt (The Frag Diary, 1997, S. 1). In Asien, insbesondere in Südkorea, startete die Entwicklung des eSports in der Mitte der Neunziger Jahre mit der Einführung des Strategiespiels Lineage und seither entwickelt sich der asiatische eSports-Markt zu einem der bedeutendsten Wirtschaftsfaktoren in Asien, gefolgt von den USA und Brasilien. Aber auch der europäische Markt holte in den letzten Jahren im eSports immer weiter auf (Hüttermann, 2021, S. 6).

Der Begriff eSports oder electronic sport wird bereits seit Ende der 1990er-Jahre verwendet. Bedingt durch die zunehmende Digitalisierung der Gesamtbevölkerung in den vergangenen Jahren, hat eSports noch mehr an Bedeutung gewonnen. Derzeit lässt sich eine Vielzahl an Definitionen und verwandten Begriffen und Schreibweisen, wie z. B. Cybersport, virtueller Sport, E-Sport oder e-sports (Jenny et al., 2017, S. 8–9) in der wissenschaftlichen und praktischen Literatur nachweisen. Die Vielfalt an Begrifflichkeiten und Definitionen hängt mit den Einflüssen und Ausrichtungen verschiedener Fachdisziplinen zusammen, wie z. B. Gaming und Kultur, Sportmanagement, Psychologie, Philosophie, Informatik und Marketing (Breuer & Görlich, 2020, S. 1–5).

18.3 Anwendung

18.3.1 Motive von eSports

Die zunehmende Begeisterung für eSports ermutigte Wissenschaftler:innen und Praktiker:innen, die Motivationsmuster der Videospielnutzung zu untersuchen. Dies ist nach Griffiths (2017, S. 234–239) vor allem deshalb relevant, weil sich die Spielmotivation ändern kann, wenn Videospiele zu einem Beruf werden, mit dem die Spieler:innen ihren Lebensunterhalt verdienen. Eine Vielzahl an Wissenschaftler:innen aus verschiedenen Disziplinen haben die Motive von unterschiedlichen Online-Spielen in empirischen Studien untersucht und gemeinsame Motivationsmuster, die denen des traditionellen Sports ähneln, erkannt. Die Motive, eSports zu betreiben, sind sehr vielseitig und bedienen eine Vielzahl an unterschiedlichen menschlichen Bedürfnissen. Diese vielseitige Bedürfnisbefriedigung, die durch das Spielen gewährleistet wird,

erklärt u. a. die große Anzahl an eSports-Begeisterten, unabhängig von Alter, Bildungs-
stand und Geschlecht (Querengässer, 2021).

So gelten primär Unterhaltungs- und Spaßfaktor, Ablenkung vom Alltagsstress
(Eskapismus) und Entspannungsgründe als Spielmotive (Nielsen, 2021, S. 13). Studien
zeigen aber auch, dass die wichtigsten Spielmotive auf die **Interaktivität** und dem **Wettbewerbscharakter** zurückzuführen sind (Vorderer et al., 2003; Nielsen, 2021). Interaktivität bietet die Möglichkeit, mit anderen Spieler:innen in der digitalen Umgebung zu
kommunizieren und zu kooperieren. Der Wettbewerbscharakter resultiert aus der Tatsache, dass sich die Spieler:innen untereinander vergleichen können. Greenberg et al.
(2010) beschrieben ähnliche Motivationsmuster unter Spieler:innen, die Videospiele spielten – darunter Erregung, Erholung, Herausforderung, Wettbewerb, Ablenkung, Fantasie
und soziale Interaktion. Während der Grad der Spannung vom Wettbewerb und dem Spiel
selbst abhängt, kann die Unterhaltung von den Spieler:innen durch Webcams oder Chats
mit anderen während des Spiels erzeugt werden (Qian et al., 2020).

Für die **Zuschauer:innen** von eSports-Liveevents sind die soziale Vernetzung und der
Aufbau von Kontakten zu anderen Menschen wichtige Motive – gleichbedeutend wie bei
traditionellen Sportarten (Pizzo et al., 2018; Bányai et al., 2019). Ebenso ist die soziale
Motivation für Zuschauer:innen von eSports wichtig. Einerseits schauen viele Zuschau-
er:innen individuell zu (Xiao, 2020). Andererseits wird der Konsum von eSports auch von
Vielen als ein sozialer Anlass betrachtet (Seo, 2013). Auch die Realitätsflucht ist ein Motiv
von/für eSports-Zuschauer:innen (Hamari & Sjöblom, 2017; Xiao, 2020). Sie bezieht sich
auf die allgemeine Vorstellung, den täglichen Anforderungen und Routinen zu entfliehen
und in andere Routinen einzutauchen (Kim & Ross, 2006). Der Wissenserwerb wird ebenfalls als ein Motiv gesehen, das sich auf den/die sogenannten inspirierte:n Zuschauer:in
bezieht, der/die durch das Zuschauen Techniken und Strategien erlernt, die er/sie in sei-
nem/ihrem eigenen Spiel umsetzen kann (Hamari & Sjöblom, 2017; Macey et al., 2020).
Ferner kann die Anwendung von Sportwissen auf Videospiele ein Motiv zum Zuschauen
sein (Kim & Ross, 2006). Einige Zuschauer:innen sehen sich eSports aus Interesse am
Spiel an; sie konzentrieren sich hauptsächlich auf die Qualität des Streams und des Spiels
sowie auf die Kompetenzen und Fähigkeiten der Spieler:innen, was oft als Motiv der Äs-
thetik bezeichnet wird (Pizzo et al., 2018; Xiao, 2020). Aufgrund dieser Motivation versuchen Spieleentwickler, realistischere Videospiele zu konzipieren, welche die Zuschau-
er:innen anziehen (Buchanan-Oliver & Seo, 2012). Ein weiteres zentrales Motiv ist
schließlich das Interesse an den Spieler:innen selbst (Pizzo et al., 2018; Hamari &
Sjöblom 2017; Banyai et al., 2019).

18.3.2 Ökosystem und Wertschöpfungskette im eSports

Das eSports-Ökosystem hat sich in den letzten Jahren u. a. aufgrund der wachsenden Zuschauerzahlen, der zunehmenden Professionalisierung und den steigenden Sponsoring-
ausgaben sehr dynamisch entwickelt. Am eSports-Ökosystem sind verschiedene Akteur:-

innen aus verschiedenen Branchen beteiligt, deren Weiterentwicklung und Wertschöpfung das eSports-Ökosystem entscheidend beeinflusst. Um die Bedeutung und Entwicklung des eSports zu verstehen, ist ein Grundverständnis über diese Akteur:innen zu notwendig (Scholz, 2020). Das eSports-Ökosystem besteht im Wesentlichen aus den nachfolgend dargestellten Akteur:innen (Werder, 2022; Breuer & Görlich, 2020, S. 21–32).

18.3.2.1 Spieleentwickler und Game Publisher

Die Spieleentwickler (Game Developer) und die Game Publisher sind die zentralsten Akteur:innen im eSports-Ökosystem. Unter den **Spielentwicklern** werden folgerichtig die Entwickler von Computer- und Videospielen verstanden, die aufgrund ihrer Eigentümerrechte die Videospielregeln festlegen. Darüber hinaus können Spielentwickler auch als Ligen- und Eventveranstalter:innen oder als Sponsoren auftreten (Borcke & Konnowski, 2021, S. 19; Hüttermann, 2021). Zu den derzeit bekanntesten Spielentwicklern weltweit zählen Tencent, Apple, Sony, Microsoft, NetEase, Google, Nintendo, Electronic Arts (EA), Activision Blizzard, Bandai Namco, Valve Corporation und Riot Games (Statista, 2023a).

Im Gegensatz dazu übernehmen **Game Publisher** im Wesentlichen ressourcenintensive Marketingaufgaben und sind mit Verlegern von Zeitschriften vergleichbar. Game Publisher können auch die Spielentwicklung und Spielprogrammierung entweder intern selbst durchführen oder an externe Dienstleister auslagern. Im Fall der internen Abwicklung betreiben Game Publisher oftmals eigene Developer Teams und sind dem demzufolge gleichzeitig Lizenz- und Rechteinhaber des Videospiels. Im Fall der externen Vergabe der Spielentwicklung kaufen die Publisher den Spielentwicklern die exklusiven Lizenzrechte ab und sind nur Lizenzinhaber. Auf Basis dieser Lizenzrechte entscheiden diese ausschließlich über die öffentliche/nicht öffentliche Spieldurchführung und die verschiedenen Medien z. B. Streaming-Plattformen, die die Turnierdurchführung unterstützen. Möchte beispielsweise eine eSports-Eventagentur ein eSports-Turnier veranstalten, muss sie eine zeitlich und auf das Turnier begrenzte Lizenz vom Game Publisher erwerben (esports-magazin.com, 2023).

In diesem Zusammenhang können auch die verschiedenen **Hardwareanbieter** als zentrale Akteure für die Durchführung von eSports betrachtet werden. eSports erfordert, wie jede traditionelle Sportart, auch eine besondere Spielausrüstung z. B. Controller, Bildschirm. In den letzten Jahren haben sich daher verschiedene neue Unternehmen z. B. SteelSeries, HyperX, Razer herausgebildet, die diesem besonderen Bedarf gerecht werden. Gleichfalls haben bereits etablierte Hardwareunternehmen eine eigene eSports-Abteilung gegründet, die sich entsprechend auf eSports fokussiert hat (Querengässer, 2021).

18.3.2.2 Spieler:innen und professionelle Spieler:innen

Spieler:innen (auch Gamer genannt) bilden den substanziellen Kern des eSports-Ökosystems, wobei mit dem steigenden Professionalisierungsgrad auch die körperlichen und mentalen Leistungsanforderungen der Spieler:innen zunehmen (Querengässer, 2021). In diesem Zusammenhang kann daher zwischen dem Breitensport, zu dem einerseits die

Amateurspieler:innen und die organisierten Amateurspieler:innen umfassen und anderer-seits zwischen dem Profisport, zu dem sowohl semi- als auch professionelle Spieler:innen gehören, unterschieden werden (Hamari & Sjöblom, 2017). Amateurspieler:innen können anhand ihrer Spielmotive und ihres Spielniveaus als freizeitorientierte Spieler:innen eingestuft, professionelle Spieler:innen (Pro Gamer) sind mit Hochleistungssportlern vergleichbar.

Professionelle Spieler:innen erwerben ihre Spielfähigkeiten vornehmlich in einem bestimmten Videospiel, indem sie an verschiedenen Turnieren teilnehmen. Um diese spie-lerischen Höchstleistungen zu erbringen, sind sowohl hohe geistige als auch körperliche Fähigkeiten notwendig, die sich die professionellen Spieler:innen in einem intensiven täg-lichen mehrstündigen Trainingsprogramm von sechs bis zu 16 h, ähnlich denen eines Leistungssportlers im traditionellen Sport, aneignen (Monteiro Pereira et al., 2022; Que-rengässer, 2021). Zu diesen Fähigkeiten zählen eine hohe Aktions- und Reaktions-schnelligkeit zur Bedienung von Maus oder Tastatur, eine hohe Präzisionsfähigkeit für die Hand-Auge Koordination, ein hohes taktisches und strategisches Denkvermögen sowie eine hohe Konzentrationsfähigkeit (Querengässer, 2021). Um diese spielerischen und mentalen Fähigkeiten weiterzuentwickeln, nehmen die professionellen Spieler:innen zur Turniervorbereitung an Bootcamps und regelmäßigen Trainingsspielen, auch Scrims ge-nannt, aktiv teil (Werder, 2022, S. 2) und betreiben mehrmals pro Woche klassische Kon-ditions- und Ausdauertrainings (Querengässer, 2021).[3]

18.3.2.3 Professionelle eSports-Teams

Früher war die Teamsuche für Spieler:innen aufgrund der regionalen, nationalen und inter-nationalen Fragmentierung von eSports schwierig. Mittlerweile bieten eine Vielzahl an Foren und Webseiten, wie beispielsweise Gamertranser.com, die Möglichkeit, eSports-Teams oder Einzelspieler:innen zu finden. Grundsätzlich werden Teams im eSport auch als **Clans, Gilden bzw. Clubs** bezeichnet und sind wichtige Akteure in der eSports-Wertschöpfungskette. Diese Clans treten gegen andere Clans bzw. Spieler:innen in Ligen oder Turnieren an. Es gibt derzeit eine große Vielzahl an Clans, welche anhand des Professionalisierungsgrades in Freizeitclubs, semiprofessionelle Clubs und professionelle Clubs (Pro Clans) unterschieden werden können. Während bei den Freizeitclubs der Spaß am Spiel die wesentliche Motivation darstellt, stehen bei semi- und professionellen Clubs vor allem der sportliche Erfolg im Spielmittelpunkt (Borcke & Konnowski, 2021, S. 20). eSports-Clans mit einer hohen Mitgliederzahl können in einzelne eSports-Mannschaften (auch Squads genannt) unterteilt werden, die sich dann jeweils auf ein bestimmtes Spiel konzentrieren, aber im Turnier selbst unter dem Namen des Clans in Erscheinung treten (Querengässer, 2021). Einer der bekanntesten und erfolgreichsten eSports-Clans in den USA ist Evil Geniuses. Evil Geniuses sind in verschiedenen eSports-Titeln, z. B. Dota2, Counterstrike, LoL oder CS:GO vertreten und werden u. a. durch Jeff Bezos gesponsert.

---

[3] Eine Liste mit den weltweiten erfolgreichsten professionellen Spieler:innen findet sich unter www.esportsearnings.com.

In Österreich gehören Austrian Force eSports, Team Liquid, Gamer Legion, SK Gaming, FaZe Clan und G2 zu den bekanntesten eSports-Clans (Nielsen, 2021). Bekannte eSports-Clans in der Schweiz sind beispielsweise Zerooneclan, Lostik, Virtualletix (swissgaming, 2022) und in Deutschland gehören Berlin International Gaming und Mousesports zu den bekannten eSports-Clans (ority, 2023).

18.3.2.4 Zuschauer:innen (eSport-Fans)

Der Konsum von eSports-Inhalten hat in den letzten Jahren stark an Popularität gewonnen, daher sind eSports-Fans neben den Spieler:innen wichtige Akteure im eSports-Ökosystem zur Steigerung der Akzeptanz von eSports in der breiten Öffentlichkeit. Die Mehrheit der Personen, die sich eSports ansehen, spielt auch selbst aktiv Videospiele, aber es gibt auch eine Gruppe von Zuschauer:innen, die sogenannten **Entertained Spectators**, die es vorziehen, dem eSport nur zuzusehen (Hamari & Sjöblom, 2017). Man kann grundsätzlich zwischen zwei Arten von eSports-Zuschauer:innen unterscheiden: eSports-Enthusiasten und Gelegenheitszuschauer:innen. **eSports-Enthusiasten** zeichnen sich dadurch aus, dass sie mehrmals im Monat eSport live spielen sehen. **Gelegenheitszuschauer:innen** schauen weniger als einmal im Monat eSports (Rudolf et al., 2020; Rodrigues et al., 2021). Derzeit wird eSports immer noch von deutlich mehr Männern als Frauen verfolgt; dennoch nimmt der Anteil der weiblichen eSports-Fans stetig zu (Rudolf et al., 2020). Die eSports-Zuschauer:innen konsumieren über die verschiedenen **Streamingplattformen** eSports-Inhalte und besuchen eSports-Veranstaltungen, wodurch sie den eSports-Anbietern durch Ticketverkäufe und Merchandising Einnahmen verschaffen (Werder, 2022; Hamari & Sjöblom, 2017; Hüttermann, 2021).

18.3.2.5 Sponsoren

Die Sponsoren sind vor allem zur Finanzierung von eSportlern und Turnieren/Events ein wichtiger Bestandteil des eSports-Ökosystem. Sponsoring im eSport-Bereich eignet sich besonders zur Ansprache von Digital Natives, da diese Zielgruppe meist über die klassischen Medien kaum noch zu erreichen sind (Hüttermann, 2021, S. 22). Die Wahl eines geeigneten Sponsoringpartners im eSports stellt derzeit viele Unternehmen aufgrund des fehlenden Know-How des komplexen eSports-Marktes und dessen Organisationsstruktur vor beträchtliche Herausforderungen. Sponsoren haben jedoch verschiedene Sponsoringmöglichkeiten im eSports, wobei der Brand-Fit und der Personality-Fit sowie der Faktor Authentizität bei der Sponsorenwahl berücksichtigt werden sollte. Die Sponsoren im eSports können entweder eSports-Teams, Einzelspieler:innen, Ligen oder Events/Turniere mit finanziellen oder Sachmitteln oder Dienstleistungen (Borcke & Konnowski, 2021, S. 20; Hüttermann, 2021, S. 22) sowohl im Amateur- als auch im Profibereich unterstützen. Das Sponsoring von eSports-Ligen und eSports-Clans ist in diesem Zusammenhang als die langfristige und nachhaltigste Sponsoringmöglichkeit zu betrachten und bietet zum Markenaufbau und Markenbekanntheit mittels Social Media Kanälen und Streamingplattformen (z. B. Cut-Ins) vielseitige Marketingmöglichkeiten. Neben diesen Sponsoringmöglichkeiten bietet auch das Ingame Advertising Möglichkeiten, als Sponsoren nach außen aufzutreten (Mancini et al., 2022). Interessant in diesem Zusammenhang ist, dass ein Großteil der Sponsoren im eSport nicht-endemisch ist, d. h. nicht aus der Spieleindustrie kommt, wie z. B. Mercedes, Radiopharm Ulm, Kelly's, Adidas, Louis Vuitton oder HP (Hüttermann, 2021, S. 7). Beispielsweise ist Intel Hauptsponsor der ESL und stellt u. a. die entsprechende technische Infrastruktur bei Turnieren und Events zur Verfügung (gameswirtschaft.de, 2023).

18.3.2.6 Nationale und internationale eSports-Verbände und -Kooperationen

Aufgrund der steigenden Popularität von eSports haben sich in den vergangenen Jahren verschiedene **Verbände**, u. a. auch durch Kommunen oder Träger:innen der Jugendhilfe, zur Förderung des eSports herausgebildet und die (Weiter)-Entwicklung des eSports zusätzlich vorangetrieben. Diese weltweiten eSports-Verbände bemühen sich besonders um die Nachwuchs- und Talentförderung, die Koordination von Turnieren und Ligen, die Verbesserung der rechtlichen und politischen Rahmenbedingungen sowie den Interessenaustausch zwischen den verschiedenen Akteur:innen im eSports-Ökosystem und den traditionellen Sportverbänden (Borcke & Konnowski, 2021, S. 20). Beispielhaft sind die internationalen Verbände wie z. B. die United eSports Federation (USeF), die World Esports Associations (WESA), die Asian Electronic Sport Federation (AESF), die International eSports Federation (IeSF), oder die nationalen eSports Verbände wie z. B. der eSport Bund Deutschland (ESBD), eSport Verband Österreich (ESVÖ) sowie Swiss Esports Federation (SESF) zu nennen. In vielen Ländern weltweit hat die **Förderung von eSports** bereits eine sehr hohe Priorität. In Dänemark beispielsweise wird auf Basis eines Fünf-Punkte-Plans eSports durch den Premierminister höchstpersönlich unter starker Berücksichtigung der Grundsätze von Gleichheit und Fairness gefördert (Lace, 2019). Auch in Deutschland wurde 2020 mit der Gründung der ersten eSport-Stiftung ein entscheidender Beitrag zur Förderung des eSports geleistet. Darüber hinaus wurde 2016 die Esports Integrity Commission (ESIC) gegründet, deren wesentliche Zielsetzung darin besteht, die Integrität des eSports durch die Vorbeugung aller Betrugsformen im eSports durch Einbindung aller eSports-Akteur:innen zu schützen (esic, 2023).

18.3.2.7 eSports-Turnier- und eSports-Eventveranstalter:innen

Bei der Planung und Durchführung von eSports-Turnieren und -Veranstaltungen sind, aufgrund der komplexen Anforderungen, verschiedene Faktoren, wie beispielsweise die Integrität des Wettbewerbs, die Verständlichkeit und die Spannung/Entertainment des Videospiels sowie logistische und technische Gegebenheiten durch den Turnierveranstalter:innen, zu berücksichtigen. **Event- und Turnierveranstalter:innen** z. B. ESL (Electronic Sports League) oder Eleague sind damit zentrale Akteur:innen im eSports-Ökosystem und organisieren mittels Lizenzrechten online- und offline Turnierserien und Ligen (Breuer & Görlich, 2022, S. 24). Der weltweit größte Event- und Turnierveranstalter im eSports ist das 2000 gegründete Unternehmen ESL mit der Vision eSports & Gaming international voranzutreiben (Eberhardt, 2023).

Wichtige Akteure bei der Durchführung von eSports-Turnieren stellen, neben den Schiedsrichter:innen, Caster:innen dar. Caster:innen sind Kommentator:innen, welche, wie im traditionellen Profisport, live über das Spielgeschehen berichten. Der/die **Caster:in** ist oftmals genauso beliebt wie Spieler:innen oder eSports-Teams selbst und prägt daher mit ihrer/seiner Persönlichkeit und ihren/seiner Kommentatorfähigkeiten, die Begeisterung der Zuschauer:innen und die Stimmung während des Turniers. Envy ist beispielsweise ein sehr beliebter österreichischer Caster, der auch bereits viele internationale eSports-Turniere kommentiert hat und eine große Fangemeinde vorweisen kann (a1. net, 2023).

18.3.2.8 Medien und Streaming-Plattformen

Die verschiedenen Online- und Offlinemedien übernehmen im Wesentlichen die Funktion, die Zuschauer:innen von eSports zu erreichen und mit Informationen zum eSports-Konsum zu bedienen. **Streamingplattformen** unterstützen darüber hinaus den eSports-Anbieter bei der Verwaltung zentraler Dienste wie Ligen und Turniere. Streamingplattformen gelten als die Plattformen mit dem höchsten Potenzial, eSports-Fans anzuziehen und Engagement zu schaffen (Finch et al., 2019; Borcke & Konnowski, 2021, S. 21). Zu den bekanntesten eSports-Streamingplattformen weltweit gehören Youtube Gaming und Twitch.tv (Nielsen, 2021, S. 14).

Twitch (Twitch.tv, Twitch Interactive) mit Hauptsitz in San Francisco, wurde 2010 von Justin Kan als ein Spin-Off von Justin.tv gegründet und 2014 für 970 Mio. US Dollar an Amazon verkauft. Twitch gilt weltweit als die führende Videostreamingplattform im eSports. Die Nutzung von Twitch ist ab 13 Jahren erlaubt. Auffällig ist, dass mehr als zwei Drittel der Twitch-Nutzer:innen unter 35 Jahre alt und 65 % männlich sind. Im Dezember 2022 verzeichnete Twitch 1,1 Mrd. Visits (Statista, 2022), bei einem Jahresumsatz 2021 von 2,6 Mrd. Dollar. Die am häufigsten gesehen Videospiele auf Twitch 2022 waren

1. League of Legends.
2. Fortnite und
3. Grand Theft Auto V (Statista, 2022).

Die Spieler:innen streamen live auf Twitch und kommentieren den Spielverlauf, interagieren somit aktiv mit den Zuschauer:innen und generieren damit User-Generated Content. Darüber hinaus ermöglicht eine weitere Kamera dem/der Spieler:in, sich in seiner Umgebung zu präsentieren. Dem/der **Streamer:in** geht es hierbei darum, die Zuschauer:innen durch unterhaltende Inhalte (z. B. Links zu Social Media Kanälen, Spendenaufrufe oder Challenges) langfristig an den Stream zu binden (Gerber, 2017, S. 343). Zu den erfolgreichsten Streamer:innen weltweit zählen derzeit Ninja, Auronplay und Rubius (Statista, 2023b). Darüber hinaus werden auch verschiedene Social Media Kanäle, besonders Twitter und Instagram, von Spieler:innen und Zuschauer:innen genutzt, um sich aktuelle Informationen zum Thema eSports zu beschaffen. Bedingt durch die steigende Bekanntheit und die zunehmende gesellschaftliche Akzeptanz von eSports bieten auch verschiedene lineare Fernsehsender eSports-Formate (z. B. Sport 1 oder ProSieben Maxx) an (Querengässer, 2021, S. 93–94).

18.4 Diskussion

eSports hat nicht nur auf den Sport selbst, sondern auch aus ökonomischer Perspektive einen erheblichen gesellschaftlichen Einfluss. eSports ist keine neue Entwicklung, sondern zählt in Asien bereits seit Jahrzehnten zu den bedeutenden Wirtschaftssektoren. Auch in den europäischen Ländern entwickelt sich der eSport, wie die verschiedenen Statistiken zeigen, in den letzten Jahren exponentiell (Ströh, 2017, S. 13; Hüttermann, 2021, S. 6). Das oben beschriebene Ökosystem im eSports ist bereits in **andere Lebensbereiche und Branchen** diffundiert. Beispielsweise bereichern verschiedene Dienstleister, journalistische Berichterstatter (z. B. eSport Observer, ESPN eSport) oder Marktforschungsinstitute oder Beratungsagenturen, das eSport-Ökosystem (Borcke & Konnowski, 2021; Hüttermann, 2021). Auch im Bereich der Bildung und Wissenschaft ist eSports bereits angekommen. So beschäftigen sich verschiedene Wissenschaftler:innen seit einigen Jahren im Rahmen ihrer Forschungsarbeiten mit eSports und tragen mit ihren Erkenntnissen zur Weiterentwicklung und Professionalisierung bei (Finch et al., 2019; Hüttermann, 2021). Darüber hinaus bieten bereits vereinzelte nationale und internationale Hochschulen Studienprogramme im eSports an, z. B. die Hochschule für angewandtes Management in Zusammenarbeit mit dem österreichischen eSports-Verband (studieren.at, 2023). In Norwegen können Schüler:innen eSports als Wahlpflichtfach belegen (sport1, 2023). Zusätzlich bedient sich eSports verschiedener neuer **Werbeformate und Werbemöglichkeiten**, wie z. B. Ingame Advertising, welche wiederum zur Entwicklung neuer Geschäftsmodelle in der Medien- und Marketingbranche geführt haben (Mancini et al., 2022). Auch in der Gastronomie hat eSports zur Entwicklung neuer Geschäftsmodelle beitragen. Meltdown beispielsweise ist eine auf Basis eines Franchisekonzeptes agierende internationale Barkette, welche sich als eSports-Szenetreff etabliert hat (Meltdown, 2022). Auch Modemarken, wie beispielsweise Gucci, Asos oder Ralph Lauren, haben das ökonomische Potenzial von eSports sowohl für die Zuschauer:innen als auch für die eSport-Teams und -Spieler:innen als Möglichkeit des Ausdrucks ihrer Leidenschaft erkannt und nutzen dies zur Weiterentwicklung ihrer Geschäftsmodelle. eSports-Teams tragen beispielsweise eigene Trikots und einheitliche Outfits, die von Modedesignern entworfen werden. Verschiedene Modeunternehmen engagieren sich auch in Form von Sponsoring von eSports-Teams und -Spieler:innen, um ihre Produkte zu präsentieren. Gleichfalls beeinflussen Influencer und eSports-Spieler:innen ihre Zuschauer:innen mit ihrem Kleidungsstil und prägen damit die eSports Gemeinschaft (Esport.com, 2023c; Brock & Johnson, 2020). Wie die oben dargestellten Ausführungen verdeutlichen, hat sich eSports von einem Zeitvertreib über ein Marketinginstrument bis hin zu einem Wirtschaftsakteur entwickelt, der bereits eine Vielzahl an neuen und vielversprechenden Geschäftsmodellen hervorgebracht hat. Diese Bedeutung ist einerseits auf die steigenden Zuschauerzahlen von eSports-Events und die steigende Sponsoringbereitschaft und andererseits auf die zunehmende Professionalisierung des eSports Ökosystems und dessen Wertschöpfungskette zurückzuführen. Es ist davon auszugehen, dass durch die verschiedenen digitalen Weiterentwicklungen, wie z. B. Big Data, Virtual Reality oder Artifical Intelligence, neue Streamingkonzepte und das Entstehen von neuen Spielen und neuen Spielformen z. B. Fitnessspiele, auch Exer-Games genannt, eSports weiterhin ein Motor zur Geschäftsmodellentwicklung sein wird (Hüttermann, 2021; Breuer & Görlich, 2022; Finch et al., 2019).

Literatur

A1.net. (2023). *Wie wird man eigentlich eSports-Caster?* Zugegriffen am 06.05.2024.

Bányai, F., Griffiths, M. D., Király, O., & Demetrovics, Z. (2019). The psychology of esports: A systematic literature review. *Journal of Gambling Studies, 35*, 351–365.

von Borcke, Y., & Konnowski, N. (2021). eSport. In *eSport-Sponsoring: Erfolgsfaktoren–Herausforderungen–Potenziale* (S. 17–28). Springer Fachmedien Wiesbaden.

Breuer, M., & Görlich, D. (2020). *eSport: Status quo und Entwicklungspotenziale.* Springer.

Breuer, M., & Görlich, D. (Hrsg.). (2022). *E-Sport: Status quo und Entwicklungspotenziale.* Springer Fachmedien Wiesbaden GmbH.

Brock, T., & Johnson, M. (2020). Gambling for fashion: How videogame designers capitalise on 'Status Ambivalence' within videogame play. In *Proceedings of DiGRA 2020* (S. 1–3).

Buchanan-Oliver, M., & Seo, Y. (2012). Play as co-created narrative in computer game consumption: The hero's journey in Warcraft III. *Journal of Consumer Behaviour, 11*(6), 423–431.

Deterding, S. (2011). *Gamification: Toward a definition.*

DOSB. (2018). *Umgang mit elektronischen Sportartensimulationen, eGaming und „eSport"* https://cdn.dosb.de/user_upload/www.dosb.de/uber_uns/eSport/DOSB-Positionierung-eSport.pdf. Zugegriffen am 06.05.2024.

Eberhardt, H. (2023). *Das sind die Strippenzieher der deutschen Esports-Szene Teil 1: die „Urväter".* https://omr.com/de/daily/strippenzieher-esports-teil-1/. Zugegriffen am 06.05.2024.

ESBD. (2017). https://esportbund.de/themen/

esic. (2023). *Who we are.* https://esic.gg/about/. Zugegriffen am 06.05.2024.

Esports.com. (2023a). https://www.esports.com/de/league/lec. Zugegriffen am 06.05.2024.

Esports.com. (2023b). https://www.esports.com/de/klassisch-oder-franchise-die-grossen-esports-wettbewerbe-40005. Zugegriffen am 06.05.2024.

Esports.com. (2023c). https://www.esports.com/de/esport-im-fashion-wahn-diese-marken-machen-nerds-zu-mode-ikonen-291194. Zugegriffen am 06.05.2024.

esports-magazin. (2023). https://www.esports-magazin.com/esports-in-oesterreich-ein-rechtlicher-ueberblick/. Zugegriffen am 06.05.2024.

Falk, F., & Puppe, M. (2020). eSports in Deutschland: Eine Betrachtung aus Perspektive des game–Verband der deutschen Games-Branche eV. In M. Breuer & D. Görlich (Hrsg.), *eSport. Status quo und Entwicklungspotenziale.*

Finch, D. J., O'Reilly, N., Abeza, G., Clark, B., & Legg, D. (2019). *Implications and impacts of esports on business and society: Emerging research and opportunities.* IGI Global.

Foley & Lardner LLP. (2020). *Esports survey report.* https://www.foley.com/-/media/files/insights/publications/2020/11/2020-esports-survey-report1.pdf. Zugegriffen am 06.05.2024.

gameswirtschaft. (2023). https://www.gameswirtschaft.de/sport/esl-intel-100-mio-dollar-esport/. Zugegriffen am 06.05.2024.

Gerber, H. R. (2017). eSports and streaming: Twitch literacies. *Journal of Adolescent & Adult Literacy, 61*(3), 343–345.

Gonzales-Scheller, P. (2013). *Trendthema Gamification: Was steckt hinter diesem Begriff?. Recrutainment: Spielerische Ansätze in Personalmarketing und-auswahl* (S. 33–51).

Greenberg, B. S., Sherry, J., Lachlan, K., Lucas, K., & Holmstrom, A. (2010). Orientations to video games among gender and age groups. *Simulation & Gaming, 41*(2), 238–259.

Griffiths, M. D. (2017). Conceptual issues concerning internet addiction and internet gaming disorder: Further critique on Ryding and Kaye (2017). *International Journal of Mental Health and Addiction, 16*, 233–239.

Hamari, J., & Sjöblom, M. (2017). What is eSports and why do people watch it? *Internet research, 27*(2), 211–232.

Holden, J. T., & Baker, T. A., III. (2019). The econtractor? Defining the esports employment relationship. *American Business Law Journal, 56*(2), 391–440.

Hüttermann, M. (2021). *eSports Switzerland 2021: A study by the Institute of Marketing Management under the direction of Marcel Hüttermann. ZHAW School of Management and Law*.

Jenny, S. E., Manning, R. D., Keiper, M. C., & Olrich, T. W. (2017). Virtual(ly) athletes: Where esports fit within the definition of "Sport". *Quest, 69*(1), 1–18.

Kim, Y., & Ross, S. D. (2006). An exploration of motives in sport video gaming. *International Journal of Sports Marketing and Sponsorship, 8*(1), 28–40. https://doi.org/10.1108/IJSMS-08-01-2006-B006

Knox, M. (1999). The sport of computer gaming. In G. Wagner (Hrsg.), *On the scientific relevance of eSports. Veröffentlicht auf der International Conference on Computer Game Development*.

Kushner, D. (2004). Masters of doom: How two guys created an empire and transformed pop culture. Random house trade paperbacks. In G. Wagner (Hrsg.), *On the scientific relevance of eSports. Veröffentlicht auf der International Conference on Computer Game Development*.

Lace, T. (2019). *Denmark's Ministry of Culture announce new esports strategy.* https://esportsinsider.com/2019/04/denmarks-ministry-of-culture-announce-new-esports-strategy. Zugegriffen am 06.05.2024.

Macey, J., Tyrväinen, V., Pirkkalainen, H., & Hamari, J. (2020). Does esports spectating influence game consumption? *Behaviour & Information Technology*, 1–17. https://doi.org/10.1080/0144929X.2020.1797876

Mancini, M., Cherubino, P., Cartocci, G., Martinez, A., Di Flumeri, G., Petruzzellis, L., & Babiloni, F. (2022). Esports and visual attention: Evaluating in-game advertising through eye-tracking during the game viewing experience. *Brain Sciences, 12*(10), 1345.

Meltdown. (2022). https://www.meltdown.bar/de. Zugegriffen am 06.05.2024.

Monteiro Pereira, A., Costa, J. A., Verhagen, E., Figueiredo, P., & Brito, J. (2022). Associations between esports participation and health: A scoping review. *Sports Medicine, 52*(9), 2039–2060.

Newzoo. (2023). *Games market reports and forecasts – Gaming present and future. Uncovered.* https://newzoo.com/games-market-reports-forecasts. Zugegriffen am 06.05.2024.

Nielsen. (2021). *Esports Marktanalyse Österreich 2021.* https://a1esports.at/wp-content/uploads/2021/11/Nielsen-Sports_A1-eSports-Marktanalyse-AUT_2021_Versand_finaleVersion.pdf. Zugegriffen am 06.05.2024.

Ority. (2023). https://de.ority.gg/blogs/esports/10-grossten-deutschen-esport-teams. Zugegriffen am 06.05.2024.

Pizzo, A. D., Baker, B. J., Na, S., Lee, M. A., Kim, D., & Funk, D. C. (2018). eSport vs. sport: A comparison of spectator motives. *Sport Marketing Quarterly, 27*(2), 108–123.

Qian, T. Y., Zhang, J. J., Wang, J. J., & Hulland, J. (2020). Beyond the game: Dimensions of esports online spectator demand. *Communication & Sport, 8*(6), 825–851.

Querengässer, E. (2021). *Die mediale Konstruktion von E-Sport als Sportart*. Universitaet Bayreuth (Germany).

Rodrigues, E., Filgueiras, E., & Valente, J. (2021). Behavioral analysis of eSports spectators: A research proposal. In *International conference on human-computer interaction* (S. 371–383). Springer.

Rosell Llorens, M. (2017). eSport gaming: The rise of a new sports practice. *Sport, Ethics and Philosophy, 11*(4), 464–476.

Rudolf, K., Bickmann, P., Froböse, I., Tholl, C., Wechsler, K., & Grieben, C. (2020). Demographics and health behavior of video game and eSports players in Germany: The eSports study 2019. *International Journal of Environmental Research and Public Health, 17*(6), 1870.

Schauerte, T., & Schwier, J. (2004). Die Telegenisierung von Sportereignissen–Anpassung von Sportarten und ihrem Regelwerk an mediale Bedingungen. *Die Visualisierung des Sports in den Medien, 2*, 164–186.

Scholz, T. M. (2020). Deciphering the world of eSports. *International Journal on Media Management, 22*(1), 1–12. https://doi.org/10.1080/14241277.2020.1757808

Seo, Y. (2013). Electronic sports: A new marketing landscape of the experience economy. *Journal of Marketing Management, 29*(13–14), 1542–1560. https://doi.org/10.1080/0267257X.2013.822906

sport1. (2022). *Fans verdoppeln das WM-Preisgeld*. https://www.sport1.de/news/esports/league-of-legends/2016/10/mehr-preisgeld-bei-der-league-of-legends-world-championship. Zugegriffen am 06.05.2024.

sport1. (2023). *eSports wird Schulfach*. https://www.sport1.de/news/esports/2016/01/esports-wird-schulfach-in-norwegen. Zugegriffen am 06.05.2024.

Statista. (2022). *Number of active streamers on Twitch worldwide from January 2018 to December 2022*. https://www.statista.com/statistics/746173/monthly-active-streamers-on-twitch/. Zugegriffen am 06.05.2024.

Statista. (2023a). *Umsatz der führenden Unternehmen im Bereich Videospiele weltweit im 3. Quartal 2022 (in Millionen US-Dollar)*. https://de.statista.com/statistik/daten/studie/194749/umfrage/die-10-groessten-game-publisher-weltweit/. Zugegriffen am 06.05.2024.

Statista. (2023b). *Most popular Twitch channels worldwide as of February 2023, ranked by number of followers*. Abgerufen am 10.02.2023. https://www.statista.com/statistics/486914/most-popular-twitch-channels-ranked-by-followers/?locale=en. Zugegriffen am 06.05.2024.

Ströh, J. H. A. (2017). *The eSports market and eSports sponsoring*. Tectum Wissenschaftsverlag.

Studieren.at. (2023). *Sportmanagement – eSports Management*. https://www.studieren.at/hochschulen/hochschule-fuer-angewandtes-management/esports-management-bachelor/. Zugegriffen am 06.05.2024.

swissgaming. (2022). https://swissgaming.org/esport-teams/. Zugegriffen am 19.12.2022.

The Frag Diary. (1997). In G. Wagner (Hrsg.), *On the scientific relevance of eSports*. Veröffentlicht auf der International Conference on Computer Game Development.

The OGA. (1999). In G. Wagner (Hrsg.), *On the scientific relevance of eSports*. Veröffentlicht auf der International Conference on Computer Game Development.

Vorderer, P., Hartmann, T., & Klimmt, C. (2003). Explaining the enjoyment of playing video games: The role of competition. In *Proceedings of the second international conference on entertainment computing* (S. 1–9).

Wagner, G. (2006). *On the scientific relevance of eSports*. Veröffentlicht auf der International Conference on Computer Game Development.

Welch T. (2002). The history of the CPL, Cyberathlete Professional League. In G. Wagner (Hrsg.), *On the scientific relevance of eSports*. Veröffentlicht auf der International Conference on Computer Game Development.

Werder, K. (2022). Esport. *Business & Information Systems Engineering, 64*(3), 1–7.

Witkowski, E. (2012). On the digital playing field: How we "do sport" with networked computer games. *Games and Culture, 7*(5), 349–374.

Xiao, M. (2020). Factors influencing esports viewership: An approach based on the theory of reasoned action. *Communication & Sport, 8*(1), 92–122. https://doi.org/10.1177/2167479518819482

Xu, F., Weber, J., & Buhalis, D. (2013). Gamification in tourism. In Z. Xiang & I. Tussyadiah (Hrsg.), *Information and communication technologies in tourism 2014*. Springer.

Wearables

Anna-Sophie Käferböck, Simon Winkler und Yannic Heyer

19.1 Beschreibung des Kerngebietes

Der Begriff **Wearables** wurde im letzten Jahrzehnt vor Allem durch öffentlichkeitswirksame Produkte wie Google Glasses oder Smartwatches am Markt geprägt. Allerdings geht die Geschichte noch einige Jahre weiter zurück. Außerdem ist die technologische Landschaft sehr breit gefächert. Dies stellt sich für eine genaue Begriffsdefinition als Herausforderung dar. Die Schwierigkeit entsteht durch zwei Randbedingungen. Erstens, der Eingrenzung des Feldes, also gleichermaßen alle Gerätegruppen von Wearables miteinzubeziehen. Zweitens, im Grad der Spezifizierung, um nicht mit anderen Bereichen zu verschwimmen. Der folgende Versuch den Begriff auf ein Neues zu definieren, soll den Rahmen für den Inhalt des vorliegenden Kapitels setzen.

Im Grunde zeichnet sich jedes **Wearable Device** damit aus, dass es am menschlichen Körper getragen wird, ohne die User:innen bei deren Aktivitäten zu beeinträchtigen. Zusätzlich zielt das Gerät im Normalfall darauf ab, in einem bestimmten Tätigkeitsfeld unterstützend zu wirken. Ausgeschlossen werden Geräte, welche nicht auf einfache Art und Weise an- und abgelegt werden können. Damit fallen Technologien, die dauerhaft oder auch temporär implantiert oder geschluckt werden, nicht unter den Begriff Wearables. Dies ist der erste von zwei Punkten, in dem sich die Welt in der Verwendung des Begriffes nicht ganz einig wird. Der zweite bezieht sich auf den Grad der Technologisierung des

A.-S. Käferböck (✉) · S. Winkler · Y. Heyer
Department Medical & Health Technologies, MCI – Die Unternehmerische Hochschule®,
Innsbruck, Österreich
E-Mail: as.kaeferboeck@gmx.at; simon.winkler@mci.edu; yannic.heyer@mci.edu

© Der/die Autor(en), exklusiv lizenziert an Springer Fachmedien Wiesbaden GmbH, ein Teil von Springer Nature 2024
L. Staffler et al. (Hrsg.), *Digitalwirtschaft*, https://doi.org/10.1007/978-3-658-45724-2_19

Gerätes. Im Kontext der *Digitalen Marktwirtschaft* werden daher nur Wearables diskutiert, welche einer digitalen Funktionsweise zugrunde liegen. Daraus ergibt sich somit folgende Definition:

> ▶ „Wearables oder auch Wearable Technology bezeichnet eine Gruppe von Geräten, welche nicht obstruktiv am menschlichen Körper getragen, jederzeit durch die User:innen an- und abgelegt werden können und sich Sensorik, digitaler Datenverarbeitung und Kommunikation bedienen."

19.1.1 Funktionsbeschreibung

Das zugrunde liegende Prinzip von Wearables beläuft sich auf ein immerwährendes Schema: Erfassung der gewünschten Daten, Übermittlung der gesammelten Informationen und abschließende Verarbeitung sowie Ausgabe der zuvor ausgewählten Ergebnisse. Es spielen sowohl Hardwarekomponenten als auch Softwaretechnik eine Rolle.

19.1.2 Statistik/Marktentwicklung

Der weltweite Markt für tragbare Geräte hat in den letzten Jahren ein erhebliches Wachstum erfahren, das durch technologische Fortschritte und eine erhöhte Verbraucher:innennachfrage angetrieben wurde. Laut einer Studie (IDC, 2022) stieg der jährliche Gesamtabsatz von Wearables von 28,8 Mio. im Jahr 2014 auf 533,6 Mio. Geräte im Jahr 2021 (siehe Abb. 19.1).

Abb. 19.1 Wearables weltweit (2014–2021) inklusive Prognose bis 2026. (Counterpoint Research, 2022, eigene Grafik)

Der Markt wird durch Faktoren, wie die zunehmende Verbreitung von Smartphones und Internet, den wachsenden Fokus auf persönliche Fitness und Gesundheit, sowie die steigende Inzidenz chronischer Krankheiten angetrieben. Tragbare Geräte haben dank der Integration von künstlicher Intelligenz (KI) und IoT (engl. Internet of Things) technologische Fortschritte gemacht, wodurch ihre Fähigkeiten und Funktionen erweitert wurden. Dies treibt das globale Wachstum voran, welches voraussichtlich 628,3 Mio. verkaufte Wearables im Jahr 2026 erreichen wird (Counterpoint Research, 2022).

Insbesondere Smartwatches haben in den letzten Jahren aufgrund des technologischen Fortschritts und der Integration von Funktionen wie mobile Konnektivität, mobile Zahlungen und fortschrittliche Gesundheitsüberwachung einen Popularitätsschub erfahren. Dies ist auf die Veröffentlichung der Apple Watch im Jahr 2015 zurückzuführen, welche die Smartwatch-Branche im ersten Quartal 2022 mit 36 % Marktanteil anführt, gefolgt von Samsung mit 10 % Marktanteil (Counterpoint Research, 2022).

Es wird erwartet, dass der asiatisch-pazifische Raum während des Prognosezeitraums den größten Anteil am globalen Markt für Wearables halten wird, was auf die zunehmende Verbreitung dieser Geräte in Ländern wie China, Japan und Südkorea zurückzuführen ist. Auch in den Regionen Nordamerika und Europa wird ein deutliches Wachstum erwartet, was auf Faktoren wie das zunehmende Bewusstsein der Vorteile von Wearable Technologie und die hohe Kaufkraft der Verbraucher:innen in diesen Ländern zurückzuführen ist (Transforma Insights, 2022).

Die Prognosen erwarten weiterhin aufgrund Verbraucher:innenpräferenzen, technologischer Fortschritte und verstärkten Wettbewerbs einen verstärkten Anstieg des Markts in den kommenden Jahren. Einen aktuellen Auszug aus dem Angebot an Produkten im Bereich Wearables wird in Abb. 19.2 dargestellt.

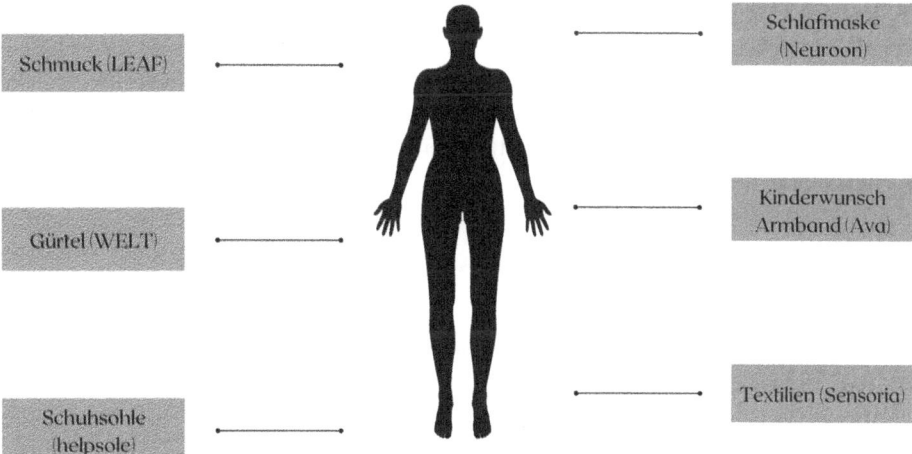

Abb. 19.2 Auszug aktueller Wearable-Technologien auf dem Markt – mit Produktname. (eigene Grafik)

19.2 Ursprung

Für dieses Kapitel über Wearables gehen wir von einem Ursprung aus, der bereits elektronische Bauteile enthält und lassen die faszinierenden Erfindungen von Leonardo da Vinci ausnahmsweise außen vor.

Als Vorfahre der Fitnesstracker, wie wir sie heute kennen, gilt ein Gerät zur Erfassung der Herzfrequenz aus dem Jahr 1987. Ärzt:innen hatten zu dieser Zeit eine händische Verschriftlichung der manuell erhobenen Vitalparameter durchgeführt (condecosoftware, 2018). Beachtlichen Einfluss hatte die Firma Fitbit mit ihrer ersten Version, eine futuristisch aussehende schwarze Wäscheklammer, des heute bekannten Fitnesstrackers im Jahr 2009 (Santo, 2019). Von da an boomten die Verkaufszahlen der Wearables im Gesundheitsbereich. Heute sind derartige Möglichkeiten an Flexibilität und Freiheit, die diese Geräte mit sich bringen, nicht mehr wegzudenken.

Interessant zu sehen ist, dass die Entwicklung von tragbarer Sensortechnik eng mit dem Fortschritt der Batterietechnologie und deren Leistung verbunden ist. Eine längere Akkulaufzeit und eine höhere Energiedichte der Akkus sind entscheidend für die Entwicklung von immer kleineren und leistungsfähigeren Wearables (Statista, 2022). Dieser Umstand lässt sich wiederum mit "Moore's Law" (Moore, 1965) vergleichen, wonach sich die Komplexität von Schaltkreisen in bestimmten Zeitabständen verdoppelt und die Dauer zur Datenverarbeitung bei gleichbleibender Menge verkürzt. So können Wearables immer mehr Daten in immer kürzerer Zeit verarbeiten und uns immer detailliertere Einblicke in unsere Gesundheit und Aktivitäten geben.

19.3 Wearables im Sport

Das erste Fallbeispiel zum Thema Wearables befasst sich mit Sport und personalisiertem Training. Zunächst werden die entsprechenden Technologien vorgestellt und anschließend erläutert, wie diese die Leistung von Amateur- und Profisportler:innen verbessern können. In diesem Bereich der Trainingsunterstützung erfreuen sich vor allem Smartwatches großer Beliebtheit.

19.3.1 Arten von Sport-Wearables

Im Folgenden werden verschiedene Arten von **Sport-Wearables** anhand der drei Säulen Sensorik, Verarbeitung und Kommunikation vorgestellt. Dabei wird zwischen aktiven und passiven Geräten unterschieden.

Aktive Wearables wirken direkt auf den oder die Träger:in ein. Zu regenerativen Zwecken können beispielsweise sogenannte **TENS-Geräte** (transkutane elektrische Nervenstimulation) eingesetzt werden. Diese tragbaren Geräte geben über Elektroden Stimulationsströme an die Hautoberfläche ab. Durch die Wahl von hoch- oder niederfrequenten Strömen kann einerseits die Schmerzübertragung zum Gehirn blockiert oder andererseits die Ausschüttung schmerzspezifischer Endorphine reguliert werden. So kann eine TENS-Anwendung Schmerzen lindern, die Durchblutung des Gewebes steigern, aber auch die lokale Muskulatur stimulieren. Insbesondere Sportler:innen können TENS-Geräte gut in ihren Alltag integrieren, da sie sehr portabel sind und den Erholungsprozess aktiv unterstützen.

Die zweite Kategorie von Sport-Wearables sind passive Geräte, welche Daten aufzeichnen, aber den oder die Träger:in nicht aktiv beeinflussen. Zu dieser Gruppe gehören vor allem Aktivitätstracker, Sportdatenbrillen, intelligente Armbänder und Smartwatches. Alle weiteren passiven Sport-Wearables verfügen über verschiedenste Sensoren, welche Daten über die tragende Person aufnehmen, weiterverarbeiten und dann für die Nutzer:innen angepasst ausgeben. Auch EMG-Sensoren (Elektromyographie) fallen in diese Kategorie. Sie werden jedoch nicht weiter behandelt, da sie hauptsächlich in der Forschung für sportwissenschaftliche oder medizinische Fragestellungen zur Muskelfunktionalität eingesetzt werden. Häufig verwendete Sensoren sind in Tab. 19.1 dargestellt.

Die bekanntesten Sport-Wearables sind Fitnesstracker, Pulsmesser, GPS-Uhren, Leistungsmesser im Radsport und Smartwatches. Die meisten Geräte können am Handgelenk getragen werden. In der Smartwatch sind fast alle Funktionen vereint, weshalb diese für das weitere Beispiel verwendet wird.

Die sportspezifische Erfassung von **Sensordaten** findet in Smartwatches kontinuierlich statt. Jedoch macht die Weiterverarbeitung es für die Endnutzer:innen überhaupt erst möglich, persönliche Empfehlungen für sportliche Leistung abzuleiten. Dafür durchlaufen die aufgezeichneten Daten eine Verarbeitungskette. Diese wird exemplarisch anhand der Herzfrequenzmessung dargestellt. Die aufgenommenen Messwerte des optischen Sensors, hier die Reflexionseigenschaften der Gefäße im Bereich des Handgelenks, werden zunächst gefiltert. Ziel der Filterung ist es, alle Störgrößen, wie Bewegungsartefakte, ein zu lockeres Tragen der Smartwatch oder auch nur das Rauschen des Sensors, zu identifizieren und zu eliminieren. Anschließend werden die gefilterten Daten mit geeigneten Algorithmen weiterverarbeitet, um die endgültige Kenngröße zu ermitteln.

Wird beispielsweise die Herzfrequenz analysiert, kann diese zur weiteren Beurteilung der sportlichen Aktivität herangezogen werden. Mithilfe verschiedener in der Sportwissenschaft entwickelter Modelle, lassen sich so Kalorienbedarf und individuelle Leistungsfähigkeit

Tab. 19.1 Sensorik in Sport-Wearables mit Anwendungsbereichen

Sensor	Anwendung
IMU (englisch *inertial measurement unit, IMU*) (Beschleunigungssensor, Gyroskop, Magnetometer)	Aktivitätstracking, Beschleunigungen, Unfallerkennung, Sporterkennung, Schritterkennung
Ortungssysteme (GPS, GLONASS, GALILEO, …)	Ortung, Navigation, Geschwindigkeit
Optische Sensoren	Herzfrequenzmessung, Blutsauerstoff
Thermometer	Messung der Hautoberflächentemperatur und Berechnung der Körpertemperatur
Barometrischer Höhenmesser	Höhenmessung
Elektrodensysteme	Messung der elektrischen Aktivität des Herzens oder der Muskelaktivität

abschätzen. Die Bewegungsdaten der IMU-Sensoren werden auch zur Klassifizierung von Sportarten verwendet. Die Erkennung einer solchen basiert auf einer KI, die mit großen Datensätzen verschiedener Sportarten trainiert wurde. Anhand von spezifischen Bewegungsmustern können die Sensordaten in bestimmte Kategorien eingeordnet und somit die richtige Sportart erkannt werden.

Nicht nur Bewegungsdaten von Beschleunigungssensoren werden zur Analyse von Sportler:innen herangezogen. Auch Positionsdaten, die über verschiedene Ortungstechnologien ermittelt werden (siehe Tab. 19.1), können die individuelle Leistung der Sportler:innen verbessern. So bieten einige Anbieter von Smartwatches oder Laufuhren bereits die Funktion, einen digitalen Coach über das Wearable zu nutzen. Dieser und seine Anweisungen basieren auf den bisherigen Trainingswerten des Sportlers oder der Sportlerin. Durch die Verarbeitung der vorhandenen Leistungswerte können Trainingsempfehlungen gegeben, Regenerationszeiten berechnet und analysiert werden. Insbesondere die direkte Kommunikation zwischen Sportler:innen und Smartwatch ermöglicht es, direkte Anpassungen während des Trainings vorzunehmen und somit einen optimierten Leistungsoutput zu erreichen.

Zusammenfassend kann festgehalten werden, dass Wearables im Sport vor allem der Datenerfassung und -verarbeitung von gesundheits- oder leistungsbezogenen Parametern dienen. Ob die Gesundheit oder die Leistungsfähigkeit verbessert wird, hängt allein von den Anwender:innen ab, die die verarbeiteten Daten als Empfehlungen für den Alltag und für sportliche Aktivitäten nutzen können.

19.4 Wearables zur kontinuierlichen Messung von Gesundheitsdaten

Wearables bieten eine Reihe von Vorteilen gegenüber stationären Geräten. Aber auch portablen Geräten, welche nicht unter die oben definierte Gerätegruppe fallen. Bevor jedoch auf diese eingegangen wird, werden zunächst die aktuellen Messmöglichkeiten kurz umrissen. Im Anschluss daran wird ein Beispiel näher vorgestellt. Am Ende dieses Kapitels werden die derzeitigen Grenzen und offene Fragestellungen zu diesem Thema diskutiert.

19.4.1 Sensorik im Mittelpunkt

Wie anfangs definiert, stützen sich Wearables technologisch auf die drei Säulen aus Sensorik, Verarbeitung und Kommunikation. In diesem Fallbeispiel rückt die Säule der Sensorik in den Mittelpunkt. Die Alleinstellungsmerkmale von derartigen Geräten sind hier, dass diese eine unkomplizierte Messung von biometrischen Daten über einen ausgedehnten Zeitraum ermöglichen. Dazu ist die Messung ortsunabhängig und unterbricht den Alltag nicht. Alle Sensoren und zugehörige Parameter kommen auch im klinischen Bereich Verwendung zum Einsatz. Es unterscheiden sich Messungen mit dieser Technologie bei Wearables aber maßgeblich.

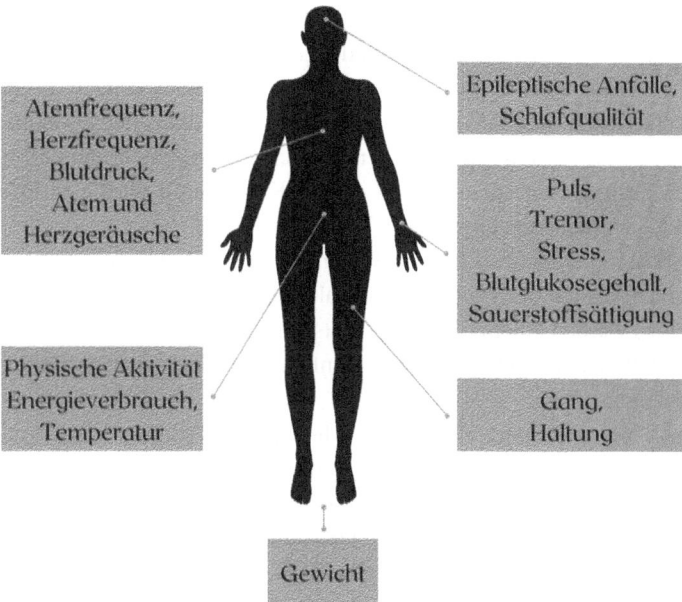

Atemfrequenz,
Herzfrequenz,
Blutdruck,
Atem und
Herzgeräusche

Epileptische Anfälle,
Schlafqualität

Puls,
Tremor,
Stress,
Blutglukosegehalt,
Sauerstoffsättigung

Physische Aktivität
Energieverbrauch,
Temperatur

Gang,
Haltung

Gewicht

Abb. 19.3 Auszug aus Gesundheitsparametern, welche mit Wearables bereits kontinuierlich gemessen werden. Ein Multiparameter Wearable vereint hier die Messung von mehreren Parametern in einem Gerät. (McCarthy et al., 2020, eigene Grafik)

Es ist nicht sinnvoll, jeden erdenklichen **Vitalparameter** kontinuierlich und außerhalb eines Krankenhauses zu messen. Allerdings ist die Gerätelandschaft eher von Möglichkeiten als von Notwendigkeiten geprägt. Das bedeutet, wenn es technologische Faktoren wie Stromverbrauch und Miniaturisierung zulassen, wird ein Sensor für einen gewissen Parameter auch in ein Wearable verpackt. Das hat damit zu tun, dass in der derzeitigen Innovationsstufe dieser Technologie immer noch neue Produkte entwickelt werden. Deren Wirksamkeit muss getestet und validiert werden. Für einen solchen Prozess werden aber erst Geräte benötigt, die getestet werden können. In Abb. 19.3 ist ein Auszug zu sehen, welche Gesundheitsparameter derzeit mit Wearables gemessen werden.

19.4.2 Vorteile von Wearables als Gesundheitssensoren

Die großen Vorteile tragen besonders zu den Bereichen rund um Patientenfernüberwachung (engl. Remote Patient Monitoring, RPM) und Telemedizin bei. Es gibt jedoch auch Einfluss im Bereich der personalisierten Medizin.

RPM bedeutet, dass Patient:innen nicht wie sonst üblich eine Praxis oder ein Krankenhaus aufsuchen müssen, sondern das Messgerät stattdessen einfach immer bei sich tragen. Durch die kontinuierliche Erfassung und Verarbeitung der Informationen können chronische oder intermittierende Krankheitsverläufe gezielter überwacht werden. Die Patient:innen werden dabei im Alltag nicht eingeschränkt. Manche Krankheiten werden durch in der Dauer begrenzte Ereignisse sichtbar. Durch die zeitlichen Beschränkungen des Arzt- oder Klinikbesuchs werden diese oftmals übersehen. Mit Wearables können diese detaillierter erfasst und behandelt werden. Wie bereits im anderen Fallbeispiel erwähnt, können die Sensoren in eine Smartwatch implementiert werden. Die Apple Watch verfügt beispielsweise über Elektroden zur Aufzeichnung eines EKGs. Damit wird eine Früherkennung von Herz-Kreislauf-Krankheiten ermöglicht (Apple, 2022).

In diesem Zusammenhang eröffnen sich völlig neue Möglichkeiten für Wearables. Zum Beispiel kann der Verlauf des Blutglukosegehalts von Diabetespatient:innen in ihrem Alltag aufgezeichnet werden. Ebenfalls kann der tatsächliche Blutdruck über eine Tagesperiode hinweg dargestellt werden, ohne äußerem Einfluss der Nervosität der Patient:innen bei einer Untersuchung.

All das kann nicht nur unter RPM eingeordnet werden, sondern erlaubt auch **Telemedizin**. Die Sensordaten an medizinisches Personal weitergegeben und entsprechende Handlungen aus der Ferne gesetzt werden können. Ebenso können durch die erweiterte Menge und persönlichen Kontext Therapien und Medikation angepasst werden. Letztlich sind Körper und Gewohnheiten sehr individuell. Wearables erlauben eine individuell angepasste Medizin, die sich nicht nur auf selektiv gemessene physisch-anatomische Parameterstützt. Damit wird der Lebensstil von Patient:innen berücksichtigt.

19.4.3 Biobutton – Multiparameter Wearable

Um die tatsächliche Verwendung von Wearables zur kontinuierlichen Messung von Gesundheitsdaten zu illustrieren, wird der **Biobutton** (Medtronic, 2022) des Herstellers Medtronic herangezogen. Er wird mithilfe einer Adhäsionsschicht ähnlich zu herkömmlichen Wundpflastern im Brustbereich aufgeklebt. Aufgrund seiner geringen Größe und Gewicht beeinträchtigt der Biobutton den Alltag der Patient:innen nicht. Für die drahtlose Kommunikation mit einem Smartphone wurde ein Modul auf Basis des Bluetooth-Protokolls implementiert. Zusammen mit der entsprechenden Software auf dem Smartphone können so Parameter an das Klinikpersonal übertragen werden. Ebenso kann das Gerät damit in ein klinisches Netzwerk integriert werden.

Der Grundgedanke zur Verwendung des Wearables basiert auf RPM. Im Speziellen ist der Biobutton dazu gedacht, Gesundheitsparameter außerhalb eines Klinikaufenthalts zu überwachen. Somit können das Risiko unerkannter Auswirkungen nach einer Behandlung gesenkt und die Aufenthaltszeit in der Klinik verkürzt werden. Weitere Verwendungsszenarien können die klinische Überwachung zur Entlastung des innerklinischen Personals sein. Wie die University of Oakland während der Covid-19-Pandemie zeigen konnte, kann er auch zur Früherkennung und Eindämmung von Infektionserkrankungen verwendet werden (Hirsch Pescovitz, 2020).

Zu diesem Zweck misst der Biobutton mehrere Vitalparameter. Unter anderem werden die Hauttemperatur, sowie Herz-und Atemfrequenz in Ruhe erfasst. Die exakte Technologie wird von Medtronic vertraulich behandelt. Um trotzdem einen kurzen Einblick zu geben, wie die Sensorik hinter einem solchen Wearable funktionieren könnte, wird die Messung der Oberflächentemperatur beschrieben und Bewegungserfassung mittels IMU. Diese würden die Erfassung oben erwähnter Parameter theoretisch erlauben.

Die Temperaturmessung der Hautoberfläche ist vergleichsweise simpel. Da die Kopplung zwischen Haut und einem Temperatursensor bei einem aufgeklebten Sensor als vorteilhaft zu sehen ist, kann ein Kontaktsensor verwendet werden.

IMUs erlauben die Messung von Bewegung, Orientierung und Position im Raum durch drei Untersysteme: Beschleunigungssensor, Magnetometer und Gyroskop (siehe Tab. 19.1). Die **IMU** ist in vielen Fällen als Komponente mit standardisiertem Interface in die Elektronik des Wearables integriert. Die Sensoren basieren auf sogenannten **Microelectromechanical Systems (MEMS)**. MEMS werden oft gleichermaßen wie Chips in der Halbleitertechnik hergestellt, was zu extrem kleinen Abmessungen und guter Integrierbarkeit auf Leiterplatten führt.

Im Kontext der Messung von Herz- und Atemfrequenz in Ruhe kann die IMU Vibrationen und Bewegungen des Brustkorbes, kombiniert mit den passenden Algorithmen zur Datenverarbeitung, die Parameter ableiten. Andere Möglichkeiten bieten auch radarbasierte Sensorik, welche zum Beispiel in Wearables zur Blutdruckmessung zum Einsatz kommt oder Pulsoximetrie (vgl. Wearables im Sport). Diese messen Gefäßzustände der Blutbahn und damit indirekt obige Parameter (Infineon & Blumio, 2020).

19.4.4 Auswirkungen und Limitierungen

Wie bereits kurz angeschnitten, ist das Potenzial von Wearables noch nicht ausgeschöpft. Dennoch wurde für bestimmte Parameter bereits festgestellt, dass eine kontinuierliche Messung nicht nur Vorteile für Patient:innen, sondern auch für Gesundheitssysteme bringen. Während die Kosten oft als hemmender Faktor für die Verbreitung von Wearables in diesem Bereich angeführt werden, zeigt ein umfassenderes Bild das Gegenteil. Eine frühzeitige Erkennung kann schwere Krankheitsverläufe verhindern und/oder Krankenhausaufenthalte verkürzen und dadurch Kosten einsparen. Allerdings müssen hier auch die Limitierungen berücksichtigt werden, welche sich vor allem aus den Aspekten von Usability, Datensicherheit und dem rechtlichen Rahmen ergeben. Patient:innen agieren im Kontext von Wearables eigenständig mit dem Gerät. Daher muss eine einfache und fehlerfreie Verwendung des Gerätes durch dessen Design sichergestellt werden. So wird das Vertrauen in die Messwerte zu gewährleistet (McCarthy et al., 2020).

Auf die letzten beiden Punkte wird im folgenden Unterkapitel (Abschn. 19.5, vgl. Diskussion) noch ausführlicher eingegangen. Jedoch sind diese aber gerade im Bereich der Gesundheitsdaten als besonders kritisch zu sehen. Daher stellen sie derzeit wohl die stärksten Faktoren gegen eine weitere Verbreitung von Wearables in diesem Bereich dar.

19.5   Diskussion

Der Wert von Wearables auf dem Markt ist eindrucksvoll anzusehen und lässt einige Rückschlüsse zu, dass der Besitz einer solchen Technologie längst zur allgemeinen Grundausstattung einer Person geworden ist. Bei der Betrachtung der Altersgruppen zeigt sich, dass die Beliebtheit dieser Technologie bereits im frühen Alter mit 18 Jahren beginnt und erst ab einem Alter von 60+ Jahren abnimmt. Dieser Rückgang wird unter anderem auf die komplexere Bedienbarkeit und die beginnende technische Unkenntnis dieser Altersgruppe zurückgeführt (Statista, 2017).

Auf der anderen Seite ist anzumerken, dass der Besitz von Wearables mittlerweile als Statussymbol betrachtet wird, ähnlich wie der Besitz von Smartphones einer bestimmten Marke. Dadurch kann ein Kaufzwang entstehen, der kritisch zu betrachten ist, daher Personen sich gezwungen sehen, ein solches Gerät zu erwerben, um gesellschaftlich akzeptiert zu bleiben (Habibipour et al., 2019).

19.5.1 Mehrwert der Daten

Eine weitere Frage stellt sich hinsichtlich des Mehrwerts der generierten Daten. Welchen Nutzen weisen die gesammelten Informationen überhaupt auf? Am Beispiel einer Smartwatch werden wir versuchen, diesen zu erläutern:

Den Tagesverlauf der Herzfrequenz zu erhalten, würde offensichtlich gesehen einer medizinisch fachfremden Person keinen Mehrwert bringen, da diese nicht über das Wissen zur Auswertung verfügt. Jedoch ist es auf den zweiten Blick für Laien interessant zu erfahren, welche Faktoren bei der Veränderung der körpereigenen Prozesse eine Rolle spielen. Den eigenen Körper mittels portabler Messtechnik kennenzulernen und sich darauf einzustellen, welche äußeren Einflüsse hierbei wirken, eröffnet in vielerlei Hinsicht neue Möglichkeiten. Hinzukommt ein großer Motivationsfaktor im Bereich des Bewusstwerdens des täglichen Bewegungsumfangs. Mittels der Schrittzählfunktion lässt sich bestimmen, ob eine empfohlene Schrittanzahl erreicht wurde oder ob noch ein Spaziergang notwendig ist. Außerdem ist die Gesellschaft süchtig nach Informationen. Diesen Umstand macht sich die Industrie zunutze und suggeriert ein Gefühl der Notwendigkeit zur laufenden Erhebung und Analyse persönlicher Daten (Habibipour et al., 2019).

19.5.2 Datensicherheit

Da Wearables direkt am Körper getragen werden, generieren sie personenbezogene Daten, die zudem höchst spezifisch und individualisiert sind.

Ein ethischer Aspekt, der im Rahmen von Wearables unbedingt angesprochen werden sollte, ist die Thematik rund um **Privatsphäre** und **Datensicherheit**. Dieser Bereich ist durch eine drahtlose Datenübertragung gekennzeichnet, die wiederum ein erhöhtes Risiko der Beeinflussung des Geräts durch Dritte, aber auch das Auslesen der übertragenen Informationen mit sich bringt. Eine Studie (Segura Anaya et al., 2018) aus dem Jahr 2017 fand 29 Möglichkeiten zur externen Manipulation von Wearables. Dazu gehörten auch implantierte Geräte, wo am Beispiel eines implantierten Herzschrittmachers per kabelloser Verbindung eine Abänderung der Schwellenwerte zur Auslösung einzelner elektrischer Impulse konfiguriert wurde. Außerdem erwähnen die Autor:innen die fehlende Integration eines Gesamtkonzepts im Bereich Datensicherheit, in dem einerseits das Einverständnis der Nutzer:innen zur Weiterverarbeitung der erhobenen Messwerte, aber auch andererseits ein funktionierendes Sicherheitssystem integriert ist.

19.5.3 Datensammlung

Bezüglich des Ausmaßes an Daten, die im Zusammenhang mit Wearables aufgezeichnet werden, kann man sich durch das Beispiel einer Smartwatch ein Bild machen (vgl. Fallbeispiele).

Die Messung der Herzfrequenz ermöglicht zahlreiche Rückschlüsse auf gesundheitliche Aspekte wie mögliche Herzerkrankungen oder den Schlaf-Wach-Rhythmus einer Person. Der Besitz solcher Informationen ermöglicht potenziell missbräuchliche Handlungen. Dass die heutige Gesellschaft mit ihren persönlichen Daten bezahlt und diese als Werteinheit gesehen wird, ist nicht neu. Deswegen sollte im Hinterkopf behalten werden, dass ebenfalls bei der Verwendung von Wearables vergleichsweise viele persönliche Daten aufgezeichnet werden. Das kann mit erheblichen Datenschutz- und Privatsphäre-Risiken verbunden sein. Diese Daten werden in Folge von den unterschiedlichsten Institutionen verarbeitet, teilweise auch ohne angemessene Aufklärung oder Zustimmung der Wearable Nutzer:innen (vgl. Segura Anaya et al., 2018).

Im Forum der Deutschen Gesetzlichen Unfallversicherung (DGUV) wurde der Einsatz von derartiger Technologie im betrieblichen Setting zur Datensammlung hinsichtlich Optimierung der Arbeitsabläufe als „unverhältnismäßig" bezeichnet, da es sich um eine „Rundumüberwachung" der Arbeitnehmer:innen handelt (Klagge, 2020).

19.5.4 Verantwortlichkeiten

Um ethische Implikationen von Wearables angemessen zu bewerten, ist es wichtig zu bedenken, dass diese Geräte auf Grundlage von umfangreichen Datenerfassungen basieren. Diese geben Aufschluss darüber, wie es der Person in diesem Moment geht. Dennoch stellt sich die Frage, inwieweit es angemessen ist, dass ein solches Gadget dem Einzelnen anhand von Messdaten Auskunft darüber gibt, wie er sich aktuell fühlt, wie sein Trainingszustand aussieht oder wie er letzte Nacht geschlafen hat.

Einige **Risiken** bergen jedoch die Auswertung und Überprüfung von gemessenen Wearable-Daten dar, die nicht immer zuverlässig sind. Insbesondere im medizinischen

Bereich ist es von größter Bedeutung, Notfälle ehestmöglich zu erkennen und diesen entsprechend angemessen zu handeln. Mehrere Ärzt:innen veröffentlichten im Journal Amboss, dass sehr wohl auch die Überlegung besteht, derartige Geräte in den medizinischen Bereich zu integrieren, jedoch noch einige Lücken zu füllen sind (Brasier et al., 2022).

Allerdings ergibt sich hier die Schwierigkeit, wer im Falle einer falschen Alarmierung des Gerätes bei auffälligen gesundheitlichen Daten die Verantwortung übernimmt. Sollte aufgrund eines (Mess-)Fehlers oder einer ausbleibenden Meldung von Auffälligkeiten ein Notfall nicht erkannt werden, lässt sich keine eindeutige Verantwortung festlegen. Weiterhin besteht die Herausforderung in der Anpassung des Geräts an die einzelnen Krankheitsbilder und deren unterschiedlich auftretende Symptome. Die Datenverarbeitung kann in diesem Fall nicht allgemein auf jedes Krankheitsbild umgelegt und ohne Anpassung auf spezifische durchgeführt werden (Brasier et al., 2022).

Es bestehen aktuell Behandlungslücken für betroffene Personen, die im Krankenhaus durchgehend betreut wurden, allerdings nach Entlassung in den privaten Bereich zurückkehren und keine weiteren Unterstützungsmöglichkeiten aufweisen. Der Zeitraum zwischen Entlassung aus der Klinik bis zur vollständigen Genesung benötigt im Bedarfsfall zusätzliche Hilfe, die aktuell aufgrund fehlender Ressourcen nicht geleistet werden kann. Eine Integration von medizintechnischen Unterstützungshilfen für diesen Bedarfsfall wäre von Vorteil. Einen Versuch, diese Lücke zum Teil zu schließen, wurde durch den zuvor bereits beschriebenen Biobutton (Medtronic, 2022) veranschaulicht (vgl. Biobutton – Multiparameter Wearable), der eine kontinuierliche Überwachung der Vitalparameter ermöglicht.

19.5.5 Datenschutzgrundverordnung (DSGVO)

Außerdem ist die Diskussion rund um die **DSGVO** (**Datenschutzgrundverordnung**) einen Gedanken wert. Aufgrund der Aufzeichnung derartig personenbezogener und auf Gesundheit fokussierter Daten kommt in diesem Fall die Kategorie der „sensiblen Daten" zu tragen, denen ein grundsätzliches Verarbeitungsverbot und zusätzlicher Schutz zuzuschreiben ist. Eine Verarbeitung ohne vorherige Zustimmung der betroffenen Person ist nicht zulässig und stellt einen Verstoß gegen die Rechtsordnung dar (Gorzala, 2019).

19.6   Zukunft/Szenarien

Die Zukunft von Wearables kann von verschiedenen Standpunkten aus diskutiert werden. Um die Entwicklung auf die wahrscheinlich größten Einflussfaktoren zu reduzieren, werden die Aspekte des technologischen Fortschritts und Innovation, die ökonomischen Auswirkungen und der ethisch-rechtliche Blickwinkel diskutiert.

Die momentanen technischen Herausforderungen entstehen aus dem Umstand, dass Wearables klein und leicht sein müssen und gleichzeitig eine möglichst lange Laufzeit haben sollen. Derzeit werden aufgrund ihrer vergleichsweise hohen Energiedichte größtenteils wieder aufladbare Akkus auf Basis von Lithium-Ionen verbaut. Es wird sich zeigen, ob sich das Design von Wearables in Zukunft durch sogenanntes **Energy Harvesting** wandeln wird (Sazonov & Neuman, 2014). Bei Energy Harvesting geht es darum, Energie im Umfeld des Wearables nutzbar zu machen. Das kann bedeuten, dass dessen Laufzeit verlängert wird oder es sogar dauerhaft betrieben werden kann.

Ein passendes Beispiel findet sich hierfür in den Stillsuits in der Science-Fiction Romanreihe Dune (Herbert, 1967). Dabei handelt es sich um einen Anzug, der jegliche Körperflüssigkeit und Feuchtigkeit auffängt und trinkbar aufbereitet, um in der Wüste zu überleben. Die Anzüge werden durch Pumpen in den Fußsohlen betrieben, welche die Bewegungsenergie der Träger:innen nutzen. Im Bereich moderner Wearables werden verschiedenste Varianten erforscht, um die Bewegungs- oder auch Wärmeenergie des Körpers durch piezoelektrische oder thermoelektrische Effekte verwendbar zu machen.

Durch die weitere Verbreitung wird in Zukunft auch die Vernetzung einzelner Wearables zu einem Körpernetzwerk und dessen Anbindung zum Internet immer relevanter. Auf manchen Ebenen, insbesondere Smartwatches via Smartphone, ist dies bereits der Fall. Dennoch wird hier eine Standardisierung der Schnittstellen und Protokolle notwendig sein.

Während der Markt von Wearables wohl die nächsten Jahre weiterwachsen wird, siehe Abb. 19.1, ist der langfristige Erfolg neben dem technologischen Aspekt vor allem von sozialen und ethisch-rechtlichen Faktoren abhängig. Dies zeigt sich zum Beispiel anhand einer Studie (McCarthy et al., 2020) bezogen auf Wearables im Health-Sektor, welche fachbekannte Personen zu den Einschränkungen dieser Technologie befragte. Rechtliche Faktoren waren das größte Hindernis für die verstärkte Nutzung von Wearables, gefolgt von Bedenken rund um die gewonnenen Daten.

Besonderes Augenmerk wird auch auf das rechtliche Rahmenwerk rund um **künstliche Intelligenz** gelegt werden müssen. Dieses wird auf wesentlich mehr Bereiche Einfluss ausüben, aber auch in Wearables wird KI vermehrt eingesetzt. Hier bietet KI aufgrund der Menge an Daten, welche personalisiert und vor Ort generiert werden, großes Nutzungspotenzial. Dennoch muss geklärt werden, wo der Nutzen den Mehrwert gegenüber dem Risiko rechtfertigt und bei wem die Verantwortung liegt, sollte die KI eine falsche Entscheidung treffen. Ein spezielles Bild zeigt sich dabei vor allem im Health-Sektor, da hier aufgrund sensibler Daten oft Entscheidungen mit weitreichenden Konsequenzen getroffen werden. Allerdings sollte aufgrund der Chancen in Bezug auf RPM, aber auch der Früherkennung von Krankheiten der Einsatz von Wearables, auch mit integrierter KI, in diesem Sektor nicht außer Acht gelassen werden.

Literatur

Apple. (2022). Mit der EKG-App auf der Apple Watch ein EKG aufzeichnen. *Apple Support*. https://support.apple.com/de-de/HT208955. Zugegriffen am 23.01.2023.

Brasier, N. De Ieso, F., & Eckstein, J. (2022). *Wearables – Wissen @ AMBOSS*. https://www.amboss.com/de/wissen/Wearables/, zuletzt aktualisiert am 07.02.2023, Zugegriffen am 07.02.2023.

condeco group ltd. (2018). *The history of wearable technology*, 14.09.2018. https://www.condeco-software.com/blog/the-history-of-wearable-technology/. Zugegriffen am 07.02.2023.

Counterpoint Research. (2022). Quarterly smartwatch unit shipment share worldwide from 2018 to 2022, by vendor [Graph]. In *Statista*. https://www.statista.com/statistics/910862/worldwide-smartwatch-shipment-market-share/. Zugegriffen am 17.01.2023.

Gorzala, J. (2019). RdW 2019/111 – Wearables: Grenzen und Herausforderungen der Digitalisierung im Gesundheitssektor – LexisNexis Zeitschriften. https://lesen.lexisnexis.at/_/wearables-grenzen-und-herausforderungen-der-digitalisierung-img/artikel/rdw/2019/3/RdW_2019_03_111.html/. Zugegriffen am 07.02.2023.

Habibipour, A., Padyab, A., & Ståhlbröst, A. (2019). Social, ethical and ecological issues in wearable technologies. *25th Americas Conference on Information Systems, Cancun, 2019*.

Herbert, F. (1967). *Der Wüstenplanet: … Roman* (W. H. Bergner, Trans.). Wilhelm Heyne.

Hirsch Pescovitz, O. (2020). *President's Report to the Oakland University Board of Trustees [Presentation Slides]*. https://our.oakland.edu/bitstream/handle/10323/8075/President's%20Report%20 2020-12-7.pdf?sequence=1. Zugegriffen am 18.01.2023.

IDC. (2022). Absatz von Wearables weltweit von 2014 bis 2021 und Prognose bis 2026 (in Millionen Stück) [Graph]. In *Statista*. https://de.statista.com/statistik/daten/studie/417580/umfrage/prognose-zum-absatz-von-wearables/. Zugegriffen am 27.01.2023.

Infineon Technologies. (2020). *Infineon and Blumio expand collaboration to develop radar-based blood pressure sensor*. https://www.infineon.com/cms/en/about-infineon/press/press-releases/2020/INFPSS202006-074.html. Zugegriffen am 18.01.2023.

Klagge, M. (2020). Rechtliche Aspekte des betrieblichen Einsatzes von Wearables. *DGUV forum*. https://forum.dguv.de/ausgabe/9-2020/artikel/rechtliche-aspekte-des-betrieblichen-einsatzes-von-wearables, zuletzt aktualisiert am 02.11.2020, Zugegriffen am 07.02.2023.

McCarthy, M., Ballinger, R., & Lewis, H. (2020). *Advancing digital endpoints [An end-to-end approach to managing wearable devices through clinical development]*. ICON.

Medtronic. (2022). *BioButton Multi-parameter Wearable*. https://www.medtronic.com/covidien/en-us/products/remote-monitoring/healthcast-intelligent-patient-manager/healthcast-biobutton-multi-parameter-wearable.html. Zugegriffen am 18.01.2023.

Moore, G. E. (1965). Cramming more components onto integrated circuits (Gordon E. Moore, April 19, 1965). *Electronics, 38*, 114–117.

Santo, B. (2019). The consumer electronics hall of fame: Fitbit. In *IEEE Spectrum*, 07.11.2019. https://spectrum.ieee.org/the-consumer-electronics-hall-of-fame-fitbit. Zugegriffen am 30.03.2023.

Sazonov, E., & Neuman, M. R. (Hrsg.). (2014). *Wearable sensors: Fundamentals, implementation and applications*. Elsevier Science.

Segura Anaya, L. H., Alsadoon, A., Costadopoulos, N., & Prasad, P. W. C. (2018). Ethical implications of user perceptions of wearable devices. *Science and Engineering Ethics, 24*(1), 1–28. https://doi.org/10.1007/s11948-017-9872-8

Statista. (2017). Umfrage zur Nutzung von Smartwatches und Fitness-Trackern am Handgelenk in Deutschland nach Alter und Geschlecht im Jahr 2017 [Graph]. In *Statista*. https://de.statista.com/statistik/daten/studie/454312/umfrage/nutzung-vonsmartwatches-und-fitness-trackern-nach-alter-und-geschlecht/. Zugegriffen am 07.02.2023.

Statista. (2022). Statistiken zu Wearables. In *Statista*. https://de.statista.com/themen/3471/wearables/#topicOverview. Zugegriffen am 07.02.2023.

Transforma Insights. (2022). Internet of Things (IoT) annual revenue from 2020 to 2030, by region (in billion U.S. dollars) [Graph]. In *Statista*. https://www.statista.com/statistics/1194715/iot-annual-revenue-regionally/. Zugegriffen am 27.01.2023.

Virtuelle und erweiterte Realitäten

Marcel Ritter, Matthias Harders und Yeongmi Kim

20.1 Beschreibung

Virtuelle Realität (engl. *Virtual Reality*; kurz: VR) und Erweiterte Realität (engl. *Augmented Reality*; kurz: AR) stellen in engerem Sinne technologische Lösungen und Ansätze dar, um digitale Inhalte (ggf. mit realen kombiniert) wahrzunehmen und mit diesen zu interagieren (siehe z. B. Cipresso et al., 2018).

- In der VR taucht ein:e Nutzer:in in eine sog. immersive Umgebung ein, wobei die reale Welt zumeist komplett ausgeblendet wird (Abb. 20.1, links). Die simulierte Umgebung kann dabei der realen Welt sehr ähnlich sein, kann sich von dieser aber auch stark unterscheiden.
- Im Gegensatz dazu ist der Fokus bei der AR die Überlagerung und Kombination der realen Welt mit digitalen Inhalten (Abb. 20.1, rechts). Dadurch sollen die Wahrnehmung und Interaktion eines Benutzers bzw. einer Benutzerin mit der physischen Umgebung verbessert werden. Somit wird nicht versucht, die reale Welt durch eine simulierte zu ersetzen, sondern diese wird durch überlagerte Elemente wie Bilder oder 3D-Objekte ergänzt.

M. Ritter · M. Harders (✉)
Interaktive Grafik und Simulation, Institut für Informatik, Universität Innsbruck,
Innsbruck, Österreich
E-Mail: marcel.ritter@uibk.ac.at; matthias.harders@uibk.ac.at

Y. Kim
Department Medical & Health Technologies, Management Center Innsbruck,
Innsbruck, Österreich
E-Mail: yeongmi.kim@mci.edu

© Der/die Autor(en), exklusiv lizenziert an Springer Fachmedien Wiesbaden GmbH, ein Teil von Springer Nature 2024
L. Staffler et al. (Hrsg.), *Digitalwirtschaft*, https://doi.org/10.1007/978-3-658-45724-2_20

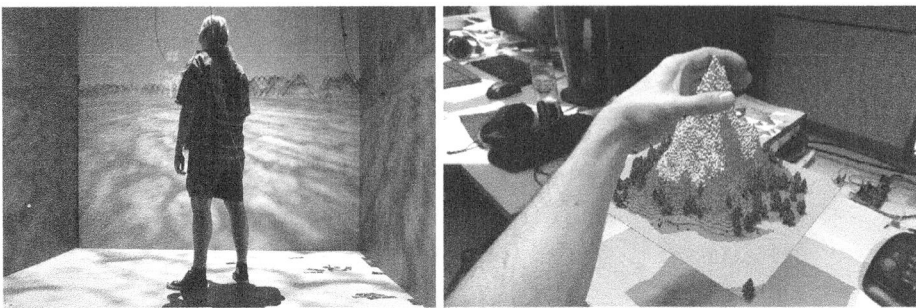

Abb. 20.1 Immersive Umgebung in VR in einem Projektionsraum, einem sogenannten CAVE (links). (Foto: University of Illinois/D. Pape/CC-BY-2.5, Wikimedia Commons). Überlagerte Objekte auf einem Video in AR (rechts). (Foto: Universität Innsbruck/J. Huber)

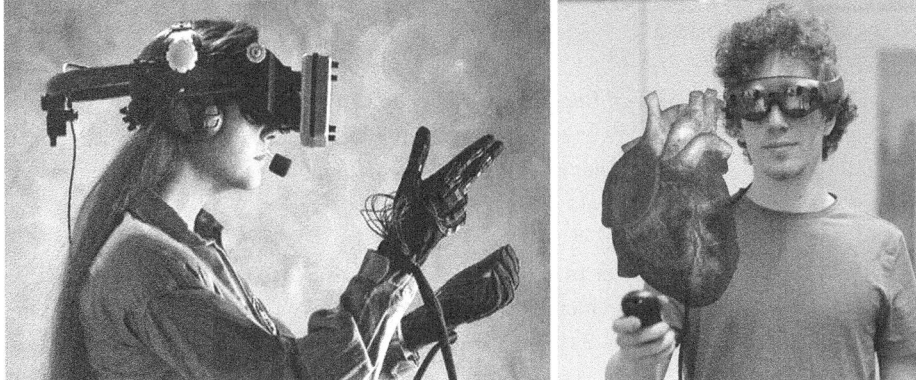

Abb. 20.2 Frühes VR HMD Setup, VIEW System der NASA (links). AR Setup mit HoloLens (rechts). (Foto: DBE Unibas/R. Wendler)

In VR und AR verwendeten technischen Systeme weisen dabei einige Ähnlichkeiten auf; zum Beispiel kommen in beiden Ansätzen auf dem Kopf getragene Display-Brillen (engl. *Head Mounted Displays*; HMDs) häufig zum Einsatz (Cakmakci & Rolland, 2006) (Abb. 20.2, links/rechts). Manche Technologien finden aber bevorzugt nur in einem der beiden Bereiche Anwendung, z. B. Smartphones und Tablets eher in AR, sowie immersive Projektionsräume (u. a. die *Cave Automatic Virtual Environments*; CAVEs (Cruz-Neira et al., 1992)) in VR. In der VR liegt der Fokus darauf, den Benutzer:innen das Gefühl zu vermitteln, sich in einer virtuellen Umgebung zu befinden, während in AR eher auf die Vermittlung von Informationen Wert gelegt wird.

20.1.1 Zentrale Merkmale

Kernelement eines VR-Systems ist die „**Immersion**", d. h. das Eintauchen in die virtuelle Umgebung. Die physische Welt wird dabei nach Möglichkeit komplett ausgeblendet bzw. überlagert, durch künstliche, mit Geräten erzeugte Stimuli; dabei wird meistens visuelles und auditives, manchmal aber auch haptisches Feedback verwendet. Ein weiteres wichtiges Element in VR ist die „**Interaktion**", d. h. die Möglichkeit mit der virtuellen Umgebung und den darin befindlichen Objekten in Echtzeit zu interagieren, entweder durch physische Gesten, über speziell entwickelte Eingabegeräte, Bewegungsverfolgungssysteme (*engl.* Tracking), oder Sprachinteraktion. Die beiden genannten Elemente führen in der VR zum zentralen Punkt der „**Präsenz**" (*engl.* Presence), d. h. das Gefühl, sich wirklich in der dargestellten Umgebung zu befinden (Slater, 2018).

Im Gegensatz dazu ist in der AR der Fokus auf der **Überlagerung und Kombination** der digitalen mit den realen Inhalten, meistens zur Informationsvermittlung. Diese sind in der Regel abhängig von Kontext und Umgebung, und liefern z. B. zusätzliche Details oder erleichtern das Verständnis dieser. Ein wichtiges Merkmal der AR ist dabei die korrekte Positionierung der überlagerten Inhalte im Sichtbereich, sodass sich reale und virtuelle Objekte konsistent bewegen.

20.1.2 Historische Entstehung

Die ersten Konzepte und technischen Umsetzungen von AR/VR-Systemen gehen auf die 1960er-Jahre zurück. Der Computergrafik-Pionier Ivan Sutherland beschrieb das Konzept des „Ultimate Display" (Sutherland, 1965), und entwickelte auch das „Sword of Damocles" Setup (Sutherland, 1968) (Abb. 20.3, links). Jenes beinhaltete eines der ersten HMD, ein mechanisches Tracking System, sowie die Darstellung einer einfachen Drahtgitter Grafik (*engl.* Wireframe Rendering) eines virtuellen Raumes. Der eigentliche Begriff *Virtual Reality* wurde erst in den späten 1980er-Jahren von Jaron Lanier, einem der Pioniere auf diesem Gebiet, populär gemacht (siehe z. B. Kelly, 1989). In dieser Zeit kamen auch die ersten VR-Systeme für Verbraucher auf den Markt und es gab einen ersten Hype um diese Technologie. Verwandte Begriffe zur VR sind *Artificial Reality* sowie *Cyberspace*, welche von Myron Krueger (1985) und William Gibson (2004) geprägt wurden. In dieser Zeit wurden z. B. erste VR Arcade-Automaten eingeführt, welche der Öffentlichkeit immersive Spielerlebnisse boten. Aufgrund technologischer Beschränkungen und hoher Kosten blieb VR jedoch eine Nischentechnologie.

Die Ursprünge des Begriffes *Augmented Reality* gehen auf die frühen 1990er-Jahre zurück, als Tom Caudell ein digitales Anzeigesystem zur Unterstützung bei der Flugzeugmontage vorgestellt hat (Caudell & Mizell, 1992) (Abb. 20.3, rechts). Größere Aufmerksamkeit erlangte dieses Feld aber erst in den 2010er-Jahren, als mobile Endgeräte die breite Nutzung der Technologie ermöglichten. Als Beispiel ist hier das Handyspiel „Pokémon Go" zu nennen, das seit 2016 Mio. von Nutzer:innen weltweit AR-Erlebnisse ermöglicht. Im ersten Jahr wurden 232 Mio. aktive Spieler:innen als bisheriges Maximum erreicht.

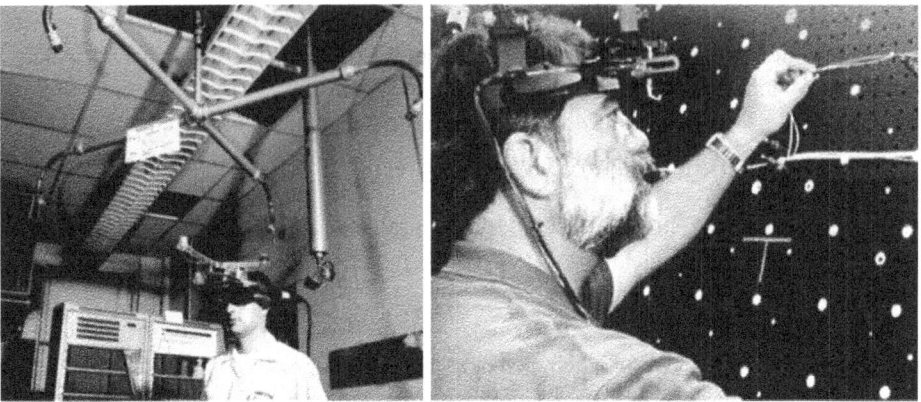

Abb. 20.3 Historisches AR/VR System von Ivan Sutherland (links) (Sutherland, 1968, Fig. 3.). AR System von Caudell & Mizell (rechts), David Mizell, mit Genehmigung der Boeing Company

20.2 Aktueller Einsatz der Technologie

AR- und VR-Systeme werden in verschiedenen Gebieten bereits eingesetzt. Sowohl zur Unterhaltung, z. B. durch Computerspiele oder in Vergnügungseinrichtungen, als auch in professionellen Anwendungen, wie etwa für virtuelles Training, virtuelle Aufenthalte, oder für die Darstellung von überlagerten Informationen als Anreicherung der Realität. Der folgende Überblick fokussiert primär auf VR-Anwendungen.

20.2.1 Gesundheitswesen

Mit ihren zahlreichen Anwendungen ist VR eine der am schnellsten wachsenden Technologien, besonders im Gesundheitswesen. In der medizinischen Forschung ist die Aufmerksamkeit bezüglich des Einsatzes von AR/VR, z. B. über die Anzahl der Publikationen messbar, welche eine stark steigende Tendenz aufweist (siehe Abb. 20.4).

Die **Virtual Reality-Therapie** ist seit den 1990er-Jahren eine der führenden VR-Anwendungen im Gesundheitswesen. Insbesondere im Bereich der kognitiven Verhaltenstherapie zeigt sie Erfolge. Durch das Eintauchen in die virtuelle Realität werden Angststörungen, wie z. B. Höhenangst, Flugangst oder Platzangst, erfolgreich gelindert. Dabei werden Patient:innen virtuell nachgestellte Szenarien und Situationen geboten, in denen sie lernen, besser damit umzugehen (Emmelkamp et al., 2002). Dies wurde bereits erfolgreich zur Überwindung von Störungen wie Spinnen- und Nadelphobien, Panikstörungen, bzw. sozialen Ängsten eingesetzt. Viele klinische Studien belegen hier eine signifikante Wirksamkeit. Auch die Expositionstherapie (Boeldt et al., 2019) hat sich als Behandlung mittels VR als sehr wirksam erwiesen.

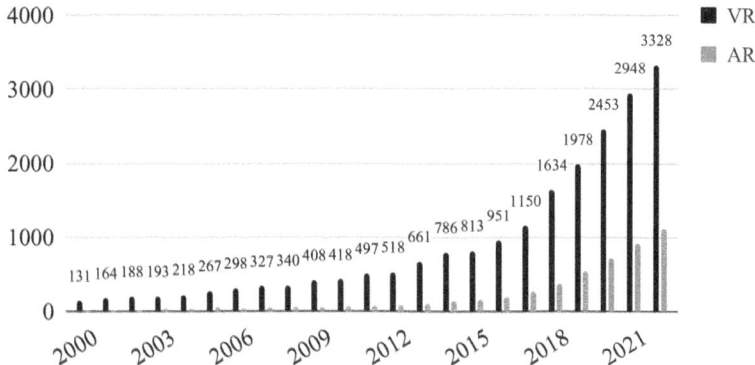

Abb. 20.4 Anzahl der Publikationen in PubMed in Bezug auf AR/VR. University of Innsbruck, Marcel Ritter, CC-BY-4.0

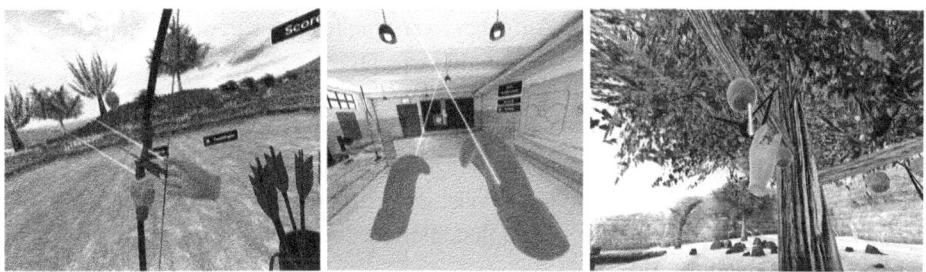

Abb. 20.5 Beispiele für interaktive VR-Therapie-Szenen (von links nach rechts): Bogenschießen, Boxen, und Pflücken von Äpfeln. (Mit Genehmigung von SyncVR, https://www.syncvr.tech)

Die VR-Therapie hat sich weiters als wertvolles Hilfsmittel für die **motorische Rehabilitation** von Patient:innen erwiesen, z. B. nach orthopädischen Operationen oder für Menschen mit körperlichen Behinderungen aufgrund neurologischer Erkrankungen. Hier werden häufig VR-Anwendungen mit zusätzlichen Hardwaretechnologien kombiniert, z. B. Rehabilitationsroboter, tragbare Sensoren zur Bewegungsverfolgung, Bewegungskameras oder Hand-getragene Tracking-Geräte. Abb. 20.5 (links nach rechts) zeigt Beispiele für interaktive virtuelle Therapien, welche auf den Bewegungseingaben der Patient:innen und deren Analyse basieren.

Zahlreiche Studien haben die Vorteile der Rehabilitation mit VR-Umgebungen hervorgehoben (Holden et al., 2005; Boian et al., 2001). Die virtuelle Umgebung bietet dabei eine hohe Flexibilität bei der Anpassung der Behandlungsparameter und ermöglicht weiters eine individuelle Anpassung der Intensität und des Schwierigkeitsgrads an die Bedürfnisse und aktuellen Fähigkeiten jedes/jeder Patient:in. Darüber hinaus erleichtert die VR-basierte Rehabilitation eine objektive Bewertung und Quantifizierung der Leistung des/der Patient:innen während der Behandlung, während gleichzeitig das Risiko physischer Kollisionen durch die Verwendung virtueller Umgebungen und Objekte minimiert wird. Viele virtuelle Rehabilitationssysteme bieten unterhaltsame Inhalte, wie z. B. Spiele, die Therapiesitzungen in angenehme und motivierende Erfahrungen verwandeln (Goude et al., 2007). Dieser Ansatz fördert die aktive Beteiligung der Patient:innen und spornt sie zu Höchstleistungen in ihrem Rehabilitationsprogramm an.

Ein weiterer Bereich, in dem VR und AR einen wesentlichen Beitrag leisten, sind die **Patientenaufklärung** und die **medizinische Ausbildung**. Krankenhäuser nutzen bereits VR-Lerninhalte, um Patient:innen dabei zu helfen, die Anatomie zu verstehen oder sich auf Aufgaben wie selbst verabreichte Injektionen, Dialyse oder die Verwendung medizinischer Geräte zu Hause vorzubereiten. Auch für Medizinerinnen sind VR-Lerninhalte von Vorteil, z. B. für die medizinische Fachausbildung. Der *da Vinci-Chirurgieroboter*,[1] ein hoch technisches Operationssystem, stößt beispielsweise aufgrund von Kosten, Gewicht, Platzbedarf, und Wartungsaufwand an seine Grenzen. Dies verhindert seinen breiten Einsatz in der Ausbildung. Hier kann ein virtueller Chirurgiesimulator Ärzt:innen eine kostengünstige Möglichkeit für umfassendes Training bieten, welches nicht nur virtuelle Operationen, sondern auch grundlegende Aufgaben, verschiedene chirurgische Szenarien und Notfallsituationen umfasst (siehe Abb. 20.6, links/rechts).

Zusätzlich zu VR hat sich auch Augmented Reality als effektives Instrument für die Ausbildung von Medizinstudent:innen erwiesen, insbesondere in Bereichen wie der anatomischen und chirurgischen Ausbildung, sowie zur Simulationen klinischer Szenarien. Durch die Überlagerung einzelner Organe oder des gesamten Körpers mit Röntgen-, CT- oder MRI-Bildern, können präzisere und detailliertere Informationen über die Anatomie zur Verfügung gestellt werden.

Die jüngsten Fortschritte in der AR-Technologie haben die Integration dieser in tatsächliche Operationen an Patient:innen praktikabler gemacht. Der Einsatz wird heute in

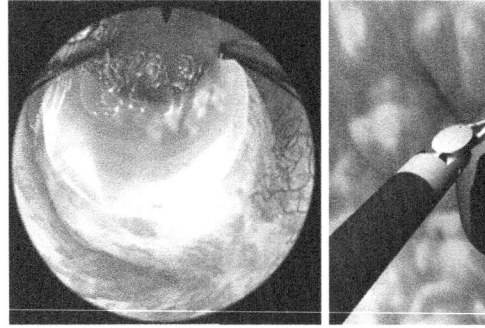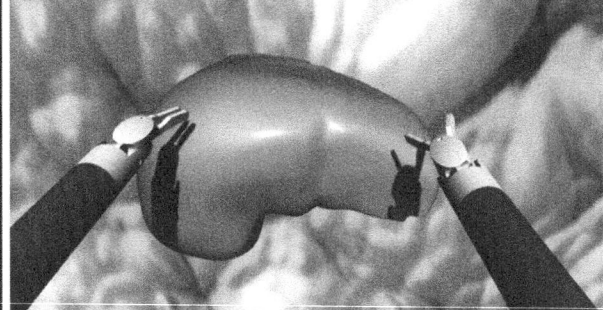

Abb. 20.6 Chirurgische Simulationsszenen in virtueller Realität – Entfernung eines Tumors (links, ETH Zürich/VirtaMed, Matthias Harders). Szene einer Simulation für die Chirurgierobotik (rechts, MCI, Yeongmi Kim)

---

[1] https://www.intuitive.com/de-de/products-and-services/da-vinci/systems.

verschiedenen chirurgischen Fachbereichen wie Orthopädie, Wirbelsäulenchirurgie, Mund-, Kiefer- und Gesichtschirurgie, oder Neurochirurgie untersucht. Die Systeme *SurgicalAR*,[2] *xvision AR HMD*[3] und *VisAR*[4] sind von der FDA zugelassen und finden bereits ersten Einsatz. Ein erfolgreiches Beispiel ist hierbei die an der Johns Hopkins Universität im Jahr 2020 durchgeführte Platzierung von Pedikelschrauben am Menschen mit dem xvision AR HMD (Molina et al., 2021).

Beim Einsatz von AR-Technologie in Operationen spielt die Echtzeitverfolgung eine entscheidende Rolle, um präzise Positionierung und Registrierung von chirurgischen Instrumenten zu gewährleisten. Hierzu werden in der Regel Infrarot-Tracking-Kameras mit hoher Genauigkeit eingesetzt, doch haben diese auch Grenzen, wie z. B. visuelle Verdeckungen. Eine mögliche Alternative ist das Tracking über Markierungen auf der Körperoberfläche.

Mittelfristig kann von einem größer werdenden Einfluss von AR-Technologie auf die chirurgische Praxis ausgegangen werden, womit sich Eingriffe schneller und präziser durchführen lassen. Sowohl im therapeutischen als auch im pädagogischen Kontext entwickelt sich die VR-Technologie ständig weiter und eröffnet neue Möglichkeiten für eine bessere Patientenversorgung und eine verbesserte medizinische Ausbildung. Die wachsende Landschaft der VR-Anwendungen verändert dabei die Medizinbranche und lässt für die Zukunft noch weitere bemerkenswerte Fortschritte erwarten.

20.2.2 Sport

Auch die Sportindustrie macht sich mittlerweile die Vorteile der VR-Technologie zunutze. Immersive VR-Anwendungen für **Training und Analyse** sind inzwischen weit verbreitet. Sie erlauben den Sportlerinnen das Üben von Bewegungen und Fertigkeiten in einer sicheren Umgebung und verringern so das Risiko körperlicher Verletzungen. Darüber hinaus kann VR-Training auch höhere Geschwindigkeiten simulieren, sodass Sportlerinnen bezüglich ihrer Genauigkeit, Haltung, und Beweglichkeit in der Intensität über die des realen Sports hinausgehen können.

Einer der wichtigsten Vorteile, die VR für das Sporttraining mit sich bringt, ist die Möglichkeit, die zeitlichen und räumlichen **Beschränkungen von realen Wettkampfstätten** zu überwinden; beispielsweise Wintersportarten im Freien, die bestimmte Wetterbedingungen erfordern, wie das Nachtrodeln (Abb. 20.7, links/rechts). Hier kann Fotogrammetrie eingesetzt werden, um eine realistischere Darstellung des Geländes zu erreichen (Kreiner et al., 2022). Ein weiteres Beispiel ist das Rudern auf einem Fluss (Rauter et al., 2013).

---

[2] https://www.medivis.com/spine-navigation.

[3] https://augmedics.com/.

[4] https://www.novarad.net/visar.

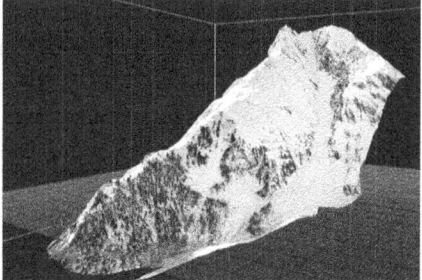

Abb. 20.7 Beispiele für VR-Training und Analyse im Sport. Fotogrammetriemodelle als Basis für die Entwicklung eines VR-Rodelsimulators (links, MCI) und als Visualisierung von einem Ski Free-ride Gelände (rechts, MCI)

Im **Motorsport** sind professionelle Simulatoren zum Fahrtraining schon einige Jahre im Einsatz. I-Racing[5] ist eine online basierte Rennplattform im eSport, die es bereits seit 2008 gibt. Anstelle eines klassischen Cockpit-Setups mit Weitwinkel-Bildschirmen kommen inzwischen auch HMDs zum Einsatz. Max Verstappen[6] (zweifacher Formel 1 Weltmeister) ist auch in der eSports Szene sehr involviert und erfolgreich. Nach eigenen Angaben profitiert er von Trainingserfahrungen sowohl von der realen als auch der virtuellen Welt.

Mit der Weiterentwicklung der VR-Technologie und der Ausweitung ihrer Anwendungsmöglichkeiten kann die Sportbranche von diesen innovativen Trainingsmethoden profitieren, um Leistung zu optimieren, traditionelle Grenzen zu erweitern, und Athlet:innen zu neuen Höchstleistungen anzuspornen.

20.2.3 Kommunikation

Des Weiteren können auch Situationen in VR gestaltet werden, die nicht auf Therapie oder physisches Training abzielen. Ein Beispiel ist **zwischenmenschliche Kommunikation**, die z. B. für Firmen wichtig ist und direkten Einfluss auf Produktivität hat. Um die Kommunikationskompetenzen der Mitarbeitenden zu verbessern, investieren Unternehmen in Schulungen zur kulturellen Kompetenz, in Initiativen zur Förderung von Vielfalt und Integration sowie in Schulungen zur Gleichbehandlung. Mit VR können dazu vielfältige passende Szenarien erzeugt werden. Professionelle VR-Kurse zu Business-Etikette, Kulturtraining und inklusiver Kommunikation werden z. B. bereits von der Firma Equal Reality angeboten.[7]

---

[5] https://www.iracing.com.

[6] https://www.teamredline.com/work/max-verstappen.

[7] https://equalreality.com.

20.2.4 Computerspiele

Steam ist die größte Plattform für die Distribution von PC-Computerspielen mit aktuell über 30 Mio. Nutzer:innen. Die Firma Valve,[8] die die Plattform betreibt, ist historisch ein Vorreiter in der Entwicklung von **First-Person-Spielen** und hat als Early Adopter ein Action-Adventure dediziert für VR im Jahr 2020 umgesetzt: „Halflife Alyx". Der/die Spieler:in taucht dabei in eine atmosphärische Science-Fiction-Welt ein, um die Menschheit vor Aliens zu retten. Alyx wurde speziell als reines VR-Spiel konzipiert und umgesetzt. Als Spiel ist es vergleichbar mit „Portal 2", ebenfalls einem First-Person Action-Adventure, aber ohne VR-Unterstützung. Portal 2 wurde ebenfalls von Valve entwickelt und 2011 auf Steam veröffentlicht.

Die Spieler:innenanzahl der beiden wird in Abb. 20.8 (links/rechts) zum Vergleich dargestellt (fette Linien; punktiert vs. durchgezogen). Beide Spiele wurden von der Spieler:innengemeinschaft stark erwartet und zeigten hohe Zahlen zu Beginn. Über die Zeit nahm die Anzahl der Spieler:innen deutlich ab, da ein wiederholtes Spielen inhaltlich nicht attraktiv ist.

Trotz eines erfolgreichen Starts mit einem anfänglichen Spieler:innen-Maximums von ca. 42 k liegt dieses im Vergleich zu nicht VR-Spielen nicht allzu hoch. Alyx, als erster großer VR Titel, zeigt damit auch, wie viele Spieler:innen aktiv Interesse an VR-Spielen im Jahr 2020 hatten. Portal 2, das neun Jahre früher erschienen ist, hatte mehr als doppelt so viele Spieler:innen, obwohl die Anzahl der weltweiten Steam-Nutzer:innen seitdem

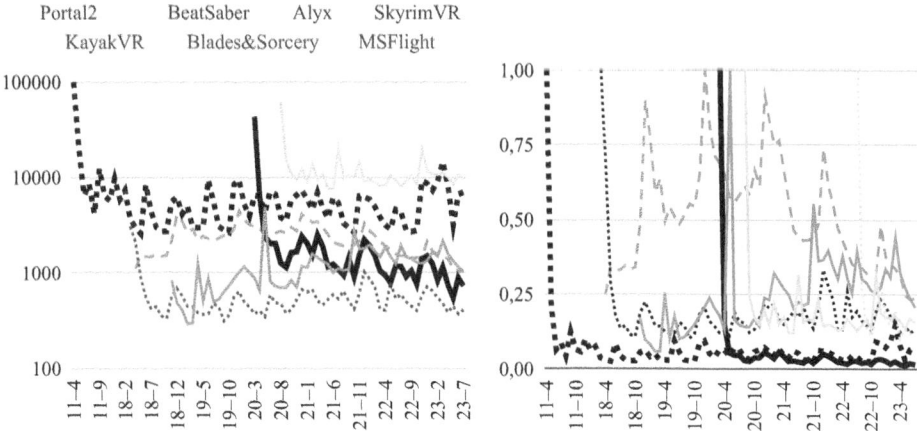

Abb. 20.8 Aktive Spieler:innen als Maximum im Monat von sechs VR-Spielen und einem herkömmlichen Spiel (gepunktet) auf Steam. Die Jahre 2012 bis 2017 sind ausgelassen, liegen aber im gleichen Wertebereich. Absolute Zahlen mit logarithmischer Skala (links). Normiert auf das eigene Maximum (rechts). University of Innsbruck, Marcel Ritter, CC-BY-4.0

---

[8] https://store.steampowered.com/app/546560/HalfLife_Alyx.

Tab. 20.1 VR-Computerspiele, Erscheinungsjahr und deren Verkaufszahlen (von vginsights.com) auf Steam. Zum Vergleich von Alyx vs. Portal 2 und Skyrim vs. SkyrimVR werden hier die herkömmlichen Titel ebenfalls angeführt

Spielname	VR	Kategorie	Veröffent-lichung	Verkauf in Tausend
Kayak VR	✓	Sport/Simulation	2021	20
SkyrimVR	✓	RPG Adventure	2017	311
Blades & Sorcery	✓	Action Adventure	2018	815
BeatSaber	✓	Action/Geschicklichkeit	2018	1300
MS Flight Simulator	✓	Simulation	2020	1500
Alyx	✓	Action Adventure	2020	2400
Skyrim Special Edition	–	RPG Adventure	2016	10.700
Portal 2	–	Action Adventure	2011	25.800

zugenommen hat. Steam hatte 2011 ca. 3 Mio. Nutzer:innen und 2020 etwa 22 Mio. Auf die beiden Produkte bezogen haben zum Zeitpunkt der Veröffentlichung ca. 3 % Portal 2 und ca. 2 ‰ Alyx gespielt. Trotz des Hypes um VR waren die Kosten und andere Hürden zu groß für höhere Spieler:innenzahlen.

Ein Spiel, das nicht speziell für VR entwickelt wurde, aber schon früh dafür erweitert wurde, ist das **Rollenspiel** „The Elder Scrolls V – Skyrim". Das Spiel lebt davon, dass eine Fantasy Welt erkundet und Abenteuer darin durchlebt werden. Dabei ist der Charakter viel mit Reisen beschäftigt, entweder zu Fuß oder auf einem Pferd. Man bewegt sich durch die Landschaft, durch Siedlungen, oder erkundet Höhlen und Dungeons. Die viele Bewegung in der VR-Immersion ist dabei problematisch (Cybersickness; siehe Abschn. 20.2.6), wodurch SkyrimVR eher für fortgeschrittene VR-Nutzer:innen geeignet ist. In den Spieler:innen- und Verkaufszahlen liegt es weit hinter dem Original (siehe Tab. 20.1).

Nicht gehyped, aber erfolgreich sind z. B. die Spiele „BeatSaber"[9] und „Blades & Sorcery".[10] Beide wurden speziell für VR gestaltet und in beiden werden durch die Controller Schwerter gesteuert, einmal um stilisierte Elemente im Rhythmus von Musik zu treffen und im anderen, um in einer mittelalterlichen Welt zu bestehen. Unterschiedlich ist dabei die Navigation. In BeatSaber ist der/die Spieler:in stationär platziert und in Blades & Sorcery bewegt sie sich durch die virtuelle Welt. Damit ist BeatSaber zugänglicher für unerfahrene Nutzer:innen und für Personen, die anfälliger für Cybersickness sind. Dies zeigt sich auch durch höhere Spieler:innenzahlen für BeatSaber (Abb. 20.8, links/rechts). Des Weiteren sind jene Spiele bezüglich Cybersickness verträglicher, die den realen Raum für Fortbewegung im Virtuellen nutzen, oder bei denen der/die Spieler:in „fest" in einem

---

[9] https://store.steampowered.com/app/620980/Beat_Saber.

[10] https://store.steampowered.com/app/629730/Blade_and_Sorcery.

Fahrzeug sitzt. „The Room VR"[11] ist ein Beispiel für ein investigatives Abenteuer, in dem man sich durch Gehen im realen und Teleportation im virtuellen Raum fortbewegt. Die Bewegung ist dadurch deutlich eingeschränkt.

Flugsimulatoren, wie „VTOL"[12] oder der „Microsoft Flight Simulator"[13] sind durch das im Spiel sichtbare Cockpit verträglicher, da es dadurch eine sichtbare Referenz gibt, die mit der realen Kopfbewegung korreliert. Solche Spiele können außerdem im Sitzen gespielt werden, was einen weiteren positiven Effekt hat (Merhi et al., 2007). Ähnlich steuert man in „Kayak VR Mirage",[14] auch sitzend, mit einem Paddel in der Hand, in virtuellen Gewässern. Die Kayak Simulation wird durch VR-Immersion gut aufgewertet.

Sechs ausgewählte VR-Spiele wurden bezüglich ihrer Verkaufszahlen in Tab. 20.1 zusammengefasst. Es zeigt sich, dass die Verkaufszahlen der reinen VR-Titel noch deutlich hinter den herkömmlichen Spielen liegen und somit noch ein großes Potenzial für die Zukunft bieten.

Momentan sind ca. 5500 reine VR-Spiele,[15] ca. 1000 Spiele auch mit VR-Unterstützung und über 50.000 Spiele insgesamt[16] auf der Plattform verfügbar.

20.2.5 Virtuelle Aufenthalte

Neben Anwendungen in der Therapie und in der Unterhaltungsindustrie gibt es eine Vielzahl von neuen Anwendungen in anderen Bereichen, um Orte virtuell zu besuchen. Dabei können die Orte Kopien von realen (*Digital-Twins*) oder auch neue virtuelle sein. Es lassen sich z. B. Besichtigungen von Immobilien mit virtuellen Führungen realisieren, wie auch der Besuch von Konzerten oder Museen. Auch der Tourismus kann von virtuellen Angeboten beeinflusst werden.[17] Reiseplanung erfolgt heute hauptsächlich über Informationen aus dem Internet. Mit VR-Angeboten können Zielorte zusätzlich vorab virtuell besucht werden.[18] First Airlines bietet z. B. virtuelle Reisen als alternative Unternehmung an, bei der man diese in einem real nachgebauten Flugzeuginterieur beginnt und in VR fortsetzt.[19] In den letzten von COVID-19 geprägten Jahren wurden einige Aktivitäten vom

---

[11] https://store.steampowered.com/app/1104380/The_Room_VR_A_Dark_Matter.

[12] https://store.steampowered.com/app/667970/VTOL_VR.

[13] https://store.steampowered.com/app/1250410/Microsoft_Flight_Simulator_40th_Anniversary_ Edition.

[14] https://store.steampowered.com/app/1683340/Kayak_VR_Mirage.

[15] https://store.steampowered.com/search/?vrsupport=401.

[16] https://earthweb.com/how-many-games-are-on-steam.

[17] https://www.makeuseof.com/what-is-vr-tourism-and-benefit.

[18] https://vr-dynamix.com/virtueller-tourismus-im-digitalen-zeitalter.

[19] https://firstairlines.jp/english/index.html.

realen in den digitalen Raum verlegt. Videokonferenzen oder E-Learning werden seither vermehrt eingesetzt. Virtuelle Arbeits- und Chat-Räume wurden seitdem weiterentwickelt, um kollaboratives Arbeiten auf Distanz zu erleichtern, indem die Distanz virtuell überwunden wird; z. B. mit immersiven und mit Avataren ausgestatteten Räumen in „Microsoft Mesh".[20]

Virtuelle Aufenthalte können einerseits zur Planung von realen Unternehmungen dienen, oder diese auch vollständig ersetzen. Letzteres ist besonders für Personen mit Zugang zur Technologie, aber eingeschränkter Bewegungsfreiheit, wie etwa ältere Menschen, ein Gewinn.

20.2.6 Unwohlsein im virtuellen Raum – Cybersickness

Es hat sich gezeigt, dass Personen, insbesondere bei Verwendung von VR-Setups, ein Unwohlsein oder sogar starke Übelkeit entwickeln können. Je nach Konfiguration, virtueller Umgebung und Tätigkeit haben 20 % bis 80 % der Nutzer:innen schon solche Symptome erfahren (Ramaseri Chandra et al., 2022). Dies wird als *Cybersickness* bezeichnet. Cybersickness entsteht unter anderem dadurch, dass eine Diskrepanz zwischen den visuellen Sinneseindrücken (induziert durch das HMD) und den Wahrnehmungen aus dem vestibulären und dem somatosensorischen System besteht. Personen, die zu Bewegungskrankheit neigen, sind anfälliger dafür, Cybersickness zu entwickeln (Laessoe et al., 2023). Verschiedene Parameter haben dabei einen Einfluss:

- Hardware: Bildwiederholrate, Größe des Sichtfeldes;
- die virtuelle Umgebung: Stärke der Perspektive, Design der Kontrollelemente, Stärke und Häufigkeit der Bewegung im virtuellen Raum, Komplexität der Aufgabe (Task-Load);
- Bewegungsverhalten im realen Raum: gehend vs. stehend vs. sitzend (Merhi et al., 2007).

Dass die Bildschirme eines HMD sich sehr nahe am Auge befinden, hat hingegen nachweislich keinen negativen Effekt auf Cybersickness oder auch auf die Entwicklung von Kurzsichtigkeit (Turnbull & Phillips, 2017). Allerdings ermüden die Augen nachweislich bei Verwendung von HMDs (Wang et al., 2019). Mit den Fortschritten in der Hardware konnte die Problematik der Cybersickness verbessert werden (Caserman et al., 2021), aber der Effekt lässt sich dadurch nur reduzieren und nicht eliminieren. Cybersickness kann allerdings, wie auch die Bewegungskrankheit selbst, durch wiederholtes Training und Intensitätssteigerung verbessert werden. Der positive Trainingseffekt kann aber nach längeren VR-Pausen wieder verloren gehen.

---

[20] https://www.microsoft.com/en-us/mesh.

20.3   Diskussion

Wie bisher erläutert, wird die Virtuelle Realität bereits in vielen Anwendungen eingesetzt. Die Technologie weist dabei mehrere mögliche Vor- aber auch potenzielle Nachteile auf. Nachfolgend werden diese zusammengefasst, u. a. auch mit einem Blick auf die Rolle, die Immersion in diesem Zusammenhang spielt.

Vorteile und Möglichkeiten der VR:

- Durch die Immersion und eine starke Präsenz in einem virtuellen Raum steigt die **emotionale Reaktion** zu den Inhalten nachweislich. Unterhaltungsmedien können dadurch intensiver erlebt werden (Visch et al., 2010; Simon & Greitemeyer, 2019) oder Effekte zwischenmenschlicher Kommunikation verstärkt werden, z. B. im inklusiven Kommunikationstraining.
- Der Fokus kann auch auf die **Erzeugung bestimmter Emotionen** gesetzt werden (Mood-Induction) (Felnhofer et al., 2015). Dies kann z. B. dazu verwendet werden um virtuelle Erholungsinseln in stressigen Berufen zu bieten (Bodet-Contentin et al., 2023), oder z. B. auch um Schmerzen von Patient:innen durch VR zu lindern (Morris et al., 2009).
- Immersive Umgebungen können eingesetzt werden, um die **Motivation** für Aufgaben länger aufrechtzuerhalten, z. B. in virtuellen Lernräumen (Dubovi, 2022). Hierbei hat sich bisher zwar kein direkter Effekt auf einen verbesserten Lernerfolg durch Immersion gezeigt, wohl aber, dass Fokus und Motivation durch VR verbessert werden können (Kavanagh et al., 2017). Hier bietet VR die Gestaltungsmöglichkeiten einer kontrollierten Umgebung mit sozialen Interaktionen (Rizzo et al., 2000) und z. B. angereichert mit **Gamification** zur Belohnung bei Lernerfolgen. Eine Motivationssteigerung könnte aber in einem herkömmlichen Lernszenario auch anders erreicht werden. In Huang et al. (2019) wird virtuelles Lernen in Hinblick auf die Selbstbestimmungstheorie analysiert. Die Immersion könnte hier Vorteile bringen, wenn die Umgebung dahingehend gestaltet wird.
- Der VR-Raum bietet eine **kontrollierte Umgebung**. Er kann ganz zielgerichtet gestaltet werden und das Verhalten im Raum kann analysiert werden. Dies erlaubt im Weiteren auch eine Umgebung zu generieren, die sich an die Nutzer:innen **adaptiv** anpasst.
- VR-Immersion kann gut eingesetzt werden, wenn der/die Benutzer:in eine andere Rolle erfahren, oder eine spezielle Situation erleben und analysieren soll, wie z. B. im Kommunikationstraining, bei Therapien, oder bei virtueller Ausbildung und Training.
- **Limitierungen im Realen** können mit VR überwunden werden. Sei es z. B. bei eingeschränkten Trainingszeiten im Sport oder eingeschränkter Zugänglichkeit von Operationssystemen. Auch eigene Einschränkungen, z. B. der Beweglichkeit oder der Mobilität können überwunden werden (Rehabilitation oder virtueller Tourismus).

- Durch den Einsatz von VR kann Einsamkeit zu einem gewissen Grad reduziert werden, indem Personen virtuell getroffen werden. Dies ist aber kein Ersatz für echte Freundschaften (Fröding & Peterson, 2012).
- Virtuelle Unternehmungen zu Orten oder Ereignissen können eventuell kostengünstiger und mit geringerem Zeitaufwand getätigt werden.
- Des Weiteren erlaubt der virtuelle Raum, ihn mit kreativen oder informativen Elementen anzureichern. So kann z. B. ein Konzert statt mit einer effektvollen Bühnenshow mit farbenfrohen virtuellen Spezialeffekten versehen werden, oder ein Museumsbesuch Zusatzinformationen durch VR bereitstellen. Auch Trainingsszenarien zur Ausbildung können mit Metainformationen angereichert werden.
- Immersive VR Spiele erfordern von ihren Nutzer:innen in der Regel mehr **körperliche Bewegung** als die vergleichbaren herkömmlichen Spiele. Das kann bei gutem Spieldesign die Gesundheit der Nutzer:innen fördern.

Nachteile, die sich durch den Einsatz von VR ergeben:

- Da die reale Umgebung ausgeblendet wird, kann es zu (leichten) **Unfällen und Verletzungen** der Benutzer:innen kommen (Cucher et al., 2023). Personen kollidieren z. B. mit der realen Umgebung oder anderen Nutzer:innen in der Nähe.
- **Zurückgezogenheit** durch VR: bei starker Nutzung von VR, zum Beispiel im Gaming, können reale soziale Kontakte verdrängt werden.
- Mit in Zukunft verbesserter Qualität der Immersion könnten VR-Anwendungen verstärkt zu **Spielsucht** führen. Bisher konnte dazu aber noch kein Nachweis geführt werden (Barreda-Ángeles & Hartmann, 2022).
- Die Technologie wird nur einem kleinen Teil der globalen Bevölkerung zur Verfügung stehen.[21]
- Die Benutzung von HMDs kann nachweislich zu Unwohlsein oder auch Übelkeit führen, wie zuvor erläutert (Cybersickness).

20.4 Ausblick

Die großen Technologiekonzerne investieren viel Energie und Ressourcen in die Weiterentwicklung der AR- und VR-Technologien. VR-HMDs gibt es aktuell von 3 k bis 4 k Auflösung. Dazu gehören z. B.: HP Reverb G2, HTC Vive Pro, Valve Index, Meta Quest 2, Sony Playstation VR2, und ByteDance Pico 4. Meta führt momentan in den Verkaufszahlen mit 10,4 Mio. Stück.[22] Ende des Jahres 2023 wird die Meta Quest 3 zu einem relativ günstigen Preis um mehr als 500 USD erwartet.[23] Apple brachte erst im Mai 2023 die

---

[21] https://www.wired.com/story/virtual-reality-rich-white-kid-of-technology.

[22] https://www.statista.com/chart/29398/vr-headset-kpis.

[23] https://www.pcgamer.com/best-vr-headset.

AR-Brille Apple Vision Pro für ca. 3500 USD auf den Markt. Microsoft war mit der HoloLens 1 und 2 zwar nicht im Endkundenbereich, aber bei größeren Unternehmen und im Militär erfolgreich. Eine neue Version ist bereits in Entwicklung.[24] Gemäß Daten von IDC-Research hält derzeit Meta den größten Anteil am HMD Markt, und konnte diesen in den letzten Jahren weiter ausbauen; gefolgt von Sony, ByteDance, HTC Vive und DPVR.[25] Die 2023 erschienenen AR-HMDs Apple Vision Pro und Meta Quest 3 deuten auch auf diesen aktuellen Konkurrenzkampf hin.

Neben den technischen Fortschritten bezüglich Hardware war die Entwicklung von Software wichtig, um eine schnelle und gute visuelle Qualität zu erreichen; z. B. erlaubte Software *Asynchronous Spacewarp* (ASW)[26] eine 50 %ige Reduktion der notwendigen Rechenleistung und *Asynchronous Time Warp* (ATW)[27] eine deutlich kleinere Verzögerungszeit zwischen realer und virtueller Bewegung. Algorithmen aus der Computer Vision, speziell zum Erkennen von Objekten, Verfolgen von Objekten, Rekonstruieren und Modifizieren von Objekten aus Bild und Videomaterial sind in der letzten Dekade vor allem durch maschinelles Lernen sehr stark verbessert worden. Dies kommt insbesondere der AR-Technologie zugute, wodurch Zusatzinformationen über erkannte Teile der realen Bilder oder Videos gelegt werden können.

Facebook hat mit der strategischen Umbenennung in „Meta" einen plakativ sichtbaren Schwerpunkt auf AR/VR-Technologien gelegt und will bei der Entwicklung von einem „**Metaverse**" leitend mitgestalten. Das Metaverse soll eine Verschmelzung von virtuellen Welten, Social-Media, Onlineshopping und digitalen Währungen sein. Microsoft versucht momentan mit der Übernahme von Blizzard sich einen 3D-Spieleentwickler und virtuellen Weltenbauer im Konzern zu sichern. Diskussionen über die Implikationen eines Metaverse als virtuelle Parallelwelt sowie Erörterungen der nötigen Bausteine finden sich z. B. in den umfangreichen Arbeiten von Dwivedi et al. (2022), Park und Kim (2021) und Kind et al. (2019).

Auch die Politik beschäftigt sich mit dem Thema AR/VR. Vor kurzem hat die Europäische Kommission eine neue Strategie für *Web 4.0* und virtuelle Welten vorgestellt. Dies könnte den Weg für eine breite Einführung von VR-Anwendungen in realen Szenarien über das Internet ebnen.[28]

Unabhängig davon, ob es solche virtuellen Welten, erweiterte Welten, oder ein Metaverse geben wird oder nicht, haben sich bisher einige Anwendungen für AR/VR in naher Vergangenheit herauskristallisiert; insbesondere bezogen auf VR sind Therapie, Rehabilitation, und Training vielversprechende Bereiche, sowie virtuelle Aufenthalte. Auch

---

[24] https://www.theverge.com/2022/2/4/22918025/microsoft-hololens-3-canceled-reports-comment-rumors.

[25] https://www.idc.com/promo/arvr.

[26] https://developer.oculus.com/blog/asynchronous-spacewarp.

[27] https://developer.oculus.com/documentation/native/android/mobile-timewarp-overview.

[28] https://ec.europa.eu/commission/presscorner/detail/en/ip_23_3718.

im PC-Gaming ist VR angekommen, aber hat sich in der Breite bisher nicht voll durchsetzen können. Dieses Potenzial kann in Zukunft noch genutzt werden. Im mobilen AR ist mit Pokémon Go ein sehr erfolgreicher Titel bereits gelungen.

20.4.1 Marktentwicklung und Trend

Insight Partners ermittelte ein **globales Marktvolumen** für AR/VR von 27,96 Mrd. USD im Jahr 2021 und schätzt für 2028 ein Volumen von 252,16 Mrd. USD. Es soll eine jährliche Wachstumsrate (CAGR) von 36,9 % erreicht werden.[29] Industry Research Co. berichtet für 2022 von einem Marktvolumen von 31,49 Mrd. USD und gibt ebenfalls eine Schätzung für 2028 mit 220,50 Mrd. USD und eine CAGR von 38,31 % an.[30] Laut Forbes soll bereits im Jahr 2024 ein Gesamtvolumen von 297 Mrd. USD erreicht werden.[31] Markets and Markets berichtet von einem Volumen von 37,0 Mrd. USD für 2022, aber gibt eine defensivere Schätzung für 2027 mit 114,5 Mrd. USD und eine CAGR von 25,3 %[32] ab.

Wie oben bereits erwähnt, ist der Markt für virtuelle Realität im Gesundheitswesen auf dem Vormarsch. Einem aktuellen Bericht von Facts and Factors zufolge erreichte der weltweite Markt für AR/VR in der Medizin im Jahr 2022 ein Volumen von etwa 2,31 Mrd. USD[33] (von etwas mehr als 30 Mrd. gesamt). Prognosen zufolge wird dieser Markt bis 2030 erheblich wachsen und könnte ein Volumen von etwa 19,61 Mrd. USD bei einer CAGR von etwa 26,9 % erreichen.

Der VR-Markt, der der Kategorie **Digital-Twins** zugeordnet werden kann, betrug ebenfalls im Jahr 2022 bereits 8,60 Mrd. USD, und zwar in den Bereichen Fertigung, Verteidigung, Bauwesen, Gesundheitswesen, Pharmazie, Transport und Logistik, Energie, Immobilien, Tourismus, und mehr. Fortune Business Insights prognostiziert, dass der Markt aufgrund der aktiven Ausweitung der Anwendungen hier bis 2030 auf 137,67 Mrd. USD wachsen wird.[34]

20.4.2 Herausforderungen

Trotz der großen Fortschritte in der AR/VR-Entwicklung gilt es noch einige Herausforderungen zu bewältigen, um die Zugänglichkeit für die Massen zu erleichtern.

---

[29] https://www.theinsightpartners.com/reports/augmented-reality-and-virtual-reality-market.

[30] https://www.linkedin.com/pulse/augmented-virtual-reality-ar-vr-market-2023-2030.

[31] https://www.forbes.com/sites/ariannajohnson/2023/06/02/augmented-reality-ar-vs-virtual-reality-vr-whats- the-difference-and-how-do-they-work.

[32] https://www.marketsandmarkets.com/Market-Reports/augmented-reality-virtual-reality-market-1185.html.

[33] https://www.fnfresearch.com/healthcare-augmented-and-virtual-reality-market.

[34] https://www.fortunebusinessinsights.com/digital-twin-market-106246.

- **Hohe Hardwarekosten**: Die Kosten für AR/VR Brillen und die notwendigen leistungs- starken Computer sind momentan noch sehr hoch und liegen alleine für ein HMD ca. zwischen 500 und 3500 USD.
- **Limitierung der Hardware von HMDs**: Der visuelle Bereich von HMDs, in dem AR als Überlagerung dargestellt werden kann, ist im Vergleich zum normalen mensch- lichen Sichtfeld recht klein (Microsoft Hololens und Apple Vision Pro). Des Weiteren sind die HMDs selbst noch groß, z. B. im Vergleich zu einer herkömmlichen Brille. Auch ist die Mobilität bei verkabelten Lösungen eingeschränkt.
- **Hohe Aktivierungsenergie**: Es benötigt einiges an Überwindung, sowohl um ein VR- Setup aufzubauen als auch um es zu starten. Es muss ausreichend realer Platz zur Ver- fügung stehen und es muss gegebenenfalls erst zusätzliche Hardware zum Tracken positioniert werden. Im Vergleich ist es wesentlich einfacher, sich an einen herkömm- lichen PC-Arbeitsplatz zu setzen.
- **Cybersickness**: Trotz stark verbesserter Hardware und Software, in Bezug auf die Auf- lösung, visuelle Komplexität und minimale Bewegungsverzögerung bleibt Cybersick- ness für viele Personen eine unangenehme Erfahrung. Da dies mit der herkömmlichen Bewegungskrankheit korreliert ist, bleibt schlussendlich nur das persönliche Training, um eine Reduktion der Symptome zu erreichen. Nutzer:innen müssen dafür die nötige Energie und Zeit aufwenden.
- **Content Generation**: Für die Erschaffung von großen virtuellen Welten müssen diese z. B. mit Objekten, Charakteren, Dialogen und anderen Inhalten gefüllt werden. Manu- ell wäre der nötige Arbeitsaufwand kaum zu bewältigen. Hier können neue Ent- wicklungen im Bereich der algorithmischen Inhaltsgenerierung (Content-Generation), der geometrischen Rekonstruktion und der Synthese helfen. Auch hier hat maschinelles Lernen in naher Vergangenheit neue Möglichkeiten eröffnet (siehe z. B. NVIDIAs Generierungs-Portal Picasso[35]).
- **Avatar-Darstellung**: Neben der simulierten Umgebung sollte auch das eigene Er- scheinungsbild in der virtuellen Welt angezeigt werden. Dies ergibt einige technische Probleme, wie z. B. das korrekte Tracking der Bewegungen, sowie der Mimik einer Person. Des Weiteren sollte auch ein passendes virtuelles Abbild des/der Benutzer:in verfügbar sein; es sei denn ein abweichendes Erscheinungsbild in der VR ist erwünscht. Hier kann durchaus auch die Gefahr bestehen, dass eine Person sich in der virtuellen Realität unrechtmäßig als jemand anders ausgeben möchte (Stichwort *Deep Fakes*).

Insgesamt ist und bleibt das Feld der AR/VR-Technologie sehr fruchtbar für Forschung und Entwicklung in verschiedene Richtungen und Anwendungen. Ob und wie bald eine Massentauglichkeit erreicht werden kann, ist aufgrund der offenen Herausforderungen aber noch schwer abschätzbar. Hierbei ist zu erwähnen, dass der erste **VR-Hype** in den 1990er-Jahren, sowie auch die großen Erwartungen an Metaverse-Umgebungen wie z. B. Second Life in den 2000er-Jahren nicht in einer weiten Verbreitung und Akzeptanz

---

[35] https://www.nvidia.com/en-us/gpu-cloud/picasso.

der Technologie resultierten. Die Energie und Ressourcen, die in die AR/VR-Entwicklungen fließen, sind allerdings beachtlich und können existierende Branchen weiter verändern und neue erschaffen.

Literatur

Barreda-Ángeles, M., & Hartmann, T. (2022). Hooked on the metaverse? Exploring the prevalence of addiction to virtual reality applications. *Frontiers in Virtual Reality, 3*. https://doi.org/10.3389/frvir.2022.1031697

Bodet-Contentin, L., Letourneur, M., & Ehrmann, S. (2023). Virtual reality during work breaks to reduce fatigue of intensive unit caregivers: A crossover, pilot, randomised trial. *Australian Critical Care, 36*, 345–349. https://doi.org/10.1016/j.aucc.2022.01.009

Boeldt, D., McMahon, E., McFaul, M., & Freenleaf, W. (2019). Using virtual reality exposure therapy to enhance treatment of anxiety disorders: Identifying areas of clinical adoption and potential obstacles. *Frontiers in Psychiatry, Sec. Public Mental Health, 10*. https://doi.org/10.3389/fpsyt.2019.00773

Boian, J., Merians, R., Tremaine, A., Burdea, M., Adamovich, S. V., et al. (2001). Virtual reality-enhanced stroke rehabilitation. *IEEE Transactions on Neural Systems and Rehabilitation Engineering, 9*(3), 308–318.

Cakmakci, O., & Rolland, J. (2006). Head-worn displays: A review. *Journal of Display Technology, 2*(3), 199–216.

Caserman, P., Garcia-Agundez, A., Zerban, A. G., & Göbel, S. (2021). Cybersickness in current-generation virtual reality head-mounted displays: Systematic review and outlook. *Virtual Reality, 25*, 1153–1170. https://doi.org/10.1007/s10055-021-00513-6

Caudell, T. P., & Mizell, D. W. (1992). Augmented reality: An application of heads-up display technology to manual manufacturing processes. System Sciences, 1992. In *Proceedings of the twenty-fifth Hawaii international conference on. presence: Teleoperators and virtual environments* (Bd. 2, S. 659–669). IEEE.

Cipresso, P., Giglioli, I. A. C., Raya, M. A., & Riva, G. (2018). The past, present, and future of virtual and augmented reality research: A network and cluster analysis of the literature. *Frontiers in Psychology, 9*.

Cruz-Neira, C., Sandin, D. J., DeFanti, T. A., Kenyon, R. V., & Hart, J. C. (1992). The CAVE: Audio visual experience automatic virtual environment. *Communications of the ACM, 35*(6), 64–72.

Cucher, D., Kovacs, M., Clark, C., & Hu, C. (2023). Virtual reality consumer product injuries: An analysis of national emergency department data. *Injury, 54*, 1396–1399. https://doi.org/10.1016/j.injury.2023.01.030

Dubovi, I. (2022). Cognitive and emotional engagement while learning with VR: The perspective of multimodal methodology. *Computers & Education, 183*. https://doi.org/10.1016/j.compedu.2022.104495

Dwivedi, Y., Hughes, L., Baabdullah, A., Ribeiro-Navarrete, S., Giannakis, M., Al-Debei, M., Dennehy, D., Metri, B., Buhalis, D., Cheung, C., et al. (2022). Metaverse beyond the hype: Multidisciplinary perspectives on emerging challenges, opportunities, and agenda for research, practice and policy. *International Journal of Information Management, 66*. https://doi.org/10.1016/j.ijinfomgt.2022.102542

Emmelkamp, P. M., Krijn, M., Hulsbosch, A. M., de Vries, S., Schuemie, M. J., & van der Mast, C. A. (2002). Virtual reality treatment versus exposure in vivo: A comparative evaluation in acrophobia. *Behaviour Research and Therapy, 40*(5), 509–516. https://doi.org/10.1016/s0005-7967(01)00023-7

Felnhofer, A., Kothgassner, O., Schmidt, M., Heinzle, A.-K., Beutl, L., Hlavacs, H., & Kryspin-Exner, I. (2015). Is virtual reality emotionally arousing? Investigating five emotion inducing virtual park scenarios. *Human-Computer Studies, 82*, 48–56. https://doi.org/10.1016/j.ijhcs.2015.05.004

Fröding, B., & Peterson, M. (2012). Why virtual friendship is no genuine friendship. *Ethics and Information Technology, 14*, 201–207. https://doi.org/10.1007/s10676-011-9284-4

Gibson, W. (2004). *Neuromancer* (20th Anniversary Aufl.). Ace Books.

Goude, D., Björk, S., & Rydmark, M. (2007). Game design in virtual reality systems for stroke rehabilitation. *Studies in Health Technology and Informatics, 125*(2007), 146–148.

Holden, M. K., Dyar, T. A., Schwamm, L., & Bizzi, E. (2005). Virtual-environment-based telerehabilitation in patients with stroke. *Presence: Teleoperators & Virtual Environments, 14*(2), 214–233.

Huang, Y. C., Backman, S. J., Backman, K. F., McGuire, F. A., & Moore, D. W. (2019). An investigation of motivation and experience in virtual learning environments: A self-determination theory. *Education and Information Technologies, 24*, 591–611. https://doi.org/10.1007/s10639-018-9784-5

Kavanagh, S., Luxton-Reilly, A., Wuensche, B., & Plimmer, B. (2017). A systematic review of Virtual Reality in education. *Themes in Science and Technology Education, 10*(2), 85–119.

Kelly, K. (1989). Virtual reality: An interview with Jaron Lanier. *Whole Earth Review*, 108–111.

Kind, S., Ferdinand, J.-P., Jetzke, T., Richter, S., & Weide, S. (2019). Virtual und Augmented Reality: Status quo, Herausforderungen und zukünftige Entwicklungen. TA-Vorstudie. *TAB-Arbeitsbericht, 180*. https://doi.org/10.5445/IR/1000131346

Kreiner, J., Hollaus, B., Heyer, Y., & Spörk, V. (2022, September). Photogrammetry and how to make backcountry skiing safer, European Association for Sport Management. In *The European sport management conference*, 2022.

Krueger, M. W. (1985). "VIDEOPLACE": A report from the artificial reality laboratory. *Leonardo, 18*(3), 145–151.

Laessoe, U., Abrahamsen, S., Zepernick, S., Raunsbaek, A., & Stensen, C. (2023). Motion sickness and cybersickness – Sensory mismatch. *Physiology & Behavior, 258*. https://doi.org/10.1016/j.physbch.2022.114015

Merhi, O., Faugloire, E., Flanagan, M., & Stoffregen, T. A. (2007). Motion sickness, console video games, and head-mounted displays. *Human Factors, 49*(5), 920–934. https://doi.org/10.1518/001872007X230262

Molina, C. A., Sciubba, D. M., Greenberg, J. K., Khan, M., & Witham, T. (2021). Clinical accuracy, technical precision, and workflow of the first in human use of an augmented-reality head-mounted display stereotactic navigation system for spine surgery. *Operative Neurosurgery, 20*(3), 300–309.

Morris, L., Louw, Q., & Grimmer-Somers, K. (2009). The effectiveness of virtual reality on reducing pain and anxiety in burn injury patients: A systematic review. *The Clinical Journal of Pain, 25*(9), 815–826. https://doi.org/10.1097/AJP.0b013e3181aaa909

Park, S.-M., & Kim, Y.-G. (2021). A metaverse: Taxonomy, components, applications, and open challenges. *IEEE Access, 10*, 4209–4251. https://doi.org/10.1109/ACCESS.2021.3140175

Ramaseri Chandra, A. N., El Jamiy, F., & Reza, H. (2022). A systematic survey on cybersickness in virtual environments. *Computers, 11*(4), 51. https://doi.org/10.3390/computers11040051

Rauter, G., Sigrist, R., Koch, C., Crivelli, F., van Raai, M., Riener, R., & Wolf, P. (2013). Transfer of complex skill learning from virtual to real rowing. *PloS One, 8*(12), e82145.

Rizzo, A. A., Buckwalter, J. G., Bowerly, T., Van Der Zaag, C., Humphrey, L., Neumann, U., et al. (2000). The virtual classroom: A virtual reality environment for the assessment and rehabilitation of attention deficits. *CyberPsychology & Behavior, 3*(3), 483–499.

Simon, S., & Greitemeyer, T. (2019). The impact of immersion on the perception of pornography: A virtual reality study. *Computers in Human Behavior, 93,* 141–148. https://doi.org/10.1016/j.chb.2018.12.018

Slater, M. (2018). Immersion and the illusion of presence in virtual reality. *British Journal of Psychology, 109,* 431–433.

Sutherland, I. E. (1965). The ultimate display. *Proceedings of IFIP 65, 2,* 506–508.

Sutherland, I. E. (1968). A head-mounted three dimensional display. *Proceedings of AFIPS, 68,* 757–764. https://doi.org/10.1145/1476589.1476686

Turnbull, P., & Phillips, J. (2017). Ocular effects of virtual reality headset wear in young adults. *Scientific Reports, 7,* 16172. https://doi.org/10.1038/s41598-017-16320-6

Visch, V., Tan, E., & Molenaar, D. (2010). The emotional and cognitive effect of immersion in film viewing. *Cognition and Emotion, 24*(8), 1439–1445. https://doi.org/10.1080/02699930903498186

Wang, Y., Zhai, G., Chen, S., Min, X., Zhongpai, G., & Song, X. (2019). Assessment of eye fatigue caused by head-mounted displays using eye-tracking. *BioMed Eng OnLine, 18,* 111. https://doi.org/10.1186/s12938-019-0731-5

Stichwortverzeichnis

© Der/die Herausgeber bzw. der/die Autor(en), exklusiv lizenziert an Springer Fachmedien Wiesbaden GmbH, ein Teil von Springer Nature 2024
L. Staffler et al. (Hrsg.), *Digitalwirtschaft*, https://doi.org/10.1007/978-3-658-45724-2

The manufacturer's authorised representative in the EU is Springer
Nature Customer Service Centre GmbH, Europaplatz 3, 69115 Heidelberg,
Germany. If you have any concerns regarding our products, please
contact ProductSafety@springernature.com

Printed and bound by CPI Group (UK) Ltd, Croydon, CR0 4YY
24/04/2026
02096363-0001